谨以此书
献给朱厄尔一家

WOMEN'S STUFF

女性美好生活指南

[澳] 卡兹·库克 - 著

雷雨虹　孙悦　王绍祥　温广立 - 译

青岛出版集团 | 青岛出版社

山东省版权局著作权合同登记号：图字 15-2023-145

图书在版编目（CIP）数据

女性美好生活指南 / (澳) 卡兹·库克著 ; 雷雨虹
等译. — 青岛 : 青岛出版社, 2024.4
ISBN 978-7-5736-1793-4

Ⅰ.①女… Ⅱ.①卡…②雷… Ⅲ.①女性－生活－
知识 Ⅳ.①Z228.4

中国国家版本馆CIP数据核字(2023)第238545号

NÜXING MEIHAO SHENGHUO ZHINAN

书　　名	女性美好生活指南
著　　者	［澳］卡兹·库克
译　　者	雷雨虹　孙　悦　王绍祥　温广立
出版发行	青岛出版社
社　　址	青岛市崂山区海尔路182号（266061）
本社网址	http://www.qdpub.com
邮购电话	0532- 68068091
策　　划	周鸿媛　王　宁
责任编辑	王　韵　宋　迪
封面设计	东合社·安宁
制　　版	青岛千叶枫创意设计有限公司
印　　刷	青岛海蓝印刷有限责任公司
出版日期	2024年4月第1版　2024年4月第1次印刷
开　　本	16开（787毫米×1092毫米）
印　　张	35
字　　数	1000千
书　　号	ISBN 978-7-5736-1793-4
定　　价	258.00元

编校印装质量、盗版监督服务电话　4006532017　0532-68068050

引言

　　在历史上的很长一段时间里，女性面临的挑战是如何获取知识。因为，教育曾经是一种奢侈品，只有富人才能上学。对普通家庭的孩子们，尤其是女孩们来说，上学是一个遥不可及的愿望。女孩们也缺乏其他获取知识的途径，她们的父母根本不会跟她们聊起性、男人和其他各种知识，只会板起面孔说"别问了，快住嘴"。

　　而现在，我们面临的挑战正好相反：信息太多，选择太多，还有太多的既得利益者对我们指手画脚，告诉我们该想什么、该做什么、该买什么。在我们的生活中充斥着各类所谓的"秘籍"和"宝典"，令人烦不胜烦，还有人通过制造焦虑来推销产品，更别提那些无孔不入的广告了（比如那些推销能让我们"青春永驻"的护肤品和"快速收腹提臀"的瘦腿裤的广告）。

> 姑娘们，该我们出手了：弄清楚哪些信息是我们真正需要的，哪些是我们可以像忽略噪声一般直接忽略掉的废话。

我不是什么"大师"，试图创造出一套高深莫测的理论并且让每个人都相信我；我也不是什么隐士，在山野间潜心修炼，固守着原始的生活方式。我更像是一个经验丰富的记者（换句话说，写东西前我得向专家咨询），花了几年时间来研究我们女人究竟需要什么信息，从哪里可以找到这些信息。

　　我说的"信息"，不是那些为了推销产品而制作的广告，也不是那些被少数人极力吹捧但未经过充分科学论证的极端思想。我想要提供的，或者说希望女性能够获取的，是实际的、有用的信息，是能够让女性变得更聪明、更健康、更美丽、更自信、更乐观的信息。

　　《女性美好生活指南》这本书的内容涵盖了女性生活的方方面面，比如外表和身材、生理健康和心理健康、家庭和工作、睡眠和购物，有一些内容可能会让你心里不舒服，也有一些内容可能会让你感到收获颇丰，这取决于你的观念和认知。

　　百年之后，如果这本书有幸仍然存世，未来的人可能会翻开它扫几眼，然后说："我的天，21世纪的'土老帽'竟然连这些都不知道！"这就好比，现在我手里拿着一本1912年出版的书，这本书的内容在今天看来也有点奇怪，比如书上说："蜜月应该安排庄严而神圣的活动，比如通过与伴侣交流读书心得来享受亲密的关系。"

　　作为作者，我能拍着胸膛跟你保证，我尽了全力让这本书的信息是最新的、有用的和经得住时间考验的。这本书中的内容并不是从一堆不靠谱的调查中收集来的一些能够证明我的观点或理论的研究结果。我也不会强迫你同意我的观点。我写这本书的目的并不是向你推销什么东西，而是想要告诉你，你需要知道的事实。而且，我也努力把这本书写得有趣，以便让你读起来津津有味。

　　你不需要像读小说那样，按照从头到尾的顺序读这本书。你可以根据索引，直奔你感兴趣的部分。你可以想读的时候就拿起它，不想读了就把它直接扔在一边。当你遇到以下这些难题时，你都可以先查阅本书的索引部分，然后翻到书中相应的页码，找寻问题的解决方案：你朋友总是念叨你看起来有点胖；发现自己的乳房有肿块；因为身边有人去世而有些手足无措；身上的毛发让你烦恼，不知道是应该用镊子、脱毛膏处理掉它们还是不去管它们；和某个人坠入爱河时，觉得对方似乎有些奇怪；伴侣一直虐待你；不擅长跟婆婆或者继子女相处；怀疑自己喝得太多，有酗酒的征兆；在考虑要不要怀孕、何时怀孕；想治疗丘疹或消除皱纹……针对这些难题，这本书可以给你指一条明路。

我们的团队

在写作的过程中，我浏览了互联网上海量的信息（当然，我会过滤掉那些五花八门的广告），翻看了数以百计的心理学著作和其他学科的书籍，咨询了很多医学和其他领域的顶尖专家，判断各种公关用语和广告宣传里面是否有假话，并且详细查找各种资料，以求证到底是科学还是自然（或者两者兼有）能够为我们提供解决问题的最佳方案。

特别荣幸的是，在我写书的过程中，一群澳大利亚最忙碌、最聪明的行业顶尖人士（包括医生、教授、研究人员和各学科专家）始终在为我答疑解惑，他们还会浏览成稿的内容，并提出宝贵的意见和建议。他们非常慷慨地与我分享专业知识，其中既包括女性健康知识，也包括理财建议。所以在本书最后的致谢部分，我对他们分别表示了感谢。

女性问题调查问卷

在这本书的筹备阶段，我发放了许多调查问卷。我先是给100位女性以电子邮件的方式发放了调查问卷，然后拜托她们将问卷转发给她们的朋友。最终，有超过7000名女性平均花了一个多小时的时间填写了这份问卷。

我一共收到了490000个答案，并从里面选择了上千个答案收录在本书里。

这些答案代表了很多人的想法，其中也包含了很多建议。我并不是百分之百同意其中所有的观点，但我觉得它们非常有趣，也很有启发性。出于语义清晰、语法准确和页面位置的考虑，我编辑了其中的一些答案，并根据一些姑娘的要求或出于保护隐私的考虑，给她们中的一些人使用了化名。

填写调查问卷的姑娘们，你们向我倾诉了你们的秘密，坦白了你们最隐秘的担忧、经历过的最悲伤和最黑暗的时刻，详细描述了困扰你们的生理或心理健康问题。同时，你们也分享了自己的智慧和经验，以保证其他女性可以得到慰藉和多角度的信息。你们的答案引起了我的兴趣，并启发我进行更多的研究。我特别感谢你们所做的一切，谢谢你们与我分享你们的忧虑和疑问，并让我了解了你们的聪明才智。

超过65个国家的女性为这本书贡献了自己的想法，基本上每个大洲都有（大部分受访者来自澳大利亚，其次是来自其他以英语为母语的国家，也有很多受访者来自非英语母语国家，比如中国、哈萨克斯坦）。

从大家的回答来看，共有约4600名女性告诉我自己在用哪些化妆品；约4900名女性跟我分享了自己对身体的哪些部位不满意；约5600名女性说出了自己对身体的哪些部位最满意；4298名女性告诉我，自己会刮腋毛；数千名女性告诉我，自己或者朋友患有/曾患有心理疾病。还有，有98.7%的受访者表示坚信女性应该享有应有的权利。由于篇幅所限，我没法把所有的答案都收录在书里，但我认真读完了每一个答案。我曾因为某个姑娘描述自己灾难般的穿搭而放声大笑，也为一些姑娘遭受的巨大的丧亲之痛而落泪。我愿意以最真诚的态度，再次向你们表示感谢："谢谢你们告诉我的一切。"

"外貌协会"要不得

虽然社会发展日新月异，但大多数人的审美标准越来越单一。人们会默认好看的女性应该是什么样子的，以及女性应该具备什么样的价值；互联网上到处充斥着垃圾信息，源源不断地为女性制造审美焦虑；

各种营销文案和广告语仿佛是张着血盆大口的怪兽，咆哮着说很多女性不够好看、不够完美，说女性不需要自己做决定，说女性如果对衣服尺寸、工作环境或生活节奏不满意，那一定是女性自己的错……姑娘们，别信这些鬼话，也许需要改变的根本不是我们自己，而是衣服、工作或生活本身。

　　我一直在思考一个问题：当代女性是不是真的拥有了独立人格和自我意识呢？的确，如今大多数女性不用每天花16小时在纺纱厂里没日没夜地劳作；不用沦为传宗接代的工具，年复一年地怀孕、生子；也不用把做家务当作人生唯一的选择……但是，我们在摆脱了这些之后，却又作茧自缚，任由自己的生活里充斥着病态的担忧、不满足和自我厌恶，拼命地购物、瘦身，就为了把自己打扮成别人，一个我们永远也成为不了的"别人"。这样看来，我们真的敢说自己拥有了独立人格和自我意识吗？

> 跟以前的女性相比，现在的女性卫生习惯更好、有更多打扮自己的方法，生活得也更幸福。但是，姑娘们，为什么我们愈发觉得自己"丑绝人寰"了呢？让我们来看看这种怪现象产生的原因和应对方法吧。

寻找真相

　　对我来说，有两个动机促使我努力地找寻上述问题的真相并说出真相。

　　毕业之后，我开始当一名见习记者。在那个时候，信息比现在闭塞多了，一般只有演艺界人士和政客才有自己的公关部门，所以想要打听任何事情，我都得打电话给相关公司的负责人，或者打给相关领域的专家，这样才能迅速获得最可靠的信息。

在这个过程中，我克服了害羞的心理。只要我想搞明白一件事，我就会积极地四处寻求帮助，因为我要为读者提供翔实的信息。直到今天，我仍然感谢当时我联系的那些人，因为他们是如此慷慨、友好，即使我搞"突然袭击"，逮住他们疯狂发问，或是一直缠着他们直到搞明白一件事才罢休，他们也会不厌其烦地帮助我。但是，我也有价值观受到冲击的时候，例如：在追踪某一篇新闻报道的起源时，我发现，即使是比较权威的媒体，也会拿来一份新闻稿就直接用，而没有对这份稿件中的信息有任何质疑或核实；有媒体报道说，有一项"研究"已经"证明"某种面霜里的某个成分能够"消灭"皱纹，结果我发现，这个所谓的"研究"是由生产该面霜的公司出资进行的。

我为自己是一名记者而感到自豪，但我还是害怕自己会犯错，因为一旦犯错，我将无处遁形。我也很感谢我的同仁们，他们在我刚入行时就开始跟我并肩作战，致力于促进职场中的性别平等。那时，我工作的报社所发行的报纸上有一整个专门探讨女性问题的版面，关注女性健康、育儿、同工同酬和时尚等话题；同时，副主编的桌上也堆满了关于女性故事的稿件，有女性写的，也有男性写的。那段时间，工作为我打开了新世界的大门，塑造了我的道德观。直到现在，每当我回想起那段岁月，我都会心生感激。虽然这都是过去的事了，但我依然会想起这家报社的口号：不畏惧，不偏袒。

近些年来，报纸的盈利呈现雪崩式的下滑态势，这意味着越来越少的记者有机会接受专业的培训，能够花时间去质疑既得利益者主张的记者也越来越少。互联网已经成为某些过激者的避风港，还有一些既没有受过专业训练，也没有正确价值观的人在网上随意地发表评论或者写博客，仿佛谁嗓门大、谁看起来更义正词严，谁就是权威。

我对所谓的"经验之谈"和"假定的真理"感到厌倦，不管它们流传得有广、被多少人奉为圭臬。我也总是对各种营销文案、广告语和所谓的"新时代生活方式"持怀疑态度。如今，很少有记者有时间并且具有足够的自主性去尽可能多地研究事实的真相，并与权威的专家进行核实，而这些恰恰是我想为你们做的事情。

以上这个动机可能听起来太过崇高，说不定还会令人反感，没关系，我还有一个听起来有点"自私"的动机：为了我自己。作为一名女性，我希望我能了解自己的身体，知道决定结婚或怀孕前要考虑哪些因素，懂得如何培养正确的价值观，如何和糟糕的人分手，如何识别和避免金融诈骗，如何避免重蹈原生家庭的覆辙，以及哪些症状说明自己可能有某种心理或生理问题，怎样解决或应对这些问题。

坦白地说，完成这本书的过程也是我建立知识库的过程。我其实在很多方面都非常无知。如果说我在哪件事上算得上是个专家，那就是，两手一摊，承认自己的无知，然后赶紧找一些权威的专家和可靠的消息来帮助自己。我最大的特点，就是既非常无知，又充满好奇心，靠着这个特点和一些研究技能，以及一种耍赖皮、求着聪明人给我提供帮助的能力，我写了几本与怀孕、照顾和教育婴幼儿、女孩青春期有关的书。

在完成这本书的过程中，我还研究了如下内容：如果妇科检查报告异常该怎么办？如果有人说我的坏话，我要怎么妙语连珠地反击？我该如何面对身材焦虑？有没有一个简单的方法能帮我找到适合自己的、不至于太无聊的运动？如果伴侣对我的工作不屑一顾，我还要不要和这家伙继续相处下去？我真的需要某款"贵妇"面霜吗？

总之，这本书就是要让女性忘记那些糊弄人的废话，给女性提供最真实可靠的、女性真正需要的信息，帮助女性用美好的方式享受生活。也就是，帮助女性将生活的自主权牢牢地掌握在自己手里。让我们开始吧！

卡兹

目 录

第 一 章

自信女人最美丽

你对自己的哪一方面不自信？

我挑男人的眼光。
——乔吉（38 岁）

做文书处理工作的能力，还有写学术论文的能力。
——贝尔纳黛特（53 岁）

人际交往能力。
——纳塔莉（34 岁）

察言观色的能力以及说"漂亮话"的能力。
——玛丽安娜（37 岁）

为自己辩解的能力。
——埃琳（29 岁）

跟不讲理的人起了冲突或者和别人意见不统一时，我不知道该怎么办。
——娜塔莉（34 岁）

我不知道自己是否有能力照顾我儿子（他有自闭症）。我能不能自己扛下来？能不能在他成年后继续照顾他？一想到这些问题我就难过。
——萨曼莎（39 岁）

身高和社交能力。我个子矮，和别人交流时容易害羞和紧张。
——斯蒂芬妮（18 岁）

我特别怕和陌生人说话。无论是在家里还是在学校，只有别人跟我说话时，我才会说话。
——戴安娜（65 岁）

我搞不懂化学。
——克里斯蒂（27 岁）

在公共场所演讲的能力——我都是能躲就躲。
——加拉（65 岁）

倒车。
——雅辛塔（28 岁）

社交能力。
——莫妮卡（32 岁）

性爱，育儿技巧，我这个人本身。
——桑迪

我在很多方面都不自信，我觉得周围的人都比我聪明。我还有点害羞。
——凯莉（25 岁）

任何方面。我觉得自己什么都做不好。
——艾莉森（47 岁）

学跟理工科或数学相关的东西。
——蒂法尼（50 岁）

我总是觉得有一个"小恶魔"坐在我肩膀上，它一直在我耳边念叨，说我不管干什么都是一团糟。我得鼓起勇气才能一边做事，一边任由这些讨人厌的声音轰炸我的耳朵。
——卡斯（49 岁）

我有牛皮癣。就算在夏天，我也得想办法遮住身体的很多部位。
——萨里业（28 岁）

我不知道自己能不能找到合适的伴侣一起生活。
——安尼克（26 岁）

我走路的样子。我做过两次髋关节手术，所以走路一瘸一拐的。
——凯特（33 岁）

在没有搭档或者帮手的情况下，自己做小生意。
——萨莉（40 岁）

我不知道自己能不能找到一个爱的人，并和他共度余生。
——安娜贝勒（59 岁）

我之前很害怕和陌生人相处。有了孩子后，我改变了很多，毕竟带孩子出去玩时总免不了要和别人说话。
——凯特（35 岁）

没有。我觉得我有能力实现我的抱负，获得我想要的一切。
——莫莉（30 岁）

没有老公的帮助，完全由自己做决定。
——简（57 岁）

处理新情况。不过现在我学会了安慰自己，让自己在面对新情况时可以尽快平静下来，不再害怕。
——金（37 岁）

当妈妈。
——斯泰茜（31 岁）

育儿。倒也不是一直都不自信，只是当一下子接触到很多新事物时，如果没有人教我该怎么做，也没有现成的剧本，我就很难找到答案。
——特蕾西（28 岁）

我的舞跳得糟透了。
——玛丽亚（36 岁）

我希望自己能更勇敢一些。有些事情我很想做，但是我不敢大大方方地展示自己。
——贾丝明（28 岁）

很多事情。我做任何事时都没有信心。我有五个哥哥姐姐，是家里最小的，父母和哥哥姐姐经常说我很笨。
——安妮（52 岁）

以我的经验来看，一般情况下姑娘们总是喜欢自己吓唬自己，自己打击自己，其实我们都很优秀。
——米歇尔（36 岁）

不够自信怎么办

　　我们都知道自信的重要性，但很多人又都缺乏自信。幸运的是，自信是可以培养的。我的意思是，即使一个人天生不是一个自信的人，他也可以通过后天的努力变得自信，但这需要下功夫。在这一节，我们就来讨论一下如何让自己变得自信。

　　姑娘们，请记住，以下这几点很重要：你越是能大大方方地展现自己的优点，就越不会时时刻刻在意自己的缺点；你越不在意别人对你的看法，就会越自由、越快乐。即使你天生害羞、不爱说话，也不用担心，大声嚷嚷或喋喋不休并不是自信的标志，在平静中展现自信会让你看上去更酷！

是什么削弱了你的自信？

别人对我的批评。

——克莉斯（43岁）

很低的考试分数。

——安娜（19岁）

老公对我的评价。虽然他只是开玩笑，但我真的很受伤。

——苏珊（46岁）

别人说我带孩子的方式有问题，或者说我哪里做得不好。

——托丽（28岁）

那些感到自己老了的时刻。

——西莫内塔（74岁）

家人在背后说我的坏话。

——塔拉（27岁）

拿自己跟别人比。

——简（21岁）

我刚生完第一个孩子时，总是受到老公的批评，这让我深受打击。我觉得夫妻应该齐心协力，而不是总是互相挑刺。

——苏兹（36岁）

有些人总是给我泼冷水，就连我爸爸也是这样。

——卡拉（31岁）

有人说我太胖了，或者说我不会穿衣打扮。

——马扎（36岁）

拿自己跟那些擅长表现和伪装自己的女人比。

——玛丽莲（39岁）

我自己的期望。

——琳达（35岁）

我老公对我的批评！

——坎迪（38岁）

单身妈妈的身份。

——凯莉（28岁）

比我更年轻的女人。

——阿普丽尔（46岁）

关于我的负面的评价，还有那些成功的女人。

——安娜贝尔（38岁）

我儿子或女儿对我的数落。

——乔（73岁）

爸妈对我的期望。我害怕自己会辜负他们的期望。

——安娜（18岁）

我男朋友。他总是拿我开玩笑，这让我很难受。

——芭芭拉（19岁）

我的一个亲戚对我的评价。他对我说："你不用上大学，靠长相吃饭就行了。"

——奥特姆（23岁）

我妈妈对我的打击。她总说我是垃圾，说我找不到工作。我对她说我找到了男朋友，她却说："他到底看上你什么了？"

——凯西（44岁）

我老公就爱看电视上那些又高又瘦的长腿美女，每次看到她们都目不转睛。看到老公这样，我真的很受挫。

——珍（48岁）

我父母的唠叨。比如，他们会问我："结婚以后什么时候生孩子？""生完孩子之后什么时候回去工作？"没完没了的唠叨让我觉得自己很失败。

——蕾切尔（30岁）

我自己是全职妈妈，所以看到一些妈妈又带孩子又上班时，我会感到"压力山大"，我不确定自己

能否一边带孩子一边上班。

——杰丝（21岁）

我年纪轻轻就做了妈妈，别人会因为这个对我评头论足。这让我抬不起头来。

——吉拉（21岁）

单身。我是我的朋友圈中唯一单身的人。难道我有什么问题吗？

——艾玛（38岁）

每次升职的都不是我，而我实际上已经在做升职之后才应该做的工作。我就这么不起眼吗？

——艾玛（33岁）

那些总是侃侃而谈或者跟别人谈话时能说出一些很专业的词的人。

——凯茜（28岁）

被贬低；被利用（这个不太常见）；服务员无视我，把我当空气。

——阿利格拉（70岁）

我姐，她就是我的噩梦。

——安娜贝勒（48岁）

我老公。他一直贬低我。

——凯莉（32岁）

我总是过度在意别人的想法，对自己充满了怀疑。

——利萨（34岁）

逻辑题和不及格的学科。

——维奥莉特（37岁）

虽然我知道自己长胖了，可每当听到别人这么说时，我还是非常沮丧。

——金妮（46岁）

我妈。她总是打击我。

——妮基（38岁）

很少有人会去分析影响自信的因素有哪些。我总结了一下，影响自信的因素大致包括以下几点：基因，原生家庭，尝试新鲜事物后的感受，经验，别人的评价。

真正自信的人通常心态很好，他们一般会有这样的想法："我感觉很好，别人是否认可我并不重要。"自信不一定是天生的，有时候我们可能要投入几十年的时间和精力才能拥有它，当然，越早拥有越好。幸运的是，无论什么时候开始培养自信心都不算晚。而且，自信是看不见、摸不着的，因此，即使我们实际上对自己很没有信心，也可以表现得非常自信。

你可能会说："自信心是能看见的，比如有些人发怒时会大喊大叫，表达自己的愤怒。"拜托，这些表现可能跟自信无关，这可能只是傲慢自大、虚张声势的表现。你可能会反驳道："那么，那些在舞台上穿着低胸装热舞的辣妹是自信的吧？"我只能说，很遗憾，她们也不一定是因为有自信才这样做的。她们可能只是为了生计。

不够自信

在我发放的调查问卷里有许多关于自信的问题。很多受访者表示，她们会因为害羞而不敢在他人面前表现自己，因为不懂得育儿技巧而怀疑自己，因为产后身材走样而沮丧并怀疑自己能否重返职场。针对不自信的人，我的建议是，在学习如何才能让自己变得自信之前，最好先找到不自信的原因。

如果你不了解自己，不知道自己擅长什么、喜欢什么，你就很难成为一个自信的人；如果你害怕成为人们关注的焦点，害怕被别人视作异类，那么你也很难拥有自信。如果你是上面说的这两种人，那么，当你成为一个新手妈妈时，你肯定不敢拍着胸脯说自己是一个好妈妈；当你休完产假回到工作岗位时，你很难信心满满地说自己没有问题；当你不得不当着很多人的面发言时，你也很难从容

不迫，甚至可能会身体发抖、说话破音。此外，不管是在职场中还是在家里，总会有一些喜欢吹毛求疵、过分挑剔的人，如果你总是和这类人打交道，那情况就更糟糕了，因为他们会经常批评你的言行举止，这会让你的自信心更加伤痕累累。

害羞

害羞是一种正常的性格特点。在有些情况下，它能增加女性的魅力。如果害羞没有影响到一个人的日常生活，那就没什么可担心的。不过，害羞除了表示难为情，还表示因胆怯、怕生或做错了事被人耻笑而心中不安。所以，对一些人来说，害羞会妨碍他们享受生活并且让他们感觉到不适。这些人会受到这种性格特点的制约，干什么都缩手缩脚的。有时，他们明明想展示自己，却又因为害怕出丑而什么都不敢做。

要注意的是，有些人总是假装很害羞，做出一副很无助的样子。这种人可能是把示弱当作一种武器，想以此来得到他人的帮助。这跟真害羞完全是两回事。

❗ 如何克服害羞

· 采用角色扮演的方法，尝试扮演一个不害羞的人。方法是先把角色要说的话在脑海里从头到尾过一遍，再在设定的场景中大声地说出来。这样，当你在日常生活中遇到类似场景时，你就能更加从容。

· 训练自己的形体与仪态。遇到认识的人时，试着大大方方地跟他们打招呼、握手。与别人交流时，尝试直视别人的眼睛，并勇敢地说出自己的想法。

· 努力尝试新事物（比如某项运动、某种艺术等），哪怕一开始你并不擅长。

· 记下自己所犯的错误以及令自己感到不安的时刻，并反思如何改正错误、消除不安。把这些经

如何看待害羞？

如果你的老板不喜欢自信、坚定的女性，害羞反而是有好处的，至少你不会因为说错话而被炒鱿鱼。

——路易丝（29岁）

人们什么时候才能知道，话少并不意味着害羞。

——李（55岁）

我因为害羞和缺乏自信而错失了很多机会，少了很多多姿多彩的经历，一直都过得不充实。

——凯莉（35岁）

害羞意味着可能会有人看扁你，所以你可以出其不意地给他们致命一击。

——朱莉（32岁）

我小时候可害羞了，不过我在学校的表现很好。稍微长大了一点后，我发现自己很擅长运动，运动逐渐帮我建立了自信。我现在很讨厌被家里人贴上害羞的标签。

——柯丝蒂（33岁）

我发现害羞的人都很有趣，因为他们总是看得比说得多，能发现别人发现不了的东西。

——加布丽埃勒（50岁）

在我工作的行业里，竞争非常激烈，大家拼得你死我活，所以如果表现得害羞或者不自信，就容易受欺负，容易成为大家攻击的目标或者利用的对象。

——阿利（33岁）

害羞容易让你变成"小透明"，这样你犯的错就不会那么明显，身上的压力也会小一些。

——克丽（54岁）

你得做点什么来打破害羞这个"紧箍咒"。我报名了一门戏剧课来提高自己的表达能力，这个课程真的很有趣！

——内丝（39岁）

身为一个害羞、不自信的人，我总是觉得很孤单。

——埃拉（19岁）

我很害羞，但是这不代表我不自信。

——贾尼丝（28岁）

有些女性看起来害羞，其实她们很善于观察，并且能够捕捉到别人的情绪变化。而有些人只会抻着脖子大声嚷嚷，生怕别人听不到自己说的话。

——朱莉（34岁）

人们总是对我不屑一顾，就因为我太害羞了，实际上很多好的点子都是我想出来的。我很委屈，觉得自己没有得到应有的重视。

——西娅（26岁）

如何对付没礼貌的人？

"滚！"这句话我强烈推荐。但我也会说："抱歉，你搞错了，我对你没有兴趣。"

——艾玛（36岁）

沉默往往比任何话语都有力。我指的"沉默"是一句话都不说。

——亚历山德拉（52岁）

我会一顿狂笑，就好像听到了天底下最好笑的事情，实际上确实很好笑。拜托，只有小孩才会口无遮拦地侮辱别人好吗？

——朱丽叶（36岁）

曾经有人因为我孩子多而对我出言不逊，我是这样回复的："如果我家的孩子跟你家的似的，那我也只生俩。"

——里拉（35岁）

直接对他说："你才是这样呢！"

——贝卡（32岁）

我会问那些不礼貌的人为何表现得这么没教养。他们通常非常生气，因为他们根本回答不上来！

——露西（55岁）

如果有谁敢嘲笑我胖，我就说："谢谢您！我就盼着自己长胖点。您视力可真好，还真注意到啦。"

——乔吉特（36岁）

如果有谁对你有性别歧视，就回一句"你妈妈也是如此"，这一招特别管用。每次我对那些没礼貌的人说这句话时，他们都会跑得远远的。

——塞雷娜（40岁）

瞪人这招不错。我瞪人的时候眼睛里就像有两团火。使劲瞪，什么也不说。

——芭芭拉（61岁）

有时候，旁观者才能发现一个人有多么尖酸刻薄，说话的人自己可能还没意识到。归根结底是表达方式的问题。经常靠挤对别人来突显自己的人，往往不会沟通，而且可能很自私，就爱用鼻孔"看"人。

——萨莉（48岁）

我会想象自己周围有一个大大的保护罩，它能把那些"脏东西"都挡在外面。

——利萨（34岁）

历当作一种投资，这样下次再碰到类似情况时，你就不会那么害羞了。

· 撕掉别人强加到你身上的所有标签，不管是关于你这个人本身的，还是关于你做的事情的。只要你想改变，就一定能做到。用行动向别人表明你就是你，不管过去的你是什么样的。

如何变得自信

一旦你变得自信，你的人生就会豁然开朗，你会获得各种各样的新体验，也会度过更有趣的时光。这意味着你可以从那些烦心事里解脱出来，把注意力转移到那些令自己开心的事情上。自信是一副隐形的盔甲，它可以保护你，不让那些妄图贬低你、批评你或取笑你的人伤你分毫。

这里有一些能帮你提升自信的小妙招，它们有助于提升你的自我评价，让你意识到自己的优势、天赋和能力，从而让你变得更自信。

❗ 从外在入手

· 坚持站如松，坐如钟——我是认真的，这确实会让你看起来更自信。

· 不要用头发遮住脸，尽量让别人能一眼看清你的五官。

· 和别人接触时动作要有亲和力，不要总表现出一副生人勿进的模样。

· 穿得舒适、得体。不要对着自己的衣橱大发牢骚，嫌衣服不够时尚，也不要为某件单品是否流行而纠结，穿自己喜欢的就好。不要穿过于紧绷或者暴露的衣服，也别总是穿得邋里邋遢的，更不要穿容易让自己跌倒的鞋子。

· 上一些关于社交礼仪的培训课程，学习如何待人接物，如何让自己的言行举止大方得体。

· 你可以阅读本章第三节《与自己的身体交朋友》的相关内容，学习如何接纳自己，如何从正向的

角度实事求是地评价自己。即使你在怀孕后或绝经后身材变了，你也要接纳自己，就像当初你接纳了自己的身体在青春期前后的变化一样。记住，要时常提醒自己适应自己身材的变化，这样可以让你感到舒适。对自己的接纳是自信的前提之一。

❗ 善待自己

· 对自己宽容一点。如果有人因为你做错了事而嘲笑你，你千万不要自暴自弃，觉得自己没希望了。你得学会做自己最好的朋友。想想看，当你最好的朋友遇到这种情况时，你会对他说些什么，让他振作起来、重拾自信呢？把这些话说给自己听吧。

· 学会肯定自己。要知道，对每个人来说，"我"不是静止的，而是在不断变化的。没有人有权贬低你。面对别人的质疑，"不予理会"是很棒的应对方式。

· 给自己留出独处的时光。如果你总是和别人待在一起，比如陪家人看电视、听音乐、玩电脑，或者一直忙于生计，甚至总是陷入其他人对你的评价里，你就很难弄清楚自己的真实想法和感受。你要花时间去思考你是谁，你希望成为什么样的人，怎样才能成为那样的人。你还要花时间去挖掘自己的潜力。可以经常自己坐一会儿或者散散步，给自己留出思考的时间。

· 如果你对自己的某种个性不满意，问问自己怎样才能接受它。如果你真的不能忍受，那就问问自己怎样才能改变它。

· 记住，如果有谁不喜欢你，不用太在意。你又不是钱，能让每个人都喜欢。只要有一部分人喜欢你就足够了。

别急，一步一步来。你不需要戴着夸张的大耳环，也不必举办一场盛大的派对，把朋友们都召集来，来宣布自己脱胎换骨了。先把自己打磨得更

你擅长什么？

组织策划，制订计划，确保没有任何事情被遗忘。

——埃莉诺（42 岁）

我擅长在周围一片混乱的时候保持冷静。

——琼（51 岁）

唱歌（我是乐队成员）；玩电脑（我擅长设计）；侧方位停车（没人比得上我）；我的工作（我是校长的秘书，我的工作效率很高，每天都会得到表扬）。

——盖尔（57 岁）

护理危重病人；引导我的孩子们长大。

——卡丽（35 岁）

我擅长安抚别人，让别人感到舒服。我还擅长给别人提建议。我还是个旅行家，上山下海我都不怕。我的时尚感也很强。

——阿利（33 岁）

和孩子相处。我是个童心未泯的大人，能跟孩子玩到一起。我希望这颗童心能助我一臂之力，帮我实现当儿科护士的梦想。

——萨莉（32 岁）

跟别人眼中不好相处的人打交道。

——瓦妮莎（38 岁）

做针线活儿；读书；摄影；做拼贴画！

——梅尔（28 岁）

当英式篮球队教练或者顾问。

——埃米（21 岁）

让别人放松下来。

——贝尔（34 岁）

自己一个人撑起一个家，精打细算地过日子。

——莎伦（41 岁）

管理整个部门，其中包括十个男下属。

——玛格丽特·安妮（46 岁）

我擅长做一个体面的人。

——薇姬（47 岁）

做家人和朋友的主心骨，因为我的内心很强大。

——杰德（33 岁）

读书；跳肚皮舞；工作（比如做数据分析、与别人进行书面交流、演讲）；做一个善良又有亲和力的人。

——劳林（25 岁）

踢足球；逗大家笑；睡觉；和孩子们聊天；教书。

——安东尼娅（25 岁）

唱歌。我觉得，如果我有勇气站在一群人面前，我将是一个非常受欢迎的歌手。

——萨拉（30 岁）

为别人谋福利。

——珍妮（68 岁）

我擅长搞笑。

——埃米莉（44 岁）

学习、研究和写作。

——卡罗琳（19 岁）

自己动手做东西，比如制作视频、设计戏服等。我还擅长游泳和冲浪。

——吉洁特（39 岁）

当兽医；做饭；倾听；骑车。

——特鲁迪（42 岁）

算数；逗大家笑；当妈妈；当女儿；帮别人变得更好。

——利斯（45 岁）

让别人觉得很自在；写作和编辑；提取关键信息；摄影；发挥创造性思维；做总结；拼写。

——杰西卡（45 岁）

锲而不舍。如果我很想做成一件事，结果搞砸了，我一定会再试一次。

——玛丽（30 岁）

物尽其用。

——萝宾（60 岁）

我是一个"聊天发起者"。

——李（21 岁）

识别谁在说谎；买到实惠的东西；表达。

——尼基（36 岁）

拼尽全力把我女儿养大，并把她养成一个好姑娘。

——金（47 岁）

教育孩子。

——莱斯利（40 岁）

陪孩子玩。我是"孩子王"，我就喜欢和孩子们腻在一起，逗他们笑。

——卡拉（34 岁）

我是个好工程师，好妈妈，好朋友。

——尼克（32 岁）

我觉得，我都生了孩子、当了妈妈了，这不就说明我可以胜任很多事了吗？

——萨姆（30 岁）

为我自己撑腰。

——安吉丽娜（33 岁）

优秀，然后慢慢展现自己的改变就可以了。要循序渐进地建立自信，一步一个脚印地走到目的地。有句话说得好：你若盛开，蝴蝶自来。

勇气始于细微处

凡事从小事做起，积少成多。只要今天的你比昨天的你又自信、勇敢了一点点，你就是成功的。真正的勇敢不是从来都不害怕，而是哪怕怕得要死，也坚持做了某件事或者说了某些话。

❗ 让自我感觉更好一点

· 不要在意别人的评价，也不必反驳或批评别人的"多管闲事"，一笑而过就好。

· 给自己设定合理的目标，在目标达成后，再设定一个更高的目标。学会为自己的每一点进步鼓掌。你不必非得马上获得诺贝尔奖或者奥运会金牌，才为自己的成就感到骄傲。做一个善良、正直的人已经是一件值得骄傲的事情了。努力成为一个好母亲也是值得骄傲的事。为营造出良好的家庭或工作氛围做出贡献也是。

· 不要因为自己的工作或者兴趣爱好而感到尴尬或愧疚，没有什么是过时的、不对的、低人一等的。你可以加入各种兴趣小组或者俱乐部，结交志同道合的朋友，也可以浏览一些与工作或兴趣爱好相关的网站。不过切记，不要变成"网瘾少女"。

· 积极帮助别人，这会让你觉得自己很有价值，觉得自己正在做一些有意义的事情。

· 选准一件事情，专攻它，让自己在该领域大展拳脚。不管是工作方面的事，还是某项运动、某种乐器，什么都可以。

· 多关注自己的优点。你可以列出五件你喜欢做的或者你认为自己擅长做的事情。当你灰心丧气时，可以看看这个清单，它可以让你意识到你有很多喜欢做的或是做得很好的事。这个清单可以是你的小秘密，也可以是公开的。如果你愿意，你完全可以把它贴在冰箱门上"昭告天下"。

脸红很正常

脸红是感到尴尬、害羞、窘迫时的一个常见"副作用"。人之所以会脸红，是因为当情绪波动较大，如紧张、兴奋、羞愧时，人体会分泌大量的肾上腺素等激素，这会导致心跳加快、毛细血管扩张、血液流动速度加快，外在表现之一便是脸红。此外，人情绪波动大时还可能一下子出很多汗，特别是手心。

别再通过装酷来彰显自信了，因为：

· 这太难了，也没有必要。

· 总是耍酷会让你有一种"生人勿近"的气场，使得别人不敢接近你。

· 如果有人因为你看起来不够酷而嘲笑你，那么他们也不值得你费尽心思去给他们留下一个好印象。

❗ 做一个有主见的人

有一些人天生就有主见，也有一些人天生容易犹豫不决。有主见意味着能够为自己和自己所支持的事物挺身而出，意味着敢说"是"和"不是"，意味着能够遵从自己的内心，做出自己认为正确的决定并付诸行动，即使决定做的事是不容易完成的或不受欢迎的。

当今社会，女性仍然面临着性别歧视的问题，来自外界的种种声音和看法压在女性身上，导致女性做很多事情时都会犹豫不决，甚至觉得如果是自己做主的话就什么都做不好。女性一方面想树立起诸如"职业女强人""超人妈妈""完美伴侣""社交达人"之类的形象，另一方面又迫于外界压力不得不牺牲自己的意愿和快乐来成全他人。最终，在工作中，女性常常感到力不从心；在家庭生活中，女性常常觉得对家人有所亏欠，觉得自己没有照顾好他们。

作为女性，你可以多与自信、有主见的人接触，尝试学习和模仿他们的做法，也可以阅读名人传记，从中汲取力量。

❗ 勇敢说"不"

你可以想办法屏蔽掉那些咄咄逼人的发言，或者至少强硬一些，勇敢地对那些吹毛求疵的人说"不"。当你说了"不"，他们可能就会转移目标，直接去找别人。当然，可能会有个别的人试图说服你，想要你改变主意。这时，你要坚持自己的立场，就像教育孩子那样，说一不二，说不行就是不行。这招听起来很简单，没什么技术含量，但它确实有效。

有人认为，生活中有两种人，一种是"发问者"，一种是"猜测者"。发问者永远在提问题、提要求，其实，他们有时就是想试一下，碰碰运气，如果有人给出正面的、肯定的回答，他们就赚到了。而猜测者通常不会轻易提问，除非他们已经预料到答案是肯定的。猜测者会认为发问者过于咄咄逼人，而发问者通常觉得猜测者是无欲无求的，因为猜测者总是保持沉默。所以，千万不要想当然地认为你应该回复"是"——也许对方只是随口一问，等你上钩呢。

如何说"不"

· "不。"
· "没有。"
· "不用，谢谢。"
· "恐怕这对我没用。"
· "不好意思，我拒绝。"
· "真遗憾，我没办法这样做。"
· "抱歉，我不能这样做。希望你一切顺利。"
· "那不是我的强项。"
· "这个不合我的胃口。"

· "要不下次吧。"
· "我之后再联系你。"
· "不可能。"
· "我不干了，拜拜。"
· "这听上去不错，但很可惜我无法参与。"
· "这不行，我的孩子／丈夫／教练不会答应的。"
· "真遗憾，我帮不上忙。"
· "我现在已经忙得不可开交了。"
· "不用，如果我改变主意了会给你打电话的。"
· "我稍后／明天／下周再答复你。"

❗ 别再无缘无故说"对不起"

不知道你有没有听过以下这个带有性别色彩的、老掉牙的说法：

如果你对一个男人说他把事情搞砸了，他会勃然大怒，说："胡说！"而女人在被指责时，更有可能这样回应："对不起，对不起。你说得对，这太糟糕了。我肯定不会再这样做了。我真的很抱歉。对不起。"

女性有时候就是更容易说对不起，她们甚至常常在什么也没做时就先道歉，张口就是"对不起"，例如："对不起，我想告诉你，你的车在停车场着火了。""对不起，打扰了，我想把这周的销售数据发给你。"即使这些数据是她们熬了一个通宵才整理好的，她们依然会以"对不起"作为一句话的开头。

以下是一些可以代替"对不起"的表达方式，尤其适用于有人试图诋毁你、打击你的自信时：
· "这个想法有点意思。"
· "我从来没有这样想过。"
· "这个点子不错，虽然我不一定百分之百同意。"
· "我明白你的意思。"
· "这当然值得考虑。"
· "谢谢你的反馈。"
· "你可能是对的。"

· "好嘞，谢啦。下次我再试试你的办法。"
· "我会继续努力的。"
· "这是另一种看问题的方式。"
· "真的很感谢你的参与。"

男性和女性的对比

我有一个朋友，他是棒球教练。他告诉我，他发现，如果一个男人漏接了一个球，他一般会先抱怨地面不平、阳光晃眼，甚至是裤子太紧了，接下来，他会更努力地去接下一个球。他们会暗自给自己打气："我会接住这个球的！"而当一个姑娘没接到球时，她很可能会责怪自己："我简直没救了。""天哪，对不起！""我总是接不到。"之后她会泄气，结果就更接不到球了，然后她就更沮丧了。

❗ 假装自信

在统计调查问卷结果的过程中我注意到，很多受访者表示，自己是用"假装自信"的方法来逐步提升自信的。也就是说，通过扮演一个自信的人，她们可以在身边的人心中拥有一个"人设"，一旦这种人设建立了，她们就更容易这样看待自己。慢慢地，她们就真的可以变成一个自信的人。

所以，大胆地开始"表演"吧，直到你和"角色"融为一体，变成一个充满自信的人。你可以通过改变着装和态度来让自己看起来很自信。这种伪装是可以实现的，只要你穿着得体，表现得胸有成竹，像是一切尽在掌握中就可以了。

下面是一些"假装自信"时的注意事项：
· 切记着装要得体。
· 讲话之前，要做好充分的准备。
· 与人交谈之前先握手，这样一来，别人会不由自主地对你更加关注。
· 说话时语气要坚定，不要在一句话的结尾用上表示疑问语气的字。

· 如果有必要，可以在演讲的时候带上你的"道具"。这个道具可以是一个文件夹、一个写字板，也可以是一个电子演示文稿。
· 说话的时候，看着对方的眼睛。这会使对方更重视你，也会让你看起来更诚恳、更胸有成竹，有助于你赢得对方的尊重。
· 即使你很难受，也别在公众场合发泄情绪。你可以私下大哭一场，也可以对着枕头出气。

❗ 多多肯定自己

你对自己了解多少？你会经常肯定自己吗？把下面这些话熟记于心吧：
· "我能做得更好。"
· "我追求幸福生活的权利一点也不比别人少。"
· "我是一个独立的个体，我很棒。"
· "没有人是完美的。虽然我不完美，但我有很多优点。"
· "如果一件事的结果不令人满意，那不一定是我的原因。"
· "虽然我生得不漂亮，但我一定能够活得很漂亮。"
· "既然别人能做好，我也一定没问题。"

总之，经常夸夸自己、鼓励自己吧。你也可以练习大声反驳别人的看法，或者大声回答别人的问题。你练习的次数越多，就越能自然而然地说出那些话，从而减少焦虑、变得自信。

自信与原生家庭

如果一个人从小到大总是被父母批评，总是得不到父母的支持，那自卑可能会伴随他的一生。当然，也有很多人通过后天的努力战胜了原生家庭带给自己的阴影。比如，很多在这样的家庭里长大的人，在自己有了孩子后，下定决心打破这个恶性循环，没有采取相同的方式对待自己的孩子，这既是为了让孩子健康成长，也是为了让自己摆脱原生家庭带来的负面影响。

❗ 如何在一个挑剔的家庭环境中生存

如果你来自这样一个家庭，家人们天天挖苦你，没有人会对你说"我为你感到骄傲"或者"你做得真棒"，那你可能很难有自信。但是，千万别气馁，这一切是可以改变的。

首先，如果这种挖苦一直没有停止，请直接告诉父母或其他家庭成员，这些贬低和挖苦你的话让你很难受，他们必须停止这样做（你可以参考本章第三节《与自己的身体交朋友》、第七章第一节《原生家庭》及第三节《朋友满天下，相知有几人》的相关内容）。然后，如果有必要的话，你可以咨询心理咨询师。

我知道，让你反复把伤口撕开、重新体验这些痛苦是一件很困难的事情，也知道要从这样的家庭环境中跳脱出来，对家人的行为做出反击需要很大的勇气。但是，相信我，你的这些努力能让你收获很大的回报，那就是自由，还有解脱。你才是自己的主人，不要让他人的言行伤害到你。

❗ 育儿也要自信满满

有时候，他人对你育儿之道的评价会削弱你的信心。总有一些人习惯了以自我为中心，总是会忽略其他人的感受和处境。实际上，他们这种指手画脚的行为无意中暴露了他们的想法，那就是他们想逼着你做他们觉得对的事，因为他们总是自我感觉良好，觉得自己的意见和想法才是对的。换句话说，其实你一点都没有做错，要怪就怪那些人非得满世界找认同感，非得让别人的想法和他们的一样。当你仔细想想就会明白，这些人的行为恰恰说明他们缺乏自信，必须依靠他人的认同来证明自己是对的。如果你想知道如何在养育子女的时候更有信心，以及如何屏蔽他人的评价，请参考第七章第

二节《新生家庭》的相关内容。

以下是一些针对你身处窘境时可以怎样说、怎样做的小建议。

❗ 如何优雅地表达"不要多管闲事"

你可以准备一些万能句式，来应对那些多管闲事的人。

· 一位知名的专栏作家建议大家使用下面这个万能句子："当我有事需要宣布的时候，我会让你知道的。"这句话既可以警告那些想要窥探你隐私的人"少管闲事"，也可以敷衍那些只是想知道更多八卦信息的人。

· 美国的一位礼仪大师曾经建议一位读者这样回复无礼的问题："你真好，乐意为我的私生活操心。不过我向你保证，你的担心是多余的。"

你也可以试试下面这些办法：

· 用平静的语气回复他们。这种语气可以让你"打遍天下无敌手"。你可以露出八颗牙，一边亲切地微笑，一边说："啊，我不会去那里的。""换个话题吧！午饭吃什么呢？"不管发生什么事，你都要有礼有节。这种态度有助于你掌控谈话的节奏，更好地表达自己的意思。避免大喊大叫，因为这样做不仅有失体面，也会让你心情变差。

· 保持神秘的微笑。想想蒙娜丽莎吧，对，就是那种微笑。有时候，什么都不说，只是微微一笑比冷冷地、不置可否地说一句"或许你是对的"更有杀伤力。

· 让别人摸不着头脑。你可以说一些答非所问的话，然后离开，让那些人留在原地，想破脑袋也搞不懂你刚刚说的话。这一招既有趣，又有效。不过你需要多多练习，毕竟那一刻你有可能反应不过来。

· 严肃一点，为谈话上升一点高度。例如："你知道吗，我们常常被倡导使用文明用语，这是因为有些人会以各种不得体的方式越界，你说对吗？"这句"你说对吗"听起来像是你在征求对方的意见，但实际上，你是在用反问的语气暗示对方不要多管闲事。

如何应对无礼的问题

总有一些好事者会问一些无礼的问题，这些问题常常让人心生不悦，例如："你今年多大了？""你交过几个男朋友？""你什么时候结婚呀？"对于这些问题，你可以答非所问。例如，如果有人问你："你打算什么时候找个男朋友啊？"你可以这样回答："我很好，你呢？"另一种策略是用一些俏皮话来回答，同时转移话题。例如，你可以说："他还在找我的路上吧。也许是 9 月 15 日下午 3 点，因为那时我有个重要会议。"或者说："这很难说啊。说不定一会儿就有了。话说，你最近工作顺利吗？"

你也可以直接回击对方，例如："如果有了，你会第一个知道。"（这是一个"善意"的谎言）"你为什么老是这么问呀？""拜托，你都问过我好几次了，我希望你就此打住。如果我有什么消息想要告诉你，一定会对你说的，好吗？"

"好吗"意味着他们必须同意，除非他们特别不识趣或者特别令人讨厌。有些人并非真的对问题的答案感兴趣，只是习惯性地打探别人的隐私或者随口发表评论，当你这样说时，他们会识趣地闭上嘴。但是，如果有一些"讨厌鬼"没有就此打住，还在继续说个不停，你可以试着用下面的话反击他们：

· "行了，不要说了。"

· "你为什么这样对我呢？"

· "对别人刻薄会让你自我感觉良好吗？"

· "你干什么呢，有完没完？"

你也可以这样做：

· 掏出一个笔记本，写写画画。如果他们问你在干什么，你可以说："我在做笔记。"

· 对着他们，露出神秘的微笑。

如何应对"二手"谣言或刻意的挑拨

有些人喜欢传闲话，把别人背后说你的话告诉你，有一些人还会瞎编一些话，来挑拨你和某个人的关系。以下列举了一些可以用来应对这些人的话：

> 别人："加里说你有个大屁股。"
> 你："数你机灵，这种话有必要来回传吗？"

> 别人："老板对你周六做的工作很不满。"
> 你："等她亲口对我说吧。"

> 别人："莎伦说你是个小气鬼。"
> 你："我可不是。再说了，整天说这些有的没的，有什么意思呢？还不如和我聊聊，你在哪儿买的这双鞋？"

如何应对关于体重或外貌的评价

对于陌生人的评价，你可以完全忽略掉。至于熟人对你的评价，你可以看对方只是随口一说还是带有恶意，根据对方的目的来应对。以下列举了一些可以用来对付那些带来恶意的人的话：

· "你意识到你刚才说的太大声了吗？"

· "你知道吗，心里想的事情不一定要说出来。"

· "你总是这么刻薄吗？"

· "如果你妈妈听到你这么说，她会怎么想啊？"

· "你知道的，我真的想长胖一点，看样子我成功啦。"

· "关你什么事？"

· "你应该为你的行为感到羞耻。"

你不需要和这些人吵架。给他们一个体面的回复，然后直接走开即可。如果你没法立刻脱身，那就用既困惑又怜悯的眼神看着他们，或者用老办法：冲着他们微笑。

是什么提升了你的自信?

年龄。岁月让我拥有了足够多的经验,学会了以不变应万变。

——琼（51岁）

孩子。有了孩子之后,我开始重新审视我的生活,因为我必须给孩子撑腰,学会硬气起来。

——朱尔斯（37岁）

健身!我感觉现在的我更自信了,也更健康了。

——露西（28岁）

认知行为疗法。它对我来说简直是无价之宝。没体验过这种疗法之前,我觉得自己一文不值。

——克洛艾（25岁）

和别的妈妈交流。我发现她们也会面对我遇到的那些育儿难题,这让我意识到,我不是唯一一个过得如此艰难的妈妈。

——凯特（40岁）

善待自己。我学会了爱自己,原谅自己的失败。

——凯瑟琳（55岁）

努力工作。身为董事会里唯一的女性,我必须证明自己至少跟其他人同样优秀。

——玛格丽特（67岁）

学会开车;从大学毕业;学着当一个顾问;发表短篇小说;朋友们喜欢和我待在一起。

——琼（82岁）

当我发现,我妈妈也会做出错误的决定。

——阿曼达（35岁）

跟一个尊重我、愿意花时间听我说话的人交往。

——杰玛（27岁）

他人的鼓励。老板和同事都很好,他们会夸我,给我鼓劲儿。

——玛丽亚（36岁）

参加团队运动。我在42岁时开始踢足球啦。

——薇芙（44岁）

和一个有自闭症的兄弟一起长大;在交通不便的地方生活;因为家人去世,不得不找一份兼职来补贴家用。这些都逼着我在14岁的时候迅速成长。我想,是这些经历让我晓得自己有多厉害。

——卡罗琳（19岁）

一个尊重我,每天都告诉我我有多棒的丈夫。

——彭妮（35岁）

再也不用面对整天打击我的丈夫了。

——玛格丽特（56岁）

假装自信。开始的时候,我让自己扮演一个知识渊博、乐于助人、风趣幽默的人。现在我真的成了这样的人。很可能我本来就是这样的人!

——瓦妮莎（39岁）

和充满了正能量的妈妈们聊天。

——基拉（21岁）

有组织、有计划地自我"洗脑",用积极的念头来对抗我对自己体重的每一个负面想法。

——科莉特（38岁）

在工作之余做额外的研究。这让我对工作更有信心。

——洛乌（25岁）

担任导游、领队和消防队的秘书。经常出现在公众面前给了我在很多人面前演讲的信心。

——布朗温（28岁）

我的智慧;我受过的教育;我积累的知识。

——特丽（40岁）

假装很自信。通过假装,现在我真的更有自信了。

——勃朗特（31岁）

我在绘画方面的天赋。

——劳拉（30岁）

我的智力;我做出正确决定的能力;我处理危机的能力;我独立生活的能力。

——凯斯（38岁）

我的丈夫和孩子们。他们那么爱我,那么重视我。

——简（37岁）

击败了癌症。

——卡罗尔（36岁）

我是个好人,大家都喜欢我。

——安吉拉（26岁）

我的未来。

——乔雅（19岁）

我有自己的生意,我能给自己从事的行业做贡献,我还雇用了别人,为别人提供了就业机会。我的生意还挺成功的。

——阿曼达（49岁）

我这辈子做到的各种事情,尤其是我在60多岁时拿到了博士学位这件事。

——珍妮弗（69岁）

❗ 如何维护别人

如果有人在你面前嚼舌根，而被嚼舌根的人不在场，你可以这样说：

· "听到你这样说我很惊讶，我觉得弗洛西最近干得特别好。"
· "你在说什么啊？黛西看上去还是那么美呀。"
· "我觉得这不是真的。"
· "这样说太过分了。"
· "不管怎么说，我并不认同那些谣言。"
· "她自己听到这些话都会吓一跳的。"
· "我一直觉得他挺可爱的。"
· "说真的，我觉得他的演讲棒极了。"

❗ 如何礼貌地提出异议

不认同别人的说法时，清楚地陈述自己的观点即可，不要对别人进行人身攻击。你可以说：

· "我不同意。"
· "有意思，我的感觉恰好相反。"
· "原来你是这样想的，但是我完全不同意你的想法。我认为……"

❗ 如何得体地停止不愉快的交谈

当你和某个人交谈得不太愉快时，你可以什么都不说，默默走开，尤其是当他看起来咄咄逼人的时候。你也可以伸出手制止他，就像交警示意停车那样，然后娓娓道出以下的话：

· "好吧，我觉得我们聊得差不多了。谢谢你哟！"
· "抱歉，我有事先走啦！"
· "我得打断你了，亲爱的。我还有别的事，我要先走啦！"
· "行，聊不下去了。回头见。"
· "你踩到我的底线了。"

❗ 如何反击令人讨厌的言语骚扰

当有人对你进行言语骚扰时，你一定要明确表现出自己对这种行为深恶痛绝。你可以说：

· "我的天，你居然说这个！我要走了。"
· "天哪，没得聊了。"
· "我不想听到这种话。"
· "我为你说出这种话感到遗憾。"（一边说一边摆出一副十分同情对方的样子）
· "如果我是你，我可不会讲这种话。"
· "你真无聊。走开！"
· "我是认真的，请你闭嘴！"
· "我希望你别再说这些了，你懂我的意思。我再也不想听到这些下流话了！"
· "这些话真的没什么营养。"
· "我举双手双脚反对，我十分不喜欢你开的这种玩笑。"
· "你刚才说的话很伤人，懂吗？"
· "你可能觉得自己只是在开玩笑，但这种话带来的伤害可不是闹着玩的。"

如何应对工作场合中的言语骚扰

如果你在工作场合多次遭遇言语骚扰，或者同事经常对你讲黄色笑话，请及时寻求法律帮助。如果是偶尔遇到这种情况，除了参考上述回答方式，你也可以参考以下话语：

· "好吧，这是第一次警告。如果有第三次，你就需要找个新工作了。"
· "请继续工作上的话题！"
· "别扯这些没用的，行不行？"
· "我们不应该在这里进行这种谈话。"
· "你难道不知道有人因为说这些恶心的话被炒鱿鱼了吗？"
· "你刚才说的那些话已经构成性骚扰了。这些话足够让你受到正式警告，甚至被炒鱿鱼。如果你不明白为什么，那么你应该自己找找原因。"

你对自己的身体满意吗?

因为我的腰很细，所以我的臀部看起来很大。我不喜欢这种身材。

——利娅（29岁）

我不喜欢我的屁股，因为它太圆了。

——蒂娜（31岁）

我不喜欢我扁平的屁股。它实在是太平了。

——金（36岁）

我不喜欢我前凸后翘的身材。

——汉娜（24岁）

我不喜欢我的腿，它太粗了。走路的时候，上面的肉还会来回晃动。如果不穿塑身衣，我都不敢穿裙子。

——凯特（28岁）

我的皮肤很差，这让我看起来很丑。

——阿米莉亚（29岁）

我不喜欢自己的大脚，也不喜欢自己的大高个儿。

——伯尼（51岁）

我不喜欢自己的矮个子，我有时候担心别人会以为我才11岁。

——安娜（28岁）

我不喜欢自己嘴唇周围长的一堆小茸毛。女人不该是这样的。

——卡琳（45岁）

我的鼻子太大了。口罩、化妆品，等等，都拿它没办法。

——明妮（33岁）

我不喜欢自己身上的疤。

——塔尼娅（37岁）

我的身体不完美，可我还是很喜欢它。

——阿尔泰米西娅（43岁）

我知道我的妊娠纹是由我生命

中最珍贵的两个小家伙造成的，可是我还是很讨厌这些难看的纹路。

——朱莉（37岁）

我的胸太小了。

——史米尔（32岁）

我希望我的胸小一点。胸太大的负面影响是，我后背中间那里疼了好多年。

——德博拉（38岁）

我的体脂率低得惊人，我不喜欢这样。我希望自己能拥有"曲线美"。我的身材跟人们认知中的女性的完美身材完全相反，这让我想哭。

——卡丽（29岁）

我有时真希望自己的骨架能小一点。我觉得这是社会审美趋势带给我的焦虑。

——阿妮娅（20岁）

我的胳膊太细了。

——布鲁克（39岁）

我讨厌胳膊上有那么多赘肉。抬起胳膊、放下胳膊时，那些赘肉会晃动。

——娜塔莎（36岁）

我想，如果我仔细观察自己的身体，那我肯定会找到不喜欢的地方。不过，我一点也不在乎！

——佐薇（32岁）

我一直努力学习如何毫无保留地爱自己，包容自己的所有缺点。总的来说，我对自己的身体还是很满意的。

——凯特（39岁）

好多人说我是一个行走的"衣服架子"，但是我觉得自己看起来骨瘦如柴。

——乔（65岁）

其实，我还挺喜欢自己肉乎乎的身体，不过我知道，这样不健康。我过度肥胖，目前正在减肥，我能看到自己在一点一点地瘦下去。我很高兴我的身材有了变化。

——莎伦（40岁）

没有什么地方是我不喜欢的。我可能不会对自己身体的每一个部分都满意，但是我也不讨厌它们。

——雷娜塔（30岁）

我对自己的身材十分满意。

——露丝（48岁）

我喜欢身体上的每一条伤疤和皱纹。我的身体记录了我的故事。我很感激我是健康的，走起路来可以健步如飞。

——萨拉（27岁）

我一般不去理会自己不满意的地方，就当看不见。

——葆拉（43岁）

我的身体决定不了我是一个什么样的人。

——弗蕾德（54岁）

现在我醒悟了：体重高低和身材好坏真的不重要，身材好坏是一种主观的评价。我觉得我现在的身材就挺好的，因为这是我自己的身体啊！

——丹妮（31岁）

这些年来，我的体重变化可大了，不过我不太在乎这些。不管是胖还是瘦，只要自我感觉良好就行。

——杰丝（27岁）

与身材焦虑做斗争

　　如今，姑娘们对自己的身材不满意成了司空见惯的事。人们没有把复古风格的连衣裙和迷人的配饰留给新一代的姑娘们，而是把害人不浅的羞愧感和自我厌恶感传了下来。

　　停止吧！让我们摆脱身材焦虑！

　　在这一节，我将介绍一些有助于停止评判自己的身材和体重的方法，争取帮助姑娘们摆脱身材焦虑。

你在不满意什么？

大多数女性对自己的外表都不太满意，其中有一些女性还会特别厌恶自己身体的某个部位，有的甚至到了仇视的地步。很胖的女性不开心，很瘦的女性也不开心；胯宽的女性觉得自己很难看，胯窄的女性也觉得这是个很大的缺点；胸大的女性觉得很有负担，胸小的女性常常垂头丧气；头发自来卷的女性对自己的一头卷毛很苦恼，直发的女性折腾着要烫发；高个子的女性气鼓鼓，矮个子的女性巴不得回到童年重来一次；腰细的女性会抱怨腰细显得屁股大，腰粗的女性又心心念念地渴望腰能再细一点……

在写这本书的过程中我体会到了一点，那就是重要的不是我们的身材是什么样子的，而是我们的感受以及我们能否从心底里接受自己的样子。在统计调查问卷结果的时候，这种感受更强烈了，因为我发现，对于同一个身体部位的同一种形态，有的女性视它为痛苦的来源，而有的女性则发了疯似的想要拥有。

澳大利亚人可以说是生活在大海的怀抱中，但是很多女性不愿意去沙滩，因为她们对自己的身材和长相不满意。一些生过两个孩子的女性抱怨说，她们穿比基尼的时候，效果看起来比广告中的模特差远了。可是，这种期待是从何而来的呢？为什么一定要让自己看起来跟模特一样呢？实际上，我们完全没必要整日惦记着自己的身材看起来是什么样子的，我们只需要躺在沙滩上静静地享受就可以了。

作为女性，我们就不能有一个喘息的机会吗？我们必须时刻看起来很性感，不管我们是18岁、43岁还是67岁吗？

如今，身材焦虑实在是太普遍了，很多女性坚信，这个世界上没有女性会不在乎自己的身材。目前的审美趋势是"以瘦为美"，所以大部分女性都想变得再瘦一点，甚至连超级名模都经常盯着镜子看，就为了挑出自己身材的毛病，看看哪里还有瘦的空间。当今这个时代，大众对女性身材的评价或抨击更是屡见不鲜。身为女性，我们能做些什么？我想，我们可以从自身做起，从不苛刻地评判自己和别人做起。我们要意识到自己被灌输了错误的观念，要学会摆脱自我厌恶感，提升自我评价，并且帮助下一代，避免她们重蹈覆辙。

可喜的是，许多女性已经不再理睬那些铺天盖地的、会制造身材焦虑的营销文案和宣传语了。但是，仍有一些女性执迷不悟，常常对自己的身材吹毛求疵。

"我就是我"

理想是理想，现实是现实

很多媒体推崇的"理想身材"是身材高挑、瘦削，但同时胸部很丰满、臀部也很翘的身材。有些模特的身材确实是这样的，但那毕竟是少数，而且这些模特可能要为此付出各种各样的努力，包括严格控制饮食、坚持健身以及借助科技手段塑形。很多没有拥有这种身材的女性认为自己"有问题"。她们会问："为什么我不能拥有那种身材呢？"而不会说："为什么只有那种身材才是好身材，这是谁规定的？那些这样说的人应该闭嘴！"

地球上有几十亿人，每个人的身材都不同，因此"只有一种身材是完美的"之类的说法完全没有道理。实际上，每个人的容貌不同，身材也不同，但是大家各有各的美。如果你认为自己没有别人眼中的理想身材是因为自己不够努力，并因此责备自己，那你就踏入了一个怪圈，一个让你为此疯狂购物、不吃饭、在长达数十年的时间里自我厌弃的怪圈。你一定要意识到这一点，避免自己陷入这个怪圈。

你的体形

从某种程度上来说，你的体形在你出生之前

就已经由你的基因决定了。你可以通过调整饮食和锻炼来改善体形，但是有些方面是你很难控制的，比如新陈代谢速度和骨架大小。当然，如果你在儿童或青少年时期营养不良，你的身高和骨骼发育也会受影响。

实际上，人的体形与出生年月没有关系，与某些"体形管理专家"大肆宣扬的减肥新理论也没有关系。人的体形主要受遗传因素影响，新陈代谢的速度也会影响体形。人和人新陈代谢的速度是不一样的，有一些人就是可以快速地、轻而易举地消耗更多脂肪（当然，如果经常锻炼，新陈代谢的速度会加快）。所以，你要对自己的体形有一个清晰的认识，并且根据它来调整你的想法，时刻谨记"这就是我"。如果你无法接受自己的体形，那么你会将很多时间都浪费在抱怨和唠叨上，天天想着"我的大腿太粗了""我的胸部太小了"或者"我太矮了"，但这些抱怨和唠叨改变不了任何东西。因此，你要想办法接受自己的身材，不要因为一些无法改变的事而活得像祥林嫂。你可以经常跟那些不会对你评头论足的人一起出去玩，还可以参加一个社团或兴趣班，让自己忙起来。你要明白，你眼中的缺点，在那些爱你或欣赏你的人眼中是无关紧要的，况且或许在他们眼中，这正是你的可爱之处呢！

水果型身材

医护人员一般认为，相较于梨型身材，苹果型身材的人会面临更高的健康风险。这是因为梨型身材的人脂肪主要堆积在臀部和大腿上，这虽然会导致臀部和大腿看起来很丰满，但通常不会与健康风险挂钩；而苹果型身材的人脂肪主要堆积在腹部，这不仅会导致肚子看起来很大、很圆，还容易导致内脏脂肪堆积过多，从而增加 2 型糖尿病和心脏病的发病风险。

很多人知道了上述信息后，会通过测量胸围、腰围和臀围来判断自己的身材属于哪种类型，但我建议，最好不要总是测量自己的三围，除非要去裁缝那里做衣裳。三围只能给人提供大致的参考，过度关注三围容易导致身材焦虑，还可能让人过度节食，但这种干劲往往只能维持很短的时间，如果在疯狂节食后又报复性进食，反而会影响身体健康。如果可以的话，最好不要去计较三围的数字，而是逐步改变自己的生活方式，这样做对健康更有益，而且效果往往更长久。

时尚

有一些时尚顾问对女性的体形进行了更为具体的划分，如 H 型身材、沙漏型身材、Y 型身材等，并据此给出了穿衣建议。有些女性不喜欢被归类，但也有一些女性很高兴能得到一些关于穿衣打扮的建议。如果你想了解如何挑选适合自己身材的衣服，可以参考第 59 页至第 61 页的相关内容。

你的体重

对任何人来说，健康的体重都不是一个精确的数字，而是一个大致的范围。体重在这个范围内时，人体的抵抗力更强，精力更为旺盛。那么，该如何判断自己的体重是否在健康范围内呢？最直观的表现就是身体能支撑你完成各项日常事务，精力比较旺盛，生病的次数比较少。因为当一个人的体重过重或过轻时，其身体的各个器官和部位就会承担过多的压力，导致身体无法正常运转，从而大大增加受伤和生病的可能性。

如果你需要更多关于饮食和运动方面的信息，请参考第三章。

如何评估自己的体重

你的体重在健康范围内吗

如果你对以下所有问题的回答都是"是"，

评估你的身材和体重

我感觉自己不胖，但是，身体质量指数显示我"超重"了。

——莉比（31岁）

我的身体质量指数显示我超重了，尽管我看起来并不胖。

——露丝（18岁）

虽然我的身体质量指数没问题，但是我对自己的身体状况不太放心，因为我几乎不运动。

——阿莎（24岁）

我的身体质量指数在正常范围内。我发现，维持目前的体重时，我的精力最旺盛。

——莉比（44岁）

我的体重还可以（根据身体质量指数来看），但是腰围太大了，因此我总觉得自己患某些疾病的风险增加了。

——蕾切尔（29岁）

我的身体质量指数是理想的，别人也觉得我看起来很纤细。可我有进食障碍。

——埃米（28岁）

我很健康，最近还跑了一场马拉松，但是我的身体质量指数高于正常的范围。难道我太胖了？

——埃莉萨（29岁）

我是干体力活的，所以我需要重一点，这样才有力气工作。

——特莎（30岁）

这是一场没完没了的战斗：一方面我觉得自己很健康，另一方面我又想让自己再瘦一点，看起来苗条一点。

——蒂皮（36岁）

我觉得，都怪那些媒体给我"洗脑"，让我认为丰满的身材是不好

的。我很生气，因为这让我不敢大大方方地展示自己的身体。

——马卡什拉（46岁）

我对自己的身材在"满意"和"不满意"之间徘徊，这取决于我是否在杂志上看了太多"标准身材"的女性。

——琪琪（29岁）

大概30岁以后，我意识到，我关注自己的身材是因为太在乎别人的看法。从那以后，我看开了，不再那么在乎自己的身材了。

——阿曼达（35岁）

虽然减肥对我来说并不困难，但我对自己的体重相当满意。

——乔迪（30岁）

我知道我的体重是健康的，可是我想再瘦一些。

——莉娅（20岁）

仅从数字上来看，我的体重在健康范围内，但这并不代表我觉得自己很健康。

——贝克（28岁）

我很瘦，可我总是很饿。我从来都不满意自己的身材和体重，不管是胖还是瘦。

——蕾切尔（38岁）

医生不停地告诉我，说我的体重已经"很危险"了，这可能导致我患某种很可怕的病。这让我非常后悔曾经吃过那么多巧克力和其他美味的甜食。

——玛格丽特（50岁）

我喜欢自己丰满的身材，但我还是想要减肥，因为这样买衣服能更容易一些。

——乔茜（37岁）

既然我老公还能把我举起来，就说明我的体重没什么问题。

——菲德拉（40岁）

我比我老公还重，这让我有点苦恼。

——玛丽（33岁）

我经常散步，也不怎么吃零食。虽然我有一点超重，但我觉得自己还挺健康的。

——卡罗琳（43岁）

我的身体质量指数在正常范围内，但我看起来偏瘦。

——玛丽莲（39岁）

我时常变成一个"疯子"，不惜一切代价想要变得苗条和美丽。

——杰西卡（29岁）

我现在的体重是94千克，比体重为120千克的时候感觉更舒服。

——简（56岁）

人们说我太瘦了，可我不这么认为。我能感觉到自己增长的或者减去的每一克脂肪，我很了解自己的身体。

——丽萨（25岁）

从数据上看，我的体重有点过轻了，但这是因为我的骨架很小。我也从不控制饮食。基于以上情况，我觉得自己现在这样就很好。

——丽贝卡（33岁）

天哪，我太胖了。

——萝宾（41岁）

我总是拿自己的身材和20多岁的姑娘的身材做比较。

——P（46岁）

千万别拿自己的身材和别人的做比较。别人是别人，你是你！

——卡米尔（43岁）

那么你的体重应该在健康范围内。

- 你觉得自己的抵抗力一直很好吗？
- 你觉得自己强壮、灵活吗？你能做到绝大部分你想做的动作吗？
- 你会定期运动吗？
- 你能干一些普通的体力活且不会气喘吁吁吗？
- 你平时是否能做到均衡饮食，并且很少摄入高脂肪、高糖的食品呢？
- 你是否每天规律地吃三餐，而不是饿了才吃东西？你是否有意识地控制食物的摄入量，而不是在感到无聊、心烦意乱、已经饱了或者不饿的时候仍然胡吃海喝呢？
- 你是否每周有数天完全不喝酒，即使喝酒也不超过两杯呢？

🔻 体重与健康风险

如果想要准确判断自己的体重是否会引发健康问题，你需要向医生咨询，并且和他聊聊你的生活方式。更多这方面的内容，你可以参考第三章第一节《怎么吃，更健康》和第四章第一节《身体养护》。

如何停止评判自己的身材和体重

姑娘，不要根据你看起来胖还是瘦来评判自己。看起来胖，并不一定意味着你不健康，而看起来瘦，也不意味着你很健康。也不要因为身上的肉会抖动而大惊失色。你可以留心一下田径比赛，注意观察比赛过程中女选手们的肌肉是如何来回抖动的——要知道，她们的体脂含量往往低于常人。即使你很瘦，当你运动时，你身上的肉也会抖动。如果没有这些肉，人体就无法维持正常的生命活动。下面我提出了 10 个建议，希望这些建议能帮你停止评判自己的身材和体重。

❶ 不要根据别人的话来评判自己

"你太胖了，得少吃点。"这类具有伤害性的话往往来自那些自认为有权力对你指手画脚的人（比如你的父母），或一些想要伤害你的人（比如你的竞争对手）。哪怕你真的需要改变，这些评价对你也没什么帮助，更别说很多时候这些评价本身就是错误的。此外，你也要避免对其他人说这种话。很多有进食障碍的女性能一字不差地记住这些负面的评价，正是这些评价引发或者加重了她们的病情。

需要注意的是，一些对体重的赞美性话语同样具有危险性。"你真好看，你是不是瘦了点"这样的话会让人觉得"什么呀，难道我以前看起来很糟糕吗"。因此，最好不要将一个人好看与否和她的体重高低联系起来，这可能会伤害到她，甚至导致她痴迷于变瘦这件事。夸奖一下她的发型或衣服，或者单纯地夸她看起来很美、很棒就可以了。另外，如果有人喋喋不休地谈论你的体重，你可以直接说："谢谢，我希望你不要再讨论我的体重了。""我不知道我瘦了多少，我只对自己健康与否感兴趣。"

❷ 不要根据别人的身材和体重来评判自己

不倡导这样做的最关键的原因是：你不该把自己和其他女性做比较。即使你的臀部看起来比较大，也不意味你比别人差，每个人都是独一无二的。当你羡慕同事拥有看起来非常健美的上臂时，这位同事说不定正在为自己的大腿感到绝望，觉得你的大腿看上去更好看。比来比去，结果就是你们俩都不开心，但实际上你们俩看起来都很好。

❸ 不要根据衣服的尺码来评判自己

关于衣服尺码的问题，你可以阅读第 63 页至第 65 页"了解衣服尺码的秘密"部分，我在那一部分介绍了为什么明明是同一个人，衣服的尺码却能上至 L 码，下至 S 码，以及为什么一个人穿什么尺码不完全由三围决定。大体来说就是，衣服的尺码与品牌有关，很多尺码的设置是为了讨好顾客和建立品牌忠诚度。因此，你不需要那么在意衣服的尺码，更不需要根据衣服尺码的大小来评判自己的身材是好是坏。

❹ 不要根据体重秤上的数字来评判自己

要知道，体重增加不一定是坏事。在青春期，体重增加意味着人正在发育；成年后，体重增加可能是因为人的肌肉量增加了（这是一件好事），而体重减轻可能是由肠胃不适、呕吐或腹泻引起的（这可不是好事）。

永远不要把目标体重设置为一个固定不变的数，也不要每天都称体重，除非你生病了，医生需要根据你的体重来精确计算用药剂量。每个人的体重都会因为很多因素而上下浮动，比如是在如厕前称体重还是如厕后称体重，前一天吃的食物的种类和数量，穿的衣服的厚薄和数量，等等，更不用说许多体重秤本来就不准。体重并不能完全反映人的健康状况。如果觉得自己过瘦或过胖，可以去做一个全面的体检。总之，要避免养成每天称体重的习惯。

❺ 不要只根据体脂率来评判自己

体脂率是身体脂肪重量与体重的百分比，它能在一定程度上反映一个人身体的脂肪含量。但有些研究者认为，这一计算公式是过时的，因为它没有充分考虑个人的实际情况（如身高），所以不能说明什么问题。有时候，健身房里的教练会用皮褶卡钳（一个像小夹子一样的东西）来夹住某些部位的肉肉，通过测量被夹起部分的厚度来计算体脂率。这种方法虽然简单，但准确性很一般，所以千万不要被这个数字吓倒。有时候，这可能只是一种让人办健身卡的营销手段。如果十分在意自己的

体脂率，可以去医院检测。

❻ 不要只根据身体质量指数或腰臀比来评判自己

身体质量指数（Body Mass Index，以下简称为 BMI）在很长一段时间里被视作衡量人体胖瘦程度以及是否健康的标准，不过，它正在迅速地"失宠"，原因是它提供的结论并不十分准确，而且并不能有效帮助人们进行健康风险评估。

BMI 的诞生已有一百多年的历史，它最初是根据经常久坐的比利时人的体型和体重制定的，定义是体重（千克）与身高（米）的平方的比值。问题是，BMI 没有考虑到人的肌肉含量，也没有考虑到同等质量时，脂肪的体积要明显大于肌肉的体积。它也无法体现年龄和性别的差异。BMI 显示"体重正常"的人，实际上可能营养不良，并且正处于不健康的疯狂节食状态；而 BMI 显示"肥胖"的人，可能是肌肉非常发达的人。

如今，大多数医生已经认识到，把 BMI 作为诊断依据是不科学的。也有一些医生意识到用 BMI 来评估儿童的胖瘦程度及健康状况非常不合适，因此他们会使用适合儿童的标准，来对儿童进行健康评估。

现在有很多应用程序和可穿戴的运动健康设备可以帮人计算 BMI。不过，不要把计算结果当作真理。如果想弄清楚自己的体重是否会影响健康，可以参考本章中给出的提示（见本书第 19 页和第 21 页），或者直接去咨询医生。

此外，完全依赖腰臀比来判断自己的身体是否健康也不科学。受基因影响，有些人天生腰围和臀围就比较大。有些人因为腰围达到了某个数值，就被告知患心脏病的风险增大，而有些人的腰围可能只少了 0.5 厘米，就被告知无须担心会患心脏病。是不是很可笑？与 BMI 一样，我们不能只看数值，而是应该把更多影响因素考虑在内。

不安的女人们

在我回收的调查问卷中，有 6037 名女性回答了"你觉得自己的身材和体重健康吗"这一问题，约 55.5% 的女性回答"不"，约 44.5% 的女性回答"是"。

❼ 不要因为照片而大惊小怪

现在，经过美颜处理的照片一抓一大把，人们已经习惯了看这些美化后的照片，所以当人们看到自己的未经修饰的照片时，常常感到很沮丧。但是要知道，照片定格的是某个瞬间，难以反映动态的美，而且抓拍有时会捕捉到一些很扭曲的画面，但这些画面是转瞬即逝的，生活中人不会一直是照片中的样子。

所以，我的建议是，不要把照片中的自己当回事，也不要把别人的照片当成标准来评判自己。要知道，你看到的每一本杂志中的模特或明星的照片，都是经过专业的打光和技术处理的。她们大腿上的褶皱可能被磨平了，身上的雀斑和痣可能被抹去了，甚至全身的皮肤都可能经过了磨皮和美白，肤色可能跟本人的相差十万八千里。

我认识一位编辑，她供职于美国一家出版畅销名人杂志的杂志社。她最近告诉我："现在每一本主流杂志中的照片都会经过润色，特别是名人的照片。杂志社会花重金，聘请专业的修图师，对照片进行大刀阔斧的修饰，目的就是让每个人看起来都很完美。特别是时尚杂志中的照片，修图师会把每个人的大腿都修得很细，修到最后，每一张照片里的人都堪称'改头换面'。有时这些专业的修图师修一次图可能就要收取几千美元。

"修图的现象不仅存在于时尚杂志中，就连那些以准确报道事实和真相而著称的杂志社，在处理照片的时候也会力求完美。虽然不会像时尚杂志那样夸张，但照片中人物脖子上的赘肉和脸上的皱纹也可能会被修掉。明星的街拍或者参加活动时通过官方渠道发布的图片，通常也是经过修饰的。至于那些没修过的照片，你根本不可能看到。

"我看过很多没经过修饰的明星的照片，照片中的他们和最后呈现的那个经过修饰的版本相比，完全是两个人。在最后呈现的版本中，他们没有一点瑕疵，眼睛里没有一根红血丝，脸上也没有一条皱纹，而真实的他们根本不是这样的。"

❽ 别盲目崇拜明星和模特

如今，很多女性以女明星和女模特为榜样，希望自己能像她们一样瘦。但是你要知道，很多明星和模特很少正常进食，即使度假时也是如此。我甚至觉得，她们点餐时会说："我要点一道'清蒸空气'，酱汁放在旁边就好，谢谢。"不仅如此，她们的运动量一般大得惊人，她们可能还会服用一些药物或保健品来帮助减重。

另外，我认为，即使大多数人都有了所谓的"完美身材"和无瑕的肌肤，广告商也一定不会消停。到那时，他们可能又会试图推销绑带式的"假屁股"，看起来很有趣的可以粘贴的皱纹贴，让睫毛变秃的睫毛膏，还有各种能让人们看起来更壮实的营养品。或许他们还会请丰满的模特来拍摄广告，诱导人们把自己变得更像广告中的模特。总之，他们的目的就是让人们继续"买买买"。

在媒体尚不发达的年代，大多数女性需要买票去电影院或被邀请到大城市的百货公司参加时装发布会，才能看到漂亮的女演员或女模特。那时的女性不像今天这样，时刻都可能被指指点点，即使她们看起来不像银幕中或舞台上的"女神"。而现在，人们每天都能看到这些"女神"，有时候一天能看到几百次，无论是在广告牌上、杂志上，还是在电视里、电脑上或手机中。曾经，杂志中的优秀女性是因为自己的成就、技能或是努力奋斗的精神而受到关注的，而现在的很多女性是因为拥有好看的外表才受到关注。女性读者群体不断扩大本来是

对体形和体重的看法

虽然我很胖，但我觉得自己还是挺健康的。

——尼基（26岁）

我觉得，如果我能减掉10千克，我会更开心。

——阿莱恩（48岁）

跟很多女孩一样，我想再瘦一点。

——莉娅（29岁）

我太瘦了。

——谢丽（37岁）

我虽然有一点超重，但我觉得自己很健康。

——切尔茜（21岁）

我偏瘦，所以正在努力增肥。

——克里（25岁）

我其实过于瘦了，但是大家都夸我苗条。

——塔克（22岁）

我觉得自己是个辣妈！

——戴安娜（46岁）

我尽量好好吃饭，当我没吃饭的时候，我会感到很内疚，甚至觉得如果太瘦就找不到男朋友了。

——朱莉娅（25岁）

我想有更多的肌肉，让自己看起来更结实一些，也更健康一些。

——芭芭拉（44岁）

现在，我的体重轻了，精力更充沛了，自我感觉也更好了。

——塔米（50岁）

我真想找回结婚时的身材。虽然很多人觉得那样不健康，可那时候的我更自信。

——安杰拉（33岁）

我觉得自己很有劲儿，衣服也很合身。体重的高低对我来说并不

重要。健康就好。

——雅纳（62岁）

我太胖了，每时每刻都觉得喘不过气来，做任何动作都很困难。

——玛丽（44岁）

我结婚已经几十年了，但我老公似乎觉得，我的身材应该像我二十岁左右时的那么好。

——林达（63岁）

在过去的两年时间里，我一直在减肥。

——萨曼莎（33岁）

我丈夫挺喜欢我现在的样子。但我自己不喜欢。

——凯瑟琳（55岁）

我有比较严重的进食障碍，还在治疗中。我很难接受自己现在的体重和体形。

——埃莉丝（20岁）

我很胖，这让我心里有点难受。但我又觉得自己挺健康的，因为近一年来我每周会锻炼三次。

——蕾切尔（37岁）

我比较关注饮食的合理性，而不是总在纠结自己到底有多重。我不知道自己的确切体重，我会根据穿衣服时的感觉来判断自己是胖了还是瘦了。

——克莱尔（37岁）

我在比较瘦的那段时间里感觉压力更大，更不开心。

——詹内斯（37岁）

除非你是运动员，或者有做极限运动或高强度运动的习惯，否则身上有一些对你"不离不弃"的脂肪是再正常不过的事了。

——卡伦（36岁）

我的大腿和小腿都很粗，上面全是肉，所以我在夏天时也穿长裤。

——米歇尔（27岁）

我真没做过什么会导致发胖的事，为什么身上还会有那么多赘肉呢？

——萨莉（53岁）

我的胸部很丰满，这让我很焦虑。很多款式的衣服（特别是泳衣）我都不敢买，更别提穿了。

——凯特（27岁）

胸部太丰满的问题困扰了我整整十二年。丰满的胸部让我贴上了性感的标签。我真想摆脱那些讨厌的口哨声、下流话和上下打量的目光。

——詹娜（36岁）

我的左胸和右胸至少相差了一个罩杯，这导致我穿低领衣服和戴项链时都觉得很别扭！

——薇姬（33岁）

我的胸部过于丰满，我总觉得它们很碍事。

——凯斯（24岁）

我的胸部过于平坦，像个"飞机场"。

——玛尔塔（25岁）

我不喜欢我肚子上的赘肉，又多又松。

——特蕾莎（31岁）

我的肚子很大，这导致我只能穿某些款式的衣服。

——莫莉（27岁）

不管我怎么努力锻炼，不管我的体重减了多少，我的小腹从来没有平坦过。这影响了我的心理健康，让我不敢大大方方地向别人展示自己。

——爱丽丝（20岁）

一件好事，可媒体对女性的刻画却给这个好势头泼了一盆冷水。在媒体的"推波助澜"下，人们逐渐觉得，女性不应该是肥胖的，甚至连中等身材都不行，更不用说脸上有皱纹了。

在这种风气的裹挟下，很少有女明星或女模特乐意展示自己"纯天然"的模样，也不愿意举起她们肉乎乎的上臂向人们挥手。我并不是说她们必须这样做，我的意思是，我们不能根据她们的样子来评判自己，因为她们呈现出的样子本身就是罕见的，有时还可能是虚假的。

❾ 不要根据杂志、报纸或者网站上的内容来评判自己

有些女性杂志的编辑可能是这样度过自己的职业生涯的：每天在椅子上一坐就是一天，忙着确保杂志里所有的模特都拥有"魔鬼身材"，都保持着令人梦寐以求的（换句话说，让读者羡慕的）形象，然后等到退休或者离职后，她们才开始谈论这一切对女性是多么不公平，并表示杂志上的女性应该有各种各样的体形。

你必须接受一个事实，那就是，你很难改变杂志主编和广告商的想法。你只能改变自己，不要总关注杂志、报纸或网站上的女明星和女模特，并且"对号入座"，拿自己跟她们比。自己觉得舒服、健康最重要。

❿ 不要只根据外表来评判自己

试着让外表只占据你 1% 的精力，将剩下 99% 的精力放到别的事情上去。决定你是一个什么样的人的并不是这 1%，而是剩下那 99%。

容易让人产生身材焦虑的事

· 经常观看与穿衣和护肤有关的广告。
· 经常收看电视里的时尚节目，或者阅读时尚杂志，还把那上面的模特的形象视为"普遍的"或"正常的"。
· 在一个"恐胖"的家庭中长大。
· 总跟那些常常抱怨自己身材的朋友一起玩。

不切实际的期望

现如今，很多人崇尚以瘦为美。在这种风气的影响下，很多人持有一种不健康的观念，即所有脂肪都是不好的。但实际上，身体需要脂肪。

女性身体的脂肪主要分布在胸部、臀部和腹部。当女性身体脂肪含量低于正常范围时，身体可能会出现一系列的健康问题，如雌激素水平下降、月经紊乱甚至闭经、性欲和生育能力下降，还容易出现骨质疏松（可能更容易骨折）。脂肪含量过低还会导致头发枯黄、肤色暗淡。

在青少年时期，女性就需要将身体脂肪含量控制在正常范围内，这样身体才能正常发育，身体的各项机能才能正常运行。

有些女性总是对自己身体的某些部位或体形抱有一些不切实际的期望，比如双侧乳房完全一样大且丰满，产后身材和产前完全一样。接下来让我们选取一些具有代表性的问题进行讨论。

⚐ 乳房

大多数女性双侧乳房的大小不是完全一样的，通常情况下，一侧的乳房会比另一侧的稍大或稍小一些，但这种差别比较小，别人一般不会注意到。在极少数情况下，双侧乳房的大小会有非常明显的差别。乳房的大小与遗传因素有着较大关系。因此，乳房的大小不是人们能控制的，不管是锻炼、吃药，还是涂抹外用产品，都很难让乳房的大小发

生显著的改变。那些宣称自己的产品能够丰胸的广告，大部分是骗人的。乳房发育完毕后，其大小会受到身体脂肪含量、雌激素水平等的影响，比如增重或者减肥时，乳房的大小会发生一些变化（因为脂肪是乳房的主要组成部分）；在经期前或服用避孕药的时候，乳房会稍微变大一些；在怀孕期和哺乳期，乳房也会变大。想了解更多关于乳房健康的信息，可以参考第五章第三节《呵护乳房》。

拥有较小的乳房

世界上根本没有"乳房太小"这回事，你拥有的就是最适合你的。如果有人因为这个取笑你，你可以直接反击，让他们停止这种行为。任何来自他人的关于乳房大小方面的取笑，不管是来自家人的还是来自所谓的朋友的，都没必要当回事。

你可以参考本章第一节《不够自信怎么办》中的相关内容，来获取保持自信的方法。你要明白，那些胸部丰满的女孩也可能因为"胸太大"而被取笑，而胸部大小适中的女孩也可能因为别的事情遭到取笑。这个世界上就是有一些喜欢对别人指指点点的人，这跟你的乳房大小没关系。

让乳房变得"丰满""紧致"的运动方式或产品真的存在吗？

一般的运动方式或产品并不能让女性的乳房看起来更丰满。有些女性在涂抹了一些产品后会感到乳房有刺痛感，因此认为这些产品是有效的。还有一些产品会导致乳房轻微的肿胀。实际上，感觉乳房变大了可能只是因为身体的激素水平暂时发生了变化，而不是乳房真的变大了。

那些所谓的能让乳房变得更挺拔、更紧致的产品通常也是无效的。有些产品在涂抹后会让人产生紧绷的感觉，使用者会因此感到其有效果，但这可能是因为产品中的一些天然的或人工合成的化学物质能让皮肤有紧绷感。实际上，蛋清也能让人有这样的感觉。所谓"变得紧致"只是一种错觉。

拥有较大的乳房

胸部特别丰满的女性也有自己的苦恼。有些女性的乳房发育得相对较早，但这并不意味着她们在少女时代没有被嘲笑，因为有些男性会用一些恶毒而愚蠢的想法去评判她们。一些女性出于自我保护心理或羞怯心理，想让乳房看起来小一些，于是将乳房裹得很紧，这容易导致健康问题。而且天气炎热时，乳房下面汗湿一片，也会让人觉得非常难受。还有一些女性觉得丰满的乳房妨碍了自己运动，甚至导致了背部、颈部等部位的疼痛。

对于那些总是盯着女性的乳房看的男性，女性可以这样反击：

· "嘿，我在这里，眼睛往上看。"
· "看什么，少了一个吗？"
· "别再盯着我的胸看了，好吗？"

如何看待自己的乳房

无论你的乳房是什么样子的，你都要学着去爱它们，至少对它们友好一点。不要浪费时间去想为什么它们和别人的不一样。别忘了，你的膝盖也和别人的不一样。自怨自艾改变不了现状。如果你一直纠结于这件事，那就试着让自己忙碌起来，尝试转移注意力。

另外，不要为了取悦男性而改变自己的乳房。如果你的男友特别在意你乳房的大小，那你最好离开他，而不是改变自己的乳房，因为如果他不爱你现在的样子，那么隆胸也不会让他多爱你一点。隆胸并不能挽救一段感情，也无法让他永远都不离开你。既然他是一个如此肤浅的人，他就会很容易被其他女性吸引。这不是你的问题。

🔺 腹部

实际上，腹部有一些赘肉是一件再正常不过的事了。成为母亲后，小腹上可能会有赘肉；随着年纪越来越大，小腹上的赘肉可能会越来越多；即便是那些正处于青春期的孩子，腹部也可能是肉肉的……不管怎么说，女性没必要总是盼望着自己有平坦的腹部，或是因为腹部有赘肉而苦恼。腹部一直保持平坦离不开基因的帮助，还需要坚持锻炼，并且远离那些容易导致赘肉堆积的生活方式。你当然可以为之付出努力，但是真的不需要因为那一点点肉而影响自己的心情和生活。

在健身房、舞蹈教室因体形而受到心灵创伤

很多女性因为在健身房或舞蹈教室中被指指点点而留下了心理创伤，并产生了追求"理想身材"的执念。这使她们对自己年轻的身体提出了种种不切实际的要求，甚至引发进食障碍。姑娘，不要相信那些话，你唯一要做的就是意识到你受到了误导。不是一定要很瘦才是美的、才能跳舞。瘦不意味着健康，身材圆润也不意味着不健康。你又不是要去参加健美比赛。不幸的是，成年人的很多过时的、错误的观念已经传给了下一代，这使得很多青少年也总是对自己进行苛刻的评判。

🔺 产后的身材

很多受访者填写我发放的调查问卷时表示，自己对自己生育后身体的变化感到难受或者不自在。许多人在生完孩子几个月后，觉得自己的肚子还是很大。更有甚者，就像我当时一样，生完孩子几个月后还被人问孩子什么时候出生。

生完孩子的女性几乎都想让自己的体形和体重恢复到怀孕前的水平，但这对很多女性来说是很难实现的。例如：妊娠纹虽然会慢慢变淡，但是很难完全消失；如果经历了剖宫产，腹部通常会留下

一道伤疤；乳房也可能会永远改变，这不仅仅是因为采用母乳喂养，还因为怀孕期间激素水平的种种变化。影响身体恢复程度的因素有很多，包括基因、运动，以及怀孕时的年龄等。

女性当了妈妈后，无论是生理层面还是心理层面都会发生很多变化，很多女性对此感到非常痛苦。有些女性寄希望于电视广告中的，吃两天就可以"让新手妈妈的腹部恢复到孕前的样子"的"排毒饮食"，但这几乎是不可能的。发现这些产品没有效果后，她们中的一些人会觉得自己被骗了，进而更加痛苦。

姑娘，你要明白，虽然你的身体变了，但你还是你。还记得刚进入青春期的你吗？那时，你的身体发生了很多变化，你当时是不是觉得怪怪的，一时之间很难接受呢？生完宝宝以后也是一样，你的身体是发生了很多变化，但你要明白，这些变化都是正常的。请给自己一些时间适应这些变化。

生完宝宝后，不要觉得只有迅速恢复身材才能留住伴侣。如果你的另一半如此肤浅，那他也不值得你喜欢。如果他发自内心地爱你，那么不管你产后身体如何变化，他都会不离不弃，觉得你的魅力一如往昔。你要清楚，重要的永远不是外表，真爱是不会随着外表的变化而变化的。关于如何保护自己免受来自家人或朋友的关于身体的羞辱，请参考本章第三节《与自己的身体交朋友》。

🔺 所谓的"问题部位"

实际上，你觉得自己身上不好看的那些部位，根本不是"问题部位"，它们就是身体的一部分。很多人觉得自己上臂处的肉摸起来松松软软的，很烦人，但除非每天做几小时的针对性运动，否则上臂处的肉松软是再正常不过的事了。女性身体的脂肪含量本来就比男性的高，而且某些部位本就很容易囤积脂肪，上臂就是其中之一。不要被健身广告中宣称的你需要"举铁"、做提臀操、做卷腹训练

身体形象问题

产后身材恢复

我觉得自己太瘦了。我本来觉得生完宝宝以后能维持怀孕期间的体重，可两个月后，我又恢复到了生宝宝之前的体重。

——安德烈娅（23岁）

我不再期望自己的体重能恢复到生宝宝之前的水平了。我也很难让腰围回到之前的水平了。

——卡伦（36岁）

虽然我的肚子松松软软的，但我觉得它挺可爱的。毕竟我已经生了两个孩子啦！

——凯特（34岁）

三周前，我刚生了第一个孩子。我重了30千克，有了妊娠纹，乳房下垂，肚子上的肉像果冻一样，不过这些很正常，这只能说明我是个女人。放平心态以后，这一切好像也没那么糟糕了。

——索尼娅

我怀孕期间重了30千克。我给自己那时的形象打零分。

——梅甘（32岁）

自从开始带孩子，我的体重减轻了好多。我现在都瘦得皮包骨头了。

——阿曼达（27岁）

生完三个孩子后，我的体形变了。我现在的身材属于沙漏型。

——埃德温娜（33岁）

我现在觉得自己的身材看起来有点不匀称。我还处在哺乳期，体重没上涨，可是我肚子上的肉还是有点显眼。

——露西（29岁）

虽然我的鼻子和眼皮上有红色的斑，但我并不想把它们弄掉，因为它们是我怀孕之旅的见证。

——莎伦（36岁）

我生完孩子后，身边的人总是对我的身材指指点点，这让我开始暴饮暴食。

——雅基（27岁）

怀孕之前，我因为自己的腹部总是很平坦而感到骄傲。而现在，因为我生完孩子以后没有减肥，所以没有恢复到之前的体形。对此，我感到很难为情。

——凯特（38岁）

我的妊娠纹让我觉得很难为情，不管别的地方看起来有多好，它的存在都让我觉得自己没有魅力。

——利萨（34岁）

我之前一直不喜欢自己的肚子，直到我生完孩子。虽然它看起来还是很大，上面的肉也松松垮垮的，甚至还有一些妊娠纹，但我已经不在乎这些了。

——凯特（39岁）

生孩子之前，我总是没完没了地纠结自己的身材。而现在，我有更重要的事情需要担心了，不再在乎身材怎么样了。

——克丽丝蒂（35岁）

我现在可以接受自己有一个"妈妈的身体"，对此我很自豪。

——利恩（32岁）

有了宝宝后，我觉得，既然我的肚子一直在辛苦工作，那么它应该得到喘息的机会，我不应该批评它。

——安娜（30岁）

如果我的胸部还和以前一样该多好！不过，在母乳喂养了三个孩子之后，要做到这一点太难了。

——贝蒂（33岁）

我已经生了三个孩子，肚子自然不会小。有一次，别人居然问我我的第四个孩子什么时候出生。我气坏了，我看起来有那么胖吗！

——凯蒂（39岁）

运动与体形

我10岁的时候很健康，可舞蹈老师说我应该喝无糖可乐。之后，在长达20年间，我一直在跟厌食症做斗争。

——奥利维娅（34岁）

我10岁的时候，芭蕾舞老师说我的屁股太大了。之后好多年，我都在跟进食障碍做斗争。

——波希娅（34岁）

我小时候是一名体操运动员，这项运动对体形的要求很高。

——凯斯（32岁）

讨厌的身体部位

我没有脚脖子，小腿和踝关节看起来一般粗。很多人因此嘲笑我。

——托普（42岁）

我上臂上的肉松松垮垮的，这让我很苦恼。

——阿农（43岁）

躯体变形障碍

医生告诉我，我有"躯体变形障碍"。他的意思是说，我不胖，但我就是觉得自己胖。不过我不相信他说的话。

——克莱尔（21岁）

28

"洗脑"。你可以出于健康目的做这些事，但这并不意味着你原来的上臂、臀部或是腹部有问题。

不要对自己的身材太苛刻了。即使你已经三十多岁了，只要你想在海边穿比基尼，你就可以穿。如果你觉得自己穿某款比基尼的样子不好看，最快的解决办法就是选择其他款式的比基尼。

负面评价的危害

如果你总是对自己的身体持有负面的评价，就容易导致以下问题的产生：

· 你可能更容易受到虐待或控制，因为你对自己太过吹毛求疵。

· 你可能更容易用疯狂节食的办法来摧残自己，但又发现这样做并没有让自己拥有一个完美的身材。

· 你可能更容易受到广告的蛊惑，相信减肥产品或医美广告的宣传语。

· 你可能会对自己的外表感到羞愧，并且尽量避免出现在公共场合。

· 你可能会把你的担忧和负面情绪传递给女儿或者其他年轻女性，尽管你自己可能意识不到。

· 你可能会始终拿着"体形放大镜"生活。不管是对自己还是对别人，你都会透过这个"放大镜"去观察，这就意味着你容易忽略自己或他人的各种优良品质。

· 你容易用消极的思维方式来看待世界，不会质疑并且反驳那些负面的评价，而是会任由那些评价束缚自己，因此，你很难快乐。

· 因为总是担心自己的外表，你容易错过许多可以享受多姿多彩的生活和拥有好心情的机会。

你是谁？

你要让别人了解你的方方面面，像你的亲朋好友那样去了解你。想象一下，当你在网上认识了一个新朋友，想让他能更加了解你时，你会怎样介绍自己呢？你肯定不会只描述自己的外表，而是会描述自己擅长什么，做过什么，喜欢什么，害怕什么，你的工作是什么，有什么样的朋友，性格是什么样的，对吧？这些才能代表真正的你，而不仅仅是样貌和体形。

🚩 这些行为容易让你变得更消极

· 总是说"只有我的身材这么难看"。你可以去大型购物中心或者游泳馆的更衣室里看看，不是每个人的身材都和模特的一样。你的身材很正常。

· 总是认为"我的脚型/脚踝/鼻子/耳垂真的很奇怪，每个人都注意到了"。错，它们真的不奇怪，而且周围的人也不会闲着没事去关注它们。即使你的脚比一般人的大，也没什么问题。如果你觉得这是一个可怕的问题，那么出问题的是你的认知，而不是你的脚。你不是由一堆零零散散的有问题的部件组成的，你是一个健康的、完整的人，一个可爱的人。

· 特别在意负面的表述。如今，很多无良商家会为了推销商品而制造焦虑，比如，宣称乳房会因为怀孕而"变形""下垂"，将妊娠纹称为"疤痕"。如果你总是在意这些，就会常常闷闷不乐。

· 相信无中生有的问题。相比于上面的问题，这个问题更令人头痛，它源于时尚圈和各种媒体的煽风点火。比如，女性的胳膊自然下垂时，腋窝附近会出现皮肤褶皱。一些时尚圈人士宣称这些褶皱很难看，破坏了人的整体形象。等这个话题引起关注后，更多的媒体会争相进行报道，宣扬这种论调。于是，越来越多的女性开始关注这个无中生有的问题。实际上，每个人都有这样的褶皱，这根本不是什么问题，但奇怪的是，时尚圈和媒体好像觉得这是一件了不得的大事。有些女性被时尚圈和媒体误导，像着了魔似的研究时尚杂志和网站，一边研究一边说"看，她没有！"，然后更加厌恶自己的身体。拜托，照片中的明星或者模特没有这些褶皱是因为修图师已经把它们都去掉了。

🔺 对医美的渴望

随着年龄的增长，很多女性会与自己的容貌和身材"和解"，不再觉得自己这里也不好、那里也不好。如果你一直无法摆脱这种困扰，甚至总想借助医美的手段来改变，那么你可以先向专业的形象设计师求助，他们可以帮助你梳理想法，搞清楚你的困扰来自哪里。

此外，如果你愿意与专业的心理咨询师讨论并解决身体形象给你造成的困扰，或许就能够欣然地接受衰老，这可能比通过医美来改变自己更让人开心。对医美的向往是对身体形象不满的一种表现，而这种不满通常可以通过医美以外的方法来"治愈"，例如：学会欣赏自己原本的样子；逐渐意识到，或许正是你的"缺陷"让你与众不同且有吸引力；这些所谓的"缺陷"其实根本不值一提……说不定在不久的将来，当你再看自己的照片时，你会想："我看起来挺好的，我怎么现在才发现……"

🔺 长时间自我审视

切记，不要花太多时间去照镜子。如果你一直盯着镜子看，拼命地找啊找，那么你总能找到一些你觉得不够完美、值得担心的部位。也不要随时随地照镜子，或是一看到镜子就忍不住偷瞄几眼，或是把汽车玻璃当作镜子照。此外，不要买有放大效果的镜子——它们真的是很邪恶的东西。没有人会这么近距离地拿着放大镜看你。这些行为会让你因为一些根本不值得关注的小事而焦虑。

躯体变形障碍

躯体变形障碍又称变形恐惧症，指的是个体的客观身体外貌不存在缺陷，或仅仅存在轻微的缺陷，个体却认为自己的外表有缺陷，或将轻微的缺陷过分夸大，由此产生痛苦的心理障碍。它会导致焦虑、抑郁、社交回避等症状。这是一种心理疾病，患者眼中的自己不是自己真正的样子，他们会认为自己的某一个部位或某几个部位是令人厌恶的和不正常的。打个比方，有些患者坚定地认为自己的鼻子特别大，形状还很不正常，可实际上其他人并不会注意到，或者说并没有觉得这有什么不正常的。该疾病的发病原因尚未有定论，目前认为，它可能是由生理、心理、个人经历、社会文化等因素综合作用而导致的，也可能与强迫症、焦虑症有关。家人的批评、对自己不合理的认知、时尚圈的"洗脑"都有可能导致这种病症出现。

该疾病的症状包括：

· 反复照镜子，试图找到所谓的"问题"部位。
· 强迫性地遮住镜子、躲开镜子。
· 产生幻觉，总觉得有人盯着自己的"问题"部位看并且表现出反感。
· 无时无刻不在担心自己想象出来的"问题"。
· 试图隐藏或遮住"问题"部位。
· 反复地接受整形手术，甚至上瘾。
· 强迫性地抓、挠皮肤上的斑点或印记，或者出现其他与外表相关的强迫动作。
· 认为自己存在的问题纯粹是生理问题，而不是心理问题。
· 具有自残行为或有自杀的想法。

与自己的身体交朋友

　　在这个世界上，有许多市值数万亿美元的产业是依靠女人的自我厌恶感蓬勃发展的。我们无法阻止这些产业的存在，但是，千万不要小瞧自己，我们至少可以做到一件事，那就是让自己不被那些充满恶意、蛊惑人心的信息所影响。很多女性已经做到了这一点，学会了接纳自己的全部，并且在如何与自己的身体交朋友方面有了独门秘籍。

　　让我们从自己做起，积极地改变自己，克服消极的想法，战胜自我厌恶，打破恶性循环，给我们的身体更多的关爱，不让我们的下一代像曾经的我们一样"仇视"自己的身体。我们应该对当前社会这种对女性吹毛求疵的文化嗤之以鼻，驾驶着我们崭新的"自信牌"小汽车（我们自己的身体）远离这个乌烟瘴气的"犯罪现场"。

接受自己的身体（第一部分）

我的身体是我最亲爱的朋友。

——迪加侬（47岁）

我很开心，我还在呼吸。我身体的各个部位都挺好的，我不会在睡觉时因为某个地方疼而醒过来。

——简（53岁）

我很高兴我还活着。我知道自己正在逐渐衰老，但是对此我已经不放在心上了。

——阿利格拉（75岁）

我的身体运转良好，对此我很高兴。我很感激自己没有慢性病或身体上的残疾。

——塔克（22岁）

我觉得，我越爱、越欣赏自己的身体，就越容易找到使它保持正常运转的方法。

——洛兰（63岁）

在很长一段时间里，我都没有善待我的身体。现在，我学会了欣赏我的身体，欣赏它能做的所有美妙、神奇的事情。

——罗米（25岁）

你的身体在人生的不同阶段会发生不同的改变，学着接受它，在生活方式上做一些调整，并且享受这种变化。

——妮可（37岁）

直到现在，我妈妈还是会对我说："如果你能瘦一点，你就完美了。"问题是，我真的需要变得完美吗？

——盖尔（55岁）

我有好多朋友已经去世了，所以我真的受不了人们对自己体重的抱怨。和生命相比，这都不算什么。

——林迪（46岁）

我曾经对一个朋友说，我胖了5千克，她的回答是："看开一点！我们还在长身体呢。我觉得你看起来很棒。"不知道为什么，我相信了她的话。自那以后，我不再嫌弃自己的身体了。

——柯丝蒂（29岁）

我喜欢自己的身高。虽然我又矮又瘦，但是我的身材有它自己的优势。

——瓦莱里娅（30岁）

我喜欢我的身体。这么多年了，我对它知根知底，我们相处得很愉快。我知道，自己穿比基尼的样子永远不会像某些人一样，但是这没关系。

——萨拉（35岁）

我喜欢自己的眼睛。它们是蓝色的，看起来很亮，充满活力。我的眼角有很多美丽的笑纹，大家一看就知道，我的生活充满了欢笑。

——梅利莎（20岁）

我有一张看起来很善良的脸。每当我看自己年轻时的照片时，我都觉得自己挺有魅力的，只是当时的我没察觉到这一点。太可惜了。

——索菲（58岁）

我喜欢自己的脸。我有一双杏眼，我的瞳孔是浅褐色的。它们是我最有辨识度的地方。

——娜奥米（32岁）

我喜欢我的脸，因为它写满了诚实、爱，还总是充满笑容。它看上去还挺美的。

——米利（25岁）

我喜欢我的嘴巴，因为人们总是说我笑起来很好看。

——普琳西丝（30岁）

我喜欢我的眼睛。

——莉娅（20岁）

我喜欢我的眼睛，它们总是带着笑意。

——艾玛（18岁）

我喜欢我的脸，特别是我的笑纹。这些笑纹让我看起来很和善、很开朗，哪怕是不笑的时候。

——谢里尔（42岁）

我喜欢自己的绿眼睛，这可是很罕见的哟。

——玛丽安娜（50岁）

我喜欢我的脸，因为它很漂亮。我的左半边脸有点轻微的面瘫，看起来比右半边的小一点。我就喜欢它不对称的样子。

——夏洛特（35岁）

我喜欢我的眼睛，因为它们让我看起来很神秘。有它们在，我很少有心情糟糕的一天。

——李（22岁）

我喜欢我的嘴唇。虽然小的时候，我因为嘴唇厚经常被人取笑。我敢打赌，很多嘲笑我的女孩现在正忙着丰唇呢！

——阿曼达（37岁）

真神奇啊！尽管我们对自己的身体百般挑剔，但它仍然兢兢业业地工作。跟一些人相比，我能跑、能跳、能走、能看、能听，这已经是一种福气了。

——克莱尔（36岁）

自我接纳的方法

🔑 强调优点

你可以列出自己身体的优点。来吧，拿支笔，说列就列。如果一开始不知道该写什么，就从最明显的部分开始写，例如：

- 我的身体很健康，我能够四处走动，想去哪儿就去哪儿。
- 我能够正常地呼吸。
- 我的心脏日夜不停地跳动，让我能够保持健康和活力。
- 就在我读这行字的时候，我的身体正在正常地进行新陈代谢，并且赋予我更多的活力。
- 我的双腿很有力，我能跑、能跳。
- 我的大脑让我能听懂笑话，我可以放声大笑。
- 我的身体能支撑我去剧院，去看乐队表演，去逛展览馆，让我能尽情地享受生活。
- 我皮肤的触感很好。
- 我的身材凹凸有致。
- 我很瘦。
- 我身体的柔韧性很好。
- 我的肌肉很发达。
- 我的听觉很灵敏。
- 虽然我不是超级名模，但是我的脸型很好看，我出去玩的时候也可以打扮得光彩照人。

🔑 用温和的语言描述你的体重

里克·考斯曼博士是一位研究饮食行为和身体形象的专家，他倡导使用诸如"高于舒适体重"和"低于健康体重"之类的较为温和的短语来描述某些群体的体重，以避免使用"肥胖""超重""干瘦"或"厌食症"等容易冒犯到别人的或是带有伤害性的词语。

如果需要描述自己的体形特征，可以参考下面这些词：壮实的、大块头的、丰满的、结实的、了不起的、性感的、匀称的、苗条的、修长的、纤细的、高于舒适体重的、低于健康体重的。

🔑 停止自我侮辱

不要侮辱自己的身体。要做自己最好的朋友，发誓再也不说自己的坏话。你可以积极地在健身计划和生活方式方面寻求改变，但千万不要陷入自我厌恶的怪圈。有些人总喜欢将"我真胖"挂在嘴边，然后她们的朋友会说"你不胖，我才胖呢"。对我们这些"老人家"来说，这些话实在是太无聊了，但是很多年轻的姑娘还是乐此不疲地进行类似的对话，有些人甚至还会记笔记呢。

🔑 提升身体意象的方法

身体意象是指对自己身体外貌特征的感受与评价，以及感受到的别人对自己外貌特征的看法。拥有积极的身体意象可以提升人的自尊和自信。以下是一些有助于提升身体意象的方法：

- 精简衣柜，只保留那些让你穿着时感到自在舒适的单品；剪掉衣服的尺码标签。
- 人的身体不是静止的，它可以随心所欲地完成很多动作，所以，不要只是盯着它看，觉得它到处都是缺陷。你应该尊重自己的身体，多想想它的作用和你需要它的原因。比如，当你出门散步，和朋友一起上舞蹈课，学习瑜伽，参加话剧表演时，想想自己身体的哪些部位或肌肉正在"努力工作"，以便让你做你想做的事。
- 把你的身体特征当作自己的一部分，而不是全部。拿一张纸，先在正面列出你的 10 个优点（比如学习成绩优异、工作努力、善于理财等）和 10 个经常联系的人（比如妈妈、好朋友等）。接着，在纸的反面列出你的 10 个身体特征（比如头发是深褐色的、个子矮、眼睛是棕色的、肌肤很敏感、胳膊短）。想想看，纸上哪一面上的内容更能说明你是一个什么样的人，那些你经常联系的

接受自己的身体（第二部分）

我喜欢我的身体。它一直在努力工作，我也在努力地呵护它。

——凯瑟琳（51岁）

我喜欢自己结实的肩膀和胳膊，它们让我看上去不容易被欺负。

——苏茜（44岁）

我喜欢自己的臀部，因为它肉嘟嘟的。

——娜塔莉（30岁）

我非常结实，看起来不会手无缚鸡之力。我的身体可以做到很多事情，这让我觉得自己不是渺小的、不重要的，我也绝不会轻易受到别人的摆布。

——丽贝卡（30岁）

我喜欢自己身体的灵活性。当我练瑜伽或者做运动的时候，这种灵活性能派上大用场。

——路易丝（27岁）

我失去了双乳，还换了髋关节。我喜欢自己身上那些还在工作的部分。现在我能四处走动，也能做慈善工作，我感觉很快乐。

——安娜贝勒（60岁）

我的身体是什么样的，我就喜欢什么样的身体。我又健康又快乐，这种感觉很好。

——奥利维娅（23岁）

我喜欢自己下垂的乳房，因为它们帮我哺育了五个孩子。

——劳伦（34岁）

我觉得我的身材很匀称。我不介意生完孩子后肚子变大了。

——林迪（33岁）

我喜欢自己扁平的屁股。

——卡特（32岁）

我喜欢我的屁股，因为它又圆又可爱。

——杰西卡（24岁）

随着年龄越来越大，我越来越喜欢自己的身体了。我渐渐能够接受自己身上的伤疤。手术和分娩留下的伤疤是往事留给我的印记。尽管有生活的百般锤炼，我的身体依然很强壮。

——希尔斯廷（41岁）

让我开心的是，我的身体特别强壮。虽然我个头矮小，但是在我生了一个四千克重的宝宝之后，我的身体竟然很快就恢复了。通过这件事我意识到自己的身体有超强的愈合能力和力量。

——迪安娜（35岁）

我喜欢自己沙漏型的身材，所以我长胖的时候不会觉得很不开心。我的腰还是很纤细。

——阿列克莎（31岁）

我喜欢自己身上软乎乎的地方，比如屁股、肚子、大腿。它们让我觉得自己又性感又可爱，还很有女人味。

——艾玛（23岁）

我喜欢自己那一对小巧玲珑的乳房，因为它们看起来很可爱。

——阿曼达（32岁）

我喜欢自己的乳房，因为它们又饱满又性感。

——珍（51岁）

尽管生了三个宝宝后，我的肚子一直都很大，但是我老公对我的肚子爱不释手，我也很喜欢自己的肚子，所以我还有什么可抱怨的呢？

——阿曼达（29岁）

我喜欢自己的臀部。很多女人希望自己的身材更加凹凸有致，就像我这样。

——亚历克丝（27岁）

我喜欢自己的腿，虽然它们又短又粗，还有很多肌肉，但是在它们的支撑下，我去年跑了马拉松。

——波莉（34岁）

我喜欢我的背部。我的肩膀很宽，这让我觉得自己很强壮，游泳更是把我变成了"女超人"。

——萨拉（32岁）

我喜欢我的身体，它成功地帮我孕育了两个大块头的健康宝宝。它完成了它的任务，要我说，它做得相当好！

——露西（33岁）

我喜欢自己的乳房。我曾经因为一种疾病动过手术，医生为我做了乳房重建。医生的技术真好，它们看起来就跟真的一样。

——西沃恩（32岁）

我的身体在，我就在。

——安妮（38岁）

现在，我很喜欢自己高高的个子和长长的腿，不过我年轻的时候很容易因为它们而感到不自在。我很崇拜我奶奶，她又高又瘦，而且根本不在乎别人怎么看她。

——萝宾（60岁）

我的皮肤很白。高颧骨和下巴的形状遗传自我的爸爸。我笑的时候眼睛会眯成一条缝，不仔细看都找不到眼睛，我喜欢这样。我也喜欢自己的酒窝。

——翁迪（27岁）

人说到你时，会经常谈论哪一面上的内容。

- 留意那些让你自我感觉不好的时候。是长时间照镜子的时候吗？是跟爱挑刺的朋友聊天的时候吗？是沉浸在时尚杂志中不能自拔的时候吗？是频繁称体重的时候吗？如果是，那么现在你可以停止做这些事情了吗？

- 尝试采取认知行为疗法，改变你对自己身体的认知，学会把大部分精力放在改变你对身体的看法和态度上，而不是放在改变你的身体上。改变自己对身体的看法和态度，比改变时尚行业、化妆品行业等要容易得多。如果你只相信所谓的"专业人士"的话，那么不管你是什么样子的，他们都能够打击到你的自尊心，说服你买这买那。

- 尝试改变一些习惯性反应。比如，看到反光的地方就把它当镜子照。与其每天在镜子前扭来扭去，对着自己的肚子皱眉头，不如在出门前，面带微笑，对自己说一句："我看起来还不错！"

- 静下心来想想，自己想要做什么，过怎样的生活，向身边的人传递什么。你是要学习绘画等对创造性要求较高的技能，还是希望花更多时间陪孩子们，和他们成为亲密的朋友，以便在他们需要一个可靠的人提供建议的时候，能及时地伸出援手。想一想自己要向周围的人传递的观点和态度，并且把它们传递出去，这样一来，你的外表便不再是你向世界发出的唯一信号了。

- 看看本章第一节中的相关内容，复习一下那些有助于提升自信的小妙招，这样你就能意识到有很多东西（而不仅仅是外表）能够体现出自己的与众不同和个人价值，并且让你得到别人的欣赏。在这本书里，有很多关于尴尬时应该说什么，或者在别人贬低你时可以如何有效反击的建议。

- 传播爱。多多赞美别人的外表（最好不是体重方面的），还有别人取得的成就。无论成就大小，都可以夸一夸。俗话说得好：善有善报，恶有恶报。你怎样对待别人，别人就会怎样对待你。

如何应对身体侮辱

🔑 如何应对来自互联网的身体侮辱

有些人说话很没有教养，还自视甚高，时常对一些他们自认为不如自己的人指手画脚，嘲笑别人四肢不够灵活、身材不够性感。他们总是一边嘲笑别人，一边装出很无辜的样子，说着诸如"怎么这么开不起玩笑啊？""她本来就很胖啊，我就是随口一说"之类的话。这种言论在网络中尤为常见。网络的匿名性导致了网络暴力的兴起，使很多人可以躲在虚拟的账户名后面，像学前班的小朋友一样互相谩骂。除了那些喜欢对别人冷嘲热讽的人之外，还有一些人喜欢用"火柴棍"来形容身材苗条的女性，声称"她们肯定是得了厌食症"，还会说"男人对没有曲线的女人不感兴趣"。如果某个论坛或网站的评论区的言论都是这样的，那么你一定要赶快远离这个论坛或网站。

🔑 如何应对来自好朋友的身体侮辱

好朋友对你的身材和体重进行评价时，可能并没有什么恶意，他们可能只是随口一说。但如果你觉得他们的话刺伤了你的自尊心，你可以直截了当地说："你的话伤害了我的感情，拜托你不要再这样说了。如果哪天我需要一些建议，我会问你的。"真正的好朋友会理解你的感受，停止讨论这个话题。

你还要留心一类"好朋友"，他们表面上把你当朋友，但明里暗里经常说你的坏话，通过打击你来寻求自我安慰。如果他们总是对你的身材和体重出言不逊，那很可能是因为他们本身就缺乏自信，而打击你、看到你受挫的样子能让他们好过一点，因为这会让他们有一种能掌控你的感觉。这时，你千万不要被他们的言论打击到。你可以参考第13页"如何应对关于体重或外貌的评价"部分的内容来反驳他们，并远离他们。

家人对你身体意象的影响

我母亲从来不会在我面前评价她自己的体重，所以在成长过程中，我也从不在意自己的体重。

——米利（25 岁）

我妈妈总是对我说，我很漂亮。尽管小时候我没太把她的话放在心上，但我觉得，这仍然有助于我建立一个积极的自我意象。

——苏（29 岁）

我妈妈总是鼓励我，要为自己的身材感到骄傲，这辈子我都会庆幸自己听了她的话。

——洛克茜（40 岁）

妈妈总是对我说，我看起来"刚刚好"。多好的妈妈啊！

——平琪（59 岁）

妈妈总是告诉我，我有多美。多亏了她，我自信十足。

——加布里埃尔（32 岁）

我妈妈不愿意把我介绍给她的同事。我姐姐不想让她的朋友们看见我。我哥哥说我的外表让家人们感到丢脸。

——多米妮卡（44 岁）

我妈妈的家人会在"瘦"和"更加正直"之间画等号，认为超重的人一定是道德败坏的。

——路易丝（39 岁）

那时，我买了一个睫毛夹，我妈却说："如果我是你，我就不管睫毛。别人只会看你的大屁股。"

——安杰莉卡（29 岁）

我妈说我看起来像个庞然大物。有些人说的话真的很难听，我再也不想和我妈说话了。

——苏茜（37 岁）

我十几岁的时候，总是听到我妈说："把你的肚子收起来。"

——菲奥娜（43 岁）

如果我穿的衣服很好看，我妈就会说我看起来很不正经。

——莉萨（35 岁）

以前，我妈妈每天都说我胖。现在，不管我是胖是瘦，我都会觉得自己胖。

——谢伊（21 岁）

我妈妈一直在节食，她的做法对我的饮食习惯产生了负面影响。

——乔治娜（30 岁）

我妈妈最近总是跟我说，我的屁股看起来很大。拜托，她到底知不知道我怀孕六个月了啊？

——莎伦（36 岁）

我妈妈说，我选的婚纱款式不太适合我，因为我太胖了。这让我感到很崩溃。

——梅尔（35 岁）

我妈妈说如果我太胖了，就不会有男孩子喜欢我了。我叫她走开。

——金（30 岁）

我妈妈过去常说我胖，可我从来没放在心上。现在，她又嫌我长得难看，理由是觉得我太瘦了，唉！

——波莉（34 岁）

我妈妈以前总是跟我说，我需要节食、减肥。回头想想，我那时其实非常健康。

——彻丽（26 岁）

我老公和女儿都说我很漂亮。

——特蕾西（45 岁）

我爸爸总是说我得减肥，不然我丈夫就会离开我。

——丽奈特（41 岁）

"如果你瘦下来，你会很有魅力的。"这句话是我妈妈说的。而我爸爸说的是："你真的很好看，如果你再瘦一点，会更好看！"

——娜特（28 岁）

从小，家里人就叫我"大象"。我确实一直是家里最胖的那个，可当我现在看自己以前的照片时，我发现那时的自己一点也不胖。

——伊万加利亚（47 岁）

我爸爸和我哥哥给我取了个绰号，叫"肥妞儿"，这让我在十几岁的时候就陷入了抑郁的旋涡。

——萨拉（36 岁）

小时候，我爸爸常对我说："如果你不减肥，将来你就会很难找到男朋友。"所以我从 13 岁就开始控制饮食了。

——雷（43 岁）

从小到大，我爸爸一直对我们姐妹四个说"你们很漂亮"。他是真的这么觉得，所以我也一直这么觉得！

——利奥妮（38 岁）

12 岁的时候，因为要参加我姐姐的婚礼，家人想让我瘦一点，所以我被迫严格控制饮食。

——金（39 岁）

我爸爸说我超重了。那时我才14 岁，他的话几乎毁了我。但后来我意识到，他才是超重的那一个。

——凯特（24 岁）

我 18 岁那年，因为一位至亲一句轻飘飘的对我体重的评价，我患上了厌食症。

——拉尼（44 岁）

如何应对来自家人的习惯性的身体侮辱

家庭成员之间的相处方式大多受长辈的影响。在许多家庭里，一些长辈喜欢对其他家庭成员的身材和体重评头论足。但注意，传统的并不意味着是正确的，实际上，如果你不喜欢家人对你的身材和体重发表评论，即使他们说自己是善意地提醒你（比如"我只是想帮助你""我是替你着想""我是为你好"），你也有权让他们不要再谈论这个话题。你可以用一种开玩笑的口气终止这个话题。记住，即使你自己没有受影响，也要记得为家里的其他人撑腰和出主意，因为他们可能不像你那么坚强，一直备受这种评论的折磨。没有谁理应承受这种攻击，特别是来自家人的言语攻击。家人之间应该互相支持、互相温暖，而不是互相打击。

如果这些评论总是发生在某个特定场合（比如和家人一起买衣服时、一起吃饭时等），你可以提前跟你的家人严正声明，比如在某人邀请你逛街时，你可以说："谢谢你的邀请，可我不想和你一起去买东西，除非你不再议论或者批评我的身材。""当你准备好只挑衣服尺寸的毛病而不是我的毛病时，我会很乐意和你一起去购物。"当某人约你吃饭时，你可以说："我已经决定不再和你一起吃饭了，除非你不再告诉我该吃什么、不该吃什么，也不再谈论我的体重。等你想好了就告诉我，那时我很乐意和你一起吃饭，或请你去餐厅吃饭。"如果他们一直对你的身材指手画脚，那么当突然听到你这么说时，他们可能会大吃一惊。但真正爱你的人会考虑你的感受，当你这样对他们说后，他们会注意自己的言行。

告诉家人停止评论你的身材或体重

告诉他们，从现在开始，你不想再听到任何关于你身材或体重的评论，因为这会伤害你的感情。你可以这样说："有件事我要告诉你。我已经下定决心，不再容忍你说出的关于我身材的任何'玩笑'。我不想再听到任何关于身材或体重的建议，还有任何警告我'太胖了'或'长胖了'的言论，也不想再听到任何让我'实施减肥大计'的暗示。我不觉得这些话很有趣，这些话真的让我心烦意乱，让我难受了好多年。从现在起，如果你还跟我说这些话，我就会换个话题，或者直接离开，或者直接挂掉电话，或者请你离开我的房间。"

一开始，他们可能会记不住你的警告，或假装没听见，继续这样做。此时，你一定要表现得坚决一点。等他们下次再说时，你可以继续警告他们："记住，我们说好了，不能讨论我的身材或体重了。"如果他们继续说，也不要跟他们发生争执，你可以平静地说："这些话我一句都不想听了。下次别再继续说了。我走了。"然后转身离开。

如果他们说"我是你妈妈／你岳父，我想说什么就说什么"，你可以礼貌地回答："我的体重还是我说了算吧。我会考虑那些对健康有益的建议的。"接着，收拾好东西，淡定地离开。如果是在电话里，你可以说："我挂电话了，下次再聊。"不要和他们争论，直接挂电话就好。等到他们发现你的立场是不可动摇的后，他们就可能会停止不礼貌的行为。

如果可能的话，你一定要争取其他家庭成员或亲戚朋友的支持。在维护自己尊严的过程中，要坚持、坚定，不要和家人发生激烈的争吵，这样你就很有可能取得胜利。家里的下一代可能在关注着这一切，你会成为他们的榜样。

如何应对童年时期的痛苦回忆

有些成年人在小的时候遭遇过校园欺凌或家人的侮辱，这导致他们形成了负面的自我意象，即使已经长大成人，他们也难以摆脱这些自我意象的束缚。在统计调查问卷结果的时候，我看到了很多让我心碎的答案。很多成年女性的自我意象仍然受

当不熟的人评论你的身材或体重时

我高中的时候，有个人叫我"又肥又丑的牛"。不知道为什么，我一直忘不了这个难听的名字。

——克里斯蒂（28岁）

高中最后一年的时候，有个同学天天跟着我，有机会就说我胖。为了摆脱他，我甚至想过自杀。

——玛吉（45岁）

我比同龄人发育得要早一些。从我12岁起，比我大的男人们就开始调戏我。因为这个，我开始过度关注自己的身材和体重。

——艾玛（26岁）

上小学时，有个男孩每天都取笑我，说我比别的孩子胖。我到现在都没忘记他的取笑！

——凯斯（46岁）

我还记得，十年级那会儿，邻班有个男孩叫我"胖子"。遗憾的是，我居然认同他的说法。其实我那时超级结实，超级健康！

——凯莉（27岁）

12岁那年，有个陌生的女人对我说："别吃那个，不然你会更胖的。"从那时起，我就觉得自己很胖。现在，看着自己那会儿的照片，我为自己浪费了那么多年的时间去减肥而感到难过。

——克丽（42岁）

人们印象中的我，似乎比实际生活中的我要胖，所以他们每次见到我都会问我是不是减肥了，其实我没有。

——奥里莉亚（39岁）

别人经常说我的身材特别适合穿比基尼，这让我觉得自己穿其他衣服时显得很胖。

——马德琳（25岁）

有个家伙曾对我说："你长胖了点。"我的回答是："对呀，你也还是老样子，又丑又没礼貌。"

——莉莉（30岁）

有个人每次一见到我就说："如果你能瘦一点，你看起来会很漂亮。"很多人就喜欢抓着体重不放，很遗憾的是，我自己也是如此。

——金（40岁）

在我14岁的时候，有一次上游泳课时，一个女孩问我是不是怀孕了。直到现在，每当想起这件事，我还是想挖个地洞钻进去。

——彭妮（28岁）

有一次，我的老板当着所有同事的面说我很胖。我立马回击道："好吧，至少我不是一个酒鬼。"

——珍妮弗（39岁）

有一次，当我走在街上时，有一个男人开车从我身边经过，他和他的同伴对我说了"大胖子"之类难听的话。天哪，那一刻我真想死。

——谢里尔（42岁）

不管有多少人夸我漂亮、性感、迷人，只要有一个人说我胖，我就不想吃东西。

——阿什莉（23岁）

我时常因为长得高而被取笑。跟那些身材娇小的女孩相比，我觉得自己在这个世界上占据了太多空间。

——卡琳达（32岁）

我的体重是64千克（身高170厘米），理疗师说我超重了5千克。我简直不敢相信自己的耳朵。

——科莉特（27岁）

一位医生曾经对我说："你可以当彩妆模特，但不能当泳装模特。"这让我觉得自己是个废物。

——玛丽（42岁）

我上学那会儿，有个体育教练总是对我的臀部指指点点。我想，我这辈子都过不去这个坎儿了。

——乔（36岁）

有好多次，别人都问我是不是怀孕了，其实我没有。每次听到这种话，我都会在回家后大哭一场。

——凯特（35岁）

大家都说我太胖了。天哪，我本来就知道。他们这样说只会让我又生气，又难过，又羞愧。

——塞雷娜（42岁）

有一次，我因为胃不舒服去看医生，结果医生说这是因为我太胖了！我花了7年的时间才敢再去看医生！

——简（33岁）

有一次，我去医生那里开抗生素，来治疗喉咙痛，结果医生建议我进行速效节食，并在4周后回来复查。

——葆拉（25岁）

有一次，我去看了一位专家，他说我超重了。后来我又去找了另一位专家，结果他说我没有超重。真奇怪啊！

——莎伦（41岁）

23岁时，我去检查乳腺。当我躺在检查床上时，医生对我说："你很漂亮，但是看起来挺胖的，像40岁的人。"这让我非常沮丧。从那时起，我开始暴饮暴食。

——海伦（43岁）

到小时候听到的一些漫不经心却又充满了伤害性的话语的影响，哪怕已经过去了几十年。而那些口出恶言的人可能五秒后就忘记了自己说了什么，而且他们也不觉得自己这样说有什么问题，完全没有任何心理负担。这些自我意象是有害的、错误的，而进行心理咨询有助于摆脱它们的影响。

如果你也面临这样的问题，那么你要想清楚一点，那就是，那些人说那些话并不是因为你有什么问题，而是因为那些人本身就处于恐惧和焦虑中。

🔑 如何应对来自同事或陌生人的身体侮辱

有些人因为过度关注身材或体重，常常将一些带有侮辱性的话脱口而出。对于这些讨厌的人，有一招可谓屡试不爽，既可以表现我们的冷静和不受影响，又可以把球踢回给对方，无声地告诉他们"我认为这是你的问题"。这一招是这样的：挑起眉毛，用轻松、随意的语气说"哦，我很抱歉你会这么想"，然后微微一笑，目光越过他们的肩膀往他们的身后看，就好像在期待更识趣的人尽快到来。

🔑 如何回应对身材或体重的评价

以下列举了一些回应那些不礼貌的评价的话术：

- "你没问题吧？你是不是说话不过脑子啊？"
- "你病了吗？要不要我给你倒杯水？"
- "刚才我还以为你在说我的坏话呢。"
- "我们能不能聊点别的？"
- "我知道自己胖，我照镜子的，好吗！"
- "你知不知道'火柴棍'不是一个好词啊？这么说真的很没礼貌。"
- "对呀，我挺苗条的，我知道。您还有什么高见需要发表吗？"
- "我没有厌食症。你有教养吗？"

- "对呀，我就是胖／瘦啊。可我才不会那么没礼貌，所以我不会告诉你我现在对你有什么评价。"
- "我觉得，你还是别关心我的体重了，你觉得呢？"
- "你就是瞎操心，我自己都不操心。"
- "我没有那么胖／瘦，都是衣服的问题。"
- "我觉得这是我的私事。"
- "能帮我个忙吗？能不能离我远点？"
- "天哪，你真是烦死人了。我得躲得远远的。"
- "我的身材很适合我。"
- "管好你自己的身材就行啦。"
- "我听不到你的话哟，因为我的耳朵会自动过滤愚蠢的话。"
- "你是认真的吗？你确定要说得那么大声吗？"
- "多谢，可我不想听你评价我的身材了。"
- "如果我想听你对我身材的意见和看法，我会告诉你的。"

🔑 如何应对广告中的身体侮辱

很多广告商深谙消费者的心理，擅长抓住消费者的痛点，喜欢通过让消费者感到羞愧，来激发消费者购买产品或服务的欲望。现在，也有一些品牌知道人们对于身体侮辱这件事非常不满，于是另辟蹊径，换了一个营销策略。比如，我参与过某品牌方组织的一场旨在启发女性认真思考关于美丽的问题，让女性更乐观、更欣赏自己的活动。唉，如果该品牌没有借机兜售紧肤乳等产品的话，我可能真的会给它竖一个大拇指。总之，不要太在意网站及其他媒体上的关于改变身材的广告。

朋友和伴侣对你身体意象的影响

我经常和朋友聊如何减肥、如何变得更健康之类的话题。我们会比较各自的饮食方法，看看哪一种更好，而不是只关注体形。

——米歇尔（45岁）

我和朋友们开了一个关于"良性厌食症"的玩笑，意思是，当我们生病或者因为什么问题没办法正常吃东西时，就可以趁机减少食物的摄入量。

——克莱芒蒂娜（26岁）

我有一个好朋友是厌食症患者，所以我们总是谈论体重、节食等话题。我现在觉得，她的不快乐与节食有关系。

——莉莉（30岁）

我们总是在聊我们有多讨厌胖子。这真的很不应该。

——乔（29岁）

我们的谈话始终离不开体重、体重、体重，我都快疯了。不管我往嘴里放什么，朋友们都会注意到。

——崔西（36岁）

我和朋友总是在聊各自的体重，说自己有多胖，自己午餐吃了多少，等等。我知道这挺无聊的，可我们还是聊个不停。

——凯特（25岁）

我和朋友不喜欢过多地谈论体重。谈论得越多，就会越担心，事情就会变得越糟。

——丹妮尔（33岁）

我朋友在我十几岁的女儿面前问我："你怎么这么胖啊？"这让我哭了好几个小时。

——凯莉（43岁）

我再也不想跟朋友们见面了，因为她们总是谈论我的体重。

——桑德拉（44岁）

我老公觉得我可性感了，非常迷人。我只在乎他的想法。

——洛莉（35岁）

我的第二个孩子出生后的一个月，我老公说我该减肥了。其实那个时候，我的体重已经回到怀孕前的水平了。

——莉莉（27岁）

我太爱吃巧克力饼干了，朋友都说我太胖了。

——梅尔（34岁）

如果我觉得有的女孩太瘦了，我就会背地里说她们的坏话，心里却在想，她们是怎么做到的啊！

——亚历克莎（28岁）

我老公一直说我很好看。过去15年，我都不相信他。不过现在我终于明白，他一直都很真诚，我对自己的评价也直线上升。

——内尔（37岁）

我老公现在基本看都不看我一眼，这一点真的让我很崩溃。

——戴安娜（35岁）

我的伴侣觉得我的身材非常性感，不管我的体重是多少。

——卡伦（38岁）

我男朋友说，如果我再瘦点，他就向我求婚了。后来他说他是在开玩笑，可我心里很难过。

——贝琳达（31岁）

我的男朋友对我说，如果我长胖了，他就会跟我分手。这句话像一把悬在我头上的剑，激励我严格控制体重。

——埃琳（26岁）

有一次，我胖了几千克，我的前男友挺着个大肚子跟我说："你

一点魅力都没有。"这让人太难受了。之后我离开了他，然后我就不难受了。

——奇基姆（49岁）

我的前男友说我腿上全是肉，所以我现在总是会刻意把腿上的肉藏起来，每隔一天做100个深蹲和弓箭步训练。

——乔迪（31岁）

我的前男友摧毁了我的自信。四年过去了，现在我找了个新的男朋友，他对我很好，我正在努力重拾自信。

——塔拉（24岁）

前男友总是让我不要为了体重担心。他说："你平时说话挺有道理的，但是每当说起你的体重时，你就开始说废话。"

——露西（51岁）

我老公是唯一一个对我的体形看不顺眼的人。

——克里斯（56岁）

我老公讨厌我的脂肪，真是奇怪，他居然不多操心一下他自己身上的肉。

——琳恩（60岁）

我老公让我去做隆胸手术，这让我很没有安全感，很没有自信。

——奥利维娅（39岁）

我老公想让我苗条一点，对此我很生气，我的体重是我自己的事。

——乔斯琳（72岁）

我的丈夫认为我的体重和外表给他丢脸了，这对我产生了可怕的影响。

——艾玛（39岁）

🔑 如何应对来自伴侣的身体侮辱

有一些男性对一个错误的观点颇为认同，那就是他们可以随意评论伴侣的身材或体重。如果你的伴侣说"你需要减肥"，那么，你需要弄清楚他到底是无心之举，还是控制欲爆棚。如果他只是无心之举，那么你一定要跟他说清楚，让他明白问题的严重性。你可以说："你刚刚说的话伤害了我的感情。我愿意和你聊一聊健康问题和体形问题，但是你不能说一些很伤人的话。"如果他屡教不改的话，你就可以认为，这是他在告诉你，他根本不在乎你的感受。

你也可以翻到第 37 页，看看"告诉家人停止评论你的身材或体重"部分的内容。当这种对身体的侮辱来自伴侣时，你同样可以尝试里面提到的方法。

有时候，就算你费尽口舌，告诉你的伴侣他的话让你很痛苦、很难受，你的伴侣可能还是会一遍又一遍地说那些伤人的话。渐渐地，你可能会发现自己开始相信这些话了。注意，出现这种迹象时，你一定要有所警惕，意识到他这样做是为了在思想上控制你，让你觉得你不值得他对你好。一旦遇到这种情况，你需要尽快寻求家人或朋友的帮助，或者直接进行心理咨询。

如何看待医生的意见

当你从一个医学工作者的口中听到一句冷冰冰的"你超重了"，或者是更糟糕的"你的 BMI 显示为肥胖"时，你可能会觉得非常难堪。你一定得告诉医生，你觉得他们的用语和态度对你没有任何帮助，然后再问一些具体的问题，例如："你有针对我个人实际情况的具体建议吗？你知道我患哪些疾病的风险更高吗？你能给我推荐一个对我有帮助的饮食计划、营养师或互助小组吗？"记住，不要轻视自己的健康问题，要全面地了解情况，同时

也要直接跟医生表达自己的感受。

如何接受别人的赞美

当别人夸你"你真好看""我喜欢你的裙子"或者"这个发型真的很适合你"时，你可以微笑着说谢谢。放心，这样做不会让你显得很不谦虚。千万不要贬低自己，也不要对别人的赞美矢口否认，说一些诸如"呃，我觉得自己很丑""但是我这里长了一颗很大的痘痘"或者"你别说了，我觉得自己不好看"之类的话。你值得别人的赞美，你应该心安理得地接受赞美，并且享受这种被赞美的感觉。

如果你很瘦

没有谁规定，女性必须拥有丰满的胸部或翘臀。有些女性天生就很瘦，相比于稍胖的女性，这些身材苗条的女性有时候更容易受到别人的冷嘲热讽。很多人说话前根本不思考一下自己的话该不该说，还有一些人本身就很粗鲁、没有礼貌。试想一下，谁愿意被别人说身材像"火柴棍"，天天被怀疑得了厌食症呢？谁愿意被指责"看起来没有曲线，不像个真正的女人"呢？

还有一种情况是，有些女性是因为生病了、身体不适而变得消瘦，结果却得到了别人的"赞美"，因为她们的身材看起来更符合当下社会主流的审美标准，即使她们正在为了更健康或者从疾病中恢复过来而努力增重。

实际上，看起来很纤细的女孩和身材凹凸有致的女孩一样美丽。如果你觉得自己体重过轻，并为此感到烦恼，或者你觉得自己的体重影响到了身体健康，那么你可以寻求医生或营养师的帮助。如果你有进食行为异常的情况出现，如厌食、觉得进食有负罪感等，可以阅读第六章第二节《心理健康》，了解更多关于进食障碍的内容。

对于胖瘦的认知

我是班里最瘦的，可我还是觉得自己胖。

——克里斯蒂娜（21岁）

学校里很多人都说我很瘦，看起来就像没发育好一样，这让我觉得自己的身材不够丰满。

——索菲（20岁）

那时候，我瘦了一点，大家不停地夸我，可我很讨厌这样，我觉得这些夸奖很不真诚，很让我烦恼。

——莉齐（45岁）

我以前的体重是98千克，现在是51千克。我还是原来的我——没有更开心一点，也没有更不开心，朋友还是那些朋友，价值观也没变。

——萨莉（29岁）

男人们说，他们不想拥抱一副骨头架子，听了这些话之后，我的自尊心受到了打击。

——卡兹（45岁）

身边的很多人觉得我瘦得像有进食障碍或者厌食症一样。慢慢地，他们的看法使我觉得自己肯定特别没有女人味。

——阿加莎（29岁）

我确实是胖，可我也有很多别的闪光点啊。

——雅雅（59岁）

我发现，一旦我长胖了，人们就会觉得我很蠢。

——卡伦（56岁）

相比于正常范围，我超重了七十几千克。这让我很难受。我从没告诉过任何人自己有多重，或者我应该减掉多少千克的体重。

——谢里尔（27岁）

人们觉得我很瘦，可以穿M码的衣服，这是一件很让人开心的事。可实际上，我这么瘦是因为我有严重的健康问题。

——汉娜（20岁）

我的体重属于重度肥胖的范围。现在我行动不便，身体也很不舒服。我很痛苦。

——凯特（51岁）

我的体重是116千克。我觉得很不舒服，很焦虑，生活质量很差，身体健康也出现了问题。

——温迪（51岁）

胖了就会变成"隐形人"，这一点非常让人受伤。胖了后，周围的人对你会不太友好，也不乐意帮助你。男人们也不再跟你有眼神交流。

——凯特（28岁）

人们会根据我的体重来评判我。他们都不想了解真实的我。

——谢尔（39岁）

我的朋友看到我瘦了后，表现得好惊讶，这让我挺难过的。

——安娜（28岁）

女性晚辈与身体意象

我总是跟我13岁的女儿说，美丽来自内在，外表的美总有一天会消失，比外表更重要的是她是一个什么样的人。

——德布（41岁）

让我难过的是，我8岁的女儿已经开始担心自己体重超标了。

——丽贝卡（30岁）

我老公的家人都对肥胖的人有偏见，因为这一点，我担心我们的女儿会得厌食症。

——莉娅（44岁）

我想帮我女儿树立自信，让她拥有一个正常的童年，不用从很小的时候就开始担心自己的身材。

——蕾切尔（27岁）

一切必须从我们自己做起，从改变与家人、朋友和孩子的相处方式做起。我们不能指望媒体和广告商改变，他们是要卖东西的。我们需要和孩子一起建立积极的自我意象。

——菲奥娜（37岁）

我有两个十几岁的女儿，我在她们面前会尽量多说与健康饮食相关的话题，尽量不提减肥的事情。

——贝尔纳黛特（47岁）

我女儿才6岁，可她已经注意到了我对自己身材的负面想法。

——利萨（28岁）

当我9岁的女儿向我保证我真

的不胖时，我终于意识到，我对体形的扭曲的看法和痴迷对周围的人产生了多大的影响。

——特蕾西（50岁）

我告诉女儿们，要努力做一个心地善良、快乐的人。吃得健康，外表自然会变得更好。

——塔妮娅（39岁）

我和女儿们尽量不聊这件事。她俩一个有贪食症，另一个很瘦。

——弗拉菲（51岁）

记得跟女儿们说，不管怎么样她们都是美丽的。还有，永远不要让你还在学龄期的女儿节食！

——施特夫（31岁）

体重低于健康体重范围

体重低于健康体重范围容易引发许多健康问题，如贫血、心脏功能下降、容易出现骨质疏松、容易疲劳、容易生病、生病后康复起来很慢、生育能力下降等，严重时，甚至可能出现器官萎缩、身体各项机能衰退的情况。而且体重过低对外表也有影响，它可能会导致肤色暗沉、头发失去光泽、皱纹看起来更明显等。另外，体重过低对孕妇也有影响，比如可能导致流产或影响胎儿的身体发育。

如果你很胖

澳大利亚全国预防保健工作组曾经发布过一份文件，该文件指出，根据身体质量指数，大约有四分之一的澳大利亚老年人是"肥胖"的，而且"与20年前的同龄人相比，澳大利亚老年人的平均体重增长了6～7千克"。不过，这并没有引起民众的重视，民众的自我评价也与该文件中的统计结果大相径庭。根据官方测量标准，很多人的体重被判定为"超重"，然而，其中的许多人（不论男女）却认为自己的体重是"标准的"或"正常的"；同理，许多被认为是"肥胖"的人，觉得自己仅仅是"超重"了。由此可见，一般民众对正常体重和可以接受的体重的认知发生了变化。

体重高于健康体重范围

不可否认，确实有一些人的体重远远超过了健康范围，这给他们的生活带来了很多限制和不便。我说的不是那些身体质量指数超过正常范围，但实际上身体健康状况很好的人（这些人可能是身体肌肉含量高），而是一些过于肥胖的人，这些人在平时的生活中确实有不适感，日常行走、运动等也受到了影响。那些过于肥胖的人会发现自己很难弯腰和灵活地做动作，健康水平也会下降。在某些情况下，过于肥胖还会影响他们的就业和职业发展。一些应急服务机构和国防机构对某些岗位的员工的身体素质有严格的要求，其中许多要求都跟体重有关。

过于肥胖会增加心脏病和2型糖尿病的发病风险，也会给腿部的骨骼带来很大压力。此外，过于肥胖的人在患重病期间更容易出现严重的并发症；在手术过程中，做全身麻醉时的风险也会上升，医生还有可能看不到或接触不到某些器官；护理人员在移动或抬起较重的病人时也会遇到困难。

过于肥胖还会提高不孕的风险。对已经怀孕的女性来说，过于肥胖会对她们的健康产生负面影响，使妊娠糖尿病、妊娠高血压等疾病的发病风险增加，还会增加新生儿糖尿病的发病风险。

对"胖姑娘"的歧视

许多"胖姑娘"会发现，自己很难买到合身又好看的衣服。这会使她们产生一个错误的念头，那就是这一切都是她们的错，跟别人比起来，自己没有消费和好好打扮自己的权利，她们还会因此感到悲伤和沮丧。每一个偏胖的人恐怕都经历过别人在自己面前小声嘀咕，或者直接大声地说出又刻薄又残忍的话的场景。她们会被贴上各种标签，包括懒惰、贪婪、缺乏意志力、占用太多空间以及不值得被尊重等。

许多较胖的女性在填写我发放的调查问卷时表示，有些医生对自己非常粗鲁和冷淡，不管她们是因为什么问题而去看医生，医生的关注点最终都会落在她们的体重上。这个问题要一分为二地看待。对医生而言，他们认为自己有责任警告病人，因为超重确实会使病人面临多种健康风险。但是对病人而言，医生的做法会使她们的自尊心受到伤害，她们会想："我当然知道自己很胖，我不需要你来告诉我。"许多较胖的女性还会觉得医生有些"双标"，因为她们觉得医生不会用同样的方式去"严厉批评"那些体重较轻的人。

正面的身体意象

我见过好多特别有趣又迷人的人，她们的体形各式各样。我喜欢她们，因为她们很有自信和魅力，自信的就是美的！

——香蕉太太（44 岁）

女人们不要对自己太狠了。重要的不是你穿多大码的衣服，而是你的生活态度。

——埃琳娜（34 岁）

别让体重控制你的生活。我很胖，但我事业有成，我去过很多地方游玩，结了婚，有了孩子，过着幸福的生活。成就和体重无关，和生活态度有关。

——朱莉娅（35 岁）

学会爱自己的身体。自信和自爱确实会感染别人。每次我因为自己的身材而难过的时候，我就会想到我的朋友玛丽安，她去年死于乳腺癌。我很高兴我还活着，而且还很健康。

——凯瑟琳（41 岁）

有些男人太肤浅，只看重外表。为什么要对一个肤浅的男人感兴趣呢？他们配不上好女人。

——露露（60 岁）

如果你忙着做更有趣的事，你的身体就更容易保持健康，你也会更有活力，烦恼自然就少了。

——彭妮（59 岁）

我知道，我得爱自己，爱我的身体，可我现在还做不到。我觉得自己又胖又丑。好消息是，今天下午，我要去看营养师，这是我第一次去。我得行动起来。

——蕾切尔（34 岁）

快乐比苗条更重要。

——利兹（65 岁）

我 20 岁时，身材明明那么完美，可我当时竟然觉得自己又胖又丑。现在我一想起这件事就感到生气！

——菲奥娜（35 岁）

每当有人告诉我 4 岁的女儿，她看起来很可爱时，她就会说："我知道呀！"等她长大一些后，她还能这么自信吗？我希望她可以一直这样。

——萨莉（36 岁）

把你们的儿子们培养成会做家务的人，教他们重视女性的个性，而不是她们的外貌。把你们的女儿们培养成尊重自己的人。

——德博拉（43 岁）

如果每个人的体形和胖瘦都一样，那么这个世界得多无聊呀。

——苏珊（62 岁）

我觉得，胖瘦与美丽与否无关。

——安（24 岁）

我觉得最有魅力的女人（不管是我的朋友还是在街上遇到的陌生人）是那些接受自己的外表和身材的女人。

——蒂皮（44 岁）

女人们对自己和别人都太苛刻了。

——梅琳达（31 岁）

如果可以的话，你一定要积极面对自己的体重。还有，绝对不要批评你孩子的身材或者品位。

——戴安娜（65 岁）

我的女儿和继女都很喜欢我的身材，她们说我抱起来手感很好，

又柔软，又温暖。这让我自我感觉很好，我希望她们也能对自己的体形感到满意。

——戴安娜（42 岁）

你得开开心心地接纳自己的身体，因为它会跟随你一辈子。你这一辈子都只有这一个身体。

——萨拉（41 岁）

我的第一任丈夫总是觉得我得再瘦一些，还拿我和知名的泳装模特比。拜托，那个模特比我小 20 岁左右，还比我高了 20 厘米。后来我意识到问题出在哪儿了，然后我就离婚了。

——安德烈娅（60 岁）

最近，我碰到了一个女人，她的胸部非常丰满，臀部也不小。她可能是我这辈子见过的最迷人、最自信、最风趣的人。我发现她从来不担心自己的身材，连一丝一毫的焦虑都没有。

——英格丽德（38 岁）

我以前的男朋友总是说我胳膊上的肉松松垮垮的，说我不适合穿背心。于是，在我们分手之后的那个夏天，我美滋滋地穿了一夏天背心。

——拉文德（43 岁）

我们女人得停止讨厌自己，要永远爱自己。

——简（22 岁）

首先，你要发自内心地觉得自己很不错。如果有人对你说"你看起来很好"，倾听并接受赞美就可以了。

——芭芭拉（29 岁）

还有很多较胖的人表示，体重影响到了自己的就业。在很多行业中，针对较胖的人的歧视是心照不宣的。这是很不公平的，甚至是可笑的。这种歧视源于一个错误的假设，那就是较胖的人肯定不健康，或者说肯定不如苗条的人健康。

为什么减肥如此之难

澳大利亚墨尔本大学的约瑟夫·普罗耶托教授表示：很多人认为肥胖是由后天原因造成的，但是，这种看法与现有的研究数据并不吻合。有越来越多的证据显示，基因在人的体重调节中扮演着重要角色。认为通过少吃多动就能解决肥胖问题的人也忽略了一个问题，那就是身体会通过自我调节来维持平衡，并且进行强有力的自我保护。当一个人成功减肥后，他的身体会发生一系列的变化，如瘦素（具有抑制食欲的作用）水平降低、胃促生长素（具有提升食欲的作用）水平提高等，身体的这些强有力的应对措施旨在让体重恢复到减肥以前的水平。

保护女性晚辈远离负面的身体意象

作为成年人，你的一言一行会对家中的女性晚辈起到示范作用，所以你一定要谨言慎行。想一想，她们从你这里得到了哪些信息？有几次，我甚至听到大人们在小女孩面前说"希望自己生病，这样就能减肥了"之类的话。这样的话会给女孩们灌输一种错误的想法，让她们觉得越瘦越好。实际上，随着年龄的增长，她们的身体会逐渐发育，在这个过程中，长胖一点是很正常的事。你要用你的行动和语言向女孩们表明，在你身边，她们不会受到对身材和体重的苛刻评判，你就是她们的庇护所。不管是在家里，还是在外面，你都要努力为她们营造一个安全的港湾。

🔑 关于身体意象，你应该对女孩们说些什么

相信我，"你太胖了"这句话帮助不了任何人。这句话或许只是评论者脑海中的一个一闪而过的念头，可对有些女孩而言，这可能是她们最担心或最讨厌听到的话。令人难过的是，无论走到哪里，女孩们都容易被这种不经过大脑思考就说出的话轰炸。所以，你得告诉女孩们，不要在意无关紧要的人说的话，对自己身材的要求不要太苛刻了。你还要告诉她们，适合自己的就是最美的，除了外貌，她们还有很多其他的优势。别跟她们说"漂亮不重要"，因为她们会认为这意味着她们不漂亮。也别对她们说她们身体的某处像某个明星，因为这会向她们传达"明星拥有的就是好的"的观念。另外，也不要暗示她们以后可以通过整容来改变自己。我不是要你刻意忽视她们对外表的关注，而是要你倾听她们的心声并给出积极的回应。回应的时候，记得先要说"我觉得你很漂亮／我不觉得你很胖／在我看来，你的大腿特别好看"之类的话。你还可以问问她们"是什么让你觉得自己不好看"或者"为什么你会有这样的感觉"，她们的回答会给你提示，让你知道接下来该说什么。

在与女孩们沟通和交流的过程中，你要让她们学会不要责怪自己，不要觉得问题都出在自己身上。例如，如果她们问你，为什么自己穿某件衣服这么难看或者看起来这么奇怪，你可以说是因为这件衣服的版型有问题、缝制工艺不好，跟她们本人的身材没有什么关系。你也可以问问是不是有人说她们坏话了，如果是，就让她们不要理那些人。

当女孩们在杂志或广告上看到了一些让她们很不自在或者感到焦虑的内容时，你可以告诉她们，广告商就是想让人们觉得自己不够完美，因为

这样人们才会购买广告里的产品来"修复"自己。你也可以告诉她们，像她们这么聪明的人肯定能够发现广告商是在贩卖焦虑，你相信她们是不会轻易"上钩"的。每当有人试图左右她们的想法，而她们一下子就能发现他们的企图时，她们的自我评价就会得到提升。

千万不要因为将某些基因传递给你的女儿而向她道歉，比如胸部较小、脚特别大等。你要反复向她们强调适合自己的才是最好的。如果你的女儿、侄女或者其他女性晚辈想要文身、剃光头或者穿高跟鞋，一定不要下意识地尖叫一声，然后把她们关起来。你可以问问她们为什么想要这样做，让她们展示一下她们做的功课，然后心平气和地和她们讨论一会儿。不管你的结论和她们的最终决定是什么，都不要吵架。你得尊重她们为自己的身体做决定的权利，你可以做的是教她们如何做出明智的、周全的决定。

🔑 当女性晚辈受到身体侮辱时该怎么办

你需要努力让自己的家成为一片没有"体重侮辱"和"尺码侮辱"的净土。不管是兄弟姐妹、父母、祖父母还是来到家里的客人，都不应该对别人的身材或体重发表刻薄无礼的评论。许多有进食障碍的女性表示，自己的心理或生理障碍就源于父母或兄弟姐妹对自己的身体侮辱。每个人都应该认识到，自己刻薄的评论可能会给他人带来严重的伤害，对家人来说更是如此。这种日复一日的恶评本质上是一种欺凌，会影响一个人的心理健康。

如果有人在女性晚辈面前批评你的身材或体重，你可以这样反驳他："哇，我不明白你为什么觉得自己可以这样评价别人。"或者，你也可以说："你知道吗，我真不敢相信你会这么说。"你也可以什么都不说，只是保持微笑，或对这个人翻个白眼、摇摇头，总之，一定要做点什么来表明这样的批评是不对的。你也可以趁机让女性晚辈参与进

来，例如，你可以对她们说："亲爱的，你听到了吗？这就是我告诉过你的，人们常说的那种废话。"

当更糟糕的情况发生时，比如有人对你的女儿或其他女性晚辈大放厥词，批评她们正在发育中的身体，或是说一些难听的话，你一定得立即介入并制止这一切。你得让她们知道，你是站在她们这边的，你喜欢她们现在的样子。你可以对大放厥词的人进行严厉的批评，也可以说一些话来反驳这些人。

以下列举了一些实用的应对方式，可以用来保护女性晚辈免受身体侮辱的影响。你的首要任务是让女性晚辈有安全感，让她能从更积极、更正面的角度来看待自己。其次，你要对那些没礼貌或者说话不过大脑的人展开反击。你必须保护女性晚辈，不让她们成为无法正确看待体重和饮食的人。

如果有人在女性晚辈面前胡言乱语，你可以这样说：

- "这样不好吗？索菲正在长身体，就应该这样。她正在长大成人，她会变成一个美丽的女人。"
- "我们别再聊跟体重和节食相关的事情了吧，特别是当着姑娘们的面。这太无聊了。"
- "她真的很美，不是吗？她的身材对她来说刚刚好。"
- "真是一派胡言。你根本不知道自己在说什么。"
- "天哪，别再胡说八道了。她没有长胖，她在长个儿呢。她现在的身材刚刚好。"
- "我的天，这话真难听，你在瞎说什么呀。其实你是觉得自己有这些问题吧？"
- "对呀，她在长大呀。十几岁的孩子都这样。如果她看起来一直跟10岁的小孩一样，那该有多奇怪呀！"
- "她当然不用节食呀！你疯了吗，跟一个健康、漂亮的小姑娘说这样的话？"

你也可以把说话者拉到一边，悄悄地说：
- "谢谢你跟克里斯蒂说她很好看，不过，请不要

把好看和体重联系起来。我们想让她健健康康、快快乐乐地长大，你这样说可能会让她产生进食障碍。"

· "塔妮卡一直很钦佩你，因为你说她胖，她快要崩溃了。拜托你说话小心一些吧。"

· "你别吓唬我女儿，说什么她'可能会长胖'。进食障碍就是这么产生的。如果你不能鼓励她，那就什么也别说。"

· "梅丽莎的胸部正在发育，她现在这样是正常的。任何人都不能对她的胸部发表看法。"

· "我知道，为了减重而节食对你很重要，可我请求你，不要和布鲁克聊这个。她现在这样就很美，她有权利相信这一点。"

· "你到处跟别人说他们超重了，这真的没什么好处，而且真的很伤人。别再说了。"

· "如果你一直跟艾拉说她得减肥，跟她在一块儿的时候还要限制她吃东西，那我们就不来看你了，等到你能管住自己的嘴再说！"

你还可以借此机会告诉女性晚辈，为什么有人会说这些话。比如，他们说这些话是因为他们自己正在为身材或体重而感到焦虑。

🔑 关于身体意象，男孩们应该知道什么

你可以让男性晚辈参与到关于身材与体重的讨论中来。你可以告诉他们，媒体上的女性形象大多是不真实的。那些女性之所以看起来都是一个模样，是因为广告商想让女性渴望成为那样的人，而想要成为那样的人，就要购买广告商叫卖的产品。

实际上，男性也会遭遇各种推销，比如那些推销功能饮料、健身补剂和治疗脱发的广告。男士护肤品也会号称能够"唤醒活力"，为皮肤"注入能量"。只是一般来说，相比于女性，男性不太容易受到身体意象问题的困扰，他们和女性在体形和体重方面受到的压力的来源、大小都不同，所以二者承受的压力不可相提并论。而且男性往往有更强的自我意识，他们往往不会觉得外在形象与自我价值、就业能力之间有密切联系。

第二章

穿衣打扮这件事

对时尚的看法

几乎每个人都在赶时髦，比方说，现在大家很少穿衬裙了。

——史蒂夫（54岁）

我只买自己喜欢的衣服，希望我喜欢的这些衣服恰好是流行的吧。

——李（26岁）

现在有些成年人穿得和高中生一模一样，没有什么比这个更糟糕的了。

——考特妮（31岁）

我现在穿的衣服和刚上学那会儿穿的差不多，我有照片为证。

——萨拉（35岁）

我讨厌跟别人撞衫。我一般会在某种衣服流行起来之前买它，等到它流行起来，满大街到处都是的时候，我就不想穿它了。

——杰伊（21岁）

我的衣服就像我的老朋友，每当衣服被穿破了，我都会很伤心。

——弗兰（47岁）

我退休啦！我的衣服足够我从现在穿到去世，甚至都穿不完。我不需要再买衣服了！

——杰米玛（59岁）

我既从购物网站上买衣服，也自己做衣服。

——凯瑟琳（59岁）

我大部分的衣服和首饰都是自己做的。

——彻丽（26岁）

我一般会从网上买衣服，而且我是个很有眼光的消费者。

——詹娜（46岁）

我挑衣服主要看中以下几点：

舒适，好看，时尚，能让人眼前一亮。

——埃米莉（20岁）

我的好多衣服都是我的"老朋友"，我会经常让它们出来"透透气"。

——费伊（70岁）

过去好多年，我一直患有病态肥胖症。现在我没有那么胖了，可以穿时髦的衣服了，真开心。

——莎伦（38岁）

我追随潮流，但我不是时尚的奴隶。我喜欢每天为自己搭配衣服，这会让我自我感觉良好。

——乔吉（22岁）

> 我喜欢迎接每一天的穿搭挑战，穿搭这件事充满了创造力。
>
> ——金杰（40岁）

我在时尚行业工作，对服装很感兴趣。我很喜欢从文化和历史的角度来研究服装。

——阿米利亚（29岁）

我喜欢感受衣服的质感，喜欢色彩，喜欢时尚，喜欢新事物，喜欢创造。我不是时尚的奴隶，也不推崇高级定制服装，但我确实很欣赏时尚，把时尚当作艺术的一部分。

——特蕾西（47岁）

我喜欢穿得很时髦。这样一来，瘦女孩就有了嫉妒我的理由，这让我感觉很好。

——埃莉萨（29岁）

每隔5～10年，当我喜欢的

风格重新流行起来的时候，我就会大买特买一番。

——玛丽安娜（50岁）

每到换季，我都会第一时间更新衣柜。

——安妮（53岁）

我就爱买新衣服。我也不知道这是为什么，大概是上瘾了。

——卡拉（26岁）

我觉得，很多女孩都不知道自己适合什么样的衣服。我逛街的时候，经常替一些姑娘感到难为情。

——薇姬（42岁）

我喜欢那种感觉，就是刚买了一身衣服，第一次穿出来向别人展示时的感觉。每当这种时候，我都觉得自己看起来很棒！

——阿曼达（29岁）

我有时会忍不住幻想，某件衣服会改变我的人生轨迹。

——伊丽莎白（42岁）

我十几岁和二十几岁的时候是个"时尚奴"。现在我知道了，那是在浪费美好的青春。

——莉莉（42岁）

你有没有注意到，当低腰牛仔裤的腰低到不能再低的时候，超高腰的牛仔裤就出现了？

——尼娜·加西亚
（《天桥骄子》节目评委）

有的衣服能调节你的心情，改变人们对待你的方式，因为它们看起来非常有趣，很有设计感。我喜欢这样的衣服。出门时我喜欢打扮得很酷。

——亚历克丝（29岁）

人靠衣装

　　我喜欢研究衣服，比如衣服的款式、面料和颜色等。但对于时尚产业，我不确定自己到底喜不喜欢。一方面，我觉得那些所谓的"潮流服饰"并不适合大众，它们似乎是由那些喜欢谎报衣服尺寸的人设计的；另一方面，我觉得很多设计师设计的衣服都是奇形怪状的。

　　在这一节，你会了解到许多与衣服有关的知识，例如：如何找到适合自己的衣服？为什么衣服的尺码标签如此"疯狂"？怎样搭配衣服可以更好地展示身材？怎样可以买到更便宜的衣服？如何精简衣柜？如何选择鞋子？如何识破时装店售货员的谎言？姑娘，切记，搭配一套火辣的能展示自己身材优势的穿搭和穿一条暴露的裤子完全是两码事。

　　"时尚"是一个我们经常会听到的词，人们对时尚的追求从未停止。时尚可以是流行的衣服、鞋子、音乐、建筑风格，也可以是某种生活方式。其中最受女性关注的可能要属衣服。很多女性每年会花很多钱置装，却还是担心自己买的衣服无法让自己看起来足够漂亮、足够性感。其实，二十多岁的女性青春靓丽，穿什么都难看不到哪去，本可以将大把时间花在多出去走走、多尝试新鲜事物上。可现实情况是，那时的女性总是追随着所谓的"流行趋势"，将大把时间花在选衣服上，使衣橱里堆满了不适合自己的"时尚"单品，这些东西可能今天流行，明天就过时了。到了三四十岁的时候，女性可能又会开始纠结怎样打扮才能在"性感辣妈"和"温婉贤妻"之间找到平衡。等到年过半百，女性又会经常被售货员带到卖大码衣服的柜台去，不仅选不到自己喜欢的风格，还可能遭到售货员的白眼。很多女性觉得，不论处于什么年纪，自己都很难找到又好看又适合自己的衣服。

　　在时尚界，设计师会想方设法，用炫彩夺目的时装秀来吸引女性的注意力，引领女性去推崇他们制造出来的"时尚"。在 T 型台上，模特有时会戴着一顶茶壶状的帽子、穿着吊袜带走秀，给观众带来充满惊喜和创意的视觉盛宴，这种设计可以让设计师"一战成名"，也可以在各大媒体平台上占据更大的版面。但在现实生活中，这种设计很不实用，因为没有人会穿成这样出门，而当设计师们的创意"降临"到大规模的生产流水线上时，可能就简化成印着茶壶图案的短裤了。

　　虽然 T 型台上的高级时装看上去光鲜靓丽，但其中绝大多数都跟普通人的衣柜没什么关系。想要拥有这些看上去极具风格的衣服，女性要花很多很多钱，还得有所谓的"时尚嗅觉"，知道该如何搭配它们。姑娘们，时尚真的不是只有这一种模样。

　　时尚界的一大特点是潮流一直在变化，而且更新的速度有越来越快的趋势。想象一下，如果家具设计师半年前才发布了《餐椅流行趋势指南》，现在又说在餐厅里摆椅子已经过时了，人们应该买个沙发放在餐厅里，这得是一幅什么样的光景。拖拉机没有"当季新品"一说，奶酪也很少每三个月就更换一次包装。但是，在时尚界，设计师或品牌方每隔几个月，甚至几周就会推出新的产品，这就是时尚界赚钱的方法之一。这可能也与时尚界人士抓住了人们总想变得更美的心理、知道人们总是会被新鲜事物吸引有关。

　　有时候，我们下定决心要鄙视某一种"新时尚"，比如厚底鞋或泡泡裙，结果却发现，我们的眼睛会不由自主地往那些服饰上看。我们不得不承认，比起我们已经习惯的服饰，"新时尚"的确能带给我们更多的冲击感。

🔺 时尚界是怎样运转的

　　杂志上的时尚版块和电视上的时装秀都是由在时尚界摸爬滚打多年的人编排的，广告和营销交织成的复杂的利益网把这些人和时尚界牢牢地绑在一起。他们觉得自己身为时尚界的一分子，有引领当下时尚潮流的责任。这些人不会帮你计算你已经在买衣服这件事上花了多少钱，更不会告诉你，他们带动新的潮流就是让你有理由接着买买买。

　　很多时尚杂志和网站都十分依赖时尚品牌，因为这些品牌投放的广告是时尚杂志和网站的主要收入来源。过去，这些时尚杂志和网站可能只是介绍一下近期的流行趋势，然后简单配几张插图。但是现在，除了文字介绍，这些杂志和网站还会放上大量精美的单品实物图，并提供一些单品的品牌、价格和购买渠道。有时杂志和网站上还会出现一些名人的穿搭照片，旁边配有搭配指南，并列出每一件出镜单品的品牌及价格。实际上，一张小小的照片中可能包含了十几件单品，相当于十几个广告。这些杂志和网站堂而皇之地建议我们购买这些单品，甚至让我们觉得生活中的必需品是一件紫色的丝绸衬衫，而不是柴米油盐。我们可能以为是自己选择看到了这些内容，但实际上，这些都是广告商想让我们看到的。

现在，时尚类广告可谓无处不在，比如浏览器上时不时出现的品牌小故事、手机短信等。当然，传统的广告位也是它们的地盘，比如巨大的户外广告牌、公交车站的广告牌和杂志页面。

时尚趋势

过去，某种风格或单品的流行时长可能是十年，比如 20 世纪 50 年代流行的大裙子，20 世纪 80 年代流行的大垫肩。但如今，时尚界试图让我们相信，各个季节都有流行的款式。他们这样做是为了说服我们继续买东西。裙摆流行的长度会变，配色方案会变，所谓的"必备单品"一会儿是高跟鞋，一会儿是平底鞋，一会儿是铅笔裙，一会儿又是泡泡裙。

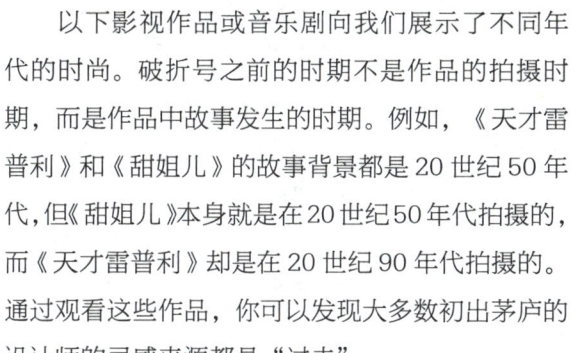

电影里的服装

以下影视作品或音乐剧向我们展示了不同年代的时尚。破折号之前的时期不是作品的拍摄时期，而是作品中故事发生的时期。例如，《天才雷普利》和《甜姐儿》的故事背景都是 20 世纪 50 年代，但《甜姐儿》本身就是在 20 世纪 50 年代拍摄的，而《天才雷普利》却是在 20 世纪 90 年代拍摄的。通过观看这些作品，你可以发现大多数初出茅庐的设计师的灵感来源都是"过去"。

古埃及——《埃及艳后》

唐朝（公元 859 年）——《十面埋伏》

16 世纪——《伊丽莎白》《恋爱中的莎士比亚》《都铎王朝》

17 世纪——《绘图师的合约》

18 世纪——《绝代艳后》《危险关系》

19 世纪——基于简·奥斯汀的小说（《傲慢与偏见》《理智与情感》《爱玛》《劝导》）或者查尔斯·狄更斯的小说（《荒凉山庄》《大卫·科波菲尔》《尼古拉斯·尼克尔贝》）改编的影视作品

1900 年左右——《窈窕淑女》《悬崖上的野餐》

20 世纪 20 年代——《芝加哥》《子弹横飞百老汇》《摩登米莉》《海滨帝国》

20 世纪 30 年代——《高斯福庄园》《难以宽慰的农庄》《棉花俱乐部》《歌厅》《女人们》《礼帽》

20 世纪 40 年代——《大地的女孩》《乱世有情天》《弗伊尔的战争》

20 世纪 50 年代——《甜姐儿》《天才雷普利》《欢乐谷》《风流记者》《远离天堂》《八美图》《绅士爱美人》《愿嫁金龟婿》

20 世纪 60 年代——《玫瑰舞后吉普赛》《随爱沉沦》《007 之女王密使》《广告狂人》《不简单的任务》《失声岁月》《蒂凡尼的早餐》《成长教育》

20 世纪 70 年代——《周末夜狂热》《迪克》《安妮·霍尔》《青春旋律　第一季》

20 世纪 80 年代——《上班女郎》《神秘约会》《山谷女孩》

20 世纪 90 年代——《独领风骚》《吸血鬼猎人巴菲　第一季》

21 世纪——《猫女乐队》《穿普拉达的女魔头》《拜金女郎》《天桥骄子》

未来主义——《太空英雌芭芭丽娜》《星际迷航》《银翼杀手 2049》《第五元素》《冲出宁静号》

时尚广告、杂志和指南

我觉得时尚杂志中的内容离普通人的生活很遥远。里面的衣服总是有点"过了"，而且很贵，一般人买不起。

——娜塔莉（34岁）

时尚广告都应该配个说明："广告中的内容是精心美化过的。"

——萨尔（27岁）

我喜欢看时尚杂志，不过，如果我不停地看里面的照片，我对女性身材好坏的评判标准就会扭曲。

——米莉（48岁）

时尚广告跟我的身材、生活方式和消费能力一点关系都没有，我压根儿懒得去看它。

——杰拉尔丁（41岁）

我敢打包票，我从来没在生活中见过有人穿得和时尚杂志里的人一样。

——特鲁迪（42岁）

我不喜欢约翰·加利亚诺设计的舞会礼服，但是我喜欢从那些高端、有趣的时尚杂志中获得灵感。

——海伦（35岁）

虽然我是《VOGUE》杂志的忠实读者，但是我衣柜里的"战利品"有70%是从二手商店买的。

——艾玛（25岁）

拜托，拜托，拜托，让我们在广告中看到"真实的"女人吧！

——卡罗琳（43岁）

我觉得，那些总是抱怨模特太瘦的人得改变一下看法了：瘦女孩穿衣服确实更好看，所以请她们当模特是很正常的事。

——利瓦（15岁）

由于个子很小，我只能穿给青少年设计的衣服，这让我看起来总是像在故意装嫩。

——凯伦（45岁）

直到现在，出现在各大媒体平台上的还是一些瘦骨嶙峋的模特，我已经开始审美疲劳了。

——凯西（45岁）

我希望设计师能用"真实的"女性模特来推广他们的服装，这样我会更喜欢买衣服。

——迪杰（42岁）

要是广告中能有很多不同身材的模特就好了，这样我们就能知道现实生活里的女人穿这些衣服是什么样子的，我们也会更加自信。如果设计师没法设计出大部分女人穿着都好看的衣服，那么他们还是别干这一行了。

——菲菲（34岁）

我真的觉得，秀场上应该有更多跟真实生活中的女性差不多胖瘦的模特。杂志也得呈现一些对更多年龄层的人都有借鉴价值的内容。

——雅基（34岁）

很多模特都太瘦了，这不是一个好现象。这么多年了，我们一直在说"模特太瘦了"，可是这种情况并没有改观。

——珍妮（47岁）

时尚指南写道：年过半百的女人不应该穿无袖上衣或者无袖连衣裙。可是，如果你想买一件漂亮的连衣裙，你会发现，它们几乎都是没有袖子的。我只能在外面加一件

小羊毛衫来遮住胳膊。

——朱迪（58岁）

在我看来，大多数衣服都是为青少年或年长的女性设计的（设计师通常是男性）。我们这个年纪的人很难找到一件既帅气又不会太前卫、既讨人喜欢又舒服的衣服。

——艾琳（29岁）

30岁以后，你就很难买到物美价廉的衣服了。这让我很生气。我有钱但没地方花，只能找到几家还算不错的商店。

——玛丽莲（39岁）

不管你穿什么，你看起来都不会和模特一样。

——凯瑟琳（38岁）

我雇了一个形象顾问。因为我买衣服时比较挑剔，而且只要把衣服买回家，我就会穿，不会让衣服闲置。

——默里－安妮（43岁）

时尚广告快把我逼疯了！就算是给我这个年纪的人看的报纸和杂志，上面也从来没有适合我这个年纪的人穿的衣服，更不会有快到中年的模特。

——迪伊（53岁）

如果能有更多教老年人穿衣服的指南就好了。

——菲奥娜（75岁）

我喜欢紧跟时尚杂志上说的潮流趋势。

——卡萝尔（37岁）

我希望有人能教教我，我适合穿什么样的衣服，以及我穿什么颜色的衣服好看。

——娜塔莉（40岁）

时尚品牌

一般来说，年轻女性更有可能对当前热门的牛仔裤品牌如数家珍，并能列举出一群"有范儿"的设计师。相比之下，较为年长的女性更倾向于锁定一两个拥有标志性风格且适合她们的品牌。她们通常会选择能经得起时间考验的款式，比如一件能穿好多年的外套或连衣裙。

另外，如果一味追求"品牌货"，那么我们或多或少会花一些冤枉钱。不过，如果有幸遇到有良心的品牌商，说不定我们确实能买到设计和制作工艺更好的服饰。

"品牌货"的陷阱

· 明明用料和做工也很普通，只是因为被缝上了品牌商标，原本廉价的服饰就摇身一变，成了更"高端"的商品。

· 一些"设计师"专门生产高仿品，他们会抄袭原创设计师的创意。

· 有的商家会把名牌的商标缝在劣质或者质量一般的衣服上以假冒名牌商品，以次充好。

· 现在，很多模特、演员或歌手跨界进入时尚界，创建了自己的品牌，这些品牌的衣服多数其实跟连锁店里的衣服差不多，只是因为有了"明星效应"的加持，价格就会高出不少。

时装模特

瘦骨嶙峋的女模特

模特这一行看似光鲜亮丽，其实很辛苦，尤其是对女性来说。她们不能胖，因为很多设计师都觉得模特要瘦，这样穿衣服才好看。所以，那些怀揣模特梦的女性要先瘦下来，才有资格进入模特圈。时尚圈对瘦的追求已经到了近乎走火入魔的地步，有些修图师甚至还会对一些不够瘦的模特抱怨说："你还好意思当模特呢，我们得给你修那么多

地方，就因为你太胖了。"这些模特可能会因此而节食，甚至可能会服用抑制食欲的药物，就算有了厌食症的临床症状也觉得是"正常的"。有些模特眼窝凹陷，头发干枯得像稻草，在我看来，这是一种很不健康的状态，这种状态维持的时间长了，就可能造成身体的永久性损伤。

除了控制饮食，为了参加时装秀，女模特们平时还需要日复一日的训练。走秀前，她们要早早起床，任由一群化妆师和发型师花费几小时来摆弄自己的皮肤和头发，做出一个个夸张的造型。走秀期间，她们要穿着"恨天高"和一些较重的奇装异服行走或长时间站立，这些都有可能对瘦弱的模特们造成伤害。

现在，一些业内人士也意识到这一切都"太离谱了"。曾任英国版《VOGUE》杂志主编的亚历山德拉·舒尔曼曾公开表示过对业内模特穿衣码数问题的看法。舒尔曼认为，设计师们拿给杂志用来拍摄的衣服尺码都极小，正常人根本穿不上，只有瘦骨嶙峋的模特才能穿进去，这是不对的。模特们也逐渐意识到过瘦可能会引发很严重的健康问题，所以很多模特开始通过健身和遵循严苛而健康的饮食计划来维持体重，而不是一味节食。

照片中的女模特

人们从广告和宣传照中看到的模特大多都不是她们原本的样子，因为这些照片基本上都是用Adobe Photoshop（一种图像处理软件）修改和完善过的产物。现在的电脑技术可以做到以假乱真，比如睫毛可以一根一根地画上去，眼白可以修得一点红血丝都没有，眉毛可以先剪切下来等拉长后再粘贴回去，四肢可以拉长到不符合人体比例的长度，上臂可以修上更多的肌肉，胸部中间可以打上阴影以示乳沟的存在，腰可以修得非常细，肤色可以全身调整……

我曾经看过一张照片，照片中模特的手臂向上伸展，举过头顶，因为手臂被人为拉长了，所以看起来很不自然。在现实生活中，如果一个人的胳膊真有这么长，那么等他放下胳膊，他的手指可能会超过膝盖，这样的手臂更像是一只猩猩的，而不是一个人的。卡尔文·克莱恩（CK）时装部曾为将某张模特的照片修得过于失真而道歉。但是，这些都没有让修图在时尚界失宠。相反，这意味着修图师的技巧已经变得越来越"优秀"，优秀到没有什么是他们修改不了的。

一般来说，摄影师给时尚杂志或拍摄化妆品广告的模特、明星拍完照之后，专业的修图团队就会接手，然后开始工作。有时候，同一张照片甚至要经过三次修图：

1️⃣ 摄影师（或他的团队）操刀上阵，在给雇主提交照片之前对照片做一些修饰。

2️⃣ 模特或者明星的经纪人和宣传团队通常会雇佣修图师（有时是团队）对照片进行润色。他们还握有"一票否决权"，有权选择弃用哪些照片。

3️⃣ 广告公司或杂志收到照片后，可能会让自己的修图团队再处理一次。

帕斯卡·丹金是一位顶级修图师，有"修图之神"之称，为《名利场》《W》《VOGUE》等杂志，以及诸多奢侈品品牌广告商提供服务。他曾经为某一期的美国版《VOGUE》美化了144幅图片。丹金曾参与过一个以"真美行动"为主题的宣传活动。既然是"真美行动"，那女孩们是不是应该呈现真实的美呢？可实际上根本不是那么回事儿，他的团队花了很长时间来美化活动照片。照片中的女孩虽然体形和胖瘦不同，但其实都不是她们原本的样子，而是修图师精心打造的"理想"模样。修图真是一门充满谎言的艺术。

最终，一切变成了如今的样子：在世界各地的工作室里，最漂亮的女人们被认为不够漂亮，修图大师手握鼠标对照片中的她们"精雕细琢"，这里擦掉一点，那里点击一下，最终创造出虚构的"梦幻女性"，而这些"梦幻女性"又成为很多女性评判自己的标准。

👕 我该穿什么

你可以把以下这些单品看作自己的基本行头，用它们做搭配基本上不会出错，很多造型师也这样认为。这些单品看上去可能平平无奇，没什么新意，但是有它们在，你在出门前就不用发愁，因为你一定可以用这些单品搭配出不出错的造型。这些单品包括：

- 一件风衣。
- 一条深色牛仔裤。
- 一件白衬衫。
- 一条小黑裙。
- 一双高跟鞋。
- 一双平底鞋。
- 一件羊毛衫。
- 容易搭配衣服的手提包。

👕 时尚鄙视链

女人们喜欢聊"穿什么、不穿什么"的话题，而这类话题延伸开来，就可以发展出一条"时尚鄙视链"，因为总有一些人会自诩为"专家"，通过贬低别人来获得优越感。大多数人可能都说过"天哪，你穿的这是什么啊"之类的话。但是，如果不想得到这样的评价，那么自己也不应该对别人说这样的话。另外，如果看到别人穿得很好看，记得多多赞美她们，而不是一看到衣服就想到体重、减肥或者身材之类的东西。

总之，记得一件事：爱怎么穿就怎么穿。我们穿我们的，别人穿别人的；我们活我们的，别人活别人的。毕竟，别人眼中过时的裤子说不定过几天就成了所谓的"潮流风向标"呢。

👕 时尚灾难

以下这个清单上的单品或穿搭不是说有多么不好，如果你喜欢，也可以穿。不过，你得清楚，如果你选择了这个清单中的某一个单品或某一种穿搭，不管你的本意是什么，也不管你看起来有多么美艳动人，总是会有一些人觉得你触犯了穿衣的禁忌。

- 紧身型抹胸。这种抹胸穿上后，胸部看起来会像裹了一圈绷带一样，腋窝前的肉还容易被勒得堆积在一起。
- 鞋跟特别高，让人走起路来摇摇晃晃的高跟鞋。
- 过于紧身的衣服。
- 过短的衣服。
- 内衣外穿，比如将胸罩、花边内裤用于外衣组合中。
- 印着色情图片或者标语的衣服。

脑洞大开

现在，请你来思考一下下面这些问题：假如接下来的一周你都不会和好朋友聚会，你会如何穿搭呢？你会继续保持精致的妆容吗？你会打理头发吗？你的样子跟平时差别大吗？如果你没有精心打扮就和好朋友打了个照面，你会有什么反应呢？是假装没看见他们，立刻找个地方躲起来，还是大大方方地和他们打招呼呢？你会经常尝试新的穿搭吗？你打扮自己是为了你自己，还是为了伴侣、同事、朋友，还是只是为了给陌生人看呢？你在穿衣打扮时会效仿时尚博主吗？

风格

风格不同于时尚，从某种程度上来说，风格更加个性化。它既包含外在表现，比如每一天的穿搭，也包含生活方式和内在精神，比如行事作风和观念。风格可以有无数种，包含哥特风、运动风、波希米亚风、嬉皮风、中性风、极简主义风、复古风、制服风、朋克风、少女风或者另类搞怪风。

风格不是与生俱来的。你可能要经历好多次尝试和失败，才能找到适合自己的风格。这个风格让你觉得最自在、最自信，并且能够体现你的独特气质。许多女性通过不断摸索，最终找到了一种适合自己的风格，并且持之以恒地围绕着这种风格来打扮自己，这种风格最终成了她们的一种标志。

等你找准自己的风格，穿搭这件事就会简单很多，你花在买衣服和打扮上的时间都会大大减少。不过，当你觉得审美疲劳了，或者觉得自己好像被困在了某种风格里时，你也可以寻求突破，尝试换一种风格。

👕 找到自己的风格

你可以根据自己的心情和日常需要自由选择不同的风格，并且可以尝试将几种风格混搭在一起，比如将硬朗的工装靴和飘逸的连衣裙搭配在一起。不要害怕失败，尤其是当你还很年轻时，更要多多尝试，开心就好。需要注意的是，无论什么时候，着装都要得体，还要确保自己在走路、坐下、抬手臂或者上下车的时候都不会走光。

自信，有朝气，没有负担

只要有十足的自信和朝气，以及一种天塌下来也不在乎的态度，那么不管是谁，不管穿什么，都难看不到哪去。

👕 如何改变风格

很多女性告诉我，她们觉得自己的穿衣风格是由母亲设定好的或是从很久以前就固定下来的，

找到自己的风格

我喜欢看杂志的时尚版块，因为觉得很好玩。这些版块上的衣服，不管是款式还是价格都很好笑。

——雪莉（78岁）

我只想穿得得体一点，看得过去就行，除此之外我没什么要求。搭配衣服太浪费时间了。

——玛丽（42岁）

我更喜欢穿得暖和一点、舒适一点，我不喜欢让男孩盯着我看，因为这会让我很不舒服。

——克莱尔（21岁）

每年夏天我都给自己做几条新裙子，这些就足够我穿的了。

——凯瑟琳（47岁）

我喜欢经典款，我在意的是质量而不是数量。

——乔迪（36岁）

时尚总有过时的时候，而个人风格永远不会过时。你得知道什么

衣服适合自己，然后围绕着这些衣服来打造自己的衣柜。

——罗斯林（33岁）

我喜欢穿棉、麻或丝绸质地的衣服。我还喜欢去二手商店淘衣服。

——约兰达（41岁）

我喜欢穿有女人味的或古灵精怪的衣服。我不喜欢学院风、职业风或者复古风，不过我喜欢看别人那样穿。

——朱厄妮塔（45岁）

哥特风还没流行的时候，我就喜欢这个风格了。还有好几年，我喜欢的是20世纪50年代前后流行的黑色电影的风格。

——赫勒小姐（42岁）

简约风是我唯一能驾驭的风格，我一般就用三个基础色（黑、白、灰）来搭配，这样穿搭看起来会很和谐。

——莉娅（39岁）

我喜欢经典款的、量身定制的衣服。这样的衣服搭配起来很省事，而且很适合我。

——皮普（42岁）

看我平时穿的衣服，你可能会觉得我"很朋克"，但这只是我的穿衣风格，不是我的生活方式。

——杰斯（24岁）

我觉得有40～60年历史的东西才是时髦的。

——卡伦（43岁）

有时候，我想穿得像个酷酷的机车女郎；有时候，我又想穿得有女人味一点。

——梅格（32岁）

我觉得，别人会根据你的穿着来调整自己对你的态度。我是一名医学工作者，所以我会穿得正式一点，这样可以让别人觉得我的专业能力很强。

——德博拉（41岁）

时尚鄙视链

我想对一些女人说，别嘴上不饶人，对其他人说一些刻薄的话。我不知道她们为什么要这样做。每个人都有自己存在的价值和生存的空间，不同身材、风格的人都可以是时尚的。

——杰姬（46岁）

我觉得女孩们不应该为了符合社会的主流审美，而在体形和穿搭方面承受那么大的压力。

——波卡洪塔斯（28岁）

小时候，我爸妈给我传递的信息是他们十分反对女性打扮得很性感。现在，作为一个成年人，当我想穿得性感一点，或者突显一下自己的身材优势时，我会觉得自己好

像做错了什么。

——萨拉（35岁）

我妈总是让我剪短发，把我打扮成一个男孩。直到现在，我还是觉得打扮得有女人味很不自在，可我真的很想穿得有女人味一些。

——莫妮克（47岁）

我妈自己的衣服都土得掉渣，关键是她还总是给我买这样的衣服。时间久了，我就觉得自己不配穿那些好看的、显身材的或者有女人味的衣服。我花了好多年才改变这种心态。

——梅格（41岁）

好多40多岁的女人拼命地要

让自己看起来更性感一点，仿佛她们再也没有机会吸引异性了似的。

——费伊（60岁）

有一次我在一家便利店遇到一个女人嘲笑我的穿着，她一边偷偷笑，一边对着她朋友嘀嘀咕咕："天哪，她看起来跟要去打棒球一样。""对啊！"我大声说道，好像在跟小孩说话一样，"我正要去打棒球。"说完，我昂首挺胸，很开心地走了出去。

——卡兹（47岁）

不管是谁发明了"啤酒肚"和"骆驼趾"这样的词语，我认为，任何人都不该这样形容别人和自己。

——杰姬（36岁）

一直没有变过。她们觉得自己受到了限制，想突破自我，尝试另一种风格。

在这里，给大家推荐一个改变风格的方法：换一个地方买衣服。既可以换一个购物中心买，也可以趁度假或出差的时候去另一个城市买。逛街的时候要放轻松，一定不要着急，也不要有"非买不可"的压力。这就是一个小试验，让你可以尝试一身风格和你平常的完全不一样的穿搭。不要冲动消费，最好多尝试几种搭配方式，看看自己是不是真的很喜欢并且适合这些衣服。

根据身材的变化来改变风格

根据身材的变化来改变风格不是说让你改变身材，而是提醒你及时调整服装的风格和尺码，使其更适合当下的自己，尤其是在孕期、哺乳期等阶段。不要把所有的旧衣服都挂在衣柜里，可以先把一些不再合身的衣服收起来，再购置一些更适合现在身材的新衣服。如果身材恢复成原来的样子，就可以把旧衣服再拿出来。如果身材没变回去也不要紧，你可以在体重和身材比较稳定后重新测量尺码，为自己打造一个全新的衣柜。

根据年龄的增长来改变风格

随着年龄的增长，你的穿搭风格也需要进行调整。下面是一些小提示：

- 年龄越大，穿一身黑越不讨喜，还容易显老，所以想买黑色的衣服时最好三思。可以尝试更鲜艳一些的颜色。
- 到了一定年龄后，那些花里胡哨的、过于有个性的打扮就不再适合你了。
- 年轻时，穿老式的小碎花连衣裙搭配羊毛衫不会显年纪，还能让人看起来很甜美可爱。但到了一定年龄后，如果还这么搭配，可能就会显得有些老气了。

👕 形象顾问

一个称职的形象顾问可以帮助你明确哪些衣服的款式和颜色适合你。虽然形象顾问一般不会免费提供服务，但是他们可以教你如何搭配不同的衣服，也可以根据你的风格或需求为你推荐单品，甚至可以根据特定的场合、工作需求、生活习惯等，为你量身定制穿搭方案，以便提升整体形象。因此，你如果实在不知道该怎么穿，或是有特殊需要，可以向形象顾问求助。

量体穿衣

你可能听到过类似于"根据自己的身材穿衣服或扬长避短"的说法，比如，一些时尚类综艺节目会对女嘉宾进行"穿搭大改造"，根据她们的身材找到适合她们的衣服；一些搭配高手会教别人如何炫耀自己的"资本"，以及如何隐藏身材的缺陷。这些时尚达人的做法说明了一个道理，那就是"适合自己的才是最好的"。我们可以通过学习他们的穿衣之道和反复练习，来找到让自己感觉良好的穿搭，而不是一不小心穿了一些不适合自己的奇装异服。

这里有一些"量体穿衣"的小技巧，可以帮助你在穿着打扮方面更为自信。不过这些技巧都不是绝对的或者说放之四海皆准的，实践时，还是要根据实际情况来。建议买衣服的时候四处逛逛，货比三家，买之前最好先试穿，以便看看这些衣服到底适不适合自己。

👕 矮个儿姑娘的穿衣技巧

个子较矮的女性不适合选择款式和色彩太过复杂的上衣，可以选择能够提高腰线的高腰裙或高腰直筒拖地裤。如果想穿长裙的话，可以选择长度刚过膝的长裙。在整体的色彩搭配上，最好不要色彩过多。

量体穿衣

选择合适的风格和尺码

挑出适合你身材的衣服，这样你就可以直接穿着它们回家了。可选的衣服太多了，你心里越有数，就越容易买到合适的，搭配起来也能更得心应手。

——伊莫金（40岁）

买衣服简直是场大冒险，我常常买的时候对自己的身材信心爆棚，可是回家一照镜子，却发现不是那么回事儿。

——波莉（26岁）

有的裤子对你来说太瘦了，可别硬穿。

——托尼（29岁）

你得了解自己适合的风格，自己的长处和短处，知道哪儿该炫耀，哪儿该遮住。可别对时尚杂志里的话言听计从，不要他们让你穿什么你就穿什么。

——乔吉（22岁）

我平时喜欢买古董衫，因为它们适合我的身材，不过我也喜欢商店里那些新潮的配饰。我会在大商场里买工作时穿的职业装。

——艾玛（30岁）

如果你得拼命收着肚子才能穿上某件衣服，可千万别穿着它出门！相信我，穿上它的效果真的没你想象得那么好。

——利兹（42岁）

大多数时装都不适合我的身材，也就高腰的款式我穿着还可以。我觉得，人们应该穿适合自己身材的衣服，这样穿能让人更好看，而不是总去想当下流行的是什么。

——格蕾丝（24岁）

说真的，我也不清楚自己的身材到底属于什么类型。我的身材好像不属于那些常见的选项，什么梨型身材、沙漏型身材之类的。我就是普通身材，除了肚子大了点。你说这属于哪种身材呢？

——塞利娜（37岁）

设计师不应该只为屁股大、胸大、腰细的女孩们设计时尚的衣服。

——斯泰茜（23岁）

真的很难找到我这种身材的人穿着好看的衣服。

——让（28岁）

衣服穿着紧绷绷的可不代表它合身！

——苏济（42岁）

瘦小身材穿搭

我个儿小，所以我不喜欢那些花哨的印花。

——金妮（56岁）

我个头矮，所以我知道自己不适合那些太新潮的衣服。我摸索了很久，才找到最适合自己身材的衣服，之后就一直穿那一类的衣服。

——艾琳（42岁）

要给一个身高一米五、胸大、屁股小的人做衣服，可真是时尚界的挑战啊。我每次买了新衣服，都得把衣服送去裁缝那里改一致。

——爱丽丝（58岁）

大码服装

大码的衣服一般都不怎么好看，颜色和面料也很糟糕。我不想买那些难看的合成纤维材质的衣服。再多说一句，设计师们，注意了，胖姑娘们需要更宽的袖口。

——苏（40岁）

为什么他们把大码衣服做得这么难看啊？穿着那些我能买得起的大码衣服时，我看起来跟60岁的人似的。

——利伯蒂（34岁）

我穿XL码的衣服，可大多数服装店的衣服到L码就顶天了，他们居然还说这已经是加大码了！

——卡莉（34岁）

拜托各位了，哪位能给我来件大码的，还不是碎花图案的衣服啊？

——玛格丽特（50岁）

既然60%的人都超重了，那为什么市面上还没有更好看的大码服装呢？

——利兹（53岁）

那些生产所谓的"时尚大码服装"的厂家往往不明白，只是把衣服做得更肥，真的不叫时尚！

——凯莉塔比（39岁）

因为我胖，所以我会选择黑色的、能尽量多地遮住肉肉的衣服。而且大多数时候我没有选择，衣服能穿得上就不错了。

——安娜（47岁）

时尚设计师给胖姑娘设计的衣服都不怎么好看。

——凯瑟琳（51岁）

因为我穿大码的衣服，所以我只能在某些商店买衣服，也没法追随时尚潮流。

——露丝（22岁）

🎽 高个儿姑娘的穿衣技巧

个子较高的女性可以选择颜色和图案丰富一点的衣服，比如横条纹款、撞色款等。如果想显露一下自己凹凸有致的身材，可以选择铅笔裙而不是宽下摆的长裙。能够提高腰线的短上衣也是不错的选择。

🎽 瘦姑娘的穿衣技巧

比较瘦的女性要避开过于宽松的衣服以及比较夸张的配饰。袖口和裤脚的长度要合适，千万不要过长。多穿及膝的外套和连衣裙，而不是长度到脚踝的款式。

🎽 胖姑娘的穿衣技巧

比较胖的女性适合穿正面没有多余的装饰，并且拉链在侧面的裤子或裙子（尽量避免百褶裙），全身搭配的衣服最好都是同一个色系的。面料最好是既柔软又轻薄的。记住，要选择合身的衣服，而不是选择过于宽松或者过于紧绷的衣服。

🎽 胸部丰满的姑娘的穿衣技巧

胸部丰满的女性可以选择深色系、大领口的上衣，比如 U 领上衣和圆领上衣。如果选择 V 领上衣，要注意领口不要太低。胸部丰满的女性可以通过拉长下半身来打造视觉上的平衡，阔腿裤、喇叭裤等都是不错的选择。一定要确保胸罩的尺码合适（想要了解更多选择胸罩尺码的技巧，可以参考第 68 页），并且确保胸罩有较强的支撑作用。领口有复杂装饰，肩带很细或者干脆没有肩带的上衣可能不太适合胸部丰满的女性，因为这样的衣服会让别人的目光都聚焦在胸部上。双排扣的夹克也要尽量避开。穿有扣子的衣服时，要时不时留心一下胸口处有没有因为衣服过紧或者扣子位置设计不当而出现被撑开的情况。

🎽 小胸姑娘的穿衣技巧

胸部较小的姑娘可以选择露肩上衣、无袖上衣、一字领上衣或者吊带装，当然，量身定制的衬衫的穿着效果会更好。要尽量避开低领的衣服，最好也不要穿紧身的衣服。

令人头痛的条纹

很多人一直认为横条纹显胖、竖条纹显瘦，因为竖条纹可以让别人的目光上下移动。但实际上，显胖还是显瘦更多是与条纹的密集度和粗细有关。一般来说，横的细条纹会比较显瘦。但总的来说，条纹衫不容易搭配，除非是视错觉方面的大师，否则不要轻易选择条纹衫。

除了条纹衫，搭配过程中形成的横向线条也有可能给人造成一种身体被切断的错觉，比如有腰带的裤子、带翻边的裤脚、鲜红色的上衣搭配白色的裤子等，都会形成鲜明的横向分割线。

🎽 梨型身材姑娘的穿衣技巧

梨型身材的女性可以选择合身的长款外套和长度刚好超过膝盖的半身裙（最好不要选择面料轻薄的直筒裙），下半身也可以搭配宽松的面料硬挺的裤子。要尽量避免七分裙或者七分裤，因为它们的下摆或裤腿会正好到小腿最粗的地方。包臀款连衣裙、露脐装、短靴、浅色连裤袜对梨型身材的人来说都不是很好的选择。

🎽 H 型身材姑娘的穿衣技巧

H 型身材的女性适合穿上下有量感且有收腰效果的衣服，比如高腰裙、高腰阔腿裤等。利用腰带来打造高腰线也是不错的选择。外套和连衣裙都可以优先选择收腰且下摆蓬松的款式。

买与穿

我可能在90%的时间里都穿着衣柜中10%的衣服。其他的要么太旧了，要么过时了，要么穿着太紧了。

——劳伦（34岁）

我大概只会穿衣柜里面10%的衣服，其余的50%不合身，40%我不喜欢。

——褐色柳（48岁）

我大概只会穿衣柜中30%的衣服。剩下的衣服也不是说哪儿不好，我就是不记得它们了，除非它们都摊在地板上。

——吉莉恩（22岁）

我只会穿衣柜里面25%的衣服。别的衣服我都不想穿了。

——朱莉（49岁）

95%的衣服我都穿不下了。

——皮帕（52岁）

我有个衣柜，里面装满了不怎么穿的衣服，可我又不舍得把它们就这么扔了，因为我买这些衣服花了好多钱。

——安妮（53岁）

我有一个"羞辱箱"，里面装的衣服我都穿不下了，可我还抱有幻想，想着说不定哪天就又能穿上了。还有一些衣服，需要很自信才能穿出门，我也把它们都藏起来了。

——艾玛（36岁）

我衣柜里面的大部分衣服不是穿着太紧了，就是款式"过气"了。

——利奈特（41岁）

我讨厌买衣服，所以每次淘到一件喜欢的，我就会一直穿。

——达维娜（45岁）

有的衣服我一直不穿，是因为

我穿着觉得不舒服，但矛盾的是我又觉得既然买了，就应该喜欢它们。

——露辛达（37岁）

我的穿搭在一个星期内不会重样。

——卡兹（30岁）

我的身材在怀孕之后变了很多，以前的衣服都穿不上了，不过我还留着它们，心里盼着哪天能再穿上它们。

——伊薇特（30岁）

我有挺多衣服都和我的年龄不相符，送小孩去学校的时候可不能穿那些衣服！

——瓦索（30岁）

我买了好多可爱的衣服，满心想着哪天穿着能合身就好了。

——朱莉（40岁）

我把不穿的衣服都拆了，然后缝缝补补，做成我能穿的衣服。

——谢里尔（59岁）

有一些衣服我过去不舍得穿，总想把它们留到特殊的场合再穿。不过现在我觉得，每一天都可以是特殊的场合，我喜欢每天都把自己打扮得美美的，这种感觉太棒了。

——安杰莉克（34岁）

如果让我在一件舒适的内衣和一条漂亮的裙子之间做选择，我会选内衣。

——凯茜（42岁）

如果肚子上的肉很多，穿塑身衣就会很难受。穿上就得费老大劲儿，更不用说一坐下来了，我会觉得整个上半身的肉都快挤到下巴上了。所以，我虽然买了不少塑身衣，但平时却很少穿。

——黑莉（27岁）

我有一双很合脚的鞋。我很害怕把它们给穿烂了，所以我很用心地保养它们。它们现在已经"八岁"啦。

——唐（76岁）

鞋子是我的爱。我有一个橡木做成的柜子，它是20世纪20年代的，很特别，专门用来装我的宝贝鞋子，里面大概放了40双鞋，其中80%的鞋我都会穿！

——玛丽（55岁）

我的鞋是艺术品，我可心疼它们了，都不怎么敢穿，就怕穿坏了。我把它们都摆在鞋架上，它们看起来就像是展览品。

——维多利亚（48岁）

该淘汰就淘汰

我最近搬家，把80%的衣服都丢掉了，剩下的衣服我基本上都会穿。

——娜塔莎（22岁）

我每年做两次大扫除。某件衣服如果我在过去一年里没有穿过，我就会把它捐到衣物回收站。我是个苛刻的极简主义者，不喜欢留着用不到的东西。

——阿玛拉（27岁）

一件衣服只要三个月没穿过，我就会把它丢掉。

——克丽丝滕（32岁）

我最近清理了一大堆衣服，扔掉的衣服装满了整整六个垃圾袋！

——凯特（31岁）

胖姑娘的时尚

稍胖的女士们在服装方面的选择很有限。事实上，除非是名人，可以让大牌的设计师单独为自己量体裁衣，否则胖就基本意味着跟时尚大牌女装无缘，因为这些品牌很少考虑胖姑娘的需求。而且，有些大品牌的设计师甚至不希望较胖的女性穿自己品牌的服装，怕她们穿着不好看，反而成了负面宣传，所以这些大品牌会避免生产尺码较大的衣服。还有些设计师纯属业务水平不精，不懂得如何调整衣服的版型和剪裁，以适应更胖一些的顾客，所以不得已放弃了这部分顾客的需求。万幸的是，还有一些设计师和品牌专做大码服装，他们会注意调整服装的剪裁和细节，以便更适合顾客的需求。

如何整理衣柜

👕 该淘汰就淘汰

你可以在每次买新衣服之前先整理一下自己的衣柜，看看里面有什么。如果你已经有了一件黑色羊毛开衫，那再买一件类似的就纯属浪费钱了。要学会对自己的衣柜做减法。

整理衣柜时，还可以对衣柜进行"大扫除"。可以考虑淘汰掉下面这样的衣服：

· 起球的衣服。
· 本来不反光的部分变得反光了的衣服（反光可能是因为熨烫时处理不当或穿的时候磨损了）。
· 开线的衣服。
· 松松垮垮、变形了的衣服。
· 从没穿过的衣服。

你如果不舍得丢掉这些衣服，可以想办法处理一下，或者，先将它们放到储藏室中。

👕 在衣柜里"淘宝"

整理衣柜时，有没有哪些单品让你觉得放弃很可惜，穿又不想穿？把它们统统找出来。比如，你可以找一件不想穿的长款旧夹克，把它改短，再缝上两颗复古风格的纽扣。瞧，这样你只花了一点点钱，就拥有了一件新夹克。

👕 如何拥有一个整齐的衣柜

你可以拿出一个周末的时间来好好地收拾一下衣柜。你既可以根据季节或颜色将衣服分类放置，也可以将衣服全都搭配成套。如果你想将衣服归置得更有条理一些，可以把衣服都挂在衣架上，而不是叠起来存放，这样每次出门之前就可以快速地浏览并找到要穿的衣服。

每到换季时，你都可以给衣柜来一次"大扫除"，比如春天来临时，你可以把冬天穿的所有衣服收纳到衣柜的最里面，将春天穿的衣服挂在外面。这样一来，每当你打开衣柜，映入眼帘的都是有着春天气息的衣服，你的心情也会跟着变好。

以下是一些挂衣服的小技巧：

· 可以按照衣服的类别来挂，比如按照背心、T恤、衬衫、裙子、裤子、外套和礼服的顺序依次悬挂。
· 不要把针织材质的衣服挂起来，否则衣服容易变形。
· 最好避免使用较细的衣架，否则衣服肩膀的位置会留下奇怪的凸起。

了解衣服尺码的秘密

你穿多大码的衣服

这个问题可能会问倒不少人。统计发放的调查问卷结果时我发现，许多受访者认为衣服的尺码应该标准化，也就是说，每个品牌L码的衣服都应该是一样大小的，但我觉得要实现这一点并不容易。

其实，统一的衣服尺码标准是存在的。换句话说，行业对每个尺码的大小都有相关的规定，比如每个尺码对应的胸围应该是多少、腰围应该是多

让人烦恼的衣服尺码

最令人沮丧的是，我没法走进商店拿起一件适合自己尺码的衣服就走。

——克丽斯蒂（37岁）

同一个品牌的衣服，我既可以穿S码的，也可以穿M码的，这没道理呀！而且，如果某一件衣服我需要穿L码才合适，我就不会买了。

——林迪（33岁）

有些单品我买了，是因为它们是小码的，而不是因为我有多喜欢它们。

——杰茜卡（27岁）

我在时尚零售业干了10年，所以我知道，有的尺码的衣服不是给普通人穿的，而是给"外星人"穿的。

——特鲁迪（33岁）

我以前在服装厂上班，我记得清清楚楚，有些衣服明明是按着L码的标准裁剪的，最后却都贴上了M码的标签。

——米歇尔（39岁）

你穿的衣服的尺码不能说明你是一个什么样的人。

——唐娜（29岁）

有的衣服我穿上后，胸部那里合适，腰那里却大了一圈。

——桑德拉（46岁）

我讨厌在尺码上弄虚作假，以此来满足虚荣心。每当我穿进去XXXS码的衣服时，我都觉得服装行业的从业者在侮辱我的智商。

——艾丽西亚（24岁）

当然啦，穿上M码的衣服会让我觉得很开心，而穿L码的衣服会让我慌里慌张地来回照镜子。不过，如果L码的衣服比M码的衣服穿着更好看，那我肯定选L码的啊！

——戴安娜（29岁）

售货员通常会对我说："哇，你能穿下M码，开心吗？"我的回答是："并没有，这个标签一看就知道是糊弄人的。"

——蕾切尔（37岁）

看看那些五花八门的尺码吧！怪不得我们女人总是因为身材而烦恼呢。

——凯特（29岁）

尺码对我们女人来说是一种可悲的嘲讽。现在我意识到了，服装行业完全依靠向女性贩卖身材焦虑来赚钱。

——格丽塞尔达（38岁）

在我看来，穿着合身的衣服比勉强把自己塞到小码的衣服里更让人舒心。

——凯蒂（48岁）

我很难买到合身的衣服。我的胸部比较平，臀部比较大，因此衣服总是有不合身的地方。

——罗西（32岁）

对我来说，所谓的"均码"的衣服，只能塞下我的左腿。

——凯特（39岁）

如果你个子矮，还可以把裤子使劲往上提；但如果你很高，那么你几乎买不到足够长的裤子。

——布里奇特（34岁）

商店里的衣服好像都是给又高又瘦的人做的。我总是得把裤子提得很高，这样裤腿才不会拖地。

——萨拉（30岁）

有没有人可以给我们这些胸部丰满的姑娘好好设计一下衣服啊？目前市场上的衣服我穿着只有两种可能：要不就穿M码，肩膀那儿刚刚好，可胸部那儿有很多褶皱；要不就穿L码，胸部倒是合适了，但肩线都快掉到胳膊肘了。

——阿利（33岁）

均码就是糊弄人的，一个尺寸的衣服怎么可能适合所有人呢？

——杰茜卡（26岁）

我们不可能从商店里买到百分百合身的衣服，我一般会在当地找一家不错的裁缝店，让裁缝按我的尺寸做衣服。如果能在我们这种小地方找到一家物美价廉的裁缝店，那么我肯定是这家店的忠实顾客。

——英迪格（43岁）

我认为应该把缝纫纳入高中课程，因为我们很难买到完全合身的衣服。

——苏茜（44岁）

我想拥有更完美的身材比例，这样衣服就会更合身，我就不需要把衣服拿去改了。

——丽贝卡（31岁）

我身高182厘米，腿和胳膊都很长。我发现XL码的衣服好像只是加肥了，袖子和裤腿相比于L码的并没有长多少。

——电台女孩（34岁）

我太胖了，我所有的衣服都是定做的。对于商场里卖的那些衣服，可能把好几件拆了再缝成一件我才能穿得上。

——迈拉（35岁）

少、臀围应该是多少。但是，法律并没有要求服装制造商必须遵守这些规定。有些服装制造商可能会把 M 码的标签贴在尺寸实际上是 L 码或 XL 码的衣服上，这是他们的一种策略，目的是让顾客觉得自己穿他们品牌的衣服时会显瘦。而且，从我发放的调查问卷的统计结果来看，有些女性就算知道自己的尺寸并不是 M 码，也宁愿买一件"M 码"的衣服，通过接受一个"善意的谎言"来让自己开心。

👕 如何确定尺码

首先，你得明确一件事：选择什么尺码在很大程度上取决于衣服的版型和款式。这意味着，你很难固定买某个尺码的衣服。除非你只买某一个品牌的衣服，这个品牌的衣服尺码有一个统一的标准，而且你已经确定了自己在这个品牌应该穿的尺码。这几乎不可能，对不对？所以，买衣服时最好每次都能试穿一下，即使上次买某个品牌的衣服时穿 M 码的合适，这次也不能掉以轻心，因为即使是同一个品牌，由于版型和款式不同，同一尺码的衣服大小也可能变来变去。

当然，如果你的身材多年来都没有什么变化，而且你是某几个品牌的固定客户，那你就可以记下自己穿不同品牌的衣服时适合的尺码，这样在买衣服时能相对方便一点。

👕 解决"尺码焦虑"三步走

1 准备一把锋利的小剪刀或者指甲刀，仔细剪下所有衣服上的每个尺码标签。对于贴身穿的衣服，剪的时候要特别小心，不然留下的一小截标签可能会让你穿衣时觉得扎得慌。

2 把标签扔掉，这象征着你不再被某个数字定义，这是一件值得庆贺的事。

3 养成习惯，以后每次买了新衣服，要取掉吊牌的时候，把尺码标签也一并处理了，记得先取标签再洗衣服。

👕 国际通用衣服尺码

不同国家和地区表示衣服尺码的方式有所差别，但尺码之间可以相互换算。不过说实在的，这些换算表在制定的时候也没有统一的标准，所以人们在选衣服时很难"一码走天下"。

买衣服大挑战

以下是我的一些购衣法则，如果你觉得合理，可以借鉴一下。当然，这些法则不是放之四海皆准的，你不必非要这样做。

👕 购衣宣言

· "在头晕、筋疲力尽或者来月经之前，我不会去买衣服。"

· "如果我想购买一套在特殊场合穿的衣服，我会至少提前一个月开始计划。"

· "当我刚刚生完病或者因为节食而瘦了几千克后，我不会立马去买新衣服，因为体重很可能会反弹。"

· "我不会在赶时间的时候买衣服。"

· "我不会只因为衣服便宜、在打折就买它。"

· "我不会为了追求时髦去买一些不适合我身材的衣服。"

· "我不会为了买衣服而选择分期付款。"

· "如果一件衣服我没有试穿过，没有从各个角度仔细看过，我就不会买。"

· "我不会仅仅因为看上了某件衣服的图案或面料而买它。"

· "我不会因为喜欢衣服的颜色而买这件衣服，除非这件衣服适合我，而且这个颜色也很衬我的肤色。"

· "我买衣服是为了取悦自己。"

· "我不会为了'奖励'自己而买衣服，也不会买价格超出自己能承受的范围的衣服，只因为觉得

买衣服

我经常买错东西。买衣服时，我一般只跟着感觉走（我就喜欢漂亮的设计和舒适的面料），不跟着理智走。其实我需要购买的只不过是可以穿着去幼儿园上班并且耐穿的衣服。

——阿梅莉亚（34岁）

我觉得，有时候我买衣服是为了成为我理想中的那个人，而不是为了穿着好看。

——米歇尔（36岁）

我最不满的一点是，大部分衣服的做工和面料都很差。不过转头一想，衣服本来就是要时不时更换的，不是吗？

——珍妮弗（60岁）

在能力范围内，买最好的。

——戴安娜（65岁）

我的裙子是朋友给我做的，其他大部分衣服是在二手商店里淘的。我可是个行家，能很快找到适合自己风格的衣服和鞋子。

——玛吉（45岁）

我其实可喜欢买衣服了，可又穿不了那么多，所以我会尽量克制自己。

——薇姬（42岁）

你得根据自己的身材来挑衣服，还要买耐穿的。还有，看到价钱的时候，想想你会穿几次，在心里默默做个除法，算算衣服的单次使用成本是多少。

——米切尔（45岁）

花500美元买一件你能穿1000次的外套，总比花50美元买一件穿一次就闲置的外套要好。

——塔米（20岁）

如果你没有第一眼就看上这件衣服，就不要买它。

——巴布（60岁）

随着潮流更新换代的速度越来越快，衣服的质量也在不断走下坡路，就连那些所谓的精品店里的衣服也一样。

——崔西（36岁）

服饰的价钱

你得到处逛逛，连男装店也不能放过，因为好多没有性别区分的基本款在男装店会更便宜，比如睡衣、T恤。

——埃伦（56岁）

为什么杂志总是在它们的版面上突出那些看杂志的人很可能买不起的衣服呢？

——艾莉森（38岁）

大部分衣服的价钱都可以称为在"敲竹杠"。

——露丝（59岁）

千万别被人忽悠了，没钱还打肿脸充胖子，非得买那些时髦的衣服。如果你得刷信用卡才买得起，就要三思，就算衣服在搞特价，但加上利息也便宜不了多少了。

——梅格（53岁）

我也讨厌买化纤材质的衣服，可架不住它们便宜啊！

——利（30岁）

我真的不明白，明明类似的包只要50美元，为什么女人们非得花500美元去买那个更贵的。

——萨莉（21岁）

导购员

千万别相信导购员的话，别相信他们对衣服的评价。他们只会挑你爱听的话说。我自己就是商店经理，曾经教过他们如何评估"待宰的羔羊"。

——纳塔利娅（45岁）

如果你一进商店，导购员就夸你这儿夸你那儿的，你可别信她，这是她的话术，她是想让你觉得你俩的品位很像，这样你就会更容易相信她的话，她就可以劝你试衣服和买衣服了。

——佐耶（29岁）

如果你的直觉告诉你这件衣服不是你的菜，你就别买，不管导购员对你有多热情。

——雅克（43岁）

我希望导购员根据我的需求给我拿衣服，而不是主动地跟我套近乎，或是给我推荐那些看起来傻乎乎的衣服。

——琼（82岁）

每次我试衣服时，导购员都会一下子指出我最难看的地方。

——阿努莎（35岁）

我超爱手提包。我大概有40个手提包，可我总是买完一个还想再买一个。不过我总觉得，等哪天我找到了一个完美的手提包，我就会收手。

——朱尔斯（37岁）

最好和朋友一起买衣服，千万别只听导购员的。

——戴安娜（65岁）

'我值得更好的'。"

· "我不会让导购员左右我的想法。我会把他们推荐给我的衣服放回架子上，然后说'这一件不适合我，我再看看别的'。"

服装店导购员的策略

买衣服的时候，我们得保持头脑清醒，因为我们很容易耳根子一软，就被导购员给误导了。导购员会努力与我们拉近关系，从而让我们把他们当成朋友，相信他们的话。以下列举了一些导购员的常用话术：

· "您现在穿的这一身很好看。"

· "您眼光真好，这件衣服是我们店里最受欢迎的。"

· "我们自己的员工也买了这件衣服，这件衣服还是明星同款呢！"

· "您现在看的这一排货架上的衣服正在打折，活动很快就要结束了，你可要抓紧了。"

有时，他们也会这样做：

· 就算我们还没有准备好要去试衣服，或者根本拿不准要不要试穿，他们就会把我们正在看的衣服拿到试衣间去，热情地让我们试穿。

· 不管我们试穿了什么，他们都会夸我们，说"你看起来棒极了"。

· 他们会煞有介事地忙乎一通，好让我们觉得他们很重视我们，这样我们就不好意思不买点什么了。

· 他们会把火力集中在我们在意的部位，比如，如果我们表现出很在意自己的臀部，他们就会说："这件衣服能让你的臀部看起来更加翘哟！"

买衣服的策略

如果可以的话，买衣服的时候最好试穿一下。你可以问导购员一些问题，例如："这是什么牌子的？""这件衣服的面料是什么？""这件衣服是单缝线的还是双缝线的，有没有锁边？"你还可以检查一下衣服缝合处的走线是否整齐、细密，纽扣是否缝得牢固，有没有备用纽扣，有没有里衬等。总之，你得稍微研究一下这件衣服。

买衣服前，你可以了解一下面料的相关知识，然后在买衣服时，仔细看看衣服的面料标签。一般来说，合成纤维的面料比较便宜，比如腈纶面料，不过这种面料比较容易起球，而且不透气。更贵、更耐穿、更舒适的面料是含天然纤维（主要来自棉、麻、丝、竹和动物毛）较多的面料，或者是一些现代的织物，比如人造丝。

你还可以找一家超出自己消费能力的服装店转转。记得仔细看一看衣服的面料标签，查看一下它的制作工艺，感受一下它的质量。积累了一定的经验以后，下次就可以在自己力所能及的范围里挑选面料和工艺最好的衣服了。

单次使用成本

每个人都说要买"质量好"的衣服，可是，品质更好的衣服价格肯定也更高一些。所以，很多姑娘已经开始计算每件衣服的单次使用成本了。也就是说，如果一件衣服需要努力攒很久的钱才能买到，但你知道自己每周都会穿它，那么也可以考虑买，因为你穿的频率越高，衣服的单次使用成本就越低。比如，你购买了一件冬季穿的很贵的外套，每到冬天，你可能每天都会穿它，几年下来，它的单次使用成本就会比较低了。

如何挑选内衣和泳衣

内裤

以下是一些与内裤有关的小提示：

· 一般来讲，女性要养成穿内裤的习惯。

- 如果经常穿丁字裤，需要注意选择面料透气的丁字裤，因为不透气的内裤会提高阴道感染细菌的风险，所以最好选择纯棉的丁字裤，并且搭配宽松的外裤，不要把丁字裤穿在紧身裤或者连裤袜里面。
- 裤子、裙子的颜色较浅或面料比较轻薄时，最好选择肤色的内裤，这样内裤不容易透出来。
- 内裤可以买大一号，因为如果内裤太紧，腹股沟的位置可能会被勒得不舒服。
- 现在有一些品牌推出了无痕内裤，穿着无痕内裤再穿包臀裙和紧身裤之类的衣服时，内裤边缘不容易有勒痕。

胸罩

很多胸罩制造商每年会花巨额广告费来推广自家的产品。胸罩上的花样（比如给胸罩加上蕾丝边、刺绣）越多、越漂亮，胸罩一般就会越贵。有的制造商还会让名模、歌手或者演员给他们的产品做广告，借明星效应"诱惑"消费者购买自家的产品。

不论制造商把胸罩做得多么华丽，胸罩的基本功能都还是那些，包括防止乳房抖动，为乳房提供外部支撑等。随着女性慢慢变老，乳房会逐渐下垂；怀孕、生小孩之后，乳房也会下垂。虽然乳房悬韧带会对乳房起支持和固定作用，但重力的影响和皮肤弹性的逐渐丧失是每个女性都要面对的问题，所以女性需要胸罩为乳房提供支撑力。此外，乳房如果一直抖动，可能会引起疼痛或者引来不怀好意的目光。也有很多不在意乳房下垂的女性只在运动的时候才穿胸罩，比如跳绳、跳舞的时候。

在胸罩尺码中，数字指的是下胸围（沿乳房下围绕胸部一周的长度）的尺码，其中常用的标号有 70，75，80，85，90，95，100，105 等（单位为厘米）。而胸罩尺码中的字母代表的是罩杯的尺寸，即上胸围（绕乳房最丰满处一周的长度）减

去下胸围的差，差值对应着不同的字母，AA 是最小的罩杯，之后依次是 A、B、C、D、E 等。数字和字母组合起来，就是胸罩的尺码。

跟买衣服一样，想买到适合自己的胸罩，一定得试穿一下，因为不同品牌和风格的胸罩尺码可能会有所差别。去内衣专卖店购买胸罩时，可以让导购员帮自己测量尺寸，以找到尺码合适的胸罩。千万别不好意思，大胆地寻求她们的帮助吧。

你之前可能有过买到不合适的胸罩的经历。记住以下几点，你就不用担心买到不合适的胸罩了：
- 确定胸罩尺码时要考虑两点，一是胸围的尺寸，二是罩杯的尺寸。记住，罩杯要刚好能够包裹乳房，当背部的钩扣扣上后，后背带应正好贴合背部，不能勒得太紧或者太松。合适的胸罩不会让你感觉勒得难受，脱掉之后身上也不会留下红色的勒痕。
- 随着体重增加或减少，人的体形可能发生变化，乳房的大小也可能改变，因此胸围的尺寸和罩杯大小都不是一成不变的，有需要的话要及时购买新的胸罩。

塑身衣

塑身衣一直以来都受到很多女性的追捧。目前，市面上的塑身衣既有分体式的，也有连体式的。塑身衣的功效是把赘肉"藏"起来，让人看上去更苗条。商家一般强调的是塑身衣可以从外观上改善体形，而不是说它有瘦身的功效。这大概是因为，如果一个人已经"重如泰山"了，那么不管穿几件塑身衣，他都没办法瘦成超模。

泳衣

以下是一些关于如何挑选泳衣的建议，你可以当作参考：

· 如果担心自己穿泳衣时胸部看起来不够丰满，可以选有胸垫的款式。

· 好多女性的上半身和下半身其实适合不同的尺码。打个比方，有的姑娘上半身穿 M 码就行，而下半身得穿 L 码。这种情况下可以买分体式的泳衣，按照自己的尺码分开来买。

· 如果想穿的性感一些，可以买比基尼；如果担心自己穿比基尼不好看，那就买一件保守一些的泳衣。实际上，如果你真想游泳，那么穿比基尼也不太合适。

· 最重要的是选一件合身的泳衣，以免泳衣在你下水的时候滑下来或者被浪头给打下来。

👕 买鞋子

以下列举了一些买鞋时的注意事项，希望对你有所帮助。

试鞋万万马虎不得

买鞋之前最好能试穿一下，以便找到适合自己尺码和脚型的鞋。不要觉得自己一直是穿某个码数的鞋就想当然地购买，即使是同一个码数的鞋，品牌不同、鞋形不同，穿起来的感受也不同，而且体重增长、怀孕、年纪增长等都可能导致脚变大。另外，还要确定自己的脚型是偏窄还是偏宽，脚背是高还是低，以便找到适合自己脚型的鞋子。

平底鞋

太平的平底鞋对足弓的支撑不够，长期穿着这样的鞋可能导致足部肌肉劳损，进而导致膝盖等部位疼痛，喜欢穿人字拖或者凉鞋的人尤其要小心这一点。

高跟鞋

我个人觉得，裙子越短，鞋跟就应该越矮。当然，这只是我个人的审美取向。不过，如果穿高跟鞋的时候觉得不舒服，不能昂首挺胸、稳稳当当地走路，那就不要穿。我想大家应该都看到过好多女明星脚踩"恨天高"，摇摇晃晃地走路的样子，她们中的一些人甚至没办法自己上下楼梯，必须有人扶着才能走。

我的建议是：千万别每天脚踩"恨天高"出门，普通高度的高跟鞋也尽量不要每天都穿。高跟鞋对脚的摧残可不止一星半点。穿高跟鞋时，脚部会承受额外的压力，长时间穿高跟鞋容易引起踝关节疼痛、脚趾外翻等。如果你真的特别想穿高跟鞋，那就尽量避免长时间穿，而且不要总穿相同高度的。最好问问自己，穿高跟鞋是因为自己真的喜欢，还是为了取悦男人。另外，千万不要穿着高跟鞋开车，因为这样做实在是太危险了。

想要了解更多关于高跟鞋和脚部健康的信息，请参见第四章第一节《身体养护》中的相关内容。

鞋码的转换

虽然不同国家和地区采用的鞋码体系可能不一样，但有一个通用的鞋码换算表可以供人们参考。不过在实际生活中，鞋码换算表其实没什么用武之地，最好还是亲自试穿鞋子，以便确定自己的鞋码。

👕 配饰

设计师款手提包

你如果想买一个每天都会用的手提包，那么可以稍微多花一点钱。但是，很多大品牌的包标价高达几千美元甚至更高，这真的值得吗？

镜框

挑眼镜之前，记得仔细研究一番眼镜框的样式。如果你只是需要一个简单大方的镜框，那可千万别听了谁的忽悠，去买那些价格不菲的名牌镜框。

不同脸型的人适合佩戴不同的镜框，这里列举了一些小建议，仅供参考：

· 圆脸的人适合佩戴方形或者长方形的镜框。

· 方脸的人适合佩戴椭圆形的镜框。

· 窄脸或者瓜子脸的人适合佩戴边框粗一点的镜框。

如果你需要更多关于眼睛和视力检测方面的信息，请参阅第四章第一节《身体养护》中的相关内容。如果你想了解更多关于太阳镜的信息，请参考第二章第三节《皮肤保卫战》中的相关内容。

为什么香水都贵得离谱

人们购买香水的钱，其中很大一部分是花在品牌名称、包装、广告宣传和名人代言上面了。要是没有这些因素的"加持"，很多香水的售价可能会低于 20 美元，而不是现在的 100 多美元。

营销会给商品增加很多成本，在杂志上刊登广告都不便宜，更别提举办新品发布会请明星来代言产品了。想一想吧，新品发布会邀请的大多是出场费昂贵的明星和模特，品牌方还要布置场地、邀请媒体；明星的代言费甚至可能高达数百万美元。这些费用最终都会体现在香水的售价上。

此外，香水广告的拍摄成本也不低。有些品牌方觉得广告不能只是有个人轻飘飘地说一句"它闻起来很香"，还必须得有炫酷的光影效果。他们还要求广告必须请知名的导演和摄影师拍摄，必须请优雅的女演员演绎，还要有一定的故事情节，以赋予这款香水独特的意义（比如美丽、纯洁、永恒、激情、速度等）。最终拍摄出的广告中，女演员可能沐浴在无边无际的海洋里，也可能在注视着一匹马（马也是有"出场费"的）……看到这儿，你大概明白，为什么香水这么贵了吧。

了解身体的毛发

　　洗发水广告里那些发型模特通常有着一头乌黑亮泽的秀发，秀发在慢镜头中飞扬时，像黑色的丝绸一样垂顺、有光泽感。看到这样美好的场景，人们不禁对模特的秀发心生向往，心想：如果我也拥有这样的秀发该多好！其实，这些秀发并不是完全真实的，有一部分是接上去的假发。秀发飞扬的场景也可能是设计师用电脑做出的效果。

　　在这一节中，你会了解到许多关于毛发的知识，例如：哪些因素对头发有害？洗护产品中的哪些成分可能对人体有害？有机洗护产品真的安全有效吗？如何应对脱发问题？如何修眉？如何去除体毛？哪些除毛方法会给你带来麻烦？私密处的毛发要全部去除吗？

发型师、发色、发型和洗护产品

我一直不太理解为什么有的女人觉得"发型师就是心理医生"。我只想让他们帮我剪头发，剪得越快越好！

——利奥妮（38岁）

每次做完头发，我都觉得自己拥有了全世界。

——蕾切尔（30岁）

找到一个靠谱的发型师可比找到一个靠谱的老公难多了。

——卡琳（34岁）

发型师做出来的发型跟我想要的永远是两码事。

——谢里尔（54岁）

为什么发型师剪发前会热情地和我打招呼，表现得很在乎我，剪发时却完全无视我的要求呢？

——尤利娅（35岁）

我的发型师简直是我一生的挚友。他给我剪头发已经20年了，是除了亲人外陪伴我最久的人。

——凯特（37岁）

我每次都想对发型师说："剪短就行，我也不知道该怎么剪，拜托，你才是行家。"

——萝宾（41岁）

我宁愿自己剪头发。反正不管剪成什么样，它会重新长出来，所以我什么也不怕。

——阿里亚（22岁）

我喜欢我的发型师，他完全不介意我只想剪一个跟男孩子一样的发型。我喜欢他的传统理发店。

——斯卡莱蒂（43岁）

我一周去一次美发店。这样一来，我的头发每个星期都很美，而

且我还不用买洗发水。

——洛兰（41岁）

我会为了找我的发型师，从悉尼飞到墨尔本。他值得！

——萨尔（29岁）

要是我老公知道我剪头发花了多少钱，他会得冠心病的。

——卡斯（36岁）

我每6个月会花1000美元，去美发店把头发拉直；每2个月会花195美元，去美发店剪头发和染头发；平时会买价值80美元的洗发水和护发素。不过这些钱花得值，谁见了我都夸我有一头漂亮的头发。

——夏洛特（35岁）

我从来没去过美发店，因为我觉得那是在浪费钱。

——梅拉妮（25岁）

我才不在乎花了多少钱呢，只要发型好看就行。

——西西（52岁）

我小时候很讨厌自己的发色。我天生一头红发，每次我去超市，都有好多老太太对我指指点点。不过，现在我长大了，我终于发现有一头红发是多么与众不同呀。

——米歇尔（29岁）

我一直把头发染成红色，已经坚持49年了。

——安妮（67岁）

千万不要自己染发！我已经看过太多自己染发导致的"事故"了！

——凯弗温（48岁）

我经历了一次非常糟糕的染发。从那之后，我再也不换发色了，只是定期去补色。

——薇姬（36岁）

我可想把头发染成紫色的了，然后剪得短短的，可我老公不乐意，他喜欢我留金色长发。

——蕾切尔（36岁）

我是个自来卷，可我6年前就把头发拉直了。我觉得自己留直发比留卷发迷人多啦！

——坎迪（38岁）

终于有一天，我认命了，不再折腾自己的卷发了。那是多么美好的一天哪。

——阿什（32岁）

我不喜欢自己天生的直发。我一年要烫三次发，每次大约花100美元。

——托普西·蒂法尼（27岁）

我不会不洗头发、不用卷发棒做个发型就出门。

——阿莱格拉（70岁）

我从来不用超市卖的洗护产品。美发店卖的洗护产品确实更贵，不过它们确实更好用！

——埃丽卡（29岁）

我真有点摸不着头脑，50美元一瓶的洗发水跟超市里3美元一瓶的洗发水有什么不一样吗？难道前者有什么神奇的配方吗？

——凯特（28岁）

我每个月大概得花200美元买护发产品。

——考特妮（20岁）

我一般去超市买洗发水和护发素，而且每次都会先去打折区看看。

——艾丽西亚（30岁）

现在，我一般就在超市买便宜的洗发水。它们和我以前买的那些贵价货一样好用。

——唐娜（42岁）

女性的"三千烦恼丝"

为头发消费

很多女性十分在意自己的发型，其中一个原因是发型会影响人的心情。还有一个原因是，很多女性认为发型是表达自我的方式之一，是别人快速了解自己的一个媒介，就跟衣服一样。乱糟糟的头发容易给别人留下邋遢、懒惰的印象，这跟精心打理过的头发留给别人的印象肯定不一样。所以，很多女性乐意把钱花在头发上。

一些时尚杂志和网站也特别喜欢针对女性的头发大发议论。这是因为这些杂志和网站的广告商迫切需要利用媒体来提高用户的关注度（比如在足够的版面上讨论关于头发的种种问题），以赋予产品额外的价值，突显产品的重要性，使产品在市场上更有热度。

但实际上，人们不需要因为发型而过分焦虑。好的发型确实会让人看起来更好，可即使哪天头发看起来乱七八糟，或是刚剪了一个非常糟糕的发型，那也不是世界末日。

影响头发的因素

基因和激素

基因对头发的浓密程度、颜色深浅等都起着决定性的作用。要是有品牌声称他们的产品可以改变头发的结构，那他们一定对事实有所保留。除了基因以外，激素对头发也有影响。比如，有些女性分娩后脱发会比较严重。这是因为怀孕时，女性体内的雌激素水平会升高，头发就会掉落得比较少，等到产后雌激素回到正常水平，就会出现大量脱发的现象。等到了围绝经期，随着雌激素水平降低，女性的发量也会减少。

营养

头发主要由角蛋白构成，角蛋白是由氨基酸构成的，头发的质量主要取决于身体对蛋白质等营养物质吸收的量。在头发上直接涂抹含有维生素、矿物质、蛋白质等物质的产品不会对头发产生明显的改变。对头发（及指甲）的科学分析可以显示出一个人是否营养不足，帮助诊断一些疾病（如由重金属中毒和体内缺乏必需的微量元素引起的疾病），还可以检测出一个人曾服用过哪些药物。

哪些因素会伤害头发

紫外线

头发的生长除了受毛囊本身的影响，还会受外界环境的影响，其中最主要的环境因素是紫外线。由长期的紫外线照射引起的头发损伤不仅会表现在毛干上（如头发光泽度下降、干燥、易断裂等），还会影响毛囊，造成毛母质细胞和毛囊内黑素细胞的功能紊乱。因此，头发其实也需要防晒。

目前，市面上很少有专门涂在头发上的防晒霜，想要保护头发免受紫外线影响，主要方式是戴帽子或打伞。

高温

研究表明，头发经过直板夹熨烫、电吹风热风处理后，会出现毛鳞片轮廓模糊和多处翘起的现象，从而导致头发内的水分流失。所以，要是人们天天使用吹风机、直板夹或类似的加热设备处理头发，发质就容易受损。研究还指出，用电吹风在头发表面近距离吹高温热风时，风力会使头发之间相互摩擦的频率和幅度增大，高温还会导致头发的毛鳞片出现一定程度的损伤。所以，人们应当尽量减少这类设备的使用频率。另外，也不要频繁拉直头发或烫发，在使用直板夹的过程中应酌情减少对同一部位的头发来回熨夹，尽可能降低局部的温度。如果十分想做卷发造型，不妨试试便宜的塑料卷发筒，用卷发筒做造型只需要把湿发绕在卷发筒上，等头发自然风干后取下卷发筒就好。

拉拽

用力拉拽头发不仅会把头发拽断，还会损害毛囊。所以，人们要减少拉拽头发的次数，减少头发拉直器的使用频率，扎头发时不要扎得太紧，梳头时动作一定要轻柔。另外，不建议倒着梳头发，因为头发的毛鳞片是从发根至发梢一片压着一片生长的，倒梳头发会损伤伏贴的毛鳞片或使毛鳞片耸立，从而导致头发中的水分流失。

化学药品

人们在烫发时会用到一些化学药水，长期接触这些化学药水可能会伤害毛囊，所以最好不要频繁烫发。泳池里的氯和其他化学物质也会损害毛囊，导致头发干枯、发黄。为了避免泳池里的水对头发造成伤害，游泳时要戴上防水泳帽，游完泳后要及时沐浴。

洗护产品

有一些洗护产品确实可以用"便宜没好货"来形容，用这些产品洗护头发后，头发不仅会很毛躁，而且还会有一股刺鼻的味道。但是，超市和药店售卖的洗护产品中也不乏一些又实惠又好用的产品，这些产品和美发店里的那些贵价产品也许就是同一家公司生产的，成分和配方也几乎相同。

对美发店来说，卖洗护产品是赚钱的一种方式，而对消费者来说，这些产品未必能让他们的头发看上去更美。很多人在美发店做完头发后，觉得自己的秀发又柔顺、又有光泽，这其实是发型师的功劳，而不是美发店的护发素里有什么神奇的成分。这也许可以解释为什么有些姑娘把名人的照片给发型师，希望发型师能给自己做出和照片里的人一样的发型，但最后结果一般都不能让她们满意。

实际上，这些姑娘要求的是"我想要世界顶级的发型师来为我做一个别具一格的发型，我要用最昂贵的美发产品，再配上一个顶级的修图师"。

有的姑娘希望缩短洗发的时间，便自以为很有创意地把洗发水和护发素倒在一个瓶子里混着使用，但这种做法是不科学的。洗发水的主要功效是清洁头发，而护发素的主要功效是给头发增加一层保护膜，让头发更容易梳理，减少毛躁。这两者的作用是不一样的。把它俩装在一个瓶子里，意味着既达不到好好清洁的效果，也达不到好好护理的效果。

多久洗一次头发

洗头确实是把头发上的油垢一扫而光的最佳方式。很少有人能做到几个星期不洗头，也没几个人能坚持不洗头的生活方式。一般来讲，除了头发特别爱出油或头发经常做造型的人可能需要每天洗一次头发外，中性发质或者干性发质的人完全不需要每天洗头。一般来说，中性发质的人2天洗一次，干性发质的人3～4天洗一次就可以了。过于频繁地洗头可能会过分清除头皮天然分泌的油脂，导致头皮发干、发痒。

洗发水

想要把头发洗得干干净净的，洗发水必须具有清洁的作用。有些洗发水还具有特殊功效，比如专为染发人群设计的洗发水可以使染后的发色更为持久。

试试便宜一点的洗发水

·买洗发水时，可以看看货架上有没有正在打折的商品，从中选择信誉有保障的品牌的产品。多留意超市最下面和最上面的货架，你可能会有新发现。

- 在美发店买洗发水可能会为包装、知名发型师的光环或者品牌效应多付钱。要是某一款便宜的洗发水能让头发看起来柔顺亮泽，摸起来手感也不错，而且你也挺喜欢它的味道，就可以大胆尝试一下。
- 如果你需要一款含药物成分的或是没有香味的洗发水，可以去药店购买。

洗发水使用小贴士

- 很多女性洗头时习惯用两次洗发水，以保证头发洗得干干净净。在我看来，除非你的头发脏得"令人发指"，否则不必用两次洗发水。你可能觉得洗第一遍时的泡沫没有洗第二遍时的多，就说明第一遍没有洗干净。实际上，正是因为洗完第一遍之后头发就已经很干净了，所以洗第二遍时才会起那么多泡沫。
- 相比于普遍洗发水，"强效清洁型"洗发水或者那些包装上标有"强力去屑"字眼的洗发水可能含有清洁作用更强的成分，但同时，这些成分的刺激性相对也会更强一些。所以，最好不要长期使用这一类洗发水，偶尔使用一两次就好。
- 可以试着每次洗头时少用一点洗发水，看看清洁效果有没有变化。大多数人使用洗发水时用的量其实比实际需要的多得多。

免水洗蓬松干发喷雾

这是一种喷雾状的干燥剂，成分一般是天然玉米淀粉或稻米淀粉，通常装在有气体推进剂的喷雾瓶中。当头发很油又不想洗或者来不及洗头发时，可以取一瓶喷雾，使用前先摇一摇，然后在距离头发20～30厘米处按压喷头，将干燥剂均匀地喷到头发上。喷完之后，用手抓一抓，再用梳子从发根一直梳到发梢，这样一来，哪怕几天没洗头，头发看起来也不会那么油了。不过，这种喷雾更适合应急使用，因为它的效果保持不了太久，最多不超过一天，所以，它不能代替洗发水。还要注意，使用时要远离火源，并确保自己和别人都不会吸入喷雾。

🪮 护发素

头发洗过后，表面的毛鳞片呈打开状态，这会使头发间的相互摩擦增加，再加上擦干、梳头等动作，头发就更容易受到损害。而护发素的作用就是让毛鳞片闭合，并在秀发上留下一层保护膜，使头发柔顺、有光泽。

此外，护发素还有抗静电等作用。护发素中一般含有硅油，硅油的典型成分是聚二甲基硅氧烷，聚二甲基硅氧烷的作用是让头发更加柔顺、有光泽。现在，很多人都谈"硅"色变，实际上，在使用方法正确的前提下，硅油一般不会对头皮产生不良影响。

许多发型师建议，护发素应只涂抹在头发中段以下，或者干脆只用在发梢上。避免把护发素用在头皮上。这是因为护发素中的成分残留在头皮上，容易对发根造成损伤，还可能导致毛囊堵塞，引起脱发现象。不过即使头皮上有护发素残留也不用担心，只要及时用洗发水彻底清洁头皮，就能把它们都洗掉。

护发素"疗法"

根据皮肤科医生的说法，头发就算能吸收护发产品，也只能在使用后的最初几分钟内吸收。所以，顶着护发素待半小时不会增强其效果，充其量只能起到心理安慰的作用。有些人可能觉得护发素在高温环境中使用效果更好，但实际上，高温也只能让毛鳞片在受热的一瞬间短暂地打开。所以不管是使用护发素后用美发设备对头发进行加热，还是把涂抹了护发素的头发用毛巾包裹起来，都不会明显增强护发素的使用效果，也不会让护发素在后续时间里还能继续渗透到头发里。

头发柔顺剂

头发柔顺剂其实是一种免洗的护发素，把它喷在头发上，可以让头发更加顺滑，不易打结，还能防止头发毛躁。

洗护产品的噱头

一般来讲，洗护产品品牌方在做广告的时候都喜欢搞一些噱头，声称自家的产品能给头发带来各种各样的好处。那么，在这些噱头背后，真实情况又是怎样的呢？

· "发量增加"：那些打着能使头发"增量、丰盈"旗号的洗发水和护发素，可能会在头发上留下较厚的残留物，以便使头发看起来更粗，从而使发量显得更多。有一些喷雾式的增发剂能起到粘连和定型的作用，产生发量"增多"的假象。

· "抗毛躁"或者"毛躁修复"：很多人的头发天生就比较毛躁。当头发从潮湿的空气中吸收水分时，头发反而更容易毛躁，另外，高温也容易让头发毛躁，所以又湿又热的空气最容易让头发毛躁。一些护发素和喷雾会在头发表面形成一层保护膜，尽量把头发都给"罩"住，这样一来，头发就"密封"起来了，不会从空气中吸收太多水分。不过，这些抗毛躁产品要是一次性用得太多，可能会使头发显得油腻，头发像贴在头皮上似的。

· "有光泽"：头发看起来有光泽是因为头皮会分泌油脂。在高倍显微镜下，头发看起来有点像小树枝，表面类似树皮的东西就是毛鳞片。要是人们在头发表面涂上一层精油或者护发素，使翘起的毛鳞片排列整齐、更加服帖，那毛鳞片就能反射更多的光，头发就会显得更有光泽。

· "有弹性"：头发本来就具有一定的弹性，很多护发素声称能让使用者的头发更有弹性，实际上是因为这些护发素里的一些成分能够缓解头发干枯毛躁的情况，使头发不会一拉就断。这样一来，使用者就会觉得自己的头发更有弹性了。

· "强化"：有一些氨基酸洗发水或护发素号称能强化头发、减少脱发，实际上，它们跟别的洗护产品一样，只会在头发上留下一层保护膜。请记住，人们在头发上涂抹的东西并不能从根本上改变头发的质量。

五花八门的定型产品

目前市面上的头发定型产品五花八门，让人挑花了眼。实际上，这些产品只是看起来花样很多，其实都是换汤不换药。它们的原理都是用黏性物质帮助头发定型。以前有摩丝、啫喱水，之后逐渐衍生出了发胶、发泥、发蜡、定型喷雾等。这些产品少量、偶尔使用的话对头发没有什么害处，如果使用得过于频繁，就可能导致发质受损，清洗不彻底的话还有可能导致毛囊堵塞。因此，使用这类产品时一定要注意使用频率，还要彻底清洗。

洗护产品的成分

跟护肤产品一样，头发洗护产品也喜欢用一些字眼来吸引消费者。作为消费者，你得格外留意广告里提到的那些号称"实现科学突破"或者"新研制"的成分，因为这些成分很可能是洗护产品制造商编造出来的。现在来做一个小测试。以下三个选项里，你觉得哪一个是我瞎编出来的呢？

a）10 倍清洁力蛋白

b）具有革命性意义的新型重组蛋白精华液

c）生物活性酶复合物

想知道答案吗？答案是 a 哟。

在我看来，广告中的那些听起来厉害得不得了的成分大部分没什么神奇的功效，它们只是化学合成物，只不过是名字看起来很炫酷而已。洗护产品厂商一股脑地把它们加到洗发水或者护发素里只是在制造噱头，它们并不能从本质上改善头发的质量。头发的质量主要取决于身体对蛋白质等营养物质的吸收情况。

通常情况下，"婴儿用""温和型"或者"防过敏型"的洗护产品含有的容易引起皮肤反应的物质更少，所以它们对皮肤的刺激性相对小一些，但这并不是说它们就是绝对安全的。皮肤敏感、容易过敏的人一定要远离那些容易导致自己过敏的物质，最好能了解它们的通用名称和其他名称，在买东西的时候仔细检查成分表里有没有这些物质。

另外，洗护产品中的一些化学物质对头发是无害的，但是，如果不小心将它们弄到眼睛里，或者让它们在皮肤上停留太长时间，就可能引发刺痛感。遇到这种情况时，要及时将它们冲洗掉，否则可能会引起严重的皮疹或者过敏反应。

🪮 不含化学物质的"天然有机洗护产品"

没有一种洗护产品是不含任何化学物质的。首先，洗护产品里的水也是化学物质（想要了解更多化学知识，可参考第512页至第514页）；其次，想要防止产品"变质"，产品中必须添加防腐剂，而防腐剂正是一种化学物质。如果洗发水的成分只是漂浮在水中的花和小块的树皮，那么它不可能对头发有任何清洁作用。

如果有机产品符合你的生活理念，并且你喜欢有机产品的味道和清洁的效果，你当然可以购买。不过，你得知道有机产品并没有什么魔法，也不会让你的头发变得更健康。有时候，洗护产品里某种化学成分的名称可能听上去很奇怪、很可怕，但它其实也是无害的东西，比如，"麦角钙化醇"听上去是一种复杂的化学物质，其实它就是维生素 D_2。

洗护产品的广告经常会用到"本产品不含某某物质"之类的说法，这里的"某某物质"似乎都是一些很危险的会伤害头发的东西。现在，洗护产品的标签要想做到事无巨细，可能得这么写："本产品不含硫酸盐、苯甲酸酯、丙二醇、化学性清洁

成分、硅油、邻苯二甲酸盐、矿物油、二乙醇胺以及人造色素。"

实际上，洗护产品里的任何成分，包括"天然"成分，都有可能引发过敏反应或者对人产生刺激。但是，你也不用杞人忧天，可以仔细想一想有些成分是不是真的像许多网站上宣传的那样，是危险的或者有毒的。市面上的大部分洗护产品不含有毒或者致癌的物质。想要指控某个产品中的某种成分"可能有毒"或者"可能会致癌"，可不能毫无依据地乱说。许多化学物质（比如对乙酰氨基酚或者维生素 A）在规定的剂量下使用是非常安全的，在超过安全剂量且长期使用时才是有毒的，所以不能抛开剂量谈毒性。

一些洗护品牌或者化妆品公司为了标榜自家产品是"天然的"，在宣传的时候会刻意提到一些"危险"的化学成分（其实它们本质上是无害的），说它们是有害的，而他们的产品"不含这些成分"。我们怎样才能做一个聪明的消费者，既保证不会用到真的对我们有伤害的产品，又不会被那些危言耸听的宣传语忽悠，从而去买了更贵但其实并不值那么多钱的产品呢？我们可以查阅相关资料，学习产品成分表的相关知识，找到宣传中那些所谓的"危险"的化学成分的致病临界值。

🪮 洗护产品中的化学品：声名狼藉背后的真相

如果皮肤容易受到刺激或者过敏，那么买东西前一定要仔细阅读产品的标签，精挑细选。切记，应通过正规渠道购买产品，并尽量购买知名的主流品牌的产品，因为这些产品的生产环境是有保障的，并且不会包含已被政府明令禁止使用的化学物质。以下是一些洗护产品中常见的化学物质。

防腐剂

尼泊金酯类是常见的防腐剂之一，准许使用

的包括羟苯甲酯、羟苯乙酯、羟苯丙酯、羟苯丁酯等，它们能够杀死细菌和霉菌，防止产品变质。到目前为止，尚没有足够的证据表明尼泊金酯类防腐剂会致癌或者引发其他健康问题，不过这类防腐剂接触到破损的皮肤后，可能会引起皮肤反应。

十二烷基硫酸钠

十二烷基硫酸钠在洗护用品中十分常见，它是洗涤剂的一种，最初是在椰子中发现的，现在洗护用品中添加的十二烷基硫酸钠基本上是在实验室中合成出来的。大多数洗发膏、牙膏和清洁剂中都含有十二烷基硫酸钠，因为它有很好的去污性和发泡性。

有说法称十二烷基硫酸钠会在人体内积聚并引发刺激，甚至会致癌。但是，十二烷基硫酸钠在洗发水等产品中有严格的含量限制，只要不超过这个含量，产品就是安全的。目前，也没有证据表明含有十二烷基硫酸钠的产品具有毒性、容易致癌，或者会干扰人体的激素水平。

丙二醇

这种溶剂型（具有溶解性）化学物质可以防止乳液或液体在高温下分层，或在低温下冻结成块。澳大利亚法律规定，在化妆品、药品和食品中，丙二醇的用量不得超过目前公认的安全水平。有传言说它会致癌，但是迄今为止，尚没有证据表明它与癌症的发病有关。

矿物油

矿物油属于石油制品。高度精炼的矿物油在洗护产品中的应用较为普遍，因为它是一种非常有效的保湿剂，不容易堵塞毛孔和引起皮肤刺激，对大多数人来说，它还是加速皮肤表面擦伤愈合的好帮手。不可否认，一些由石油制成的产品确实含有致癌物，但是，被添加到于洗护产品中的矿物油需要

经过许多的提炼步骤，在这个过程中，致癌物已经基本被提炼出去了。根据澳大利亚法律的规定，洗护产品中的矿物油必须达到药用级别，并且可以安全食用。

硅油

硅油并不属于有毒物质，它不容易引起皮肤反应。有些洗护产品会在标签上注明"无硅"，这样做或许是为了让产品看上去更加天然无公害，要不就是因为，硅油如果残留在头发上，会让头发看起来更油一些。

用食物护理头发真的那么好吗？

网络上的信息五花八门，其中有一些会推荐人们用形形色色的东西来洗护头发，比如用醋或酒（比如啤酒、伏特加酒、香槟）来洗头发，用鸡蛋清或蜂蜜来护理头发……这些东西可能会对头发有一定的好处（好处到底有多大就不得而知了），但在我看来，带有去污性或者酸性的东西都能把头发上的油垢清理下来，让头发显得更"干净"，含有脂肪或油的东西（比如橄榄油、枫糖浆）都能"护理"头发，但它们的功效都不如从正规渠道购买的洗发水或护发素的功效好。

女士们，把鸡蛋清或蜂蜜抹在头发上不会对发质有实质性改变，而且这些东西还很难清洗。所以，为了不浪费食物，还是别再这样做了。跟一款不错的洗发水相比，啤酒并不会让头发更有光泽。算起来，这些食物的价钱跟普通的洗护产品也差不了多少。如果洗发水或护发素有蜂蜜或花的香味，那很大可能是香精的功劳，并不是这里面真有多少蜂蜜或花，也不是说洗发水或护发素的功效都是拜它们所赐。

总而言之，如果人们真想让食物对头发产生奇妙的作用，我认为，唯一的办法就是把食物吃掉。

染发的学问

头发由内向外依次是髓质层、皮质层和表皮层，其中决定头发发色的色素主要存在于皮质层中。美发店用的染发剂跟超市里卖的染发剂其实没什么本质上的差别，它们的使用效果主要取决于染发人的专业程度。此外，经验丰富的发型师一般知道如何巧妙搭配不同的颜色，染发剂在头发的不同位置应该停留不同的时间。在美发店染发的价格通常比较高，但人们买的就是发型师的手艺。有一次，我自己在家染头发，最终呈现出的效果就跟我不小心绊倒，一头扎进了染料缸一样。

想要了解更多关于白头发的信息，可以阅读本章第五节《当你老了》中的相关内容。

不同类型的染发剂

根据染发后发色保持时间的长短，染发剂可以分为暂时性染发剂、半永久性染发剂和永久性染发剂三种。

· 暂时性染发剂：这种染发剂抹在头发上后，会附着在头发的表皮层上，形成着色覆盖层。这种染色剂很容易被洗掉，对人体健康的影响较小。

· 半永久性染发剂：这种染发剂可以渗透进头发的表皮层，部分可进入皮质层。因此，使用这种产品染发，发色维持的时间可以更久一些。不过，每次洗头发时头发还是会有不同程度的褪色，颜色一般可以保持约六个星期。

· 永久性染发剂：永久性染发剂一般由三种药剂组成，分别是氧化剂（通常为过氧化氢）、碱剂（氨水）、染色剂（有对苯二胺、醋酸铅等）。永久性染发剂的作用原理比较复杂，一般是用碱剂打开头发的毛鳞片，让氧化剂和染色剂进入皮质层，等染色剂氧化后，它就可以更牢靠地附着在皮质层上。头发上的毛鳞片需要一些时间才能打开，当毛鳞片打开后，染发剂才会慢慢地渗透进头发，慢慢地将头发染上颜色（通过化学反应）。所以，人们每次去染发时，涂上染发剂后都得坐在那里等一会儿。

染发的安全性

一直以来，大家都比较担心染发剂中的化学物质会对人体产生危害。有研究提出，染发剂可能与膀胱癌有关，但是，这项研究没有把其他可能的致病因素考虑在内，而且，到目前为止，还没有别的研究能够成功"复制"这个研究结果（也就是说，这个研究的结果是否可靠还有待商榷）。不过，也有研究表明，女性长期使用染发剂后，患淋巴癌的可能性增加了70%。如今，大多数女性不会在怀孕期间染发，特别是在妊娠的前三个月，因为这个时期的胎儿发育不稳定，孕妇需要格外注意。

醋酸铅中所含的重金属离子易在体内蓄积，长期使用这种染色剂会导致慢性铅中毒，因此中国禁止在染发剂中使用醋酸铅。相比于醋酸铅，对苯二胺是一种比较安全的物质。但是，对苯二胺有很强的致敏作用，可能会刺激皮肤或导致接触性皮炎。所以，我们一定要选择合格的染发剂。对于那些号称能够快速染发的产品要格外留意，因为这些染发剂中可能添加了过量的对苯二胺。跟偶尔染发的人比起来，美容美发行业的从业者（包括发型师、化妆品研发工程师和美甲师）吸入化学物质的机会更多，面临的健康风险也要大得多。

此外，在染发过程中，一些染发剂会流进下水道里，在生产染发剂的过程中也会有一些具有污染性的副产物产生，这些都会给环境和我们的健康带来一定的影响。

头发与健康

掉头发

因为化疗，我的头发掉光了。这辈子头一次，我不介意自己好不好看。

——安妮（42岁）

几年前，我大病一场，掉了好多头发。

——乔治娅（22岁）

之前因为化疗，我的头发都掉光了，现在长出来了一小茬儿，我很开心。

——克里（48岁）

在过去10年里，我的头发渐渐变得很稀疏。尽管除了我自己，别人好像并没有注意到，但是我很担心，因为一掉就掉那么一大把。

——卡丽（30岁）

脱发真的让人"压力山大"，可我又对一些医生给出的治疗方法感到害怕。

——苏茜（51岁）

我脱发很严重，这让我缺乏自信。我去看过皮肤科医生，现在又开始看心理咨询师了。

——凯茜（26岁）

我讨厌我的头发，可以说恨得牙痒痒。我的头发又少又细，而且容易掉。

——特蕾西（34岁）

我一感到有压力，就开始掉头发。我担心头发会越来越少。

——苏（39岁）

我总是对自己的头发"痛下杀手"，所以头发越来越少，我只能经常戴假发、帽子或者包头巾。

——克丽（30岁）

我的头发又细又软，而且很稀疏。没什么产品能帮到我。

——露（29岁）

我患有雄激素性脱发，所以，我的头发总会掉呀掉。人都有虚荣心，刚开始我也很难接受。不过，后来我跟自己说，这只是美不美的问题，而不是多么严重的健康问题。我希望自己将来不用戴假发。

——乔安娜（26岁）

我家有女性秃顶的家族史。我的头发也逐渐变得稀少了。唉！有条件的话，我会尽量用质量好一点的洗发水和生发产品。我也很想试试激光治疗。可我有时候又觉得，我是在自己吓唬自己，实际的情况没这么糟。

——兰尼（29岁）

多囊卵巢综合征与毛发

我患有多囊卵巢综合征。得病以后，我的下巴和脖子上长出了长长的、有点可爱的毛。可我又不能去马戏团上班，所以我选择用蜡脱毛。

——勒妮（31岁）

我患有多囊卵巢综合征，每天都在想法子对付浑身的毛。我一直觉得很难为情。

——海伦（58岁）

因为多囊卵巢综合征，我老是掉头发，这太可怕了！只要能让我的头发看起来又长又健康，花多少钱我都愿意！

——尼娜（31岁）

头皮屑

我用了一种去屑洗发水，前两周效果挺好的，之后突然就不管用了。

——妮古拉（36岁）

我的头皮屑跟雪花似的，没了一堆，又来一堆。

——杰茜卡（26岁）

我的头皮老是很痒，一抓全是头皮屑，还容易结痂。这么多年了，我试过生姜洗发水、茶树精油洗发水，还有一些含有药物成分的洗发水，有的刚开始用的时候有用，但效果不持久，有的干脆从一开始就没用。

——安妮塔（44岁）

激素与头发

我以前有一头美丽浓密的直发。生完孩子后，我的头发跟以前不一样了：它现在很粗糙，有点卷曲，发色也不一样了。

——塞雷娜（52岁）

我怀孕那会儿头发可好啦，又浓密又健康，真怀念那时的头发。

——让娜（24岁）

我怀孕那会儿，头发非常浓密，但是生完孩子后，我开始疯狂掉头发，可吓人了。

——伊丽莎白（33岁）

就在我发现自己怀孕的第二天，我第一次在自己的头上看到了白头发。

——简（34岁）

大约从一年前开始，我每次梳头发时，头发都会一把一把地往下掉。我母亲在50多岁时也遇到了同样的问题。在经历了很长一段时间的焦虑、看了很多医生之后，我最终被诊断出患有甲状腺疾病。我接受治疗以后，头发就掉得没那么厉害了。

——朱莉娅（44岁）

染发的注意事项

很多染发剂中含有一些刺激性较强的化学物质，所以在使用的时候应尽量避免将染发剂直接涂抹到头皮上。有过敏史的人一定要记得在染发之前做一个"皮肤接触测验"，也就是人们常说的斑贴实验（见下文），看看自己是否会有过敏反应，就算在美发店里染发也不能省略这个步骤。

大多数主打"草本成分"或"天然"的染发剂产品仍然含有刺激性较强的化学物质，这些物质会跟头发发生化学反应，这样一来，染发剂才能够进入头发，改变头发原本的颜色，并且使新发色保持住。如果发型师跟你说这款染发剂是"有机的"，那么他很有可能是在夸大事实。的确，染料中可能含有一些有机成分，但不可能所有成分都是有机的，因为纯有机产品无法有效染色，更没法使颜色持久保持。

皮肤接触测验

皮肤接触测验的操作方法是在皮肤上涂抹一些染料，然后静置 24 小时，看看皮肤有没有过敏反应。大多数人喜欢抹在手肘内侧，这样方便检查，抬胳膊一看就行了。还有的人喜欢涂抹在耳朵后面，让别人帮忙检查。

自己在家染发

自己在家染发时，最好找个人来帮忙。染发前，需要仔细阅读产品的说明书，并严格按照说明书中写的步骤和时间要求去做。染发剂在头发上停留的时间并不是越久越好。染发剂长时间停留在头发上不仅不会发挥更强大的效力，反而可能会完全破坏头发里天然的色素，甚至会对头发造成永久性的严重的化学损伤，还有可能对头皮造成临时性的损伤。出现这种情况时，需要把受损的头发剪掉，并仔细呵护头皮的健康。

另外，要降低期待值，不要以为自己染发的

效果能和染发剂包装上照片中的或者广告里明星的一样。

美发店之旅

在美发店洗头发和做造型

有些女性喜欢去美发店洗头发和做造型，有的甚至一周能去好几次。这样护理出来的头发和做出来的造型确实可能更好，但性价比并不是很高。当然，当你要出席一个重要场合或者参加朋友的生日聚会时，去美发店做造型还是很方便的。去之前一定要记得货比三家，并且留意美发店有没有优惠活动。

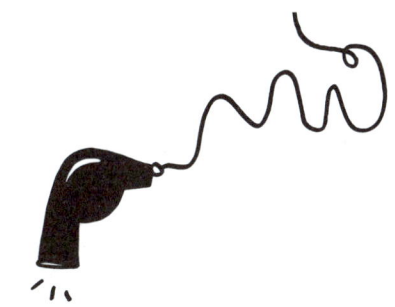

发型

发型师可以给你一些指导和建议，教你如何给自己做发型，但是，你不能光听不练，一定得花时间去练习，这样才有可能给自己做出好看的发型。有的广告中会用到"想要做好发型，一定得使用本产品"之类的说法，在我看来，这完全是无稽之谈。想要一个漂亮的发型，你真正需要的是一双巧手，或是一个随叫随到的发型师。

还有一点要注意：不是所有的当季流行发型或者明星同款发型都适合你。一款发型是否适合你，是由你的发色、脸型、着装风格等很多因素决定的。

脱发

对很多人来说，脱发是一件让人难以面对、十分心烦的事情。一方面，他们觉得发量太少不好看；另一方面，他们担心脱发是因为自己的健康出了问题。值得庆幸的是，不管是因为什么原因脱发，虽然没办法让掉了的头发再长出来，但是还是有一些办法可以让头发掉得慢一点的。

头发的生长期一般会持续2～5年，之后，头发会进入退行期，停止生长，最后，头发会进入休止期，从毛囊脱落，新的头发会在空出来的毛囊中生长。成年人每天脱落20～100根头发是正常的新陈代谢现象，但是如果头发脱落太多或只脱不长，一段时间后，人们就会发现有些地方的头发变得稀疏了。在某些情况下（比如吃药、接受治疗时），头发可能会越掉越快。

脱发的烦恼

对脱发感到惊慌失措是很正常的事。不管是脱发还是接受脱发治疗，这些事情本身就会让人担忧、有压力，甚至影响自我认知，还会伤及自尊心。

如果发现自己有脱发的问题，首先要做的是去看医生，让医生给出科学的诊断。可是，在现实生活中，许多有脱发问题的人没有选择去看医生，而是听信了朋友或者发型师告诉他们的脱发原因，然后买了一堆据说对脱发有帮助的产品。我认为，最好不要随便尝试偏方或者朋友、发型师推荐的产品。皮肤科医生才是这方面的专家，所以，如果有必要的话，可以去看皮肤科医生。医生会先从激素的角度出发，看看患者是不是有激素紊乱的问题，然后进一步检查，看看是不是一些潜在的健康问题导致了脱发。

脱发的原因

以下列举了一些可能导致脱发增多的原因。

- 焦虑时拔头发：有些人在焦虑时有拔头发的习惯，甚至连眉毛和睫毛也不能幸免。这种行为可以用认知行为疗法来治疗。焦虑时拔头发只会造成暂时性的脱发，改变这种行为后，头发还是会长出来的。

- 牵拉性脱发：有些女性头发梳得过紧，长期如此，过大的张力易导致毛囊松动，引起脱发。此外，频繁接发也可能会导致牵拉性脱发。一般来讲，在改变了导致牵拉性脱发的行为后，头发会重新长出来，除非毛囊严重受损。

- 压力过大：压力过大是导致急性休止期脱发最常见的原因。压力过大可能会引起激素（如皮质醇和肾上腺素）水平变化。对于女性来说，脱发很多时候是由激素失调引起的，除了前文提到的分娩后雌激素水平下降会导致大量脱发，体内雄激素（如双氢睾酮）水平较高也会导致脱发增多。虽然这种脱发在男性中比较常见，但女性也可能遇到这种情况。压力造成的脱发一般来说只是暂时的，解决压力源后，头发会自己再长回来。但是，确实有一些病人饱受脱发之苦，他们会要求医生给自己开药，把这当作一种心理安慰，让自己觉得自己在"积极应对"脱发这件事。

- 斑秃：斑秃是指突然发生的无自觉症状的局限性斑状脱发。斑秃为遗传因素与环境因素相互作用导致的复杂疾病，长期精神紧张也可能引起斑秃。如果患了斑秃，头发会突然大片大片地脱落。这种疾病很难治疗，头发可能会再长回来，也可能不会。

- 药物治疗：有些药物可能会导致脱发。药物引起的脱发不一定只发生在服药期间，有时停药后也可能出现脱发，比如有些女性在停止口服避孕药三个月后会突然开始大量掉头发。许多化疗药物也可能引起脱发。一般来说，脱发多见于开始药物治疗后的6～8周。所以，人们在服用药物之前，一定要弄清楚药物可能产生的副作用。药物导致的脱发通常是暂时性的，停药之后头发会重新长出来。

脱发的应对措施

药物治疗

脱发的治疗方案取决于脱发的原因。针对脱发的治疗手段大概分为以下两种：如果是由健康问题导致的脱发，就针对这一健康问题进行相应治疗；如果是由外界压力导致的脱发，可使用含糖皮质激素的药膏或者针剂来治疗。许多脱发治疗都是长期的，也就是说，药物可能需要几个月的时间才能见效，而且见效后也需要继续坚持用药。

米诺地尔是一种外用的治疗脱发的药物，将它涂抹在脱发处的头皮上，可以起到治疗脱发的作用。有研究表明，米诺地尔能刺激毛囊上皮细胞的增殖和分化，从而延长头发生长期。尽管连续几个月甚至几年，每天晚上（或者白天）都涂抹它确实挺麻烦的，但这种药必须坚持使用效果才好。

一般来说，人们很少服用米诺地尔药片，因为临床发现，服药超过 1 个月的患者可出现不同程度的多毛症。

植发

对斑秃患者来说，植发是一个可以考虑的选项。可如果头发是整体变稀疏，那植发可能就不是最佳的选择。此外，植发并不是万全之计，这种入侵性的治疗方法有感染风险，且许多患者都需要多次植发，因此花费会比较高。植发之前，一定得做好功课，并且咨询皮肤科医生。

巧妙利用小技巧

有时候，我们可以利用一些小技巧让头发看上去没那么少。比如，可以把头发染成与肤色相近的颜色。如果染过的头发保持得很好，或者护理得很好，头发看上去就会蓬松一些，也会显得更多一些。另外，头发稀少的女性最好尽量避免留长发，因为留长发会让头发更贴头皮，显得头发更少。还可以向技艺精湛、能够理解头发稀疏人士的烦恼的发型师求助，让他们帮忙设计更适合自己的发型。

激光疗法

研究表明，激光疗法对治疗脱发有一定疗效。目前使用的激光疗法有低能量激光、点阵激光、准分子激光等。此外，激光也能够辅助给药，从而提高局部抗脱发药物的生物利用度。目前，人们对于激光疗法的具体作用机制尚未完全研究清楚，这是一项仍然需要继续研究的治疗脱发的技术。

戴假发

对于脱发比较严重的人来说，戴假发可能是"没有办法的办法"。以下是选购假发时需要注意的事项：

· 质量上乘的假发戴起来会显得更自然，不过一般比较贵，所以，在购买一顶假发之前，一定要确定自己是真的喜欢这顶假发，这顶假发也适合自己。不过，无论什么材质的假发，人们戴上后都会感觉比较热，因为它会阻止头皮上方空气的流动。

· 尽量不要从网上买假发，除非找到非常有信誉的供货商。可以问问朋友有没有推荐的假发购买渠道。

头皮屑

头皮屑是头皮角质层、皮脂和尘埃的混合物，散布在头皮、头发间，呈灰白色或灰黄色的糠秕状细屑。有时候头皮屑多的人还伴有头皮瘙痒、头发干燥等表现。

有些人认为自己头皮上的那些颗粒状的东西都是头皮屑，其实，其中有的并不是头皮屑。因此，觉得自己被头皮屑过多的问题困扰时，首先要搞清楚是真的有头皮屑问题，还是存在其他的皮肤问题。最好去医院请皮肤科医生做出诊断。

关于脱毛

有的地方真的不应该长毛，这太令人讨厌了。不刮毛的话，别人就会用异样的眼光看你，可真要刮毛的话，我又怕疼，而且刮毛既耗时间，又费钱。

——弗朗娅（27岁）

我觉得自己身上的毛比别人的多，所以我不敢穿比基尼。随着年纪越来越大，我的体毛也越来越明显。我想脱毛的想法很强烈，甚至到了要发疯的地步！

——塞塞莉娅（40岁）

为了"无毛一身轻"，我每个月得花80美元。

——劳拉－简（22岁）

为了把毛脱干净，我得连续几小时举着4倍放大镜和镊子，把自己的脸弄得扭曲变形。

——萨尔（28岁）

现在，不管是男人还是女人都不想有体毛，尤其是年轻人。我很担心这种趋势。

——伊莱恩（40岁）

脱毛好贵呀，去找专业人士也很麻烦。我住在农场里，离大城市有一小时的车程。我丈夫认为这是一笔无谓的开销。我也是这么认为的，真的。

——凯蒂（34岁）

我已经受够了腋毛，所以我花了600美元做了几次"永久性脱毛"。做的时候可受罪了，可几个月以后，腋毛还是和以前一样多。这完全是浪费钱。

——塔妮娅（39岁）

由于激素问题，我脸上的汗毛很多。随着年龄的增长，这个问题对我的困扰越来越大。我恨不得每天都用放大镜和镊子把那些讨厌的

东西拔出来。

——罗斯（52岁）

我是来澳大利亚以后才开始脱毛的。

——茜茜（52岁）

我不喜欢现在这股"男人也要脱毛"的风气。

——布里奇特（37岁）

我希望有更多的男性去脱毛。

——米兰达（35岁）

我再也不刮比基尼线了。我刮过一次，之后生了皮疹。我当时简直要疯了。

——吉莉恩（49岁）

我81岁的妈妈最近开始脱唇毛了，因为孩子们总是说被奶奶亲吻时感觉扎得上。

——利安娜（49岁）

用蜡脱毛比生孩子还疼。

——妮科尔（33岁）

我喜欢用蜡脱毛。我也喜欢用镊子拔毛，因为觉得很好玩。

——凯瑟琳（19岁）

我后悔了，真希望我年轻的时候没有经常拔眉毛。

——苏（50岁）

我每天早上都要拔眉毛（这几乎已经算得上是强迫症了），每周得做两次蜜蜡脱毛，就为了让眉毛"有形"。

——索菲娅（28岁）

我把自己的眉毛交给专业人士来修理，但这样做真的不便宜。

——克莱芒蒂娜（26岁）

我通过修眉毛来突出眼睛的美。

——蕾切尔（24岁）

对于我不想修眉这件事，我的

发型师感到很震惊。

——玛丽（42岁）

虽然激光不能百分之百做到永久性脱毛，但是做了激光脱毛后，我的毛发确实越来越少了。我打算把钱省下来，继续在周二半价日去做激光脱毛。

——安妮（39岁）

我这辈子都不会做私处蜜蜡脱毛。我觉得这完全是对女性的歧视！

——凯瑟琳（29岁）

我喜欢用蜜蜡脱毛，但每次做完，我的反应都很严重。所以我得自己动手，用剃刀给私处脱毛。

——妮古拉（36岁）

我最近预定了人生第一次的私处蜜蜡脱毛。我不知道这会有多疼，我其实很怕，可我的伴侣不喜欢我私处有体毛，没办法，我只好去脱毛了。

——汉娜（28岁）

有的人想要剃光阴毛，我觉得这很荒谬。为什么她们想要自己看起来跟芭比娃娃一样啊？

——安布拉（53岁）

有的女人因为自己的伴侣有意见，就去做蜜蜡脱毛。真傻。他会为了你去做蜜蜡脱毛吗？

——杰迈玛（34岁）

我讨厌把自己的私处一览无余地暴露在陌生人面前。

——索菲（39岁）

我是个成熟的女人，我有权利有阴毛！

——瓦妮莎（35岁）

🪮 头皮屑产生的原因

以下因素可能导致头皮屑产生：

· 晒伤。头皮过度暴露在紫外线下会产生一定的炎症反应，出现红肿、灼热、疼痛、脱屑等现象，导致头上有大片的皮屑脱落。

· 头皮干燥（这会导致细小糠皮状头皮屑生成）。

· 皮肤问题，比如银屑病。

· 头皮上的糠秕马拉色菌过度增殖。

· 头皮上的油脂把细小的片状物粘在一起，变成了更大、更明显的片状头皮屑。

🪮 如何去除头皮屑

· 尝试从药店或者超市购买专门的去屑洗发水和护发素，并按照说明来使用。酮康唑能够抑制糠秕马拉色菌的过度增殖，常被应用于去屑洗发水中。

· 使用护发素时只涂在发梢上，避开头皮。

· 尽量避免频繁使用定型产品，比如发胶、摩丝、发蜡等。使用定型产品后应注意彻底清洁。

· 平时少吃辛辣、油腻的食物。

· 如果头皮屑挥之不去，就赶紧去看皮肤科医生。

体毛

每个人都有体毛，只是有的人生来毛发比较旺盛，有的人则毛发稀疏一些。很多女性认为体毛少会更有女人味，因此她们会尝试用各种方法来脱毛。大多数女性都不喜欢嘴唇周围有"小胡子"，就算只有一点也不行，所以，如今市面上的脱毛产品越来越多。

其实，女性有体毛是正常的，并不是只有男人才长体毛。我一定要把这个问题先说清楚，体毛并不恶心，也没什么奇怪的，它跟个人卫生也没什么关系。

随着媒体的渲染和相关行业的推波助澜，有体毛这一正常的现象在人们眼中变得越来越不正常。现在，很多人对女性有腋毛这一现象感到十分惊讶，觉得她们不够体面、不讲卫生。更耐人寻味的是，当别人问起"你为什么要剃阴毛"时，最常见的回答居然是"我也不知道"。

🪮 导致体毛过多的部分原因

通常来说，身上的毛发数量主要是由基因决定的，当然，激素也会发挥作用。医学上有一种疾病叫妇女多毛症，这是一种妇女全身或局部体毛的密度和粗度增加，超出一般女性，呈与成年男子相似分布状态的病症。如果你因为毛发太多而感到困扰，既可以去看皮肤科医生，也可以去看内分泌科医生或妇科医生。

有些常年节食的女性，其手臂和背上可能会长出绒毛状的体毛。医学研究认为，这是身体的一种自我保护，当身体意识到它没有足够的脂肪来保暖的时候，就会长出更多的毛发。

🪮 多囊卵巢综合征（PCOS）

多囊卵巢综合征是以不规律月经、持续性无排卵、高雄激素血症和胰岛素抵抗为重要特征的一种多病因、临床表现呈多态性的内分泌综合征。患有多囊卵巢综合征的女性，其体内雄激素水平过高，这会导致面部和身体其他部位毛发过多。多囊卵巢综合征的治疗通常需要用到抗雄激素的药物，这种药物能够在一定程度上抑制身体毛发的生长。

许多多囊卵巢综合征患者会选择物理方法来脱毛，比如电解脱毛术或激光脱毛术（见第87页）。有的皮肤科医生会给患者开一些药膏，以抑制毛囊中某种酶的作用，从而抑制毛发生长。不过，这种药膏需要坚持使用才能发挥功效，而且也不是对谁都有效。并且，这种药膏只有在跟治疗多囊卵巢综合征的其他手段不冲突时才可以使用。

脱毛

谁在脱毛？

根据我对自己发放的调查问卷结果的统计，脱毛并不像很多人想象得那样普遍。在受访的4000多名女性中，约20%的女性会脱小腿的腿毛，约25%的女性会脱腋毛，约13%的女性会脱比基尼线，约不到10%的人会脱整条腿的腿毛，不到20%的人会拔眉毛。由此可见，小腿腿毛和腋毛是有脱毛习惯的女性的"重点关注对象"。另外，也有很多女性从不脱毛，她们表示，自己就喜欢任毛发自由生长。

在脱毛方法的选择上，有超过33%的女性喜欢用刮毛刀刮毛，约25%的女性喜欢用蜡脱毛或者用镊子拔毛，约5%的女性更喜欢用脱毛器除毛，约2%的人尝试过激光或强脉冲光脱毛（这种方法会利用光来加热和破坏毛囊，详细内容见本书第87页至第88页），不到1%的人会选择电解脱毛术或者像绞面（去除面部汗毛的一种古老的美容项目）那样用线把毛绞掉。

至于为什么要脱毛，很多受访者称自己脱毛是因为觉得自己没有体毛会更好看或更性感，还有一部分女性脱毛是因为伴侣不喜欢她们的体毛。

脱毛真的要趁早吗？

脱毛真的是越早越好吗？生产脱毛产品的公司当然会给出肯定的答案。他们在广告中传达给女孩们的信息不是"脱不脱毛，什么时候脱毛，都由你自己来拿主意"，而是"你必须立马选择一款产品来脱毛或者掩盖体毛"。据悉，美国的一家生产脱毛产品的公司甚至推出了一款专门针对10岁以下的女孩的脱毛产品。

受到广告，以及自己内心深处对"成熟"的渴望的影响，如今很多女孩小小年纪就开始剃除体毛了。在写别的书时，我针对13～18岁的女孩做过关于脱毛问题的调查，结果显示，在年龄较小的13～15岁受访组中，有超过50%的女孩会拔眉毛，75%的女孩剃了腋毛和腿毛；在年龄较大的16～18岁受访组中，脱毛的人还要更多一些，有75%的女孩会拔眉毛，85%的女孩剃了腋毛和腿毛。许多女孩还把深色的体毛漂白了。

在谈到脱毛的原因时，很多女孩表示自己是受到了广告的影响。还有一些女孩表示，自己是否脱毛与身边的朋友是否脱毛有关，如果身边的朋友都做了腋下脱毛，那么她们也很难任由腋毛自由生长。

脱毛的方法

虽然从理论上来说，不管什么脱毛方法都应该只是去除毛发，而不会影响皮肤，但实际上，不管是脱毛膏还是脱毛设备，它们都可能对皮肤造成刺激。还有一些研究指出，在临近月经期时脱毛，疼痛感可能会加剧。下面列举了一些比较常见的脱毛方法。

刮毛

很多女性之所以额外关注腋下和小腿处的体毛，是因为在穿一些衣服（如背心、短裙等）的时候，这些部位的体毛容易露出来。相比起来，用刮毛刀刮毛操作起来更简单，且更经济实惠，不过刮完之后，体毛生长的速度相比其他方法也会快一些。

刮毛之前，最好先用热毛巾敷一下要刮毛的部位，也可以用纯植物的护肤品或者专用的润滑剂涂抹需要刮毛的部位，这样做有利于更好地刮除毛发。为了避免细菌繁殖和刮毛刀变钝，请根据刮毛的频率，定期更换刀片。

蜜蜡脱毛

许多女性习惯在家里用蜜蜡脱毛，方法是把冻蜡或者加热过的蜜蜡涂抹在要脱毛的部位（要等蜜蜡的温度降低至适宜的时候再涂抹），然后等待蜜蜡变硬（时长取决于蜜蜡的种类和涂抹的厚度），最后顺着毛发生长方向迅速地撕掉蜜蜡。理想状态下，这一撕可以去掉大片体毛，留下的就是光滑的皮肤。人们一般用蜜蜡来去除腿部、腋下的体毛，眉毛周围的杂毛，以及上唇周围的"小胡须"。需要注意的是，上唇区域非常敏感，在这里涂抹蜜蜡很可能引发粉刺和皮疹。

在家里加热蜜蜡时一定要非常小心。每年都有一些女性由于被蜜蜡严重烫伤而住院治疗。根据新南威尔士州严重烧伤服务中心给《选择》杂志提供的数据看，大多数烫伤发生在人们从微波炉里拿出热腾腾的蜜蜡的时候。所以，有条件的话最好去美容院做蜜蜡脱毛。在美容院时，要留心观察美容院的工作人员是否遵守了相关的卫生管理条例和清洁程序，比如每次都使用新的蜜蜡，而不是把前一位客人用过的蜜蜡收集到罐子里进行"二次利用"。

脱毛器

脱毛器是一种由电池驱动的设备，利用若干片高速转动的夹轮将毛发拔出。目前市场上有针对不同部位的脱毛器，价格根据功能的不同而有所差别。

用线绞毛和用镊子拔毛

用线绞毛和用镊子拔毛都能将毛发连根拔起。用线绞毛的大概操作是先将线拧成麻花状，然后通过来回拉扯线绳来将毛发连根拔起。用镊子拔毛会产生较为强烈的疼痛感，如果操作不当，还容易导致皮肤出血。另外，用镊子拔毛时需要对镊子和皮肤进行清洁，否则容易导致毛囊感染。长期用镊子拔毛可能导致皮肤松弛。

脱毛膏

脱毛膏是强效的化学乳霜或者乳液，原理是通过在毛发上涂抹化学物质来"分解"毛发角蛋白，从而将毛发从皮肤表面清除，同时将根部留在毛囊内。脱毛膏可能会引起皮疹和过敏，所以千万不要把它们用在私密处或者皮肤有破损的部位，也不要用在眼睛和嘴巴周围。对皮肤敏感的人来说，这可真不是闹着玩的事。其实想想也知道，如果一种东西能够让毛发折断，那么它对皮肤肯定也有一定的刺激性。

体毛漂白剂

严格来说，漂白不是脱毛，只是在视觉上达到脱毛的效果。有些女性会把她们的黑色毛发漂成浅色的，这样一来，这些毛发就不会那么明显了。使用体毛漂白剂之前，记得仔细阅读使用说明，按照步骤来操作。需要注意的是，使用体毛漂白剂前要先进行皮肤接触测试，确保皮肤不会过敏后再使用。

脱毛海绵

这类产品的原理是在需要脱毛的地方轻轻地转圈摩擦，碾碎毛发，以达到脱毛的效果。脱毛海绵也可以用来去除老化的角质。虽然有些脱毛海绵产品号称可以将毛发连根拔起，但实际上它们达不到这样的效果。因为使用时需要来回摩擦，所以脱毛海绵类产品对皮肤有一定的刺激。

电解脱毛术

电解脱毛术是将一电极刺入毛囊，另一电极置于患者体表，通电后可破坏毛囊，达到永久脱毛目的的手术。电解脱毛术效率较低，比较费时，一般只用于面积较小的区域，比如嘴唇周围，而且一定要让美容院的专业美容师或医生来操作。采用这种方法脱毛会给使用者带来很大的痛苦，且容易导致局部瘢痕，所以目前电解脱毛术已被弃用。

激光脱毛术

激光脱毛术是根据选择性光热作用原理，采用不同波长高能量脉冲激光照射多毛部位皮肤，破坏皮肤中的毛干、毛囊，达到去除毛发目的的一种激光手术。激光脱毛术能达到永久除毛的效果，是目前比较理想的脱毛技术。

做激光脱毛的时候，可能需要多做几次才能达到想要的效果，因为激光在毛发生长周期的不同阶段所发挥的效果不尽相同。一般来说，激光脱毛对处于生长期的毛发效果最好。

另外，激光脱毛术对于肤色浅、毛发深的人来说效果比较好，因为它锁定的是"深色色素"。要是美容院的员工告诉你，他们可以去除晒黑的皮肤或者深色皮肤上面的毛发，那你可能应该在心里打个问号了。如果肤色比较深，激光可能会一并破坏皮肤中的黑色素，从而引起皮肤的变化。激光脱毛术对非黑色毛发效果不佳。

激光脱毛术是美容皮肤科的有创治疗项目，属于医疗美容范畴，所以应该选择有资质的医疗美容机构或开设医疗美容科的正规医院进行治疗。

强脉冲光脱毛

强脉冲光脱毛的原理跟激光脱毛术的原理非常相似，所以上面的内容基本上也适用于强脉冲光脱毛。一般来说，强脉冲光比激光的威力要小，所以采用强脉冲光脱毛需要的次数会比采用激光脱毛术需要的次数多一些。

⽊ 私处脱毛

这几年，在澳大利亚，私处脱毛有从特殊群体向更广阔的群众蔓延的趋势，脱毛产品的制造商和美容院还在背后"推波助澜"，将私处脱毛与"整洁"和"卫生"联系起来。受这种风气影响，很多女性会把阴毛全部剃掉，原因是她们觉得这样做"更卫生"。

但是，我个人觉得这种做法是出于性爱方面的考虑。要是你问一个年轻女性"十几岁的小姑娘要不要在阴毛开始出现的时候就脱毛"，她们大概率会大吃一惊，然后说："不用啊，这也太早了吧。"要是你再接着问她们"年纪较大的女性要不要用蜜蜡给私处脱毛"，她们大概率也会觉得没这个必要，因为在她们的潜意识里，年纪较大的女性几乎没有性生活。从这一点可以看出，给私处脱毛并不是为了整洁或是卫生，如果是因为这个原因，那么所有年龄段的女性都应该这样做。

有一些女性选择只刮掉大腿根附近的体毛，以免穿比基尼时有外漏的体毛。还有一些女性选择把体毛全都脱光，把私处搞得跟还没发育的小姑娘的一样。可怕的是，其中很多女性是为了自己的伴侣才这样做。在我看来，这种想法相当危险。女性要勇敢地对以私处光溜溜为美的想法说"不"。

有一些女性选择不理会私处的毛发，她们的理由是：

- 觉得没必要。
- 怕疼。
- 觉得脱毛的方法都有刺激性。刮毛或者蜜蜡脱毛可能会导致皮疹、红肿等皮肤问题，让人非常难受，严重的话还得看医生。有皮肤科医生表示，许多发生在阴唇的皮肤问题都是由脱毛引起的。
- 怕痒。很多女性表示，毛发重新长出来时人会感觉特别痒，控制不住地想要挠，这会影响自己的正常生活。
- 担心毛发长到肉里。脱掉的毛发总要再长的，要是它们没能冒出头来，而是"困"在了皮肤下，就有可能导致囊肿。虽然可以使用消过毒的针或镊子来解决，但是，自己在私处操作会有点尴尬，也很难操作得很好。
- 怕尴尬。很多女性表示，不想让陌生人如此近距离地观察自己的私密处。
- 恋童癖因素。许多女性认为，在两性关系中，"光溜溜"的私处真的很令人不安。为什么会有人想让自己的性伴侣的私处看起来像个小女孩的呢?

如果真的想要或者觉得有必要给私处做一个蜜蜡脱毛,你可以在家自己动手,但要注意别被烫伤(见第 86 页至第 87 页)。你也可以找一家有资质的专业美容院去做。

眉毛

大多数女性不希望自己脸上有太多体毛,但不包括眉毛。拥有浓密的眉毛是很多女性的心愿。随着年龄的增长,人的眉毛会越变越稀疏,要是年轻时还经常拔眉毛,就有可能损害毛囊,导致眉毛变得更加稀疏。

在我看来,不管是涂抹草药还是精油,都无法促进眉毛的生长。毛发是没有生命的,所以,涂在眉毛上面的维生素和蛋白质无法影响眉毛的生长速度。

为何眉毛如此重要

眉毛能从视觉上影响眼睛的轮廓,也是面部表情的重要组成部分,比如挑起眉毛可以表示惊讶,皱眉头可以表示思索、生气等。在非言语交流的过程中,眉毛可以起很大作用,稍微动动眉毛,就可以从没表情转换成生气、惊讶或焦虑的表情了。

与眉毛相关的问题

拔眉毛

除非你又有钱又有时间,可以整天往美容院跑,否则,我的建议是别经常折腾眉毛,让它自然生长,眉毛长得粗粗的总比眉毛稀疏要好。好多女性因为经常拔眉毛导致毛囊损伤,从而影响了眉毛的生长,然后一直受到"细眉"的困扰,找不到恢复的办法。

眉毛太细

我知道,人的眉毛长成什么样都是他自己的事情,可我还是觉得,把眉毛修得过细,会给人一种很不自然的感觉。

眉毛太弯

眉毛要是太弯了,看上去会相当古怪,就好像一个人永远都是一脸问号的表情。

画眉毛

画眉毛的时候,一定要目不转睛地盯着眉毛,而且手也得稳,要不然,画出来的眉毛就会像是 4 岁的宝宝趁你睡着的时候拿蜡笔在你脸上乱涂的一样。都说"眼睛是心灵的窗口",眉毛要是画得不好,对"窗口"也会有一定的影响。专业的化妆师建议画眉毛的时候尽量选择专用的眉笔,避免用眼影刷、眼线笔等直接画一条横线。另外,最好不要把眉毛画得太长,要注意眉毛和眼睛长度的比例。

盲目赶时髦

就像发型有流行款一样,眉形也有所谓的流行款。我认为,这个时髦不追也罢。首先,眉形一定要适合自己才好看。其次,你看到的化妆师和造型师为明星画的眉毛可能只有在搭配特定造型时才好看。他们有时还会让明星剃掉一半眉毛或者将眉毛全都剃掉,还可能将明星的眉毛染成五颜六色的。在我看来,这真的一点都不时髦,甚至有点愚蠢。

拔眉毛时打喷嚏

你可能觉得拔眉毛时会打喷嚏是个巧合,其实并不是这样。有些女性一拔眉毛就想打喷嚏,这是因为眉毛下的肌肉与三叉神经相连,而三叉神经的一个分支范围就包括眼睛、鼻子周围的区域。拔眉毛时，眉毛下的肌肉群容易受到刺激，三叉神经就会变得敏感，从而引发打喷嚏的动作。

眉毛的造型与打理

· 如前文所说，最好不要轻易自己动手"改造"眉毛，以免操作失误或损伤毛囊。要是你已经操作失误了，可以向化妆高手或美容院的技师咨询，让他们教你一些修饰眉毛的小诀窍。

· 不要随意漂白眉毛。漂白眉毛可能会导致皮肤问题，操作不当还可能影响到眼睛。

· 别自己动手用蜜蜡脱眉毛。要是真的想彻底去除眉毛周围的杂毛，一定要让专业人士来操作。

· 有些女性喜欢用修眉刀自己修眉，这种做法也不提倡。首先，你可能需要每天早上都修一次，才能保持眉毛的整齐；其次，这样做有一定的危险性，因为一不小心就可能就把周围的皮肤甚至眼睛划伤。

眉毛的颜色

想改变眉毛的颜色时，既可以用眼影、染眉膏或者眉笔，也可以去美发店染眉毛。

一般来说，如果想让眉毛看起来自然一些，眉毛的颜色应该跟发色比较接近。人们常说"过犹不及"，给眉毛换颜色也是同样的道理，如果眉毛的颜色跟发色不搭，就会给人一种很突兀的感觉。比如，要是一个人的发色较浅，眉毛却特别黑，别人可能会以为这个人的眉毛是用小朋友们的毛毡玩具粘上去的。

还有一种方法能让眉毛看起来更粗、更黑、更"有形"，那就是文眉。不过，我真的发自内心地不想推荐这个方法，除非你真能找到一款适合自己的眉形。此外，在文眉的过程中和恢复期都要注意卫生，以防感染。就算文眉很成功，可是万一哪天想要换个眉形怎么办？要知道，文眉后，在很长一段时间，眉毛的颜色和形状都是无法改变的。

皮肤保卫战

　　在这一节，我们主要来讲讲关于皮肤健康的知识，例如：如何保养皮肤？皮肤出了问题时该怎么办？防晒霜该怎么选？我们该不该相信化妆品广告里宣传的各种功效？给身体穿孔或文身时，需要注意什么？

　　统计完调查问卷结果后我发现，近5000名女性回答了跟本节话题相关的问题，其中，大约67%的女性表示自己有某种皮肤问题。对很多女性来说，皮肤的"好时光"转瞬即逝，往往是痘痘刚走，皱纹又已悄悄爬上了额头。更糟糕的是，痘痘和皱纹还可能一起出现。对于长在皱纹上的痘痘，我发明了一个名字——"痘纹"。

你的皮肤

我的毛孔很粗大，可我没时间也没钱去美容院做面部护理，我也买不起那些昂贵的面霜来解决这个问题。

——凯茜（40岁）

我的毛孔粗大，皮肤也松松垮垮的，我还有很多斑和妊娠纹。我觉得这些都跟遗传有关系，没有办法靠涂抹护肤品或做医美来解决。

——泰米（29岁）

我现在用的保湿霜是在超市里随便买的，好用还便宜。我为化妆品"一掷千金"的日子已经一去不复返啦。

——伊莫金（43岁）

每当我觉得皮肤干的时候，我就往皮肤上涂橄榄油。

——杰姬（56岁）

我的皮肤很干，还很粗糙。不过，我尽量不让自己花太多时间操心这件事。

——纳塔莉（29岁）

我的皮肤很容易干。因此，我会吃含有ω-3脂肪酸、鱼油和月见草油的保健品。

——克拉拉（43岁）

我的皮肤很干，很容易掉皮。我试了很多办法，不过大多都没用。我得出的经验是每天给皮肤保湿、去角质，同时要多喝水，这些做法对皮肤有好处。不过，我的皮肤似乎从来没有达到过那种细腻、有光泽的状态。

——玛丽（28岁）

我对很多产品都过敏，不管是天然成分的，还是化学成分的。我用完很多东西后都会有灼烧感，皮肤甚至会起小水泡。

——丹尼丝（43岁）

我的皮肤非常敏感。我只使用含有天然成分的产品，避免对皮肤产生过多的刺激。

——阿什莉（22岁）

原来，我手肘上的皮肤十分粗糙，脚后跟处的皮肤也一样。后来，我开始将凡士林涂在这些粗糙的地方，涂完了就穿上袜子。现在这些地方不再那么粗糙了。

——金伯利（45岁）

我只买很少几样护肤品，用它们清洁和滋润我的皮肤。我会买防晒系数至少是30的防晒霜，而且几乎每天都涂。除了这些，剩下的产品都是多余的！

——卡罗琳（43岁）

我不喜欢自己的冷白皮。我用喷雾给自己美黑。

——乌胡拉（49岁）

我只买有防晒功能的护肤品。

——露西（27岁）

我有很多痣，但还是喜欢晒日光浴。我的家族有黑色素瘤病史。我每年都要去皮肤科做一次检查。

——琳达（35岁）

我不喜欢自己这么白。

——杰姬（27岁）

我喜欢喷美黑喷雾。我知道，这个东西对身体不太好。不过，我觉得，偶尔用一点应该没事。

——布鲁克（35岁）

我本来皮肤很白，可是，作为一名骑师，我每天都需要在太阳底下待很久。现在，我脸上有很多老年斑，还患有皮肤癌。

——凯特（47岁）

我居住的地方白天日晒很强烈，我感觉自己每天都会长出新的皱纹。我的"保湿霜"是防晒系数为30＋的防晒霜。

——玛莎（38岁）

要是我年轻的时候能更小心一点，没有让自己总是被晒伤就好了。

——海伦（62岁）

有很多年，我都觉得自己太白了，不好看，但我一直都不喜欢晒太阳。不过现在，我觉得自己不晒太阳是对的。

——马克斯（35岁）

我母亲不涂防晒霜就不出门，还非让我也这样做。不过，她对防晒霜的执着是有回报的。现在，别人总觉得她比实际年龄小四五岁呢。

——布朗温（24岁）

皮肤黑意味着我不用担心经常暴露在阳光下，对此我很开心。

——薇杜拉（39岁）

我的皮肤太干了。每次洗完手，我都得涂护手霜，不然手背就会变得很粗糙。不得不跟别人握手时，我会觉得很不好意思。

——朱莉（30岁）

以前，我总是买各种各样很贵的护肤品，希望它们能对我的痤疮有效果。现在，我听了皮肤科医生的话，只用不含皂基的洗面奶和便宜的保湿霜。

——乔安妮（39岁）

皮肤是什么

皮肤是人体最大的器官，覆盖全身表面，直接与外界环境相接触，是对痛、温、压、触等外部刺激感受面最大的器官，还具有保护、排泄、调节体温、免疫防护等功能。

🔴 皮肤的结构

人体的皮肤分为表皮、真皮和皮下组织三部分。

表皮

表皮位于皮肤最外层，由角质层、透明层、颗粒层、棘层和基底层五部分构成，其中，透明层仅在掌跖等部位较厚的表皮中出现。最外层的角质层是由死亡的角质细胞组成的，最内层是基底层，此层的角质形成细胞不断增殖并逐渐向上推进，最终成为新的角质细胞，完成角化过程，这个过程大约需要 28 天。当新的角质细胞到达最外层时，老旧的角质细胞必须及时脱落。护肤品大多是在表皮发挥作用。

真皮

真皮位于皮肤表皮下方，其内包含丰富的血管和神经末梢。此外，还含有毛发、毛囊、皮脂腺、汗腺等皮肤附属结构。

真皮含有胶原蛋白和弹性纤维，它们处在由透明质酸和其他物质组成的水汪汪的环境中。随着年龄的增长，皮肤中的胶原蛋白和弹性纤维会逐渐减少，重力对皮肤的下拉作用会越来越明显，导致皮肤下垂得越来越厉害。

如今，许多化妆品公司对消费者进行具有误导性的暗示和宣传，说人涂抹在皮肤表层的抗衰老面霜可以作用于真皮。然而事实上，大多数面霜的成分都是大分子物质，这些大分子物质很难通过表皮到达真皮。纳米粒子有可能到达真皮，但是，这些粒子很难刺激细胞产生新的胶原蛋白。所以，在面霜中加入的一些所谓的功能性成分对皮肤的影响微乎其微。这些成分好比来家里做客的人，他们来是来了，但不能帮人们解决家庭问题。

皮下组织

真皮再往下就是皮下组织。皮下组织也被称为皮下脂肪组织，主要由脂肪细胞构成，起到保湿、缓冲、填充作用。除脂肪细胞外，也含有丰富的血管、淋巴管、神经、汗腺和毛囊。护肤品中的成分几乎不可能作用到这么深的地方，事实上，绝大多数护肤品都只能在皮肤表面的角质层发挥作用。如果强行使护肤品中的成分到达皮肤的底层，反而有引发各种副作用的风险。

脸部皮肤

肤色和肤质既受遗传因素的影响，也与后天的生活习惯、环境等息息相关。化妆品的标签上一般会标注本产品适用于哪种肤质，其实，化妆品公司这样做是想让人们相信自己的皮肤需要特殊的护理。

🔴 肤质类型

· 油性皮肤：皮脂分泌旺盛，面部容易泛油光，容易长粉刺和黑头，毛孔通常比较粗大。

· 干性皮肤：皮脂分泌比较少，皮肤缺乏水分，容易干裂和脱皮。面部容易长皱纹。

· 中性皮肤：皮肤细腻有弹性，不发干，天热时可能出现少许油光，是比较容易护理的一类皮肤。

· 混合性皮肤：眼周、脸颊以及口周容易干燥，面部 T 区（额头、鼻子和鼻子两翼）符合油性皮肤的特点。

· 敏感性皮肤：对外界的刺激（包括某些化学成分、高温、一些过敏原等）敏感，皮肤容易红肿、干痒。

大多数女性都说自己的皮肤很敏感。

🧴 保持皮肤健康的秘诀

· 好好吃饭。皮肤的好坏能体现出营养的摄入是否充足、均衡。

· 适量饮水。适量饮水有助于食物的消化和吸收，也有助于皮肤保持水润。

· 多多运动。运动有助于促进皮肤的新陈代谢，帮助修复皮肤问题，还可以调节激素水平。

· 避免吸烟。吸烟会导致皮肤暗沉，让人更容易长皱纹。

· 出门时一定要注意做好防晒，不要故意给皮肤"美黑"。

太阳与皮肤

太阳对皮肤的损伤是由紫外线辐射造成的。长期过量照射紫外线是导致皮肤损伤和皱纹产生的罪魁祸首。有报道指出，在澳大利亚，皮肤癌发病率之所以相对比较高，主要就是因为人们过度晒太阳。不过，每天适度晒太阳对人体是有好处的，因为这样做可以促进体内维生素 D 的合成，促进骨的钙化和生长，还有助于提升免疫力。

平时，一定要避免晒伤。被晒伤或者去"美黑"的次数越多，患皮肤癌的风险就越大。在一些病例中，有些十几岁或者二十几岁的姑娘就是因为过度晒太阳而罹患皮肤癌的。对于美黑灯这种设备也要小心，虽然它过滤掉了一些有害物质，但长期过度使用该设备，患皮肤癌的风险也有可能增加。

🧴 紫外线对皮肤的伤害

紫外线对皮肤的伤害包括晒黑、晒伤、皮肤逐渐松弛、皮肤老化或产生色斑等。长期过量照射紫外线，还容易导致 DNA 损伤和抑癌基因失活，从而引发皮肤癌，而皮肤癌是一种非常隐蔽的癌症，初期很难被发现。

能到达地面的紫外线主要是紫外线 A（UVA）和紫外线 B（UVB）。紫外线 A 又叫长波紫外线，波长介于 320～400nm。紫外线 B 又叫中波紫外线，波长介于 280～320nm。太阳光中的 UVA 有 98% 以上能穿透云层和臭氧层到达地球表面。UVA 有很强的穿透力，能够到达皮肤的真皮，破坏皮肤内部的胶原蛋白、弹性纤维，使皮肤松弛、产生皱纹。太阳光中只有不到 2% 的 UVB 能到达地球表面。UVB 可以到达表皮的基底层，导致皮肤被晒伤、晒红。

在澳大利亚，30 岁以上的，尤其是生活在北部日晒强烈地区的人，其脸部皮肤跟身上很少被阳光晒到的皮肤有很大的不同。不管他们平时表情是否丰富，脸部的皮肤都比很少被阳光晒到的皮肤看起来显老。很少有人会给自己的肚皮或者手臂内侧抹保湿霜，可是这些部位的皮肤往往比脸部的皮肤更加细腻、光滑。所以，在我看来，这足以证明能够对抗皱纹的不是涂抹保湿霜，而是做好防晒。

🧴 防晒的秘诀

大多数人只会往脸上涂抹防晒霜。其实，其他会暴露在外的部位也不应放过，比如耳朵、脖子、胸口、胳膊、手、小腿和脚等。即使皮肤颜色比较深，也需要做好防晒。

以下列举了一些防晒小窍门：

· 尽量避免在上午 10 点到下午 4 点之间在阳光下活动，尤其是中午 12 点到下午 2 点，因为这个时间段是一天中紫外线最强的时段。

· 出门时，最好打遮阳伞、戴防晒帽和太阳镜。防晒帽要足够大，以便遮住脸和脖子；太阳镜的镜片最好具备防晒功能。

· 如果必须长时间在室外，最好穿长袖、长裙或者长裤，尽量待在阴凉的地方。跟涂抹防晒霜比起来，做好"硬防晒"（指以伞、帽子等硬件来防晒）

是更安全的防晒方式。

🎀 防晒霜小提示

大多数女性使用防晒霜时，涂抹量都是不够的，而且往往没有及时补涂。以下是一些与防晒霜有关的小提示：

· 防晒霜的作用原理是在皮肤表层形成一道屏障，通过吸收或反射紫外线等来减少紫外线对皮肤的伤害。在防晒霜的包装上，常常出现"SPF"的字样，SPF（sun protection factor）即防晒系数，是涂抹防晒霜后将皮肤晒伤所需要的 UVB 辐射量与未涂抹防晒霜时所需 UVB 辐射量的比值。SPF 越高，防晒霜防止 UVB 晒伤的能力越强。

· 在这里，我建议大家日常使用防晒系数为 30 的防晒霜即可。一方面，SPF 提升意味着要使用更多防晒剂，这可能对皮肤产生更大的刺激；另一方面，SPF 的上升与防晒效果的提升并不成正比。在我看来，高于这个系数（比如 SPF50）的产品的防晒效果可能比 SPF30 的产品的防晒效果强不了多少。

· 使用广谱防晒霜。广谱防晒霜是既能防 UVA，也能防 UVB 的防晒霜。

· 如果要去游泳或参与高强度的户外运动，记得用有防水性能的防晒霜，并且每 40 分钟补涂一次，以保证其防护作用。

· 如果皮肤比较敏感，可以使用儿童专用防晒霜，敏感肌专用的防晒霜和硬防晒也是不错的选择。

· 容易长痤疮的人可以尝试防晒啫喱，相比之下，这类产品不容易堵塞毛孔。

· 防晒霜过期后就不要再用了。

· 平时要把防晒霜放在阴凉处保存，避免强光暴晒，否则防晒霜容易"变质"，效果就不好了。

现在，有些化妆品公司宣称自家生产的防晒霜中含有纳米粒子，这些粒子能够渗透进皮肤，起到更好的防晒作用。实际上，就防晒霜的作用原理来看，防晒霜只需要停留在皮肤表面就可以发挥反射或吸收紫外线的作用，它根本不需要渗透进皮肤。粒子越小，越可能到达皮肤底层，从而导致副作用产生。防晒剂粒子的大小，应该以无法穿透皮肤的真皮为佳。

还有人担心这些防晒霜中的纳米粒子会被人体吸收，从而对人体造成伤害。目前的研究显示，纳米粒子不能穿透皮肤，即使是皮肤角质层稍有破损，纳米粒子也无法将其穿透，也就是说，纳米粒子会停留在肌肤的表层。因此，这些防晒霜大体是安全的。当然，如果你不放心，可以选择其他的防晒霜。

防晒的误区

· 不要以为阴天就不用涂抹防晒霜，阴天时紫外线的强度仍处于较高水平，也会对皮肤造成伤害。

· 游泳或者潜水时也会有晒伤的可能，因为紫外线可以穿透海水作用于皮肤。

· 哪怕没有觉得热，也有被晒伤的可能。比如，坐船时，人们觉得微风拂面，气温适宜，但是，波光粼粼的水面其实已经偷偷地把紫外线反射到了人们的身上。沙滩和雪地也会反射紫外线，所以在沙滩漫步或滑雪时也要涂抹防晒霜。

🎀 化妆品可以防晒吗

如果待在室外的时间比较长，最好专门涂抹 SPF30 的防晒霜。含有防晒成分的保湿霜和粉底液只适合在太阳下短暂地停留时使用，不能代替防晒霜。

一般来说，防晒是护肤的最后一步，应在涂完防晒霜后再使用底妆产品。大多数防晒霜含有保湿成分，所以不用担心涂抹后皮肤太干。使用含有润肤成分的防晒霜比使用含有防晒成分的保湿霜防晒效果更好。

另外要注意的是，同时涂 SPF15 的保湿霜和 SPF15 的粉底液并不等于涂了 SPF30 的防晒霜，防晒系数不能叠加，只能取一个最大数，所以 SPF15 叠加 SPF15 还是 SPF15。

🍶 维生素 D 与皮肤

一些国家的研究表明，很多女性体内缺乏维生素 D。促进身体合成维生素 D 的方法主要有晒太阳、调节饮食等。虽然日光中的紫外线会给皮肤带来诸多负面影响，但人们不能一味地躲着太阳，而是要适当晒太阳，以保持最佳的健康状态。儿童缺乏维生素 D 容易患佝偻病，还可能引发其他骨骼疾病和健康问题。女性缺乏维生素 D 可能会导致早产、易骨折等健康问题。

研究发现，在同样的饮食和日照条件下，皮肤颜色深的人比皮肤颜色浅的人更容易缺乏维生素 D。专家认为，这可能是生态适应的结果。世界上最白的人种是高加索人，他们最初生活在远离赤道的高寒地区，那里的阳光并不充沛，所以高加索人逐渐进化成了不太需要阳光的人种，其皮肤细胞合成维生素 D 的能力强，每天只要在太阳下待一小段时间，身体就可以合成足够的维生素 D。但是，对于有着非洲、斯里兰卡、波利尼西亚、美拉尼西亚血统的人来说，他们的祖先一直生活在阳光充足

的地方，其皮肤细胞合成维生素 D 的能力较差。所以，他们需要更多的阳光来合成足够的维生素 D。

哪些人群需要额外补充维生素 D

- 天生肤色较深的女性。
- 出于文化或宗教原因把自己的绝大部分皮肤遮盖起来的女性。
- 老年女性。随着年龄的增长，身体合成维生素 D 的效率会降低，特别是那些长时间待在室内的女性。
- 如果女性孕期缺乏维生素 D，那么宝宝生下来后要特别注意补充维生素 D，特别是母乳喂养的宝宝（配方奶粉中一般会添加维生素 D）。
- 经常上夜班的女性和总是在室内锻炼的女性。

如何获得额外的维生素 D

人们常说要适度晒太阳，以帮助身体合成维生素 D，可是对于这个"度"，不同的医疗机构可能有不同的说法，有时候似乎还跟防晒理念有冲突。到底多少算"适度"，这得根据人所在的纬度、季节以及肤色来给出建议。

前面已经提到过，不同肤色的人需要不同量的紫外线来合成足够的维生素 D。有研究指出，肤色较深的人每天需要的晒太阳的时间是肤色较浅的

 **更多信息**

关于紫外线指数

紫外线指数（UVI）是度量地球上某地某时来自太阳的紫外线辐射强度的国际标准单位，目的在于有效预防由紫外线引起的诸如晒伤、白内障、皮肤老化、皮肤癌和免疫抑制等损伤。通常，气象台站会通过媒体在每天上午 9 点之前预报当天的紫外线指数，在每天下午 3 点之后预报第二天的紫外线指数。人们可以通过气象网站、天气预报应用程序等查询目前的紫外线指数。紫外线指数用 0 ～ 15 来表示，数值越高，表示紫外线对皮肤的伤害越大。当紫外线指数达到 3 或 3 以上时，人们就需要采取一定的防晒措施了。

人的 6 倍。对于一些怕被晒伤的女性来说，她们可能需要服用维生素 D 补充剂以补充身体所需的营养素。如果不确定自己是不是缺乏维生素 D，可以通过验血来检查一下。

想知道每天出门晒太阳时需要采取怎样的防晒措施，最好的办法是查看当天的紫外线指数。

🔴 美黑

虽然自古以来，"以白为美"的审美一直都存在，但如今，也有不少人想把自己的皮肤晒成小麦色或古铜色。各大时尚杂志和网站上都可以见到美黑产品的广告，以及一些古铜色皮肤的模特的照片。不过，随着研究的深入，人们也逐渐意识到，长期接受过多的紫外线照射会对皮肤造成伤害，导致皮肤干燥、长出皱纹和斑点，甚至引发皮肤癌。

人为什么会晒黑

晒太阳后皮肤会变黑可以看作人类的一种自我保护机制。在照射紫外线的过程中，皮肤通过产生更多的黑色素（黑色素是一种化学物质，能够让肤色变黑）来保护自己，然后人就晒黑了。人晒得越黑，说明皮肤在保护自己的过程中承受的压力越大。

美黑潮流

随着美黑潮流的兴起，一些商家瞄准商机，制造出能瞬间或逐渐美黑的产品，以及各类衍生品，比如美黑粉底液、美黑灯、美黑油等。这些产品已经让很多商家赚得盆满钵满。

比起去太阳下暴晒和去提供美黑服务的美容院晒灯美黑，自己使用美黑乳液、凝胶或喷雾似乎更加便利和安全。不过，要是手艺不过关，美黑的效果可能会让人大失所望。需要指出的是，时尚杂志和网站上的模特之所以美黑之后那么好看，是因为他们是由专业人士帮忙操作的，而且，他们的照片经过了精心美化。这些杂志和网站是依靠广告费

和赞助费生存的，所以，不要指望他们会质疑美黑的必要性，也不要指望他们会告诉大众美黑有多贵、需要多专业的操作技术、对身体有哪些影响。

美黑与防晒

美黑没有防晒的功效。美黑过的人可能会产生一种错觉，觉得自己"不怕晒了"，可实际上，如果不注意防护，他们依然会面临晒伤的风险。研究人员已经证实，晒灯美黑时，如果操作不合理，紫外线一样会伤害人的皮肤。研究称，如果一个人在 35 岁之前经常去美容院做晒灯美黑，那么，他患皮肤癌的风险要比从来不做该项目的人高出 75%。在澳大利亚，每年有数百人因为频繁做晒灯美黑而罹患皮肤癌，数十人去世。

更安全的美黑方法

使用美黑乳液、凝胶或喷雾是一种相对安全的美黑方法。这些免晒美黑产品主要的功效成分是二羟基丙酮，它是一种多羟基酮糖，能够与皮肤角蛋白的部分氨基酸和氨基基团发生化学反应，形成褐色的聚合物，使皮肤颜色变深。整个化学反应可能会持续 24 小时。

美黑产品中的二羟基丙酮只会停留在皮肤角质层，不会渗透进皮肤深层，也不会染黑衣服，是一种相对安全、使用起来也比较便捷的皮肤染色剂。在角质层脱落之前，二羟基丙酮会一直停留在皮肤上，它不会被洗掉，只能随着皮肤细胞的自然脱落而逐渐消失。

目前的研究认为二羟基丙酮不会损伤皮肤。但是，美黑产品中还包含其他染料、润肤剂、防腐剂和香料等，这些添加剂有可能引起皮肤不适。

🎗 皮肤癌

长期过量照射紫外线会导致 DNA 损伤，从而引发皮肤癌。根据肤色等因素的不同，致病的紫外线量是不一样的，但是，每一次的晒伤和人工美黑疗程，都可能增加患病的风险。皮肤癌的病灶有不同的形状和大小，危险程度也各不相同。

下面是皮肤给出的一些"警告信号"，有这些表现时，你可要注意了：

·晒伤后，皮肤出现水泡。

·身上的斑点、斑块或痣的颜色、大小或形状跟原来不一样了。

·皮肤上发红的地方变厚或隆起。

·伤口长时间无法愈合。

另外，长期在户外工作、运动但没有做好防晒，皮肤老化速度增快（突然多了很多皱纹或皮肤在短时间内变得粗糙）也值得重视。

皮肤癌的检查

留意自己皮肤的变化，当皮肤有异常时，立刻去看医生。全身的皮肤都不能放过，不能只检查平常会暴露在外的地方。千万别害羞，有问题时，要大胆地向医生求助。我个人认为，每一个 40 岁以上的人每年应至少检查两次；40 岁以下的人，应该每年检查一次。

皮肤问题

许多人的身上都会出现痣、胎记或者妊娠纹，它们或大或小，有的并不明显。还有一些人的皮肤问题更麻烦，既有遗传的、不起眼的（比如雀斑），也有严重的、让人有痛感的（比如带状疱疹）。上文提到的"皮肤癌"就是一种十分严重的皮肤疾病。正如前文所说的，如果觉得自己的皮肤出现了问题，千万别在网上搜索信息，然后自己给自己看病，也别让美容院的工作人员或化妆品销售员来诊断皮肤问题。就算觉得自己的情况没有严重到需要治疗的地步，也需要去医院做检查，请医生给出一个明确的诊断，以便搞清楚引发皮肤问题的因素究竟是什么。

还有一些因素可能导致皮肤问题，比如烧伤或做激光手术会留下疤痕，做抽脂手术可能会有可怕的副作用，包括色素沉着、局部凹陷等。

🎗 寻常痤疮

医学上所说的寻常痤疮就是人们平时说的"痘痘"或"青春痘"，表现为粉刺、丘疹、脓疱、结节、囊肿及瘢痕等。它并不是青春期的少男少女的"专利"，有些人可能只在青春期偶尔长痘，有些人的战"痘"之路却漫长而又曲折。

为什么会长痘痘

以下是痘痘的形成原理：

❶ 雄激素水平增加（这可能会持续很长时间，也可能只在月经来潮前），促使皮脂腺分泌过多皮脂。

❷ 毛囊皮脂腺导管角化异常造成导管堵塞，过多的皮脂堵在毛囊口无法排出。

❸ 导管堵塞使毛囊内部形成缺氧环境，细菌（痤疮丙酸杆菌）大量繁殖并引起炎症，形成红色痘痘。

❹ 有炎症的地方会试图把炎症排出来（所以有些痘痘的头上会有黄色或者白色的脓液），如果炎症没有排出，就会"闷"在皮肤里（也就是我们所说的"闷痘"），容易引起疼痛。

以下是一些可能导致痘痘生长的因素：

·压力。长期处于压力状态可能会影响身体的激素水平，从而导致长痘。

- 身体过敏。过敏时，身体可能以丘疹或粉刺的形式试图将刺激物排出体外，以摆脱刺激物对身体的影响，不过这种情况比较罕见。
- 服用激素类药物。激素类药物既可以治疗痘痘，也可能导致长痘（比如一些雄激素类药物）。

痘印

有时候，痘痘消退后会留下痘印。痘印很难隐藏，也很难祛除，所以处理痘印最好的方法是不要让痘印产生。

疤痕体质的人在开始长痘的时候就应该去看皮肤科医生。很多疤痕体质的战"痘"人士因为早早地使用抗生素治疗痘痘，脸上几乎没有留下痘印。

如何战"痘"

越早开始跟痘痘"作战"，胜利的机会就越大。现在，有很多护肤品号称可以治疗痘痘。不过当痘痘比较严重时，最好还是及时去看医生，使用一些外用药物或内服药物。需要注意的是，不管用哪种办法来治疗痘痘，都至少需要大约 6 周的时间才能开始起效。这是因为痘痘大多是由皮脂分泌过剩和毛孔堵塞引起的炎症造成的，而炎症的好转需要时间，所以要有耐心。

根据痘痘形成的原理，以下是防止痘痘形成的三个要点：

- 控油。
- 防止毛孔堵塞。
- 及时消炎。

❶ 如何控油

针对体内雄激素水平过高而导致皮脂分泌旺盛的患者，医生可能会开一些短效避孕药来帮患者调节激素水平，目的是通过降低雄激素的水平来减少皮脂分泌。需要注意的是，不能长期依赖此类药

物来治疗痘痘，此类药物也并不是对所有痘痘都有效。如果患者痘痘很严重或者长时间长痘，医生一般不会把服用短效避孕药作为首选的治疗方案，而是会选择其他药物来进行综合的治疗。

其他药物包括含有特定成分的外用药物和内服药物，比如维 A 酸类（维生素 A 的代谢中间产物）乳霜或口服药，以及含有过氧化苯甲酰的凝胶。维生素 A 可以抑制皮脂分泌，过氧化苯甲酰的强氧化性会促使皮肤表层的皮脂分解，它们都能减少皮肤出油。使用涂抹类药物后，尽量不要用手摸脸，也不要用手托着脸或下巴，以免蹭掉脸上的药膏。

下面简单介绍一下上述药物。

- 维 A 酸类乳霜：维 A 酸类乳霜比维 A 酸类口服药物见效要慢一些，但是副作用少得多，使用一段时间后治疗效果也不错。
- 维 A 酸类口服药：要是痘痘比较顽固，医生会考虑用一些"猛药"，比如维 A 酸类口服药。一般来讲，医生会建议患者先用抗生素来消炎，然后服用一种人工合成的异维 A 酸软胶囊以减少皮脂分泌，帮助皮肤"长效控油"。需要说明的是，正在备孕的患者不能摄入异维 A 酸，因为它容易导致新生儿出生缺陷。服药期间，还需要经常验血以检查肝功能和血脂水平。在罕见的情况下，异维 A 酸可能会引发抑郁症。所以，一定要谨遵医嘱，千万不要过量服用异维 A 酸软胶囊。另外，异维 A 酸会导致皮肤干燥，让人更容易晒伤，所以服用期间出门时一定要做好防晒。总的来说，除了易导致新生儿出生缺陷这个风险无法消除，其余的问题都可以通过调整服用剂量来尽可能地化解，所以，服用此类药物时一定要跟医生保持沟通，谨遵医嘱。
- 过氧化苯甲酰凝胶：过氧化苯甲酰凝胶在药店里就可以买到，价格便宜，但可别小看它，其效果可能不比那些很贵的大牌祛痘产品差。过氧化苯甲酰凝胶有不同的浓度，有 10% 的，也有 2.5%

恼人的皮肤问题

我都过了青春期了，但还在长痘。有款药膏据说管用，结果除了漂白了毛巾和洗脸巾，什么用也没有。最后还是避孕药起了作用。

——露（29岁）

我读高中那会儿没长痘，20岁的时候才开始长。医生给我开了药，药很有效，痘痘很快就不见了。不过，我留下了心理阴影，一直不敢停药！

——希拉里（26岁）

我屁股上有很多痘痘。医生说这跟激素和出汗有关。我一天中的大部分时间都在坐着学习。

——萤火虫（39岁）

我因为压力大而长了很多痘痘，目前正努力给自己减压。

——贝克（28岁）

我总是长痘痘和黑头。后来，我吃了一种避孕药，它对我脸上的痘痘和黑头产生了奇效。

——梅格（19岁）

温和剂量的抗生素，配上药剂师配制的水杨酸溶液，能把我脸上的痘痘清除干净，前提是我能坚持。

——简（31岁）

调整饮食对改善我的囊肿性痤疮很有效果。

——萨拉（41岁）

我一边长痘，一边长皱纹。茶树油对我很有用，用温和的肥皂洗脸也有用。

——罗克西（40岁）

长痘让我总是被周围的人指指点点，他们说长痘是身体不健康的表现，还说我吃了太多垃圾食品。可当我停止吃垃圾食品后，却发现情况并没有发生变化。

——阿曼达（19岁）

我鼻子上的毛孔很大，所以我总是有黑头。有两个方法可以暂时缓解一下：去美容院去黑头，或者在家自己用去黑头贴。可是，没过几天，毛孔就又堵了，黑头也又出现了。

——利安娜（25岁）

异维A酸软胶囊对治疗粉刺很有用，而且，我精心挑选的洗护产品也很适合我的皮肤。

——杰茜卡（42岁）

我的痘痘很严重，这让我非常不自信。异维A酸软胶囊是有一些副作用，但是值得一试。

——克里斯蒂（37岁）

从13岁起，我脸上的痘痘就时好时坏的，我吃过两个疗程的异维A酸软胶囊，情况还是没太见好。我好难过啊。

——塞利娜（29岁）

我吃的药会引起光敏反应，这意味着我不能晒太阳，否则会有色素沉着和晒伤的危险。

——玛丽娜（50岁）

我脸上有雀斑，冬天还不太明显，但夏天稍微一晒，就会很明显。我的解决方法是不照镜子！

——阿里（29岁）

没有什么比脸上无缘无故地长出许多灰褐色的小雀斑更有趣的事了。我还看得挺开的，也不想去研究它们为什么会出现。

——贝蒂（33岁）

我妈妈总是对我说，一般人只有有了孩子，身上才会有纹路（妊娠纹）。而我十几岁的时候，肚子上就有了很多纹路。

——凯茜（24岁）

我正在考虑用"刷酸"的方法来淡化脸上的色斑。

——娜塔莉（35岁）

我的玫瑰痤疮和压力有关，所以我努力告诉自己要放轻松。我平时会用一点抗生素软膏。

——苏珊（46岁）

我有白癜风。我的手很白，脸上也有一些白斑。我的办法是接受它，不在乎别人看我的目光（一般别人看一会儿也就不看了）。

——唐（58岁）

我有轻微的玫瑰痤疮，这意味着，要是不涂粉底，我就不能出门，好烦啊。

——露（26岁）

我正在治疗酒渣鼻。我要避免过冷或过热的刺激、饮酒、饮茶、吃辛辣食物以及日光照射。

——琼（51岁）

我用激光来治疗玫瑰痤疮。这很疼，让人没法想象的疼，但它能减少毛细血管的扩张，效果确实不错。

——米歇尔（40岁）

我不喜欢自己身上的膨胀纹，以前体重长得太快了，导致皮肤上有很多纹络。不过，现在我生孩子了，妊娠纹把以前的纹路都盖住了，我就没那么在意了。

——索尼娅（22岁）

我拍照的时候会涂粉底液来遮盖痘痘，平时我从来都不涂。

——米丽娅姆（39岁）

的，2.5% 的对皮肤会更加友好一些，所以可以先试试 2.5% 的。此外，过氧化苯甲酰有漂白功效，所以使用此类凝胶时要小心，不要将它弄到衣服上。

除了用西药治疗，战"痘"人士也可以去咨询中医，通过服用中药来调节体内的激素水平，从而抑制痘痘的生成。

如何使用祛痘乳霜或凝胶

医生开具的维 A 酸类乳霜以及过氧化苯甲酰凝胶都是祛痘的好帮手。那么，使用这些产品时要注意什么呢？

- 第一次用的时候，应先在耳后涂一点，静置 24 小时，看看皮肤有没有什么不良反应。
- 千万别把维 A 酸类乳霜和过氧化苯甲酰凝胶混在一起使用，因为过氧化苯甲酰可能会使维 A 酸氧化、失效。
- 使用时，涂得薄一点就好，如果涂得太厚，可能会引起皮肤干燥、脱皮。
- 这类产品有的只能点涂在痘痘上，有的可以全脸涂抹（不过还是要避开眼周等敏感部位），具体涂抹方式请咨询医生。
- 听从医生的建议，选择合适的产品。有些人建议大家使用茶树油、酒精等来治疗痘痘，但是这些东西治标不治本，只能在皮肤表面起短暂的作用，还有可能使皮肤变得很干燥。如果痘痘比较严重，还是应该及时就医。

❷ 如何防止毛孔堵塞

- 使用特制酸性洁面乳。含有 2% 水杨酸的洁面乳能够让老废角质软化并脱落，同时，它还具有抗菌效果。如果一款洁面乳的主要活性成分是乙醇酸（羟基乙酸），那么乙醇酸的浓度需要调配得非常精准，既要高一些，以便能够去除老废角质，

但也不能太高了，以免对皮肤造成刺激。中性和干性肤质的人可以每天用一次特制酸性洁面乳，油性皮肤的人可以一天用两次。现在，很多温和的去角质产品中也添加了水杨酸，有需要的话可以尝试一下。

- 在脸上涂抹化妆品的时候要注意，最好不要选择质地过于黏稠的，以防堵塞毛孔。可以仔细阅读产品标签，买一些清爽型的产品。
- 使用含有维生素 A 的乳霜，这类乳霜不仅能抑制皮脂分泌，还能帮助角质脱落、消炎抗菌、减少毛孔堵塞。
- 其他容易造成毛孔堵塞的因素包括卸妆不彻底、频繁使用美黑产品、吸烟等，因此要注意改掉一些不良的生活方式和习惯。

❸ 如何及时消炎

- 遵照医嘱涂抹或服用抗生素。抗生素可是一剂"猛药"，遵医嘱使用后一般会看到效果。医生通常会给患者开抗生素药膏或者抗生素药片，并建议患者搭配过氧化苯甲酰凝胶或维 A 酸类乳霜一起使用。
- 服用锌元素补充剂。要遵照医嘱来服用营养补充剂。有时，可能还需要适量服用其他矿物质补充剂来帮助吸收。

压力与皮肤

过多的压力会导致激素水平紊乱，使免疫系统对抗各种炎症的能力下降，从而导致长痘。长痘又会带来更大的压力，这就形成了一个恶性循环。要想打破这个循环，需要改变生活习惯和思维方式。更多相关内容，可以阅读第六章第一节《恼人的情绪》。

战"痘"大忌

- 不要自己挤痘痘。不要试图通过挤压的方式让痘

痘消失，因为这样做容易留疤，甚至引起细菌感染。不过，对于一些不太严重的白头粉刺和黑头粉刺，可以到专业的美容院或医疗机构，请专业人士帮忙将它们挤出来。

· 别再用遮瑕产品。有些女性一长痘，就喜欢用遮瑕产品把痘痘盖住。但是，这可能会进一步刺激痘痘。长痘痘时，不化妆是对皮肤最好的呵护。

· 不要使用去角质产品。大多数磨砂膏和颗粒状的去角质产品质地很粗糙，使用这类产品会刺激敏感、发炎、长痘的皮肤。所以，在长痘期间，一定要慎用这些产品。

关于痘痘的"美丽谎言"

我认为，食疗可以治愈痘痘的说法，堪称有史以来最大的"美丽谎言"之一。如果是因为激素水平紊乱而长痘，又只认准食疗法，不使用其他方法治疗，就很可能耽误治疗痘痘的最佳时机。

身体长痘不完全是因为吃了油腻的食物或者含糖量高的食物（当然，这不意味着可以大吃特吃这些食物）。长痘时，吃这些食物容易导致痘痘加重，这是千真万确的。有理论认为，在痘痘爆发期，少吃含糖量高的食物可能有助于减少皮脂分泌，缓解炎症。有的医生建议，战"痘"人士可以用高纤维、低糖的食物（比如荞麦粥和全麦面包）来代替含糖量高的食物（比如即食燕麦片）。同时，还应当少喝酒、少吃加工食品（比如蛋糕、饼干、棒棒糖、巧克力和加工过的谷类食品）。实际上，这些饮食准则对大多数人都适用，对身体健康也有好处，但它们并不能阻止痘痘的生长。

澳大利亚著名皮肤科医生罗德·菲利普斯表示："对大多数人而言，饮食并不是引发痘痘的主要原因，但的确有可能影响痘痘的生长。目前，我们已经发现乳制品摄入过量会使一些人的痘痘变得更为严重。要是你发现食用乳制品会让自己的痘痘加重，你可以适当地减少乳制品的摄入量。不过，要把握好尺度，因为身体需要摄入足够的钙等营养素。"

想要免疫系统运行良好，人体需要摄入足量的蛋白质、碳水化合物、维生素以及矿物质（比如锌）等。所以，食疗法对增强免疫力确实是有帮助的。但是，可以抑制痘痘生成的"神奇食物"并不存在。现在，网上有很多所谓的战"痘"食疗法，要求大家吃各种"清痘食品"，包括浆果、富含脂肪的鱼、西红柿、葡萄、干豆类食物、鲜豆类食物、绿叶菜等。这些都是营养丰富的食物，人平时也应该多吃，但是它们都不是能够阻止痘痘生长的灵丹妙药，也没法像我们前面提到的那些药物一样可以有效地治疗已经长出的痘痘。

🅰 黑头

黑头主要有两类，一类是皮脂混合了老旧角质共同堆积在毛孔中，皮脂堆积物和空气接触后，表面被氧化而变黑；还有一类是黑头中存在大量毳毛，毳毛含有黑色素，所以看起来很黑。

为了清除黑头，人们往往各出奇招，用了很多产品、试了很多方法，比如用去角质产品，敷爽肤水、收敛水，贴黑头贴等，可惜的是这些方法都没法根治黑头。以下是一些关于对抗黑头的"金玉良言"：

· 不要用手挤黑头，除非这个黑头已经明显"冒头"了。挤黑头之前一定要洗手，动作要非常轻柔，不然容易引发皮肤红肿或发炎。要是挤一下没挤出来，就赶紧停手。

· 磨砂膏可能对清除黑头有用，但它的使用频率不能太高，最好不要超过一周一次。

· 去角质凝胶的作用原理是利用化学成分（比如酸性物质）清除黑头，这种产品对皮肤的刺激较小。

· 撕拉式面膜可能会清除一些黑头，但它们无法预防黑头的生成，而且长期使用，容易导致毛孔粗大等问题。

· 记住，化妆水对清除黑头没用。

🎒 痣

痣是一种由痣细胞组成的良性皮肤新生物，常呈黑色、棕色、青色或红色，多数高出皮肤表面，表面光滑。

大多数痣对人体没有害处，一般不需医治，也不会一晒太阳就"癌变"。但是，如果你留意到身上的某颗痣发生了变化，比如突然变大、色泽加深、发炎或破损，千万别耽误，要马上去看医生，以防这些捣乱的痣引发皮肤癌变。

🎒 胎记

胎记可能在出生时就有，也可能在出生几个月后才慢慢显现。它一般可分为血管型和色素型两种。有些胎记会随着年龄的增长而消失。

有些女性喜欢通过化妆来遮盖胎记，有些女性则不做任何修饰，觉得自己的胎记很有个性。有的胎记很小，呈浅棕色的斑点状；有的胎记很大，呈一大片粉红色或紫色的印记。大部分胎记对人是无害的，没有必要因为担心影响健康而把它们清除掉。不过，定期让医生检查一下总归更放心一些。

血管型的胎记比较容易清除，用激光或其他类似技术都可以；色素型的胎记清除起来会比较复杂一些。对有些人来说，去除胎记的过程可能没什么痛苦，但对另一些人来说，清除胎记可能需要几个痛苦的疗程，这是由胎记本身的特点决定的。记住，不管是诊断、治疗还是清除胎记，都一定要找专业的皮肤科医生来处理。

🎒 疤痕

许多女性把她们的疤痕（不管是因为长痘、生病、做手术留下的，还是遭遇事故或者袭击留下的）看作一种荣誉的象征或者一种提醒。她们已经

能够坦然地面对这些伤疤，并把它们看作身体的一部分。还有一些女性则想尽一切办法来隐藏自己的疤痕，比如用遮瑕产品来遮盖疤痕，或者去咨询皮肤科医生，通过医疗手段祛除疤痕。

有的人属于疤痕体质，相比于一般人，他们的身体在伤口愈合之后更容易留下明显的疤痕。要是你属于疤痕体质，又想通过做手术来祛除疤痕，那你就需要三思了，因为做手术也会留下疤痕。

膨胀纹

一般来说，膨胀纹在臀部、大腿和腹部最为常见。当身高或体重在一段时间内迅速增长时，膨胀纹就有可能出现，所以它常出现在青少年时期或者妊娠期间（膨胀纹发生在妊娠期间则称为妊娠纹）。膨胀纹产生的原因是皮肤被迅速拉伸后，皮肤的弹力纤维与胶原纤维损伤或断裂，从而形成宽窄不同、长短不一的波浪状花纹。不过，即使有了膨胀纹也不用太过担心，膨胀纹对身体没有危害，也会随着时间的流逝而逐渐变淡。

膨胀纹在生长初期通常表现为微微鼓起来的一条线，在浅肤色上呈现紫色、粉红色或者红色，在深肤色上呈比较暗的颜色。对于处于生长期的膨胀纹，即使是涂抹药膏也不能让它们停止生长或者消失。渐渐地，鼓起来的地方会变平，并逐渐跟皮肤融为一体，呈白色或银白色。

目前，有的公司用含有维生素 A 的乳霜做实验，想要研制一款能祛除妊娠纹的产品，他们认为维生素 A 能够使妊娠纹"褪色"，不管是在妊娠纹形成时还是形成后都可以见效。但是，请注意，处于怀孕期及哺乳期的女性不可以使用这些产品，因为过量的维生素 A 不仅对胎儿有害，还会聚集在母乳里，影响由母乳喂养的新生儿。而且，既然妊娠纹会随着时间的流逝而逐渐变淡，那说不定，就算不抹这些产品，它们最后也会消失不见，这类乳霜的作用可能只是把它们消失的时间提前了几个

星期而已。

妊娠纹不是由皮肤干燥引起的。所以，不能通过涂抹维生素 E、乳木果油或其他保湿剂来预防它们的生成。有些孕妇怀孕的时候一直使用乳霜，又几乎没怎么长妊娠纹，就认为这都是乳霜的功劳，其实这主要跟个人体质和长胖的速度有关。

色素的变化

有时，人们会发现自己身体某个位置的皮肤颜色和周围皮肤的颜色不一样。一般来讲，皮肤出现不同颜色的斑点和斑块，可能是由激素水平变化引起的。服用避孕药或者怀孕的时候最容易出现这种情况。

除了激素之外，晒太阳也可能会导致色斑生长，比如黄褐斑。大约 70% 的中国女性产后会出现黄褐斑。目前，可以用激光疗法、刷酸疗法来治疗黄褐斑，不过，这些方法有时候会对皮肤产生过大的刺激。总的来说，黄褐斑的预防大于治疗，调节好情绪和做好防晒才是最重要、最有效的方法。

色素沉积还可能与遗传有关。雀斑是发生在局部皮肤的点状色素沉着斑，有的颜色很淡，有的颜色深一些。雀斑为常染色体显性遗传，但也与日晒有很大关系，日晒后斑点数目会增多、颜色会加深。所以，有雀斑的人应该格外注意做好防晒。不管是去角质产品还是护肤产品都没法祛除雀斑。

还有一些色斑出现的原因不是色素的增加而是减少，症状表现为长出比肤色更浅的斑块，斑块通常比较大而且形状不规则。比较典型的疾病是白癜风，这是一种与免疫系统有关的皮肤病。

不管遇到哪种皮肤问题，在尝试任何一种治疗方法之前，一定要先去看医生，弄清楚导致身体色素发生变化的原因。最好不要相信美容院的工作人员给出的"诊断"。

玫瑰痤疮

玫瑰痤疮是一种多表现为两颊部、眉间、额部和颏部长期潮红、丘疹、脓疱不退等症状的皮肤病。目前，玫瑰痤疮的病因尚不明确，有医生怀疑这种病是由免疫反应或毛囊虫引起的。除此之外，急性发作的玫瑰痤疮的诱因可能有高温、酒精、压力和辛辣食物等。

说实话，玫瑰痤疮是一种比较难对付的皮肤病，患者平时要非常注意日常护理，并且积极配合医生进行治疗。

如何避免及治疗玫瑰痤疮

· 如果发现自己一接触或食用某些东西（比如酒精、咖啡和巧克力）后皮肤就起小疹子、发红，一定要记得避开这些诱因。
· 平时尽量减少流汗，放松心情，减轻压力。
· 尽量不要使用脸部磨砂膏、撕拉式面膜和其他常见的容易对脸部皮肤产生刺激的产品。
· 可使用有除螨、抑螨作用的护肤产品。
· 在医生的指导下选用外用药物和内服药物。
· 采用光学治疗（如强脉冲光治疗）。

湿疹

有时候，身体会有一小块干燥的皮肤突然发红，并且痒得特别厉害，这可能就是起湿疹了。湿疹是由多种复杂的内外因素引起的一种表皮及真皮浅层的皮肤炎症性反应。得了湿疹以后，皮肤状态会变得很差，皮肤很容易受到刺激。患者应及时去看医生。

这里有一些小建议，可以帮助你预防湿疹：
· 洗热水澡时不要洗太久。
· 尽量少穿紧身的衣服。
· 尽量别去非常干燥或者非常冷的地方。
· 尽量别让香水或类似产品直接接触皮肤。
· 尝试低敏性洗护产品。

· 用比较柔和的清洁产品代替肥皂，避免洗脸的时候洗掉太多皮脂。

· 做大扫除的时候，戴上手套以保护皮肤免受清洁剂及其他有刺激性的产品的伤害。

· 尽量避免接触动物皮毛和皮屑，以及尘螨、霉菌、花粉、化肥和农药。

· 游完泳后，要及时洗澡，以免残留的氯化物伤害皮肤。

🧴 接触性皮炎

一般来讲，接触性皮炎是皮肤或黏膜接触某些外源性物质后，在接触部位发生的境界清楚的急性或慢性炎症反应。在接触部位可表现为边界明显的红斑、丘疹或水疱，并伴有瘙痒和烧灼感。能够引起接触性皮炎的外源性物质种类众多，包括花粉、脏水、肥皂或者含有某些化学物质的产品（比如清洁剂和染发剂，这也许可以解释为什么发型师和洗碗工容易得接触性皮炎），如果跟这些东西接触过多，就很容易患接触性皮炎。接触性皮炎很容易被误当作急性湿疹（可以复习一下前面的内容），所以出现相关症状时，最好请医生来诊断。

🧴 口周皮炎

口周皮炎是发生在上唇、颏、鼻唇沟、鼻部等处的炎症性皮肤病，好发于女性。有时候，人的嘴巴周围和鼻子旁边会突然冒出好多红疹（看着像皮疹），这可能就是口周皮炎。它的诱因包括长期使用含糖皮质激素的产品（比如可的松乳膏）、含氟牙膏等。患口周皮炎时不用紧张，一般来讲，遵照医嘱进行几周的抗生素治疗就可以治愈。

🧴 银屑病

银屑病俗称"牛皮癣"，是一种反复发作的炎症性皮肤病。它的症状是红色斑块上覆有银白色鳞屑，刮除鳞屑可见发亮薄膜，刮破薄膜可见点状出血，银屑病好发于头皮、四肢及腰骶部。目前一些研究认为，其发病原因可能与基因及免疫系统的紊乱等有关。在医生的帮助下，银屑病患者可以将病情尽可能地控制住。但是，到目前为止，人们还没有找到可以彻底治愈银屑病的方法。

以下是一些有助于控制银屑病病情的方法：

· 外用维生素 D_3 衍生物和维 A 酸类药膏对缓解病情十分有效，使用含有糖皮质激素的药膏（比如可的松乳膏）也可以在短期内起到一些效果。

· 采用光线治疗（使用窄谱中波紫外线进行光疗可以降低灼伤的可能性）。

· 在医生的指导下，服用专门用来对抗炎症或增强免疫力的药物。

· 临床上会运用某些生物制剂、靶向制剂来治疗重症银屑病。

🧴 出汗

如今，不知为何，很多人对身上天然的气味十分嫌弃，甚至到了厌恶的地步。很多人会觉得身上有汗味是一件很糟糕的事情。可是，人必须得出汗才能活着。

想象一下，在炎热的夏天或者刚刚跑完一千米后，整个人感觉要热得崩溃了，这个时候，汗液就是人的大救星，汗液可以带走身体内的热量，让人凉快下来。要是一个人体温过高，皮肤就会干热、发红，甚至出现抽搐。所以，适量出汗其实是一件好事。

当人紧张、压力大的时候，腋下、额头、手心和脚等部位也容易流汗。基因在人体汗水分泌的个体差异中扮演着关键角色。此外，还有一些因素会让人更容易出汗：

· 患有某些疾病。

· 激素水平的波动。

· 肥胖。

· 摄入酒精。

文身、穿孔和疤痕

文身

为了掩盖治疗乳腺癌留下的疤痕，我身上有6个文身。这些文身都是一些小点点，它们在我胸前排成一排。我把它们看作一种象征，象征我战胜了一种大家都害怕的疾病。

——埃菲（70岁）

我的右肩胛骨上有一个15厘米长的文身，它的图案很抽象，弯弯曲曲的。15年前，我遇到了伤心事，然后就去文身了。直到今天，我还是很喜欢它。

——凯特琳（38岁）

我不喜欢身上的文身了。我用激光清除文身，超级痛。不过，我很开心自己终于摆脱它了。

——凯特（33岁）

虽然这些年我变了很多，但我仍然尊重那个曾经的自己，尊重或者说原谅曾经所做的去文身的决定。

——凯瑟琳（29岁）

几年前，我在身体右侧，从胸部到臀部的位置文了一个长长的条形码，我至今还是很喜欢它。

——伊莱恩（34岁）

不幸的是，我在身上文了当时的丈夫的名字。这真是大错特错，我们在三年半前就分居了，我还没有钱去洗掉这个文身。

——卡罗尔（46岁）

我把滚石乐队的"大舌头"标志文在我的左胸上，还把一个卡通形象文在了我的右臂上。

——桑德拉（50岁）

我在左肩上文了一只滴水兽，我很喜欢。不过，对于屁股上文的泰迪熊，我就有点后悔了。

——莫妮克（38岁）

我文眉了，因为我化疗以后，眉毛再也没长出来。

——彭妮（47岁）

我在手腕上文了一个象征和平的标志，结果文了没多久我就后悔了。

——埃玛（21岁）

我的文身本来是一只蝴蝶的图案，但它现在更像一只落在我背上后被压扁了的蛾子。

——特鲁迪（30岁）

我之前在骨盆前面的位置文了一颗彩虹心，现在挺后悔的。

——阿什莉（26岁）

我的文身图案是两只海豚在波浪中游行。我想了10年才想好我要文的图案。结果，现在我又不喜欢这个图案了。

——乔（37岁）

当我还是一个叛逆少女时，我就有多处文身了。现在虽然大部分图案都洗掉了，但身上留下了好多疤痕，还有几个隐约可见的人名。我建议大家千万别文身。

——苏珊（62岁）

我20岁的时候在身上文了一个骷髅头，现在想想，它太丑了。

——路易莎（37岁）

我14岁到18岁那会儿，陆续文了5个文身。现在我挺后悔的，要是当时有规定说未成年人不可以文身就好了。

——谢里尔（42岁）

我有几个文身，现在我很后悔。我爸爸是一个文身师，在我还小的时候，他就在我身上练手。

——娜塔莉（40岁）

我现在对屁股上那只跳舞的猪很不满意。

——金（36岁）

我现在不喜欢我当初选择的图案了。我想把它洗掉。

——埃菲（34岁）

穿孔

我穿过肚脐环，后来感染了，所以现在，我肚皮上有一个可爱的伤疤。

——奥利维娅（26岁）

疤痕

我的伤疤是我对抗伤痛的勋章。一个伤疤是15岁时摘除肾脏留下的，另一个是做剖宫产时留下的。

——凯茜（26岁）

我不喜欢我的伤疤。它们有点让人头痛。

——费莉西蒂（38岁）

我喜欢自己脸上的疤。我看起来是和别人有点不一样，但这也没什么。我的伤疤迫使我诚实地面对自己，因为人们总是跟我说他们心里的我是什么样子的。

——贝尔（37岁）

我不喜欢我的伤疤。人们对这些伤疤总是很好奇，还会问我各种问题。

——塔尼娅（37岁）

我身上有疤。我正在学着接受它们。

——拉克尔（36岁）

汗味

汗液本身没有味道，难闻的气味其实来自细菌分解汗液时产生的氨等代谢产物。所以，细菌才是难闻气味的罪魁祸首。有的姑娘选择用爽身粉（主要成分为滑石粉）吸收汗液，或者使用香水和身体喷雾剂来掩盖气味，但这些方法解决不了本质问题。其实，最简单、有用的方法就是洗个澡，保持身体清爽。

另外请注意，目前医学界认为，滑石粉可能会刺激肺部，并诱发子宫癌，所以应尽量少用滑石粉。

腋下除臭剂和止汗剂

尽管网上有传言，但是，目前还没有任何确切证据表明，在规定用量下，止汗剂中的铝盐会导致乳腺癌或者其他健康问题（比如阿尔茨海默病）。

以下是一些与腋下除臭剂和止汗剂有关的小知识：

- 腋下除臭剂的作用原理是利用某种化学物质来中和汗液的味道，但是，它不能阻止流汗。
- 目前普遍认为，止汗剂中的活性盐（通常是铝盐）遇到汗液后会立马变成惰性凝胶，覆在皮肤表面，通过暂时堵塞汗腺口来抑制汗腺分泌。
- 有一些产品既能止汗也能除臭。
- 如果发现正在用的腋下除臭剂或止汗剂引发了皮疹或瘙痒，请立即停止使用。情况严重时，要及时到正规医院接受治疗。

私处去异味？

最好不要相信那些产品制造商所说的"有必要给私处去除异味"的营销语。不管是所谓的私处喷雾剂、冲洗器，还是香水、香粉或别的有味道的东西，都不应该在阴道内或者外阴处使用。阴道具备自我清洁能力，而外来的喷雾剂或者香水可能会刺激阴道，甚至导致感染。

肉毒杆菌毒素与流汗

多汗症是超出机体调节体温需要的一类过度出汗的症状，分为原发性和继发性两类。有些患有多汗症的女性会选择注射肉毒杆菌毒素来阻止出汗。肉毒杆菌毒素可以暂时阻断刺激汗腺的神经发出化学信号，从而改善严重出汗的情况。有人说，在某个部位注射肉毒杆菌毒素会导致其他部位（比如脚、手掌）流汗更多，对于这种说法，皮肤科医生看法不一。总的来说，对于这种治疗方法，应谨慎使用，使用前，需要到正规医院咨询医生来了解可能产生的副作用。用肉毒杆菌毒素来治疗多汗症，其效果通常能维持数月，不过费用不低。

身体穿孔与文身

随着社会的发展，很多人选择通过在身上穿孔或文身来表达自己的个性。在穿孔或文身之前，要确认操作人员的从业资质，并要求他洗净双手，戴上一次性手套。可以要求操作人员当着自己的面打开无菌设备密封包，并且对身上需要操作部位的皮肤仔细消毒，以避免感染细菌或传染病（如乙型肝炎、丙型肝炎、艾滋病等）。

身体穿孔

在身体上穿孔是可行的，但在做之前要想清楚，衡量好利弊。

以下是部分注意事项：

- 有一些穿孔设备是重复使用的，如果消毒不到位，就容易引发感染或传染性疾病。因此，一定要选择正规的、卫生条件过硬的机构。
- 最好不要在嘴唇和舌头上穿孔，因为在嘴唇和舌头上穿孔容易引起牙齿损伤，牙龈萎缩或感染，过敏反应，舌头肿胀、麻木或感染等，甚至会引发呼吸困难。
- 穿孔给了细菌繁殖的机会，细菌繁殖得越多，感染的机会也就越大。容易感染的部位包括鼻子、嘴还有生殖器。

· 不要自己给自己穿孔，也别交给朋友来做，一是容易感染，二是容易失败。

· 做完后，向操作人员请教如何处理创口，直到创口完全愈合。另外，记得定期消毒。

· 穿孔以后，要特别留意穿孔的部位。一旦发现伤口感染了，就立马去找医生。感染的征兆包括长时间疼痛、发红、肿胀和流脓。

文身

虽然现在身上有文身的人越来越多，但还是有很多人接受不了这种"时尚"。有些人文身是想掩饰自己的疤痕，不过用文身来掩饰疤痕并非万无一失。而且文身一旦上身就很难去掉，有文身还会导致无法从事很多工作。

文身之前，一定要仔细考虑，并注意以下相关事项：

· 文身一般是永久性的，而且文的时候很疼。文身之前一定要有心理准备，毕竟一旦开始，不做完也会比较麻烦。

· 很多人在文身以后都会后悔。最容易后悔的文身位置有面部、脖子和屁股等。文之前可以问问自己：我现在想要的图案以后也会喜欢吗？如果两年后我不喜欢这个图案了怎么办？我的孩子或伴侣会怎样看待我的文身？我是否在意他们的看法？

· 如果要文身，一定要选择一家卫生条件过硬、有营业执照的专业文身店。

· 文身的时候，最好不要喝酒，要保持清醒，这样的好处是可以监督文身师的工作，包括文的图案对不对、字写得对不对、文的地方对不对，等等。

· 尽量别选那些自己不熟悉的符号和单词，因为它们的意思很有可能跟想象中的有出入。

· 如果文身部位变瘦、变胖或者下垂（这是不可避免的），文身也会跟着变形。对此，要做好心理准备，想想自己能不能接受。

· 想清楚，想文身是发自内心地想纪念自己的朋友、亲人或者某件事，还是因为压力大？我的看法是，不要因为压力过大、想要发泄而去文身。

· 文身后，要学会保持创面的清洁。

· 洗文身可能比文身还要难得多。洗文身更疼，花钱也更多，而且有可能会留疤。

现在，有一种新的发明既可以满足人想要文身的愿望，又可以免去文身时的痛苦，还方便清除，那就是文身贴。现在，各种图案的文身贴随处可见。此外，很多地方也可以做彩绘和喷绘的文身。这意味着人们可以随时更改文身的图案，不想要某个图案了时，直接撕掉或洗掉就行。不过，一些暂时性文身的染料含有一些化学成分，这些化学成分可能会引起一些皮肤反应。所以，不管是什么产品，使用之前都要保证安全。

护肤化妆品与彩妆化妆品

如今，很多女性为了所谓的大牌护肤化妆品（以下简称护肤品）和彩妆化妆品（以下简称彩妆品）一掷千金，殊不知其中很多产品的成分跟超市里卖得很便宜的产品的成分差不多。除了这些东西，她们还喜欢买那些宣称有各种神奇功效的产品。其实，更多时候，她们是在为品牌买单，为企业的营销买单。

在这一节，我们将一起来了解护肤品与彩妆品的相关知识，看看护肤品和彩妆品的各种噱头，以及哪些产品是靠谱的。

化妆品和化妆品广告：是敌是友？

我一看到化妆品的那些精美的包装就会被吸引。

——柯尔斯滕（34岁）

好的广告真的会吸引我，它们能让我萌生希望，相信那些护肤品真的能起作用。

——唐（63岁）

每当我看到广告中的漂亮女人时，我都觉得自己应该买点什么。这真令人难过，不是吗？

——芭芭拉（35岁）

我对广告里提到的"紧致""强化""丰腴"之类的词毫无抵抗力。

——盖尔（57岁）

我就喜欢浅绿色的包装，那些包装看起来很清新，让我有消费的冲动。至于那些所谓的功效，我倒不是很相信。

——斯蒂芬妮（47岁）

一瓶防晒系数高的防晒霜加上一顶帽子，可能比一瓶价值200美元的在法国生产的抗皱产品更管用。

——罗克珊（28岁）

我喜欢买成分天然、对环境友好的产品。但有时我不得不使用那些对环境似乎没那么友好的产品，因为它们确实效果更好。

——凯伦（39岁）

我喜欢买成分更天然的产品，这些产品通常很温和，闻起来让人更舒服，它们一般是本地的小品牌生产的，比那些大品牌生产的更便宜，而且买这些产品让我觉得自己在支持环保事业。

——阿莎（26岁）

我会找来各种经得起推敲的研究仔细读一读，以便了解某个产品

中的成分是否有效。

——伊丽莎白（42岁）

要是一个产品的效果经过了医学证实，我可能会买它。

——克利奥（34岁）

我通常能一眼看穿广告的把戏，但是，如果这个广告恰好戳中了我的痛点（比如能让皮肤更有光泽），我就有点把持不住了。

——丹妮（31岁）

化妆品广告简直就是一派胡言！我真不敢相信有人会相信那些广告的说法！

——贝丝（42岁）

我喜欢化妆品，我希望自己能买得起！

——玛吉（52岁）

我喜欢从美容师那里买化妆品，因为我觉得既然这是他们的工作，那么他们会卖给我最有可能起作用的产品。

——安娜贝勒（30岁）

我爸送我的生日礼物是美容院的面部护理项目，可我好讨厌那里的美容师，她整整一小时都在跟我推销产品！

——凯茜（49岁）

我觉得，化妆品完全就是一个骗局，买化妆品就是在浪费钱。

——坎迪（43岁）

我只用天然产品，尽量不把不能吃的东西涂抹在皮肤上。我自己做身体保湿霜和面部精油。

——珍妮弗（59岁）

我岳母做了一个美容项目，但是失败了。她非常痛苦，整整一个

月都没有出门。

——凯莉（27岁）

我觉得，要是买化妆品能让自己开心的话，那就买吧。不过，对于它们的那些宣传语，最好不要全信。

——艾莉森（42岁）

那些东西都是垃圾。最好的办法就是戴帽子（冬天也戴）、涂防晒霜、不抽烟，这样你看起来会年轻15岁。要是从年轻时就开始这样做，效果会更好。

——玛丽（55岁）

那些东西就是在羞辱我们！让我们优雅地变老吧。人们真应该把年长的女性描绘得更美丽一些，因为她们确实很美。

——芭芭拉（35岁）

要是那些产品真像广告里吹得那么好，我们就能永远光彩照人了。

——帕特里夏（42岁）

我不相信自然的规律可以被阻止。人都会老。与其认为"神奇"的手术能解决问题，还不如好好保养身体呢。

——安（50岁）

我在一家化妆品店工作，我们每天都有不同的配额。比如，每个人要在周三和周四卖出价值1500美元的产品，周五要卖出2000美元，周六要卖出3000美元。

——德布（37岁）

只要我买得起大品牌的产品，我就会买，因为我相信品牌效应。

——克丽丝蒂（35岁）

要是你对化妆品行业庞大的体量有什么疑问，那么，只要随便找一家百货商场逛一圈，就全明白了。一进百货商场大门，放眼望去，基本上全是化妆品专柜，而且它们几乎都在黄金地段。

买护肤品或彩妆品时，有些人关注价格，有些人关注成分，还有些人关注实验结果。化妆品公司也知道这一点，于是针对不同的消费心理设置了不同的产品线，让产品以不同的特质来吸引不同的消费群体。

为了在铺天盖地的宣传和营销中保持理智，你需要了解一些与化妆品相关的基本知识。

护肤品

上文已经提到过，化妆品公司会针对不同的肤质打造不同的产品。标有"无油"（一般是指不含矿物油）的产品主要针对油性皮肤；质地比较厚重的润肤霜主要针对干性皮肤；标有"低敏感性"和"温和不刺激"的产品则主要针对敏感性皮肤。除了针对不同肤质的，还有不同用途的，比如清洁的、保湿的、祛痘的、去黄提亮的、抗皱紧致的……面对这么多门类，人们很容易眼花缭乱。那么，人们到底需要哪一款产品呢？

👄 洁面产品

大多数人早晚都会洗脸。有些人习惯用肥皂洗脸，但是，长期用肥皂洗脸可能会洗去太多的皮脂，使皮肤过于干燥，导致皮肤容易受刺激，出油反而可能更多。因此，最好用温和型的洁面产品（比如氨基酸型的洁面产品）洗脸。还要注意，最好别用沐浴露代替洁面产品洗脸。

👄 润肤霜

润肤霜是经皮肤表面补充适宜水分和脂质，以保持皮肤滋肤、柔软，使皮肤富有弹性的护肤品，具有防止皮肤水分过分丢失的作用。如果洗脸太频繁，经常用蜡脱毛或者用小刀刮毛，经常在太阳下暴晒或者游泳，经常待在空调房和有暖气的屋子里，那么，皮肤就容易变得过于干燥。这时，就需要涂抹一些润肤霜。油性皮肤的人可以根据实际情况少涂或不涂润肤霜。所处环境湿度较大时，也可以少涂或不涂润肤霜。

随着年龄的增长，皮肤的保湿能力会越来越差。所以，很多人非常重视保湿，还会购买各种润肤霜。选择润肤霜的时候，不需要刻意买贵的，只要这款产品用起来比较舒服，味道也是自己喜欢的就可以了。

润肤霜里通常含有"保湿剂"和"润肤剂"，保湿剂能够防止皮肤内水分蒸发，以免皮肤暴露在空气中变得愈发干燥。润肤剂能为皮肤表面提供润滑和保护作用，使皮肤更为柔软、光滑，改善皮肤外观。现在，有一些润肤霜还号称能够抚平皱纹。但实际上，大多数润肤霜是做不到这一点的。

此外，润肤霜不能改变皮肤生成细胞和代谢细胞的方式。如果润肤霜真能做到这一点，那么它就不再是传统意义上的护肤品了，应被归为药物或者治疗产品，由医生来开具，并受到严格的监管。

购买润肤霜的四条原则

❶ 不要让化妆品销售人员来分析或者诊断你的皮肤问题。

❷ 更贵真的不意味着更好，也不意味着一定会有效果。在你用着舒服又舒心的润肤霜里挑一款就可以了。

❸ 对于杂志和电视上的那些润肤霜广告，要保持怀疑态度。

❹ 大部分润肤霜没有提拉面部的效果，不要对其

功效抱有太多期待。

去角质产品

据 1967 年美国版《VOGUE》杂志的报道称，一位来自纽约的皮肤科医生是第一个向大众介绍去角质概念的人。后来，雅诗·兰黛女士开发了去角质产品。去角质产品就这样诞生了。

根据作用原理的不同，去角质产品可划分为磨砂类、酸类、酶类三种。磨砂类去角质产品中有很多小颗粒，它们具有研磨性，可以去除表层的死皮细胞。酸类去角质产品中含有一些酸性成分，这些成分可以通过化学反应来剥离多余的角质。酶类去角质产品中的酶能使蛋白水解，从而使多余角质溶解脱落。但是，不论使用哪种产品，频繁去角质都可能会使皮肤变得敏感、干燥，并破坏皮肤屏障，从而降低皮肤抵抗感染和其他"入侵者"的能力。一般来说，一周去一次角质就够了。另外，身体磨砂膏最好不要用在脸上。

颈霜

很多女性觉得自己脸上的皮肤看起来还不错，可颈部的皮肤看上去却饱经风霜。这背后的原因包括自然老化、姿势不良、紫外线照射等。人们平时涂防晒霜时一般习惯涂在脸上，却忘记了颈部也会长时间暴露在阳光下。久而久之，颈部的皮肤就会老化，导致颈纹变深。不过，颈纹很难通过涂抹颈霜来祛除。我曾经问过一位十分有经验的美容店老板对颈霜的看法，她表示"那简直就是个笑话"。

护肤品的价格

你在护肤品上花了多少钱

在我做的调查中，有近 5000 名女性回答了这个问题。根据统计，受访者每年在面部护肤品（注意，不是化妆品，只是护肤品）上的平均花费是 226 美元，最高的是 3300 美元。受访者每年在身体类护肤品（包括身体乳、身体用磨砂膏等）上的平均花费是 120 美元，最高的是 5000 美元。有趣的是，有 93% 的人表示自己不相信护肤品广告中的那些营销语。

更贵的一定更好吗

人们可能会认为，更贵的当然就是更好的，要不就是成分更好，要不就是使用感更好，要不就是效果更好，总之，贵一定是有原因的。然而，人们买护肤品时首先应根据皮肤的适应性和舒适度来选择，而不应该先看价格。美容院的产品一般价格颇高，这可能是因为他们的产品里含有更多所谓的"活性"成分（比如酸性成分的比例更高，有助于去除死皮），闻起来更香，或者只是因为他们花了很多钱做广告。你可能觉得"含有更多的活性成分"等于效果更强，因此这些产品售价更高是应该的，不过，这也意味着这样的产品对皮肤的刺激性可能更强，更容易引起皮肤反应。如果皮肤对产品中的某一种成分不适应，那么哪怕这个产品再贵、别人使用后的效果再好，对你来说也没有意义。

大公司可以往产品研发中投入更多资金，能更有效地针对不同的肤质开发不同的产品，对产品品质和生产流程的管控也更严格，这是他们的优势。但是，他们也会把更多的钱用在营销上，而这些不菲的营销费用最终会体现在产品的售价上，由消费者买单。其实现在，很多小型的化妆品公司也很正规，这些公司的经营者会把更多的心思放在产品本身上，更加专注于研发，一些女性用了这些公司生产的产品后，皮肤状态也很好。所以，你可以多方面考虑到底要不要买更贵的大牌护肤品。

品牌忠诚度

化妆品公司当然想更多的人变成他们的忠实

追随者，不管什么产品都只买他们的。在我看来，你还是要根据自己的需要选择产品，而不是一味地跟着某一个品牌走。想想看，这个品牌可能有你喜欢的眼影颜色，而另一个品牌可能有你想要的带有SPF15的清爽型润肤霜。

自己动手做护肤品靠谱吗

现在，人们可以从很多书上找到自己做护肤品的方法。自己动手做护肤品不是不行，但实际动手制作时，一定要严格按照步骤来，并做好卫生消毒工作。制作前，别忘记做皮肤接触测验，看看自己会不会对某些成分过敏。保存护肤品的时候，也要严格遵照卫生要求，如果产品里没加防腐剂，那就不要一次性做太多，因为细菌只需要一滴水和一点点空气就能繁殖，有的甚至只要有空气就可以繁殖。

还要强调一点：孕妇自己做护肤品时，最好不要添加精油和药草，因为它们可能对胎儿有潜在的危险性。

💋 护肤品的成分

在这一部分，我会介绍护肤品中的一些常见成分。想要了解有关抗氧化剂的信息，你可以阅读第116页的相关内容。

透明质酸

透明质酸又名玻尿酸，是一种酸性黏多糖类物质，具有较强的保湿作用。它是一种人体内自然产生的"丰润剂"。早期，透明质酸主要从鸡冠中提取，现在一般通过微生物发酵来制作。很多女性喜欢通过注射玻尿酸来祛除面部皱纹，还会将玻尿酸注射到眼睛下方填充泪沟。

现在，很多润肤霜中也添加了玻尿酸。但是，润肤霜里的玻尿酸其实没有什么魔力。没有证据表明将这些润肤霜涂抹在皮肤上可以产生和注射玻尿酸同样的效果。

维 A 酸

维 A 酸是维生素 A 的代谢中间产物。维 A 酸的主要功能是祛痘。除祛痘外，它还可以刺激胶原蛋白的生长，但因为它的刺激性较大，所以不能加入护肤品中，只能作为药物使用。据说，维 A 酸还能阻止自由基对皮肤的老化作用（见第116页），对紫外线引起的皱纹有改善作用，可以让皱纹看起来不那么明显。

孕妇要注意，过量使用维 A 酸和其他维生素 A 相关产品会对胎儿造成伤害，因此，孕妇或者准备怀孕的女性绝对不能使用这一类产品。另外，在《皮肤保卫战》部分我们讲到异维 A 酸，它是一种维生素 A 的衍生物，可以治疗粉刺，孕妇也不可以使用含有这种成分的产品。

果酸

一般来说，酸性物质是人们用来去除老废角质的利器。果酸是从水果、酸奶等物质中提取出来的，在适当的浓度下，果酸会让表层的死皮细胞松动、脱落，露出下面"看起来更娇嫩、更年轻"的皮肤。但果酸的使用浓度不太好把握，浓度过高，果酸的刺激性就会比较强，而浓度过低又很难达到使用者期望的效果。敏感性皮肤的人更要慎重使用果酸类产品。所以，如果你想去角质，就请受过专门训练、经验丰富的美容师或者皮肤科医生来操作。不要自己在家随意涂抹网购的果酸类产品，这很可能会导致"烂脸"。

辅酶 Q10

辅酶 Q10 是一种有效的抗氧化剂，主要存在于牛肉、猪肉、沙丁鱼中，它可以保护细胞免受自由基破坏，延缓皮肤衰老，还有助于预防一些疾病，帮助人体保持健康。有研究表明，辅酶 Q10 可以缓解日晒对皮肤的影响。以前，辅酶 Q10 主要被当作营养补充剂，如今，很多化妆品公司会将其添加到护肤品中，以发挥其抗皱、淡化细纹、抗氧化的作用。

肽

肽在护肤品中主要的作用是抗皱和抗衰老。皮肤最外层的角质是皮肤的天然屏障，它的存在使得大分子肽很难进入真皮发挥效果，而小分子肽不仅容易被吸收，活性也更强，在解决皮肤细纹、抗衰老等方面有显著的效果。载体肽可以携带一些更小的粒子（比如铜）到达细胞内部，这些更小的粒子可以促进伤口的愈合。以上这些内容在理论上是可行的，但是，对于护肤品里的肽到底能发挥多少功效，还有待进一步论证。

咖啡因

咖啡因又称咖啡碱，是一种中枢神经兴奋剂，可从茶叶或咖啡中提取，也可化学合成。咖啡因能兴奋大脑，提高其功能，在护肤品领域，它常被添加到眼霜中，通过促进血液循环来缓解黑眼圈和眼袋。此外，咖啡因还有紧致皮肤、促进脂肪分解的功效。有研究表明，咖啡因可能有预防皮肤癌的作用，但是对这一说法，专家的意见并不统一。

其他奇奇怪怪的成分

· 钻石粉：有的化妆品公司声称钻石粉有微晶磨皮的效果，可以去除角质，使皮肤"返老还童"，恢复细嫩。但这些效果并没有得到权威专家的证实。

· 蜗牛黏液提取物：经实验分析，蜗牛黏液提取物中含有天然的胶原蛋白、弹性纤维、尿囊素、多种维生素等。有的化妆品公司声称这些成分能使皮肤柔软、光滑、细腻。我很好奇，他们到底饲养了多少蜗牛才能收集这么多黏液呢？

营养补充剂与皮肤

一些营养补充剂制造商宣称其产品含有维生素、矿物质等，长期食用这些产品可以达到滋养皮肤的效果。确实，吃得好、营养均衡有助于皮肤健康。但是，人体从食物中吸收营养的效率比从营养补充剂中吸收营养的效率更高，所以营养补充剂不能代替食物。到目前为止，不管是海藻、ω-3 脂肪酸，还是葡萄籽或维生素 C，人们翘首以盼的能够对皮肤产生立竿见影效果的"神奇食物"或者"超级食物"还没有出现。

花钱买这些营养补充剂前，要考虑清楚到底值不值得，毕竟有些产品打着含有各种营养物质的噱头，价格贵得离谱。

基因护肤

据报道，目前化妆品市场上，已有公司把"基因"同"美容"联系在一起，通过检测皮肤相关的基因位点并分析检测结果，来制订适合不同个体的护肤方案，以达到有针对性护肤的目的。目前面上的很多护肤品，不同的人使用效果不同，很大一部分原因就是没有对症下药。例如，果酸等去角质成分，就不适合携带较多敏感基因位点的人使用；同样是抗衰老，有些人衰老的表现主要是皮肤松弛，有些人则是皮肤暗黄，原因不同，适合的产品也不同。从基因入手了解一个人的皮肤，再为其推荐合适的产品，可能会有事半功倍的效果。

护肤品引起的不良反应

不论是人造化学物质还是天然物质都可能引起皮肤反应。有些产品号称"防过敏""纯天然"

或者"低敏性"，但实际上还是没法完全消除刺激皮肤或者引发过敏反应的可能性。所以，每次使用一款新产品之前，可以先做一下皮肤接触测验（见第81页），观察皮肤会不会有不良反应，然后再决定是否使用。

你可能听到过护肤中的某些成分对人体有害的说法。但是，其中的很多说法要不就是没有得到科学证实，要不就是很不具体。总之，不能盲目听信这些说法。

的确，许多护肤品中的成分在高浓度的时候是有毒的。但是，当浓度非常高时，某些维生素和人们平时吃的一些药物也是有毒的。所以，不能抛开剂量只谈毒性。

👄 护肤品的噱头

"增长"

外用护肤品的成分不会让人的指甲或头发长得更快，即使是含有钙或蛋白质也不行。一些化妆品公司宣称自己的产品能够促进细胞生长或者细胞更新，这些话是不可信的。要是真有什么东西能够促进细胞生长或更新，那它就不属于护肤品了，而属于药品，必须由医生开具处方才能购买。还有些厂商声称其生产的产品中含有干细胞，这听上去很高端，可是，并没有证据表明该成分能改变皮肤的状态或者新陈代谢的方式。

"抗衰老"

有些化妆品公司声称自家的润肤霜声称其可以抗衰老，其实它们可能只是能暂时淡化纹路，让皱纹看上去不那么明显而已。已经生成的皱纹无法通过涂抹护肤品来消除。真正能够有效预防皱纹产生的方法是做好防晒工作（涂抹防晒霜或做好硬防晒）、不抽烟等。所以，想要抗衰老，最重要的还是做好预防工作。

"发生反应"

有时人们涂抹某种护肤品后，会感觉脸上有微微的刺痛感。有的品牌会说这是正常现象，代表护肤中的某些成分和皮肤发生了反应，开始起作用了。其实，有刺痛感并不意味着这个产品有效，可能只是意味着其中含有一些有刺激性的成分，比如酸类、酒精类等。另一方面，皮肤在有损伤、角质层太薄的时候也容易受到刺激，在使用护肤品后有刺痛感。

"渗透"

皮肤是身体的第一道防线，能够抵抗污染物、日光等的侵袭。不过，还是有些物质可以穿透皮肤，被身体吸收的。

至于护肤品，我们在前文中已经讲过，大多数护肤品只能作用于皮肤表层。有一款身体润肤霜在广告中宣称它的作用深度能达到令人难以置信的五层深，它能"治愈"皮肤干燥。广告中并没有说明他们关于层数的定义。如果参考之前说的皮肤的定义，将第一层定义为表皮，第二层定义为真皮，第三层定义为皮下组织，那么"五层深"意味着该产品甚至能滋润肝脏。听起来就很离谱对不对？我认为，广告中说的"五层"可能就是指表皮的五个小层。

护肤品里一些物质的分子量很大，它们是不可能进入皮肤底层的。即使这些物质的分子量足够小，真"进入"了皮肤，这些成分基本上也发挥不了什么作用。皮肤中的成纤维细胞（普遍存在于结缔组织中的一种中胚层来源的细胞，在伤口愈合过程中可迁移到伤口进行增殖，在创伤恢复中发挥重要作用）能够合成和分泌蛋白质形成纤维和基质，使皮肤保持坚挺。随着年龄的增长，成纤维细胞的数量减少，合成功能下降，分泌蛋白质（如胶原蛋白）的效率下降。有些护肤品中宣称含有胶原蛋白，但是没有证据表明涂抹含有胶原蛋白的护肤品可以从根本上改变皮肤的状态，或者帮助皮肤产生更多的胶原蛋白。

"紧绷"

有些成分会让皮肤有紧绷感，只有彻底洗掉它们才能让这种感觉消失。有人觉得这代表皮肤变得紧致了，其实，把油漆、蛋清或一些藻类涂在脸上都可以产生这种效果。

"紧致"

说实话，我一直认为那些号称润肤霜能让皮肤变得紧致的化妆品公司是在骗人，不管他们的产品里添加了多少西伯利亚落叶松木提取物。这些润肤霜可能确实含有一些可以让皮肤暂时看起来更"紧致"的成分，但是，这些成分只能停留在皮肤表层，无法作用于皮肤深层的纤维结构，而且它们在表层产生的效果的持续时间也非常短暂。随着年龄的增长和重力作用，皮肤状态会不可避免地走下坡路。所谓的有紧致效果的润肤霜不可能让人们的皮肤从根本上变得更紧致。

我给几位专家看了这一部分的内容，其中一位专家认为我不应该把话说得这么绝对。她建议我这样写："有非常有限的证据表明，润肤霜可以达到广告中所宣称的效果。"她指出，某项研究显示，有一款女性面部紧致霜有一定的紧致效果。但是，这个研究是由该产品制造商负责的，并且研究对象只有20人，研究人员只分析了这20人的使用情况，就得出了"使用该产品后，皮肤的弹性增加了7%"的结论。这样的研究结果不足以说服我购买这款产品，也不足以让我改变看法。

"提拉"

想要提拉面部，可以考虑采取医美手段，润肤霜无法达到提拉面部的效果。不过，这并不意味着注射针剂等医美手段一定适合每一个人，被注射

者想要的效果一定能实现。每一种方法都有利有弊，你需要充分考虑后再做决定。

"抗氧化剂可以修复皮肤损伤"

人体内有一种叫作自由基的物质，受控的自由基对人体有益，它们可以帮助人体传递维持生命活动所需的能量。但当自由基超过一定数量时，它们便会给皮肤带来伤害。有研究表明，皱纹就是自由基对皮肤造成伤害的表现。过量的自由基可能来自紫外线照射、吸烟和外界环境污染，而人体中的抗氧化剂可以让自由基稳定下来。从理论上来说，抗氧化剂可以防止皮肤被氧化，也可以修复皮肤损伤，从而起到减少皱纹的效果。但是，我一直认为直接将抗氧化剂涂抹在皮肤上，在皮肤抗氧化和皮肤损伤修复方面的效果微乎其微。很多抗氧化剂容易受到光、温度、酸碱值（pH）的影响，所以它们到底能不能接触到自由基都是个未知数，更不用说能发挥多少作用了。还是那句话，在抗衰这件事上，预防大于治疗，防晒才是最有效的抗衰手段。

"排毒"

有些女性迷信排毒产品，不管是吃进去的还是涂抹在脸上的。事实上，一般情况下，我们不需要额外给身体排毒，因为肝脏能有效清除外来的或体内产生的毒素。有些女性认为排毒对皮肤好，但我们要清楚，体内的毒素不会引起粉刺，除非我们特别容易过敏或者接触过重金属和其他有毒物质，毒素也不会促进脂肪的产生。化妆品行业经常强调排毒的重要性，主要目的还是促进相关产品的销售。

"天然"

为了证明自家的化妆品贵有贵的道理，一些化妆品公司极力宣传产品是"天然""纯净"或者"有机"的。一些公司声称自己的产品不含任何化学物质，这纯属胡扯，因为这个世界上根本不存在不含

化学物质的东西，纯净水本身也是化学物质（化学式为 H_2O，是由氢元素和氧元素组成的化合物）。不管是什么样的"天然成分"，其实质也是多种化学物质的复合物，而很多合成的表面活性剂和防腐剂，其原料也是天然成分。所以，不能以是"天然"的还是"合成"的这样的标准来评价化妆品。还有的生产商声称自己生产产品时所使用的水来自无污染的地区，以此来彰显产品是"有机"的。其实，许多有机产品的生产商在产品生产过程中都使用了非有机成分。

"天然""纯净""有机"可以说是化妆品的一大营销噱头。相关的关键词还有"海洋生物提取物"等。有些女性出于环保方面的考虑，倾向于选择那些"天然""纯净""有机"的产品。但实际上，那些标榜自己"纯天然"的产品不一定环保。所谓的"草本洗发水"可能只是一款滴了几滴迷迭香浓缩液的普通洗发水，而含有"水果精华"的产品可能只是含有人工合成的模仿水果中的成分的物质。这些东西不见得有什么危害，只是，它们的功效可能跟消费者想象中的不一样，"环保指数"也不一样。

一般来讲，不管有多么"天然"，"天然"护肤品中都会添加化学防腐剂。虽然有些人对人工合成的化学成分过敏，但是也有很多人对常见的天然成分（比如薄荷、茶树油、桉树油、金缕梅）过敏。"天然"的不一定就是温和的，比如，在自然界中，没有什么物质比植物更容易引发各种接触性皮炎了。所以，"天然"并不意味着百分之百安全。

我们要对标榜产品"天然""纯净""有机"之类的广告语保持警觉，也要学会分辨哪些说法可能是有机产品生产商为了打击竞争对手而散布的谣言。

"科学"

有些化妆品公司标榜自家的产品是特别研发的，运用了各种"黑科技"。有些公司给自家的产品起了类似药物的名字，声称"产品成分几乎达到了处方药水平"；有些公司用科学术语来命名新产品；有的产品装在看起来很高端的容器（比如注射器、试管）里……这都是在彰显某款产品"科学技术含量高"，哪怕它们只是一些黏糊糊的东西。

"取得了科学上的突破"这种口号就是一个诱饵，作用是引诱消费者去买那些昂贵的新产品。化妆品公司为此煞费苦心，给各种成分冠以一个个高端大气、听起来更专业的名字。比如，硫酸镁其实就是泻盐。要是一个品牌主打"科学技术"，它就会标注其化学名称，也就是硫酸镁；如果品牌主打的是"天然"，它可能就会把成分标注成泻盐或者写成"来自大自然的盐晶体"。

药妆品

如果你对日系护肤品和彩妆品有所涉猎，那么对"药妆品"这个词就不会感到陌生了。一般来说，药妆应该属于医学护肤品，中国在法规层面不存在"药妆品"的概念。在部分国家和地区的药品或医药部外品类别中，有些产品同时具有化妆品的使用目的，但这类产品应符合药品或医药部外品的监管法规要求，不存在单纯依照化妆品管理的"药妆品"。

💋 护肤品营销

以下是一些常见的化妆品公司五花八门的营销技巧：

· 送赠品。不要贪小便宜吃大亏，为了得到赠品而去买昂贵的护肤品是不划算的。这样做可能会导致我们花 30 美元买了一些制作成本可能只有 1.75 美元的产品。

- 为护肤品打造华丽的包装。一般来讲，便宜的产品通常包装得比较简单，昂贵的产品则一般包装得十分华丽。华丽的包装会使产品看上去更高级，虽然产品的净含量和质量可能都没有变，价格却可以直接翻倍。

- 宣称产品含有独家专利成分。那些昂贵的护肤品里可能确实或多或少地含有一些造价昂贵的成分，有一些成分确实是"独家的""有专利的"，但是，这些成分可能并没有多么神奇的作用，不值得消费者花那么多钱。还有一些化妆品公司喜欢"旧物新做"，比如，稍微改变一下其他护肤品中已有的某种酶的分子结构，然后把它用在新产品里，并大肆宣传该新品中"含有一种新研发的独家成分"。

- 创造概念，比如，白天应该用日霜，晚上应该用晚霜。说真的，你不用非要按照化妆品公司的安排来，非得在一天的不同时间里使用不同的产品，这只是他们的一种营销策略而已。

- 用所谓的"医学机构"给自己的产品背书。我曾看到过某个化妆品品牌声称自己的产品是在某个国际皮肤研究所研究出来的。我当时就在想，这难道真的是一个著名的皮肤研究所吗？实际情况是，这是一家化妆品公司的子公司，专门用来培训美容院员工。

- 宣称涂抹了某护肤品后皮肤会"发光"。人们该如何衡量皮肤的光泽度呢？什么样的皮肤算是会"发光"的呢？其实，所谓能"增白"、让人"白到发光"的产品可能都包含同一类化学成分，这些成分能够渗透到皮肤表层，刺激角质细胞的脱落，从而达到使皮肤变嫩、更有光泽的效果。但实际上，皮肤表面的角质细胞并不单纯作为物理性的屏障而存在，而是作为肌肤实际上的屏障存在，对肌肤的保湿、免疫与抗老化有很大的作用。频繁刺激角质细胞容易伤害皮肤，破坏肌肤屏障。

- 用百分比来展示研究结果和产品使用效果。"特别深的皱纹"和"比较浅的皱纹"的深度可能相差不过几毫米甚至更少，因此，肉眼真的很难分辨皱纹是浅了14%还是87%。一般人无法衡量皮肤是否"提亮了86%"，也无法判断某款产品的升级款相比于之前的旧款是不是"清洁效果提升了93%""遮瑕力提升了71%"。我觉得这些都是广告中的废话。有些时候我甚至觉得，这些数字可能是几个营销人员利用坐电梯的时间随便编出来的。

- 宣称对产品的有效性进行了深入研究。皮肤科医生罗斯玛丽·尼克松认为，有关化妆品成分有效性的研究一般样本规模较小，而且往往不够充分，所以，人们很难评估这些研究的准确性。某些化学成分可能有一些效果，但是，它们的真实效果可能并没有在大规模的临床研究中得到详细的检测。化妆品公司可能不愿意接受大规模测试，这可能是因为他们希望自己的研究结果是保密的，也可能是因为他们对更专业的测试有所忌惮，担心测试结果与他们宣称的效果不符。

- 宣传要遵循正确的皮肤护理程序才能有效护肤。以前，所谓的皮肤护理可能就是洗干净脸，然后涂个雪花膏。后来，皮肤护理逐渐演变成先用洗面奶清洁，再涂抹化妆水、乳液或面霜，要是再用上精华液、眼霜等其他化妆品公司大力推销的产品，人们可能需要进行近十个步骤，才能完成一次皮肤护理。一般来讲，当人们买了某一品牌的某种产品后，销售人员就会怂恿人们去买该品牌的其他产品，宣称"这样护肤效果更佳"。

- 请明星与模特代言。当人们看到某一款产品的广告中那些光鲜亮丽的明星或模特展示自己吹弹可破的皮肤时，人们很容易就会产生购买欲望，因为大多数人都想拥有跟他们一样好的皮肤。化妆品公司正是利用了人们的这种心理，通过请明星或模特来代言自家的产品，来诱惑人们购买该产品。有时，人们会觉得自己喜爱的明星非常值得信任，如果连他们都在用这款产品，那自己当然也要试一试。但是，我们要搞清楚，首先，我们无法确定他们到底有没有用过自己代言的产品，或是用过多长时间；其次，即使他们用过，也不代表他们的好皮肤就得益于这些产品。近年来，关于明星在代言活动中应承担哪些义务的问题备受关注，也有相关的法规陆续出台。2006年，宝洁公司在中国销售的9种产品被发现含有有毒的重金属污染物，之后，有消费者起诉了宝洁公司旗下的SK-II（日本护肤品品牌）在中国的代言人刘嘉玲。

🫦 护肤品广告用语

我曾看到过一篇杂志报道，其中写道，某一款平价面霜含有15%的氧气和维生素E，可以让皮肤"焕然一新"，并且能"提亮肤色"。这是真的吗？人们还需要花钱买氧气吗？氧气真的会让皮肤变得更有光泽吗？

化妆品公司不会在广告中说一些很绝对的话，但他们可能通过打擦边球的方式来避开法律的管辖。面对类似的广告语，人们要认真思考一下其真实性和科学性。

一些没有意义的护肤品广告用语

- "医生们对结果感到惊讶"
- "可喜的成果"
- "改善……的外观"
- "激动人心的研究仍在继续"
- "可观察到的改变"
- "据说可以"
- "女性用户反馈说"
- "经过专业设计"
- "经过实验室检测"
- "美容编辑推荐"

男用化妆品

跟女用化妆品一样，男用化妆品也喜欢在广告里用一些强调性别特质的词，比如"坚韧""强劲"以及其他能展现男人味的词。请注意，这些词和产品的使用效果可能并没有什么关系。

买之前，先思考

化妆品公司常在自家广告中说产品中的某些成分是最新研究发现的，有助于抗衰老。这些成分大致可分为两类：一类是一些天然物质，比如海藻、胎盘和酵母发酵物；另一类是人造化学物质的混合物，这一类成分基本都是化妆品公司自己研发出来的。

雅诗兰黛有一款面霜叫"双重滋养白金级全效紧肤霜"，品牌方在该产品的广告中称该产品可以帮助皮肤抵御伤害并预防老化。广告还说该产品"能使皮肤感受到前所未有的饱满和健康""效果惊人"。

我个人的想法是，每当人们在广告里看到类似于"前所未有""重生""重新充满活力""重新覆盖"或者"更新"的词时，都要仔细想想其中的原理，思考一下是否真的有产品能有这样的效果。

护肤品广告：能写多少就写多少

护肤品广告中有时包含很多信息，让人摸不着头脑。以下广告语出自一款护肤品的广告，在我看来，这则广告应该被授予"最多废话奖"。

本产品利用了纳米技术，可有效提升面部轮廓。数百万颗具有提升效果的纳米粒子、来自南美洲的玫瑰苔藓和亚洲的石莲花共同发挥作用，以维持皮肤长久的细腻平滑。来自法国的羽扇豆蛋白可以使皮肤透亮、有光泽。来自非洲鸡腿树的微蛋白有助于保护成纤维细胞免受损伤。发酵的甜红茶可以促进脂肪细胞分化，提升皮肤的饱满度。来自丹麦的优质透明质酸可以促进皮肤的水合作用，帮助皮肤保持水润。本产品也可用于眼周。来自法国的多肽成分能够改善眼部轮廓，减少浮肿。红景天和甜菜提取物能最大限度地减少黑眼圈。这款产品能帮你提升自信——现在，几小时，几天，永远。

这是顶级化妆品品牌幽蔻（EUOKO）刊登在《VOGUE》杂志上的一则广告，我把它逐字逐句地抄录到日记本里。后来，我又在该品牌官方网站上看到了一款精华液的宣传语："隆重为大家推出一款颈部提拉精华，该精华率先应用分区护理理念，含有在火星上发现的铁玫瑰水晶。"看到这里，你想不想知道这个神奇的产品到底包含哪些成分呢？以下是该产品的成分表：

半乳糖醛酸、源自法国的西葫芦的蛋白质成分、火星上发现的铁玫瑰水晶（取自热液形成的岩浆石）、来自瑞士的二肽、来自法国的基肽3000、榄仁树提取物、黑接骨木、欧洲栗花粉与香草、三肽-10瓜氨酸、四肽-11、寡糖、源自西班牙的小麦和大豆蛋白质以及假交替单胞菌发酵产物提取物。

读完了成分表，我还是一头雾水，不知道这款产品有什么特别之处。不过，我大概知道为什么这款只有50毫升的产品可以卖615美元了。

该公司还表示，这款产品使用了DNA保护剂（提取自卡拉哈里西瓜），可以帮助皮肤排毒，皮肤排毒后能恢复年轻时的气色与弹性。

看完这个，我只想到一个词：荒谬。

护肤品交叉营销

你可能对"交叉营销"这个词有点陌生，它的意思是指商家将不同的产品或服务混合起来营销，以销售多种相关服务或产品。比如，一家杂志建议读者"在看电视台的早间节目的最后半小时涂抹日间精华液"，他们利用这种话术，既推荐了电视节目，又推荐了精华液。

彩妆品

化妆不应该影响人们展示"天然美"。人们喜欢化妆的原因应该是化妆可以突显自身的优势，使自己更自信、更愉悦。但是，化妆品公司致力于让更多的人相信，化妆是为了遮挡脸上的瑕疵或者让人看上去像某个电影明星。千万别相信这一套说辞。

在我发放的调查问卷里有很多关于化妆的问题，看到大家的回答时，我感到很难过。好多姑娘说自己"需要"化妆，因为她们觉得不化妆是"不可接受的"，觉得自己"只要不化妆就不够好看"。但我认为，即使不化妆，普通人也可以散发自然之美。

其实，化妆也是一种时尚。就像服饰一样，它也受到流行趋势的影响。化妆品公司为了鼓励人们抛弃上个月刚买的浅色唇膏，转而选择他们刚推出的产品，会在恰当的时机进行铺天盖地的宣传和营销，力证"本季流行涂鲜艳的色彩"，以此让人们产生购买的欲望。

作为消费者，在决定"买不买"和"买什么"之前，你可以问自己以下这些问题：

· "我喜欢它吗？为什么喜欢呢？"
· "它适合我吗？"
· "我享受使用它的过程吗？"
· "我用它，是为了突显自己的优点和特点，还是为了隐藏自己的缺点？"
· "我什么时候会用到它？"

· "它的价格合理吗？在我的预算范围之内吗？"

💋 彩妆品是什么

彩妆品是能够掩盖、修饰面容以及皮肤表面缺陷的化妆品，一般可分为粉底类、彩色类、赋香类等。从某种程度上来说，化妆是一种艺术，它和绘画、雕刻一样，都是通过色彩和线条来表达自我。对于大多数人来说，化妆是在冲出家门之前，涂一涂口红，让自己看起来更有精神的一种生活态度，或者是参加聚会时，能让自己在人群中脱颖而出的一种方法。说实话，化妆应该是一件好玩的事情，而不是强制性的必须做的事情。有些女性讨厌化妆，有些女性沉迷于此。无论如何，这都应该由每个人自己来选择。

💋 各人有各人的美

首先，让我们来想一些能用来描述"美"的词语吧。以下是一些我能想到的词语：相貌普通但有独特魅力的、有灵气的、帅气的、英俊的、引人注目的、有吸引力的、有力量的、漂亮的、可爱的、闪闪发光的、活泼的、有气质的、充满个性的、有表现力的、夺目的。

在这些词语中，哪些与脸有关？哪些与一个人的整体有关？现在，试着用其中一些词语来描述自己。想一想，除了脸，自己还有哪些地方很美。相信我，脸只是你整体的一小部分。我保证你肯定还有很多闪光点。

💋 彩妆品营销

跟香水（见第 70 页）一样，彩妆品的价格其实与成本并没有太大的关系。口红的成本（算上包装）可能也就是 2 美元，但是，人们买一支口红可能要花费 15 美元甚至更多，这是因为人们要为豪华的包装和精心打造的企业形象买单。美妆品牌会投放很多精美的广告，这些广告一次次在人们的眼前出现，时间长了，人们的大脑就会把精美的广告、名人的面孔与这个品牌联系起来。这些品牌在产品包装方面也是煞费苦心，就连包装上的字体都要精心设计或挑选，好让它们看起来"更高级"，以刺激人们的购买欲。

品牌方不仅会斥巨资在电视和杂志上投放广告，有时还会在影视剧中植入自己的产品或是为某些活动提供赞助，每年光这些花费可能就会达到上百万美元。俗话说，羊毛出在羊身上，这些花费自然也要消费者来买单。所以，很多时候，消费者不仅是在为产品买单，也是在为包装设计、品牌溢价和广告宣传买单。

你在彩妆品上花了多少钱

在我回收的调查问卷中，有 3671 名女性回答了这个问题。她们在彩妆品上的平均花费是 207 美元，最高的达到 4300 美元。我认为按这个支出，她们买到的不应该是彩妆品，而是能让人直接换脸的魔杖。

彩妆品广告

彩妆品广告跟护肤品广告如出一辙，各大品牌方深谙投其所好的道理，他们会先调查清楚消费者的需求，然后根据消费者的需求采取不同的宣传策略。以下是彩妆品广告想要传递给消费者的信息：

· 化妆可以"矫正"人的五官，让五官更加立体；化妆也可以"修复"人的皮肤，让皮肤看上去更透亮。

· 化妆后，人看起来会更像广告里的模特或者名人。

· 化妆可以改变面部的轮廓或者某个特征（比如，使脸看起来更小，使嘴唇看起来更丰满）。

· 自家的产品质量过硬，防水、防汗，使用后一整天都不会脱妆。

对化妆的看法

我真的很喜欢化妆，从15岁起，我差不多每天都化妆。

——布里奇特（22岁）

大多数男人都不喜欢化浓妆的女人。

——金基（39岁）

要是没化妆，我连门都不敢出！

——许姆（51岁）

你可以把花在化妆上的时间加起来，然后想想自己花了多少时间和家人在一起。

——萨拉（52岁）

虽然在天气炎热的时候，化妆可能只是在浪费时间（因为很快就会脱妆），但我觉得能暂时把皱纹遮住也挺好。

——珍妮特（54岁）

我化完妆后，看起来总是怪怪的。是谁发明的化妆？太讨厌了！

——苏兹（48岁）

我真希望彩妆品没被发明出来，自然的才是最美的！

——萨曼莎（29岁）

我不太喜欢化妆。我觉得我化完妆看起来更老！

——葆拉（43岁）

我不喜欢化妆。我绝对不化妆。永远都不会。

——萝宾（61岁）

化妆多好呀，我不用费什么力气就可以让我的脸"起死回生"。

——苏（55岁）

我讨厌"不化妆的女性是在放纵自己"之类的看法。我不喜欢化妆。

——朱莉（50岁）

化妆对我的自尊心有巨大的影响。

——莉萨（34岁）

我对很多彩妆品过敏，而且我的手很笨，近视又很严重，不戴眼镜完全看不清，所以化妆对我来说是一个很大的挑战。

——蕾切尔（37岁）

当我化妆的时候，别人不会来问我"你还好吧？"。所以，我一直坚持化妆。

——黛博拉（50岁）

我有一位朋友，她来自意大利的祖母曾告诉她："涂上口红，戴上耳环，否则人们会以为你丈夫死了。"我也有同感。

——迪（52岁）

我奶奶94岁了，从来没有化过妆，她现在看起来状态很好，我决定效仿她。

——简（53岁）

我偶尔化妆。化完后，我感觉自己像变了一个人似的，比平时更有魅力。

——塔尼娅（31岁）

不化妆我就活不下去。作为一个女人，我知道这种想法很愚蠢，但如果不化妆，就很难升职。

——弗兰（29岁）

我休息时会化妆。平时白天上班时不能化，因为我是一个生物学家，经常在水下工作。

——黛安（38岁）

化妆会让人看起来很俗气。

——妮科尔（32岁）

我讨厌化妆，因为化妆会让人看上去很假，可我又一直化妆，因为要是没化妆，我就不好意思出门。

——琪拉雅（20岁）

我喜欢化妆，可惜我的皮肤很敏感。

——埃塞尔（59岁）

千万别信广告里的话。要是你的内心是美丽的，你就会闪闪发光，大家都会看到的。要是你的内心丑陋，化再厚的妆也掩盖不了这一点。

——梅拉妮（29岁）

我被店员忽悠着买了很多化妆品，回家以后一次都没用过。我再也不会买这些东西了。

——格里塞尔达（65岁）

要是我每天都化妆，过不了几天，我脸上就会长很多痘痘。

——安妮塔（30岁）

曾经有人问我："我们这是去新西兰徒步旅行，也没人看你，你为什么还得费劲每天都化妆呢？"我说："我只涂睫毛膏和腮红，用不了一分钟，但花了这一分钟，我一整天的心情都会很好，何乐而不为呢？"

——安娜（33岁）

我对大部分彩妆品过敏。

——塔妮娅（27岁）

我额头上有个疤，我喜欢用遮瑕膏遮盖它。

——塔拉（25岁）

化妆可以让你从一个邋遢的妈妈变成一位精致的美女。

——凯莉（25岁）

彩妆品的销售策略

彩妆品柜台的销售人员都很会化妆。当你去柜台时，他们会给你化一个美丽的妆容，从而让你觉得这些产品很适合自己，进而购买。但化妆也是一门艺术，要是没有经过大量的练习，你自己很难化出那样的效果，这也就是为什么你把化妆品买回家后常常觉得自己化出的效果和销售人员为你化的不一样。想要有一个美丽的妆容，除了需要产品，还需要技术和经验。

彩妆品柜台的销售人员通常很热情，他们接受过专业培训，很懂得察言观色，他们会留意顾客的反应，让顾客觉得自己受到了照顾，得到了他们的帮助。久而久之，顾客会觉得去专柜买东西体验很好，进而频频光顾。其实，这些都是十分高明的销售技巧。

保持机警，不被忽悠

很多教人化妆的网站喜欢"挂羊头卖狗肉"，在所谓的化妆小贴士里夹带广告。有的化妆品公司在官网上发布了教人们化妆的视频，还鼓励用户上传自己的照片，然后将不同的妆效加在脸上，看看自己适合什么样的妆容。还有一些美妆网站是由美妆产品爱好者建立的，网站的收入来自广告商，也就是各大化妆品公司。所以，在这些网站上浏览产品测评的时候，一定要擦亮双眼，因为很多测评都是只说优点，不说缺点。在我看来，这些测评与其说是客观的评价，倒不如说是广告。

我们来看一个真实的例子。一个美妆网站的博主对一款新出的睫毛膏的评价是："是不是神奇的配方发挥了效力啊？不管它的配方是什么，它改变了我的睫毛。"在我看来，这种测评没有给人们提供任何有用的信息，完全是"说了等于没说"。多说几句，该网站上另一款关于某款润肤霜的评价也没什么参考性，这个评价是这么说的："我本来不想用科学知识和专业名词来让大家感到无聊，但

这款产品的成分真的'很能打'，真要说起来，我们要说上一天！"后面的部分，就是化妆品公司的宣传用语，比如"该产品使用了去乙先化酶技术""能让人永葆青春"。

我想，这个博主可能并不知道该产品包含了哪些成分，很有力的证据就是，不是"去乙先化酶"，而是"去乙酰化酶"。写错字还算是小事，我最不能接受的是，虽然他没有足够的证据去证明去乙酰化酶可以让人"永葆青春"，但他还是追随化妆品公司的脚步这样宣传了。

我还浏览过一个新西兰的网站，该网站号称自己提供"独立的彩妆品测评"。可是，我很容易就发现其中有些测评并不是从消费者的角度出发写出的，比如，这句"我们开发出了革命性的新成分"的测评。

化妆与防晒

根据澳大利亚预防癌症委员会的建议，人们在阳光下活动时，应该使用 SPF30 或防晒系数更高的防晒霜。虽然现在很多彩妆品（比如隔离乳、粉底液）也带 SPF，但是想要达到宣称的防晒效果，彩妆品可能要涂得非常厚，而一般情况下，人们不会把底妆涂得这么厚，这就导致这些彩妆品无法带给人们足够的保护。因此，最好还是先涂防晒霜，再用别的彩妆品。如果想要复习关于防晒的知识，你可以阅读第 94 页至第 95 页的相关内容。

💋 天然彩妆品和矿物彩妆品

有些人总是觉得彩妆品中肯定含有"有毒"的成分，比如，经常有人说"口红会致癌"。实际上，这种说法是没有科学依据的，市面上主流的正规品牌出品的口红通常不含铅或其他重金属，因此涂抹品质合格的口红并不会致癌。而且，这里再强调一次：不能抛开剂量谈毒性。

还有很多人喜欢买"无添加、无防腐剂"的彩妆品，觉得这样的产品更"天然"。拜托，要是你看到哪一款彩妆品以"不添加防腐剂"为卖点，可一定要提高警惕，打个问号，因为这种话真的不靠谱。所谓的"不添加防腐剂"，多指不添加各国化妆品标准中规定的特定成分，而不是真的没有添加任何有防腐作用的成分。那些声称不含防腐剂，使用期限却很长的彩妆品，很可能添加了其他的防腐成分，这些成分可能刺激性更强。

再来说说矿物彩妆品。矿物彩妆品的常见成分包括天然无机化学物质、金属离子、膨润土、滑石粉等。大多数情况下，矿物彩妆品不能跟"天然矿物"画等号，它们还是会包含传统彩妆品中用到的一些化学成分。就算是由"百分之百天然矿物质"制成的彩妆品，原料也都是人工开采出来的，而采矿这个操作可并不是很"天然"，而且对环境有害。所以，千万别过度迷信这类彩妆品。

另外，尽管有些矿物彩妆品标称的防晒系数很高（因为它们通常含有氧化锌），但是矿物彩妆品通常持妆性较差，而且需要涂得很厚才能达到标称的防晒效果。

虽然有研究表明，矿物彩妆品不会堵塞毛孔，因此几乎不会引起皮肤过敏，但是在使用之前，最好还是做一下皮肤接触测验。

💋 琳琅满目的彩妆品

妆前乳

妆前乳的主要成分是硅油，一般在上粉底液之前使用，这就像在往墙上刷油漆之前要先刷一层底漆一样。妆前乳可以改善肤色不均，增强后续涂抹的彩妆品与皮肤的贴合度，减少卡粉。

粉底液

粉底液是一种加了粉料的乳液状的彩妆品。上粉底液时，既可以用化妆刷或粉扑上，也可以用手涂抹。粉底液具有修饰肤色、遮盖瑕疵等作用。

散粉

散粉又称定妆粉，一般在涂完粉底液以后使用。散粉可以吸收脸部多余的油脂，减少脸部油光，防止脱妆，令妆容更持久。

遮瑕膏

遮瑕膏一般用来遮盖脸上的斑点、痘痘或者肤色不均匀的地方。有些遮瑕膏是管状的，其外观跟口红很像，使用时可以不用化妆工具，直接涂在需要遮瑕的部位。遮瑕膏有若干种颜色，不同颜色对应的功能不同，比如绿色的遮瑕膏可以用来遮盖红色的痘印，橘色遮瑕膏可以用来遮盖黑眼圈和泪沟等。遮瑕膏没必要非得买大品牌的，有一些便宜的遮瑕膏的遮瑕效果和使用感受也不错。

腮红

腮红的常见质地有粉状的、膏状的。使用时，一般用化妆刷将其涂抹在颧骨附近，使面颊呈现健康、红润的状态。使用腮红时，应注意用量不要过多，否则妆面看起来会很不自然。

美黑粉底液

美黑粉底液一般是深棕色的乳液，它能使皮肤呈现古铜色。对于追求古铜色皮肤的女性来说，美黑粉底液是不错的选择。

唇线笔

一般来讲，随着年龄的增长，人的唇线会变得不那么明显。使用唇线笔时要注意，唇线笔的颜色跟唇膏的颜色最好保持一致。如果发现用了某款唇线笔之后，嘴唇周围出现了长痘或过敏的现象，请毫不犹豫地扔掉它。

唇蜜

唇蜜的颜色一般比较浅，它的质地是啫喱状的，它可以让嘴唇呈现出水润、饱满的状态。

口红

有些化妆书和时尚杂志中提到，20～45岁的女性如果想显得更年轻，就涂鲜红色的口红。但书里说的不一定就是对的，我一直觉得这些书里部分模特的妆容过于夸张了。平时上班或出行时，这个年龄段的女性最好还是选择颜色浅一点的口红。不过，"烈焰红唇"说不定对年龄更长一些的女性有神奇的效果。

涂口红前，可以先在嘴唇周围涂上妆前乳，或者用唇线笔勾画嘴唇轮廓（唇线笔的颜色和口红的颜色最好保持一致），然后再涂口红。一般来说，滋润度比较好的口红持久性会相对差一点。亚光的口红比较容易显唇纹。吃饭和喝水前，记得先用纸巾把口红擦掉。

眼线笔

眼线笔的外形类似铅笔，可以用来修饰眼睛的轮廓，使眼睛变得更有神。可以根据需要选择不同颜色的眼线笔，也可以用深色的眼影来代替眼线笔。另外，眼线过粗并不会让眼睛看起来更大，反而会显小。想要快速"放大"双眼，可以试试睫毛夹。画眼线是一件需要练习的事，刚开始画眼线时最好不要画非常粗的全包眼线，否则很可能让妆容"前功尽弃"。

眼影

眼影是涂于上眼睑及外眼角处，以形成阴影、美化眼睛的彩妆品，备受许多女性的喜爱。眼影的形态有膏状、锭状、液体状和粉块状等。其主要成分为色素。根据美妆界专业人士的说法，涂抹中性色调（比如大地色）的眼影是最不容易出错的。

睫毛膏

睫毛膏可以从视觉上放大双眼，增强眼部的深邃感。不过，有些睫毛膏很容易晕染或者使睫毛粘在一起，使用时要注意手法，还可以多尝试几种睫毛膏，以找到适合自己的那款。防水睫毛膏的持妆效果更久，但是一般要用专门的眼部卸妆产品才能洗掉它。一些美妆杂志、网站和化妆品公司建议我们不要跟别人共用彩妆品，特别是眼部彩妆品，因为这样做容易导致细菌感染。

另外，你可能觉得睫毛膏广告里的女性的睫毛很美，自己涂的时候却完全不是那么回事，这是因为广告中的女性的睫毛很可能是用修图软件修出来的"假睫毛"，现实中很难刷出相同的效果。有些公司因为虚假宣传已经惹上麻烦了。

睫毛增长液

在某些国家，医生会给女性开一种药，这种药的功效是使人的睫毛变得更加浓密或者更长。这种药的主要有效成分是前列腺素类（比如比马前列素）。前列腺素类药物本来是用来治疗青光眼的，后来被应用到睫毛增长液中。长期使用含有前列腺素类药物的睫毛增长液可能会引起眼部过敏、眼周色素沉着、眼睑增厚发痒等。目前，澳大利亚有关部门规定，不允许将这种成分用于化妆品中，但还是有一些人为了使睫毛变长，要求医生给自己开用于治疗青光眼的药物。

我认为，与眼睛相关的事情真的马虎不得。除非得到了眼科医生的批准，否则，我真的不建议大家在自己的眼睛周围涂抹任何会影响睫毛生长的东西。最好不要为了让睫毛更浓密或更长就随便用治疗青光眼的药物，也尽量不要买那些号称能促进睫毛生长的眼部产品。

指甲油

指甲油有很多颜色，选择时应参考肤色。皮肤白皙的人宜选择桃红、淡红或珍珠色；皮肤发黄的人宜选择琥珀色或红色；皮肤较黑的人宜选择豆沙、正红等颜色。

指甲油的主要成分有成膜剂、树脂、增塑剂、溶剂、色素等。其中的很多成分容易对指甲产生损伤，长期使用，指甲可能会越来越软、越来越薄。

此外，指甲油散发的气味也可能诱发恶心、眩晕等不适症状。

要注意，一般来说，不管是指甲油还是指甲护理产品，都不能让指甲长得更快或者更坚硬。目前市面上的绝大多数指甲油和指甲护理产品都没法改善指甲自身的生长状况。

在化妆品选择上，人们应该听谁的？

说实话，我觉得大部分消费者都不具备专业的化学知识以及化学在化妆品中的应用的知识，因为这太难了。在写书的过程中，我向多位研究人员求助，非常努力地学习，但也只是了解了一些最基本的知识。消费者想要从没有利益关联的专业人士口中听到其对化妆品广告中宣传的化妆品功效的看法，不是一件容易的事情。很多了解化学原理，并且知道什么成分有效、什么成分无效的人，要么受雇于化妆品公司，要么有自己的品牌，需要推广自家的产品。此外，在大学工作的化学家和研究人员可能只有在得到资助的情况下才会进行这一类研究，可是，这些资助往往来自化妆品公司，这也导致这些专业人士很难中立地发表看法。

化妆品行业监管

目前，化妆品化学还没有成为学术界公认的科学分支。许多人现在自称为"化妆品化学家"，因为他们是学化学出身的，之后又专攻化妆品领域。不过，他们一般拥有自己的品牌或者受雇于化妆品公司。据我所知，目前世界上很少有独立的实验室或者机构，专门对化妆品的功效进行常规的研究和验证。

让人不安的是，很多关于非治疗性抗衰老面霜或者其他美容面霜的研究是由化妆品公司独立掌控的，化妆品公司还会为研究者提供研究资金。这种研究不受监管，因为相关产品没有登记为治疗性药品或者药物，而且，公司有权利不披露确切的成分含量和制作方法。虽然这些研究在产品安全性和化学成分的剂量（比如在化妆品里使用砷是违法的）等方面会受到法律的约束，但是除此之外，这些研究基本处于监管的空白地带。至于别的机构，不管是大学还是独立的消费者协会，都或多或少地在某些方面（包括专业知识、时间和资金等）有所欠缺，没有办法一一核实化妆品的所有成分和宣传功效。

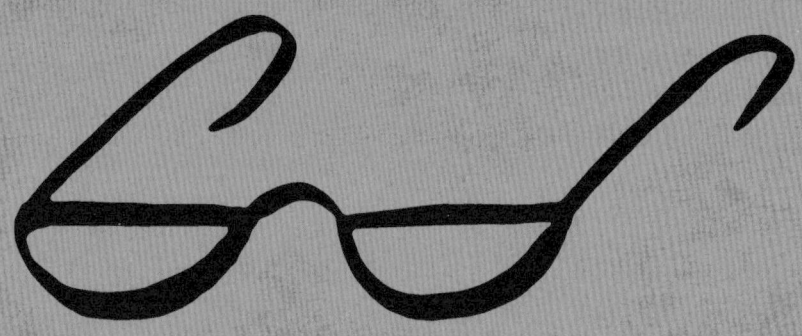

当你老了

　　有很多才20多岁的风华正茂的姑娘，整日都在担心自己身上出现衰老的迹象。她们坚信必须借助"神奇面霜"和肉毒杆菌毒素，才能让自己青春永驻。这意味着，如果不能摆正心态，她们将会忧心忡忡地度过余生，用剩余所有的时间来担心自己的外表。

　　是时候换一个标准来评判自己了。在这一节，我总结了人在各个年龄段，容颜和身材会发生哪些变化，论述了人们应该如何看待和接受这些变化，如何接纳衰老这件事并保持积极乐观的心态。

对变老的感想

随着年龄的增长，我越来越不在乎体重。30岁之后，我开始喜欢镜子里的自己。我对变老这件事已经不那么在意了。

——凯特（32岁）

我认为，人到了40岁以后，会越发喜爱自己的身体，学会欣赏自己的魅力，包括童年时期留下的伤疤、分娩留下的印记、岁月变迁的痕迹。我们会接受自己的不完美，也不苛求完美，毕竟这就是真实的自己。

——巴布（41岁）

我特别害怕变老，简直是谈"老"色变。明年我就要迈过50岁大关了，真希望这一天来得越晚越好。如果条件允许的话，我愿意明年一整年都处于冬眠状态，50岁可是一个重大的节点。

——伊冯娜（49岁）

直到现在，我还时不时地希望能在镜子里看到21岁时的自己。

——瑟瑞雅（30岁）

不要刚过30岁就开始操心变老这件事，因为当你90岁的时候，你可能就只剩下这一件事要操心了，所以到那时候再说吧。

——伊丽莎白（58岁）

怎样才能去掉黑眼圈呢？为什么我才30出头就已经眉毛灰白了？我真的很难接受也很讨厌这样一个事实：我已经到了头发变白、脸上长皱纹的年龄，可我还没找到自己的真命天子。我想，我找到真命天子的机会越来越渺茫了。

——里斯（31岁）

37岁的我比20多岁的我更强大，做事更游刃有余。我更有力量

了，可以同时背起两个孩子，即使背他们一天腿也不酸。也就是说，我可以更自如地应对生活。

——克莱尔（37岁）

40岁以后我发现，自己不再只是屁股大，而是全身都开始长肉。我还发现，遮盖腹部的赘肉比遮盖屁股上的更难。

——克里斯（55岁）

我想要与众不同。我讨厌变老，讨厌看到身体出现岁月逝去的痕迹，也很难接受自己的美丽日渐凋零的现实。

——维·特雷恩（54岁）

我从来都没有想过我会变成这样：满脸皱纹，毛发稀疏而凌乱。这简直太可怕了。

——萝宾（60岁）

不管担心与否，人最终都会变老，所以还不如积极地面对。

——芭芭拉（57岁）

我希望有人有办法阻止头发随着年龄的增长而日渐稀疏这件事。我怀念自己曾经拥有的乌黑、浓密的秀发。

——卡罗尔（63岁）

我朋友嘲笑我每天使用数十种护肤品。她只用肥皂、水和超市里卖的润肤霜，皮肤却完美无瑕，而我花了一大笔钱也没达到这种效果。这是遗传，要怪就怪爸妈吧！

——麦迪（34岁）

在我看来，我们必须记得人生的每个阶段都很重要。虽然广告和影视剧的焦点总是放在16～30岁的人身上，但这并不意味着这个年龄段的人就一定比12岁或87岁的人更完美。我们要让自己的每一岁

都活得精彩！

——索莎（34岁）

我觉得在加速衰老的因素里，吸烟比其他任何东西都厉害。什么时候开始戒烟都不晚。

——朱丽叶（40岁）

我23岁时特别喜欢在照镜子时盯着自己脸上的皱纹看。而现在，每次照镜子的时候，我看到的除了皱纹，更多的是自己这几年的经历，我喜欢这种感觉。

——凯蒂（27岁）

我不介意白发，但我讨厌皱纹。

——罗克西（40岁）

我不在乎皱纹，只在乎白头发。

——罗西（35岁）

时尚和化妆品行业能不能停止关注那些年轻人，转而关注那些想要打扮得漂亮、时尚，而不是绝望地老去的女性？

——卡罗琳（50岁）

关于衰老的问题，你既可以保持积极乐观的态度，也可以保持悲观消极的态度。但是，不管是哪种态度，你都不能控制衰老这件事，所以，由它去吧。

——黛比（49岁）

我很同情那些觉得自己必须做手术才能看起来更漂亮的青少年。我觉得这很可悲，因为他们还没有爱上真正的自己。

——薇娅（48岁）

在对抗衰老这件事上，信心的作用比手术大。

——梅里（40岁）

衰老历程：从 20 岁到 80 岁

女性在不同年龄段，对自己的身体会有不同的看法，关注的焦点也不一样。

10 ～ 20 岁的时候，正值青春期的女性会经历一系列的身体变化和心理变化，激素水平的变化、第二性征的发育可能会让一些女性觉得难为情，一时很难接受自己身体的变化。

20 多岁的时候，很多女性会为自己没有明星那样的美貌而烦恼，为脸上刚刚出现的皱纹、斑点而焦虑。

30 多岁的时候，很多女性会为自己面部下垂的趋势而焦虑，为此，她们甚至不敢靠近镜子，不敢直视镜子中的自己。

等到 40 多岁，有些女性开始出现"老花眼"。她们会看着自己逐渐衰老的容颜，纠结到底要不要去打抗衰老针。

50 多岁的时候，很多女性会觉得自己被身边的人乃至整个世界忽视了。她们对不可否认的衰老迹象感到沮丧，一心想知道到底哪种整形手术才能有效果，哪怕手术后自己看起来怪怪的，也比看起来老要好。

等到过了 60 岁，望着自己和年轻时截然不同的容颜，很多女性会疯狂抱怨时光对自己的蹂躏和摧残。

等到 70 多岁时，很多女性会觉得"一切都完了"。

每时每刻，年复一年，很多女性会一直执着于自己容貌、身材等的变化。想想看，她们会失去多少大好时光、欢声笑语和奇妙的体验呢？

人为什么会衰老

随着年龄的增长，人的皮肤会松弛、下垂。为什么会有这些变化呢？除了与自身细胞更新速度减慢有关，还与外界的影响有关，比如紫外线照射、吸烟、重力等。整形医生对于衰老的面孔可谓司空见惯。某位经验丰富的整形医生曾表示，基因在决定一个人皮肤的衰老速度方面起着重要作用。某些基因可能使人更容易受到紫外线的影响，更容易有皱纹，皮肤更容易松弛。这些基因可能影响胶原蛋白、弹力纤维等的合成和降解。甚至有研究人员认为，皮肤的好与坏完全由遗传基因说了算，其他因素都得靠边站。

下面列举了人在各个年龄段时身体可能出现的一些变化。需要说明的是，这些是可能出现的变化，而不是一定会出现的变化。

20 ～ 29 岁时身体可能出现的变化

· 额头以及眼角出现一些细纹。眼角的细纹通常在面部有表情时才会出现，没有表情时便会消失，这就是初期的表情纹。额头的细纹可能与总是瞪眼等有关。还有些细纹是由日晒造成的。

· 随着年龄的增长，眼神逐渐疲惫，双颊的"婴儿肥"逐渐消失，整个人看起来不再像十几岁时那样有活力。

· 对大多数人而言，如果体内激素水平比较平衡（或经药物调理之后能够实现平衡）的话，除了月经来临之前，脸上不会再像青春期时那么容易长痘痘。

30 ～ 39 岁时身体可能出现的变化

· 重力作用带来的皮肤下垂现象开始显现。

· 额头和眼周的一些细纹不会随着表情的消失而消失了。

· 脸颊的皮肤开始略显松弛。

· 熬夜后，身体恢复的速度变慢，能感到自己的身体状态不如以前。

· 开始长白头发。

· 35 岁前，身体的变化还是细微的，35 岁后，身体的变化比较明显。

对衰老的积极看法

这意味着我可以一天比一天更特立独行。

——迪娅（42岁）

不要让自己变成一个你一直鄙视的顽固、暴躁、自以为无所不知的老家伙。

——琳恩（56岁）

老了之后，我能把那些年轻人享受不到的福利通通享受了一遍。

——乔（65岁）

人老了也可以保持一颗童心。我打算租一套《芝麻街》中的玩偶穿的衣服去参加我孙子一岁生日的派对。

——戴安娜（62岁）

把注意力从衰老的身体转移到仍然强大的大脑上吧！

——温迪（53岁）

不要再为自己老了而感到焦虑了。

——伊丽莎白（58岁）

我父亲是在91岁那年去世的，当时他还在学西班牙语，还在计划下一个假期该怎么过。他是我的榜样！

——简（63岁）

每当我想起奶奶的时候，我能回忆起的都是有关她的欢声笑语。我希望当我老去后，我也能做一个能带给别人欢笑的人。

——凯瑟琳（55岁）

我以后想成为那种染着狂野发色的"疯狂老太太"。

——埃韦林（39岁）

为什么一定要"优雅地老去"？哪有人不老呢？做一个所谓的"丑陋的老太婆"又能怎么样？

——埃丝特尔（56岁）

打瘦脸针可无法使内心平静下来。

——吉尔（53岁）

高中毕业20周年聚会时，我发现大家都变得好有趣呀！随着年龄的增长，我们懂得越来越多，也越来越了解自己，知道什么才是适合自己的，这种感觉真好。

——阿里（38岁）

到什么年龄就做什么事。

——简（50岁）

随着年龄的增长，我意识到，我掌握的知识，经历的各种大大小小的事情，都是无价之宝，它们能给予我无穷的力量。

——凯瑟琳（44岁）

我现在想说什么就说什么，不再因为要"取悦"他人而倍感压力。

——斯蒂芬（44岁）

经验，成熟，智慧，学会不把自己当回事——这是岁月给我的礼物。

——丽莎（45岁）

随着年龄的增长，我对自己的认知越来越清晰，很少在意别人怎么看我。

——安娜（39岁）

现在，我想怎么支配自己的时间就怎么支配。

——布莱思（51岁）

如今，我对自己有着清楚的认识，很少在意别人怎么看我。

——朱尔斯（37岁）

年纪大了以后，你不用再忍受来自男性的骚扰。从另一个角度来看，你也不用再担心自己有一天容颜不再，因为容颜已逝。

——坎迪（43岁）

我现在不怎么担心能不能给别人留下好印象了，所以现在的我更加坦率、随性，也更加轻松自在。

——盖莉（47岁）

自信、知识、经历很重要，这些都是我人生重要的财富，是岁月给我的礼物。

——林恩（51岁）

我对自己更好了，不再过度在意他人的看法了。

——拉拉（47岁）

我认为，年龄的增长给了我获得尊重的权利。这是一件非常棒的事。

——艾米（25岁）

我的孙子、孙女给我带来了快乐，我现在有机会到处旅行，还可以培养兴趣爱好。"做好自己就够了"的座右铭，让我毫不在意别人的看法。

——路易斯（67岁）

我不会再因为有人不喜欢我而彻夜难眠了。我的生活经验让我对生活有了更深的理解。

——拉莫娜（52岁）

曾经，我讨厌在镜子里看到自己衰老的脸，但自从我妈妈去世后，我开始喜欢看镜子中的自己。看着镜中自己与她愈发相似的脸，我会觉得是她回来了，虽然她只是跟我短暂地打了个招呼。

——妮古拉（43岁）

现在的我能坦然接受来自不同文化背景的人的观点，欣然接纳自己与他人的不同，而且我觉得现在的我比21岁的我更有智慧。

——玛丽（73岁）

40～49岁时身体可能出现的变化

· 面部衰老越发明显，皮肤弹性减弱，脸上的细纹越来越多。

· 上嘴唇上方开始出现细纹，这一点在吸烟者身上尤为明显。

· 嘴唇饱满度下降，嘴唇看起来越来越薄。

· 眼皮部位的皮肤弹性减弱，外眼角开始下垂，眼窝逐渐加深。

· 面部、胳膊、手背上开始出现老年斑。紫外线照射是老年斑出现的主要因素，紫外线照射程度不同，老年斑出现的时间也有早有晚，有的人30岁出头就开始长老年斑。

· 胳膊上的皮肤开始松弛。

· 眼袋和黑眼圈很难消退。

· 灰白色头发的数量进一步增加，头发质地变硬，头发变得更难打理。

· 法令纹进一步加深。

· 即便是不笑时，笑纹（笑时脸上出现的纹路，一般分布在眼角和嘴角）也一直存在。

50～59岁时身体可能出现的变化

过了50岁，身体的外在表现会更多地和健康状况挂钩。如果经常锻炼，身体状况较好，人看起来会更年轻。

· 下嘴唇下方开始出现细纹，这一点在吸烟者身上尤为明显。

· 视力进一步下降。

· 女性在围绝经期后期，毛发的生长速度变慢，导致头发逐渐稀疏。

· 皮肤变差，毛孔粗大。

· 皮肤颜色发生改变，面部容易出现色素沉着。

· 由于雌激素分泌减少，皮肤干燥的情况加剧。

· 细纹增多，之前就有的细纹则会进一步加深。

· 颈部皮肤开始下垂，颈纹越来越明显。

· 眼睛周围的皮肤继续下垂。

· 眼球白色的部分以及牙齿都不如以前白。

· 除了白头发越来越多，部分眉毛和睫毛也逐渐开始变成灰白色的。

60～69岁时身体可能出现的变化

· 皮肤继续下垂，松弛加剧，颈部的皮肤也不能幸免。

· 由于衰老，相貌发生变化，眼皮的下垂使眼睛看上去变小了。

· 法令纹进一步加深。

· 头发及其他部位的体毛更加稀疏，体毛甚至可能由灰变白。

· 眼球变得浑浊。

· 牙齿松动。

· 色素沉着加剧，老年斑颜色加深。

如何看待衰老

否认变老的事实

随着年龄的增长，人的容貌会逐渐发生变化。人一生会经历"婴儿面孔""儿童面孔""少年面孔""成年面孔""老年面孔"五个阶段。其中，"成年面孔"阶段持续时间最长。从年少到年老，你或许感觉不到自己的容貌发生了多大改变，但实际上，在外人看来，你的外貌早已判若两人。

有些女性不想承认变老的事实，总是将自己与别人进行比较。她们经常会问一些问题，例如："为什么那些40多岁的明星，皮肤看起来还是水嫩无比，像刚剥开的煮鸡蛋一样？""做医美后是不是能显得年轻一点？"对于这些问题，我很难给出确切的答案。明星看上去一直不老或许跟花了很多钱保养有关，或许跟做医美有关，或许跟基因有关，或许跟化了很厚的妆有关。做医美或许能使人看上去更年轻，但也可能使人表情僵硬，使面部看上去很假、不协调。而且，即使面部看起来还是很年轻，颈部、手部的皮肤状态也有可能暴露人的年龄，通过做医美"永葆青春"不是一件容易的事。

接纳衰老

英国浪漫主义女作家芭芭拉·卡特兰在晚年时仍喜欢保持自己年轻时的装扮：戴着薄纱，披着雪纺披肩，穿着糖果粉色的衣服。她拥有一头铂金色的头发，每天梳着精致的发型，指甲上涂着厚厚的指甲油，睫毛上也涂着厚厚的睫毛膏。她习惯每天在脸上擦一些蜂蜜精华，因为在她看来，这样能让自己的皮肤变得更加柔软，还能减少皱纹。

打扮得很精致并没有什么不妥，但我认为不应该让其成为生活的重中之重。没有谁喜欢衰老，但衰老不可避免，人还是应该学会接纳衰老。

对待衰老的常见态度

- 自始至终都在全力抗争。
- 太忙了，没时间考虑。
- 总是想着这件事，不断地自我观察，因为每一个衰老的迹象而沮丧。
- 觉得衰老是不可避免的，再抗争也是徒劳，因此坦然接受。
- 随着年龄的增长，逐渐变得既不敢近距离照镜子，也不敢长时间照镜子。
- 将每一根白发、每一道皱纹当作自己的荣誉勋章。
- 因为觉得衰老不可逆而放弃复杂的护肤流程，并觉得松了一口气。
- 将衰老的表现与长寿联系在一起，并为自己的长寿感到开心。

衰老的积极一面

不要在意那些化妆品广告的夸大宣传。虽然你不再年轻，但是时间也赋予了你生活的智慧。下面这些也是衰老的表现，它们都不是坏事：

- 不再穿高跟鞋，转而穿舒适的平底鞋。
- 不关心也不惧怕别人的评价，变得更有自信。
- 阅历大增，更有智慧。
- 更加从容。
- 更加独立。
- 不再为了满足他人的期待而为难自己。
- 有更多时间做自己想做的事情。
- 不再被月经困扰。
- 更加注重取悦自己。

三种从容面对衰老的方式

1 将体重保持在健康范围之内。太瘦容易让人看起来憔悴、苍老，超重则容易使皮肤弹性受到损伤，从而更容易出现皮肤松弛的情况。

2 摒弃用有"矫正"或"遮瑕"功效的化妆品对抗衰老的想法，不会通过穿一些幼稚的衣服来让自己显得年轻。有些人觉得遮盖皱纹、打扮得像个学生会使自己看起来更年轻，但实际上，这只会暴露人的焦虑。

3 不因有皱纹而焦虑，笑口常开，学会换个角度思考问题。重力作用、长年累月所做的表情等，都会在人的脸上留下永久性皱纹。虽然这些皱纹会暴露人的年龄，但它们也代表了这个人的人生经历。

有助于从容面对衰老的建议

在我发放的调查问卷中，有很多年龄在25～71岁之间的受访者给出了她们对于衰老的看法，以下是一些我觉得有借鉴价值的：

- "我们本来的样子就很美，要学会相信自己。"
- "不要想太多，把握当下，及时行乐。"
- "真正的衰老不是你看起来有多老，也不是你觉得自己有多老，而是你表现得有多老。"
- "学会爱自己的身体，对自己好一点，享受生活的每一天。"

· "在变老的过程中，岁月带给了我们自信、知识和生活技能。"

· "不要把生活的重点放在和衰老的抗争上。衰老不可避免，要坦然面对它。"

· "要多关注自己的感受，不要只关注自己的外表。"

· "笑一笑，十年少。"

· "如果内心美丽，别人看到的我们就是美丽的，这与外貌无关。"

· "那些真诚的人会因为一个人的善良和慷慨而喜欢他，而不是因为他的外貌而喜欢他。"

· "不要用外貌去定义自己。"

· "不要拿自己和那些抗衰老产品广告中的女性比。"

· "即便我脸上有皱纹、身上有赘肉，我还是感觉现在比年轻时更自在、更开心，不会再像年轻时那样，因社会经验不足而极度缺乏安全感。"

· "要优雅、骄傲、体面地老去，但不是自恋。"

· "记住，我们的女儿在看着我们。我们应该积极面对衰老，成为她们的榜样。"

思考外表以外的东西

如果你觉得自己老了，可以尝试用以下方法来让自己好过一点。重点是，改变自己的想法和关注点，把注意力从外表转移到更有价值的东西上。

不要再总是站在镜子前苦思冥想，试图让自己看起来和以前一样年轻，而是要开始思考如何接受衰老。你需要明白的是，涂抹再昂贵的面霜也不能让你年轻十岁，你可以把买面霜的钱存下来去做按摩、放松身体，或者去度假，看看外面的世界。你也可以试着欣赏周围的一草一物，从美好的事物中汲取能量。更多地思考一下，到底哪些东西能让自己感觉良好，是丝绸带来的舒适触感，还是首饰带来的珠光宝气？也许是时候享受"观察"的乐趣

而不是总是"被观察"了。

年龄在增长，智慧也要增长

不要因为皱纹越来越多就去相信那些类似于"你需要摆脱皱纹"的谎言。

如今，人们经常会因为信息太多却不知道该相信哪些而感到很迷茫。我曾经在一本专门为女性写的书里读到，给有面部除皱需求的人注射肉毒杆菌毒素的最佳人选是牙医，因为他们深谙面部构造。这实在是有些荒谬，按照这个逻辑，是不是我鼻子不舒服了，也应该去看牙医？岁月除了会带给人们皱纹，也能带给人们生活的智慧，要学会分辨真伪。

头发变白

随着年龄的增长，几乎所有人的头发都会变白。大多数人的头发是慢慢变白的，但压力过大、过分恐惧或极度悲伤也可能导致头发一夜变白。

头发为什么会变白

导致头发变白的因素有很多，比如营养摄取不足、吸烟、熬夜、压力过大等。当然，衰老也会导致头发变白。随着年龄的增长，细胞内与黑色素合成相关的酶的活性降低，这会导致黑色素的合成越来越少，头发也就慢慢变白了。

从何时开始长白头发还与基因有关系。有人20多岁就开始有白发，有人40多岁才开始有白发，而有人在60多岁时白发也不多。因此，并不是说多少岁之前头发一定不会变白、多少岁之后头发一定会变白。

对待白发的态度

有些女性对"头发变白"的反应非常强烈，甚至到了畏惧的程度。她们不仅不想看到自己的白

有关白发的看法

我的闺密们不能接受我做出的"不再染发"的决定，她们都劝我赶紧给白发染色。

——芭芭拉（61岁）

对于长白发这件事，我自己倒是不觉得有什么，但是我老公不喜欢我有白发。

——芭芭拉（56岁）

我从25岁就开始秃顶了。后来，又开始长白发，以至于我不得不经常染发。这些白发倒是不掉了，真奇怪。

——KC（39岁）

我喜欢我的白发，它们很可爱。

——弗兰基（67岁）

我希望我老后头发通白，不要黑白相间！我不介意变老，只是我想更优雅地老去。

——埃拉（20岁）

我不想染发，但我的发型师坚持说头发花白会显老。

——特蕾西（49岁）

我都记不清自己为染发花了多少钱了，要是我有勇气坦然面对花白的头发就好了。

——伊莎贝尔（44岁）

老实说，我不知道不染发的话我的头发会是什么样的。

——吉尔（70岁）

我不能眼看着自己满头白发却什么都不做。我84岁高龄的妈妈还经常染发呢，我不想看上去比妈妈还要老。

——安布拉（53岁）

我从15岁就开始有白头发。

我没染过发，因为我觉得刻意伪装很没意思。

——米歇尔（35岁）

我喜欢把白发编到辫子里。

——波普（34岁）

我喜欢自己不断长出的白发，它们让我看起来更加高贵、有趣。

——阿鲁曼达（30岁）

我从30多岁就开始长白头发了，我当时就下定决心永远都不染发。

——特丝（70岁）

我头发花白，这让我觉得很没面子。

——安吉拉（63岁）

我并不在意别人看到我的白发。我觉得这样的我看起来很好。

——莫扎（55岁）

衰老与"不被别人看到"

要靠自己的本事获得别人的尊重：如果有人帮你开门或在公交车上给你让座，请报以真诚的感谢，而不要觉得这是理所当然的事；如果没有人帮你，你可以有礼貌地提出自己的需求，不要倚老卖老，觉得别人应该照顾你、迁就你。

——简（58岁）

不应该因为岁数大了就待在家里，过着与世隔绝的生活，应该走出家门，好好享受美好时光。

——珍妮弗（60岁）

职场中，年轻的一辈根本没时间顾及岁数大的一辈。

——唐（76岁）

之前有一段时间，我因为"不被别人看到"而闷闷不乐，但后来，当我看到、听到某些意想不到的事情后，我开始觉得"不被别人看到"根本不值得大惊小怪。

——卡兹（50岁）

"不被别人看到"会让我有一种无能为力的感觉，我希望被别人欣赏。

——琼（51岁）

有时候，"不被别人看到"是好事。我不怕那些年轻力壮的男人了，也不用再费尽心思地打扮得魅力十足了！

——罗斯（51岁）

没人看得到，也没人关心、在意上了岁数的人，尤其是芳华已逝的妇女。

——盖尔（51岁）

我们只是年纪大了一些，但大家不要因此就觉得我们傻得什么都不知道。

——萝宾（59岁）

因为我年龄大，年轻人根本就注意不到我，所以我去人多的地方时总是忧心忡忡。我担心有人会撞到我。为什么很多人好像注意不到白发苍苍的老人呢？

——珍妮特（72岁）

发，也不想看到周围人的白发。当同龄人或者是比自己更年轻的人做出"任由头发变白"的决定时，她们会非常不安，还会带着指责和愤怒的口吻说"这让她们看起来很老"。她们中的一些人认为，70多岁的女性有白发是可以接受的，但50多岁的女性不应该有白发，因为这会让她们看起来很"糟糕"。

🔖 自我选择

有些人不在意自己长出了白发，有些人则总是千方百计地想要遮住白发，付出更多金钱也在所不惜。随着年龄的增长，头发变白是不可避免的事，在我看来，这是一件不需要刻意关注的事情。我觉得，人应该遵从自己内心的想法，想染发就染发，不想染发就不染，不用在意外界的评价。其实对于大多数人来说，会影响形象的不是头发变白，而是染了很夸张的发色。

染发时，最好让专业人士调配好染发剂的比例。头发的灰度、肤色以及发型都会影响染发的最终效果，决定着染完发后的你看起来是时髦优雅的，还是邋遢奇怪的。另外，还要注意，不要揪白头发，因为用力拉扯头发会破坏毛囊结构，经常性地揪发、拔发可能会导致毛囊永久性受损，从而影响局部头发的生长。

第三章

饮食与运动

食物与感受

我总是在节食之后又暴饮暴食，这样的情况持续了很多年，这让我和食物之间形成了一种"不健康"的关系。这对我的影响不仅仅体现在身体健康方面，还体现在情绪和心理方面。

——罗茜（51岁）

我家里兄弟姐妹众多，他们大多都比较胖。我虽然喜欢吃，但为了不变胖，我一直都在节食。

——桑迪（38岁）

我很不满意自己现在的体重，所以我每天都在努力克制，争取将注意力从食物转移到别的东西上。

——尼基（28岁）

我觉得吃饭是件苦差事！我宁愿吃能让人有饱腹感的代餐，也不愿意经历决策、烹饪和进食这一系列的过程。

——热尼（44岁）

我对食物不是特别感兴趣。这可能是多年来在预算有限的情况下为11个人做饭的"后遗症"。

——玛丽（73岁）

食物是我最好的朋友，也是我最大的敌人。

——玛丽（37岁）

食物没有好坏之分，只是选择不同，每种食物都有不同的功效，有的能滋养身体，有的能让人开心。

——萨姆（40岁）

食物让我们全家人团聚在一起。直到现在，我还能回想起当时的感受：每到饭点，大家有说有笑，畅所欲言，彼此陪伴。我喜欢给全家人做饭。

——雅克利纳（39岁）

我高兴的时候，饮食就很健康；不高兴、沮丧、生气时，就会一直吃个没完。

——玛丽（44岁）

如果能把吃吃喝喝与庆祝、嘉奖、放松、社交等分割开来，那一定会很好。适可而止总比无休无止要好。

——海伦娜（39岁）

我很想解决自己贪吃的问题，但我不知道要怎么解决。

——吉塞尔（30岁）

我饿了就吃，在无聊或沮丧时也会吃。

——凯特（39岁）

食物能给我安慰，但每次大吃大喝后我都会恨自己。

——凯茜（44岁）

对我来说，选择吃什么、不吃什么是一件让我很有压力的事。它夺走了饱餐一顿的乐趣。

——林达（37岁）

食物让我开心。我喜爱食物。我简直不敢相信全世界有这么多的美食：肉类、水果、蔬菜……它们的味道和外观都非常独特！

——安（78岁）

我最大的问题就是"靠吃来寻求慰藉"。如果能用其他方式来安慰自己，比如看书或听音乐，我一定能变得更好。

——罗丝（18岁）

在我家里，食物可以作为嘉奖或惩罚而存在。这种做法极大地左右了我的想法。

——默里（25岁）

我对食物真是又爱又恨。有时候我觉得自己被食物支配了，它控制了我的情绪、思想，我的一切。

——娜塔莎（40岁）

我喜爱食物。生活就是要和朋友、家人分享美食。当然，我指的是吃得好，不一定非要吃得多。

——西蒙娜（38岁）

我觉得吃吃喝喝是生活的乐趣之一。我讨厌在我吃得正起劲儿的时候，有人用"节食规则"来批评我。

——萨拉（43岁）

我吃得不错，但我总是在想自己该吃什么，不该吃什么。

——罗丝（31岁）

我喜欢吃。食物越新鲜，越招人喜爱。如果可以，我真想吃个没完没了。

——罗兹（39岁）

我总是让自己饿肚子。

——克丽丝（55岁）

当我因为没有拥有如杂志中的模特一般的完美身材而倍感压力时，我就会控制不住自己，开始暴饮暴食。当我对自己的身材感到满意时，我的饮食就会很规律，挑选食物时也会很理智。

——利奥妮（68岁）

我总是觉得自己很胖，即使我并不胖。我从来没有在食物和体重之间找到平衡。

——梅拉妮（34岁）

怎么吃，更健康

　　目前，公众对健康饮食的看法可谓各抒己见。在这一节中，你可以了解到情绪对饮食的影响，减肥手术是否值得一试，节食是否有助于减肥，什么能吃、什么最好不要吃，过敏与食物不耐受的区别，以及素食主义者应该注意的问题等内容。你也会了解到，节食和低脂饮食给人带来的影响可能与你想象中的并不一样。

怎么吃

对于"怎么吃"这个问题，你可能会说："'吃'不就是把东西放进嘴里，然后咀嚼，最后咽下去吗？"是的，这是"吃"的动作，但是谈到"怎么吃"，其中的学问可大了。大家可能都知道，要把"情绪"和"吃"分开，不能总是把食物看作一种奖励、补偿甚至是"药"。但是，怎样才能做到这一点呢？怎样才能避免在不知不觉中吃东西，或是明明不饿却还拼命吃东西呢？怎样才能既享受美食，又不会因为摄入了大量热量而耿耿于怀呢？

🌱 美食，良药也？

如今，很多人会把美食和"治愈"联系在一起，还会说"美食，良药也"。这些人的想法是，只要营养均衡，多吃"超级食物"，就能"百病全消"。这种说法并不是完全错误的，因为保证营养均衡确实对人有好处，这样做能降低一些疾病的发病风险，使人的身体更健康。但是要做到营养均衡，首先要保证食物种类的丰富性，不要总想着吃一些所谓的"超级食物"。

"超级食物"通常被认为是对健康有益，且含有更丰富营养素的食物。某医学院的期刊曾经列出以下 12 种超级食物，分别是三文鱼、蓝莓、西蓝花、鸡蛋、希腊酸奶、豆类、核桃仁、燕麦片、橄榄油、茶、藜麦、黑巧克力。

不过，有很多健康问题是美食无法解决的，食物与药不能画等号。确实有很多食物有助于我们保持身体健康，提高免疫力，但是哪怕我们壮得像头牛，吃再多有机食品或是所谓的"超级食物"，我们还是有可能生病，因为我们还面临着病毒、细菌的侵扰。

🌱 健康的饮食习惯

为了提高免疫力，降低患病风险，无论是在家庭生活中还是职场中，我们都应当远离危险的有毒物质和化学物质（重工业从业者容易接触到这一类物质）。除此之外，在饮食方面，还要注意以下几点：

- 多吃蔬菜。
- 多吃全谷物食品。
- 适量吃黄油或橄榄油。
- 提高植物蛋白的摄入量。
- 早餐吃未经精细化加工的麦片或其他不含添加糖的谷物食品。
- 避免摄入农药残留物或其他化学物质。
- 减少盐和糖的摄入量。
- 减少调味料的摄入量，尝试用草本植物或天然香料来调味。
- 避免食用过多加工食品。
- 不吸烟，不过量饮酒。很多研究都表明，过量饮酒容易增加癌症的发病风险。虽然有研究认为适量地喝红酒有利于心脏健康，但也有很多研究否认了这种说法。

在这里还是要强调一点，那就是虽然吃得健康有助于身体健康，但这并不能百分百地保证我们永远健康、不生病。

美食与情感

🌱 十大饮食建议

专门研究饮食行为的医生、咨询师和心理学家针对饮食提出了各种建议。我汇总出了十条比较有代表性的饮食建议跟大家分享：

1 学会享受美食。食物不是一种罪恶的东西，吃饭本身应该是一个享受的过程。你完全没有必要躲躲藏藏，遮遮掩掩。如果家里没有你想吃的东西，你完全可以大大方方地给自己买点想吃的，然后细细品味，专心享受。

2 倾听身体的需求。花一点时间，学习倾听身体的需求，在觉得饿的时候再吃饭。感受一下，你是饿了，还是没吃饱？是吃饱了，还是吃撑了？注意，胡吃海喝能让你吃饱，但不一定对健康有益。

3 换一种方式奖励自己。想在伤心的时候或者辛苦工作一天后犒劳一下自己？没问题。但是，可以不用大吃一顿来犒劳自己吗？你可以找朋友一起看一场电影，奖励自己一束花，或者往"旅行储备金"里存 100 美元。

4 放松一点。偶尔破坏一下规矩，来一块蛋糕或者吃一点高热量的食物不算什么。不要因为自己吃了什么或者没吃什么而感到恐慌或焦虑。昨天没有吃绿叶蔬菜吗？不要紧，今天多吃一点就可以了。有人曾经说过，人生苦短，不要在细节问题上过于纠结。你不需要每天都精确地计算出自己吃了多少克东西或者摄入了多少热量，也不需要称量每种食材的重量（除非你是在照着食谱做菜）。

5 学会替换。别再往即食麦片里放糖和干果了，试着把糖和干果换成新鲜水果，最好再把即食麦片换成未经过精加工的燕麦或其他谷物。你也可以把果汁、气泡水换成水，把大块的劣质巧克力（比如配料表里有代可可脂的巧克力）换成一小块可可脂含量高一点的高品质巧克力。千万别不吃饭，学会替换某些不太健康的食物，改变一些习惯就可以了。

6 不要一心多用。吃东西时，一定要避免一心多用，比如边走边吃东西、边看书边吃东西、边看电视边吃东西。一心多用时，大脑甚至有可能意识不到你已经吃过东西或吃饱了。

7 学会分享。如果可以的话，和其他人一起分享美食。如果你有孩子或者室友，可以和他们一起做饭。你还可以邀请家人帮你装饰一下餐桌或者摆一摆餐具，孩子特别爱做这种事。

8 多多尝试。美食不仅可以补充能量，还能给人

带来乐趣。尝试一下新的口味、新的烹饪方法吧。你或许要尝试好几次才能适应某些食物的味道。你是否也有过小时候不喜欢吃某种食物，长大以后却喜欢得不得了的经历？人是会变的，你的口味也是。大胆尝试吧。

9 学会判断。多大分量的食物最适合你？你吃多少就感到饱了？吃多少就感到撑了呢？

10 不要吃撑。感到自己吃饱了时，就可以停下来了。不要因为盘子里还有东西没吃完，就在已经吃饱了的情况下继续吃。不要总想着"我必须把这些东西都吃完，不然就会浪费"，你完全可以通过科学正确的保存方法，把没吃完的食物放到冰箱里，等到下一顿饭再吃。

🥬 用心吃饭

"用心吃饭"是说吃饭时要全神贯注，不要狼吞虎咽，要调动各个感官去感受食物，这样你就不会品尝不到食物的味道，也不会忘记自己吃的是什么、吃了多少。

亲自准备食材和烹饪都有助于人更加用心地对待食物。我奶奶以前会提前把过冬时要吃的水果全部煮好，然后密封在罐子里保存起来，这样冬天时，除了应季水果，她还可以吃到其他季节的水果。她还会自己抓鸡、杀鸡、烧水，把鸡毛一根根拔干净，接着亲自把鸡烤熟，最后再去享用它。而现在，只要我想，我可以一次性买八只烤好的鸡，边吃边看电视，根本不去想鸡是怎么做出来的，它是什么味道的，自己到底吃了多少。我的意思不是你一定得满山遍野到处乱跑，费尽心思地去挑选真正的散养鸡，而是你可以花一点时间在挑选食材、和家人一起烹饪美食上。这样的话，你就会对吃饭这件事有更深的感触，能够更好地品味食物的味道。如果你总是忙忙碌碌，你就更应该给自己一点额外的时间，吃一点自己亲自烹饪的食物，来好好享受生活。

《盲目地吃》（*Mindless Eating*，也译作《瞎

关于饮食

早餐

对我来说，早餐和晚餐都非常重要。我不喜欢省略任何一餐。

——卡伦（36岁）

我整整有15年的时间没有吃过早餐。那时，每到上午11点左右，我整个人的状态都很差，觉得一切都一团糟。自从饮食正常之后，我感觉好多了，体重也下降了。

——阿曼达（49岁）

我早上刚醒来的时候吃不下任何东西，所以我都是在上午休息的时候才吃早餐。

——路易丝（29岁）

少食多餐

每隔三个小时，我就要吃点东西。我什么都吃，但体重也没有增加。

——卡伦（45岁）

我喜欢少食多餐的进食方式，我真的很不喜欢分量太大的食物。

——伊丽莎白（58岁）

我一天到晚吃个不停，但每次都吃得很少。

——埃玛（32岁）

我试着每天吃六小餐，而不是每天只吃一顿大餐，其余时间全靠零食来撑着。

——珍妮（49岁）

孩子与蔬菜

教孩子吃东西时要咀嚼。很多孩子不喜欢吃蔬菜，因为吃蔬菜要咀嚼很久。所以，我们从小就要给孩子灌输一种思想，那就是吃蔬菜

对身体好。

——凯里（42岁）

如果你不断地给孩子夹蔬菜，而且你自己也吃蔬菜的话，那么哪怕你的丈夫不吃蔬菜，孩子也会吃的。

——卢（29岁）

巧克力

我每天都会吃三餐，注重营养均衡。我还会额外补充适量的牛奶、巧克力。

——梅甘（35岁）

晚上我经常吃一些绿叶蔬菜。我每天都会吃巧克力。

——卡拉（28岁）

有三种东西对我很重要：红酒、咖啡和巧克力。

——安妮（42岁）

有机食品

只要有条件，我就会吃有机食品。我会努力避免摄入过多的食品添加剂，所以我平时会吃很多新鲜蔬菜，尽量不吃加工食品。

——埃玛（26岁）

我们每周都会让人送来好几箱有机蔬菜和水果，而且每当这个周订购的货品送来的时候，我们早就已经把上个周的全吃光了。

——妮科尔（35岁）

素食主义者

我从11岁开始就是一个蛋奶素食者。我一直在研究营养学。我们一家人都吃得很健康。

——德博拉（53岁）

我是一个素食主义者，但是这并不意味着我吃得很健康。我总是很忙，所以吃了太多外卖，我本不应该这样做的，但是我天生就特别喜欢吃炸薯条和巧克力！

——纳塔莉（29岁）

从十几岁一直到二十岁出头，我都是一个严格的素食主义者，我觉得这样其实并不好。

——卡伦（26岁）

食物过敏与食物不耐受

我正在采取无麸质饮食方式。这对我的社交活动、经济状况和日常生活都有影响。

——吉莉恩（46岁）

最近我查出自己患有乳糖不耐受。之前我一直觉得浑身不舒服，不再喝牛奶后，我感觉好多了。

——凯蒂（50岁）

觉得不舒服时，去医院做个检查，把检查结果拿给医生看看。我就有果糖吸收不良的毛病。另外，一定要找一个知道自己在说什么的营养师！

——卡罗琳（30岁）

我有麸质和乳糖不耐受的情况，所以我不能去外面的饭店吃饭，我和伴侣会自己在家做便当。

——马德莱娜（29岁）

我有腹腔疾病，凡事都得看食物的"脸色"行事，这真是让我烦透了。如果你的家人和朋友存在食物过敏或者食物不耐受的情况，请尽最大的努力去迁就他们，一定不要忽略他们的需求！

——贾内尔（36岁）

吃》《无意识进食》）一书的作者布赖恩·万辛克通过大量的实验发现，下面这些情形会让人吃得更多：盘子大，食物分量足；取餐方便；吃饭速度快；菜单的描述过于具体。他建议，人们准备餐食的时候，除了准备个人盘中的食物，还可以多准备一些蔬菜和沙拉放在餐桌中间，这样如果人们吃完了盘中的食物，还想再吃一些什么的时候，就只能取蔬菜和沙拉来吃。他还建议，上班族可以把胡萝卜之类的东西当作零食放在办公桌上，把高糖、高盐的食物放在更难拿到的地方。

🌸 一烦就吃东西？

如果你在感到烦躁、焦虑、悲伤、不知所措，或者无聊时，想到的第一件事就是吃，那么除了改变你的食欲触发机制，找到另外一种安慰自己、打发时间的方式外，你还可以关注一下自己的情绪。你可以阅读第六章第一节《恼人的情绪》和第二节《心理健康》中的相关内容，了解一些抒发负面情绪的方法。

🌸 奖励性食物

女性更喜欢把含糖量高的零食当作"奖励性食物"，如巧克力、冰激凌、饼干，而男性往往更喜欢通过吃一顿丰盛的正餐来奖励自己。不过，男性有时也会因为吃了盒装的早餐麦片，喝了碳酸饮料、啤酒，而在不知不觉中摄入大量糖分。

暴饮暴食

长期暴饮暴食容易带来多种健康风险，而且会使人的身材逐渐失去控制。如果你觉得自己无法控制自己的食量，有暴饮暴食的倾向，或者总是哪怕不饿，也会吃个不停，建议你及时向医生咨询。

你要明白一点，那就是改变饮食习惯、学会合理进食需要付出努力，并且需要持之以恒。这个过程对你的身心都是巨大的挑战，有时你甚至会觉得身体吃不消，所以，你要定期给自己一些奖励（不要把食物当作奖励），比如买一件新衣服、出门度假等，努力的你值得拥有这些。试着像对待最好的朋友一样对待自己，对自己多一些理解，多一些友善，慢慢来，循序渐进。只有把新的饮食习惯变成生活的一部分，适应它、习惯它，你才能坚持下去，并最终取得成功。

在本章接下来的内容中，我还会谈到节食的相关内容。很多暴饮暴食的人会试图通过节食来弥补自己的"过失"，但这个过程通常会让人苦不堪言，而且会迫使身体发出饥饿信号，从而让人吃得更多。

🌸 分量与能量

摄入大分量的食物并不能保证摄入丰富的营养素。过去，松饼跟纸杯蛋糕差不多大，而现在，它几乎和硬皮甜瓜一样大。它提供的营养素种类并没有增加，包含的能量却占据了一个人每日能量推荐摄入量的很大一部分。这意味着，食用松饼后，从数字上看，一个人摄入的能量可能已经够了，但实际上，这个人并没有摄入丰富的营养素。

心理学研究也证明了这一点：盘子越大，或是桌上的食物越多，人就会吃得越多。人就是这样，总是想把能看到的食物都吃下去，就像明天再也吃不到了一样。

所以，如果你希望你和家人既不浪费食物又能控制好食量，那就少做一点，同时，要保证食物的种类足够丰富。你可以在一餐中搭配几种营养丰富的食物，每种的量无须太多。这样你和家人不用吃太多食物，便可以获取丰富的营养素，并保证能量充足。

为了使膳食更均衡，通常要保证四类食物的均衡摄入，包括谷薯类、鱼肉蛋豆类、水果类和蔬菜类。按照每日 1600 ～ 2400 千卡的能量需要标准，建议谷薯类摄入量占膳食总重量的 26%～28%，鱼肉蛋豆类占 13%～17%，水果类占 20%～25%，蔬菜类占 34%～36%。目前市面上有一些标有刻度的餐具，使用起来很方便，不过普通人不需要过分严格地用这个标准要求自己，有意识地向该标准靠拢即可。

减肥手术

如今，常见的减肥手术包括胃束带手术、胃旁路术等。下面介绍一些常见的减肥手术。

· 胃束带手术：胃束带手术是将一条可调节式硅胶束带环绕于胃的上部，从而把胃分割成上下两部分的手术，两部分之间有一个小开口允许食物通过。为了方便理解，你可以将原本的胃想象成"0"字形的，在中间箍上一条带子（即胃束带）后，胃就会变成"8"字形的。通常，胃上部的空间小于胃下部的空间，这样，胃上部可以容纳食物的空间就小了很多，当胃上部被填满时，胃部的神经会向大脑释放"吃饱了"的信号，人的胃口就会随之下降。有些人做完胃束带手术后，可能会出现胃食管反流、胃束带移位等术后并发症，所以术后要注意密切监测自身的健康状况。

· 胃旁路术：一类外科减重手术，主要原理是改变肠道结构、关闭大部分胃功能，减少胃的空间和小肠的长度。一方面通过在胃的上部建一个小胃囊，限制食物摄入量；另一方面将远端空肠和小胃囊吻合，使食物绕过胃大部、十二指肠和第一段空肠，从而极大地控制食物的摄入和吸收。常见的术后并发症有倾倒综合征、营养不良、肠梗阻等，如果患者术后感到身体不适，需要及时就医。

· 内镜袖状胃成形术：这是一种在内镜下通过对胃进行袖状成形，减少胃的容积，从而达到减重目的的手术。方法是对幽门前胃窦至食管胃结合部大弯侧胃壁进行间断或连续全层缝合。

· 胃内球囊置入术：这是一种在内镜下将球囊置入胃内占据空间，从而达到控制摄食量、实现减重目的的手术。一段时间后，可以将球囊取出。其优点是无创且可逆，缺点是球囊容易破碎、可持续性较差、当干预撤离后体重容易反弹等。

关于减肥手术的争论

自减肥手术诞生以来，对于其利与弊的讨论从来没有停止过。现在，世界各地的很多医生和患者都表示，减肥手术对大多数肥胖人士而言并非福音。他们的理由是：

· 减肥手术治标不治本，没有解决导致肥胖人士肥胖的根本问题。肥胖人士术后不仅仍然有暴饮暴食的可能性，还可能出现一系列的术后并发症，并且产生不良的情绪反应。

· 一般来说，接受减肥手术的肥胖人士的体重远超健康水平，因此，在麻醉、手术和康复过程中，他们出现并发症的风险也要高于一般人群。

· 很多减肥手术的营销手段过于激进，营销文案也十分耸人听闻。这些都可能对肥胖人士产生误导。还有一些医生出于利益方面的考虑，没有将手术的风险如实告知肥胖人士。很多肥胖症患者本身就容易有绝望、悲伤等负面情绪，这使得他们更容易成为诱惑力极强的营销手段的猎物。

· 一些减肥机构宣称，术后会对患者进行跟踪随访，但是很多时候，术后无法坚持严格饮食规定的患者会被排除在跟踪随访之外，所以关于手术成功率的数据可能是不准确的。

· 很多肥胖人士并未被充分告知术后的注意事项。比如，在手术后，他们很长一段时间内都要严格地限制饮食，有些人甚至一生都只能吃糊状食物，这意味着他们失去了从饮食中获得快乐的机会，也很难像以前那样和朋友们聚餐，分享美食。

· 一般来说，减肥手术并不能解决心理问题。如果那些因为焦虑或抑郁而暴饮暴食的人没有及时接受心理治疗，那么他们因心理问题而产生的症状很可能会进一步恶化。美国的一些专家称，某些人在接受减肥手术、饮食受到限制后，开始将心理寄托从美食转移到其他东西上，比如酒精或毒品。

· 许多肥胖人士对自己术后的身材抱有一种不切实际的幻想，有时甚至还会主动提出要接受其他手术，切除身体其他部位的脂肪。

· 减肥手术容易引起一些后遗症，包括经常打嗝、食用固体食物或稍微多吃一两口东西时就会呕吐，还有一些人一吃东西就容易反胃。

· 减肥手术通常价格不菲，肥胖人士动辄就要花费数万美元来动手术，有的还需要在术后一段时间后，继续花大价钱来移除那些安装在身体里的装置。

尽管存在这些问题，但很多实施这类手术的医生依然对手术效果信心满满，认为这是解决肥胖问题的必由之路。他们坚称自己是在帮助身陷健康危机的人，认为做减肥手术是唯一一种可以遏制肥胖者暴饮暴食，避免他们死于与肥胖相关的疾病的方法。

控制饮食

人们可能因为各种原因而控制饮食：有的人因为过敏或者其他健康原因不得不控制饮食；有的人想通过控制饮食来体现自己对生活的掌控力；有的人是因为担心自己变胖而节食。另外，还有人是因为心理问题而出现进食障碍（见第 301 页至第 305 页）。

🟢 节食为何屡屡以失败告终

很多试图通过节食减肥的人都会发现这样一个现象：通过节食瘦下来后，体重很容易反弹，甚至会变本加厉。其实，这是因为身体在想方设法地保护自己。身体一旦监测到自己进入"饥饿状态"，就会拼尽全力进入"节能模式"，人的基础代谢率就会降低，每天消耗的能量就会减少。恢复正常饮食后，由于基础代谢率和每天消耗的能量仍处于较低水平，从食物中摄入的能量就更容易被身体以脂肪的形式存储下来。

此外，在短时间内通过节食减肥，减掉的更多是身体内的水分，而不是脂肪。因此，如果你想减肥又不希望体重反弹，就要循序渐进，采取更加健康的方式来减肥，比如减少食物的分量、坚持锻炼等，并让这些成为你的习惯，进而成为生活的一部分。

🟢 十大减肥禁忌

① 切忌通过节食快速减肥。

② 切忌利用减肥药减肥。

③ 切忌以为瘦下去就永远不会反弹。

④ 切忌因为某种减肥方法对别人有效而盲目尝试。

⑤ 切忌总是把节食挂在嘴边。

⑥ 切忌为了参加某个活动而减肥。

⑦ 切忌因为要穿某件衣服而减肥。

⑧ 切忌听从名人的建议而减肥。

⑨ 切忌因为看了报刊、电视节目、网站上的文章而减肥。

⑩ 切忌仅因为某个亲朋好友的建议而减肥。

有些时尚杂志和网站上有各式各样的节食减肥法，还给出了很多减肥食谱，但实际上很多减肥食谱并没有什么用。这些时尚杂志和网站只是抓住了人们害怕自己变胖的心理，通过登载减肥方面的资讯，来提高杂志销量和网站的点击量。所以不要盲目相信所谓的"流行节食法"，你可以把它们当作参考，但不要奉为圭臬。

有些人觉得身材苗条会让自己更快乐，所以想要通过节食来减肥，然而他们没有意识到的是，快乐与体形无关，与心态和思维方式有关。采用短期节食的方法来减肥不仅难以取得最终的成功，还容易让人产生挫败感。刚开始节食时，人的体重确实会下降，所以人就会产生一种错觉，例如："节食起作用了，果然有效果啊！我一定要加油！"其实，这种"效果"是不持久的。事实上，节食会诱使身体储存更多能量以维持身体机能，只要饮食方面稍有松懈，体重就有可能反弹。

节食为什么难以坚持

首先，节食会对人们提出各种要求，比如要求人们投入大量的时间和精力来计算食物的热量，严格称量食物的重量，严格监测自己的体重，严格遵循指令，制订严格的购物清单，购买非应季食品，准备自己并不想吃却不得不吃的稀奇古怪的晚餐……长时间坚持这些做法本身就是一件困难的事。

其次，人都有一种心理，那就是越得不到的越渴望得到。想象一下这个场景。如果你说"我永远都不会吃甜甜圈了"，那么我敢肯定，你在说这句话时，满脑子想的都是甜甜圈。接下来，你有两个选择：一是"不吃"，那就意味着你对它的渴望会与日俱增；二是"吃"，那就可能达不到你想要的效果。越是限制某种食物的摄入，你就越想吃这种食物，到头来越有可能暴饮暴食，吃得比谁都多。这是一个恶性循环。最后，你会因为失败而后悔不已，感到内疚或沮丧，这又可能导致你通过进食来安慰自己。

🍀 为什么不应该节食

· 节食会扰乱身体的新陈代谢，促使身体储存更多能量，身体还会进一步"保护"这些能量。
· 节食容易导致营养不良，从而出现健忘、注意力不集中、头痛、抽筋、便秘、骨质疏松、头发缺少光泽、皮肤暗淡、口臭等症状。此外，节食时，

由于身体缺乏能量，人很容易感到疲惫，看起来无精打采。
· 节食容易导致情绪不佳，甚至是抑郁。节食会让人觉得自己无法为自己的生活做主，一想到美食，就会涌起悲伤、消极、狂躁之类的情绪。
· 节食已经被证实是进食障碍的诱因之一（见第六章第二节《心理健康》）。
· 节食容易导致"溜溜球"效应。停止节食后，体重很容易反弹，而体重反弹后，人可能会觉得体重反弹是因为这种节食方法不管用，转而去尝试别的节食方法，进而陷入"减了又肥，肥了又减"的恶性循环。
· 节食食谱会逼迫人吃一些自己不喜欢的食物或贵得离谱的非应季食物。坚持吃这些食物可能会让人和钱包都承受不起。
· 几乎所有的节食方法都不是为某个人量身定制的，所以它们无法完美地满足某个个体的实际需求。
· 有些节食食谱中的食物并不适合全家人一起享用。还有一些节食法则干脆建议节食者自己一个人吃饭。但是，人类是群居动物，聚在一起吃饭是人生活的一部分。大部分节食者在和他人一起吃饭时都无法全身心地参与其中，这会让他们产生一种孤独感和与世隔绝的感觉。
· 对家长来说，他们需要经常做一些简单而又健康的美食，供全家人一起享用。为不同家庭成员准备不同的食物是一件很困难的事情，而且会给孩子们传递错误的饮食信息。

🍀 失败的不是你，而是节食

节食计划失败后，女性往往容易陷入深深的自责和自我厌弃之中。某些医生和减肥机构灌输给她们的思想是"我们神奇的瘦身法是不可能有问题的，问题出在你身上，因为你缺乏意志力"。很多女性对此深信不疑，认为自己之所以失败，是因为

自己没有足够的意志力，只要坚持下去（即使这种做法是不合逻辑的、不健康的，会让她们变得暴躁和疲惫），她们就能取得成功。所以，在这里，我想送给那些姑娘一句带有"魔法"的话，请反复念："我没有失败，失败的是节食。"

🟢 减肥产品

许多售卖减肥产品的公司动辄斥资数百万请名人为自己的产品代言。尽管有时候名人所说的确实是肺腑之言，他们可能确实使用了这种产品，这种产品对他们来说也确实有效，但是和许多女性一样，他们的体重也可能是减了又增，增了再减。绝大多数购买减肥产品的人都需要严格计算食物的摄入量，或者只吃事先配好的餐食或代餐。但实际上，如果不能够持之以恒，做出长久的改变（包括养成更健康的饮食习惯，减少食物的分量，增大运动量，循序渐进地瘦身，不追求立竿见影的效果），他们的体重还是很容易反弹的。有趣的是，如果他们能坚持上面括号中的这些做法，他们就根本不需要花钱去购买减肥产品。

🟢 寻求科学的饮食建议

很多杂志会刊登名人的"饮食秘诀"，但那些"秘诀"的科学性还有待商榷。也有一些名人会在社交网站上分享自己的食谱。我的建议是，不要在没有咨询医生或营养师的情况下就接受来自媒体、名人、家人、朋友或是所谓的"专家"的饮食建议。我认识的一个人最近就花了800澳元请一位虹膜学家为自己提供了一些饮食建议，据说这位专家能够通过观察一个人的眼睛来诊断疾病，但目前的医学水平无法证实这位专家说的是不是真的。

非专业人士提出的饮食建议可能会有副作用或引发其他健康问题。婴幼儿、青少年、孕妇或哺乳期的女性尤其要警惕这些建议。判断一种饮食方案是否科学可行，首先要看它包含的食物种类是否丰富，如果这个饮食方案把一整类食物或者某种颜色的食物全部排除在外，你就需要警惕起来了。事实上，如果一个饮食方案听起来很疯狂、很不合理，那它实际上可能就是疯狂的、不合理的。

在寻求饮食建议时，要找那些有专业资格认证、有经验、能秉持客观态度的专业人士，不要找那些只会制订严苛的规则、指责或威胁患者的人。更多相关内容，可以参考第155页"营养行业执业者介绍"部分。

🟢 跟以下行为说再见

· 跟他人相约一起节食。不要与朋友或其他网友分享短期节食计划，这可能会导致没有意义的攀比和竞争。众所周知，竞争是导致饮食失调的一个风险因素。

· 营造自我厌恶的氛围。如果你嫌弃自己的身材，你可以说自己胖，可以冲着镜子中的自己做鬼脸，但是不要在家中营造一种自我厌恶的氛围，尤其是在孩子面前，这样做会给孩子树立不好的榜样，让女孩开始讨厌自己，让男孩变得总是对女性的身材指指点点。你应该帮助下一代树立正确的观念，使家庭成为孩子的避风港，让他们远离那些不正确的思想和流言蜚语。

· 吃减肥药。很多减肥药含有能够降低食欲、抑制饥饿感的成分，但同时，其中的某些成分也会让人兴奋或烦躁不安，从而影响睡眠。长此以往，人迟早会崩溃。此外，服用减肥药容易造成营养不良，甚至对肾脏造成损伤。

· 靠服用泻药来减肥。常见的泻药一般是通过润滑肠道或使粪便软化而促进排便。长期或大量服用此类药物会使肠道内的菌群紊乱，引发脱水、肠胃功能减弱、免疫功能下降等问题。

· 长时间服用代餐食品。代餐食品是为满足成年人在控制体重期间一餐或两餐的营养和能量需要而专门加工配制成的食品，常见的有代餐粉、代餐棒等。很多商家在售卖这类产品时，会大力宣传其减肥效果。但实际上，这些代餐食品往往食之无味，让人很难坚持吃下去，也没有社交价值和长期效果可言。此外，代餐食品的营养往往不全面，长期用代餐食品代替一日三餐容易导致营养不良，出现头晕、疲劳等症状。

· 贴贴片或涂抹凝胶。有些商家号称他们的贴片或凝胶能够向使用者体内释放一种能够燃烧或分解脂肪的物质。醒醒吧，这是不可能的。

· 过分相信那些所谓的"减肥法则"。例如：只吃水果；不要吃水果；不要吃白肉；上午 11 点以前不要吃任何东西；上午 11 点以后不要吃任何东西；不论盘中有多少食物，吃一半就好；采取周一、周三、周五正常吃饭，周二、周四、周六禁食的饮食计划；在冰箱上贴一张身材特别好的明星的照片；每天只吃和手掌一样大小的富含蛋白质的鸡胸脯肉；严格计算食物的重量；每 56 分钟称一次体重；每次吃饭时都先吃盘子里热量最低的东西；盘子里要剩下三口食物。你能想象这样一幅幅"绝美"的画面吗？

· 不吃碳水化合物。人不吃碳水化合物确实有可能使体重下降，但是这种做法很难坚持，而且会使人容易疲倦、无力、脾气暴躁，还容易口臭。一旦重新开始吃碳水化合物，体重很容易反弹，甚至会比之前更高。

· 不吃白色食物。远离白色食物意味着不能吃米饭、吐司、白糖、白萝卜、豆腐、梨等食物。少吃米饭等淀粉类食物的确有助于减肥，但是完全不吃淀粉类食物会导致一系列的副作用，比如低血糖、骨质疏松等。而白萝卜、豆腐等食物含有丰富的营养物质，对身体有很多益处。

· 只吃生食。有一些食物生吃是没有问题的，但是如果只吃生食，就很难摄入充足的营养。有些食物中的营养素需要经过蒸煮及少油翻炒等高温加热后，才能释放出来，被人体吸收。此外，烹

饪的过程和热气腾腾的食物会令人产生愉悦感。

突破节食思维

每个人新陈代谢的速度、身材、胃口、运动水平、生活方式、收入等都不一样，生活的环境也不尽相同。所以，没有一种放之四海而皆准的节食减肥法。是时候改变"减肥只能靠节食"的想法了！

停止寻找借口

为了替自己这种不健康的行为辩解，节食的人经常会找各种理由，试图让节食"合理化"。有的说自己是公众人物，需要保持苗条的身材；有的说自己要为结婚做准备；有的说自己有食物不耐受的问题（这是他们自己认为的，而不是经过医生诊断的）；有的说自己要去度假，只有瘦下来，才能拍出好看的照片……总之，他们会找各种理由，甚至是编造出一些理由，还会假装自己属于某个特殊的群体，以证明自己节食行为的合理性。其实，所有人都同属于一个群体，一个需要保持均衡饮食、以促进身体健康的群体。只有少数人由于健康问题等特殊原因才需要在短期内节食。

"排毒"

在我看来，很多所谓的"排毒法"其实就是节食法的另一种说法。很多人想节食，但又不想用"节食"这个词，所以就自欺欺人，自我安慰说自己是在做一件"健康"而又"合理"的事情：排毒。真相是，排毒法并没有什么作用，还有可能影响身体健康。很多排毒法甚至可以用"危险"来形容，它们会严重地影响人的免疫系统和新陈代谢。

事实上，人根本不需要刻意排毒。人体的肾脏和肝脏本身就具有很强的排毒能力。食物有一部分会被身体消化和吸收，剩下的会进入大肠，变成粪便，由肛门排出。营养物质在肝脏中进行代谢，

代谢产物会被输送到需要它们的部位，为身体供能。同时，肝脏会分解毒素，并将废物排出。血液中的一些毒素会被输送到肾脏，然后进入膀胱，以尿液的形式排出。出汗也是一种排毒方式。所谓的排毒饮食并不能阻止或者加速这些进程，也不能让身体通过皮肤或肛门排出更多的毒素。人也没有必要用有清洁功能的草本植物或其他物质来"清理"自己的结肠壁。

很多排毒饮食有可能导致头痛、胃部不适，坚持食用越久，越有可能对身体的各个系统造成非常严重的损害，具体的影响取决于个人情况。目前可以确定的是，某些排毒饮食很有可能导致流产，所以孕妇千万不能随便食用。

另外，很多排毒饮料是用不新鲜的蔬菜和果肉制成的，外加一些合成维生素、水果调味剂和绿茶等。这些原材料可能比薯片还便宜，变身成排毒饮料后价格却高得离谱，关键是它并没有什么特殊功效。

有一些排毒药号称是由草本植物、维生素和矿物质精炼而成的，其实不过是具有通便作用的草本植物和维生素的混合物而已，但它们的价格要比草本植物和维生素的价格之和要高得多。吃了这些排毒药后，人确实会排出很多粪便，但是排出的不是什么"毒素"，而是体内积淀的东西。此外，具有通便作用的草本植物还可能让人轻度腹泻，有时也可能导致重度腹泻，具体反应取决于个人情况。

目前，人类还没有进化到不吃饭也能茁壮成长的地步。在进化的过程中，人体已经形成了对饥饿高度戒备的模式，刻意地、持续地"饿其体肤"容易让健康出现问题。身体并不喜欢这种人为的干预。

就算你想改变自己的生活习惯和状态，也没有必要以可能会对健康产生不良影响的方式来"开场"。你可以给自己一段时间，循序渐进地改变，让自己养成更健康的饮食习惯，这样效果会更好。

🌱 食物血糖生成指数

食物血糖生成指数（GI）是衡量食物摄入后引起血糖上升速度的一项有效指标，表示某种食物升高血糖效应与标准食品（通常为葡萄糖）升高血糖效应之比。GI 值越小，升高血糖的程度越低。一般而言，食物血糖生成指数大于 70 为高 GI 食物，55～70 为中 GI 食物，小于 55 为低 GI 食物。糖尿病患者、肥胖人群应选择低 GI 食物，且少食多餐，以便保证血糖水平稳定。

低 GI 食物不易被消化，在胃肠中停留时间长，能量释放缓慢，能让人长时间有饱腹感，因此很多人平时会刻意选择低 GI 食物。但实际上，人不能过多摄入低 GI 食物，比如，果糖属于低 GI 食物（GI 值大约为 23），如果摄入过多，可能会引起腹泻和血液中的甘油三酯升高。现在有一些食物的营养标签上会有 GI 值说明，但 GI 值低并不代表这种食物就有利于减重，因为有些食物虽然 GI 值较低，但脂肪含量较高，如巧克力和炸鸡腿，所以很多低 GI 食物吃多了还是容易发胖。另外，在生活中，除非你对每一种食物的 GI 值了如指掌或者吃每一餐前都查食物 GI 值表，否则你很难判断哪些食物是高 GI 食物，哪些食物是低 GI 食物。过分关注这些数值很可能让你有挫败感，因为很有可能你花了很多时间来关注 GI 值、控制饮食，效果却并不明显。

总而言之，除非你有特殊的健康原因，需要严格区分食物的 GI 值，否则你只要大致了解哪些食物对餐后血糖水平影响较小，并且能让你持续保持精力充沛的状态即可。

食物过敏与食物不耐受

食物过敏与食物不耐受会导致各种问题，从轻微的恶心、腹泻，再到严重腹泻，甚至可能导致无法呼吸、过敏性休克等。

生活中，有一些人确实会对某些食物过敏或不耐受。但也有一些人的症状是"假装"的，或者是由自己诊断、臆想出来的。这些人之所以这样做，可能是因为想减肥，也可能是因为这样做可以显示出他们的与众不同，抑或是因为更严格的饮食控制可以让他们有安全感。

🟢 两者的区别

- 食物过敏：食物过敏是指部分人体将某些食物（多为蛋白质类食物）视为抗原，产生了抗体，以致在再次摄入此食物时引起的过敏反应。其症状包括皮肤发红、发痒、起皮疹，流鼻涕，喉咙肿胀，呼吸困难等，严重时可引起过敏性休克，甚至危及生命。较为常见的过敏原包括乳品、黄豆、贝类、花生和蛋等。

- 食物不耐受：食物不耐受是指部分人体对某些食物（如乳糖、蚕豆等）缺乏相应的消化或代谢的酶类，以致在进食此类食物时引起不适或疾病的情况。临床表现主要为进食某种食物后出现腹泻、呕吐、腹痛、腹胀等症状，停止进食后症状很快缓解、消失，再次食用后又可出现相似症状。可能导致不耐受的食物及成分包括乳品、小麦、玉米、坚果、酒精、食用色素、防腐剂、调味品等。在中国，比较常见的食物不耐受是乳糖不耐受。乳糖通常存在于牛奶、酸奶或其他奶制品中。有研究指出，超过 90% 的亚洲人患有乳糖不耐受。另外，随着年龄的增长，食物不耐受的情况会越来越严重。

乳糜泻

严格来说，乳糜泻（小肠对麸质过敏）既不属于食物过敏反应，也不属于食物不耐受，而是一种自身免疫性疾病。乳糜泻患者对小麦、大麦、黑麦或燕麦中所含的麸质蛋白异常敏感。在麸质的刺激下，患者的免疫系统会将自身组织或细胞当成异物，产生抗体攻击小肠绒毛，导致小肠内壁受损，从而使营养物质的吸收率降低。因此，乳糜泻的临床表现是由营养物质消化吸收障碍导致的营养不良、体重减轻、倦怠乏力、贫血等。

有些人可能是对小麦过敏或者是非乳糜泻的麸质敏感，而非乳糜泻。如果你怀疑自己对麸质过敏，不要自行诊断，应该及时去看医生。

🟢 注意事项

- 所有有食物过敏史的人在预订餐厅或接受邀请时都要事先声明自己对哪些食物过敏。餐厅工作人员或邀约者应尽最大的努力做出特别安排，如果做不到的话要提前说明。

- 任何人都不得在明知他人存在食物过敏或食物不耐受问题的情况下偷偷在他的餐食中添加会导致他过敏或不耐受的食物。这并不是一个有趣的玩笑，要知道，这样做可能会危及他人生命。

- 有过敏史的人请不要到处宣扬自己的过敏症状或病史，也不要逢人便说自己的生活有多艰难，除非有人请你这样做。

- 请不要到处宣扬自己有治疗过敏的"灵丹妙药"，称自己的哪个亲戚就是吃了这种药才痊愈的。也不要不懂装懂，随便发表意见或是大肆嘲笑有食物过敏或食物不耐受问题的人。

肠易激综合征

肠易激综合征是一组以腹痛、腹胀、腹部不适、排便习惯改变为主要特征，并伴粪便性状异常，而又缺乏形态学和生物化学异常改变等可用器质性疾病解释的临床症状。它是临床上最常见的一种胃肠道功能紊乱性疾病，可持续存在或间歇发作，被列为功能性肠病的一类。其发病原因尚不明确，可能是多种发病机制共同作用的结果，与胃肠动力紊乱、内脏感觉异常、炎症、免疫、激素、脑肠调控异常、精神、情绪、饮食等因素有关。由于对某种食物过敏、不耐受或其他疾病也可能导致类似的症状，因此有相关症状时，最好及时就医，请医生做出诊断。

医生一般会结合病人的症状、病史、大便常规检查报告、大便隐血检查报告来做出诊断，有时也会建议患者做肠镜检查。肠镜是一支细长、可弯曲的医学仪器，前端带有摄像头，其操作方法是将镜头由肛门处放入，然后由下而上进行观察。肠易激综合征可以通过调整饮食、心理治疗或药物治疗等方式来加以调理。药物治疗可改善腹泻、便秘、腹痛等症状。

🟢 过敏的确诊

过敏必须经过医生确诊，千万不能自我诊断。你可以先找全科医生进行初步诊断，必要时，他会向你推荐专科医生或营养师。与胃肠道相关的疾病的致病因素往往十分复杂，症状也因人而异，要最终确诊通常需要反复排查。不要想当然地认为自己就是对某种食物过敏。实际上，很多因素都会导致与过敏类似的症状，如压力过大。

有些人吃完饭后经常胃痛或恶心，就想当然地认为自己对所吃的食物过敏，所以多年来一直严格限制自己的饮食，最后却发现自己根本不是对该食物过敏，当时的症状可能是由肠道菌群失调或压力过大导致的。当某个人长时间不吃某种食物（比如辣椒），然后突然一次性吃了很多这种食物后，他也可能会有不良反应，但这可能是因为他需要给自己一段时间去适应它，而不是因为他对这种食物过敏。而且，任何一种食物一次性吃得太多，都可能使人感到不舒服或引发不良反应。

🟢 食物过敏与食物不耐受能治好吗

很多人可能终其一生都被食物过敏或食物不耐受困扰。好消息是，目前有研究表明，食物过敏和食物不耐受是有可能治愈的，即使是很严重的过敏也有治愈的可能，不过前提是要在医学专家的监督和指导下进行长时间的治疗。治疗食物过敏或食物不耐受是一个非常漫长的过程，患者需要不断监测身体的变化，食物也要一点一点地以特定的方式添加到饮食中。所以，如果你有这方面的问题，还是要及时就医。

食物与道德

如今，食物不仅与人的温饱有关，还涉及伦理道德、资本、生态环境等多个领域。接下来，我会对转基因食品、有机食品、素食主义者和纯素食主义者等做一个简单的介绍。

🟢 转基因食品

转基因食品是指利用基因工程技术改变基因组构成的动物、植物和微生物生产的食品与食品添加剂。目前，人们尚未清楚转基因食品会对人体产生何种影响，所以很多人不敢轻易去尝试这类食品。也有人说，转基因食品是发展趋势，人们必须适应它并对它加以管理，因为它或许是人们未来应对食物短缺问题最好的武器。

有杂志曾经刊登过这样一张图片：一个婴儿正在抱着奶瓶喝转基因牛奶，奶瓶上盖着一个大红色印章，上面写着"已污染"。对于这种容易引起恐慌的做法，人们要特别小心。确实，人们有权知道自己所购买的食品是不是转基因食品，但是对于转基因食品是否会对人体造成伤害，目前尚无定论。

🟢 有机食品

有机食品是指来自有机农业生产体系，根据国际有机农业生产要求和相应的标准生产加工的，通过独立的有机食品认证机构，如国际有机农业运动联盟（FOAM）认证的食品。有机食品生长在良好的自然环境中。在生产和加工有机食品的过程中，不得使用化学农药、化学肥料、化学防腐剂和添加剂，也不得使用基因工程生物及产物。有机农业实施耕地轮作制，以作物秸秆、畜禽粪便、豆科作物和绿肥等为肥料，不使用农药，而使用生物、物理等综合技术防治病虫害，尽量避免环境污染，是环境友好型农业模式。在澳大利亚，在条件允许的情况下，厨师们都更喜欢烹制有机食品，因为他们觉得有机食品的味道更好，而且对农场主和环境更友好。不过也有一些农场主表示，他们会使用一些较为安全的农药以防治病虫害。他们表示，在这个行业中，要完全做到"有机"几乎是不可能的。

很多人选择有机食品的原因是觉得有机食品的营养价值更高，受到的污染更少，对人体更安全、更健康，而不是因为它们的口味更好。但目前有研究认为，有机食品的营养价值并没有显著高于非有机食品。但受物流、产量、天气、人工等因素影响，相比于非有机食品，有机食品的价格往往更高。

另外，现在还存在这样一种现象，那就是尽管许多商家声称自己的食品是有机的，但是有些包装食品中，真正的有机成分只占了很小一部分。实际上，真正的有机食品需要通过独立的有机食品认证机构认证，并带有官方标识，一般这类食品的有机成分含量应不低于95%，而且需要满足其他要求，如不使用基因工程生物及产物等。

还有两个概念与有机食品有关。一是生物动力学农业。生物动力学农业是指通过加强与土地、植物、动物的联系，建立起一种和谐的、有节律的农村生产与生活整体，生产以自给自足形式为主的农业。这个概念是由鲁道夫·斯坦纳博士在大约100年前提出的，是一个更具有整体性和哲理性的概念，不过该概念的部分内容在现在的有机农场主看来可能已经有点过时了。

二是生机饮食。生机饮食是一种将"生食"和"有机"结合起来的饮食方式，简单地说就是指多吃未经烹煮的且生长或生产过程中不使用化学肥料和农药的果蔬、坚果等天然食物，以便最大限度地摄取果蔬中的酵素、维生素等营养成分。该饮食方式的倡导者认为，尽可能利用有机无公害的天然食材来为身体提供能量，可以使人充满生机和活力。

🌱 素食主义者与纯素食主义者

很多人从伦理道德的角度出发，认为食用动物是错误的，所以他们成了素食主义者。素食主义者一般有三种类型：奶素食者吃乳品，但不吃蛋类、肉类和海鲜；蛋素食者吃蛋类，但不吃其他动物性食品，包括乳品；奶蛋素食者吃乳品和蛋类，但不吃肉类和海鲜。

纯素食主义者不但不吃肉类、海鲜，也不吃蛋类、乳品等所有与动物相关的食品，在穿着方面也会避开动物产品或动物衍生品。可以说，纯素食主义者践行着更为严格的动物保护主义。有一些纯素食主义者这样做是因为信仰，有一些是出于瘦身、保持身材的目的，还有一些是为了保护动物和环境。对一些人来说，遵守各种饮食规则和条条框框会让他们有安全感，所以他们每天都在考虑和讨论什么可以吃，什么不可以吃。

素食主义的倡导者认为，畜牧业和养殖业会耗费大量的水资源，产生过多的二氧化碳；大量生产肉类可能涉及对动物的虐待；等等。他们觉得，素食主义饮食对地球和人类的健康都大有裨益。也有一些人认为，人类可以吃肉，但是在养殖和屠宰动物的过程中，应加强对动物的人道主义关怀。

成为素食主义者或纯素食主义者真的能让人更健康吗？

一般来说，多吃蔬菜、水果的确对身体健康有益。摄入过量红肉和加工肉制品确实容易引发心脏病，还有可能增加肠癌等癌症的发病风险。但是如果没有找到恰当的替代品，只是简单地不吃肉类等动物性食品，就容易导致营养失衡，继而导致营养不良。对人类来说，许多关乎生命健康的营养素可以从荤素搭配的膳食中轻松获取。

要想活得健康，素食主义者在停止摄入动物性食品的同时，在平日的饮食中要注意摄入足够的蛋白质，不能只依靠碳水化合物来填饱肚子、获得能量。而且，除非有一个非常完整而周密的每日膳食计划，否则素食主义者最好注意适量服用维生素补充剂和矿物质补充剂，以保证维生素和矿物质的充足摄入。

对于纯素食主义者来说，他们更容易在营养充足和营养均衡方面出现问题。很多人成为纯素食主义者是出于伦理道德方面的考虑，但是他们不能拿出令人信服的证据表明纯素食足以使儿童大脑和身体的发育达到最佳状态。

很多素食主义者和纯素食主义者的"肉类替代品"中蛋白质和其他营养素的含量并不高，有一些还添加了不少糖和盐。建议这些人群购买食品时仔细查看配料表和营养成分表，以确保买到的食品物有所值，而且能够满足身体的营养需求。

素食主义者和纯素食主义者需要特别关注的问题

儿童、孕妇和哺乳期的女性对于营养的需求量要高于其他人群。但是，目前网络、图书和各种宣传材料中关于素食主义和纯素食主义的大部分信息是针对一般成年人的，并不适用于上述特殊群体。素食主义者和纯素食主义者需要特别关注和注意补充下面列出的营养素。

- 维生素 B_{12}：维生素 B_{12} 能够促进红细胞的发育和成熟，促进神经纤维修复。干香菇、藻类等只含有少量维生素 B_{12}，因此这类人群可能需要适量服用维生素 B_{12} 补充剂。
- 锌：锌的主要来源为动物性食品，且植物性食品中含有的一些成分容易抑制肠道对锌的吸收，所

以这类人群可能需要适量服用锌补充剂。
- 钙：这类人群很难从植物性食品中获取充足的钙，而且植物性食品中的某些成分可能会阻碍钙的吸收，因此他们需要额外补充钙。豆腐、大豆等食品中都含有钙。有一些营养强化食品（向食品中人为添加一定量的食品营养强化剂而制成的食品）中也额外添加了钙。
- 铁：这类人群很容易缺铁。西蓝花、菌菇类、藻类、坚果类食物中都含有铁，一些强化豆类食品、麦片和面包中也添加了铁。这类人群还可以适量服用铁补充剂。另外，富含维生素 C 的食物能够促进人体对铁的吸收，因此这类人群可以适量补充灯笼椒、番石榴、黑加仑、杜果、橘子等食物。
- 蛋白质：素食主义者和纯素食主义者每天必须用足够的植物性蛋白来代替动物性蛋白，以满足身体对能量的需求。豆制品、南瓜子、苋菜、花生、燕麦、菠菜、西蓝花、芦笋等都含有丰富的植物性蛋白。

🟢 食物伦理

除素食主义外，在意食物伦理的人还关注环境保护、食品安全等方面的问题。总体来看，他们呼吁人类要使用一种可持续的、对环境友好的、合理的方法进行食品生产，在食品分配和资源利用方面要更加公平，而且在动物产品的使用方面要建立起道德框架，还要加强对卫生和其他行为、流程的监管。

对食物是否符合"道德"的痴迷

有些人对食物有自己的要求和执念，例如：食物必须来自方圆 100 千米以内的范围；食物必须是有机的、新鲜的、应季的。他们中的一些人坚持在工作日的晚上吃"慢餐"（用高质量的、当地生产的新鲜食材做的饮食），每天都去采购食材，

以确保对吃到肚子里的每种东西都"知根知底"。如果你既能负担得起，又有大把的时间，坚持这些要求和做法也未尝不可，但是晚餐偶尔吃一次超市里卖的三明治，三明治里面夹杂着一片你不知道原产地是哪里的奶酪片，应该也不是什么大不了的事吧？如果真的有人因此而责备你，相信我，问题出在那个人身上，而不是你身上。

人们需要吃什么

下面是我给出的关于你需要哪些食物、应该什么时候吃、为什么需要这些食物的信息，你可以把这些内容看作饮食建议。需要说明的是，大多数关于食物摄入量的建议针对的是 19～60 岁的女性，而且只是一个大概的建议。青少年、孕妇和哺乳期女性一般需要更多的营养素。还要强调一点：对十几岁的青少年来说，长身体是第一要务，因此不要让青少年节食。

吃早餐

不吃早餐的人上午一般很难一直保持精力充沛的状态，他们会更想摄入含糖量高的零食或饮料，而且更难集中注意力，工作也容易出错。

如果早上的时间比较紧张，你可以在前一天晚上就做准备。你可以提前泡一些米和燕麦，把面包放在烤面包机旁边；也可以把制作奶昔的材料提前放到杯子里或搅拌机里，然后放进冰箱，这样醒来以后，你很快就能做好一杯奶昔。尽量少吃高糖、高盐、高脂肪的精加工食品，也不要用"早餐棒"或"能量棒"来代替早餐。你可以尝试自己动手做一碗低糖、低脂肪的燕麦粥，还可以在粥上撒上切成小块的坚果、新鲜水果或在开水里烫过的水果，需要的话还可以再加一点蜂蜜。

早上补充适量的蛋白质和碳水化合物会让人一天都状态良好、精力充沛，因此很多地区的人有早餐吃鱼的习惯。此外，还可以用以下方法补充蛋白质：

· 在粥里放一些碎杏仁。

· 在吐司中夹上羊奶酪片、荷包蛋、鱼罐头、水煮鸡胸肉片或烤牛肉片，或涂抹一些低脂坚果酱。

少食多餐

如果你很长时间不吃东西，血糖水平就会下降，你可能会感到头晕、疲劳、烦躁。如果你非常饿，就会更想吃那些含糖量高的食物，不过这类食物虽然能够快速为你提供能量，但是很难让你长时间有饱腹感，你可能很快又会觉得饿。这就是为什么按时吃三餐对人来说很重要。如果在正餐以外的时间饿了，你可以吃一点健康的零食。你也可以每一餐吃得少一点，一天吃五六餐，这就是"少食多餐"的饮食方式。

健康的零食应该能持续为人提供能量，而不是让人的血糖值产生较大波动，让人一会儿精力爆棚，一会儿又觉得困倦乏力。比较健康的零食包括乳品、大豆制品、水果、蔬菜，以及燕麦片、豌豆、小扁豆、坚果等。黑麦面包或含有糙米的食物也不错，其他淀粉含量较低的食物也可以。

特别适合随身携带的零食有杏仁、胡萝卜条、荷兰豆、圣女果、烤南瓜籽和硬一点的水果（如苹果）。这些都可以装在可重复使用的塑料包装盒里。你也可以携带新鲜的水果沙拉。为防止水果氧化，你可以在水果上挤上几滴柠檬汁。

肠道微生物

许多生产包含益生菌或益生元的食品的公司都声称自己的产品对肠道健康有益。这个问题要具体情况具体分析。如果体内肠道微生物不足或菌群失衡，适量补充包含益生菌或益生元的食品确实对身体有好处。

营养行业执业者介绍

营养师是从事营养指导、监控、评价和营养与食品安全知识传播，促进大众健康的专业工作人员。作为饮食健康、营养预防和治疗营养缺乏相关疾病的专家，其职责是采用最新的食品科学和营养学的原则，提出关于健康和疾病饮食的合理建议。

注册营养师是在食物和饮食管理方面经过专业培训，并被相关权威机构进行能力资格评价、颁发营养师资质证书的专业人员。在澳大利亚，只有注册营养师才有资格在医院从事临床营养相关的工作，为患者提供有关饮食疗法的咨询服务。注册本身即是对专业技术人员进行技术认证和标准化管理的一种方式。一般经过临床实践并在医院工作的注册营养师被称为临床营养师，在社区工作的被称为公共营养师。

注册营养师可以根据人的身高、体重、性别、生理状况及对营养的不同需要来提供饮食和营养方面的指导，计算人群或个体各种营养素的需要量，并制订合理的营养食谱。他们的工作范围包括医院、社区、学校、制药厂、餐饮企业、食品厂等机构。

但是，很多这类食品中包含大量的糖分，人过量食用这些食品易导致长胖，反而会影响健康，而且一些有益的活性成分在室温下容易失去活性。所以，最好在身体需要的时候再补充这类食品，这样才能发挥它们的作用。购买时，最好选择无糖的版本，买回家后及时放入冰箱，吃的时候再拿出来。

尝试不同的食物

你可以多尝试一些菜系和不同口味的食物。出于自我保护的目的，很多宝宝在刚接触新食物时会表现得很抗拒。要让宝宝接受一种新食物，可能需要让他们尝试 10 ～ 15 次，有时他们还得看到别人吃得津津有味，才会勉强吃上一口。成年人和孩子也有几分相似，如果不鼓起勇气，就容易错过很多美食。

尝试不同的风味

除了常用的蒜、柠檬汁、辣椒，你还可以尝试使用不同的香料、香草来调味。你可以在阳台上或花园里种一些具有食用价值的香草，每次想给食物调味时就采一些下来，省得花钱去市场上买。你还可以把各种香草绑成一束，再给它取一个好听的名字，比如"香囊花束"。

多吃水果和蔬菜

在澳大利亚，一般建议人们每天摄入两份中等大小的水果，一份相当于一个橘子、一个苹果、一个桃子、一个杧果、一根香蕉，或四分之一个硬皮甜瓜。孕妇和青少年需要四份，哺乳期女性需要五份。不同的水果富含不同的维生素，所以你可以多食用几种水果，将色彩缤纷的水果做成水果沙拉就是很棒的做法（做的时候不要添加过多酱汁）。买完整的水果通常比买果汁便宜，而且完整的水果能为身体提供更多的膳食纤维，有利于通便。在家里时，最好把果盘放到显眼的、你来回走动时会经过的地方，比如餐桌上，这样你就不会忘记吃水果。

至于蔬菜，一般建议人们每天吃五份蔬菜，以获得身体所需的维生素和膳食纤维。一份相当于一个中等大小的土豆或半杯蔬菜，蔬菜包括西蓝花、花椰菜、豌豆、菠菜、胡萝卜、萝卜和南瓜等。孕妇和青少年最多吃六份，哺乳期女性最多吃七份。薯条或薯片不应该包括在内，因为它们都经过油炸，包含了很多不必要的脂肪。

你可以尝试用不同的方法来烹制蔬菜：如果你想做亚洲风格的，就加一点低盐酱油；想做意式的，就加一点意面酱；你也可以用一点点沙拉酱来给蔬菜调味。

跳出思维定式

多尝试一些不同品种的水果和蔬菜吧。比如，一提到苹果，不要总是想到红富士或是"粉红佳人"（一种澳大利亚当地产的苹果）。许多商店只卖热销的品种和便于运输的品种，但其中一些品种的口味十分寡淡。这就是如今很多人觉得市面上销售的西红柿没有西红柿的味道，跟小时候吃的不一样的原因。通常农贸市场和地方农产品商店都有各种各样的"经典款"品种，这些品种通常更好吃。有报道称，现在，越来越多的人对于在家种植"经典款"品种的蔬果产生了浓厚的兴趣。

可以吃冷冻的水果和蔬菜吗？

如果蔬菜和水果在采摘当天就被速冻起来运往超市，那么其营养价值通常要高于经过"长途跋涉"才到达超市的蔬菜和水果。速冻指的是蔬菜和水果在短时间内被冷冻至 −15℃ 以下。速冻后的蔬果一般保存在 −22℃ ～ −18℃ 的低温环境中，这就意味着其内部的各种生化反应会受到抑制，原本的营养素可以被最大限度地保留，而且食物的质地和口感也不会因为细胞内冰晶的形成而受到影响。不过维生素 C 还是会有一定的损失，因为维生素 C 是很难保存的。蔬果被采摘下来后，维生素 C 就开始流失，这个问题在常温储存的蔬果中同样存在。要想保存速冻蔬菜和水果，冰箱冷冻室的温度需要调至 −18℃ 左右。在超市购物时，要最后再买这类食物。将其从冰柜中取出后，最好用冷藏袋装起来，还可以放入冰袋，然后尽快运回家。

不同的蔬菜和水果在速冻以后，其营养价值的损失程度也有区别，所以要注意选择适合速冻处理的蔬菜和水果，还要留心它们的生产或制作日期。而且，速冻蔬果最好现买现吃，不要一次性买太多，避免反复解冻、冷冻。

买新鲜的水果和蔬菜

如果条件允许，最好还是去农贸市场购买新鲜的水果和蔬菜。你可以问一问卖家哪一种水果和蔬菜的品质比较好，哪一种是最新鲜的，它们的产地分别是哪里，应该如何挑选和保存。有些品种的苹果可能已经在冷库里存放了一年，而其他的水果也可能已经存放了数周或数月不等，而且有些还是从海外运来的。一般来说，选择应季、当地产的果蔬可以提高你买到新鲜果蔬的可能性。

如何挑选水果和蔬菜

不同颜色的水果和蔬菜往往含有不同类别的营养素，对人体的益处也不同，所以你可以将五颜六色的水果和蔬菜搭配起来食用。以下列举了一些不同颜色的水果和蔬菜。

- 紫色：茄子、紫芦笋、紫甘蓝、紫扁豆、紫葡萄、蓝莓、李子等。
- 绿色：菠菜、油菜、芹菜、空心菜、莴苣叶、韭菜、西蓝花、茼蒿、萝卜缨、荠菜、猕猴桃、黄瓜等。
- 红色：苹果、西红柿、红辣椒、草莓、红醋栗、覆盆子等。
- 白色：白菜、竹笋、冬瓜、山药、金针菇、白萝卜、香瓜、白桃、梨、荔枝等。
- 黄色 / 橘色：南瓜、胡萝卜、橙子、玉米、菠萝、阳桃、橘子等。

你还可以试一下各种新奇有趣的品种，比如紫胡萝卜和红菜椒等。

🟢 身体需要碳水化合物

碳水化合物是身体最主要的能量来源，其中的葡萄糖能为身体提供能量，多余的葡萄糖会被身体转化成糖原储存起来供以后使用。葡萄糖也是大脑不可或缺的能量来源。碳水化合物中的纤维在维持肠道健康方面起到了重要作用。

你可能听过"低碳水化合物饮食法是最好的饮食方法"之类的说法。实际上，长期少吃或者不吃碳水化合物容易导致一系列的副作用，对健康有害，尤其是对孕妇和青少年来说。谷类食物是碳水化合物的主要来源。谷物为主是平衡膳食的基础，人一日三餐都要摄入充足的谷类食物，如大麦、燕麦、大米、小麦、糙米等。按照每天所需碳水化合物的能量占摄入总能量的 50% ～ 60% 计算，一个体重在 60 ～ 70 千克的成年人，每餐都需要吃 1 ～ 1.5 碗（份）米饭或者 1 ～ 2 个（份）馒头。此外，全谷物是指含有胚乳、胚芽和皮层的谷物。它是碳水化合物的优质来源之一，除了含有精制谷物中所含的营养素，全谷物中还富含膳食纤维。

🟢 身体需要蛋白质

蛋白质是生命的物质基础，具有构成和修复组织、调节生理功能、供能等作用。

身体的正常运转离不开蛋白质，例如，皮肤的修复，肌肉、头发、指甲的生长都离不开它。人每餐都应该摄入蛋白质，尤其是早餐和午餐，这样人才能维持身体健康，保持活力。

早餐的蛋白质来源一般包括鸡蛋、奶酪、燕麦粥等。

午餐的蛋白质来源一般包括鱼罐头、鹰嘴豆泥、瘦肉、奶酪、坚果、豆腐等。

肉类是蛋白质的重要来源。红肉是指在生的状态下呈红色的肉，这类肉含有较多肌红蛋白，如羊肉、牛肉、猪肉等。红肉含有丰富的蛋白质和重要的微量元素，如锌、维生素 B$_{12}$ 和铁。其中，铁主要以血红素的形式存在，人体对红肉中的铁的消化吸收率很高。白肉是肌红蛋白含量较少的肉类，如鸡肉、鸭肉、鹅肉等。

一般建议 18 岁以上的男性每天摄入 65 克蛋白质，女性每天摄入 55 克，孕妇可适量增加。根据常见动物性食物蛋白质含量，60 克蛋白质要从约 310 克鸡肉、300 克猪肉（瘦）、300 克牛肉（瘦）、300 克羊肉（瘦）或 300 克青鱼中获得。相比于红肉，白肉含的脂肪更少，最好优先选择白肉来食用。

除了肉类，人还可以从植物性食物中获取蛋白质。部分植物性食物的蛋白质含量也不低，包括大豆、坚果等。大豆的蛋白质含量约为 22% ～ 37%，坚果的蛋白质含量约为 12% ～ 36%。

乳品中也含有丰富的蛋白质，300 克牛奶中蛋白质的含量占女性蛋白质每日推荐摄入量的约 16%。

鱼类和贝类也是蛋白质的重要来源，每 100 克鱼类或贝类（可食部）通常可以提供 13 ～ 20 克蛋白质。建议每周吃鱼类 280 ～ 525 克。

蛋

不同种类的蛋的营养成分大致相同。鸡蛋的蛋白质含量为 13% 左右。建议人最好每天吃一个鸡蛋。

目前的研究表明，尽管蛋类的胆固醇含量偏高，但适量摄入蛋类不会明显影响血清胆固醇水平或成为引起心血管疾病的危险因素。鸡蛋的胆固醇主要集中在蛋黄中，100 克鸡蛋黄中胆固醇的含量约为 1510 毫克，而过去膳食胆固醇每日推荐摄入量的上限为 300 毫克。这也就是很多担心自己胆固醇水平过高的人吃鸡蛋时喜欢只吃蛋清，不吃蛋黄的原因。

🟢 人体需要含钙的食品

除了蛋白质，乳品中还富含钙，100 毫升牛奶中含钙约 120 毫克，300 毫升牛奶中钙的含量占钙每日推荐摄入量的 40% 左右，而且其中的乳糖能促进钙等矿物质的吸收。钙具有强化骨骼的功能，也是肌肉、神经系统所需的关键营养素，对成年人和青少年都至关重要。建议 7 岁以上的人每天摄入 300 克乳品，幼儿可酌情增加至 500 克。要达到这个摄入量并不难，早晨喝一杯牛奶，中午再喝一杯酸奶即可。如果转换成奶酪的话，每天食用 2 ～ 3 片奶酪即可。

非乳品中，黄豆、榛子仁、紫菜、木耳、菠菜、海蟹等食物的含钙量也很高。

除了钙之外，人还需要适量晒太阳，这样有利于体内维生素 D 的合成，而维生素 D 可以促进钙的吸收。人体可以从食物中补充维生素 D，比如动物肝脏、瘦肉、蛋类、鱼类、乳品等。从食物或其他口服的维生素补充剂中获取的维生素 D 需要经过人体一系列的反应才能起作用，而在阳光的照射下人体自己产生的维生素 D 可以直接发挥作用。

🟢 人体需要"好"脂肪和"好"油

身体需要脂肪以保证皮肤和头发的光泽，以及激素的正常分泌，脂肪还能促进脂溶性维生素的吸收。这就意味着人体必须摄入脂肪以维持健康。脂肪酸是构成脂肪的基本单位。脂肪酸可分为饱和脂肪酸和不饱和脂肪酸两类。摄入过量的饱和脂肪酸会导致胆固醇水平过高，从而危害健康。而不饱和脂肪酸可以降低胆固醇水平，防止血管阻塞。因此，人们平时要注意控制饱和脂肪酸的摄入量，适

当多摄入一些不饱和脂肪酸。

如何选好油

- 要选择那些贴着"不饱和脂肪酸""单不饱和脂肪酸""未氢化""多不饱和脂肪酸"标签的油（也包括抹酱）。
- 推荐选用特级初榨橄榄油或坚果油（需要注意的是，有些人可能对某些坚果油过敏）。
- 有些烹调油的烟点比较高，炒菜的时候不容易冒烟，这类油适合用来油炸、爆炒。烟点高的油包括芝麻油、米糠油、茶籽油、高油酸菜籽油、花生油等。烟点适中的烹调油（比如橄榄油、葡萄籽油等）适合用来烘焙、轻炒。
- 亚麻籽油和核桃油不能高温加热，所以这些油适合用于做凉拌菜或者拌沙拉。
- 推荐适当多摄入 ω-3 脂肪酸。富含 ω-3 脂肪酸的油包括亚麻籽油、牡丹籽油、玉米油等。还可以吃新鲜鱼或水浸鱼罐头（包括沙丁鱼罐头、鲑鱼罐头、鳟鱼罐头），以及一些籽类食物和坚果来补充 ω-3 脂肪酸。

现在，市面上也有很多冷榨油。相比于热榨油，冷榨油采用的是低温压榨工艺，这种制作方式避免了高温操作，能最大限度地保留油料中的营养成分。需要指出的是，推荐每天烹调油的摄入量为 25 ～ 30 克。"好"油也不能摄入过量。

ω-3 脂肪酸和 ω-6 脂肪酸

ω-3 和 ω-6 系列脂肪酸都是多不饱和脂肪酸，它们是根据分子中甲基端的第一个碳碳双键所连接的碳原子在碳链中的位置不同来区分的。其中，ω-3 脂肪酸对调节血液凝固、细胞生长以及免疫功能有重要作用。还有研究表明，ω-3 脂肪酸对部分癌症具有防治作用。

ω-3 脂肪酸存在于籽类食物、坚果、亚麻籽

油、绿叶蔬菜、油性鱼类和一些蛋类中。其中，亚麻籽中 ω-3 脂肪酸的含量很高。ω-3 脂肪酸家族的主要成员有 α-亚麻酸、二十碳五烯酸（EPA）和二十二碳六烯酸（DHA）。亚麻籽中就含有很多 α-亚麻酸。因为 α-亚麻酸怕高温、怕光、怕氧气，所以食用亚麻籽或用亚麻籽油时要注意温度，不能高温烹饪。购买亚麻籽油时，要选择深色包装的，开瓶后要放在冰箱冷藏层中保存，且尽快食用完。

平时可以考虑适当增加富含 ω-3 脂肪酸的食物的摄入量。至于 ω-6 脂肪酸，我的建议是无须额外摄入。ω-6 脂肪酸存在于玉米油、葵花籽油、花生油、棉籽油，以及人造黄油中。对于经常吃各种加工食品的人来说，ω-6 脂肪酸的摄入量已经很多了。

🟢 多吃鱼

EPA 和 DHA 可以改善心血管功能。DHA 还有利于婴儿的大脑和视力发育。食用鱼类是获得 EPA 和 DHA 这两种有益 ω-3 脂肪酸的好办法。如果担心鱼类中汞元素含量过高，影响身体健康，可以选择吃小一点的鱼。一般来说，鱼的体形越大，体内的汞元素含量越高，毕竟大鱼吃小鱼，越是处于食物链顶端的鱼，体内积累的汞元素就越多。

🟢 身体需要维生素和矿物质

如果你饮食均衡，摄入了足够的水果、蔬菜、乳品、蛋类、肉类和谷物，那么你应该可以获得足够的维生素和矿物质，不用额外吃营养补充剂。

需要指出的是，许多维生素和矿物质需要搭配食用，以便更好地被人体吸收。比如，维生素 D 可以促进钙的吸收，同时服用铁剂和维生素 C 能起到更好的效果。为了从蔬菜中获得尽可能多的维生素和矿物质，最好选择拌、炒、蒸等烹饪方式，或者直接生吃。蔬菜烹调的时间越长，其中的维生素等营养素就流失得越多。

你需要营养补充剂吗？

如果你觉得自己缺乏维生素或矿物质，首先要到医院做一个检查，看看自己的健康状况到底如何，请医生诊断你是否需要服用营养补充剂，以及需要补充哪一种营养素，或是请医生为你推荐一位营养师。有一些人群可能对某些营养素有特殊需求，比如备孕期的女性可能需要适量补充叶酸（维生素 B_9）；孕期的女性可能需要适量补充维生素 D 和铁；等等。这些人群最好根据专业医疗人士的建议来服用相应的营养补充剂。

有调查数据显示，在中国，营养补充剂行业的市场规模超过 2000 亿元（截至 2022 年）。事实上，学术界对于"是否有证据表明补充维生素 / 矿物质对人有好处"等问题并无定论。总的来说，大多数人只要保持饮食均衡多样，就基本可以获得身体所需的各种维生素和矿物质，并不一定要额外服用补充剂。也就是说，吃得健康，你就能省下很多钱。不过，老年人由于吸收功能退化，可能需要额外补充一些营养素。

人们需要喝什么

请把水当作你的主要饮品。喝水不仅能使皮肤饱满而水润，还能帮助生病的人更快康复。身体吸收营养、排出废物、进行血液循环都需要水，缺水会影响身体各项机能的正常运转。请注意，这里说的水主要是指白开水。虽然碳酸饮料、茶、咖啡的主要成分也是水，但是它们也含有很多咖啡因或糖，大量摄入这些物质对身体健康不利。

你可能听说过"每天要喝八杯水""每天要喝 1.5 ~ 2.5 升水"之类的说法。实际上，你不必拘泥于这些数字，人每天的饮水量可以根据实际情况进行调整。如果你运动量很大，或是天气很热，

要么吃得太多，要么吃得不够

我常常在一些不合适的时间点吃一些不健康的食物，比如在晚上吃掉一整包棉花糖和巧克力豆，然后我又会思考自己为什么会长胖。

——珍妮弗（39 岁）

我一个人的时候，吃东西会狼吞虎咽。

——凯茜（44 岁）

我这个人就爱胡吃海喝。我可能会连续几星期都吃得很健康，然后我的大脑突然就"短路"了，我就会疯狂想吃巧克力。我把这种表现归咎于激素的影响。

——拉迪奥吉尔（34 岁）

谁能告诉我，怎样才能阻止自己暴饮暴食呢？不管我吃的是什么，我都觉得我吃得太多了，否则我也不会超重。

——埃莱娜（63 岁）

现在我是一个全职妈妈，所以比起工作那会儿，我的自制力变差了，因为工作的时候，大家都看得到你吃的是什么。

——萝宾（32 岁）

许多饭店和家庭里的食物的分量都太大了。我从来不会让孩子把盘子里的东西都吃完，因为我觉得这会让他们越吃越多。

——安妮（23 岁）

我告诉我妈妈，早餐吃一碗麦片，午餐吃两块饼干，晚餐什么都不吃并不是一种健康的可持续的饮食方案。

——唐娜（26 岁）

我的丈夫和我讨论过关于饮食健康的话题，但是减肥食品和新鲜的食材是很昂贵的，在预算有限的情况下，我们不得不吃一些不是很健康的食物。

——梅塞德丝（47 岁）

我永远都不会再节食了。从长远来看，节食对我的健康无益，而且也不能让我瘦下来。

——简（57 岁）

节食没用。节食会让人晕晕乎乎的，而且还浪费钱。暴饮暴食可能是有情绪问题的表现，人们真正需要解决的是情绪问题。

——乔安妮（39 岁）

我一直都在关注最新的减肥方法。我会阅读市面上的每一本关于减肥的书。

——谢里尔（43 岁）

我很难有动力给孩子、丈夫和自己分别准备不同的餐食。

——索尼娅（38 岁）

现在我正在尝试低碳水化合物饮食法。我非常想念面包和意面，但是至少我还能吃奶酪。

——玛奇（35 岁）

我从暴饮暴食发展到忍饥挨饿，再到后来又开始尝试清肠。现在，我只想通过吃低热量的食物来减肥。

——特蕾西（24 岁）

我的问题是只注重节食，运动量却太少。我母亲甚至认为我以后会得心脏病。我给身体施加太多压力了。

——凯琳恩（38 岁）

如今流行的很多节食法并不能从根本上解决肥胖问题。一旦停止，体重很容易反弹。

——里安农（27 岁）

减肥手术

自从两年前我做了胃束带手术之后，我的健康状况就比以前差了。虽然做完这个手术之后，我瘦了整整 10 千克，但是我还是觉得得不偿失。我相信我并不是唯一一个做完手术后觉得后悔的人。有些研究号称胃束带手术是多么神奇、多么美妙，将会彻底改变一个人的生活，但像我这样的案例显然被忽略了。这个手术确实改变了我的生活，但不是让它变得更好了，而是变得更糟了。

——爱米丽

自从我 1 月做了减肥手术后，我的饮食习惯发生了翻天覆地的变化。现在我正在学习慢慢地、小口小口地吃东西。

——迈拉（35 岁）

我的一个朋友做了胃束带手术。我支持她所做的决定，她自己也感觉很棒。

——凯蒂（23 岁）

我的妈妈两年前做了胃束带手术。当时我就告诉她别去做那种手术，我最好的朋友就是一名护士，她所在的病房里就有很多做了这种手术的人。做了手术后，我妈妈的体重下降了 50 千克，但是她现在非常容易饿，而且得了严重的并发症。

——阿曼达（29 岁）

我最近做了胃束带手术，现在我的饮食非常健康：一天三小份营养餐，偶尔再加上一点零食。

——艾利森（57 岁）

你出了很多汗，又或是生病了，就需要适当增加饮水量。另外，人每天摄入的水分中还有很大一部分来自蔬菜、水果等食物。

🟢 选择瓶装水还是自来水

有研究报告显示，瓶装水市场的扩大不仅对地下水资源造成了严重影响，还导致塑料垃圾激增，造成了巨大的污染。据澳大利亚消费者协会称，澳大利亚人每年光花在购买瓶装水上的钱就接近 4 亿美元。还有调研数据显示，从总销量来看，美国是全球最大的瓶装水消费市场。单从钱的角度来说，如果你可以反复使用同一个塑料瓶，或是随身携带水杯，你就能省下一大笔钱。

自来水是指通过自来水处理厂净化、消毒后生产出来的符合相应标准的供人们生活、生产使用的水。在自来水中加氯是一种常见的杀菌手段。不过，达到一定浓度的氯对人体有害。如果你很担心自来水的安全问题，可以在家中加装净水器，用于除氯、杀菌。另外，自来水要通过很长的管道才能从自来水处理厂输送至每家每户，在输送过程中，自来水可能会受到污染；家里的水龙头用的时间长了可能会生锈，里面存在的有害物质就有可能释放到自来水里。所以，当你怀疑家里的自来水有问题时，一定要及时检查家中的相关设备，必要的话还可以联系自来水公司，请他们来检查。

人们应该少吃什么

你是不是觉得食用一个汉堡、一份炸鸡、超市里卖的一份袋装咖喱并不多，喝一瓶市售的瓶装果汁也不算什么？但实际上，食用它们之中的任意一种就足以满足人们半天甚至大半天能量和糖的推荐摄入量。而且，人们吃下这些食物后很难产生多少饱腹感，它们也不能为身体提供丰富的营养，这意味着人们要吃更多食物才能获得身体每日所需的各种营养。最终，这会导致人们摄入的能量可能是能量推荐摄入量的好几倍。

澳大利亚消费者协会称，如今市面上人气很旺的外卖食品大部分含盐量较高，有些外卖的"隐藏脂肪"含量也高得惊人，比如配椰奶的泰国菜、奶油咖喱、印度黄油鸡、比萨、汉堡，以及超大份的三明治和炸鸡。从健康的角度来说，这些东西最好只是偶尔吃吃。

🟢 少吃加工食品

有一条饮食规则流传得很广，那就是"不要吃连你奶奶都认不出来的食品"。也就是说，要远离那些过度加工的"高科技"食品。

· 少吃糕点、饼干等食品，这些食品经过加工后含糖、含盐量偏高，有的还含有稀奇古怪的防腐剂，而且它们大多基本不含膳食纤维。

· 少吃即食燕麦片。这种麦片经过过度加工后，其中富含的一些营养素已经被破坏了，因此生产商不得不额外添加一些营养素，这样他们就可以宣传自己的产品富含多种营养素。最好能够用未经精细化加工的燕麦来自制一碗燕麦粥，制作时尽量不要加干果，因为有些干果含有的糖分几乎相当于一大块蛋糕所含有的。一碗普通的不添加糖的燕麦粥对健康更有益。

· 不要总是选择软软的黏糊糊的白米饭和白到不能再白的面包。糙米饭和杂粮面包营养价值更高，对人体健康更有益。最好多吃一些全谷物食品（精制谷物只保留了胚乳，去掉了胚芽和皮层）。可以试着将黑麦、玉米、全燕麦、藜麦等融入自己的一日三餐中。

· 对外卖店里的炸鱼，以及超市里经过腌制、熏制的加工肉类说"不"。买新鲜的鱼和肉亲自烹饪，做出的食物的营养价值和味道都会更好。

· 不要盲目相信那些所谓的"低脂"食物（见第163 页）。

可以吃罐头食品吗?

如果可以的话，最好少吃罐头食品。罐头食品经过高温高压处理后，其中包含的维生素遭到了严重破坏，尤其是维生素 C。而且罐头食品中往往添加了很多糖分、盐分，以及各种添加剂或调味品。如果一定要吃的话，可以选择水浸水果罐头、水浸豆子罐头。相对来说，水浸的方式能够保留更多的营养成分。

一般来说，不得食用包装有损坏、膨胀或生锈的罐头，而且要严格根据罐头的保质期和其他相关说明食用。如有异味，一定不要食用。没有生产日期和保质期的罐头也不要食用，除非是自己做的。你可以用马克笔把购买日期写在罐头的包装上。罐头一旦开封，最好尽快吃完。如果吃不完，最好不要继续把食物放在罐头里保存，可以将食物放入其他容器，再将容器放进冰箱里保存。

🥬 身体不需要过多糖

人类的身体天生就渴望糖。糖不仅能为细胞的各项活动提供能量，还能触发愉悦反应，有的人甚至觉得吃糖可以缓解疼痛。对以狩猎为生的祖先而言，获得糖是一件很难的事情。在防护装备被发明出来和实现人工养殖之前，冒着被蜜蜂蛰的风险去采蜜是一件相当需要勇气的事。

近几十年以来，加工食品的数量和种类暴增。如今，绝大部分加工食品和即食食品中都隐藏着糖和脂肪，哪怕是咸味食品中也不乏糖的身影。大多数人可以比较轻松地买到巧克力棒和蛋糕。当人摄入过多的糖时，身体会将多余的糖转化为脂肪储下来，久而久之，人的体重就会增加。然而，很多人并没有意识到，自己摄入的糖比身体需要的要多。吃过多的糖还有一个缺点，那就是容易让人患龋齿。龋齿不仅让人感觉很疼，治疗起来也很贵。

高糖食品包括蛋糕、饼干、松饼、各种面包、即食燕麦片、棒棒糖、巧克力、冰激凌、瓶装果汁、气泡饮料等。如果把早餐中的即食燕麦片换成无糖的粥或什锦粥，不加糖也不加干果，你就有可能在一年内减重五六千克。假设你现在习惯每天都喝一罐软饮料（不含乙醇或乙醇含量小于 0.5% 的饮料制品），如果你能改变这个习惯，一年后你也可以减掉不少重量。

注意隐藏的糖

糖行踪诡异，总是偷偷地藏匿在某个地方，让人防不胜防。以下是我总结的一些"控糖小贴士"：

· 糖的家族庞大，种类繁多，可能出现在配料表中的糖有玉米糖浆、蔗糖、葡萄糖、果糖、乳糖、麦芽糖、麦芽糖醇等。购买食品时，千万要记得查看食品的配料表，即使是那些你认为不含糖的食品的。如果某种食品配料表列出的前三四种成分中有糖，通常意味着这种食品含糖量较高。为了保证身体的健康，你要少吃这类食品。

· 一茶匙一般约 5 克，所以如果某种食品的营养成分表上说每份食品包含 12 克糖，那就是超过两茶匙的量。这么一想，这种食品的含糖量是不是很可怕？而且，还要注意商家所说的"一份"到底是多少，因为他们的标准可能非常离谱。比如，我见过一种饼干，包装上面写着"一份 = 半块饼干"。

· 选择标有"无添加糖"字样的食品，并有意识地远离添加糖很多的食品。未经精细化加工的燕麦一般没有额外添加糖，但分装在小包装袋里的即食燕麦片一般会添加糖；从市场上购买的鹰嘴豆一般不会添加糖，但罐装的鹰嘴豆一般来说不仅加了糖，还加了盐。另外，很多食物包含天然糖，比如蜂蜜，这类食物也不能过量食用。

糖伪装者

"无脂""低脂""轻食"等词汇除了字面的意思，还可能意味着"为了让口味好一点，加了许多糖"。大多数人认为标有上述词汇的食物对身体有好处，因此会特意多选择这类食物，结果导致在不知不觉中摄入了过量的糖。相较于常规版本的食品，低脂版本的食品中添加的用于调味的糖反而更容易导致体重增加。

糖替代品

现在，市面上有很多号称"无糖"和"零卡路里"的汽水、碳酸饮料销售，还有很多蛋糕也宣称自己是"零糖"的。然而，细看配料表可能会发现，所谓的"无糖"其实是"无添加糖"，这些食品中可能添加了合成甜味剂。

合成甜味剂是人工合成的可产生甜味感觉的非糖类化学物质。有研究认为，合成甜味剂会让人对甜味有更高的渴望。也有专家认为，摄入合成甜味剂容易降低人的警觉性，导致人在无意识间摄入更多的食物，从而间接导致人摄入更多的糖。目前，学术界对合成甜味剂的研究还不充分。有学者认为，有些合成甜味剂可能存在潜在的健康风险，长期食用这些合成甜味剂会对人体造成危害。

相比于寻找糖替代品，其实你可以尝试一下让自己少碰甜食。比如，给自己设定一个"两周不碰甜食"的目标，看看自己能不能坚持下来。

富含添加糖的饮料

添加糖是指人工加到食品中的糖类，主要用于生产加工食品，如饮料、果汁、甜点和糖果。建议每日添加糖的摄入量不超过 50 克，最好控制在 25 克以下。含糖饮料指的是在制作饮料的过程中人工添加糖，且含糖量在 5% 以上的饮料。多数含糖饮料中糖的占比为 8% ～ 11%，有的甚至在

13% 以上。平时，最好控制以下饮料的摄入量：

· 罐装或者盒装果汁。
· 碳酸饮料。
· 调味茶。
· 保健饮料。
· 调味奶。
· 调味水。
· 添加了维生素和矿物质的水。
· 功能饮料。
· 运动饮料。
· 速溶咖啡。

如今，很多饭店和饮品店出售的"鲜榨果汁"不仅价格昂贵，含糖量也很高。还有一些所谓的"健康饮料"含糖量也高得惊人。在澳大利亚，有一种维生素水每瓶含有 6.5 茶匙的糖，而其竞争对手——某款调味矿泉水，每瓶含 8 茶匙糖。有一些披着"果汁"外衣的饮料，其果汁含量可能不到 1%，完全可以看作由人工调味而成的饮料，跟果汁几乎没什么关系。食品专家称，相比于喝上述饮料，吃一块水果对健康更有好处。

🍵 不健康的脂肪与油

你可能听说过"坏"脂肪之类的说法。或许在有些人心中，"坏"脂肪就好像是一些邪恶的小人，在尖声嘶吼着"冲啊，冲啊"，试图占领人们的身体。一般来说，所谓的"坏"脂肪指的是反式脂肪酸、饱和脂肪酸和氢化植物油。有研究显示，大量摄入这些物质对身体不仅没有好处，还很有可能导致严重的健康问题。

饱和脂肪酸在室温下一般呈固态，常见于黄油、奶酪、动物的肥肉、椰子油、外卖食品（尤其是油炸食品）、饼干、蛋糕中。

摄入适量的饱和脂肪酸是可以的，毕竟真黄油肯定比假黄油、人造黄油好，摄入一点椰子油问题也不大，但是摄入过多饱和脂肪酸（比如每天吃

很多饼干或者一周吃好几次高脂肪、高热量的外卖食品和快餐）不仅可能导致体重上升，还可能增加心脏病的发病风险。

减少饱和脂肪酸摄入量的方法包括：

· 注意烹饪方式，选择蒸、煮、生吃等方式，而不是油炸或在食物上裹满了油或黄油之后用烤箱烤。

· 用牛油果酱代替黄油（如果一定要选择黄油，天然黄油要比人造黄油好）。

· 炒菜时，在锅底刷一点油就好，不要直接把油倒进去。

对人体健康伤害最大的一类脂肪酸是反式脂肪酸。反式脂肪酸可能会导致心脏病、中风、胆固醇水平不健康、动脉功能受损、糖尿病等。反式脂肪酸广泛存在于糕点、薯条及其他煎炸食品中。购买这些食品前，最好看看配料表。一般来说，如果配料表里有氢化植物油、植脂末、起酥油、人造奶油等，那么这种食品就含有反式脂肪酸。

健康小贴士

· 限制加工零食、油炸香脆食品的摄入。通常情况下，"脆"和"酥"的产品在制作过程中会用到富含饱和脂肪酸或反式脂肪酸的黄油、奶油、人造黄油或棕榈油等。

· 拒绝食用配料表中有"反式脂肪酸""氢化植物油""起酥油"等字样的食品。

· 减少动物脂肪的摄入量。成年人每日摄入脂肪提供的能量应占总能量的 30% 以下。要控制脂肪含量超过 20% 的食品的摄入量。一般来说，可以经常吃一些脂肪含量在 3% 以下的食品。

· 胆固醇是一种脂类，不含胆固醇不意味着不含脂肪。如果你希望自己的胆固醇水平维持在健康的范围内，就要避开含反式脂肪酸的食品。

· 限制黄油的摄入量。不要吃人造黄油。

· 不要买散装油和来路不明的植物油。

身体不需要太多盐

和糖一样，在人类进化的过程中，盐对人类来说也是稀缺的资源。人类的身体确实需要盐，但需要的量并不多。摄入过多盐会增加患高血压、脑卒中、胃癌的风险，而高血压又有可能导致心脏和其他器官受损。

盐会藏在各种食物中，其中有一些食物可能让人意想不到。很多加工食品和预制食物中的盐含量都很高，比如饼干、蛋糕、面包、各种酱汁。正如很多可口的食物中都隐藏着糖一样，大多数加工过的"甜"食，如甜饼干等，其实也含有不少盐。推荐每日食盐摄入量不超过 5 克（一瓷勺的容量约为 10 克）。高盐食品指每 100 克中，钠（1 克盐相当于 400 毫克钠）含量大于等于 600 毫克的食品。

盐伪装者

盐的主要成分是氯化钠。出现在配料表中时，也可能写作"钠"。此外，当配料表中出现以下这些字眼时，也要警惕这种食品的含盐量：发酵粉、碳酸氢钠（小苏打）、谷氨酸钠（味精）、碳酸钠、柠檬酸钠、苯甲酸钠、大蒜盐、肉膏、硝酸钠、亚硝酸钠、浓缩固体汤料、浓缩液体汤料、酵母提取物、卤水。

减少盐摄入量的方法

· 减少购买加工食品的次数。如果一定要买加工食品，就选择有"未添加盐""少盐"或"低盐"字样的加工食品。

· 做饭的时候不要直接加盐，可以先尝一下再决定是否加盐。

· 如果食物的味道比较淡，可以加一点香料或其他调味品，而不是用盐调味，然后给自己一点时间来适应新的口味。几周后，当你再吃那些咸的食物时，你可能会大吃一惊，觉得"怎么这么咸"。

- 购买无盐坚果和无盐零食。
- 少买饼干和蛋糕。虽然听起来很奇怪，但实际上很多甜食中都添加了不少盐。
- 选择无盐黄油。很多黄油中都添加了盐，因为盐有防腐的作用。条件允许时，最好选择无盐的黄油，这样在用黄油烹饪时，你就能确切地知道自己放了多少盐。

🟢 咖啡因过量

咖啡因，又称咖啡碱，会让人们更兴奋、更清醒，也更有精神。但是大量摄入咖啡因容易让人烦躁不安、焦虑、头痛，甚至整晚都睡不着觉。摄入过量的咖啡因还有可能导致心跳加速、血压升高，甚至加重肠易激综合征的部分症状。

许多食品中都含有咖啡因，比如咖啡、能量饮料、碳酸饮料、茶、巧克力等。你可能会在意想不到的地方找到咖啡因，比如瓶装或罐装的维生素饮料等软饮料中。Guarana（瓜拿纳，也称瓜拉纳）是一种生长在巴西的植物，富含咖啡因。以 Guarana 提取物为配料制成的 Guarana 碳酸饮料是一种经典的巴西饮料，这种饮料中咖啡因的含量比较高。实际上，只要多留心一下，你就会发现自己喝的很多饮料都包含咖啡因。

适度摄入咖啡因（每天 300～400 毫克）对身体没什么害处。这个量相当于一天喝一两杯 350 毫升的美式咖啡。如果你喝咖啡之后睡不着，可以尝试再早一点喝，或者少喝一些。此外，孕妇应尽量避免摄入咖啡因。

咖啡因伪装者

很多进口的能量饮料中都添加了浓度不低的咖啡因。还有一些饮料中的咖啡因未必一眼就能被识别出来，比如出现在配料表中的绿茶提取物、红茶提取物中一般含有不少咖啡因。很多所谓的脱咖啡因咖啡也并非完全不含咖啡因，只是咖啡因的含量比较低。很多巧克力和巧克力风味饮料中也含有咖啡因。另外，很多药品中也含有咖啡因，比如感冒药。

食品标签

一般的预包装食品上都有标签。在澳大利亚，食品标签上必须标示食品的能量（单位为千卡或千焦）含量、总脂肪含量、脂肪类型、蛋白质含量、添加糖和碳水化合物含量、盐（也可写作"钠"）含量。而且，食品生产商需要在配料表中把食品包含的所有成分都列出来。如果食品生产商声称某食品具有某种营养价值，就必须在标签上标出相关营养素的含量，比如"高纤维"食品必须标出每份食品中膳食纤维的含量。

🟢 食品标签中值得警惕的地方

以下情况表明食品的加工程度可能很高：
- 食品配料表中列出了一长串配料。
- 糖排在配料表中的前几位。
- 配料表中出现了多种食品添加剂。
- 食品含盐量较高。

🟢 食品标签上的小把戏

- "减糖"中的"糖"可能只是指添加糖，不包括水果中天然存在的糖等天然糖。
- "低脂"可能意味着食品中添加了很多糖来改善口味。
- "焙烤而非油炸"听起来更健康，但实际上，在

焙烤的过程中也可能使用了很多油，该食品还可能含有其他对健康不利的成分。

- "天然"只能说明食品的原材料是天然的，但食品在加工过程中依然可能添加了一些化学成分。"有机"是针对生产方式等而言的，所以"天然"并不意味着"有机"。
- "农场"并不意味着"天然"或"散养"，这些食品可能经过了工业加工，含有不少食品添加剂。
- "一份"可能并不是"全部"，这样一来，食品生产商就可以让营养成分表中某些不受人欢迎的成分的含量看起来少很多。

有益心脏？

在澳大利亚，有些食品的标签上写着"有益心脏"。但实际上，对该字样的使用并没有得到监管。有一些快餐的标签上之所以有这样的字样，可能是因为其中包含的食材不会增加心脏病的发作风险。但是，这并不是说该食品就是有益健康的，或者说其营养价值就是高的。有一些汉堡，以及一些高糖、精加工的食品（比如即食燕麦片）的标签上也有这样的字样。它可能会是一种"较健康"的选择，但是如果人们稍加思考，就会明白这种"较健康"没有什么意义。所以，你要忽略这些营销术语，将注意力放到配料表和营养成分表上，运用自己积累的知识和经验来判断该食品是否对健康有益。你也可以参考以下做法：少吃电视广告中宣传的食品，少关注那些口口声声称自家的食品是健康食品的品牌。

食品的保存

一般来说，食物冷冻的时间越长，其质量、口感和营养价值就容易下降，但如果将新鲜采摘的食物立即冷冻后再运往商店，就可以使食物的营养价值尽可能多地保留下来（见第 156 页）。很多水产类食物中含有大量的不饱和脂肪酸，所以相对于肉类来说，这类食物的保质期要更短一些。

现在，很多冰箱都有分区存储的功能，你可以给不同的区域设置不同的温度和湿度，这样可以使食物的保存效果更好一些。

另外，将冰箱中冷冻的食材取出，又没有全部烹饪时，你可以将剩余的部分继续放入冰箱中冷冻保存，但是这样做可能导致食材品质下降。如果你对食材的品质有任何怀疑，最万无一失的处理方式就是把食材扔掉。所以，从节约的角度来讲，每次取出冷冻食材的量不宜过多。

如果你想知道冰箱冷冻区是否在正常工作，你可以先把一个装了水的容器倾斜着放在冷冻区，这样水结冰的时候，就会形成一个斜面。斜面形成后，将该容器水平放置在冷冻区。这样，当你下次再看的时候，如果斜面的倾斜角度不变，就说明冷冻区一直在正常工作；如果斜面消失，变成了平面，说明水是先解冻然后又冷冻了。

食品应该保存多久

人们都知道，储存食品时，要遵守标签上的说明，比如"开封后冷藏"。那么，具体应该怎么做呢？

- 看清保质期。保质期是食品在标明的贮存条件下保存品质的期限。出于食品安全方面的考虑，必须在该食品标明的保质期前食用该食品。销售超过保质期的食品会被有关部门按规定进行处罚。
- 有些食品标签上有如下字样：最好在 ×× 之前食用；×× 之前食用最佳。其实这些都是保质期的标示形式。从这个角度来说，保质期也可以理解成最佳食用期。

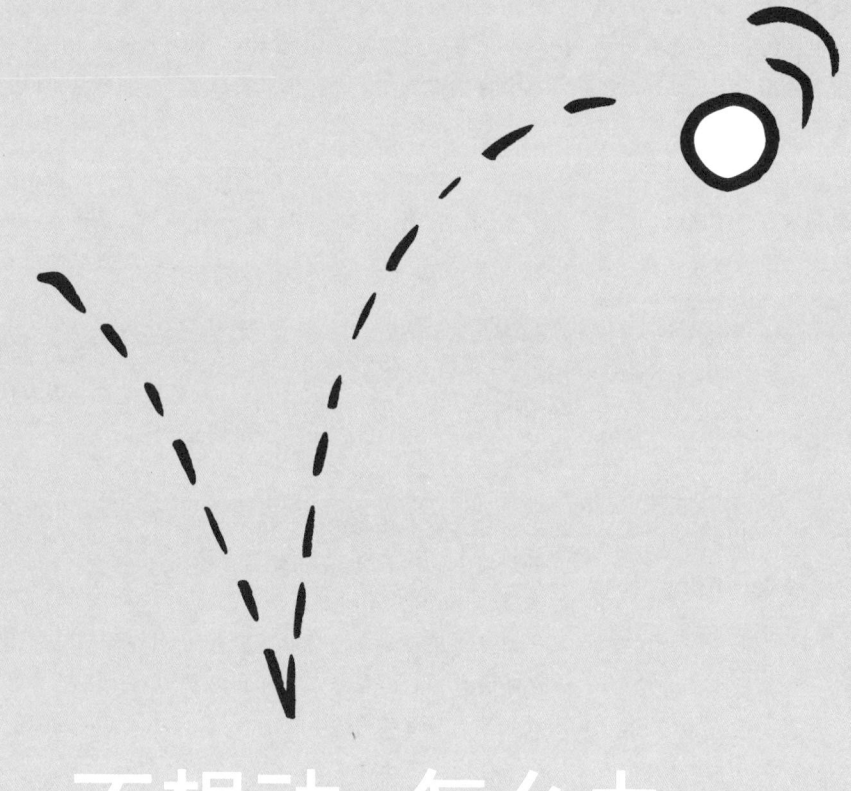

不想动，怎么办

　　曾几何时，人类的祖先要长途跋涉，到处寻找可食用的东西和适合的居住场所。为了获得更多的食物，他们还必须提高双手的搬运技能。这些活动在人类的进化过程中发挥了重要作用。随着社会的发展，超市里出现了带轮子的购物车，女性穿上了高跟鞋，人们的活动量越来越少。很多女性在穿了一天高跟鞋之后，回到家只想瘫倒在沙发上，不想再做任何运动。

　　本节的主要内容有人为什么要运动，如何运动，以及如何提升运动的动力等。让我们开始吧。

运动与运动的动力

从运动量小的活动开始，慢慢来，不要拿现在的自己和年轻时的自己比。你需要循序渐进地运动，这样你会更容易坚持下去。

——罗兹（39 岁）

我做运动不是为了减肥，而是为了保持健康。运动时我喜欢听音乐，这能让我从现实生活中短暂地脱离出来。

——阿莉莎（24 岁）

我直到31岁才开始坚持运动。如果我从小就知道运动有那么多好处该多好啊。不要告诉孩子们运动是一件很辛苦的事情，而是要以身作则，让他们看到运动的好处，鼓励他们和你一起运动。记得要让这个过程变得有趣。

——莉萨（34 岁）

运动始终是我生命的一部分，我真的不能不运动。

——霍利（18 岁）

现在，我每天会抛开书本和电脑一小时或一个半小时来做运动。这让我感觉自己很健康。

——安杰拉（24 岁）

我奶奶临终前，要我保证一定要好好运动。她觉得自己为从不运动付出了代价。

——卡门（44 岁）

我喜欢运动。我享受运动带给我的肾上腺素激增的快感和身体的舒适感，我也很享受和朋友一起运动的快乐。

——布里奇特（24 岁）

缓缓开始，好好享受。

——利恩（37 岁）

我认为运动对女性非常重要。找个人帮忙照顾孩子，然后就可以把全世界都拒之门外，把沮丧和汗水一起排出体外。

——雷切尔（32 岁）

前几天我骑自行车外出时，一位70岁左右的老奶奶在自行车道骑自行车超过了我。我希望自己老了以后也能像她一样。

——克莱尔（37 岁）

你大概永远无法从一项不喜欢的运动中得到乐趣。不用勉强自己。尝试不同的运动，找到适合自己的。一旦爱上某项运动，运动对你来说就不再是一件苦差事了，你会想方设法地提高运动的频率。

——罗西（32 岁）

在学校上体育课的时候，我非常讨厌那些乱七八糟的运动项目，所以我也没想到自己有一天会喜欢上运动。如果你也有类似的感觉，不妨选择一种自己喜欢的运动形式，坚持下去。为了自己，开始运动吧！

——阿尼娅（20 岁）

用计步器算算你每天走了多少步，看看每天能否多走一点点。走路是一种很好的运动方式。

——瓦妮莎（29 岁）

我很快就有孙子了，我想多享受几年天伦之乐。运动可以让我保持活力和精力。

——贝夫（65 岁）

虽然我们的网球队不是世界上最棒的，但和队友在一起的时光真是其乐无穷！

——埃玛（25 岁）

不运动时，我的饮食就不好，我还会喝更多的酒，从而形成恶性循环。一运动，我不仅胃口好，滴酒不沾，还会得到一个额外的福利：睡得特别香。

——卡思（47 岁）

步行，即使是在雨中。微风拂过皮肤的感觉真是太好了。

——莉比（65 岁）

运动量越大，我的自我感觉就越好，办事效率也越高。

——安妮（55 岁）

万事开头难，运动也是如此，但当你运动完的时候，你会神清气爽，感觉非常棒！运动会让你更自信，让你的步伐更轻盈。

——阿曼达（32 岁）

挖掘自己的兴趣，别把运动简单地视为减肥的手段，它应当是你日常生活的一部分。

——林（43 岁）

每天给自己设定一个挑战并完成它，那种感觉是世界上最棒的。

——苏珊妮（33 岁）

要想保持健康，每天步行30～45分钟是不够的。你还需要进行一些力量训练，要做一些拉伸训练。想要保持身体的柔韧性可没那么容易。

——玛丽（55 岁）

买一辆自行车是对健康最明智的投资！你绝不会后悔！

——凯蒂（24 岁）

放轻松，常出门，到商店走走，跳跳舞，拉伸身体的各个部位，确保它们一切正常。运动是保持身体健康的最佳方式。

——费伊（70 岁）

人为什么要运动

运动的好处有很多，它不仅能强身健体，帮助人消除疲劳，更好地集中注意力，还有助于预防各种疾病。运动对人的心理健康也有好处，它可以缓解压力和紧张情绪，帮助人释放负面情绪，提高自信心。运动还有助于塑造健美的体态。运动的形式多种多样，每个人都可以根据个人情况找到适合自己的运动方式，既可以独自运动，也可以和朋友一起运动。

很多人运动是为了瘦下来或是上镜更好看，其实，运动更重要的作用是让人更健康、更有活力、更快乐。如果缺乏运动，人的肌肉含量会减少，体力会变差，健康状况可能会下降，抵抗力也可能会下降。人可能会感到四肢僵硬、身体沉重，容易暴躁、疲惫等。

运动让人感觉良好

定期做运动能够缓解压力，让人保持心情舒畅，这可能与运动时，身体会分泌多巴胺和内啡肽有关。多巴胺会让人感到很兴奋、很开心，内啡肽能够改善情绪，还有一定的镇痛作用。此外，专注于规则和策略能让人思路清晰、内心平静；参与团体运动有助于人产生归属感，扩大交友圈，结交到更多好朋友；明媚的阳光和新鲜的空气能让人更加放松，也能让人的心情更加愉悦。

运动让人更健康

定期运动对健康有以下好处：

- 身体健康方面：运动有助于提升心肺功能，降低心脏病、糖尿病、高血压、骨质疏松等疾病的发病风险；运动能增强肌肉和关节的活力，提高身体的灵活性和柔韧性；运动能够提高身体的免疫力，使人保持旺盛的生命力；运动能够促进血液循环，让人容光焕发；运动能够加速新陈代谢，

促进废物的排出；在户外运动、多晒太阳有助于身体合成维生素 D；等等。

- 心理健康方面：运动，尤其是在空气清新、阳光明媚的环境中运动，能让人心情愉悦，改善焦虑、抑郁状态，有利于人的心理健康。运动还能改善睡眠质量，让人不再那么容易烦躁。

越早越好，永远不晚

只要开始运动，其效果是立竿见影的。坚持两至三个月，人会发现身体的健康状况发生了明显变化，心情也更加舒畅了。从年轻时开始运动，有助于保障生育能力和身心健康；年纪增大后，根据身体情况做适当的运动，有助于强身健体，增强身体的免疫力和平衡性，降低很多疾病的发病风险。因此，越早养成经常运动的习惯越好，什么时候开始运动都不算晚。

如何运动

做好准备

对很多人来说，运动似乎是一项十分艰巨的任务，这或许是因为他们觉得自己的运动能力差，笨手笨脚的，也可能是因为他们觉得运动装备很贵，不知该如何挑选。也有些人想运动，却不知道该选择什么运动，或者不知道怎么规划时间，以便将运动融入日常生活中。其实，运动并不难，如果你也遇到了上述难题，可以先从散步开始，然后循序渐进，逐渐增加运动量。比如，第一天步行穿越半个街区，第二天穿越 3/4 个。所以，你不必纠结到底选哪种运动，也不必一开始就购买昂贵的运动装备。

注意安全

- 运动时，如果感到头疼、头晕、心跳特别快，或者有其他不舒服的感觉，要立即停止运动，必要

时应及时就医。

· 在运动前、运动中和运动后都要补充水分。运动前后要适量喝水，运动过程中也要每隔一段时间就饮用一些水，以补充身体流失的水分，预防脱水。人体在运动过程中还会流失电解质，所以在补水的同时，也可以适当补充电解质，不过很多电解质饮料、功能性饮料中都添加了调味剂或色素，另外，这些饮料的含糖量也不低，因此挑选时要注意甄别。运动中要避免喝茶或咖啡，因为二者均有利尿作用，会加剧脱水。

· 如果需要大幅度增加运动强度或时长，最好先做一次体检。运动时，不要一下子将运动强度或时长增加太多，还要注意观察自己的状态，一旦觉得不舒服，要立刻停止运动。

· 确保运动时穿的鞋大小合适，且适合所做的运动。

· 注意防晒，以防在运动过程中晒伤。可以参考第二章第三节《皮肤保卫战》，了解防晒的相关知识。

· 运动前注意热身，运动后注意拉伸放松，这些都对身体有好处。热身和拉伸放松各花 5 ～ 10 分钟即可。

百宝箱：运动装备及器械

在你还未确定自己适合哪项运动之前，不要一次性购买太多昂贵的装备（如滑雪板、潜水装备等），否则你很可能用一次后就将它们束之高阁。但是，千万不要吝啬购买安全设备，如果你选中了一项需要戴头盔的运动，哪怕只是尝试，你也必须戴头盔，借用或租用都可以。如果你要尝试轮滑或滑雪，除了准备头盔，你还需要准备护腕、护膝和护肘，即使它们价格不菲。试想一下，如果你骨折或头部受伤了，那么你在经济上、身体上和心理上都要承受更多。你可以去折扣店购买运动装备，毕竟你的目的是运动，所以不需要赶时髦。此外，你至少应该准备两件运动内衣以便换洗。

运动量

澳大利亚政府发布的健康指南建议成年人每天至少做 30 分钟中等强度的运动，2 ～ 12 岁的儿童每天至少进行 60 分钟的运动，每天看屏幕的时间总共不超过 2 小时。该建议的依据可能是美国疾病控制与预防中心和美国运动医学学会于 1995 年联合发布的公共卫生公告。这份公告建议，每个美国成年人最好每天进行 30 分钟或以上的中等强度的运动。

另外，美国一项针对 65 岁以下健康成年人的运动指南建议，在可能的情况下，成年人应每周进行两次力量训练，每天进行至少 30 分钟中等强度的运动（每周至少 5 天），或每天进行 20 分钟高强度的运动（每周至少 3 天）。

这份建议的主创团队包括心内科医生、心外科医生、公共卫生专家和运动医学专家。他们还建议成年人搭配不同强度的运动，这样可以获得更好的运动效果。例如，一个人可以通过一周两次快走（每次 30 分钟）和两次慢跑（每次 20 分钟），来达到建议的运动量。如果没有大段的时间，可以每天快走 3 次，每次持续 10 分钟，这样也能达到提高心肺功能的效果。

力量训练是指借助哑铃、健身器械或各种自重运动，进行强化自身力量、增强肌肉围度、塑造或改变自身肌肉形状的各种运动。深蹲、俯卧撑等都属于力量训练。

选择合适的运动强度

综合上述信息，我认为，想要获得更好的运动效果，每周应至少进行 3 次高强度运动，在此基础上，可以根据个人喜好适量安排中等强度的运动。当然，要确保身体可以承受这些运动量，尤其是可以承受高强度运动。在增加运动量，尤其是在做高强度运动之前，最好先去做一个体检以了解自己的身体状况，确保安全。

高强度运动包括打篮球、踢足球、跳绳等，它会让人大汗淋漓、气喘吁吁，呼吸变得非常急促。中等强度的运动包括快走、慢跑、跳舞等。低强度运动包括散步、遛狗、做家务等，低强度运动适合刚开始运动或体质较差的人。

人体所能耐受的最大运动强度可用脉搏来判断。男性最大运动强度为脉搏 = 220 − 年龄；女性最大运动强度约为男性的 90%。一般来说，脉搏为最大运动强度时脉搏的 40% ～ 54% 的运动属于低强度运动，55% ～ 69% 的属于中等强度运动，70% ～ 85% 的属于高强度运动。

针对老年人，可以用谈话试验判断运动强度对他们来说是大还是小。如果在运动时能用完整的句子和别人对话，表明运动的强度适中；如果说不出完整的句子，表明强度太大；如果能唱歌，表明强度太小。

热身、放松与拉伸

不必在运动前做一系列复杂的拉伸运动来热身，简单活动一下，做一些动作就好，比如伸伸胳膊、弯弯腰、压压腿等。关于拉伸在预防运动损伤方面的作用，各界的看法不尽相同。大多数运动经验丰富的人觉得只要方法得当，拉伸对身体是有好处的。但是过度拉伸或采用错误的姿势拉伸，或在受伤的情况下拉伸，就有可能导致肌肉损伤、关节磨损等。

不管是热身还是拉伸，都应该循序渐进地进行。运动结束后，你可以先适当做一些放松动作，再进行拉伸。你需要慢慢平静下来，而不是突然静止。运动后拉伸可以提高身体的灵活性和柔韧性，但是最好请有资质的训练师或教练教你一些安全的拉伸动作。

获取正确的运动建议

我建议，每个人在运动之前都要做一次全面的体检，看看自己需要避开哪些运动。然后，参考下页的"运动咨询师一览表"，向专业人士获取合理的运动建议。此外，关于运动的建议是因人而异的，所以要仔细甄别他人的建议，包括健身网站的评论区中的建议，因为很多建议可能完全是废话，或者毫无根据。不要以为别人说的"经验之谈"都是正确的，哪怕他们看起来很专业。

运动的选择

你可以根据自己的情况和需求，合理安排一周的运动，如周一、周三、周五做有氧运动，周二、周四做负重运动等。负重运动有助于增强身体的力量、柔韧性和平衡力，促进肌肉的增长，使骨骼更强健。这里需要注意，游泳和骑行都不是负重运动，爬山、哑铃操、举重等才是负重运动。

我建议你根据自身的情况，尽可能进行多种类型的运动。你可以尝试：

- 步行：选择步行去购物而不是开车去，上楼梯时走楼梯不坐电梯。长此以往，你可以慢慢感受到步行带给身体的种种好处。

- 游泳：不用游得太快、太猛，你可以从"慢泳道"开启自己的游泳训练。

- 水中有氧操：水中有氧操是一种站在齐腰深的水中，在教练的带领下随着音乐运动的训练方式。水中有氧操有助于提升心肺功能，又不会给关节造成很大压力。此外，大多数游泳中心都有一系列的水上运动，你可以选择适合自己的去尝试。

- 跳舞：跳舞有助于增强心肺功能。你可以在家跟着视频跳或报名上舞蹈班。舞种不限，选择你喜欢的就好。

- 攀岩、跆拳道、团体跳绳：你或许觉得这些运动很难，但其实，大部分人都可以尝试。打破思维定式，突破自我吧！

- 太极、普拉提、瑜伽、武术：这些运动有助于强化肌肉，还能增强身体的平衡能力，提高柔韧性。
- 高尔夫：打高尔夫有助于增强身体的协调性，还可以缓解眼部疲劳。
- 骑行：你不一定要像专业运动员那样穿紧身衣竞速，骑自行车而不是开车去商店就很好。
- 冲浪：这项运动如今越来越受女性

欢迎。你可以加入一个冲浪小组，和组员一起尝试并练习。

- 动感单车、椭圆机：如果你想边运动边看电视的话，骑动感单车、踩椭圆机是不错的选择。
- 皮划艇、健步行：你可以利用周末的时间和朋友们一起租几艘皮划艇或来一次健步行，顺便还可以野餐。
- 健身类电子游戏：下雨天也可以运动！下雨时，选一款健身类电子游戏，然后你就可以与朋友或家人一起在电视屏幕前享受运动的乐趣了。

运动咨询师一览表

- 全科医生（又称家庭医师、家庭医生）：世界家庭医生组织(WONCA)对全科医生的定义是，全科医生的基本职责是为每一个寻找医疗保健的人提供综合性的医疗保健服务，必要时也安排其他卫生专业人员为其提供有关服务。全科医生主要在社区卫生服务机构向个人、家庭和社区提供全科医疗服务，他们可以为人们做初步的身体检查。开始运动，尤其是做高强度运动前，可以向全科医生咨询，跟他们分享运动计划。咨询时，需要如实告诉他们自己的身体状况，以及是否酗酒、既往病史等信息。
- 运动生理学家：在澳大利亚，运动生理学家是为病患设计、提供和评估安全有效的运动干预措施的医疗保健专业人员。要被认定为运动生理学家，首先要完成澳大利亚运动与体育科学协会（简称 ESSA）认证的为期四年的大学课程，包括理论学习和实习，并在 ESSA 进行注册认证。
- 物理治疗师：物理治疗师是具有国家认可资格的从事物理治疗的专业技术人员，主要负责肢体运动功能的评估和训练，特别是对神经、肌肉、骨关节和心肺功能的评估与训练。有一些物理治疗师会就运动理疗或儿童理疗接受额外的专业培训和教育。
- 按摩师：按摩又称推拿，是在人体体表的一定部位上，运用各种手法和进行特定肢体活动来防治疾病的方法，包括按法和摩法。如今，有很多人自称按摩师，但一个合格的、训练有素的按摩师应该接受过一定的关于人体骨骼、关节、肌肉和一般的保健知识的培训，并且通过相关考试，获得资格证。除了按摩，他们还可以根据一个人的身体状况，为他推荐合适的运动项目。
- 私人健身教练：很多健身房的教练都提供一对一指导，还会开设各种课程，但他们的水平千差万别。目前，健身教练的认证可以分为国际认证、国家认证和机构认证等几种。好的健身教练应该具备解剖学、生理学、急救、运动损伤的风险等多方面的知识，并了解孕妇、老人、伤者的特殊需求。要特别小心健身房里那些披着"私人教练"的外衣，实际上只是想让顾客办健身卡、买私教课的销售人员。

找到心仪的运动

· 运动应该是一种享受而不是负担。没有必要坚持做你讨厌的或者觉得无聊的运动。有时候，你需要花一些时间才能找到自己真正喜欢并擅长的运动。

· 如果你曾经很喜欢某项运动，可以考虑一下是否要和它"再续前缘"。你可能离开校园后就和当时喜欢的运动说再见了，但其实你现在的朋友中说不定就有喜欢这项运动的，你可以尝试和朋友一起做这项运动。

· 考虑一下，你是想要在运动的时候通过大喊大叫来宣泄情绪，还是希望享受和朋友一起运动的乐趣，边运动边社交，抑或是喜欢一个人边听音乐边运动。找到自己的需求，然后选择相适应的运动。

· 尝试和他人一起运动，这样你们就可以相互激励，相互促进，这有助于你对运动产生兴趣。你既可以尝试在运动中结识新朋友，也可以以一起运动为契机和老朋友恢复联络。此外，参加团体运动是认识新朋友、联络老朋友的好办法。

· 团体运动往往很有趣，而且运动量不会太大（当然，运动量跟具体的运动和你在场上的位置有关）。不过，如果你觉得自己在参与团体运动的过程中运动量不够大，你可能就需要换个位置或者换一项运动。

如何创造运动机会

· 上下楼时，走楼梯而不是坐电梯。

· 接打电话时站起来，戴上耳机，边走动边打电话。

· 工作时，每隔半小时或一小时就站起来活动一下，这样可以促进血液循环。

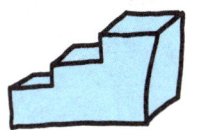

· 如果可以的话，步行或骑自行车接送孩子上学、放学。

· 将家中落灰的跑步机利用起来，这样你就可以边看电视边运动了。

· 如果要与某人见面商讨某事，可以问问他是否愿意跟你边走边谈。

· 尝试站着开会。这样做可能会带来一个额外的好处，那就是缩短会议的时长。

· 乘坐公共交通工具上下班时，可以提前几站下车，多走走路。

运动与怀孕

孕妇可以做适量运动，不过要注意结合个人情况选择合适的运动，还要注意运动的强度。遗憾的是，很多健身房的私人教练和工作人员可能并不知道孕妇适合做哪些运动。怀孕期间，运动时千万不要逞强，有疑问或者觉得有任何不舒服的感觉时，请马上停下来。不要做仰卧起坐，以免对腹部造成太大的压力。此外，女性在怀孕期间，体内松弛素（黄体产生的一种多肽激素，妊娠期间，可抑制子宫肌收缩；分娩时，与雌激素协同作用，引起耻骨联合分离和子宫颈扩大）的水平会提高，它会使韧带以及肌肉放松，因此孕妇在做所有的伸展练习时都必须小心。

新手妈妈如何运动

小心那些让你对自己的身材感到焦虑或者不自信的课程或团体。和朋友们一起散步就是一项很好的运动，也会让你更放松。确保你做的运动不会引起或加重各种产后问题，如腹直肌分离。腹直肌位于腹前壁正中线两侧，一般在孕中晚期会分离，通常分娩后可以逐渐恢复。卷腹这类运动会加深腹直肌分离的程度，因此新手妈妈不适合做卷腹之类的运动。很多新手妈妈并不了解相关的知识，因此选择运动项目时一定要提高警惕，还可以看一些与产后恢复有关的书籍，留意一下运动的注意事项。

婴儿车的潜在危险

对很多新手妈妈来说，推着婴儿车出门是她们在很长时间里唯一的运动机会。不过，新手妈妈推着婴儿车出门时，一定要时不时地看看孩子，尤其是当自己戴着耳机或打电话时。不要长时间忽视他们。多跟孩子互动、对话也有利于他们的大脑发育。停止移动时，一定要记得踩刹车，以防发生危险。下坡时也要把好婴儿车的扶手，还要留意不要在陡坡或是路况不好的地方突然停下来，以防婴儿车打滑或发生侧翻。

独自运动

有些人天生更喜欢独自运动。如果你恰好是这样的人，下面的建议或许能帮到你：

· 如果可以的话，骑自行车上下班。

· 购物时，你可以把车停在离购物中心稍远一点的地方，然后走过去，这样你可以在不知不觉中运动十几分钟，逐渐增加运动量。

· 选择一些适合在家中做的运动。可以从挑战性比较小的运动开始，慢慢增加运动量。你可以听着自己喜欢的音乐，在家里跳舞或跳绳。

· 如果你有花园，就尽情地对它倾注心血吧。修剪草坪、打扫落叶、施肥、挖地、种一些植物，这些都是运动。

· 在清晨或晚饭后，独自出门散步或跑步（有小狗做伴可能会更安全）。

运动的动力

想要激励自己运动，不一定非要把想吃的零食放在眼前，告诉自己运动后就可以吃掉它们，或是把喜欢的女模特的照片贴在冰箱门上，告诉自己运动后就可以拥有和她们一样的身材。运动后吃零食会让你在不知不觉中摄入很多糖和盐，而拿模特激励自己可能导致你因为没有达成目标而失望、自我厌弃。以下是一些能够激励自己运动的方法：

· 制订合理的运动计划，比如每天在家跳绳100下，每两天去游一次泳，完成一次公益长跑（哪怕是步行完成的），等等。不要将"减重××千克"当作计划。逐渐增加运动的强度和时间，在运动的过程中获得成就感，这样你会更有动力。坚持运动并不是一件容易的事，制订不切实际的运动计划可能会使你产生畏难心理，导致你筋疲力尽或受伤。

· 自我激励。时不时地鼓励自己，为自己取得的成绩感到开心，为自己能坚持运动而鼓掌。

· 自我奖励。不要用美食来奖励自己。你可以送自己一些小礼物，比如出去旅游一次，或是给自己买一块精致的香皂或一束鲜花。

· 加入团队。你可以尝试一些团队项目，或加入一个俱乐部。有了同伴后，你们可以互相激励，而且你在无形中会感到压力，如果不想让同伴失望，你就得坚持下去。

与教练交流

如果你是健身房的会员或购买了私教课程，你可以先和教练聊聊，请他帮助你制订切实可行的运动计划。确保教练知道你的需求和身体情况，确保你做的运动能让你感到舒适、愉快，这样你才能坚持下去。还有，不要把"帅气"作为选择教练的标准。

缺乏动力时

如果你运动了一段时间，但是没有察觉到运动对自己有什么帮助，你就可能很难有毅力坚持下去。你可能会觉得，运动并不会让你变得健康，因此放弃运动。这时，你需要的是自律——这听起来很老套，但确实有用。如果你能保持自律，坚持下去，总有一天，你会为自己的成就感到骄傲，而且会比之前更健康。

或许，你之所以刚开始运动时没觉得自己有多大变化，是因为与身边的人相比，你需要花更长的时间，付出更多的努力，才会逐渐变得强壮，拥有更好地柔韧性。也可能是因为，你的身体本来就不错，因此运动后身体上的变化没有那么明显。不管是因为什么，坚持运动总会有收获。也许这些收获不会马上到来，但不要灰心，该来的总会来的。

以下这些建议或许能帮助你坚持运动：

· 多尝试不同的运动，保持兴趣。和不同的朋友、家人一起运动。你可以从个人运动切换到团体运动，也可以从团体运动切换到个人运动。如果你想自己一个人运动，请参考前页"独自运动"部分的内容。

· 注意不要过度运动。如果某一天运动量过大，第二天就可以休息，不要勉强自己。

· 偶尔一天因为某些事耽搁了而没运动也没关系，想想问题出在哪以及如何解决，第二天再运动就好。

· 尝试游泳。在水里你会觉得自己更轻盈，而且跟其他一些运动相比，游泳带给脚踝和膝盖的负担会比较小。

· 如果经济条件允许，你可以预约一到两节课程，请一位有资质、有经验的教练或运动生理学家来指导你，这样能确保你在正确的轨道上前行。

· 尝试改变运动时间或运动频率，改变会带给你新鲜感。

· 将运动需要用到的装备，比如球拍、球、运动头盔等，放在你经常路过的地方。不要把自行车放在很难拿出去的地方（比如阁楼上）。

· 看看能否为自己设定一个新目标。

· 在运动时间奖励自己，把运动变成一种期待。比如，选出你喜欢听的歌或广播，规定只能在运动时听，也可以边运动边听你喜欢的有声读物。

· 把散步变成一种陪伴父母、孩子的方式。

· 如果家里有花园的话，尝试多花一些心思在园艺上，这样你就可以沐浴在阳光下，呼吸新鲜空气，享受挥洒汗水带给你的快乐。你还可以在花园里多散散步。

坚持的重要性

如果你缺乏运动，身体处于不太健康的状态，或者体重超标，那么当你刚开始运动时，你会很容易累，运动一小会儿就容易气喘吁吁。这意味着你需要循序渐进地增加运动量，坚持运动一段时间，而不是急功近利，设定不切实际的目标。有趣的是，当你坚持运动一段时间后，突然停止运动反而会让你觉得浑身不适。虽然开始运动和坚持运动可能比较困难，但是只要能行动起来，你就会有很大的收获。

别为不运动找借口

"我没有足够的时间""我工作很忙""我要为孩子奉献一切""我手头没有多余的钱""我累了"……我可以理解这些想法，但是，这些都不能成为不运动的理由。

以下是一些常见的不运动的借口和我的看法：

❶ "我没时间。"

你不必每天都拿出大段的完整的时间来运动。尽可能多利用一些空闲时间和碎片化的时间，5分钟或10分钟都可以。你可以试着步行去做以前开车去做的事情。如果你有20分钟的时间，就可以做一些强度更大的运动。如果你有时间看电视，你

如何看待运动

大费周章不值得

我认识的每个经常运动的人都会有一些运动损伤（比如膝盖、脚踝的永久性损伤或网球肘等）。他们对我来说可起不到什么激励作用！

——凯里（33岁）

我知道运动对身体健康有好处，但我就是不想那么累。运动太难了。相对而言，吃和睡容易多了。

——海伦（43岁）

大多数运动很无聊，远不如一本好书有趣。

——梅（62岁）

我丈夫想让我多运动，他相信运动会让我更开心、更自信，但我没那个精力，也不想费事儿。

——卡门（39岁）

运动和自我意象

我不喜欢我的肚腩，我做了那么多仰卧起坐，它都"无动于衷"。它一定是在"挑衅"我！

——珍妮弗（39岁）

我超重约20千克，但是在网球场上，我的移动速度还是很快，这让很多女孩感到惊讶，毕竟我看上去并不灵巧。

——塔尼亚（44岁）

人们应该关注一个人的健康状况，而不是他的体形。我见过很多丰满的女孩能坚持完成4千米的公益长跑，而很多骨感的女孩只能走下来。

——维多利亚（49岁）

我做了不少运动，可脂肪还是在不知不觉中堆积了起来，因为我

已经50多岁了。

——特里（51岁）

我觉得更重要的是关注运动能为身体健康带来什么，而不只是注重自己的外形。运动让我可以接受自己的身材，尽管身边的人都觉得我偏胖。

——休（38岁）

结伴运动

如果男朋友陪我的话，我会更愿意散步或慢跑。

——杰西卡（21岁）

我喜欢和朋友们一起散步，这样能一边运动一边听八卦。我也喜欢大汗淋漓的感觉，喜欢督促自己不断进步。

——斯蒂芬妮（30岁）

为了逼自己多走路，我每天早上都和朋友一起散步。我们总是按时出现，因为谁都不愿意让对方失望。

——梅格（53岁）

我在朋友家做普拉提，这样我不仅运动了，还能抽点时间和闺密们联络感情，这真是太好了。

——梅利莎（34岁）

我和搭档约定，如果我们一周没有慢跑，就必须捐50澳元给慈善机构。

——勃朗特（31岁）

我更愿意和最好的朋友一起运动。这是聊八卦的绝佳机会。

——娜塔莎（22岁）

健身房

健身房不是对所有人都"一视

同仁"，很多老板不希望看到肥胖的人出现在自己的健身房里。

——雷切尔（30岁）

我完全没有运动细胞，可我很爱运动。我很高兴我在八年前鼓足勇气走进了健身房。

——亚历克斯（30岁）

别怕去健身房，那里的人跟你一样全身是汗。你可以在那里尝试新的运动类型。我最近尝试了跳现代爵士舞，虽然我跳得很不好，但我觉得跳舞很好玩！

——邦尼（37岁）

不要沉迷于塑形，也别在健身房花太多时间。

——海伦（64岁）

我逼着自己去了一年健身房。对我来说，在那里的每一秒都很难熬。后来我发现，武术对我来说有趣得多，我也更容易坚持。所以，一定要选择自己喜欢的运动。

——路易丝（29岁）

我在健身房花了一大笔钱，每个月都要还款。如果能得到三分之一的回报，我就很满足了。

——圣·迪伊（53岁）

除了去健身房，我还有很多其他的选择。

——杰伊（22岁）

别在意自己的体形，开始去健身房吧。坚持三个月，然后你的身体会爱上运动的感觉，我保证。

——安杰拉（24岁）

做你喜欢做的事，这样你会更有动力。

——杰斯（24岁）

就有时间运动（你可以用看电视的时间运动，也可以边看电视边运动）。

❷ "我太累了。"

你可以早点起床然后运动，这样你一天都会精力充沛。不要觉得自己起不来。你可以尝试更加自律一些，比如给自己规定睡觉的时间，坚持按时上床睡觉，而不是像以前一样，等到电视节目结束后才睡。

❸ "我有健康问题，不适合运动。"

实际上，运动有助于身体健康以及身体的恢复。和医生谈一谈，或许你还是可以做一些对身体健康有帮助的运动的，只是要找到适合你的运动。

❹ "我没有任何健康问题。"

通过做运动来强身健体，预防身体出现健康问题，比出现问题了再想办法解决要容易得多。况且，没有生病并不意味着你是完全健康的，所以，不要给不运动找理由了。

❺ "我负担不起。"

运动不一定要花很多钱。你可以尝试步行、骑自行车或跳绳。当你想在家练瑜伽却又不知道如何开始时，可以购买相关的书籍，或是上网找一些视频跟着做。你还可以跟随健身博主的直播来进行日常训练。

❻ "没人和我一起运动。"

你可以问一问周围的朋友，或加入一些兴趣小组，寻找能和你一起运动的伙伴。"配对成功"后，你们可以组团请一个教练，让教练每周给你们上一次课。

❼ "我太老了。"

那你就更有理由开始运动了！因为你将在一周内感受到运动带来的好处，这种感觉在坚持运动一个月后会更明显。慢慢地，你会变得更健康，看上去也更年轻。你可以与医生、教练或运动生理学家一起制订一个适合你的运动计划。

❽ "我还很年轻。"

不管你处于哪个年龄段，运动都会给你带来很多好处。

❾ "我肢体不协调 / 我缺乏运动细胞。"

放轻松，没人要你学蹦床或曲棍球，只要通过增加活动量来锻炼身体就可以了，而且运动技巧是可以学习的。只要你感兴趣，多加练习，一切都会变得不同。

❿ "我受过伤。"

你可以寻求医生的帮助，请他评估你可以做什么，不可以做什么。运动说不定有利于你的恢复呢。

腾出时间来思考运动这件事

思考一下，你能为运动投入多少时间，你想通过运动达到哪些目标，以及怎样才能达到这些目标。你可以专门坐下来思考，也可以边散步边思考。如果你很难挤出 30 分钟来思考，那至少说明，各种生活琐事已经耗费了你过多的精力。

运动与减肥

很多人都发现通过运动来减肥并非易事。肥胖的原因有很多，包括遗传因素、节食史（经常节食、过度节食可能导致身体更容易囤积脂肪，因为身体害怕再次挨饿）等。有些人总是觉得自己很累，不想运动，这可能与他们没有摄入充足的营养素有关，比如蛋白质和碳水化合物摄入不足；有些人虽然经常运动，体重却没有下降，这可能是因为他们吃了太多高脂肪、高热量的食物，导致热量的摄入量超过了消耗量。

别担心，这些问题不是只有你一个人会遇到。对运动的研究越深入，就会越清楚地认识到运动与减肥之间的关系是复杂的。如果你一边运动，一边想吃什么就吃什么，尤其是吃很多高脂肪、高热量的食物，那么你的体重是不太可能降下来的，除非运动量巨大，比如天天跑马拉松，但这种运动方式可能会让你受伤。一般来说，想要健康、持续地减重，你不仅要坚持运动，还需要改变不健康的生活习惯，吃得更健康。不要先设定一个不切实际的目标，然后在没有达成目标后责备自己没有创造"奇迹"。年龄增长或怀孕都会让体形发生变化，没有什么神奇的饮食或运动计划能让人在短时间内看起来像当红明星。（更多关于瘦身的内容，可以参考第一章第二节《与身材焦虑做斗争》、第三节《与自己的身体交朋友》，以及本章第一节《怎么吃，更健康》。）

运动不是惩罚

你不应该把运动当作一种惩罚，比如吃多了以后，就罚自己做运动。如果每吃完一块饼干后都要计算走多少路才能消耗掉这块饼干包含的热量，你可能没过多久就会把自己逼疯，而且这种计算方式往往不够准确。食物都有它的作用，比如维持身体正常运转、润泽毛发等。吃多少和运动多长时间之间不存在必然联系。

营造运动氛围

你的家人可能没有经常做运动的习惯，这意味着你可能需要更加努力，才能带动家人一起养成运动的习惯。你可以参考下面的方法：

· 召开家庭会议，问问大家想不想变得更健康。不用指出谁"必须减肥"或"体重超标"，因为这样做会让对方觉得自己受到了指责。你可以征求一下大家的意见，问问每个人的意愿，比如，谁喜欢和别人一起运动，谁想单独运动，想做哪些运动，等等。

· 鼓励大家制订运动计划，例如：每周安排四次运动，每次运动一小时；或每天运动，每次运动二十分钟。

· 当大家做出了一些改变后，别忘了祝贺他们，恭喜他们取得了一定的成果，这有利于激发他们的运动热情，鼓励他们坚持下去。

运动的相关问题

要避免的事情

· 避免过度运动，比如运动强度过大或运动时间过长。

· 远离那些让你因为完成不了而感到挫败，常常想哭，觉得自己不够好的运动。

· 避免做容易导致反复受伤的运动，尤其是容易导致同一部位反复受伤的运动。

· 夏天要谨慎地选择运动的类型和时间，防止晒伤和脱水。

· 远离教练或团队成员对你十分不友善的运动。

· 远离鼓动你减肥的运动，或要求你保持一定体重或体形的运动。做这些运动时，你的压力不是来源于对特定身材或体重的明确要求，而是来源于所处环境的氛围和周围人的评论。如果你想享受这些运动的乐趣，就要注意寻找一个健康的运动环境。

· 远离电视广告和网络上销售的那些昂贵的运动器材。价格昂贵并不意味着一定有用。你可以向运动生理学家、物理治疗师或私人健身教练咨询，看看他们有什么好的推荐。一些价格相对低廉的装备（比如弹力带）的作用可能和某些昂贵器材的作用差不多。

过度运动的信号

运动有时会让人沉迷或上瘾。下面是一些过度运动的信号：

· 受伤时仍然坚持运动，或为了"克服"某种疼痛而运动。

· 不顾身体不适、天气恶劣或潜在的危险，坚持运动。

·相信"运动量总是越大越好"。

·一天没运动就要自我惩罚，隔天一定要把运动量补上。

·情绪、睡眠、精力、性欲或食欲等方面出现了与运动相关的负面变化。

·无论如何都要坚持自己的运动计划，绝不妥协，比如当某个聚会与运动计划相冲突时。

·满脑子想的都是运动、减肥，以至于机器显示的能量消耗量成了自己生活的主宰。

·你的表现让支持你运动的家人和朋友产生了担忧。

如果你存在上述情况，请你重新评估自己的运动习惯。或许，你需要专业运动顾问的帮助。

时不再来

如果你从 4 岁起，每天平均花 2 小时看电视或玩电脑，那么到 70 岁时，你会有约 5 年半的人生是在屏幕前度过的。是不是很可怕？所以，不要把时间再浪费在屏幕前了！尝试动起来吧，什么时候开始运动都不算晚！

健身器械与运动

你或许还记得电视上那些明星代言的通过震动来锻炼肌肉的健身器材。从医学的角度来说，锻炼肌肉有助于更好地保护骨骼、促进血液循环、帮助新陈代谢。但是为了保持和提高身体的柔韧性，你还需要适当地进行拉伸。健身球等器材确实可以锻炼腹部、背部的肌肉，但是没有哪一种器材可以解决一切问题。

许多健身房开设的课程和健身书籍上提供的训练方法都声称可以锻炼某些特定部位的肌肉，如手臂、腹部或腿部的肌肉，其中有一些需要用到器材，有一些不需要用到。姑且不说这些课程和训练方法是否有效，时刻把"紧实的臀部"或"平坦的腹部"作为努力的目标，本来就可能会让你产生一些不必要的烦恼。如果你是健康的，那么臀部的肉有点松、腹部有一些松软的肉肉也没什么。

如果你觉得健身房收费过高，那么你可以买一些基础的健身器材，在家跟着教学课程运动。你也可以前往社区的文化活动中心或小区的健身广场，这些地方一般有免费的或者只需要支付小额费用就可以使用的健身器材。如果想要去健身房运动，那么一定要"货比三家"，充分考察价格、员工的资质和健身房的氛围。在了解清楚之前，不要着急付钱。

基础健身器材

以下是一些常见的在家就可以使用的健身器材。在家使用这些器材前，一定要熟知这些器材的使用注意事项。这些器材基本上从体育用品店或网店就可以买到。

·健身球。

·负重器材。

·瑜伽垫。

·弹力带。

·健身踏板。

第四章

身体健康

如何保持健康

我定期体检。
——贝琳达（53岁）

除了三天打鱼、两天晒网式的运动和准备我认为"健康"的饮食外，我其实没做什么。
——佐薇（25岁）

尽量多吃水果和蔬菜，每周运动一到两次。
——劳拉（26岁）

我更关注家人的健康状况，从来没考虑过自己的健康情况。
——凯莉（37岁）

我正在戒烟。
——谢（32岁）

我吃饭规律，经常运动。为了达到最佳的健康状态，我还会去针灸。
——阿尔基（35岁）

我的生活方式非常健康。我不怕看医生，当身体不舒服或者有什么疑问时，我就会向医生咨询，而且现在还可以在线问诊，这样就更方便了。
——克里斯蒂（32岁）

看医生，吃医生开的药，保证饮食均衡，保持积极的心态。
——米查（35岁）

我没想过应该怎样保持身体健康，只是顺其自然。我似乎每年只会生一次病。
——乔迪（36岁）

均衡的饮食，运动，冥想，和家人、朋友交往，每年看牙医，保证睡眠充足，定期做常规体检和宫颈细胞学检查。
——斯塔（29）

保持积极乐观的心态。
——盖伊（45岁）

我会积极地对抗疾病，在需要的时候及时去看医生。
——卡特（37岁）

我没怎么把心思花在保持身体健康上，因为我觉得不管做什么都是徒劳的。
——曼迪（52岁）

我吃得比较多，但从不过量，因为我讨厌吃撑的感觉。尽量保证充足的睡眠，每晚至少睡八小时。如果感到不舒服，就去看医生。
——蕾切尔（32岁）

我尽量不被车撞倒。除此之外，如果长时间觉得身体某个地方疼痛、有不适感，我会去看医生。
——凯特（35岁）

我没有太多好办法。现在我正在吃棉花糖。
——凯特琳（18岁）

我经常锻炼身体，尽量吃天然的未经加工的食物。
——杰姬（46岁）

在能想起来的时候，吃维生素补充剂。
——埃伦（56岁）

我对自己的心理健康很警觉，对身体健康则稍稍有些懈怠。不过我会定期去按摩，还会去拜访运动机能学专家。
——安杰莉克（40岁）

坚持呼吸。
——瓦莱丽（65岁）

注意饮食，定期运动，服用钙片和鱼油胶囊。
——海伦（62岁）

合理饮食，坚持运动，保持心情愉快。
——阿格尼丝（61岁）

咨询专业人士，遵循他们开的"养生处方"。
——凯特（51岁）

吃得有营养，保持运动，控制室内挥发性有机化合物的浓度，避免阳光直晒，不抽烟，不喝酒。
——索南（37岁）

注意饮食健康，每天散步，每周至少游泳一次。定期做宫颈细胞学检查，定期检查乳房和色素痣。坚持涂防晒霜。不酗酒，不抽烟。
——马伊（30岁）

我服用抗抑郁药，使用治疗哮喘的喷剂，试着每天都吃蔬菜和水果，坚持每天步行。
——凯蒂（33岁）

我尽量吃健康的食物，并尽可能坚持锻炼身体。我还会服用维生素补充剂，避免使用激素替代疗法。
——格伦达（59岁）

我对心理健康和身体健康一视同仁。我发现，随着年龄的增长，我需要付出更多努力来保持心理健康。
——马尔迪（47岁）

我一边吃降压药，一边试着减肥和健康饮食。
——苏珊娜（36岁）

我定期看医生，还会定期做妇科和乳腺的检查。
——吉莉恩（51岁）

我每天都带着儿子步行。我把他放在婴儿车里，平均每天推着他走两千米。
——朱莉（41岁）

身体养护

      一般来说，女性会更加注意保持身体健康，并定期去体检，而很多男性只有在疼痛症状频发时才会去医院。

      身体健康固然与基因有关，但它也与后期的保养息息相关。在这一部分，你会了解到一些关于健康的知识，例如：怎样保持身体健康？身体不舒服时要如何应对？女性应该特别重视哪些体检项目？平时需要警惕哪些不适症状？

身体健康

身体健康是幸福生活的基础，我们要善待自己的身体，不要因为觉得自己很健康就肆意伤害它。

人的身体结构十分复杂，各个器官各司其职，既相互独立又互相配合。当身体出现不适时，我们要警惕起来，仔细观察，如果不适感长时间存在，应及时去医院。记住，身体不是永动机，它需要保养和检查来维持健康的状态。

🍎 关心身体

请把身体当成亲密的朋友，多关心它，注意分析它发出的信号，关注每一种感觉、每一个症状。当然，也不要过分敏感，不要稍有不适就以为自己得了疑难杂症。总之，请用客观、理智的态度关心身体。

身体出现问题时，会向我们发出一些警告信号，例如：走路时膝盖常发出"嘎吱"声，接连几个月月经周期都不规律，皮肤上突然长出很多奇怪的疹子，脚莫名肿起来了……遇到这些情况时，请千万不要用"没事儿"的态度糊弄过去，要及时向医生咨询，搞清楚这些信号出现的原因，并及时解决问题。

🍎 感谢身体

如果现在你的身体在正常工作，你能够行动自如、尽情吃喝，请学会感激身体。正是因为有了健康的体格，你才能实现"世界那么大，我要去看看"的梦想。不仅如此，身体还在不停地产生新细胞，让你肤色健康，头发光泽亮丽。身体还在无数次地与病毒搏斗，以防你生病。所以请感激自己的身体，不要因为它不够瘦而抱怨了。你怎样对待身体，身体就会怎样对待你。

🍎 遗传问题

无论是你本人还是为你诊断病情的医生，都应该关注你的家族遗传病史。但有家族遗传病史不等于一定会患病，也就是说，就算你的妈妈和你的外祖母都患有某种疾病，也不意味着你一定会得这种疾病。健康的生活方式可以降低疾病发生的概率。你也可以在医生的指导下做一个基因检测，看看自己身上是否携带了某些致病基因。

预防保健

前文已经说过，身体健康除了与基因有关，还与后期的保养有关。通过采取一些简单的预防保健措施，再加上定期做体检，我们可以尽可能地为身体保驾护航。

🍎 照顾好自己

· 吃得健康。

· 不吸烟。

· 定期体检。

· 每天的饮酒量不超过两杯，最好每周都有几天滴酒不沾。

· 适量运动。

· 把体重控制在健康范围内，而不是追求某个固定的数值。

🍎 免疫力

免疫系统是机体执行免疫应答和免疫功能的组织系统，可以看作身体的"安全保卫部"。它一旦识别出入侵者，就会产生大量抗体，随后，抗体就会开始与入侵者"作战"。

良好的生活习惯对提高机体免疫力至关重要，这包括均衡饮食、保证睡眠充足、适度运动、限制饮酒量、饮水充足等。此外，一些营养素补充剂（比如维生素补充剂、矿物质补充剂等）也可以帮助人体增强免疫力。比如，维生素 C 能通过抗氧化作用促进抗体的形成，从而帮助机体提高免疫力。但我们也不能过分神化维生素 C，认为服用维生素 C 一定能提高机体免疫力且防止病毒入侵。

如果你想通过每天服用维生素补充剂和矿物质补充剂来预防感冒，这无可厚非。不过，如果你本身饮食习惯良好，那么这些补充剂很可能吃了也是白吃，因为你已经从饮食中获取了足量的维生素和矿物质。如果已经感冒了，吃维生素补充剂和矿物质补充剂也很难让病好得更快。

冷冰冰的事实

寒冷、干燥的环境更利于流感病毒的传播。很多病毒能引起人们感冒，抗生素对病毒感染无效。不过，人们感冒以后，抵抗力会随之下降，此时容易导致继发性细菌感染，这时就需要抗生素上场了。另外，儿童比成年人更容易感冒，部分原因是很多类型的病毒他们都是第一次碰到，他们的体内还没有相应的抗体，而成年人体内已经积累了大量的抗体。

🍎 疫苗接种

疫苗接种是一种免疫预防策略，即将疫苗注入机体，人为地诱发和加强针对所引入抗原的适应性免疫应答，以预防病毒性传染病。机体产生对该病原或相似病原的抗体后，就会对该疾病有较强的抵抗能力。如果可以的话，最好检查一下自己是否接种了所有该接种的疫苗和疫苗的加强针。孩子从出生起就应该开始接种卡介苗、乙肝疫苗、水痘疫苗等，这些疫苗一定要按照预防接种证上给出的时间进行接种，一个都不能少。

成年人也要留意自己是否需要接种疫苗加强针或新款疫苗，比如流感疫苗、带状疱疹疫苗、风疹疫苗等。其中，风疹又称"德国麻疹"，该病毒杀伤力十足，如果孕妇不幸被感染，可能会造成流产或严重的新生儿出生缺陷（包括失明和失聪）。

有人认为接种疫苗会加重免疫系统负担，甚至还有人说接种疫苗后会得孤独症（又称"自闭症"）。在我看来，这些说法通通是无稽之谈。疫苗是用减毒或杀死的病原微生物（细菌、病毒、立克次体等）或其抗原性物质制成的，可使抗体产生特异性免疫的生物制剂，而且大部分疫苗是在上臂处皮下注射的，它跟孤独症能有什么关系呢？

🍎 伤后急救

受伤后，在明确受伤不严重的情况下，我们可以根据急救指南自行进行简单处理。但在情况较为严重或自己难以判断时，请立即就医，向专业人士求助，切勿轻举妄动。

冰敷

冰敷适用于急性外伤，如摔伤、撞伤等。受创伤后，患处可能出现肿胀、充血等情况，此时，可以把冰袋敷在患处，以减缓局部血液循环，达到缓解肿胀的目的。冰敷前要注意止血，按压、抬高伤处使其高于心脏水平线都有助于止血。一般建议受伤后 48 小时内冰敷（注意睡觉时不要冰敷），伤情严重者可酌情多冰敷一会儿，但一般 72 小时以后就不建议冰敷了。在此期间，不要持续不断地冰敷患处，可每 2 小时冰敷一次，每次冰敷 15 分钟左右。为了防止局部皮肤被冻伤，可以用干净的毛巾包住冰袋。平时可以准备一些可重复利用的冰袋，这样用完后放到冰箱里，下次还能再用。如果身边没有冰箱，也可以购买供应急使用的一次性冰袋。注意，请不要在运动前冰敷旧患处，也不要冰敷伤口。

呵护自己

生活方式

享受生活，永葆活力，保持年轻的心态、健康的身体。

——H（53岁）

我吃天然食品，每天饮用大量的纯净水，还会每周锻炼五次，保持积极乐观的心态。

——珍妮特（61岁）

多年的经验告诉我，西医和中医都对身体恢复有帮助。我会去看西医，每个月也会去针灸，还会在需要的时候吃中药、去按摩。

——杰西（27岁）

不要忽略身体发出的每一个警告信号。千万不要明明很担心自己的身体状况却什么都不做。呵护自己，从做一个全面的身体检查开始。

——伊莱恩（69岁）

预防才是上策。

——黛西（65岁）

要注意自己的情绪健康。不要认为情绪与身体健康无关，实际上它们息息相关。

——斯特拉（42岁）

坚持步行，均衡饮食，经常开怀大笑。

——埃德温娜（38岁）

我希望医生能更贴心一些。他们说的话都大同小异，跟我已经知道的以及从网上看到的差不多。

——苏珊娜（36岁）

如果你有了症状，医生却无动于衷，你可以再找其他医生。自己的身体自己最了解。

——莉萨（47岁）

疫苗

有时间做身体检查的话，就赶紧去做。有可以接种的疫苗的话，最好赶紧去接种。

——谢尔比安娜（27岁）

请给你的女儿接种HPV疫苗。这种疫苗会大大降低女性患宫颈癌的风险。实际上，男孩也应该接种HPV疫苗。

——温迪（37岁）

我每年都会打流感疫苗。

——特丝（70岁）

时至今日我仍在接种疫苗。如果我感觉哪里不舒服，就会马上去看医生，以便迅速康复。

——杰德（23岁）

宫颈细胞学检查

我没做过宫颈细胞学检查，希望有一天我能鼓足勇气去做。

——萨莉（29岁）

我的宫颈细胞学检查结果有异常，下周要去做进一步检查——阴道镜检查。我第一次遇到这样的事，我很害怕。现在的我除了等，别无他法。我也在网上查了一些资料，希望我的情况不会很严重！

——乔吉（34岁）

体重与健康

虽然我还想再瘦一点，但我知道，太瘦对我的健康，尤其是免疫系统没有益处。

——苏珊（31岁）

我超重25千克。肥胖不仅让我自卑得抬不起头来，还影响了我的血压。

——莫莉（52岁）

我的体重给膝盖造成了很大的负担。

——苏茜（51岁）

大多数时候我自我感觉良好，所以我经常会忽视自己超重了的事实，其实我随时都可能得心脏病或中风。现在我开始在意这个问题了，但这让我变得神经兮兮，脆弱不堪。

——詹西（46岁）

脚

我的脚指甲又丑又厚，这导致我上次穿一双粉红色的漆皮皮鞋去参加一场正式舞会时特别痛苦，到后来我甚至觉得我的脚指甲都要掉了。但是，那双鞋看起来真的棒极了！

——阿加莎（20岁）

每一个喜欢穿细高跟鞋的年轻女孩都应该花一天时间体验一下等自己到80岁的时候走路时的那种痛苦。

——韦罗妮卡（60岁）

我年轻的时候可以说是"为鞋痴狂"，但现在我已经为曾经的不懂事付出了惨痛的代价。没办法，到这个地步，我只能穿我婆婆口中的"老人鞋"了。

——伊索贝尔（75岁）

我喜欢穿舒适的鞋子，就是那种穿着睡觉都舒服的鞋子，所以现在我的脚没什么毛病，没得拇囊炎，也没有厚厚的茧子。

——凯（50岁）

急性损伤"RICE"原则

"RICE"原则是指休息（rest）、冰敷（ice）、加压包扎（compression）、抬高（elevation）。休息是指受伤后应停止一些活动以避免进一步损伤和出血。加压包扎是指损伤发生后，应尽快对受伤部位进行处理，尽量减少受伤部位出血。抬高是指受伤后，应将受伤部位抬高（如果可能的话，应抬高至心脏水平线以上），这样可以减少肿胀形成，缩短恢复时间。对于"RICE"原则中每一条的进行顺序不必太过纠结，但有一点要注意，那就是如果骨折或疑似骨折，就不要抬高或者乱动了，要及时就医。

伤后"四不要"

这里说的"四不要"是指受伤后不要马上热敷、不要喝酒、不要做剧烈运动、不要马上按摩。在受伤后的急性期必须坚持"四不要"，冲热水澡或泡澡都不可以。以上所有行为都可能加重伤情。在急性期后热敷和按摩有助于患处的恢复。

热敷

热敷有助于血液循环、缓解疼痛并使肌肉放松。旧伤复发、患处反复疼痛或痛经时可用热敷进行缓解（注意水温不宜太烫）。

健康护航大队

🍎 全科医生

全科医生又称家庭医师、家庭医生，主要在社区卫生服务中心向个人、家庭和社区提供优质、方便、经济、有效及一体化的基层医疗保健服务。他们受过专门的培训，并且通过了相关资格考试。

全科医生除了负责常见病、多发病的诊疗和转诊，也可以向社区提供健康教育，还可以通过家访的形式上门为患者诊断病情，根据患者的情况建立相应的医疗档案。他们是高质量的初级卫生保健的最佳提供者。

如果病情不严重或是为了日常保健，可以问问身边的朋友，让他们为你推荐一位全科医生。全科医生会为你分析身体状况，指出你需要做哪些检查。好的医生不会因为你想换医生或想找个专家再诊断一下就觉得自尊心受到了伤害。跟医生交流前要想清楚，你是打算和医生成为朋友，还是仅仅打算维持普通的医患关系呢？不论哪种情况，都要尊重医生，医生不是神仙，不可能包治百病。

🍎 医学专家

当病情比较严重时，建议去大型医院找专业强、医术好、经验丰富并且能做到耐心倾听和讲解的医学专家为你诊治。你自己也应该尽力搜罗信息，情况越严重，需要搜罗的信息也就越多。记得用各种问题把自己武装起来，多和专家沟通。当医生建议你做手术时，可以多咨询几个医生。

🍎 学会判断

除了向全科医生或医学专家咨询外，你自己也要学会思考和判断。就拿用药来说，很多药品的确能治病救人，但它们也有副作用。因此，用药的"度"很重要。打个比方，有的药吃合适的量能治病，但如果吃多了，副作用就显现出来了。大部分医生会根据经验、个体差异、已知因素等制订出"最佳方案"。但要小心，有极少数医生会因为利益而夸大病情或推荐价格更高的治疗方案。要远离那些自诩为神医或唯利是图的医生。

健康咨询

🍎 可靠的信息来源

全科医生的角色之一是健康教育者，他们可以为个人、家庭和社区提供健康教育，包括预防保健、周期性健康照顾、康复等。所以，你可以向全科医生咨询关于身体健康的任何信息。当然，你也可以找医学专家，还可以自己上网查找相关信息，但想找一个可靠、权威的网站可能要花点心思。还有一点要注意，那就是不要轻信陌生网友的经验和建议，毕竟人与人之间存在很大差异。在进行自我治疗之前，最好先听听医生的诊断和建议。

🍎 可以问医生的问题

· "您有相关资质与专业背景吗？"
· "您能帮我推荐一位专家或一种既有效又经济的疗法吗？"
· "您开的药品或各项检查可以通过医保报销吗？"
· "这个检查有必要做吗？"
· "如果我做了您推荐的检查或买了您开的药，您会从中获得提成吗？"

🍎 警惕来自以下渠道的"健康资讯"

要警惕网上的信息，特别是公共论坛上的信息。许多网站充斥着陈旧的帖子、无知的猜测，以及陌生人仅通过看别人的描述就给出的所谓的治疗方法。请警惕以下渠道给出的"健康资讯"：

· 商业网站。小心一些名字听起来很专业，但实际上是在推销自己的设备、产品或药品的网站。要学会判断这种网站上提供的信息。
· 短视频。尤其是那些声嘶力竭地叫嚣着类似于"为人父母者万万不可错过的故事"的宣传片。如今，短视频占据了人们大部分的休闲时间，人人都可以拍摄短视频，这丰富了人们的精神生活，也给了一些所谓的"名医大咖"露面和赚钱的机会。这些人会抓住一切机会，把自己包装成名医，大肆推销自己的产品、理论，甚至是诊疗方法，要小心不要被他们误导。
· 广告，尤其是药品和保健品的广告。有些制药公司会请名人和所谓的"名医"来为自己的产品代言，但这些人在广告中说的可不一定是事实，也可能只是一部分事实。
· 媒体报道。某些媒体喜欢以偏概全，仅凭一些未经过充分论证的"结论"就把普通药品渲染成神药或把某种疗效较好的药品渲染成毒药。

身体保养

年度体检是十分必要的。没什么特殊情况时，你可以选择正规体检机构或医院的体检套餐。当然，需要检查的项目是因人而异的，根据每个人家族遗传病史、服药史及其他因素的不同，可以在套餐的基础上增加自己需要的检查项目。

大部分体检套餐中会有"身体质量指数（BMI）"这一项。实际上，该指数的参考价值并不大，如果不想知道自己的身体质量指数，可以取消这个项目。在第二章中，我已经介绍过不能依靠这个指数来评估身体健康状况的原因了。

🍎 常规体检和筛查

体检前，如果你有疑虑或问题，无论大小，都要说出来。你应该如实告知医生以下信息：

· 有关性生活史、有无饮酒等的信息。医生需要了解相关信息才能更好地帮助你。请放心，根据法律规定，医生应对患者的隐私和个人信息予以保密。
· 如果怀孕了或正在备孕，一定要告诉医生。
· 告诉医生你吃过什么药，现在正在服用哪些药物，包括中药和非处方药。

一般情况下，女性在20岁以后应每月进行一次乳房自我检查（见第五章第三节《呵护乳房》），平时要注意留意皮肤上的痣是否有变化或有无其他皮肤问题（见第二章第三节《皮肤保卫战》）。女性除了做常见的尿常规、血常规等检查外，可根据自己的情况来增加检查项目。

以下是一些女性可能需要增加的检查项目：

· 医生发现女性的乳房有肿块时，可能会根据实际情况建议女性做乳腺 X 射线摄影检查（乳腺钼钯检查）以确定肿块的性质。

· 如果女性有过性经历，可以在体检时做一个全面的妇科检查，包括宫颈细胞学检查等。有些病毒感染后不会立马引起身体不适，但其实病毒已经在身体内部扎根繁殖了。

· 45 岁以后，增加胆固醇水平检查。

· 50 岁以后，增加维生素 D 和钙含量的检查、胃肠镜检查（每五年一次）。

· 65 岁以后，增加骨密度检查。

🍎 宫颈癌筛查

1941 年，希腊科学家乔治·帕帕尼古拉乌等首先提出了生殖道涂片在宫颈癌中的诊断价值，并在 1943 年详细描述了涂片制备的方法，以及各种生理和病理情况下的细胞学变化，从而开创了宫颈癌筛查的先河。人们将这种技术称为巴氏涂片技术。

随着科技的发展，人们发现传统的巴氏涂片技术存在一些局限性。现在，用于宫颈癌筛查的方法通常是液基薄层细胞学检查（TCT）联合宫颈脱落细胞 HPV（人乳头瘤病毒）检测进行初筛。这两项检查方便快捷，只需要一次性从子宫颈部取少量细胞样品分别放在不同的培养基中，经处理后观察细胞形态有无改变、体内是否感染 HPV。将这两个检查结合能更加清楚地了解目前宫颈脱落细胞的状态，以便更好地预防宫颈癌。

HPV 是一组无包膜的环状双链 DNA 病毒，主要经性接触、密切或间接接触、医源性感染、母婴传播等途径传播。其种类多样，根据致病力大小和致癌危险性，可分为低危型和高危型两类。有些种类的 HPV 会让皮肤上长出寻常疣，这种疣能治好。有些种类的 HPV "悄无声息"，不做检查的话，患者可能都不知道自己已经感染了病毒。但实际上，它们是导致宫颈细胞变异的元凶，如果任由变异细胞发展，患者就可能患上宫颈癌。宫颈癌从感染到发病的时间不等，快则 5 年左右，慢则 15 年左右，时长通常取决于病毒种类和个人的免疫系统。如果能在早期的检查中发现细胞变异的症状，再对症治疗，就有很大机会将宫颈癌扼杀在摇篮中。

子宫颈近似圆锥体，上端与子宫体相连，下端深入阴道。取宫颈细胞时，医生会将器具伸进阴道内，阴道弹性很大，患者通常不会觉得很痛。刮取宫颈细胞后，患者可能会有出血的情况，这属于正常现象。这项检查适合有过性生活的女性做，一般建议在月经结束 3 ～ 7 天后再做。

如何保护自己，远离宫颈癌

· 发生性行为时，注意自己和伴侣的个人卫生。避孕套能阻隔大部分病毒。

· 有过性生活后，每年做一次宫颈细胞学检查。

· 接种可预防宫颈癌的人乳头瘤病毒疫苗（HPV 疫苗），这是对抗宫颈癌的有效手段。这里需要注意，疫苗不能预防所有种类的病毒，所以就算接种了疫苗，也要定期做筛查。女孩在青春期前就应该接种 HPV 疫苗（最佳年龄为 9 ～ 12 岁）。男性也可以接种 HPV 疫苗，因为 HPV 还可能导致阴茎癌、口咽癌、肛门鳞状细胞癌等疾病。

复检

在检测结果不明确时，医生会通知患者复检。遇到这种情况时，不要慌张或焦虑，这可能是因为上次获取的样本出了一些问题，需要患者再做一次检查以获取新的样本。还有一种情况是检测出了变异细胞，需要再检测一次，以便进一步确认。

检测结果说明

如果体检报告中细胞病理学诊断一栏显示的是未见上皮内病变细胞，HPV 检测一栏均显示阴性，那就说明没什么问题，每年定期检查就好。

如果体检报告中显示 HPV 呈阳性或细胞学诊断稍有异常，可以先复检一次，这时千万不要慌张，仔细听医生的讲解。如果医生判断患者只是一过性 HPV 感染，那么通过身体的自我调节，HPV 病毒可能被清除；即使报告中显示与宫颈癌相关的高危型 HPV 呈阳性，也并不意味着患者一定得了宫颈癌。患者需要进一步做阴道镜检查和活体组织病理学检查（也就是从宫颈处取下一小块组织样本进行检查）。就算确定存在宫颈癌前病变，也可以做锥切手术，把病变的组织切除。

无论怎样，在最终结果没有确定之前，患者一定要保持镇静。不论什么疾病（尤其是肿瘤），心理因素都是非常重要的，长期郁郁寡欢会加速癌细胞的繁殖或转移。记住，就算体检报告有异常也不意味着患者得了癌症，患者需要到医院进行进一步的检查才能确诊。

🍎 眼睛

眼睛对人的重要程度不言而喻，营养均衡、种类丰富的饮食对眼睛的健康大有裨益。除此之外，我们该如何保护眼睛呢？以下是一些关于保护眼睛的建议：

- 不要经常揉眼睛。觉得眼睛不舒服，应立马去医院检查。
- 不要长时间看电视或其他电子设备。
- 不要在昏暗的灯光下看书，也不要躺着看书。
- 勤做眼保健操。
- 不吸烟，因为吸烟可能激发眼部疾病。
- 注意防晒，过度的紫外线照射可诱发眼睛、皮肤等方面的疾病。一般天气预报会发布当天的紫外线指数，当紫外线指数达到 3 或 3 以上时，请佩戴墨镜出门，以防眼睛被紫外线"灼伤"。
- 做以下事情（但不局限于这些事情）时，请佩戴合适的护目镜：做化学实验或使用化学试剂、装修房子、做手工、修剪多刺多汁的植物、焊接金属、处理明火。
- 做年度体检时，增加眼科检查（不仅仅是检查视力，还可以增加裂隙灯检查、眼压和眼底检查等）。

🍎 牙齿

牙齿有咀嚼、辅助发音和保持面部外形的作用。如果遇到牙齿问题，请及时去看牙医。

牙齿护理

- 每天早晚都要刷牙。牙刷的刷毛要软，刷头要小。每天用一次牙线，最好在晚上用。
- 每半年检查一次牙齿。
- 多喝水，少喝果汁和含糖的气泡饮料。气泡饮料里面的酸性物质会腐蚀牙釉质。
- 少吃又甜、黏性又大的零食，比如糖，以防长龋齿。
- 少吃坚硬的东西，以防牙齿出现裂缝。

口臭

口臭是由许多口腔局部疾病或全身性疾病引起的综合症状。以下问题可引起口臭：

- 口腔中有未治疗的龋齿。
- 不经常刷牙或是不经常刷舌头，这会导致口腔中有食物残渣，而细菌会分解食物残渣，产生臭气。
- 吃了某些东西。食用某些药物或大蒜、洋葱等刺激性食物可能引起短暂的口臭。
- 饥饿。长时间未进食时，唾液分泌会减少，这会导致口腔缺乏充足的唾液来冲洗细菌和牙菌斑。
- 吸烟。
- 患有牙周疾病。患有牙周疾病的人口腔内常伴有大量牙石、牙菌斑，牙周袋内的细菌发酵，就会引发臭味。

引起口臭的全身性疾病有急慢性胃炎、消化性溃疡、糖尿病等。没有全身性疾病时，通过治疗口腔局部疾病加上保持口腔卫生，基本上可以消除口臭症状。若口腔局部疾病已治愈且口腔卫生保持得很好，口臭症状却仍未消失，请及时去医院做检查。

🍎 耳朵

我们可能会在不知不觉、不痛不痒中丧失听力，要么是因为累积性损伤，要么是因为年龄的增长。所以我们要保护好耳朵，因为它可能不会提前向我们发出警告。

如何保护听力

· 尽量不要做金属乐队的鼓手。
· 在演唱会、施工现场、机场跑道等地方时，可以戴上耳塞。
· 注意耳机音量。音量最大不要超过 60 分贝。如果习惯用最大音量听歌，很容易对听力造成永久性伤害。在路上或乘坐公共交通工具听歌时，即使噪声很大，也不要因为听不清音乐而把耳机音量调得过大。而且，走路时耳机音量太大还会给人带来危险。
· 连续使用耳机的时间不要超过 1 小时。

耳鸣

耳鸣是一种无外界声音刺激的情况下，主观感受到间歇或持续声响的症状，是听觉系统功能出现障碍或失调的一种表现。耳鸣呈多样性，患者可以听到铃声、哨声、汽笛声、浪涛声、刮风声等各种声响，发作时间不定。企图戴上耳塞止住声音或者待在安静的地方只会让耳鸣声更加清晰。用助听器、耳鸣掩蔽器或调频收音机能起到掩蔽耳鸣的作用。目前，医学上很难证实耳鸣的严重程度，疗效

也主要依靠患者的自我评价，所以在治疗耳鸣的过程中，心理作用是一个不容忽视的因素。患者平时应注意保持心情舒畅，尽量减少压力，消除对耳鸣的紧张和误解，学会和耳鸣共处，慢慢淡化它的存在，而不是为此焦虑。不良的情绪可能会加重耳鸣。

🍎 脚

爱美之心，人皆有之。以前我不理解为什么有些女性连脚指甲也要涂指甲油。最近几年，我开始能够理解这件事，也开始光顾美足店。但爱美的同时，我们也不能忽视脚部健康。

拇外翻

拇外翻俗称"大脚骨"，表现为足趾在第一跖趾关节处向外侧偏斜，关节内侧出现明显的骨赘。一些患者的骨赘处软组织因长期受鞋子摩擦挤压而出现红肿、积液，这种情况称为拇囊炎。患有拇外翻的患者不一定都有疼痛感，疼痛产生的主要原因是拇囊炎。我们可以借助外力消炎消肿，但是凸起的部分除非进行手术治疗，否则很难消下去。一旦发现自己出现了拇外翻的症状，请立刻去看医生，避免引起拇囊炎。

平足症

平足症又称为扁平足，是一种足底平阔、足纵弓塌陷变小甚至消失的足部畸形的病症。其病因包括先天性发育畸形、遗传性和劳损性。足弓塌陷的生理障碍在于足弓弹性消失，患者行走过久容易出现足部酸痛的症状，症状严重者需要穿定制矫正鞋或使用矫正器。矫正器不仅能够调整患者活动时足部的姿势，防止脚酸，还能保护患者的膝盖和脊椎。少数先天性发育畸形者可通过手术治疗。

高跟鞋之殇

很多女性喜欢穿高跟鞋。穿上高跟鞋后，人的重心会前移，为了维持身体平衡，走路时需要挺胸、收腹、提臀，这样做可以让女性的体态更好。而且穿上高跟鞋后，由于小腿肌肉收缩，小腿会显得更加修长。虽然很多女性觉得穿高跟鞋走路不舒服，但出于爱美的心理，还是有很多女性会坚持穿高跟鞋。

穿高跟鞋行走时，身体大部分的重量集中于前脚掌，这会大大增加女性患拇外翻的概率。对于脚部已经出现疼痛症状的女性，我还是建议别再穿高跟鞋（包括穿上去觉得磨脚的鞋），赶紧换上舒服的鞋。疼痛是身体发出的警告，警告人正在慢慢走向足部发炎，甚至是足部变形、肌肉受伤、韧带损伤、脊柱受损的路上。此外，长时间穿高跟鞋，还容易因身体重心长期前移导致膝关节劳损。

康复

如果你生活不顺或身体面临健康危机，请善待自己，多向家人和朋友寻求帮助和支持。

随着生活节奏的加快，人们的生活压力与日俱增，人们常常因此忽视了身体健康。有些人觉得跟器官移植那种大型手术相比，一般的小手术根本无须放在心上，因此在做了小手术后不给身体充分的恢复时间。但"麻雀虽小，五脏俱全"，做完小手术后，人也需要一段时间来悉心调养。身体的恢复时间因人而异。有一次我做完妇科手术后，医生让我按照术后康复指南上规定的时间休息。指南上说我四天后就能重返健身房，但实际上四天后，我连伸懒腰都觉得痛。指南上给出的是理论上身体恢复所需要的时间，但有时候实际的情况比理论上的要复杂，而且指南中给出的信息也很难顾及个人的身体状况、年龄等。所以，请记住，有关康复时间的信息只能作为参考，具体情况因人而异。

🍎 走出阴霾

如果你刚做完手术，请给自己充足的时间休息。在这里，我还有几句话想送给你：

· 不要想任何烦心事，让身心彻底放松。

· 关注是否有发烧或身上起红疹的症状，这可能是感染的迹象。一旦身体有任何异常，请立即联系医生。

· 可以适当吃一些有助于恢复健康的"安慰性食品"。

· 多喝水，多吃富含膳食纤维的水果和蔬菜，以防便秘。如果有便秘的情况，不要乱吃泻药，请先向医生咨询。

· 做术后康复训练时，要慢慢来，不要着急。身体每天能恢复一点就很棒了，不要妄想做完手术第二天就能活蹦乱跳。

此外，如果生活中有很多不如意的事，请记住：

· 躺在床上休息不是懒惰的表现，睡眠对于身心健康至关重要，只要不是一直躺着就行。

· 如果有人想帮你，请不要拒绝。

· 像照顾你最好的朋友那样照顾自己、善待自己。

· 如果你想暂时脱离现实世界，可以暂时不看新闻，宅在家里，怎么舒服怎么来。可以多做一些自己感兴趣的事，比如做运动、听音乐、弹奏乐器等。也可以做一些能让自己开怀大笑的事，比如看喜剧等。

· 不要长期一个人待着，多和外界保持联系。你可以出门呼吸新鲜空气，也可以和朋友聊天，这些都有益于身心健康。

· 如果你觉得生活枯燥，对任何事都提不起兴致，甚至有了抑郁倾向，请及时去看医生。

· 体重不能和健康状况画等号，体重减轻不一定是好事。所以不要一味追求瘦，健康最重要。

睡个好觉

    我们都知道，长期睡眠不足容易让人反应迟钝、脾气暴躁、注意力不集中，记忆力下降、抵抗力下降，进而影响工作和学习。严重的睡眠不足还容易使人精神错乱甚至出现幻觉。总之，睡眠不足是一种折磨，相信新手爸妈对此都深有体会。

    在这一节，你将了解一些关于睡眠的知识，例如：常见的失眠原因有哪些？有哪些有助于入睡的小妙招？希望这些知识能让你睡个好觉。

睡眠

"夜猫子"和"早起鸟"

我晚上一般都睡得很早。因为睡得早，我常常在凌晨三点醒了之后就再也睡不着了。

——凯西（49岁）

我习惯晚睡晚起，但我周围的人都觉得这种作息方式不健康。

——萨斯（49岁）

如果没人管，我会在凌晨一点左右睡觉，在早上九点左右起床。很多音乐家、艺术家，以及没有孩子的人，都喜欢这种作息。

——利兹

我以前老是睡过头，不过自从开始早睡早起，我感觉舒服多了，感谢睡眠。

——埃米莉（24岁）

缺觉

失眠让我十分疲惫，也让我各方面的能力下降了许多。

——珍妮（49岁）

我每天晚上必须睡够八小时，否则我就会变得神经兮兮的，动不动就想哭。

——纳塔莉（45岁）

如果我睡不够六小时，我就会一整天都提不起精神，总觉得累，脾气也会变得很暴躁。

——卡特（32岁）

不管我身在何方，一到晚上十点半我就会去睡觉，雷打不动。

——芭芭拉（56岁）

我感觉我永远都睡不够，哪怕是在一些社交场合，我也经常会睡着，比如和别人一起看电影或看电视的时候。

——萨姆（21岁）

我需要睡眠，所以下午的时候我经常会小睡一会儿。

——玛丽（40岁）

我经常熬夜，然后第二天我又会觉得很疲惫。

——朱莉（49岁）

我不确定我是因为压力太大而睡不着，还是因为睡不着才压力大。

——勒奈特（41岁）

我已经整整十五年没睡过一个安稳觉了。

——卡特（35岁）

我每天都很困，所以我每天都喝很多咖啡。

——路易丝（22岁）

我入睡没有困难，但是总是醒得很早，然后就睡不着了。虽然我试了各种办法都没有效果，但我拒绝吃药。

——吉莉恩（46岁）

我在半夜醒来后就很难再入睡。我去看医生，医生只告诉我一个办法：不要想太多。

——帕梅拉（45岁）

我夜里经常做噩梦，所以总是睡不好。一般到周末的时候，我已经筋疲力尽了，所以我周末大部分时间都在睡觉。

——卡特（28岁）

轮班

我是个夜猫子，所以上夜班非常适合我。

——仙黛尔（26岁）

我平时上夜班。我在任何一个地方都能睡着。

——朱莉（56岁）

我的工作采取轮班制，因此我没有固定的睡眠时间。缺觉太多的时候，我就容易生病。

——阿曼达（22岁）

我需要和别人轮班，所以我的作息时间很乱。我经常在睡前和丈夫吵架，这让我的睡眠质量更差了。

——苏沙（43岁）

我的工作采取轮班制，所以我的睡眠质量很差。我总是睡不好，一晚上会醒很多次，还会磨牙，醒来时很少感到自己休息好了。

——简（41岁）

孩子与睡眠

我有一个十一个月大的孩子，我已经不记得睡一个好觉是什么感觉了。

——莉莉（27岁）

我有一个蹒跚学步的孩子，他每天晚上都要醒来五至十次。我想睡个好觉。

——梅拉妮（25岁）

生女儿之前，我每晚都得睡十小时，否则就会脾气暴躁。现在，只要能断断续续地睡上六小时，我就心满意足了。

——阿比盖尔（24岁）

不要让孩子和你睡在一张床上。孩子小时候特别可爱，但如果一个两岁的孩子整晚都在踢你的后背，你就不会觉得他可爱了。

——里拉（35岁）

睡眠时间

拥有充足的高质量睡眠有助于修复身体损伤，并让大脑得到休息。但是，完全不间断的深度睡眠几乎不存在，那些觉得自己"一觉睡到天明"的人，睡眠过程中可能也醒过，只不过因为很快又睡着了，到了第二天早晨他们就不记得自己醒过了。

人们普遍认为，儿童和青少年每晚需要大约10小时的睡眠，成年人每晚需要大约8小时的睡眠。但不同的人需要的睡眠时间是不一样的，有的人需要的少一点，有的人需要的多一点，这都是正常的。每个人的生物钟都可能有细微的差别。有的人喜欢早睡早起，也就是所谓的"早起鸟"；有的人习惯晚睡，而且在晚上也很有精神、很活跃，也就是所谓的"夜猫子"。这些生活方式是由每个人的生理特点决定的，没有好坏之分。

对个体而言，判断睡眠是否充足，除了可以参考上述的睡眠时间外，还可以看看自己白天的表现和精神状态。如果没有疲劳、困倦、精力不足等表现，就代表睡眠比较充足，睡眠质量也比较好；如果白天总是状态不佳，就需要重新调整自己的作息，并试着改变睡眠习惯。

总之，拥有充足的高质量睡眠有助于改善各种身心问题。如果觉得自己没有足够的时间睡觉，那就试着改变生活方式吧。

睡眠不足的原因

古时候，人们过着日出而作、日落而息的生活。白天，人们需要漫山遍野地寻找食物、捕获猎物，有时还要躲避猛兽的袭击。到了晚上，人们不再劳动，积累了一天的疲劳会让人们很快进入梦乡。在电灯没有发明之前，人们晚上靠火、蜡烛或煤油灯照明，有些人会借助微弱的光在夜晚工作，但工作效率并不高。因此，大多数人还是习惯白天工作，晚上早早休息。

当电灯这一精妙无比的发明出现之后，人们的休闲时间延长了，工作时间也延长了。相应地，睡眠时间就缩短了。

光与睡眠的关系不只这些。由松果体分泌的褪黑素是个"高手"，它不仅能够清除人体内的自由基，增强机体免疫力，还可以改善人的睡眠质量。褪黑素的分泌具有明显的昼夜节律，在夜间的分泌量明显高于白天。但是，如果晚上长时间暴露于灯光（以及电子设备发出的蓝光）下，身体可能会错误地将晚上当成白天，褪黑素的分泌就会受到抑制，从而导致入睡困难。所以，为了提高睡眠质量，睡前最好关掉所有光源，包括时钟和电器待机时发出的微弱光源，这样身体才能分泌更多褪黑素，以帮助入睡。

失眠

失眠是患者对睡眠时间和（或）睡眠质量不满足并影响白天社会功能的一种主观体验。主要表现为入睡困难、睡眠浅、睡眠维持困难（时常觉醒或醒后不能再入睡）早醒、醒来后缺乏清醒感等。一些外部刺激，比如经历压力，感到兴奋、焦虑，生病，或者睡眠规律改变（如倒时差、轮班）等都会引起短暂的失眠，这类失眠一般会随着外部刺激的消失或时间的流逝而改善，但是如果处理不当，也可能转变成慢性失眠。慢性失眠可能维持数年之久。临床上将慢性失眠分为原发性失眠和继发性失眠两类。

原发性失眠属于一种病因不详的失眠类型，可能长期或终生存在，表现包括频繁的睡眠中断、短睡伴日间疲劳、紧张、压抑和困倦。除了其他内在原因和环境干扰的因素外，部分患者可能有失眠的家族史。

继发性失眠更为复杂，通常由身体问题引起，比如疼痛、咳嗽、呼吸困难、夜尿多、心绞痛，以

入睡方法与睡眠问题

如果你在床上躺了45分钟还没睡着，那就赶紧下床吧。

——奥利维娅（27岁）

上床后，我会让大脑保持空白。这对入睡真的有帮助，你也试一下吧。

——安娜贝勒（60岁）

我睡不着的时候就从1000开始倒数，一般还没数到987我就睡着了。

——琼妮（52岁）

我睡前总爱计算自己能睡多久，越算就越恐慌，越恐慌就越睡不着。

——基娅拉（20岁）

我的经验是，每晚坚持在同一时间上床睡觉（最晚不要超过11点），晚上别吃太多，吃得健康一点，每天喝含咖啡因的饮料不要超过3杯。

——塔季扬娜

卧室温度低一点、光线暗一点。对了，不要把电视放在卧室里。

——杰恩（44岁）

躺在床上时，如果一时睡不着，我就会任思绪从我父母的房子，飘到高尔夫球场，接着飘到海滩，最后到达蓝湖。一般到达蓝湖前我就睡着了。

——柯利（50岁）

我总是失眠，一失眠我就背乘法口诀表。如果哪里背漏了我就从头背。背着背着我就睡着了。

——凯特（30岁）

睡前不要看电脑。

——珍妮（38岁）

我用"瑜伽呼吸法"帮助入睡，这对我很有用。

——纳特（35岁）

耳塞是我的救星。

——安（52岁）

不要太迟吃晚饭，远离酒精，不要熬夜。平时也好，周末也好，每天睡觉和起床的时间要大致相同。

——萨莉·安妮（45岁）

傍晚的时候锻炼一下身体，睡眠质量就会提升。

——杰斯（24岁）

作息要有规律；保持床上用品的整洁；不要在床上吃东西；卧室摆放的东西不要太多，不要把电视放在卧室里。

——帕蒂（37岁）

冥想。

——玛丽亚（53岁）

喝一杯麦芽热饮对入睡有好处。每天在相同的时间上床，保持规律的作息，听一些能让人放松下来的音乐也有用。

——玛丽安娜（34岁）

我总是想把脑海里浮现的画面都记下来，无论这些画面有多么零碎。

——托尼娅（33岁）

每晚睡前我都会给自己一点时间，让心平静下来。平静有助于我入睡。

——萝宾（58岁）

不要熬夜看电视节目。洗个澡，看本好书，然后睡觉。

——乔西（27岁）

我床边摆着收音机和耳机。如果睡不着，我就会听听广播里的夜谈或知识问答节目。

——保利娜（64岁）

累了就去睡。

——阿利（42岁）

我会穿着袜子睡觉。

——贝丝（23岁）

打鼾

我满脸皱纹都赖我丈夫，他每天睡觉时都会打鼾，搞得我睡眠严重不足！

——米什（47岁）

我睡觉时会打鼾。

——诺拉（64岁）

不要和喝了很多酒的人睡在一个房间里。他们的鼾声实在是太可怕了。

——克里（51岁）

我丈夫打鼾时，我就只能起床看看书或织织毛衣。

——毛扎（55岁）

睡眠呼吸暂停综合征

我正在治疗阻塞性睡眠呼吸暂停综合征。我每分钟都觉得很累，这种情况已经持续很多年了。每天晚上我都无法吸入充足的氧气，这严重影响了我的大脑。

——德博拉（53岁）

我已经很多年没有好好睡过一觉了，真是苦不堪言。如果你有睡眠呼吸暂停综合征，那么晚治不如早治。我可喜欢呼吸机了。现在，有了它，每天晚上我都可以睡个好觉。

——迈拉（35岁）

用上睡眠呼吸机后，我睡觉时感觉好多了。

——林迪（38岁）

及其他的躯体疲劳和症状。许多新陈代谢疾病可以引起睡眠结构的改变，干扰正常的睡眠。心理方面的问题也可能引起继发性失眠。

常见的失眠原因

- 晚上喝酒。很多人觉得睡前喝酒不会影响睡眠，但确实有一些人喝酒后会睡不安稳，没睡几小时就醒了，然后就难以入睡。也有一些人喝酒后入睡困难，整晚都处于比较兴奋的状态。
- 吃了或喝了过多含有咖啡因的食物或饮料。
- 抑郁、焦虑或压力过大。
- 围绝经期体内激素水平发生变化（见第五章第二节《围绝经期》）。
- 孕期身体发生的种种变化。一些研究者认为，妊娠晚期常见的记忆力下降问题就是由睡眠质量差造成的。
- 家中有需要照顾的婴幼儿。
- 周围噪声过大。
- 睡眠时出现周期性肢体运动障碍（一种在睡眠时出现的周期性反复发作的高度刻板肢体活动所导致的睡眠障碍），该障碍常见于中老年人。
- 患不宁腿综合征。患者晚上睡觉时，双下肢会反复出现极度的不适感，这会迫使个体反复不停地活动下肢或下地行走，从而严重影响睡眠质量。这种病症称为不宁腿综合征。受不宁腿综合征影响的多为中老年女性。

关掉大脑的"开关"

有些人睡不着是因为一躺到床上、闭上眼，就开始胡思乱想。为了身心健康，人需要学会关闭大脑的"开关"。例如：

- 尝试睡前冥想。
- 尝试做瑜伽。不过不要在睡前做，虽然瑜伽可以放松身体，但刚做完后人可能会感到精力充沛，反而会影响入睡。
- 睡前听一些有助于睡眠的音乐。
- 睡前不要考虑第二天工作上的事情。可以提前把第二天需要处理的问题或者一些想法列在本子上，然后把本子放到其他房间里。
- 如果因为过去的创伤而焦虑、抑郁，经常做噩梦，或者脑海中经常浮现过去的情景，请翻至第六章第二节《心理健康》，了解相关知识。

有助于提高睡眠质量的小妙招

- 每天坚持运动，但睡前两小时不要运动。
- 天黑后把灯光调暗，睡觉时关上灯。
- 不喝咖啡、茶、可乐、能量饮料，或每天只喝一杯，但下午三点（这个时间因人而异，有些人可能上午十一点以后就不适合喝了）以后就不要再喝这些饮料了。
- 注意调节室内的温度。过冷或过热都会影响睡眠。
- 选择让自己感到舒服的床上用品。
- 晚上睡觉前不要喝酒。睡前喝酒容易导致起夜和早醒，还有可能导致入睡困难。大量饮酒还可能引起打鼾，扰乱伴侣的睡眠。
- 晚上不要吃巧克力（巧克力含有咖啡因）。
- 找出会影响自己睡眠的食物。有些人如果吃了某种食物或在睡前吃了某种食物，晚上就会睡得不踏实。
- 睡前四小时不要吸烟，因为烟中的尼古丁会刺激神经。当然，最好还是戒掉吸烟的习惯。
- 白天多喝水，晚上九点之后就少喝点。睡前记得上厕所，免得半夜起夜。
- 睡前做一些有利于身心放松的事情，比如用热水泡脚，但不要把这些事情升格为一种雷打不动的仪式，更不要因为没有做这些事而感到焦虑。

- 睡前两小时不使用电子产品（包括电脑、电视、手机等）。卧室里不要放电视。睡觉前关掉手机（除非从事的是应急类工作，要求24小时待命），把手机放到另一个房间充电。
- 争取每晚在同一时间上床睡觉，以便让身体形成到了这个时间就想睡觉的生物钟。
- 起床时间也要规律（最好周末也是如此）。每天在同一个时间起床比每天在同一个时间入睡更加有助于提升睡眠质量。
- 不要熬夜看电视节目。
- 不要将味道太大的食物放在卧室里。

◗ 入睡困难怎么办

- 大多数睡眠专家建议，入睡困难时，与其躺在床上辗转反侧几小时，不如起床先做点别的事，否则可能会慢慢养成上床就睡不着的习惯。可以去做一些能让自己静下心来的事（比如阅读），然后再上床睡觉。如果又躺了半小时还没睡着，可以再起床。
- 睡不着的时候可以试着告诉自己，睡不着没关系，只要躺下了，就可以得到一定的放松和恢复，只要轻轻地闭上眼睛，试着清空大脑、消除心中的杂念就可以。这样的暗示有助于减轻压力，以便更快地入睡。
- 睡不着时，不要总是看时间，最好让表离自己远一点，不要一睁眼就能看到。
- 尝试有规律地做几次深呼吸，这个方法已经帮助许多人改善了入睡困难的情况。

安眠药

安眠药是处方药，有镇定、促睡眠、抗焦虑的作用，它有助于缓解由外因（如倒时差、轮班等）引发的睡眠问题。对正在倒时差或刚刚从上白班变成上夜班的人来说，适当服用安眠药能使他们快速入睡，更快地进入深度睡眠，并延长睡眠时间。

但是，从长远来看，长期服用安眠药对人弊大于利。频繁服用安眠药可能会导致健忘和头疼，还容易导致服药者对药物产生依赖、成瘾，所以服用安眠药时一定要遵从医嘱，切记不能随意服用。吃了一颗不起作用，或睡着后半夜又醒来时，不宜再次服用安眠药。另外，安眠药不能和很多药同时服用（具体哪些药可以，哪些药不能，请咨询医生），而且服用后不能喝酒。

同一款安眠药的药效和副作用因人而异，可能有的人吃了没有副作用，有的人吃了后身体就会不舒服。所以，不要吃其他人的安眠药，也不要把自己的安眠药给别人吃。服用安眠药前要认真阅读相关注意事项及其副作用，有任何问题、顾虑或服药后有任何不舒服的地方，都可以向医生咨询。

有助于睡眠的床上用品

◗ 床垫

理想的床垫不仅要足够舒适，还要能支撑脊柱，减轻臀部等部位的压力。床垫的种类多种多样，包括棕榈床垫、乳胶床垫、记忆绵床垫、羊毛床垫、羽绒床垫、弹簧乳胶复合床垫、椰棕乳胶复合床垫、分体床垫等。羽绒床垫和羊毛床垫不仅舒适度高，保暖性也比较好；乳胶床垫透气性好，可以更好地散热；记忆绵床垫可以根据人体的曲线来调整自身的形状，但是它的支撑力相对较弱，容易使脊柱弯曲得更多；复合床垫可以同时满足人对支撑性和舒适度的需求；分体床垫可以减少伴侣在另一侧活动时的干扰。购买床垫时最好去专卖店看看，告诉销售员自己的需求，按需购买。不要买质量差的床垫，否则随着时间的推移，说不定哪天醒来时，你会发现自己睡在了一堆断掉的弹簧上。

枕头

有些人睡觉时不喜欢枕枕头，有些人则一定要枕枕头才能睡着。对用枕头的人来说，他们需要及时更换压扁了的枕头，因为它已经无法很好地支撑颈部。习惯仰卧的人最好不要选择太高的枕头。习惯趴着睡和侧着睡的人可以选择相对硬一点的枕头，以使脊柱尽量保持水平状态。个人认为，与其把钱花在买包上，不如用来"投资"枕头。

被罩和床单

被罩和床单要选择质地柔软、透气性好、无静电反应、不刺激皮肤、含棉量较高的面料。比如纯手工缝制的粗布，这种面料含棉量100%，具有柔软、透气、吸汗、不起静电的特点，舒适度比较高。

睡眠习惯

午睡还是不午睡

有些人习惯午睡，觉得午睡能帮助自己恢复元气；有些人不习惯午睡，觉得午睡会影响晚上的睡眠。所以，是否午睡取决于一个人的习惯和身体情况。就算平时不午睡，当某一天觉得很疲惫时，也可以午睡一会儿。需要注意的是，午睡的时间不宜过长，大约20分钟即可。一旦睡的时间过长、进入深度睡眠，醒来后反而容易感觉头昏脑涨。

轮班与睡眠

身体会根据日夜变化释放不同的激素，以促进睡眠或保持清醒。比如，清晨会分泌更多能使人充满活力的皮质醇，夜晚会分泌更多可以促进睡眠的褪黑素。现在，有些公司和工厂为了提高设备利用率，保证工作的连续进行，采取轮班的工作制度，因此有些人需要上夜班。对于上夜班的人，以下建议或许有用：

- 下班回家的路上戴上墨镜，延缓大脑进入"白天模式"的进程。
- 回家后放下百叶窗或拉上窗帘，让大脑把白天当作黑夜。
- 保持房间温度舒适。
- 不要在卧室中摆放钟表，以免看到时间。
- 休息时在大门上挂个警示牌，上面写上"休息中，请勿敲门或按门铃"。

嗜睡

嗜睡可能是因为：

- 患抑郁症。
- 患有双相障碍，且双相障碍进入"抑郁发作"阶段。
- 有潜在健康问题，比如患嗜睡症等。
- 服用某些药物（包括止痛药和心理疾病类处方药）导致的副作用。

如果你发现自己白天经常昏睡不醒，请及时咨询医生。

性别与温度

褪黑素具有调节体温的作用，在刚入睡后的几小时内，随着褪黑素水平的上升，人的体温会持续下降，这就是为什么刚睡觉时可能没觉得冷，但是半夜容易被冻醒。另外，研究表明，女性比男性更怕冷一些，这可能与激素水平有关，而且体温还会随月经周期而变化。男女双方觉得舒适的室温不同是十分常见的现象，如果两人的分歧比较大，可以把屋里的温度调低一些，毕竟让觉得冷的一方采取保暖措施比让觉得热的一方降温更简单。一般来说，最怕冷的部位是手、脚和头。怕冷的人晚上可以适当加一条毯子，用暖水袋暖脚，或者穿具有保暖作用的睡衣和宽松的袜子睡觉。

此外，运动能加速血液循环，让手脚变得更

暖和，所以怕冷的人白天可以多做运动。吸烟会阻碍血液循环，使人容易手脚冰冷，而酒精进入人体后会促使血压下降、血管扩张、血液循环加快，同时加速散热。

家庭与睡眠

◗ 婴幼儿与睡眠

家有婴儿或蹒跚学步的孩子常常意味着父母睡眠不足。随着孩子年龄的增长，这种情况会有所改善。从孩子三四个月大起，父母就可以着手给孩子培养良好的睡眠习惯了。

孩子需要有充足的高质量睡眠；否则他们可能会出现行为方式、注意力、学习习惯和健康方面的问题。孩子并不是生来就知道如何安静地待在床上独自入睡的，因此父母需要给他们定一些规矩以帮助他们培养好的睡眠习惯。过程可以慢慢来，但父母必须坚定不移地推进这件事。

在培养孩子睡眠习惯的过程中，父母既不能听之任之，一味纵容，也不能过分严厉，完全没有商量的余地。请温柔而坚定地帮助孩子培养良好的睡眠习惯吧。

如果孩子睡觉时经常打鼾或频繁醒来，请及时带他们看医生，看看他们是否患了某些疾病。经常打鼾或频繁醒来会使孩子很难进入深度睡眠。

以下是一些可供那些迫切想好好睡上一觉的父母参考的建议：

· 孩子六个月大前，可以和父母睡在同一个房间，但不要让他们和父母睡在同一张床上。

· 只要孩子睡得安稳，父母就可以去做自己的事了，不需要一直盯着他们睡觉。当然，前提是得保证孩子的安全。

· 许多孩子虽然入睡时是在自己的房间，但半夜醒来后会偷偷进入父母的房间。父母可以给孩子定规矩，告诉他们什么时候才可以进自己的房间。

· 对父母来说，情绪崩溃是很正常的事，如果需要帮助就提出来。严重缺乏睡眠会导致情绪低落，让人无所适从，什么事都做不好。

◗ 青少年与睡眠

青少年需要充足的睡眠，如果可以的话，每晚最好能睡十小时。青少年如果睡眠不足就容易生病和烦躁，还会影响学习效果。父母可以在他们睡前把所有电子产品（包括手机）都收起来，并把这些电子产品放到自己的房间。因为在很多时候，虽然青少年会老老实实地答应父母按时上床睡觉，但等父母走后，他们会立即开启"狂欢模式"。还要记得帮青少年制订一个家庭作业时间表，以便帮助他们合理安排时间，避免因做作业而熬夜。不要觉得青少年平时睡不够没关系，周末补觉就可以了，他们每个晚上都需要充足的睡眠才能保证身心健康，而且平时欠下的觉周末不一定都能补回来。

有些父母常因为青少年早上特别懒、怎么叫都不起床而生气，实际上，这与青少年正在改变的生物钟有关。在青春期，昼夜节律会因为生长激素和性激素分泌量的改变而改变，褪黑素的分泌高峰也会推迟，这会让青少年变成"夜猫子"，就是想晚睡晚起。考虑到青少年还要上学，父母需要帮助他们把上床时间提前一点。父母可以鼓励他们在白天多运动，而且尽量把运动或其他活动课安排在一天的最后，而不是一天的开始。

◗ 老年人与睡眠

许多老年人表示，自己每晚的睡眠时间越来越短，白天又睡不着；还有很多老年人表示，他们难以入睡，而且醒来后就很难再睡着。失眠跟年龄有一定的关系。随着年龄的增长，人的睡眠时间会逐渐减少，睡眠质量也会逐渐下降，这会直接影响人的健康状况。睡眠障碍是老年人常遇到的问题之一。不过，这并不是说所有老年人睡眠质量都不好，也不是说失眠只和年龄有关。药物带来的副作用也会导致失眠。因此，最好还是具体问题具体分析，不要想当然地觉得失眠就是由年龄增大引起的。如果备受睡眠问题困扰，还是要去医院检查一下。

梦

梦是发生在睡眠中的精神活动经历，有些梦令人兴奋，有些梦则令人恐惧。时至今日，科学家们仍然不清楚人为什么会做梦，也很难解释梦的含义。有人认为梦可能只是大脑的"垃圾桶"，是一堆杂乱无章的疯狂想法的混合体；有人认为梦代表着人的潜意识，做梦说明一个人正在试图学习和理解某些事物，也就是所谓的"日有所思，夜有所梦"。

几乎每个人都做过噩梦。人有时候会反复做那些由日常焦虑引发的梦，例如：梦见自己当众演讲；梦见自己赤裸裸地站在众人面前；梦见自己被攻击；梦见自己在考试，即使自己已经毕业多年了。如果做梦已经影响到睡眠或者最近噩梦连连，千万不要不当一回事，应及时向医生寻求帮助。可能导致做噩梦的因素有很多，最好在医生的帮助下对症下药，用适当的治疗方法（包括心理治疗和药物治疗）来改善这种情况。

在接受过治疗后，一些人成功地"改变"了反复出现的噩梦。他们在半夜惊醒之后，会记下还记得的梦的内容，根据梦中故事的主线"重写"梦境，最后给梦加一个"幸福的大结局"。这种方法被称为意象排演疗法，是一种非常有效的降低噩梦频率的方法。

长夜未必难明

很多长期被睡眠问题困扰的人都曾在漫漫长夜中萌生过一些可怕的想法。相信我，在睡眠严重不足、周围一片漆黑时做出的决定不可能是正确的，一定要等到第二天天亮，或是至少在睡一会儿之后再重新考虑一下。最重要的是，尽快向周围的人或医生求助。

打鼾

打鼾俗称"打呼噜"，是指由于睡眠时上气道变窄，气流通过时振动上气道周围组织发出噪声的现象。打鼾可分为间歇性打鼾和习惯性打鼾两种，前者是指一段时间内偶尔出现的打鼾现象，只在几天或夜间的某些时间段发生；后者是指几乎每晚都出现的打鼾现象，多持续整夜。

打鼾不仅会干扰自己，还会影响周围人的睡眠。可能导致打鼾的因素有很多，所以，经常打鼾的人一定要去医院做一下检查，以明确是否需要接受治疗。

❯ 打鼾的部分原因

· 生理因素（如呼吸道狭窄）。
· 吸烟、饮酒、服用安眠药。这些外部因素会让喉咙部分的肌肉过度放松，咽喉部软组织的下垂程度越来越大，进而阻塞部分气道。
· 患有某些疾病，如睡眠呼吸暂停综合征、扁桃体肥大、鼻窦炎、感冒等。
· 体重超标。

❯ 治疗打鼾的方法

如果只是偶尔打鼾，可以通过调整生活方式来改善症状。如果长期饱受打鼾的困扰，可以咨询一下医生，寻求干预措施。

下面是一些有助于缓解打鼾的方法：
· 睡前三小时内不要饮酒、吸烟（最好能戒掉烟酒）。
· 控制体重。
· 睡觉时采用侧卧的睡姿。

· 慎用镇静促眠药物。

· 治疗相关疾病，比如睡眠呼吸暂停综合征。

· 手术治疗。

睡眠呼吸暂停综合征

睡眠呼吸暂停综合征是睡眠时反复上气道阻塞，导致反复呼吸暂停或低通气现象。有阻塞性、中枢性和睡眠低通气综合征等类型，以阻塞性多见。成年人中该疾病患病率为 2%～4%。我们接下来主要讲一下阻塞性睡眠呼吸暂停综合征。

阻塞性睡眠呼吸暂停综合征是上气道狭窄影响呼吸气流通畅度和阻力增加而引起的一种睡眠障碍。鼻咽部结构异常而导致上呼吸道口径缩小是睡眠过程中发生气道阻塞的主要原因。临床表现为白天嗜睡、睡眠时严重打鼾和反复的呼吸暂停现象，可伴有记忆力、注意力下降及头晕等。该病常见于肥胖者。

患有阻塞性睡眠呼吸暂停综合征的人，多导睡眠图证实其阻塞性睡眠呼吸暂停和（或）低通气指数≥5次/小时。当患者的呼吸道被完全堵塞时，身体就会缺氧，这会让他们醒过来重新呼吸，这种频繁的短暂窒息和觉醒会伤害大脑内与记忆有关的海马旁回，导致患者记忆力减退。更可怕的是，以每晚睡眠时间至少7小时计算，这种情况会反复发作35次以上。该睡眠障碍已成为冠心病、脑血管疾病、2型糖尿病和免疫系统疾病发病的重大风险因素。

阻塞性睡眠呼吸暂停综合征患者的鼾声特点是断断续续、时有时无，或者在正常的鼾声中夹杂着噼啪声或者喘息声。

由于夜间频繁醒来，患有阻塞性睡眠呼吸暂停综合征的人白天容易疲惫，可能经常在没有意识的情况下睡着，这可能会导致意外事故的发生。他们可能看起来像在神游，但实际上已经坐着睡着甚至是站着睡着了。

🔺 阻塞性睡眠呼吸暂停综合征的治疗方法

阻塞性睡眠呼吸暂停综合征的非手术疗法包括经鼻持续气道正压通气（CPAP），使用牙齿矫正器或舌托等；手术疗法包括腭垂腭咽成形术等。腭垂腭咽成形术又称"悬雍垂－腭－咽成形术"，是通过切除部分肥厚软腭组织、腭垂肥大的腭扁桃体等组织，达到扩大咽腔、解除腭后平面阻塞的一种技术方法。调整生活方式和生活习惯，如戒烟、戒酒、减肥、采取正确的睡姿等也有助于缓解症状。

疾病与不适

　　本节的内容可能会让你感到悲伤，但如果你自己或周围的人正在遭受病痛的折磨，这些内容可能会对你有所帮助。

　　在这一节，你会了解到一些关于疾病与治疗方法的知识，比如你可能会遇到的各种健康问题，需要引起警惕的不适症状，一些有效的治疗手段等。

困扰人们的健康问题

我体重超标，患有2型糖尿病。三个月内我减掉了7%的体重，在没有采用药物治疗的情况下，我的病情得到了控制。

——塔尼娅（34岁）

大约一年前我心脏病发作，现在要吃很多药。对于高强度运动我会特别小心，不过我还是坚持以前的运动计划。

——卡罗琳（60岁）

我患有硬皮病（一种免疫系统异常引起的疾病）、雷诺病、乳腺癌、骨质疏松症、骨关节炎、类风湿性关节炎，这几天我又有了口腔溃疡。我没法开车，走路都很难受。幸运的是，我的全科医生非常出色，她总是耐心地为我解答一切问题，尽力使我的症状能够得到缓解。

——安（78岁）

我怀孕八周时被诊断出患有宫颈癌。此后我变得更加理智，尝试将精力放在更重要的事情上。多和有相同处境的人沟通，你就不会觉得自己是在独自承受痛苦了。

——卡伦（36岁）

患宫颈癌不等于被判了死刑！

——南妮（60岁）

随着年龄的增长，我后背经常酸痛，我现在会花更多的时间待在健身房。

——珍妮（62岁）

我得了一种罕见的慢性血癌。我常常极度疲劳，肌肉也疼痛难忍，还伴有胃痛、耳鸣等症状。平时我会吃维生素和矿物质补充剂。目前这种疾病还没有治愈的方法，我在考虑要不要接受化疗。

——莉比（49岁）

白血病颠覆了我的生活。接受治疗时，除了听从医生的指令，尽量保持健康的生活方式外，我没有什么别的能做的。千万不要听信除了医生以外的人给出的奇怪建议，包括网上的所谓"疗法"。有疑惑直接问医生，他们最有发言权。

——莉莉（29岁）

我做过手术，目前正在接受为期六个月的化疗。疾病给我的正常生活按下了暂停键，但我相信自己会渡过难关，成为一个更加强大的人。

——凯西（47岁）

我是1型糖尿病患者。患病让我更加重视健康和身体方面的问题。我看了很多专家，现在我的生活方式很健康。

——凯特（27岁）

我患有霍奇金淋巴瘤，做过化疗和放疗，不知道今后还能不能生育。我现在患乳腺癌的风险更高了。我在整个治疗过程中都坚持写日记，并保持乐观的心态。

——苏西（46岁）

我患有慢性阻塞性肺疾病（我不吸烟），肺功能严重下降。我无法工作，甚至做不了家务。我现在几乎足不出户，不过我在网上成立了两个互助小组，可以让病友相互交流，彼此关爱，彼此支持。

——卡伦（56岁）

艾滋病每天都在影响我的生活。为了与其对抗，我养成了健康的生活方式，每天认真工作和生活，也开始让亲人和朋友了解我的处境。记住，要积极乐观，这样生活才会更美好且更有意义。

——萨姆（37岁）

我患有风湿性关节炎，每天要吃很多药，平时关水龙头、拧东西都很吃力。多运动对我来说很有益处，可以缓解部分症状。

——杰恩（28岁）

我有肾病。我一边做透析，一边等待器官移植。我不喝酒，不敢多吃盐。

——安娜贝尔（30岁）

我患有先天性髋关节脱位、骨关节炎、纤维肌痛综合征。我小时候就做过很多大大小小的手术，之后一直患有创伤后应激障碍。不久后我又要做髋关节置换手术。加入在线互助小组对我很有帮助。

——萨拉（43岁）

我软骨发育不全，患有侏儒症。人们刚见到我时总会先评头论足一番。我没法改变这一切，唯一能做的就是跟自己和解，接受真实的自己，继续积极地生活下去。

——海伦（29岁）

我曾经三次中风，第一次是在34岁。我还做过两次神经外科手术。我生活的方方面面都受到了影响。现在，我试着享受每一天，热爱生活，向他人表达爱意，还积极向医生咨询，这些做法都对我有帮助。

——朱莉（48岁）

压力性尿失禁

你也许看到过这样的卫生巾广告：某位女性正在安静地欣赏风景，但是在她打喷嚏、咳嗽或做了一个劈叉的动作后，尴尬的事情发生了：尿液不自主地流了出来。这种患者在正常状态下无遗尿，用力时腹压增加导致少量尿液不受控制地流出的现象就是压力性尿失禁，常见于生育后或绝经后，也可发生在根治性前列腺切除术后。孕晚期，随着胎儿的增大，膀胱会受到压迫，导致漏尿。分娩过程中，女性的盆底肌会受到一定程度的损伤，变得松弛，对盆腔器官的支撑作用减弱，这也容易导致脏器脱垂，造成漏尿。对于产后的女性而言，防止漏尿的最好方法就是锻炼盆底肌。

✚ 盆底肌锻炼

在小便过程中尝试夹断尿流时，你会感觉到下体有一部分肌肉收紧了，这部分肌肉就是盆底肌。平时，产后的女性可以按照以下由美国的阿诺·凯格尔医生研发的凯格尔运动方法进行锻炼，具体方法如下：

收紧盆底肌，数四秒，然后缓缓放松，接着再次收紧盆底肌，坚持四秒，最后放松。每天做两次，每次五分钟。做的时候记得采用胸式呼吸，而不要采用腹式呼吸。

产后女性需要坚持不懈地练习，练习的效果可能需要三个月甚至更长的时间才能显现出来，但坚持练习确实会带来一些改变。如果条件允许，最好能躺着做上面的练习，因为相比于平躺时，站立时盆底肌不会那么"卖力"。

需要注意的是，练习时要尽量只收紧盆底肌，不要同时绷紧臀部、腹部或大腿的肌肉。如何检验动作做得是否到位呢？练习时可以将一根手指（要先将手指清洁干净）放入阴道，如果手指能感觉到周围肌肉的挤压，就表明动作做得对。

盆腔器官脱垂

盆腔器官脱垂是盆底功能障碍性疾病的一种，是指由于盆底支持组织缺陷或松弛而引起的盆腔器官下降或移位，引发盆腔器官的位置及功能异常。主要包括子宫脱垂和阴道前后壁膨出等，同时可伴有膀胱、直肠和小肠膨出。

盆腔器官脱垂的发病主要与妊娠及阴道分娩、年龄、慢性腹内压增加性疾病、绝经、雌激素水平低下等因素有关，其发生往往是多种危险因素叠加作用的结果。

治疗盆腔器官脱垂有一系列的方法，包括盆底肌肉锻炼、手术治疗等。如有需要，请先咨询医生。

糖尿病

身体通常会从食物中摄取糖分并将其转化为能量，多余的糖分则会被转化为脂肪。胰岛素在这些转化过程中担当了重要角色。如果体内无法产生胰岛素或产生的胰岛素不够，糖分就会在血液中"游荡"，导致血糖水平升高，形成高血糖。以血糖水平升高为特征的代谢性疾病称为糖尿病。糖尿病容易引起各类并发症，甚至导致死亡。

✚ 糖尿病的症状

糖尿病前期可能无明显症状。如果有以下表现，请及时就医：

· 经常觉得口渴、口干。

· 尿频。

· 总是疲倦不堪，无精打采。

· 总是感觉很饿。

· 伤口愈合缓慢。

· 视物模糊。

· 体重莫名下降。

糖尿病的类型与诊断

糖尿病可分为 1 型糖尿病、2 型糖尿病、妊娠糖尿病以及其他特殊类型糖尿病四大类。

· 1 型糖尿病。1 型糖尿病是胰岛素依赖型糖尿病，患者胰岛素分泌绝对不足，属于自身免疫性疾病。通常具有遗传性。患者起病年龄多小于 25 岁，起病方式多为急剧，少数缓起，起病时体重多为消瘦或正常。严重者表现为典型的"三多一少"症状，即多饮、多尿、多食和体重下降。为了让血糖水平尽可能变得正常、让身体充满活力，1 型糖尿病患者每天都要注射胰岛素，还要多次测量血糖。对于此类糖尿病，目前尚无根治方法，不过健康、规律的饮食以及适量运动都有助于控制病情的发展。

· 2 型糖尿病。2 型糖尿病是目前最常见的糖尿病类型。此类糖尿病通常是由基因和环境因素相互作用所致。基因的缺陷导致患者的症状要么以胰岛素分泌不足为主，要么以胰岛素抵抗为主。肥胖、运动不足和年龄增长是主要的环境因素。与 1 型糖尿病患者相比，2 型糖尿病患者的起病年龄多大于 40 岁，起病方式缓慢而隐袭，起病时体重多为超重或肥胖，患病症状不明显。

· 妊娠糖尿病。妊娠糖尿病是在妊娠前糖代谢正常或有潜在的糖耐量减退的女性，在妊娠期确诊的糖尿病。正常妊娠而无高危因素者应在孕 24 ～ 28 周接受妊娠糖尿病的常规筛查，有高危因素的人群第一次产检时就应接受筛查，若第一次筛查正常，应在孕 32 周时再复查。妊娠糖尿病的高危因素包括有糖尿病家族史、过度肥胖、怀孕时年龄超过 35 岁等。

· 其他特殊类型糖尿病。其他特殊类型糖尿病是指除了 1 型糖尿病、2 型糖尿病以及妊娠糖尿病以外的其他所有病因引起的糖尿病。由于其临床表现可能与 1 型糖尿病或 2 型糖尿病的特征存在较大重叠，特殊类型糖尿病易被人们忽略。加强对其他特殊类型糖尿病的认识，对提高该类型糖尿病防治水平非常重要。

糖尿病的诊断主要依靠空腹血糖测定、葡萄糖耐量试验和胰岛功能测定等。

2 型糖尿病的危险因素

下列因素会增加患 2 型糖尿病的风险：

· 有糖尿病家族史或遗传倾向。

· 年龄。2 型糖尿病多见于 40 岁以上人群，老年人常见。

· 曾患妊娠糖尿病或生过巨大儿（胎儿体重在 4.5 千克及以上）。

· 有多囊卵巢综合征病史。

· 有代谢综合征。

· 超重、肥胖。

· 患抑郁症。

2 型糖尿病的治疗手段

以目前的医学技术水平来说，尚无能彻底治愈 2 型糖尿病的方法。2 型糖尿病患者可采取下列方式控制血糖，延缓病情：

· 健康饮食。

· 加强运动。

· 根据病情选择口服降糖药或胰岛素治疗。

· 定期监测血糖。

慢性疲劳综合征

慢性疲劳综合征是与长期过度劳累，包括脑力和体力疲劳、饮食生活不规律、工作压力和心理压力过大等精神环境因素，以及应激等造成的神经、内分泌、免疫、消化、循环、运动等系统的功能紊乱关系密切的综合征。

慢性疲劳综合征会导致患者极度疲惫、乏力，哪怕只是进行了很轻松的体力劳动，他们依然会感到疲惫不堪。多数受检者起病于类流感之后。

虚弱型疲劳是该综合征的主要特征，但因为疲劳是多种疾病的症状，所以医生可能会将慢性疲劳综合征误诊为其他疾病，比如抑郁症。该综合征还伴有许多与免疫系统、神经系统、泌尿生殖系统、消化系统有关的临床表现。通常只有当常规治疗（如改变生活方式、心理治疗）对患者的一系列症状都无效，且这些症状长时间（6 个月及以上）得不到改善时，医生才会给出"慢性疲劳综合征"的诊断结论。

慢性疲劳综合征并非完全是由心理作用导致的，但它的长期存在会给心理健康带来巨大的考验。此外，部分患者可有失眠症状，这可能是因为他们长时间躺着休息却无法睡着，从而扰乱了睡眠的"触发装置"，还可能与激素或中枢神经系统有关。

骨质疏松症

骨质疏松症是一种以骨量减少、骨的微细结构破坏导致骨脆性和骨折危险性增加为特征的慢性进行性疾病。但也有人认为，骨质疏松症不应该被认定为疾病或健康问题，它只是女性衰老过程中自然而然的一种现象。骨质疏松症意味着骨骼储存和利用钙的能力下降，骨骼变得更加脆弱，骨折或骨裂的风险高于正常骨骼。骨质疏松症多发于中老年人，尤其是绝经后的女性。

➕ 骨质疏松症的危险因素

· 吸烟，酗酒。

· 钙摄入量或吸收量低。

· 节食。

· 日照不足。

· 曾停经或经期紊乱。

· 正处于围绝经期。

· 体重低于健康范围。

· 负重运动不足。负重运动有利于强健骨骼。爬山、哑铃操、举重等属于负重运动。游泳和骑行不属于负重运动。

· 曾患类风湿性关节炎、甲状腺疾病、乳糜泻、肝病或肾病等疾病。

· 曾大剂量或持续性使用皮质类固醇药物。

· 有骨质疏松症家族史。

➕ 骨质疏松症的症状

疼痛、身长缩短、体力减弱、步行能力下降为骨质疏松症的主要临床症状。

➕ 骨质疏松症的诊断

临床上采用双能 X 线骨密度检测（无痛）、骨代谢转化率评价等来诊断骨质疏松症。

➕ 骨质疏松症的预防

预防骨质疏松症的方法包括：

· 适当补充钙剂和维生素 D。

· 积极进行体育锻炼，纠正不良的生活习惯，改善营养状况。

· 适当晒太阳。

· 戒烟。

· 减少饮酒量或直接戒酒。

年长的女性可以通过提升平衡力、适度进行负重训练来增强体能，减少跌倒和发生其他事故的风险。要前往路面湿滑或崎岖的地方时，可以准备一些防滑装备，比如手杖、防滑鞋等，这有助于避免摔倒。

高血压

高血压是一种由遗传、环境因素及其他危险因素相互作用所致，常伴心、脑、肾等器官功能性或器质性改变的综合征。主要临床表现为体循环动脉压升高。患有高血压意味着心脏需要更加努力地将血液泵送至全身。

病因尚不明确的高血压称原发性高血压，占所有高血压的95％以上。原发性高血压患者常常感到头痛、头晕、失眠、心悸、胸闷、烦躁并容易疲乏，严重时可发生心、脑、肾功能障碍。

继发于其他疾病的高血压称继发性高血压。某些疾病容易引起高血压，如肾病、血管病变、内分泌疾病及主动脉缩窄；不健康的生活方式也容易引起高血压，如过量饮酒、吸烟、长期摄入高盐高脂肪的饮食。此外，体重超标、年龄增长、长期压力过大也容易引发高血压。

定期监测血压有助于预防高血压。每次去医院就诊时，可以顺便让医生测量血压。也可以在家定期使用家用血压测量仪自行测量。

治疗高血压的方法包括控制体重、减少盐和脂肪的摄入量、适当进行体力活动、保持乐观的心态、戒烟、限酒、服用降血压药物等。

高胆固醇血症

高胆固醇血症是一种由于脂肪代谢或运转异常，使人血浆中胆固醇水平升高，超过正常范围的病症。胆固醇过高容易堵塞血管，从而引起高血压等疾病。引起胆固醇水平升高的原因包括遗传因素，食用含有过多反式脂肪酸的食物（见第163页至第164页）或过咸、过甜的食物，过量饮酒，吸烟等。

大多数情况下，通过改变生活方式、调整饮食习惯就可以降低胆固醇，但家族性高胆固醇血症需要药物治疗。

冠心病

心脏病是心脏疾病的总称，有很多种类，由于原因不同、病变不同，有着不同的临床分类以及病理分类，比如高血压心脏病、先天性心脏病、风湿性心脏病等。

冠心病对处于围绝经期的女性来说是一大"健康杀手"。冠心病的全称是冠状动脉粥样硬化性心脏病，是一种由冠状动脉硬化使管腔狭窄或阻塞导致心肌缺血、缺氧引起的心脏病，可导致心绞痛、心肌梗死、心律失常、心力衰竭或猝死。

➕ 冠心病的危险因素

冠心病的致病机理复杂，以下列举的是一些常见的危险因素：

- 吸烟。
- 胆固醇水平升高，超过正常范围。
- 缺乏运动。
- 体重超标。
- 高血压。
- 糖尿病。
- 绝经。

➕ 冠心病的发作信号

如果疑似冠心病发作，请及时拨打120，呼叫救护车。以下是需要警惕的信号：

- 感觉轻微的疼痛或"不太对劲"。许多心脏病的发作没有任何前兆，或是只有轻微不适。
- 胸部疼痛、异常敏感或心脏有压迫感等，这种不适感可能会间歇性出现，也可能会持续出现一段时间，不一定出现在某一侧胸部，也可能出现在中间位置。
- 呼吸急促。
- 恶心、呕吐。
- 从下巴开始，脖子、肩膀、背部、胳膊（单臂或双臂），以及手腕和手部出现大范围疼痛或其他异样感觉。

· 突然出汗或头晕。

✚ 冠心病发作的急救方法

· 立即停止活动。
· 吸氧。
· 服用血液稀释类药物或控制心律失常、改善心肌供血的药物。

心脏骤停

心脏骤停是指心脏突然停止跳动，临床上常致个体突然死亡。心脏骤停最常见的原因有心室颤动、急性心肌梗死、主动脉瓣狭窄等。一旦发生，应实行心肺复苏予以抢救。

✚ 冠心病的治疗手段

对于冠心病患者，医生会根据病情，推荐治疗方案。常见治疗方案包括：

· 服用血液稀释类药物。
· 做血管成形术，这是一种将狭窄的动脉重新扩张、成形，以恢复血流的微创手术。
· 长期服用各种药物以对抗凝血、高血压和其他危险因素。
· 植入心脏起搏器，刺激心脏，实现正常心律。
· 通过手术置换或修复心脏瓣膜。
· 做冠状动脉旁路移植术（即心脏搭桥手术）。方法是从胸部、腿部或手臂内取下一条血管，绕开堵塞的冠状动脉部位，沟通主动脉及冠状动脉远端，以改善心脏血流。
· 心脏移植（极少需要）。

✚ 冠心病的防控

以下方法有助于冠心病的防控，可以降低冠心病的发病风险：

· 坚持健康饮食，降低饱和脂肪酸的摄入量，多吃蔬菜、谷物和水果，使胆固醇水平和血压保持在正常范围内。
· 坚持运动。
· 戒烟。
· 将体重保持在健康的范围内。

心力衰竭的症状

心力衰竭亦称"充血性心力衰竭""心功能不全"，简称"心衰"，是一种心脏因疾病、过劳、排血功能减弱，以致排血量不能满足器官及组织代谢需要的病症。心力衰竭的症状可能包括：

· 心悸、气喘、不能平卧、痰中带血。
· 颈部静脉充盈、肝大、腹水、下肢水肿。
· 呼吸困难。

头痛

发烧时头痛可能是由感染的病毒或细菌导致的，也有很多头痛很难找到病因，但会反复发作，干扰人们的正常生活和工作。头痛的分类十分复杂，有原发性头痛、继发性头痛等。人们常说的偏头痛（表现为反复发作的单侧或双侧搏动性头痛，呈多基因遗传）就是一种会反复发生的原发性头痛。有研究显示，多达三分之一的女性患有偏头痛，而男性患偏头痛的概率要小得多。

头痛时，如果自行服用止痛药不起作用，一定要及时向医生求助。建议在下一次头痛发作的时候记录下发作的时间、症状（如畏光、畏声、恶心、呕吐等），这样能帮助医生更好地进行诊断。

✚ 头痛的原因

· 用药过度。
· 有潜在的疾病。

- 激素水平波动（见第 237 页）。
- 遗传性的血管收缩。
- 患有颈椎病或低头时间过长。
- 压力过大或睡眠不足。
- 高血压。
- 饮食不当。有些刺激性食物，如咖啡、红酒等，可能引发头痛。

引起头痛的因素因人而异。比如，耀眼、闪烁的灯光，以及强烈的气味（包括香水味）对有些人来说不算什么，对有些人来说却是头痛的触发因素。

脑卒中

脑卒中俗称"中风"，是因脑血管阻塞或破裂，使得血液不能流入大脑而引起脑组织损伤的一组疾病。表现为突然昏倒、口眼歪斜、言语困难或半身不遂等。

脑卒中对大脑损伤的大小主要取决于发生的位置。患者或恢复良好，或一侧瘫痪，或陷入昏迷甚至死亡。短暂性脑缺血发作（TIA）是一种由局部脑、脊髓以及视网膜缺血导致的短暂性神经功能障碍，也被称为"小卒中"。它发病突然，症状有一过性黑矇、失语、头晕等。症状历时短暂，可能在数分钟或数小时后消失，最长时间不超过 24 小时，不遗留后遗症。不过对此还是要提高警惕，因为有过短暂性脑缺血发作后，发生脑卒中的风险会明显增加。

➕ 可能导致脑卒中的危险因素

- 吸烟。
- 肥胖。
- 胆固醇水平升高，超过正常范围。
- 糖尿病。
- 心脏病。

- 高血压或有高血压病史。
- 有偏头痛或视力障碍病史。

➕ 如何初步诊断脑卒中

脑卒中可以根据以下方法进行初步诊断：

- 是否突然头痛、头晕、恶心、呕吐。
- 是否突然意识模糊。
- 有没有神经功能障碍的表现，比如肢体活动不灵，突然跌倒。
- 是否突然出现失语或听力障碍，说话含糊不清，或是看起来听不懂别人说话。
- 是否一侧肢体突然麻木。
- 眼角或嘴角有没有一侧或两侧下垂，是否无法正常微笑。

大肠癌

大肠癌通常在早期无明显症状，所以无论是否有家族病史，50 岁以后，最好都定期进行肠镜检查。

大肠癌的危险因素包括过量摄入红肉及加工肉、肥胖、吸烟、过量饮酒、缺乏运动、患炎性肠病等。

➕ 大肠癌的症状

早期大肠癌一般无明显症状。中晚期大肠癌最常见的症状包括：

- 粪便性状改变，粪便中有血或黏液。
- 排便习惯改变，常常腹泻或便秘。
- 腹部有肿块。
- 常常腹痛。
- 虚弱无力。
- 消瘦。
- 脸色苍白。

大肠癌的诊断

可用于诊断大肠癌的检查包括：

· 体检，检测大便中有无潜血。粪便中含有微量血迹可能是患有大肠癌的早期预警信号。在没有其他症状前，增生的组织通常会渗出少量血液并混入大便中。粪便隐血试验可检测到大便中的少量血液成分。

· 肠镜检查。如果初次做肠镜检查时，发现肠道内没有息肉也没有癌前病变，且不属于高风险人群，可以在五年甚至更长时间之后再进行第二次检查。对于高风险群体的检查频率，医生会根据实际情况给出建议，比如有家族遗传病史者建议 3～5 年做一次，患有炎性肠病者建议 1～2 年做一次。

· 使用含有钡剂的灌肠剂进行灌肠检查。

· X 线诊断（又称放射诊断）、磁共振成像(MRI)检查、直肠超声检查。

· 肿瘤标志物检查。

大肠癌的治疗手段

手术治疗是大肠癌的主要治疗方法。外科医生会切除受癌症影响的肠道，再将肠道两端重新连接。除手术外，其他治疗手段还包括化学药物治疗（化疗）以及放射治疗（放疗）。

肺癌

肺癌是起源于支气管黏膜上皮的原发恶性肿瘤。长期大量吸烟是肺癌的元凶之一。已有研究表明，长期大量吸烟者患肺癌的概率是不吸烟者的 10～20 倍（但从不吸烟者也可能患肺癌），开始吸烟的年龄越小，患肺癌的概率越大。其他致癌因素包括职业和环境接触、电离辐射、既往肺部慢性感染、遗传因素、大气污染等。

按照病理，肺癌可以分为小细胞肺癌和非小细胞肺癌两种。小细胞肺癌是肺癌种类中恶性最高且生长快速的一种，相较于其他各类肺癌，小细胞肺癌的预后相对较差。非小细胞肺癌在所有类型的肺癌中占的比例是非常高的，相较于其他各类肺癌，非小细胞肺癌癌细胞的生长较慢，转移也较慢。

肺癌的症状

在早期阶段，肺癌通常没有明显的症状，患者往往难以察觉。随着肿瘤的生长或扩散，症状可能越来越明显。常见症状包括：

· 咳嗽。

· 痰血。

· 发热。

· 胸痛。

· 喘鸣。

· 声音嘶哑。

肺癌的主要诊断方法有胸部 X 线片检查、胸部 CT 检查、痰癌细胞检查、纤维支气管镜和纵隔镜检查等。

肺癌的治疗手段

肺癌的治疗手段取决于肺癌的严重程度及病人自己的意愿。常见手段包括：

· 进行手术，切除病灶。

· 进行放射治疗，利用射线杀死癌细胞。

· 化疗是肺癌的主要治疗方法。肺癌晚期常选择包括放疗、化疗和分子靶向治疗在内的综合治疗。

第五章

激素与健康

激素如何影响你的生活

我认为，激素水平影响着女性生活的方方面面。作为情绪不佳、脾气暴躁的导火索，激素的威力总是被低估，男人对此一点都不了解。

——朱尔斯（37岁）

激素水平的变化让我阴晴不定，有时会让我胃口大增。

——梅尔（28岁）

当我开始经历围绝经期时，我意识到，我可以把一切都怪到激素头上。但曾经当我经历青春期时，我觉得一切都是我的问题。

——苏菲（58岁）

我生完第一胎后得了产后抑郁症，它和产后激素水平的变化密切相关。

——沙伊（32岁）

我享受怀孕和哺乳期时激素带给我的一切变化，那时我感觉自己无所不能。

——萨莉（44岁）

激素水平变化给我带来了严重的问题：体重增加，情绪波动，受孕困难。我很苦恼！

——曼迪（30岁）

激素水平变化对我皮肤的影响最为显著。

——布里奇特（34岁）

激素当然对我的生活产生了巨大的影响！胰岛素是一种和糖尿病有关的激素。当我进入青春期后，我被确诊患了糖尿病。

——苏西（27岁）

我妈妈有点专横，控制欲很强。不过她现在已经好多了，因为她正在调节自己的激素水平。

——丹妮尔（26岁）

有时我完全不记得自己一整周都做了什么。这种情况通常出现在月经来访或者激素分泌紊乱时。

——杰迈玛（28岁）

在过去的五年里，激素水平变化真的让我很沮丧：我的皮肤、体重、情绪都不正常。我学着去忍受激素水平的喜怒无常，也花了一大笔钱去寻医问药。

——安杰莉克（40岁）

自从有了孩子后，我的激素水平就失控了，这真是令人沮丧。在我还是个少女时，我的皮肤可没这么差。

——阿尔基（35岁）

我在生理期时会焦虑不已、胡思乱想。长粉刺、胀气……激素主宰了我的生活。

——阿尼塔（43岁）

四年怀孕三次，再加上母乳喂养，我的激素水平完全失控了。我不断脱发，其他部位的毛发却疯狂生长。至少在这四年时间里，我一直是个喜怒无常的疯婆子，我的生活一团糟。

——萨莉（32岁）

有时我觉得我的一生都在被激素支配。

——埃米莉（33岁）

我希望激素水平能自我调节，这样我就不用吃药了。激素极大地影响了我的心情、皮肤、月经，老实说，它是个大麻烦。

——尼基塔（20岁）

由于甲状腺的问题，我容易发胖，并且很难瘦下来。

——埃米莉（44岁）

我患有自身免疫性甲状腺炎，特别容易感到乏力，刚到午饭时间我就想睡觉。我在产后减肥时也遇到了困难。药物治疗对我来说真是福音。有问题就吃药！还要记得保持心情愉悦。

——维基（37岁）

我的甲状腺功能有异常。我一周工作四天，总是觉得很累。我的经验是，好好照顾自己，别把自己当病人，别自怨自艾，主动向医生寻求帮助。

——萝宾（59岁）

我的脑垂体里长了个小肿块，这让我的身体误以为我一直在哺乳。我尽量不让激素影响到我的生活。我吃了三年药，这导致我的体重暴增。后来我放弃了吃药，尽我所能去应对激素水平的变化。高激素水平让我饱受困扰。现在，我的乳房还时不时有乳汁少量溢出。

——乔安妮（36岁）

我看了八年的医生，不断向医生反映我的症状，包括总是感到疲劳。后来我被诊断为患有甲状腺方面的疾病。

——凯瑟琳（51岁）

45岁前，我者超级瘦，后来我的甲状腺出了问题。

——帕特（59岁）

激素有时会让我变成一个很难相处的人。

——克里斯（66岁）

我有甲状腺功能亢进。我加入了一个互助小组，和其他病友保持联系。根据我的经验，患者需要来自他人的支持。

——佚名

了解生殖系统与激素

　　脾气暴躁，常常感到恶心、干呕，情绪起伏不定……这些都可能与激素有关。人体的各个系统真是难以捉摸。在英语中，hysteria（歇斯底里，癔症）起源于希腊语，其词根是hyster-（子宫）。有古希腊医生认为，女性的子宫可以在体内自由移动，而这会引发"歇斯底里"的表现。他们认为，只有女性才会患有癔症。今天的我们知道，这种说法显然是错误的。那么，让我们一起来了解一下生殖系统与激素的些许奥秘吧。

了解女性的生殖系统

俗话说"怀胎十月，一朝分娩"，女性在人类生命的繁衍中扮演了非常重要的角色。作为女性，无论你是否选择生育，你都应该了解生殖系统的运作原理，这样当生殖系统出现问题时，你就可以及时发现。

✿ 卵巢

卵巢是女性生殖腺，位于盆腔内，左右各一。女性幼年时，其卵巢的体积很小，但是已经含有数百万幼稚的卵母细胞。青春期，女性的卵巢迅速增大，发育形成许多大小不等的卵泡，每个卵泡内有一个大而圆的卵母细胞。生育期女性卵巢的大小约为 4 厘米 ×3 厘米 ×1 厘米，重 5 ～ 6 克。卵巢大小除了与先天发育有关，还与女性生理周期以及是否患有卵巢囊肿、多囊卵巢综合征等疾病有关。绝经后，卵巢逐渐萎缩，变小、变硬，不再排卵。

卵巢的主要功能为分泌激素和产生卵子并排卵。卵巢分泌的激素主要是雌激素和孕酮，这些激素被分泌出来后会被运送至身体各处。从青春期到开始出现绝经趋势前，卵巢内每 28 天左右有一个卵泡发育成熟，并排出一个卵子，偶尔可排出两个或两个以上卵子。卵子可由两侧卵巢轮流排出，也可由一侧卵巢连续排出。卵子排出后，沿输卵管向子宫方向移动。女性一生中能排出 400 ～ 500 个成熟卵子。未受精的卵子会自行死亡然后被身体吸收。女性过了 35 岁后，卵巢储备功能降低，卵子数量减少、质量降低，生育能力会逐渐下降。随着卵巢功能的衰退，雌激素和孕酮的分泌量也明显减少。

✿ 输卵管

输卵管是输送卵子的肌性管道，内侧与子宫角相连通，外端游离，开口于腹腔，与卵巢接近。输卵管长 10 ～ 14 厘米，左右各一，为一对细长而弯曲的管。它还是卵子与精子相遇的场所，也是向子宫运送受精卵的通道。

✿ 子宫

子宫是女性产生月经和孕育胎儿的肌性器官，呈前后略扁的倒置梨形。在青春期，子宫会增大并逐步发育成熟。妊娠期间，随着胎儿的发育，子宫会逐渐变大、变软。分娩后，子宫的大小会逐步恢复至妊娠之前的状态。

✿ 子宫颈

子宫分为子宫体和子宫颈两部分。子宫体较宽，位于子宫上部，顶部称为子宫底，宫底两侧为子宫角。子宫颈，简称"宫颈"，较窄，呈圆柱状，位于子宫下部。子宫腔为上宽下窄的三角形，两侧通向输卵管，尖端朝下接子宫颈管。子宫体与子宫颈之间形成的最狭窄的部分，称为子宫峡部。子宫峡部在非孕期长约 1 厘米，妊娠期逐渐伸展变长，妊娠末期可达 7 ～ 10 厘米，形成子宫下段，成为软产道的一部分，也是剖宫产术常用的切口部位。

✿ 阴道

阴道是女性的性交器官，是连接子宫和外生殖器的肌性管道，也是月经血排出及胎儿娩出的通道。阴道位于真骨盆下部中央，上宽下窄，前壁长 7 ～ 9 厘米，与膀胱和尿道相邻；后壁长 10 ～ 12 厘米，与直肠贴近。

✿ 外阴

卵巢、输卵管、子宫、阴道属于女性内生殖器。女性外生殖器指生殖器官的外漏部分，又称外阴，位于两股内侧前，包括阴阜、大阴唇、小阴唇、阴蒂和阴道前庭。

阴阜为耻骨联合前面隆起的脂肪垫。青春期发育时，其上的皮肤开始生长呈倒三角形分布的阴毛。阴毛的疏密与色泽存在种族和个体差异。大阴唇是邻近两股内侧的一对纵行隆起的皮肤皱襞，外侧面为皮肤，青春期后有色素沉着和阴毛，它在自然合拢时可以遮盖阴道口和尿道口，防止外界有害物的入侵。

当掀开大阴唇，观察两侧大阴唇的内侧时，你会看到（你可能需要一面镜子，当然如果你有杂技演员那样的柔韧性，那么算我没说）那里还有一对皱襞，这就是小阴唇。小阴唇呈薄片状，表面湿润、色褐、无毛，富含神经末梢，非常敏感。

阴蒂是位于两侧小阴唇汇合处顶端的结构，内含一对海绵体，在性兴奋时勃起。它分为三部分：前端为阴蒂头，显露于外阴，富含神经末梢，对性刺激敏感；中间为阴蒂体；后部为阴蒂脚。

阴道前庭是两侧小阴唇之间的菱形区域。阴道口和处女膜是阴道前庭的一部分。阴道口位于尿道外口后方的前庭后部，其周缘覆有一层较薄的黏膜皱襞，称为处女膜。处女膜内含结缔组织、血管和神经末梢，多在中央有一个孔，呈圆形或新月形，少数呈筛状或伞状。处女膜可因性交撕裂或由于其他损伤在不知不觉中破裂。也有少数女性天生没有处女膜，这没有什么大不了的。

阴道前庭的另外一个结构是尿道外口，它是尿道的出口，位于阴蒂头下方，呈圆形。尿道外口后壁上有一对并列腺体，称为尿道旁腺，尿道旁腺开口小，容易有细菌潜伏。

如果你想知道自己的私处是否正常，最好的办法是去看妇科医生。就医时，不需要有任何心理负担，毕竟医生可能已经看过成千上万个患者了。

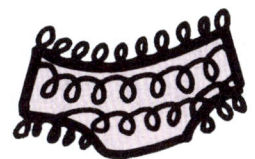

超声检查

你可以通过超声检查来了解子宫、卵巢等生殖器官的情况。

超声检查是一种通过各种换能器发出高频率声波，从表面接收深部反射回波，从而生成组织结构图像的技术。获取其回声振幅信息，形成二维图像的是二维超声（即B超）；利用血液流动声波的频率改变，彩色亮暗度表示其频移信息，反映流速、走向的是多普勒超声；同时具备这两种成像的是彩超。

一般情况下，孕妇在孕期 6 ～ 13^{+6} 周、20 ～ 24 周、29 ～ 32 周、37 ～ 41 周都需要做超声检查。除此之外，超声检查在确诊卵巢囊肿、子宫内膜异位症等疾病的过程中，也起到了很大作用。做超声检查不会痛，也没有已知的明显的副作用。

妇科超声检查常用的方法有经腹部超声检查和经阴道超声检查两种。做经腹部超声检查时，受检者采取仰卧位，掀起衣物充分暴露腹部，医生会在受检者腹部涂抹耦合剂以起到润滑、传导等作用，然后用超声探头在腹部皮肤上移行，显示器上就会出现一些图像。当然，在医生眼中，这些图像都是有意义的。做经阴道超声检查时，医生会将消过毒的跟钢笔差不多粗的超声探头放置于阴道内进行检查，这种检查不适宜未婚者选用。

妇科炎症

很多女性都会受妇科炎症困扰。妇科炎症可能导致阴道分泌物增多，也可能导致阴部瘙痒，但妇科炎症不一定与性生活有关，就算没有性生活，女性也可能患外阴炎、阴道炎。妇科炎症通常治疗起来并不难，你需要做的是发现症状后立刻就医。当内裤不透气时，炎症症状可能会加重，所以最好不要穿丁字裤、紧身牛仔裤和尼龙材质的内裤。为了防止感染、减少刺激，平时清洗私处时，最好用烧开后放置到合适温度的清水清洗，或直接淋浴，从前往后清洗外阴。不要在私处喷香水、擦爽身粉。对于市面上各种各样的妇科洗液，大部分不推荐购买，更不建议每天使用。即使是为了治疗某些疾病，也一定要在医生的指导下使用，不要自己盲目挑选，也不要相信广告中宣传的那些功效。建议女性定期做妇科检查，以观察有无妇科炎症。妇科检查一般包括盆腔检查、阴道分泌物检查、超声检查、液基薄层细胞学检查等。

白带那些事儿

女性阴道中流出的少量黏性分泌物就是白带。白带由阴道黏膜渗出物、宫颈管及子宫内膜腺体分泌物等混合而成。其形成与雌激素的作用有关。

正常情况下，白带呈白色稀糊状或蛋清样，高度黏稠，量少，无腥臭味，对女性健康无不良影响。排卵期前，雌激素的分泌达到高峰，这时白带量明显增多，此时内裤上可能会出现一些分泌物的痕迹，这是正常现象，女性不需要为此担心。

当白带数量显著增多、有腥臭味且性状也有改变（包括颜色变黄、形态呈豆腐渣样或凝乳样、非排卵期白带带血丝等）时，就意味着生殖系统可能出现了炎症，需要尽快就医。

⚙ 阴道炎

阴道炎是由各种感染引起的阴道炎症，为女性常见病。它的病原体有细菌、真菌、原虫等。在这里，我将着重介绍一下以下两种阴道炎。

外阴阴道假丝酵母菌病

这是什么

外阴阴道假丝酵母菌病曾称"念珠菌性阴道炎"，是由假丝酵母菌（属机会致病菌）引起的外阴和阴道感染性疾病。

诱发因素

外阴阴道假丝酵母菌病主要为内源性感染。诱发因素有长期应用广谱抗生素、妊娠、糖尿病、接受大量雌激素治疗等。此外，外阴局部温度与湿度增加（由穿紧身化纤内裤、肥胖等因素导致）、不良的生活习惯、不洁性生活等也有可能引发该疾病。

症状

外阴阴道假丝酵母菌病主要症状为外阴瘙痒、灼痛，阴道分泌物增多且呈豆渣样或凝乳样。

如何确诊

外阴阴道假丝酵母菌病确诊依据为在阴道分泌物中发现假丝酵母菌的芽生孢子或假菌丝。

治疗

及时查明病原体，注意有没有混合感染，消除诱因。患者可根据自身情况选择局部或者全身抗真菌药物，以局部用药为主。

细菌性阴道病

这是什么

细菌性阴道病又称阴道嗜血杆菌性阴道炎，是由阴道微生态环境内菌群与分泌物生化性质变化引起的常见阴道疾病。

诱发因素

细菌性阴道病是阴道内正常菌群失调，乳杆菌减少、加德纳菌及其他厌氧菌增加所致的内源性的混合感染。促使阴道内菌群发生变化的原因尚不清楚，可能与频繁性交、反复灌洗阴道等因素有关。

症状

细菌性阴道病主要临床表现为阴道分泌物增多，分泌物发出难闻的腐臭或鱼腥味，可伴有轻度外阴瘙痒及烧灼感，性交后症状加重。

如何确诊

进行阴道分泌物检测。

影响

细菌性阴道病可能导致子宫内膜炎、盆腔炎性疾病及子宫切除后阴道残端感染。准备进行宫腔手术操作或子宫切除的细菌性阴道病患者即使无症状也需要接受治疗。该疾病还与胎膜早破、早产等不良妊娠结局有关，有症状的妊娠期患者均应该接受治疗。

治疗

细菌性阴道病的治疗选用抗厌氧菌药物，主要有甲硝唑、替硝唑、克林霉素。甲硝唑可抑制厌氧菌生长而不影响乳杆菌生长，是较理想的治疗药物。治疗方法分为全身用药和局部用药两种。

⚙ 外阴炎

这是什么

外阴炎是由阴道分泌物增多、卫生巾或尿液的刺激，以及糖尿病、滴虫及真菌感染等引起的炎症。可独立存在，但更多是与阴道炎及泌尿系统、肛门直肠或全身性疾病并发。或为某些外阴疾患病变过程中的表现之一。

诱发因素

外阴炎可分为特异性和非特异性两种。外阴假丝酵母菌、滴虫、淋球菌、疱疹病毒感染等均可导致外阴炎症，多与阴道炎症合并存在。非特异性外阴炎多为混合感染，月经血、异常阴道分泌物、糖尿病患者及尿瘘患者的尿液、粪瘘患者的粪便浸渍及紧身裤致局部透气性不好、局部潮湿等均可引起。婴幼儿或绝经后患者因为局部黏膜薄、抵抗力弱、卫生差等也容易患外阴炎。

症状

外阴炎的临床表现为外阴皮肤黏膜有瘙痒、疼痛、烧灼感甚至肿胀，外阴皮色发红、粗糙、肿胀、溃烂。幼女可发生小阴唇粘连，严重者可将尿道口和阴道口遮盖。

如何确诊

医生会观察外阴皮肤，并结合病史、症状、体征和阴道分泌物检查来判断受检者是否患外阴炎。

治疗

外阴炎的治疗原则为消除病因，改善局部卫生，保持外阴局部清洁、干燥，大小便后及时清洁外阴。可用高锰酸钾稀释液（按 1：5000 的比例稀释）坐浴，坐浴后再涂抗生素软膏或中成药药膏。

尿路感染

尿路感染是各种病原微生物在尿路中生长并繁殖而引起的一组炎症性疾病。可分为上尿路感染和下尿路感染两种。常见致病菌包括大肠埃希菌、变形杆菌、克雷伯杆菌、产气杆菌、产碱杆菌、粪链球菌、葡萄球菌或铜绿假单胞菌等。偶尔还可因真菌、病毒、寄生虫等致病。

尿路感染属于泌尿系统感染。之所以在这里介绍尿路感染的相关内容，是因为相较于男性，女性更容易得尿路感染。从生理结构看，女性的尿道口距离阴道和肛门较近，阴道内的多种细菌和菌群都是能够引起尿路感染的潜在病原体，且女性的尿道较男性更短、更宽。经期是尿路感染的易发期，性生活频繁也会增大感染的风险。此外，雌激素水平降低是绝经后女性尿路感染的危险因素之一。

尿路感染的常见临床表现包括尿频、尿急、尿痛等尿路刺激症状，还包括发热、寒战、腰痛、头痛等全身中毒症状。要确诊尿路感染，通常要进行尿常规检查、血常规检查以及肾功能检查等。

对于尿路感染患者的治疗应针对病因和致病菌。应根据医嘱，足量、足疗程地应用对致病菌敏感的抗生素进行抗感染治疗。此外，平时还要做好预防工作，例如：性生活前后都应该排尿并注意清洁；多饮水、多排尿；注意个人卫生，从前往后擦拭私处。

其他生殖系统疾病

⚙ 宫颈癌

宫颈癌是女性生殖系统最常见的恶性肿瘤。其危险因素包括高危型人乳头瘤病毒持续反复的感染、过早发生性行为、有多个性伴侣、多孕多产、吸烟、免疫功能缺陷等。液基细胞学检查、人乳头瘤病毒检测以及宫颈活检能够早期发现宫颈癌和宫颈癌前病变。治疗手段采用以手术和放疗为主、化疗为辅的综合治疗方案，医生一般会结合临床分期、患者年龄、生育要求、全身情况等为患者制订个体化治疗方案。关于宫颈癌的筛查等内容，请参考第 189 页至第 190 页。

⚙ 卵巢癌

卵巢癌是发生于卵巢的恶性肿瘤，分原发、继发和转移性三种。原发者多为腺癌、乳头状癌、腺样癌等；继发者多由卵巢囊肿或其他卵巢肿瘤恶变而致；转移癌则由其他组织、器官癌肿转移到卵巢所致。卵巢癌早期的症状不明显，一般要到症状很明显时才会被发现，这给卵巢癌的治疗带来了很大的障碍。随着病情的发展，患者可能会出现腹痛、腹胀、食欲下降等症状。由于症状不明确，早期也可能出现误诊的情况。

到目前为止，卵巢癌的病因尚不明确。现在，医生普遍比较认同的说法是卵巢在排卵时会留下一个破口，细胞在修复破口的过程中可能发生变异，引发卵巢癌。另一个可能的原因是遗传因素。如果有卵巢癌家族史，可以检测一下自己的卵巢癌相关基因（*BRCA*），看该基因是否变异。如果 *BRCA* 基因发生了变异，一定要加倍警惕，及时与医生讨论预防措施。

症状

卵巢癌之所以难以治疗，是因为它的症状不明确，容易被忽视。卵巢癌的症状包括：

·腰部疼痛。

·腹痛、腹胀、腹部变大。

·尿频、尿急。

此外，如果有以下异常症状，也要提高警惕：

·便秘或腹泻。

·体重不明原因的增加或减轻。

·阴道异常出血。

·背部疼痛。

·消化不良或感到恶心。

·疲惫无力。

如何确诊

卵巢癌的早期诊断是比较困难的，任何检查都无法保证一定能发现它。如果在子宫直肠陷凹处发现结节，一定要及时做卵巢癌的筛查。肿瘤标志物检查也许能帮助诊断，常用的两个指标是糖类抗原 125 和人附睾上皮分泌蛋白 4。但糖类抗原 125 并不是卵巢癌的特异性抗原，患其他恶性肿瘤时糖类抗原 125 水平也会升高，且该抗原在一些良性疾病中也有升高。与糖类抗原 125 相比，人附睾上皮分泌蛋白 4 的敏感度更高、特异性更强。至于是否将这两个指标联合起来作为卵巢癌的筛查依据，医学界目前还没有定论，但是两者结合对高危人群的卵巢癌筛查很有帮助。如果肿瘤标志物检查的指标显示异常，可以根据医生的建议决定是否需要做进一步检查，比如腹腔镜检查。

治疗

所有卵巢癌患者都应该到正规的大型医院接受妇科肿瘤专家的治疗。治疗手段包括：

· 进行手术，切除肿瘤。

· 进行化学药物治疗，一般是通过静脉注射强力药物以杀死癌细胞。患者在接受治疗时，往往会出现身体不舒服的现象，最常见的症状是恶心、呕吐。

· 进行放射治疗，通过在卵巢放射特定的放射线以减少、损害或清除癌细胞，但这也可能损害其他器官和正常细胞。

· 化学药物治疗和放射治疗相结合。

· 靶向治疗。

· 此外，保持心情舒畅对缓解病情有帮助（事实上，调节情绪对缓解很多疾病的病情都有一定作用）。冥想、瑜伽等活动能帮助缓解治疗中的紧张感、舒缓身体。

丢掉爽身粉

爽身粉中含有滑石粉。目前医学界认为，滑石粉可能会刺激肺部。长期在阴道附近涂抹爽身粉可能会引发卵巢癌、阴道癌或子宫内膜癌。所以，停止在自己身上使用爽身粉吧，也不要给孩子用爽身粉，尤其是给女婴更换纸尿裤时，不要在她们的下体使用爽身粉。

你好，激素

"都是激素惹的祸"是我们常听到的一句话。那么，到底是哪一种激素在作怪？原理是什么？让我们来一探究竟吧。

⚙ 雌激素

雌激素是一种类固醇激素。女性的雌激素主要由卵巢分泌。此外，胎盘、肾上腺皮质也可以产生雌激素。雌激素包括雌二醇、雌酮和雌三醇。

雌激素的主要功能是刺激女性生殖系统的生长和发育，促进与维持女性第二性征。其中，雌二醇是主要的雌激素，它的生物学作用最强；雌酮次之；雌三醇在三者中活性最弱。在代谢方面，雌激素也发挥着作用，它可以促进肝脏高密度脂蛋白（常被认为是"好"脂蛋白）合成，抑制低密度脂蛋白（常被认为是"坏"脂蛋白）合成，降低循环胆固醇水平，有利于防止冠状动脉硬化。

雌激素水平在一个月经周期内会发生变化。月经期，雌激素水平达到最低；月经结束后，雌激素水平迅速升高，在排卵期之前达到第一个高峰。

有些避孕药中含有雌激素，因为雌激素水平过高可以抑制排卵，从而达到避孕的目的。但雌激素水平过高可能会导致乳房增生、卵巢囊肿、月经紊乱，增加乳腺癌的发病风险，还有可能引起血栓的形成，加大心血管疾病的发病风险。

⚙ 孕酮

孕酮亦称"黄体酮""黄体素"，是一种由卵巢黄体分泌的天然孕激素。正常情况下，卵泡期（卵泡从开始发育至成熟、破裂并排卵的时期）卵泡几乎不分泌孕酮，排卵后7～8日黄体成熟时，孕酮的分泌量达到最高水平，然后逐渐下降，至月经来潮时降低到卵泡期水平。排卵后，如果卵子和精子成功结合形成受精卵，且受精卵成功着床，那么孕酮会一直持续在较高的水平。

孕酮的作用有促进子宫内膜的组织变化以接纳受精卵，并维持妊娠的正常进行；促进乳腺发育；抑制子宫平滑肌兴奋，为胎儿提供安静的环境等。此外，孕酮含量较高会增加宫颈黏液的黏稠度，这不利于精子穿透。

孕酮与雌激素

孕酮能在雌激素作用的基础上，进一步促进女性生殖器官和乳房的发育，为妊娠准备条件，在这方面二者有协同作用。另一方面，雌激素和孕酮又有拮抗作用：雌激素能促进子宫内膜的增生和修复，孕酮则会限制子宫内膜增生。

雌激素和孕激素的拮抗作用还表现在很多方面，它们的关系可谓是"剪不断、理还乱"，并且二者与卵泡刺激素和黄体生成素都有着紧密联系。

✿ 卵泡刺激素（FSH）

卵泡刺激素又称"促卵泡激素"，是腺垂体分泌的一种促性腺激素（促性腺激素是影响性腺发育和机能的激素）。该激素水平会随着生理周期的变化上下浮动。在卵泡期晚期，随着卵泡逐渐发育成熟，该激素的分泌量和黄体生成素一起达到峰值，两者发挥协同作用，共同促使成熟卵泡排卵。女性进入青春期后，下丘脑开始分泌促性腺激素释放激素，这种激素常作用于腺垂体（脑垂体的重要组成部分），有利于卵泡刺激素的分泌。

✿ 黄体生成素（LH）

黄体生成素是腺垂体分泌的另一种促性腺激素。该激素可刺激女性排卵和黄体发育，并与卵泡刺激素一起促进卵巢中发育卵泡的雌激素分泌。排卵期后，黄体生成素的水平会急剧下降。

✿ 催乳素

催乳素是腺垂体嗜酸性细胞分泌的一种蛋白质激素。该激素具有促进产后妇女合成和分泌乳汁的功能，并可抑制促性腺激素分泌。催乳素在妊娠七周开始增多，妊娠足月分娩前达到高峰，为产后泌乳做准备。

✿ 松弛素

松弛素是黄体产生的一种多肽激素。女性在妊娠期间，身体会分泌松弛素，以抑制子宫肌收缩。分娩时，松弛素可促进肌肉松弛，以便孕妇顺利生产。不过，松弛素的影响范围不只在骨盆腔，它还可使部分孕妇感到肢体疼痛不适，且更容易受伤。

顺便说一句，妊娠期间，孕妇身体的血容量会增加 40% ～ 45%，以维持胎儿的生长发育。近年来，随着人们生活水平的提高，新生儿的体重呈上升态势，但是女性的盆骨并没有随之变大，这可能是如今很多产妇选择剖宫产的原因之一。所以有时，光有松弛素是不够的。

✿ 雄激素

女性的雄激素主要来自肾上腺。此外，卵巢也能分泌部分雄激素（包括睾酮等）。自青春期开始，女性体内雄激素分泌量增加。女性排卵前，体内的雄激素水平升高，这一方面可以促进非优势卵泡闭锁，另一方面可以提高性欲。雄激素水平过高会对雌激素产生拮抗作用。女性如果长期使用雄激素，可出现男性化的表现，比如毛发增多等。

✿ 皮质醇和肾上腺素

皮质醇是人体内天然产生的糖皮质激素，由肾上腺皮质分泌。当人被吓了一跳或突然感到紧张，发生应激反应时，体内的皮质醇水平就会飙升，以维持血糖、血压的稳定。与此同时，体内的肾上腺素（由肾上腺髓质分泌）水平也会飙升，以便人快速做出反应。当大脑经过一番"分析"，认为周围的环境非常危险，比如有老虎或者其他野兽要袭击自己时，身体会释放更多的葡萄糖进入血液，以确保身体有更多的能量，并减少向生殖器官等在此过程中不起重要作用的器官供能。

⚙ 催产素

催产素是一种由下丘脑的神经元分泌的激素，具有促进乳汁排出和刺激子宫收缩的作用。有研究称，催产素还有增加人和人之间的信任的作用。当人与人之间产生爱意时，他们会彼此信任，此时大脑就会分泌催产素。当两个人发生亲密关系后，身体会释放大量催产素，它能进一步增强两个人之间的感情，让人产生归属感和依恋感。

激素从何而来

身体的不同部位负责不同激素的产生和释放。比如，大脑的腺垂体负责分泌促性腺激素（包括卵泡刺激素和黄体生成素）和催乳素；下丘脑负责分泌催产素；卵巢负责分泌雌激素、孕酮；肾上腺髓质负责分泌肾上腺素；甲状腺负责分泌甲状腺激素（见下文）。很多激素类药物能够模仿体内合成的激素的结构和作用，用于治疗某些疾病。

⚙ 甲状腺激素

甲状腺是人体最大的内分泌腺体，位于颈前部的甲状软骨下方，形如"H"。甲状腺分左右两个侧叶，中间以峡部相连，和大脑中的垂体、下丘脑一样，都属于内分泌系统。甲状腺激素主要包括甲状腺素（T_4）和三碘甲状腺原氨酸（T_3）。甲状腺激素不仅参与机体各种物质的新陈代谢，与体重有千丝万缕的联系，还对性腺的发育成熟、维持正常月经和生殖功能具有重要影响。此外，甲状腺激素水平还与人的情绪密切相关。

碘是合成甲状腺激素的原料之一。海产品、蛋类中含有天然碘元素。在澳大利亚和新西兰，很多批量生产的面包、牛奶和女性服用的营养素补充剂，以及食盐中都含有碘元素。孕妇和哺乳期妇女对碘的需求量相对较高，因为她们不仅要满足自身的需要，还要满足胎儿和婴幼儿的需要。胎儿缺碘

容易造成大脑发育障碍。但要注意的是，碘摄入过量易导致甲状腺肿大。

甲状腺功能减退症

甲状腺功能减退症简称"甲减"，是因甲状腺本身病变或下丘脑－垂体病变引起的甲状腺激素分泌不足导致的一种内分泌病，常见症状有新陈代谢速率降低、怕冷、面色萎黄、思维迟钝、行动缓慢、感觉疲劳乏力等。由于症状与抑郁症、慢性疲劳综合征等存在一定的相似之处，甲减容易被误诊。患者可以通过调节饮食、服用药物等方法治疗，还需要根据医生的建议定期复查。

甲状腺功能亢进症

甲状腺功能亢进症简称"甲亢"，是由甲状腺激素分泌过多引起的一种内分泌病，常见症状有甲状腺肿大、心悸、手抖、怕热、体重减轻、食欲增加、突眼等。当甲状腺功能亢进症比较严重时，一些女性患者会出现月经稀少、紊乱，甚至闭经的情况。甲亢容易被误诊为某些精神疾病，患者也可能被认为是心脏出了问题。患者可根据病情采取一般治疗、药物治疗或手术治疗。甲亢对精神和情绪的影响较大，患者要细心照顾自己。

哪个是哪个？

请记住上述两种内分泌病的主要差异："亢奋"和"低落"，即一种会让人精神上很亢奋，一种会让人情绪上很低落。

⚙ 大脑分泌的物质

大脑会分泌一系列的激素和神经递质。其中，5-羟色胺（又称血清素，是一种抑制性神经递质）参与调解痛觉、情绪、睡眠、体温、性行为等；多

巴胺负责大脑的情欲与兴奋的传递；褪黑素在调节昼夜节律及睡眠－觉醒方面发挥重要作用；催产素可以刺激子宫收缩，促进分娩和排乳，还能增加人与人之间的信任。各种神经递质与激素之间可能在某种程度上相互关联、相互作用，目前，专家还在研究它们之间微妙而复杂的联系。

比如，经前期综合征是指女性反复在黄体期周期性出现躯体、精神及行为方面的不适症。月经来潮后，症状自然消失。目前专家尚未完全了解这种疾病的确切病因。有专家认为，这与5-羟色胺的活动有关。在弄清楚到底发生了什么之前，还是做一些力所能及的事情来缓解症状吧，比如平日注意适量运动、多呼吸新鲜空气等，以保持心情愉悦。

女性健康专家一览表

· 内分泌科医生：内分泌学是研究机体内各内分泌腺、组织和细胞所分泌的激素的一门学科。内分泌科主要诊治的疾病包括内分泌疾病与代谢类疾病。内分泌疾病主要围绕下丘脑、垂体、甲状腺、肾上腺等进行诊断，代谢类疾病包括糖尿病等。

· 妇科医生和产科医生：妇产科一般分为妇科和产科两个科室。妇科主要负责诊治女性的妇科疾病，如阴道炎、盆腔炎、绝经综合征等。产科是针对孕妇的科室，主要工作是帮助孕妇做产前诊疗，还要负责分娩的过程。

月经来了

　　如果我们让六个女人围坐在一张桌子旁，让她们谈论自己与月经相关的看法或感受，那么我们也许能听到下面这些话："我讨厌月经！""月经不来的时候我吓死了！""我通过吃避孕药来推迟月经的到来。""我不知道我的月经是不是正常。""我会痛经，痛得厉害的时候，我真想找个人来狠狠地咬一口，但我又不知道该咬谁，这时我就会突然崩溃，接着大哭起来。""来月经时我的生活也很正常，我看不出月经有什么值得让人大惊小怪的地方。"

　　在这一节，我们将研究有关月经周期、痛经、经前期综合征、子宫内膜异位症和多囊卵巢综合征的内容。

月经周期

在阅读这一节的内容前，请先翻回第 221 页，阅读一下"你好，激素"那一部分的内容，这样你就能粗略了解什么是雌激素、孕酮、卵泡刺激素和黄体生成素了。

在 12 ～ 50 岁之间，如果不考虑怀孕因素的话，女性会来 400 ～ 500 次月经（具体次数因人而异）。所以，对月经多一些了解是很有必要的，比如，女性为什么会来月经，来月经时可能会遇到哪些问题，如何解决这些问题，等等。

在下丘脑 - 垂体 - 性腺 / 卵巢轴的激素调节下，卵巢在形态和功能上可发生周期性变化：卵泡的发育及成熟、排卵、黄体形成及退化。伴随卵巢的周期性变化，子宫内膜会出现周期性脱落及出血的现象，这就是月经。

卵泡期

卵泡从开始发育至成熟、破裂并排卵的时期称为卵泡期。

卵泡的发育及成熟

生育期，卵巢每月发育一批（3 ～ 11 个）卵泡，经过募集、选择，其中一般只有一个优质卵泡可完全发育成熟，并排出卵子。此时，雌激素、卵泡刺激素、黄体生成素等的水平都会逐渐上升。在卵泡期成熟阶段，子宫内膜在雌激素作用下，其内膜表面上皮、腺体、间质、血管均呈增殖性变化（即子宫内膜增殖期）。

排卵

排卵前，雌激素水平到达第一个高峰，卵泡刺激素和黄体生成素的分泌量也会达到峰值，孕酮也会少量分泌。在它们的共同作用下，卵子被卵巢排出，进入输卵管，等待与获能的精子（精液射入

阴道后，精子在女性生殖道中获得穿透卵子透明带能力的生理过程被称为精子获能）相遇。排卵多发生在下次月经来潮前 14 日左右。

获能的精子与卵子相遇于输卵管，结合形成受精卵的过程称为受精。受精多在排卵后数小时内发生，一般不超过 24 小时。不过，千万别想当然地认为只要不在卵子排出当天发生性行为就不会怀孕，要知道，精子在女性体内可存活 1 ～ 3 天。所以，即使是在卵子排出的前几天发生性行为，也有可能怀孕。对月经周期不规律的女性来说，想要准确地计算出自己的排卵时间是很困难的。

卵子着床期（黄体形成及退化）

黄体是排卵后残留于卵巢内的卵泡壁逐渐发育成的富含血管的内分泌细胞团，新鲜时呈黄色。其寿命的长短取决于排出的卵子受精与否。正常情况下，人类黄体的生存期为 14 天，若排出的卵子受精，黄体会增大并转变为妊娠黄体，至妊娠 3 个月末才退化。受精卵成功着床后，身体会持续分泌孕酮，以维持妊娠。

如果卵子未受精，黄体会在排卵后 9 ～ 10 日开始退化，或被排出体外，或被身体吸收。随着孕酮和雌激素的共同"撤退"，子宫内膜会逐渐萎缩、剥落，内膜中的血管开始破裂出血，脱落的内膜碎片和血液一起从阴道留出，即月经来潮。

月经基础知识

月经应该多久来一次

月经周期是月经规律性来潮的周期，即两次月经第一天的间隔时间。月经周期一般为 21 ～ 35 天，平均 28 天。有些女性的月经周期较长，有些女性的会短一些，还有一些女性的月经周期不规律。对大多数女性来说，月经周期的长短是比较稳定的。造成个体之间月经周期不同的主要原因是卵

泡期的长短不同，这与个人体质有关。

月经一般持续几天

每次月经持续的时间称为经期，一般为 2 ～ 8 天，平均 4 ～ 6 天。

每次月经的失血量为多少

一次月经的总失血量被称为月经量。正常的月经量为 20 ～ 60 毫升，多于 80 毫升为月经过多。有些女性月经量较小，有些女性的则大一些，有些女性的经血中会出现一些暗红色的甚至是黑色的血块，这都与个人体质有关。很多女性一看到血块就很紧张，其实这可能只是由出血量过大或流血速度过快造成的。不放心的话可以去看医生，请医生帮忙分析和诊断。

通常来说，月经刚来时出血量会比较大，随后会越来越少。如果你觉得自己月经量太大或月经持续的时间过长，又或是有其他不舒服的感觉，请及时向医生咨询。

经血应该是什么颜色的

经血一般呈暗红色。经期第一天时，经血颜色可能会偏向鲜红色，后期一般呈铁锈色或褐色，在经期快结束的时候，经血甚至有可能变成黑色的。一般来说，血液在流量小、流速慢的时候，颜色会比较深。卫生巾上的血干了后也会变成褐色的，这是正常现象，无须担心。

对待月经的态度

在对待月经的诸多观点中，有两种比较极端。一种认为来月经的女性是不干净的、肮脏的，甚至是邪恶的或不纯洁的。时至今日，有些人仍然顽固不化地持有这种观点，比如，有些厨师不允许女性在经期出入厨房，声称这会"污染"食物。

帮助年轻女性抛弃或对抗这种过时的观点是很重要的，因为她们有可能被一些人或广告影响，从而树立不正确的观念，认为来月经是"恶心的"和"肮脏的"。我们需要帮助她们改变这种观念，直到她们理解来月经是一种正常的生理现象，并且习惯每个月都会来月经这件事。

另一种极端的观点是认为有关月经的一切都是神圣的，在任何情况下都不能扰乱月经周期，任何一种干扰这一自然过程的行为都是错误的、不好的，哪怕女性因为来月经而承受痛苦。这些人憎恶避孕药或者其他任何一种可能改变月经周期的东西。

当然，除了持有这两种极端观点的人，还有数十亿的女性怀着平常心迎接每个月到来的月经。我真心诚意地希望每个女性来月经时都不痛不痒，并且可以正视这一正常的生理现象。

月经的别称

医学上的名称是月经，平时大家会称之为"大姨妈""例假""月事""每个月的那几天"等。在一些国家，月经还会被说成"画家""弗雷德"等。

月经周期日历

你可以用日记本、日历或个人记事本把月经周期记下来，比如记下每次月经是哪一天来的，哪一天结束的，这样你就可以了解自己的月经周期是多少天，月经一般持续几天。

你可以把下面这个《年度月经周期日历》复印下来，放进你的日记本里。在日历上，你可以用不同的代码或记号来表示不同的情况，并把它们记录下来，这样当你因为痛经、经前期综合征、怀孕等问题就医时，医生通过看日历就可以大致了解你的症状。你也可以在手机上下载一个用于记录月经周期的应用程序（最好找同时还能够记录经前期综合征或痛经症状的应用程序）。

除了下面列出的代码，你还可以自己发明代码 ：来表示相关症状，想用什么来表示都可以，还有其他想加的内容也可以加上。

年度月经周期日历

1 （一月）	25	18	13	6	30	24	17	11	4	28	21	15	8	2	26
2	26	19	14	7	1 （五月）	25	18	12	5	29	22	16	9	3	27
3	27	20	15	8	2	26	19	13	6	30	23	17	10	4	28
4	28	21	16	9	3	27	20	14	7	31	24	18	11	5	29
5	29	22	17	10	4	28	21	15	8	1 （九月）	25	19	12	6	30
6	30	23	18	11	5	29	22	16	9	2	26	20	13	7	31
7	31	24	19	12	6	30	23	17	10	3	27	21	14	8	
8	1 （二月）	25	20	13	7	31	24	18	11	4	28	22	15	9	
9	2	26	21	14	8	1 （六月）	25	19	12	5	29	23	16	10	
10	3	27	22	15	9	2	26	20	13	6	30	24	17	11	
11	4	28	23	16	10	3	27	21	14	7	1 （十月）	25	18	12	
12	5	(29)	24	17	11	4	28	22	15	8	2	26	19	13	
13	6	1 （三月）	25	18	12	5	29	23	16	9	3	27	20	14	
14	7	2	26	19	13	6	30	24	17	10	4	28	21	15	
15	8	3	27	20	14	7	1 （七月）	25	18	11	5	29	22	16	
16	9	4	28	21	15	8	2	26	19	12	6	30	23	17	
17	10	5	29	22	16	9	3	27	20	13	7	31	24	18	
18	11	6	30	23	17	10	4	28	21	14	8	1 （十一月）	25	19	
19	12	7	31	24	18	11	5	29	22	15	9	2	26	20	
20	13	8	1 （四月）	25	19	12	6	30	23	16	10	3	27	21	
21	14	9	2	26	20	13	7	31	24	17	11	4	28	22	
22	15	10	3	27	21	14	8	1 （八月）	25	18	12	5	29	23	
23	16	11	4	28	22	15	9	2	26	19	13	6	30	24	
24	17	12	5	29	23	16	10	3	27	20	14	7	1 （十二月）	25	

* 代码：S：微量出血 B：出血 HB：出血量大 DP：隐隐作痛 C：痉挛

BC：严重痉挛 T：泪流满面 G：脾气暴躁 SB：乳房胀痛

关于卫生巾

在卫生巾和卫生棉条实现商业化生产之前，女性习惯用布来处理经血，这些布洗过之后还能重复利用。现在，也有一些热衷于环保的女性拒绝使用卫生巾等一次性用品。

更换卫生巾的频率

简单来说就是有需要就得换。我个人的建议是，出血量较大时，2 小时左右就更换一次。一般来说，一天换 4 ~ 5 次就可以（存在个体差异，还是要看出血量大不大）。如果卫生巾更换得很频繁，且每片被换下的卫生巾都会湿透，那可能就需要去看一下医生，看看自己是否存在贫血等问题。

现在，很多品牌都推出了加宽、加长的卫生巾，当出血量比较大的时候，这种卫生巾不失为一种好的选择。不过，使用这种卫生巾时也要注意更换的频率，一般建议白天一片卫生巾不要使用超过 4 小时。

卫生巾会破坏环境吗？

废弃的卫生巾不溶于水、难以降解，目前处理废弃卫生巾的方法会对环境造成一定影响。环保主义者们可以尝试选择可降解的、可重复使用的经期用品。不过，也有一些广告和活动是在借题发挥、制造恐慌，其目的其实是推广某品牌方赞助的经期用品。

护垫

护垫整体小巧轻便，吸收量小，可以用于经期末尾阶段。有一些广告宣称护垫可以用来对付女性特有的分泌物（如白带），以保持内裤的干净清爽，但这种说法更像是一种营销手段。护垫透气性差，吸水性也不如卫生巾，长期使用容易导致一系列健康问题。

卫生棉条

卫生棉条是一种圆柱形的可以吸收经血的卫生用品。有些人认为使用卫生棉条对身体有害，也有人因为传统观念和文化的原因对卫生棉条"敬而远之"。实际上，使用卫生棉条并不会导致月经量增大，也不会使经血逆流，进而导致子宫内膜异位症。另外，使用卫生棉条一般不会伤害到处女膜。但是，一般不建议产妇使用卫生棉条。

更换卫生棉条的频率

在澳大利亚，一般建议 6 ~ 8 小时更换一次卫生棉条。如果月经量比较大，就需要换得更勤一些。有些人担心使用卫生棉条可能导致中毒性休克综合征，实际上这种疾病还是比较罕见的。不过为了确保卫生与安全，还是要及时更换棉条，在使用卫生棉条前还要注意清洁双手。

中毒性休克综合征

中毒性休克综合征是一种爆发性革兰氏阳性菌感染，通常由金黄色葡萄球菌或化脓性链球菌引起，以休克和多个脏器功能衰竭为表现。如果长时间使用卫生棉条又没有及时更换，就有可能诱发这种疾病，这与卫生棉条是不是用有机材料制成的没有关系。

女性有以下症状（不管有没有使用卫生棉条）时，需要马上去医院挂急诊，接受医疗救助：

· 血压下降。

· 意识模糊。

· 心率加快。

· 心音弱。

· 脉搏细弱甚至无法感知到。

· 脉压下降、尿量减少。

· 有感染症状。

· 多器官功能障碍。

与月经有关的问题

经前期综合征

来月经前，我会变得多愁善感，情绪波动很大，缺乏耐心，动不动就发火，还会以泪洗面。这时，我通常会跑到一个环境又好又安静的地方，喝杯茶，晚上早一点上床睡觉。我有写日记的习惯，所以我对自己的情况很清楚。我会服用B族维生素和一些治疗轻度抑郁的药物，平时睡觉的时候还习惯用暖水袋。

——帕齐（37岁）

来月经前，我情绪波动大，动不动就发火。我还会剧烈地抽筋。晚上我会用暖水袋，白天会吃止疼药。

——凯蒂（28岁）

来月经前，我会莫名其妙地多愁善感，身体会水肿，脖子和脸颊上还会长很大的痘痘。

——西莫娜（38岁）

在来月经前三天，我就开始变得脾气暴躁，非常易怒。你去问问我老公就知道了，我可怜的老公！

——简（33岁）

来月经之前我会容易生气，动不动就会和人吵架，还容易暴饮暴食，特别喜欢吃高盐、高糖食品。

——克里斯蒂（28岁）

来月经之前我会头痛、头晕、腹胀、乳房胀痛、嗜糖，还会起鹅口疮。我还会极度情绪化，难以控制脾气，动不动就大发雷霆，或因为一点小事而哭个不停。我试图通过吃避孕药和改变饮食来改善这种情况。我尝试去听身体的话，这种时候我不能勉强自己。

——佚名

子宫内膜异位症

多年来，我一直深受子宫内膜异位症的折磨，接着又患了不孕症。我的生活一直很不如意，我想别人会觉得我是一个很难相处的人。我需要把很多的时间和金钱花在看病上。

——梅雷亚德（49岁）

我试过采取医疗手段对待子宫内膜异位症，比如服用避孕药和动手术。最近我开始通过改变饮食习惯和做按摩来治疗。

——卡莉（28岁）

子宫内膜异位症困扰了我整整十年，后来我才开始重视这个问题。在做了腹腔镜检查，并进行了相应的治疗后，我的生活改变了。现在，我不再痛苦，还有了自己的孩子。

——海伦（35岁）

子宫内膜异位症困扰了我整整十年，使我严重痛经，最后我只好把子宫切除了。虽然我并不清楚自己是否想要一个孩子，但这种"无法选择"的感觉真是太糟糕了。

——苏（51岁）

对我来说，说服自己去医院做检查是最困难的部分。对我的生活来说，病情有所好转将是一个重要的转折点！

——尼基（23岁）

子宫肌瘤

我长了好几个子宫肌瘤，目前来看问题不大。我每年都会做超声检查。

——吉娜（45岁）

十三年前，因为长了子宫肌瘤，我做了子宫切除术。那个子宫肌瘤真的是硕大无比。痊愈之后，我再也不用来月经了，这种感觉真是太棒了！

——李（60岁）

我长了一个很大的子宫肌瘤，因此很可能需要切除子宫，这就意味着未来我不能生育了。我觉得这会影响我的女性气质和我对自己的看法。

——安德烈（39岁）

多囊卵巢综合征

多囊卵巢综合征困扰着许多女性，但是人们对此知之甚少，我就是其中之一。直到一直怀不上孩子，我才知道这种病。

——卡斯（30岁）

我有多囊卵巢综合征，它影响了我的激素水平和心情，而且严重影响了我的性欲。我的体重也因此增长了很多。定期检查、服用短效避孕药、调整饮食和经常锻炼对缓解病情有帮助。

——艾琳（29岁）

多囊卵巢综合征影响了我的生育能力。我现在怀孕了，但是我采用的方法是体外受精。我的建议是及时向医生咨询并寻求帮助。

——简（30岁）

患有多囊卵巢综合征意味着我的皮肤和很多处于青春期的少年一样可怕。囊性痤疮、体重问题、月经不调、痛经、卵巢囊肿、激素分泌失调使我情绪波动大，丧失了性欲。但它们对身体的影响或许还不止这些呢！我需要去找一个真正了解这种疾病的医学专家看看。

——贾内尔（25岁）

月经杯

月经杯是一种由医用硅胶、乳胶或橡胶制成的用于收集经血的容器。大多数的月经杯柔软且有弹性。使用方法是将它放置在阴道内，以便兜住流出的经血。使用时，应视个人情况来调整月经杯的清空频率。

与月经相关的问题

哪些情况需要去医院就诊

· 长期月经量过大（比如一小时就得换一次卫生巾，每次换下的卫生巾都被完全浸透了）。
· 长期月经量过小甚至只有几滴血，这种情况也需要去医院检查一下。
· 经期超过七天或少于三天，这种情况可能是正常的，也可能是患某些疾病的征兆。
· 痛经严重，以至于对生活造成了困扰。
· 之前月经一直很正常，突然中断了两个月以上。
· 月经周期突然发生了变化且连续几个月都不一样。

总而言之，当月经周期或日常生活发生了任何令人担忧的变化时，最好及时向医生咨询。咨询时，如果服用过任何药物，一定要如实告诉医生，包括中药和营养素补充剂等。许多东西都会影响体内的激素水平，继而影响月经。

好好诊断

对于所有的与月经有关的问题，无论是经前期综合征、月经不调还是痛经等，在使用任何治疗方法前，你都需要去医院做检查，对病因进行诊断。除非你知道出现上述问题的真正原因是什么，否则不要随便服用任何药物。盲目地服用药物容易掩盖并让人忽视真正的问题。遇到上述与月经有关的问题时，你也可以先试着调整生活方式，比如调整作息和饮食、定期运动、自我减压等。如果当你调整了一段时间后，还是有各种月经问题，那么你最好

及时去看医生。

经前期综合征

经前期综合征是一种反复在黄体期出现周期性的以情感、行为和躯体障碍为特征的综合征，月经来潮后，症状自然消失。

经前期综合征的主要表现包括：

· 动不动就想哭。
· 喜怒无常。
· 乳房胀痛。
· 腹胀、便秘或肠胃功能下降。
· 特别渴望吃甜食。

有些女性从来没有被经前期综合征困扰过，也有些女性症状很严重。在我开展的调查中，有1200多名女性回答了经期前综合征的相关问题，其中有三分之二的女性说自己有过经前期综合征。

经前期综合征的发生原因

遗憾的是，经前期综合征目前仍然是一个比较神秘的存在。有专家认为它与激素水平波动有关。月经来潮时，女性体内的雌激素和孕酮水平都会降低，女性容易出现一些不良情绪。还有专家认为，月经来潮前，女性体内的5-羟色胺等容易让人感到快乐的激素的水平会下降，因此女性容易情绪不佳、想发脾气。总而言之，在这方面，还需要更多的研究来揭示其中的奥秘。

如何缓解经前期综合征

· 多喝温水，减少可能导致脱水的高盐食物（看一看包装上的配料表，如果盐或钠位居前列，那这种食物不吃也罢）、咖啡因（比如咖啡、巧克力、可乐、能量饮料）和酒精的摄入量。
· 坚持使用月经周期日历，写"月经日记"，这样方便你找出其中的规律。你可以记下自己来月经的时间，以及月经前后自己的各种表现，包括情

感上的、身体上的和行为上的，这样你就能大概知道自己什么时候性情会比较古怪，什么时候动不动就想哭，什么时候会特别悲观。尝试找到这些规律，然后试着调整自己的思维方式，提升掌控情绪的能力。

· 保证足够的能量摄入。如果你想每天都活力四射，就一定要吃早餐，正餐之间觉得饿的时候可以吃一点健康的零食（比如几粒杏仁和一些果蔬）。可以适量补充维生素 B_6 和钙，这些营养素有助于缓解经前期综合征的部分症状。

· 有专家认为通过口服避孕药来抑制排卵、调节激素水平，可以缓解经前期综合征的部分症状。不过，避孕药对月经周期的长短和月经量的大小会有一定的影响，而且长期服用避孕药可能导致激素水平紊乱，反而容易触发经期前综合征。

痛经

许多女性认为痛经是正常的，因此并不去理会它。但是，如果痛经已经干扰到了你的生活，而不再只是生活中一个可以忍耐的小插曲时，你就需要去医院看医生了。有的医生会给你开解热镇痛类药物，也有医生会让你调整生活方式，再观察一段时间。你也可以去看中医，通过吃中药来调理。

一般来说，痛经分为两种，一种是原发性痛经，一种是继发性痛经。

原发性痛经

原发性痛经是发生在月经初潮（女性第一次月经来潮）后三年内的痛经。一般认为是由月经期激素水平正常变化造成的，生殖器官不会有明显病变，有可能在生育后解除。它的病因有很多，正常情况下，子宫收缩及子宫周围的组织充血，可引起下腹及腰部不同程度的疼痛。经期，前列腺素等激素会使子宫平滑肌收缩，以促使经血和脱落的子宫内膜排出宫腔，但是如果子宫平滑肌收缩过度，就可能引发疼痛，而且前列腺素还有放大疼痛感的作用，它会使这种疼痛格外剧烈。因此，有一些医生会建议患者在月经来潮前服用前列腺素合成抑制剂，以抑制前列腺素的生成（一部分止痛药也采用了这种作用机制）。前列腺素还可能作用于支配胃肠道的神经和血管，导致腹泻等症状。另外，精神紧张和贫血也可能导致痛经，消除紧张和增强体质可缓解这些原因导致的痛经。

继发性痛经

继发性痛经是发生在月经来潮三年后的痛经，是由盆腔器质性疾病引起的痛经。子宫内膜异位症、盆腔感染、子宫肌瘤等都有可能引起继发性痛经。有继发性痛经的女性应根据痛经原因进行针对性治疗。

缓解痛经的方法

❶ 平时适量运动，保持心情愉悦，散步、游泳之类的运动都是很好的选择。

❷ 放松。有的时候，压力越大，痛经的情况会越严重。痛经时，在不严重的情况下，你可以进行冥想或做瑜伽，不过要选择温和一些的动作。做瑜伽前，最好咨询一下瑜伽老师，问问哪些动作是经期不能做的，因为有些瑜伽动作可能会使疼痛加剧。

❸ 痛经时，可以在腹部放一个热水袋或贴一个暖宝宝，这样可以促进血液循环。温热的感觉还有助于人身体放松，心情舒畅。

❹ 针对原发性痛经，可以服用解热镇痛类药物（比如上面说的前列腺素合成抑制剂）。虽然很多解热镇痛类药物是非处方药，但服用之前最好还是问一下医生，看看自己适合哪一种。一般建议在月经来潮前 1～2 天服用前列腺素合成抑制剂，也就是在前列腺素分泌前服用，这样效果会更好。解热镇痛类药物的使用剂量和使

用时间请咨询医生。

⑤ 可在医生指导下服用短效避孕药，此类药物有助于控制月经量、减轻疼痛。

⑥ 寻求中医的帮助。有一些中草药有助于调节身体的激素水平，还能让身体暖和起来。

🔬 子宫内膜异位症

子宫内膜异位症是具有生长功能的子宫内膜组织（腺体和间质）出现在子宫体以外部位的疾病。子宫内膜异位症的原理是子宫内膜组织通过输卵管，进入盆腔、腹腔或全身其他部位，并在里面四处"溜达"。异位内膜可侵犯全身任何部位，但绝大多数位于盆腔脏器和壁腹膜，以卵巢、宫骶韧带最为常见，其次为子宫及其他脏腹膜、直肠阴道隔等部位。

子宫内膜异位症最典型的症状是痛经。痛经可能发生在月经来潮前、经期及月经后，比较常见的是平时并不会感到疼痛，但是每到经期就疼痛难忍。针对痛经，最有效的解决方法是不来月经，只要不来月经，患者就不会疼，但这会影响生育。除了痛经，该病还有月经失调、不孕等症状，但这不是绝对的，许多患有子宫内膜异位症的女性经过治疗后还是能够享受子女绕膝的快乐的。

有研究显示，由于一些女性认为痛经是理所当然的事，所以子宫内膜异位症常常被忽视，这导致该疾病往往需要数年的时间才能被确诊。所以，如果你的痛经很严重，还有月经失调、不容易怀孕等方面的困扰，请果断去看医生，提出你的疑问。医生会通过抽血、超声检查等方法来检查。腹腔镜检查是目前国际公认的诊断子宫内膜异位症的最佳方法。做腹腔镜检查时，腹腔镜通过腹壁进入腹腔，医生可以在监视器上直观地看到摄像装置捕捉到的实时腹腔情况，从而对病情进行分析。子宫内膜异位症发生的原因至今尚未阐明，相关研究仍在进行中。

子宫内膜异位症的症状

子宫内膜异位症的症状因人和病变部位的不同而多种多样，也有约 25% 的患者无任何症状。其症状特征与月经密切相关，具体包括：

· 痛经。

· 月经失调。

· 下腹或腰骶部痛。

· 不孕。

· 性交时感觉疼痛、不适。

· 月经量增多。

· 经期延长。

· 月经淋漓不尽。

· 月经前点滴出血。

· 腹泻、便秘或周期性少量便血，严重者出现肠梗阻症状。

· 经期尿痛、尿频。

· 血尿。

子宫内膜异位症的治疗方法

· 服用非甾体类抗炎药物（一类不含糖皮质激素的抗炎、解热、镇痛药物）。其作用机制主要是通过抑制前列腺素的合成来减轻或消除疼痛。

· 口服避孕药。其作用机制是降低垂体促性腺激素水平，并直接作用于子宫内膜和异位内膜，使内膜萎缩和月经量减少。

· 激素治疗。通过假孕疗法或假绝经法，使异位的内膜发生萎缩，达到治疗目的。

· 手术治疗。手术治疗有保留生育功能手术、保留卵巢功能手术和根治性手术三种方式。患者可根据自身情况选择相应的手术方式。

药物治疗适用于有慢性盆腔痛、经期痛经症状明显、有生育要求及无卵巢囊肿形成的患者。药物治疗后症状不缓解、生育功能未恢复的患者或有较大的卵巢内膜异位囊肿的患者可采取手术治疗。腹腔镜手术是目前首选的手术方法。

月经过多

月经过多是月经量较其正常量（一般为30～50毫升）明显增多（超过100毫升），而月经周期正常，并且连续发生2个周期以上的现象。月经过多可能是由激素异常、精神紧张或者血液凝固机制障碍导致的，有时也是某些疾病的临床表现。错误的服药方式也有可能导致月经过多。如果患者持续性月经过多，就容易贫血。

可能导致月经过多的疾病包括：

- 子宫肌瘤。
- 子宫内膜息肉。
- 子宫内膜异位症。
- 子宫内膜炎。
- 血液系统疾病。
- 甲状腺疾病。

子宫肌瘤

子宫肌瘤是子宫平滑肌组织增生而形成的良性肿瘤，含有少量纤维结缔组织，是女性生殖器官中最常见的良性肿瘤。子宫肌瘤大体为实质性球形包块，大小不一，小的直径可能只有几毫米，大的可能有10厘米，甚至更大。子宫肌瘤既可能长在子宫肌壁间，也可能突出于子宫表面或宫腔。雌激素水平过高可能会加速子宫肌瘤的生长。有些女性一听到医生对自己说"你患有子宫肌瘤"就不寒而栗，因为她们听到了"瘤"这个字。请记住，子宫肌瘤是良性肿瘤，不等于癌症，这只是一种医学术语。

子宫肌瘤多见于30～50岁女性。据统计，30岁以上的女性中约20%有子宫肌瘤，不过因为子宫肌瘤多无症状或很少有症状，所以这个数字远低于子宫肌瘤的真实发病率。子宫肌瘤大多无明显症状，但有些患者症状明显，包括月经量增多、经期延长、白带增多及一些压迫症状。有无症状与子宫肌瘤生长部位、大小和有无变性相关。当子宫肌瘤对其他器官和部位产生压迫时，患者可能会有尿频、下腹坠胀不适、便秘等表现。

子宫肌瘤的诊断比较简单，超声检查是常用的检查手段。无症状患者一般不需要治疗，但要每3～6个月随访一次，看看子宫肌瘤有没有出现什么变化。需要治疗时，那些症状轻、快要绝经的女性以及不适合手术的女性可采用注射促性腺激素释放激素类似物的药物治疗法，以缓解症状并抑制子宫肌瘤生长。需要手术时，可采取子宫肌瘤切除术或子宫切除术。绝经后，子宫肌瘤多可萎缩，相关症状也会消失。

经期异常

上文已经提到过，一个月经周期一般为21～35天，平均28天。从这个角度来说，每3周或5周来一次月经都是正常的，只要这个时间是规律的就没有问题。但是如果月经周期一会儿是3个周，一会儿是6个周，而且总是如此，弄得你自己也不知道什么时候会来月经，那么你的月经周期就有些紊乱了。在刚来月经的那几年，也就是你还是个十几岁的孩子的时候，月经周期不规律是正常的，但如果成年后你的月经周期还总是不规律，就有可能有别的原因了，比如患有多囊卵巢综合征（见下文）等会影响卵巢功能的内分泌疾病。

偶然一次月经周期提前或推迟几天是正常的，很多因素都会影响月经周期，比如激素水平、情绪、压力、饮食等。如果月经提前或推迟很多天，且这种异常持续了好几个月经周期的话，就需要去医院就诊，请医生做出诊断。一定不要提前焦虑，即使存在月经不调的情况，也不要想当然地认为自己无法怀孕，要向医生咨询后再做判断。

非经期出血

对非经期出血的最好处理办法就是去看医生，

请医生给出诊断。非经期出血可能与黄体功能不全、黄体萎缩不全、激素类药物使用不当、子宫肌瘤等有关，还有可能是患生殖器官肿瘤（比如宫颈癌等）的征兆。

月经过少

月经过少是指月经量较其正常量明显减少（少于 5 毫升），或行经时间缩短（不足 2 天），甚至点滴即净，而月经周期正常，连续发生两个周期以上的现象。其背后的原因包括：

· 子宫内膜萎缩。

· 子宫发育不全。

· 无排卵性月经。

· 经血排出通道有问题，导致经血流出不畅。

· 卵巢功能不良。

· 患有多囊卵巢综合征。

· 患有高泌乳素血症。

· 压力过大。

· 过度节食。

· 服用了某些避孕药或抗精神病药物。

· 体重降低至健康水平以下。

· 患有其他身体疾病。

多囊卵巢综合征

多囊卵巢综合征是一种内分泌紊乱综合征，以不规律月经、持续性无排卵、高雄激素血症和胰岛素抵抗为重要特征。很多患有多囊卵巢综合征的女性其实在青春期时就有各种症状，但其中很多人一直误以为这些症状都是月经来潮时的正常现象或是由其他原因导致的，因此她们往往在症状出现了很长时间后才去做检查。

多囊卵巢综合征的病因至今尚未阐明，目前的研究认为，它可能是由某些遗传基因与环境因素相互作用导致的。多囊卵巢综合征的诊断标准主要依据 2003 年由欧洲人类生殖与胚胎学会、美国生殖医学学会共同制定的鹿特丹标准，即符合以下三项中的两项，并排除其他疾病即可确诊：

1 稀发排卵和 / 或无排卵，排除高催乳素血症、甲状腺疾病、低促性腺激素性腺功能减退症、卵巢早衰等引起的无排卵；

2 高雄激素血症和 / 或高雄激素体征，排除先天性肾上腺皮质增生症、分泌雄激素肿瘤、库欣综合征等其他引起高雄激素血症的疾病；

3 超声显示卵巢多囊性改变：双侧卵巢有大于等于 12 个直径约 2～9 毫米的卵泡，或卵巢体积大于 10 毫升。

很多人会想当然地认为多囊卵巢综合征与卵巢囊肿有关，其实这是两种疾病，多囊卵巢综合征的患者的卵巢上并没有囊样的肿块（当然不排除这两种疾病同时出现）。通常医生会结合超声检查的结果来进行诊断，他们可以从大小、数量等方面来区分卵泡和囊肿。

多囊卵巢综合征症状

· 月经失调，多表现为月经稀发或闭经，也可表现为不规则子宫出血，月经周期或月经量无规律性。

· 持续性无排卵导致的不孕。

· 体毛浓密，比如阴毛浓密且呈男性型倾向。

· 头发容易油腻或脱发。

· 肥胖，尤其是腹部肥胖。

· 面部、前胸和后背等处常见痤疮。

· 黑棘皮症，即阴唇、颈背部、腋下、乳房下和腹股沟等处皮肤皱褶部位出现灰褐色色素沉着，呈对称性分布，皮肤增厚，质地柔软。

需要指出的是，如果多囊卵巢综合征长期发展，就容易引发糖尿病、高血压、心血管疾病。

爱上避孕药

我一直觉得避孕药很可靠，我对避孕药心存感激。

——艾莉森（35岁）

我服用避孕药大概16年了，一点不良反应都没有。我的月经周期非常规律。

——乔吉（38岁）

我觉得避孕药太棒了。我吃了大概20年，只有在生宝宝前后才停止服用。

——乔治娜（45岁）

一旦你找到了适合自己的避孕药，就可以坚持吃，这对你真的有帮助，尤其是那些能缓解痛经的避孕药。

——N（25岁）

避孕药为我创造了奇迹。因为

避孕药有调节激素水平的作用，我甚至还变瘦了。

——乔安妮（33岁）

谢天谢地，这个世界上有避孕药这种东西存在！

——凯齐娅（70岁）

避孕药是唯一能治疗我的青春痘的东西。

——乔（37岁）

我认为避孕药是现代最伟大的发明。它改变了全世界女性的生活。

——路易丝（43岁）

避孕药真的很棒！有了它，人们就能减少做人工流产的次数了，手术对身体伤害更大。

——凯特琳（18岁）

我爱死避孕药了。当我正在忙一些工作，而我也想做好这些工作时，我就会吃避孕药来推迟月经。

——弗洛斯（32岁）

避孕药是继切片面包以来最棒的发明。今天的女性完全无法想象避孕药被发明出来之前的场景。

——克里斯（66岁）

吃避孕药那段时间是我最瘦的时候。对于那些一来月经就痛到满地打滚以及月经不调的人，我大力向你们推荐避孕药。

——彭妮（28岁）

避孕药真的是老天赐予我的恩典。我认为吃避孕药比其他任何避孕方法都好。

——彭妮（70岁）

对避孕药的负面看法

我吃避孕药是为了推迟月经，但是我的体重居然增加了。我的情绪也变得很沮丧。

——玛奇（35岁）

避孕药是邪恶的。因为它，人口都减少了。

——克拉克（23岁）

我一吃避孕药就会更加情绪化。我还因此长胖了，然后我就更郁闷了。

——梅拉妮（34岁）

我尝试过吃避孕药。其中，一种让我长胖，一种让我动不动就想哭，一种让我非经期出血，一种让我痛经痛到痛不欲生。我对任何一种避孕药都没有好感。

——埃玛（21岁）

我不吃避孕药，我觉得避孕药对女性并不好。话虽这么说，但我

毕竟不是医学专家，不要盲目相信我的说法。

——苏珊（32岁）

我痛恨避孕药，因为我觉得是它让我得了外阴阴道假丝酵母菌病。为此我还花了老大一笔钱。

——海伦娜（40岁）

因为我有经前期综合征，所以医生给我开了避孕药，但是吃了之后，我的经前期综合征更严重了。

——吉娜（31岁）

避孕药是魔鬼，因为它的副作用，我受了很多苦，比如头痛、皮肤变差、头发没有光泽、体重增加、性欲降低。我还得了阴道炎。

——克利奥（34岁）

避孕药对人体有副作用，还不能够百分之百保证避孕成功。

——朗达（54岁）

我之前整整服用了15年避孕药。然后我发现，不再吃避孕药一段时间后，我变苗条了。事实上我天生就很苗条。现在我终于正常了。

——简（30岁）

我一吃避孕药，偏头痛就发作。

——安妮（55岁）

服用避孕药后，我上吐下泻。更糟糕的是，我还是怀孕了，不得不去做人工流产。

——简（51岁）

我在服用避孕药的过程中得了静脉血栓，此前我并不知道会发生这种情况。

——朱莉安娜（32岁）

我不喜欢避孕药的副作用，我是没办法才吃避孕药的。

——莉萨（47岁）

事实：多囊卵巢综合征与体重

有研究显示，50% 以上的多囊卵巢综合征患者受肥胖问题困扰，而那些伴有胰岛素抵抗的体重较高的女性患多囊卵巢综合征的风险也较高。肥胖型多囊卵巢综合征患者应增加运动量、控制饮食，以降低体重和缩小腰围，还可以配合药物治疗，增加胰岛素敏感性，降低胰岛素、睾酮水平，从而恢复排卵及生育功能。当然，这并不意味着体重较轻的女性就不会患多囊卵巢综合征。

患有多囊卵巢综合征怎么办

多囊卵巢综合征的主要特征之一是长期无排卵，这会导致子宫内膜长期受雌激素刺激而呈现不同程度的增生性改变，甚至呈不典型增生，长此以往，会增加子宫内膜癌的发生概率。所以，一旦发现有疑似症状，一定要及时向医生寻求帮助。

多囊卵巢综合征的治疗

多囊卵巢综合征患者要多条"战线"同时"出击"，来"击溃"多囊卵巢综合征。

首先，要从值得信赖的渠道尽可能多地了解多囊卵巢综合征的相关知识，通过"知己知彼"来克服焦虑心理。如果因为患有多囊卵巢综合征而倍感压力、情绪低落，可以寻求帮助，以便更好地与这种疾病做斗争。其次，通过调节饮食、加大运动量来减轻体重。有很多患有多囊卵巢综合征的女性正是通过这种方式恢复了正常的月经周期，将生活拉回了正轨。当然，没有必要通过节食来快速降低体重或突然成为运动健将，循序渐进即可。

除了心理状态和生活方式方面的调整，患者还可以采取药物治疗。控制月经周期、恢复排卵对很多患者来说是一场鏖战，她们可能需要通过口服避孕药（口服避孕药不仅能有效抑制毛发生长，还能治疗痤疮）或在黄体期口服孕激素制剂来达成目标。

如果你长时间被多囊卵巢综合征困扰，或者需要应对更复杂的病情，你可以寻求专家的帮助，讨论手术治疗的方案。如果是与生育有关的问题，你可以去看妇产科医生；如果与生育无关，你可以去看内分泌科医生。

激素水平波动导致的偏头痛

有些女性在刚过排卵期或月经来潮的前几天容易偏头痛。有专家认为，这是由雌激素水平下降导致的，因为雌激素水平低会影响血管的舒张功能。服用激素避孕药（要在医生的指导下）可以改善这种情况。如果月经周期规律，也可以提前使用雌激素贴片来提升雌激素水平。具体治疗方法和用药量请遵医嘱。

避孕药

自从避孕药被发明出来以后，很多女性的生活就被彻底改变了。据统计，全球共有约 1 亿女性正在服用避孕药。在避孕药出现之前，女性生好多个孩子是一种常见的现象，而自从有了避孕药，女性可以对生不生、生几个做出自己的选择。

除了避孕，避孕药还可以调节体内的激素水平。如今，大多数避孕药是非处方药。不过，最好还是在医生的指导下购买。女性还需要考虑一下避孕药的副作用，虽然数以万计的女性都在服用避孕药，而且短效避孕药的不良反应相对较小，但这并不意味着避孕药适合每个人，也不意味着它完全没有副作用。每个人服用避孕药后的反应不尽相同，有些副作用对有些人来说只是一些小问题，但对其他人来说可能就很危险。不过，避孕药一般不会导致停药以后不孕或者怀孕困难。

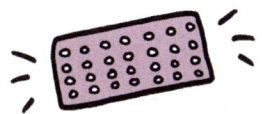

对避孕药的指责

对避孕药持批评态度的人认为，虽然它能够帮助避孕，也确实能够在一定程度上起到调节激素水平和月经周期的作用，但是它也会导致恶心、呕吐、情绪波动大、体重增加和偏头痛等症状。这些不良反应确实会出现，但是不能因此得出"服用了避孕药就一定会有这些不良反应"的结论。此外，反对者们还声称，避孕药会对女性的生育能力产生负面影响，但目前，并没有证据能表明这一点，实际上，很多女性在停止服用避孕药之后马上就怀孕了。还有一些反对避孕药的"激进主义者"认为，其他"自然"避孕的方法（比如计算排卵期）比服用避孕药更安全、更有效。对这种观点我只能表示，真是一派胡言。

还有人认为，服用避孕药会让女性的性欲降低，还会影响女性的魅力值，从而影响她们对男性的吸引力。他们会用 20 世纪 70 年代进行的一项研究证明自己的观点，据说该研究"证实"了女性身上有一种独特的气息，这种气息能够吸引男性，但是女性在服用避孕药之后，这种气息就被掩盖住了。需要注意的是，这些所谓的研究和结论都缺乏更为科学严谨的论据。

许多女性之所以决定服用避孕药，是因为想治疗由激素分泌不平衡导致的经前期综合征和青春痘。为了阻止她们这样做，有人信口开河，提出了一系列无凭无据的论断。曾有女性对我说："因为改用无毒的家用洗洁产品和个人护理产品，吃了很多有机蔬菜和水果，用泻盐洗澡，我的经前期综合征的症状得到了控制，经前期综合征根本不需要通过服用避孕药来治疗。"

我在了解这些说法的来龙去脉的过程中，发现这些说法依赖的许多"研究"根本站不住脚，而且很多人只是选择性地摘出某项研究的部分内容，来达到反对女性服用避孕药的目的。

对避孕药的客观态度

确实，许多女性在使用避孕药时受到了其副作用的困扰，避孕药也无法有效阻止性传播疾病的传播，而且，很多关于避孕药的积极作用的研究是由医药公司资助的。但是，这些研究得出的结论至少都经过了科学的实验，也有相关的数据作为支撑，它们不是由具有良好公关技能的"社会人类学学生"凭空想象出来的。

如果你在服用避孕药的过程中出现了不良反应，无论是头痛、心情不好，还是性欲下降，都可以停止服药一段时间，看看这些症状是否会消失。你也可以再坚持服用一段时间，看看这些症状是否一直存在。如果症状一直没有消失，你完全可以停用药物并向医生求助，寻找替代药物。你的健康你做主，适合你的才是最好的。

生物同质性激素

生物同质性激素是在实验室中合成的，化学结构与内源性激素相同的外源性激素。近年来，有专家和医生推荐使用生物同质性激素来帮助女性缓解围绝经期潮热、盗汗等症状。不过，也有一些专家反对这种做法，称这种做法尚不成熟，不能保证其有效性和安全性。

呵护乳房

　　乳房是构成女性身体优美线条的重要器官。拥有丰满、挺拔、富有弹性的乳房是很多女性的追求，但在追求美的同时，女性也不能忽视乳房健康。当今，乳腺疾病已经成为威胁女性健康的一大杀手。所以女性应该了解自己的乳房，并在日常生活中无微不至地呵护乳房。

　　本部分的内容主要包括：认识乳房；了解乳腺X射线摄影检查和其他乳房检查的作用；关于乳腺癌你需要了解的内容（包括大多数女性患者都没有生命危险这一事实）；等等。现在，请继续阅读吧。

乳房检查、乳腺癌筛检与乳房良性肿块

记得每月做一次乳房自检。如果不知道怎样操作，请医生示范给你看。

——塔米（27岁）

我很懒，即使我知道应该定期进行乳房自检，我也没有去做。但是我会每两年做一次乳腺X射线摄影检查，平时也会让全科医生给我检查。

——玛丽（55岁）

我坚持"零乳房检查"，相信自己"百毒不侵"。这显然不是什么好习惯。

——海伦（29岁）

定期检查乳房很重要，放下心来的感觉太棒了，这足以让人忘掉检查过程中短暂的不适。

——芭芭拉（61岁）

重要的事情说三遍：务必、务必、务必定期检查乳房。我婆婆一直对自己的乳房肿块置之不理，现在她已经离开我们了。

——特雷西（34岁）

我没有做过乳房自检。虽然医生给我示范过一次，但是我还是不知道该怎样做。

——卡尔莲（30岁）

一位广受赞誉的女医生曾对我说："这个不是肿块。如果它摸起来像一颗豌豆，你就该担心了。"四个月后，当我再次就医时，医生要求我进行手术，然后他们取出了一个五厘米大小的肿瘤。

——玛吉（52岁）

乳腺切除术没那么可怕。有些女性术后恢复得很快，而且很多女性在确诊乳腺癌后依然长寿，生活质量也不错。医学水平一直在提升。

——莉萨（46岁）

乳腺 X 射线摄影检查

我属于乳腺癌高危人群，所以每年都要做乳腺X射线摄影检查。我家里有三个人因为患乳腺癌而切除了乳房。

——玛丽（68岁）

乳腺X射线摄影检查太疼了。上次的检查结果有点问题，我不得不又检查了一次，这次比之前更疼。但我觉得这是为了让自己心安的小小代价。

——凯（48岁）

给我做乳腺X射线摄影检查的是女医生，我松了一口气！那是一次尴尬的体验。好在检查结果一切正常，谢天谢地。

——伊莎贝尔（42岁）

乳腺癌带走了我最好的朋友，所以我每两年就做一次乳腺X射线摄影检查，雷打不动。

——李（60岁）

我拒绝做第二次乳腺X射线摄影检查，所以医生推荐我做乳腺超声检查。

——桑迪（60岁）

我每两年做一次乳腺X射线摄影检查。上次做完检查后我被医生叫住了。"噢不！"我心想。还好医生只是让我再拍一张。

——迪杰（59岁）

我们接受了太多X射线的照射，其实有时候没必要。医疗机构应该寻求更好的替代方法，比如热成像检查。

——塞西莉亚（48岁）

乳房活组织病理检查

几年前我的左侧乳房做了活组织病理检查。医生把一根长针扎进我乳房的侧面，抽取一部分细胞组织进行化验。

——皮普（42岁）

我的乳房长了一个肿块，需要做活组织病理检查。这对我的伴侣产生了惊人的影响，他觉得我太勇敢了。

——普丽西拉（45岁）

乳房良性肿块

我18岁时乳房长了两个肿块。幸好肿块都是良性的，后来它们都被切除了。之后手术疤痕一直伴随着我，这些疤痕让我看起来很酷！

——瓦妮莎（23岁）

我做过两次乳房肿块切除术，每次过程都很顺利，效果也很好，但是手术疤痕在之后的很长一段时间里都存在。

——贝丝（42岁）

我在新年那会儿查出乳房有肿块。我吓坏了！最后幸好没事，谢天谢地，但那几个星期我真是被吓得够呛。

——伊丽莎白（39岁）

我有多个乳腺囊肿，所以新肿块不容易被发现。我有乳腺癌家族史，所以我每年都特别积极地去做筛查。

——休（43岁）

我很好奇，你们都是怎么发现自己的乳房长了肿块的？我就是觉得乳房摸起来总是疙疙瘩瘩的。

——泰琳（31岁）

乳房的外形

女性的乳房在大小和形状上的差别之大可能令人难以置信，但不论差别有多大，进化的"初心"始终不曾变过，乳房最基本的功能就是哺乳。

乳房是位于胸大肌前方的半球形突出物，由腺组织、结缔组织和脂肪组织构成。与乳房有关的激素有雌激素、催乳素、孕激素等。月经来潮前，乳房可能会更加丰满、柔软。如果你对这部分内容感兴趣，请阅读本章第一节《了解生殖系统与激素》。

⊙ 乳头

乳头是乳房的中央突出物，形状各异，表面有许多裂隙和陷凹，它是输乳管的集合开口部位，富有平滑肌及神经分布。有些女性的乳头未凸出于乳晕平面之上，甚至反而陷没于皮肤之下，这种现象被称为乳头内陷。

⊙ 乳晕

乳晕是乳头周围皮肤色泽较深的环形区，直径为 3.5 ～ 4.5 厘米，一般呈棕褐色，也有些呈淡红色或杏色。因为皮下有乳晕腺，所以表面可见斑点样小突起。

母乳喂养

乳房是女性的泌乳器官。母乳喂养是以母乳为主要食物的喂养方式。母乳中的营养成分非常适合婴儿吸收和消化。此外，母乳中还含有大量的免疫抗体，能增强婴儿的免疫力。坚持母乳喂养对女性来说并不容易，所以，在哺乳期不管遇到什么样的困难，都要尽可能地寻求帮助，如果确实有困难，也可以采用奶粉喂养。很多机构宣称母乳喂养会让乳房变形，但一般来说，正确的母乳喂养不会让乳房变形，他们之所以这么宣传，是因为他们想让女性觉得自己需要整形。

以下是一些我在生完孩子并采取母乳喂养后才明白的道理：

· 婴儿可能每隔两三个小时就想吃一次奶。你没法为他们选择进食的时间。一旦婴儿感到饥饿，他们就会发出非常响亮和刺耳的哭声。有时候他们会突然想吃奶，而且一刻都等不了。你不能让他们"等妈妈回家"。

· 女性的乳头上有很多（数量因人而异）隐秘的小孔，你可以把它们想象成淋浴头上的小孔。乳汁就是从那里流出的。我以前以为乳头上只有一个孔，就像水管那样。

· 乳头和乳晕的颜色在怀孕期间会变深，在分娩后通常会慢慢恢复。

关爱乳房

为了尽早发现乳房病变，女性应定期进行乳房自我检查，这是女性获知乳房是否发生异常变化的重要手段。一般建议女性在 20 岁以后每月进行一次乳房自我检查。乳房自我检查最恰当的时间是在月经结束后的一周左右，因为此时乳房的腺体组织最不发达，最容易发现乳房肿块。绝经后的女性可随意选择自我检查的时间。

⊙ 乳房自我检查

· 站在镜子前观察一下乳房。确保室内的光线有利于观察。两侧乳房要充分暴露。

· 观察两侧乳房的形状、大小是否对称，局部有无隆起或凹陷，皮肤有无红、肿及"橘皮样"改变，浅表静脉是否扩张，两侧乳头是否在同一水平线上，乳头有无回缩或抬高，还应注意乳头、乳晕有无糜烂。

· 五指并拢，用手指和掌面接触乳房，进行按诊。按诊也称触诊、扪诊，方法是利用手指接触被检查部位，检查身体各组织、器官的大小、位置、边缘、形态、质地、表面情况、活动度等，并了解是否有压痛、痉挛、温度改变、波动、搏动、肿块等，以识别被检查组织和器官有无异常。检查乳房时，应用右手检查左乳房，用左手检查右乳房。在接触一侧乳房时，另一侧的手臂应置于脑后，这样有助于更好地感知乳房的情况。

按诊时，要对乳房外上（包括腋窝处）、外下、内下、内上及中央区域做全面检查。乳房自我检查要坚持做，坚持一段时间后，你会更加熟悉自己的乳房，也更容易察觉出乳房的变化。按诊时，留心感受有没有以下情况：

· 腋窝处是否出现肿大的淋巴结。
· 有无新增的肿块。
· 皮肤是否变得粗糙。
· 按压时有无疼痛感。
· 按压乳头时，乳头有无溢乳（非哺乳期）。

⊙ 发现乳房肿块及其他变化

当你通过乳房自检发现乳房发生重大的变化（包括乳房有新出现的肿块、皮肤状态发生明显改变，或其他任何新出现的问题）时，你需要重视起来，尽快去看医生。对于乳房肿块，你需要知道哪些肿块是之前就有的，已经得到过检查和排除，哪些肿块是新增的，以便医生进行诊断。医生会进一步检查肿块的大小、硬度、活动度、表面是否光滑、边界是否清楚。一般来说，良性的肿块边界清楚，表面光滑，活动度大，质地软如嘴唇；恶性的肿块边界不清，表面不光滑，活动度小，质地硬如鼻尖，甚至硬如额头。看医生时，记得带着以前做过的乳房检查的结果，以便让医生更了解你的情况。

⊙ 理解医生的意思

通过及时的自我检查以及乳腺X射线摄影检查发现的大部分肿块都是良性的。医生往往会用通俗的语言和患者沟通，但即便是这样，他们也可能很难摆脱医学术语的束缚，从而说出一些令人困惑的话。有时医生说的意思和患者理解的意思可能截然不同，甚至恰恰相反。患者需要警惕的词汇包括"不寻常""非典型"或"令人惊讶"，最可怕的是"恶性"，因为乳房恶性肿瘤绝大多数是乳腺癌。患者要事无巨细地问清医生的意思，例如："这是不是表示有问题？""会癌变吗？""应该采取进一步行动吗？"患者也可以直白地说："我听不懂你在说什么，请问你说的话是什么意思？"如果理解不了医生的话，一定要问清楚。记住，宁可"过分谨慎"，也不要"追悔莫及"。

⊙ 发现乳房肿块后该怎么办

很多女性在得知自己的乳房长了肿块后会惊慌失措。当你遇到这种情况时，首先要做的就是告诉别人。我不是让你告诉市场上卖菜的人或是昨晚在网上认识的人，而是告诉爱你的人：你的伴侣、妈妈、姐妹、朋友等。打电话告诉他们，或者通过网络和他们沟通。爱你的人会鼓励你接受检查，在你身边陪你经历检查、等待结果。老实说，你平安无事的概率非常大。大多数的乳房"异常"都不是什么大事。许多女性一直把良性肿块当作身体的一部分，和它们"和平共处"，正常生活。

但是，你不能因为觉得自己很年轻、太忙碌、无家族病史等而忽略乳房肿块。打个比方：如果在发现肿块或其他异常之后的一个星期内就医，你可以尽早治疗，并取得不错的效果，而如果拖到三个月后才就医，你面临的挑战可能会更加艰巨。不管是为了孩子、伴侣、朋友、父母，还是为了自己，都要尽早就医、尽早检查。

⊙ 医生为你检查乳房

当你去医院检查乳房时，医生往往也会采用按诊的方式来检查。这项检查不该给患者造成任何不适或怪异的感觉，而应该让患者觉得这些都是为了身体健康而做的，并且自己是受到尊重的。如果觉得不对劲、不舒服，可以换一个医生。

乳腺 X 射线摄影检查

乳腺 X 射线摄影检查是常用的影像学检查方法，广泛用于乳腺癌的普查。虽然它容易令人感到不舒服，但是它能清晰显示乳腺各层组织，以便医生进行诊断。超声检查是乳腺 X 射线摄影检查的有效补充，可对肿瘤的定性诊断提供有价值的依据，所以有时做完乳腺 X 射线摄影检查后，还需要做超声检查。有些人反对乳腺 X 射线摄影检查，因为他们觉得 X 射线会对身体造成辐射，但其实，检查中 X 射线对患者的影响可以忽略不计。还有一些人认为该检查容易引发患者过度焦虑。不过，大多数医生和战胜乳腺癌的女性还是会对这些诊断工具心怀感激。

在澳大利亚，50 ～ 74 岁的女性每两年都会收到一封免费做乳腺 X 射线摄影检查的邀请信。这是澳大利亚乳腺癌筛查计划的一部分，这项计划的目的在于让女性能够尽早发现恶性肿瘤，因为越早发现，就越容易治疗、治愈。如果你在 40 ～ 49 岁之间或在 75 岁以上，你也可以免费做乳腺 X 射线摄影检查，但不会收到邀请信。在澳大利亚，50 ～ 74 岁这个年龄段是乳腺癌的高发阶段，有 75% 的乳腺癌患者属于此年龄段（当然，乳房肿块或乳腺癌的出现没有年龄之分）。

如果你在检查乳房的过程中发现了异常情况，可以做乳腺 X 射线摄影检查以帮助诊断。此时，医生可能也会给出不属于乳腺 X 射线摄影检查的额外的乳房视图（图像），然后将所有视图整合起来进行综合判断。

乳房整形与乳房检查

如果你做过乳房整形手术，要在医生做按诊或做乳腺 X 射线摄影检查之前将此情况告知医生。乳房检查可能会对手术中植入的假体造成压力（不过可能性不大）。对于接受过乳房整形手术的女性来说，乳腺 X 射线摄影检查和超声检查至关重要，因为整形手术可能会导致一些乳腺问题，也可能会掩盖一些问题。

⊙ 乳腺 X 射线摄影检查的预约与准备

比较适合做乳腺 X 射线摄影检查的时间是月经结束后的 3 ～ 7 天。如果已经停经，那么任何时间都可以。做检查前，最好不要使用除臭剂、美黑用品、香体粉、身体高光粉或其他可能影响检查效果的东西。

如果你之前做过相关检查，可以保存好检查结果，再做检查的时候可以带上，以备不时之需。

怀孕与乳腺 X 射线摄影检查

孕期最好不要接触任何 X 射线检查，如果的确需要进行乳房检查，应尽量选择超声检查。

⊙ 乳腺 X 射线摄影检查的过程

做检查时，患者要进入一个房间，里面会有一个类似于健身器械的机器。患者要站在机器前，脱去上衣，暴露乳房，将乳房贴在拍片的平板上。检查的过程中，两个平板会对乳房进行按压，以便取得更好的检查效果，按压过程中患者可能会感到有一点疼。一般乳腺 X 射线摄影检查的标准投照体位是头尾位和侧斜位。绝大多数的医生和护士都十分专业，而且善解人意，他们知道检查时患者可能会感到尴尬和不适。作为患者，要相信医生和护士不是要折磨人，而是努力想要得到清晰和准确的图像，以便做出更加准确的诊断。

除了上述体位，医生在检查过程中还可能补充其他体位，有时这并不意味着他们发现了什么可

乳腺癌、乳房再造术

我最近被诊断出患了乳腺癌，目前正在接受放射治疗。进行放射治疗让我感到隐私受到了侵犯。我和曾患乳腺癌的家人、同事沟通过，也阅读了许多相关文献，我发现很多人的情况比我更糟糕。

——佚名

我得了转移性乳腺癌。我听从医嘱，接受了放疗和化疗。我竭尽所能让生命更有意义。寻求来自身边的人的支持很重要。朋友和家人真心想帮助我，愿意跟我谈心、陪我欢笑、陪我哭泣，这让我不再感到焦虑和无助。

——莉萨（46岁）

我得了乳腺癌，还伴有并发症。它干扰了我长达12个月，本来一直坚持的丛林徒步等运动也不能做了。从那以后，我更加认识到了生命的可贵。我得到了优秀医生的帮助，也在努力维持生活的平衡。我的经验是，在这个过程中，最好远离消极的人。避免自己从网上查资料、自己给自己看病，相信医生，寻求专业的建议并遵循这些建议。对自己拥有的一切心怀感恩。不要对周围的人隐瞒自己的病情，但也别把它当作茶余饭后的谈资。

——瓦尔（62岁）

我最近被诊断出患了乳腺癌。我先做了肿瘤切除手术，五周后又做了乳房切除术，从那以后我就没有全职工作过。这对我的社交也造成了影响：我变得很难结识新朋友，也不喜欢和人交流。这种痛苦真的令人难以忍受，好在一切已经进入尾声。

——特丽（49岁）

我妈妈是因为乳腺癌去世的。现在我定期做超声检查。有一次我查出乳房长了一个肿块，虽然是良性的，可我还是时不时会感到担忧。

——弗洛伦斯（35岁）

我20多岁时患了乳腺癌。我不仅切除了肿瘤，还接受了化疗和放疗。多年来，我一直在思考下面这些问题：如果我活不长，我还要生孩子吗？我到底能不能生孩子？现在回想起来，我感觉自己沮丧了好长一段时间。

——维多利亚（47岁）

我妹妹死于乳腺癌。确诊时她才21岁，后来她又与病痛斗争了13年。乳腺癌耗尽了她自己和我们的精力。

——卡米尔（48岁）

我的姨妈在58岁时死于乳腺癌，她以为能用一些非传统的治疗方法来治愈自己，但最后她还是离开了我们。我觉得发现问题后还是要尽早治疗。

——莱斯利（49岁）

若不幸患病，请保持乐观。接受放疗时，我总告诉自己，明亮的灯光（放射线）是在帮助我，而不是在伤害我。

——萨莉（56岁）

乳腺癌很可怕，我的几个朋友都经历过。她们都是非常勇敢的女生。

——乔治娜（45岁）

我32岁时，被诊断出患乳腺癌，因此，我鼓励女性要更加关注自己的乳房，包括形状、触感等。发现问题后要及时就医。

——弗雷亚（34岁）

乳房再造术

我因为患乳腺癌切除了乳房，后来又接受了乳房再造术。这是一个十分艰难的决定，我想象不出谁会为了整形自愿受这种罪。切除乳房对任何年龄的女人来说都相当令人痛心。乳房对女性的形体之美有很大影响。

——安杰莉克（34岁）

一开始我确实没法承受自己失去乳房的事实，我还问医生，能不能在做切除手术的同时做乳房再造术。现在我对此已经不在意了。我觉得身体健康最重要。

——泰里（49岁）

我姐姐接受了乳房再造术，但效果并不好。虽然医生们都已经尽力了，但手术还是没能达到预期的效果。

——杰迈玛（36岁）

切除乳房后不久，我接受了乳房再造术，但因为术后感染，必须再次切除乳房。到目前为止，我没有再次尝试乳房再造术，鼓起勇气再来一次并非易事。

——维姬（56岁）

我的好朋友在切除双乳后做了乳房再造术。如果我是她，我可能也会做一样的选择。我为她有勇气公开承认而感到自豪。

——彻丽（26岁）

我的左侧乳房被切除了，然后我又做了乳房再造术。

——蒂芬

怕的东西，他们可能只是需要通过另一张图像、另一种视角来确认自己的诊断。

⊙ 乳腺 X 射线摄影检查的结果

乳腺 X 射线摄影检查的结果通常一小时内就能拿到。当然，时间长短会因医院的情况不同而有所区别。如果你是因为疑似病灶（如肿块）转移而要进行进一步筛查，医生可能会更有紧迫感。做检查时，你可以询问医生多长时间能拿到检查结果，不要害怕与医生沟通。离开医院时，确保自己把新旧 X 光片都带上了，回到家后要将它们认真归档。另外，有些医院需要隔天或提前预约才能取到 X 光片。

乳房肿块检查

乳腺 X 射线摄影检查中，恶性肿块的 X 线一般表现为密度增高的肿块，肿块边界不规则，或成毛刺征，有时可见钙化点，颗粒细小、密集。良性肿块的 X 线一般表现为圆形、类圆形致密肿块，边缘光滑清晰。很多需要进一步检查的肿块后来也会被证实为良性，所以即使医生建议你进一步检查，你也要放平心态。怀疑可能存在恶性病变的患者，需要进行乳房活组织病理检查，取得病变部位的活组织以便做出确切诊断。

活组织检查简称"活检"，是从患者病变处或可疑部位取少量活组织作病理学检查的诊断方法。绝大多数的活检可以作为诊断最可靠的依据。在做活检的过程中，患者可能感到疼痛和不适。很多患者可能需要做很久的心理建设才能鼓起勇气做活检。做完检查后患者要注意好好休息，让家人照顾自己，不用觉得不好意思。

以下是医生获取少量活组织的主要方法：

· 穿刺活检：临床上常将穿刺针刺入乳腺肿块，利用针芯抽吸后造成针头内真空负压以吸取病变活组织，并对活组织进行形态学检查。穿刺活检要在医学影像设备的引导下进行。做完穿刺活检后，如果皮肤出现红肿的现象，可通过局部冰敷的方式来缓解。对于普通的运动伤害，一般建议 48 小时内（最长不超过 72 小时）每 2 小时冰敷 15 分钟左右；对于乳房，一次冰敷的时间可以更短一点，因为乳房更加敏感。冰敷时，冰袋不要直接接触皮肤，要用毛巾或枕套裹住冰袋，并时刻关注乳房的情况。

· 手术切除活检：切除活检是通过外科手术切除整个病灶并送病理检查的方法。对怀疑患乳腺癌的患者，可在手术过程中将肿块连同周围乳腺组织一并切除，作术中冰冻活检或快速病理检查。

乳腺癌

乳腺癌是乳腺导管上皮细胞在各种内外致癌因素的作用下异常增生后恶性性变形成的肿瘤，乳腺肿块是乳腺癌主要的临床表现。乳腺癌多数情况下发生在单侧乳房。乳腺癌的早期表现是病侧乳房出现无痛、单发的小肿块。如果癌症没有得到及时控制，癌细胞移动速度很快，就可能发生转移。乳腺癌的转移途径有局部扩张、淋巴转移、血行转移等。乳腺癌淋巴转移最初多见于腋窝。乳腺癌转移至肺、骨、肝时，可出现相应的症状。

乳腺癌与年轻女性

虽然乳腺癌在 50 岁左右的女性中发病率更高，但实际上年轻女性也会患病。很多名人确诊乳腺癌时才二三十岁。如果不幸患病的是你，发病率高低的数据又有什么意义呢？无论年龄多大，只要乳房发生变化或长了肿块，就要尽快去看医生。另外，不要忽视一个问题：青少年也有可能患乳腺癌。

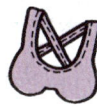

患乳腺癌的风险

统计数据显示，一级亲属中有乳腺癌病史者，其乳腺癌发病风险是普通人群的2～3倍。据统计，在澳大利亚，每8名85岁以上的女性中就有1人曾患有乳腺癌。

如果你得了乳腺癌，不代表你"自作自受"。它不是由饮酒、亲人有相关病史、不要孩子、吃避孕药、没有采用母乳喂养（或采用了母乳喂养）、身材过瘦引起的。不过，营养过剩、肥胖、高脂肪饮食可能会导致发病风险增加。所以，每天运动30～40分钟、养成良好的生活和饮食习惯确实有可能降低发病风险。目前没有证据表明，乳腺癌与使用除臭剂、穿有钢圈的内衣之间存在显著关联。

另外，有研究显示，长期、过量服用避孕药可能会导致乳腺癌的发病风险增加，但与此同时，研究人员也发现，服用避孕药能降低卵巢癌的发病风险。

总的来说，尽早发现、尽早治疗能极大提高战胜乳腺癌的概率。女性可以每月进行一次乳房自检、每年让全科医生检查一次、每两年进行一次乳腺X射线摄影检查。

激素替代疗法（HRT）与乳腺癌

激素替代疗法是对存在内分泌腺功能减退者补充相应激素的治疗方法。激素替代疗法对乳腺癌的影响尚存在争议。澳大利亚沃尔特和伊丽莎·霍尔医学研究所的乳腺癌研究员杰夫·林德曼教授指出，激素替代疗法的风险经常遭到错误报道或被夸大其词。假设一项研究表明，在一组1000名50多岁、不使用激素替代疗法的女性中，5年内，其中11名女性可能会患乳腺癌；而在另一组1000名50多岁、使用激素替代疗法的女性中，5年内，其中15名女性可能会患乳腺癌，那么这项研究可能会被报道为"使用激素替代疗法会导致乳腺癌发病风险增加约36%"，但实际上，癌症病例的增加是0.4%（即1000名女性中病例增加了4个）。

有研究认为，年龄在60岁以下的健康女性不应过分关注使用激素替代疗法的安全性，在临近绝经期且有适应证的妇女中应用激素替代疗法的收益大于风险。总的来说，激素替代疗法与乳腺癌的关系还需要进一步研究。临床医生用药时必须严格筛选激素替代疗法的适应证人群。女性需要在医生的指导下根据自身情况进行风险评估，进而决定是否采用激素替代疗法。

一些关于乳腺癌的言论

有些人声称患乳腺癌是由压力过大或对女性特征以及乳房的矛盾态度引起的。但是你需要知道：癌症不是由某种态度引起的。露易丝·海这位通过撰写励志自助类书籍发家的亿万富翁曾经说过："乳房代表了母性原则。乳房出了问题，通常意味着我们对某个人、某个地方、某件事或某种经历'母性泛滥'……如果涉及癌症，那往往意味着对某事存在很深的怨恨。"还有一些人将包括癌症在内的各种疾病与为他人奉献过多联系起来。

在这里，我想强调的是，乳腺癌不是由这些引起的。我完全支持女性拥有更多属于自己的时间，但照顾家庭与患乳腺癌（包括其他癌症）之间没有必然联系。当然，不管对谁来说，生活中都要保持心情愉悦，少生气。

有一些作家和自诩为"专家"的人认为应该放弃药物，只使用自然疗法来治疗包括乳腺癌在内的癌症。虽然确实有极个别的癌症患者病情自行好转了，但目前人们还不知道这种情况为什么会发生，以及如何让这种情况发生在其他患者身上。拒绝一切医疗手段的患者往往会承受更大的痛苦，存活的时间也会缩短。自然疗法能在心理层面给予人一定的慰藉，精神放松、坚强的意志力对战胜疾病是有一定作用的。不过使用自然疗法前，最好跟医生商量一下，因为有一些自然疗法可能会干扰药物治疗，甚至对人体有害。多说一句，有机饮食一般不会对人产生伤害，但是并没有证据表明它能够战胜癌症。

⊙ 乳腺癌的诊断

重视乳腺癌的早期发现，将会提高乳腺癌患者的生存率。简单来说就是早发现、早治疗。尤其是如果曾经患过乳腺癌，一定要定期检查，以防复发。

⊙ 乳腺癌的治疗

乳腺癌的治疗采用的是以手术治疗为主的综合治疗策略。治疗手段包括以下几种：

· 保留乳房的乳腺癌切除术。手术目的是完整切除肿块及周围组织，同时清除腋窝淋巴结。

· 乳腺癌改良根治术。它有两种式式，一种是保留胸大肌，切除胸小肌；一种是保留胸大肌和胸小肌。

· 乳房切除术。方式是切除整个乳房，包括腋尾部及胸大肌筋膜。

· 前哨淋巴结活检。前哨淋巴结活检适用于术前临床检查腋窝淋巴结阴性的病人。

· 化学治疗。乳腺癌是实体瘤中应用化疗最有效的肿瘤之一，化疗在整个治疗中占有重要地位。化疗其实就是用化学药物杀死和抑制恶性肿瘤细胞。患者在治疗过程中会感到恶心、呕吐，还会出现脱发的情况。不过不要担心，化疗结束后头发是能长出来的。（想要了解应对脱发的方法，请参考第二章第二节《了解身体的毛发》）

· 放射治疗：放疗是用放射线产生的生物效应杀灭、抑制肿瘤细胞，达到治疗目的的方法。由于放射剂量仅对被照射部位有治疗效果，所以这是一种局部疗法，不过该疗法可能对局部的正常细胞有所损伤。

· 内分泌治疗：肿瘤细胞中雌激素受体含量高者，

称为激素依赖性肿瘤，内分泌治疗对这些病例的治疗效果较好。

乳腺癌患者还可采用干细胞移植和靶向治疗等治疗方法。目前，针对乳腺癌治疗的研究仍在继续。

关于乳腺癌的真相

· 在澳大利亚女性乳腺癌患者中，90% 的患者无乳腺癌家族病史。

· 每 11 名澳大利亚女性中就有 1 人在 75 岁之前患乳腺癌。

· 大多数乳腺癌患者经过治疗后能够继续存活。

⊙ 乳房再造术

有些女性在接受了乳房切除术后不愿意再次经历手术或身体创伤，她们选择和手术留下的疤痕以及平坦的胸部"和谐共处"；也有一些女性会选择做乳房再造术。

乳房再造术包括乳房体积与形态的再造以及乳头、乳晕的再造。目前常用的乳房再造方法有人工乳房假体置入、自体组织移植及两者结合。人工乳房假体置入分为单纯乳房假体置入和皮肤扩张后置入乳房假体两种，前者适用于皮肤组织无明显缺损的单纯乳房皮下切除术后的乳房再造，后者的思路是先对面积不足的皮肤进行扩张，扩张完成后再置入乳房假体。自体组织移植包括背阔肌肌皮瓣带蒂移植和下腹壁横行腹直肌肌皮瓣带蒂或游离移植，是目前较为常用的方法之一。

乳房再造术应由专业的整形医生、外科医生来完成。在做手术之前，要让医生出示各类乳房再造效果的照片，而不仅仅是他们的"最佳作品"或最令人满意的成果。这里需要注意，重建后的乳房不会和原本的一模一样，手术不仅会留下疤痕，还可能导致其他的变化。有时候医生可能会改变患者原本的那个健康乳房的形状，目的是让两侧乳房看起来更像是"天生一对"。

根据具体情况，患者可以在切除乳房的同时做乳房再造术，也可以在切除乳房，经历其他相关治疗，等情况稳定下来后再做乳房再造术，其中后者更常见。如果乳头因为手术而缺损，可以进行乳头的再造，比如取小阴唇或足趾趾腹，移植再造乳头，或取耳垂、耳郭皮肤加软骨，移植再造乳头。若再造的乳头颜色与另一侧不协调，可采用文身的方法加以矫正。

有些女性在重新拥有乳房后兴奋不已，也有些女性觉得不过如此。最好和一些做过这种手术的人谈谈自己的期望和她们的术后感受，也可以在网上搜索相关信息。有些女性会因为怕伴侣觉得自己有缺憾、不完美而做手术。对此，我的建议是，不要想当然地觉得伴侣认为进行乳房再造是重要的或必要的事，最好先和伴侣沟通和交流一下。在这件事情上，有效的沟通和认真的倾听是很有必要的。总之，要给自己充分的时间以考虑清楚。

隆乳与缩小乳房

⊙ 隆乳术

隆乳术又称乳房增大成形术，是通过自体组织移植或人工假体置入的方法，增加乳房内容物，扩大乳房体积，改善乳房外形的手术。有一些女性受到外界影响，为了获得所谓的"理想身材"，选择做隆乳术。在我看来，这和节食一样，都是一种自我惩罚。

⊙ 乳房缩小成形术

乳房缩小成形术是对肥大的乳房进行缩小的美容成形手术，包括乳房体积的缩小、乳头乳晕移位和乳房形态重塑等基本步骤。有些女性觉得自己的乳房过大，导致背部、颈部和肩部疼痛，还给日常生活带来了很多困扰，所以希望缩小乳房。也有些女性是因为在社交场合中的种种遭遇而希望缩小乳房。

和其他手术一样，乳房缩小成形术也有一定的风险，包括全身麻醉带来的风险、术后潜在的感染风险和并发症。拥有一个好的外科医生有助于降低风险，但也无法彻底消除风险。许多女性发现，通过采取谨慎、渐进的方法，将体重降低到更健康的范围，也有助于缩小乳房，而且这样做花费更少、风险更低。另外，对哺乳期的女性来说，做乳房缩小成形术有可能影响泌乳，她们可能需要通过补充配方奶粉来应对乳汁分泌减少的问题。

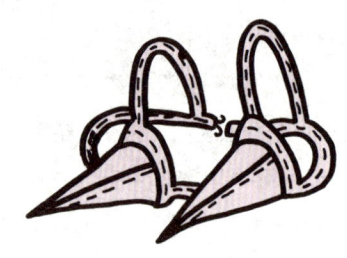

关于怀孕，你需要知道的一切

　　有一些女性迫不及待地希望得到自己怀孕的喜讯，一想到这一天的到来就兴奋不已；还有一些女性则生怕自己怀孕，心心念念地只想着下一次月经快点到来。本节正是为这两种女性而写的，或者说是为这两种感受而写的，因为大部分女性会在不同的人生阶段体验到这两种截然不同的感受。应该怀孕吗？如果想怀孕，什么时候怀孕最好呢？如果想怀孕却怀不上，或者怀上了却不想要，又该怎么办呢？看到没，与怀孕相关的问题可能很复杂。让我们来理个清楚吧。

是否要孩子

如果你要等到万事俱备后再生孩子，那你可能永远都不会生孩子了。

——苏珊（55岁）

在生孩子这件事情上，没有"最佳时间"这一说。除了富人之外，谁能在要孩子前在经济方面完全做好准备呢？

——凯利（32岁）

你只需要确认你是否能够、什么时候能够分出你人生的一部分时间给孩子，以及你是否准备好放弃自由，让快乐和沮丧来代替自由。

——梅勒妮（29岁）

做适合自己的事。养孩子是一件很辛苦的事，你需要很多支持。如果你觉得准备好了，那就开始吧。

——凯特（39岁）

生孩子不需要很多钱，但需要很多爱。

——莱内特（50岁）

如果你真的想要小孩，就尽管去吧。宝宝真的不需要你花那么多钱在他们身上，他们不在乎。

——芭芭拉（57岁）

如果想要小孩，就开始精打细算吧。坚持下去，美梦就能成真。

——帕蒂纳（28岁）

只要你和伴侣感情稳定，钱的问题一定有办法解决。

——凯特（26岁）

如果你和另一半的关系已经岌岌可危，那么不要妄想孩子的到来能拯救这段关系。让孩子在父母彼此厌恶的环境中长大是一个自私的决定。

——阿莱西娅（27岁）

在照顾孩子之前，你首先一定要知道该怎样照顾自己。

——萨曼莎（46岁）

不要相信那些对你说"一切都很美好"的人。要做好心理准备。一旦有了孩子，无论做什么事情都要多花一倍的时间。想清楚你是否能接受这一切。

——塔琳（31岁）

永远没有所谓的"合适的时机"，除非你觉得有。

——凯西（29岁）

将孩子抚养长大是一件很辛苦的事，而且可能会严重影响夫妻关系。

——梅格（19岁）

永远不要用孩子来拴住一个男人的心。

——帕梅拉（45岁）

女性要明白这样一件事：如果找不到一个愿意安定下来且愿意成长的男士，那么即使正处于最佳生育状态，也不要盲目生孩子。

——梅甘（35岁）

成为母亲是一项非常艰巨的任务，女性将要承担很大的责任，而且这种责任会一直存在。这不是一件随随便便拍拍脑袋就能决定的事。

——凯特（37岁）

如果你身处暴力环境之中，就千万别要孩子。

——萝宾（43岁）

改变你生活的不是新生儿，而是正在学步的孩子，是学龄前的孩子，是上学的孩子。跟养孩子的艰辛比起来，生孩子的困难根本不值一提。

——阿利（38岁）

我绝对不要孩子，绝不！

——阿莱纳（34岁）

我在很年轻的时候就有了小孩，这真是愚蠢透顶。我错失了太多快乐。

——佚名（62岁）

少了哇哇乱叫、顽皮淘气的孩子，生活美妙多了。

——德布斯（40岁）

为什么每个人都让我生孩子？

——克里斯蒂（30岁）

我从没想过生孩子，但是到35岁以后，激素开始起作用了。

——温迪（55岁）

如果怀孕了，我不知道该怎么办。我不想要孩子。

——简（34岁）

为什么没人告诉我做母亲的感觉原来这么爽！我应该早点成为一个母亲的！

——米尔（39岁）

有了孩子后，你会体验美妙的时光，也会遇到糟糕的时刻。其实，没孩子的人也是如此，只是这些时刻各不相同而已。所以从某种程度上说，做哪种选择都没有错。

——艾利森（38岁）

是否要孩子与年龄无关，你只需要在心理上做好准备就好。

——希尔达（40岁）

做决定时自私一点没什么不好，而且，即使做出了"最好的"决定，你也有可能会难过。

——利娅（46岁）

计划要孩子

生几个孩子最好？什么样的性别组合最完美？为了节省时间，还是放弃思考这些问题吧，因为有时候，这根本不是你能决定的。我曾经听一位女士说她想要四个孩子，顺序是先生一个女孩，再生一个男孩，然后生一个男孩，最后生一个女孩。而且她连孩子们的出生时间都想好了。她还想让孩子们在 18 岁之前只吃有机食品，其中一个孩子要去学造船，女孩们都要留一头长发。对于她的这些想法，我不知道是该说"祝你好运"，还是"你昏头了吧"。

很多时候，生活都会和计划背道而驰，尤其是在生孩子这个问题上。很多女性一直怀不上孩子，努力了很多年也未能如愿。而有一些女性明明还没有做好要孩子的准备，偏偏就怀上了。曾几何时，很少有人能选择要生几个孩子。第一个现代化的橡胶避孕套出现在 19 世纪末，而避孕药也是在近六七十年才出现的。这些有效的避孕措施的出现对家庭规模产生了很大影响。在生育问题上掌握了主动权后，很多女性选择只生 1 ～ 2 个孩子，而她们的曾祖母可能有十个八个孩子，不过其中有一些孩子并没有健康地长大。过去，受医疗水平和生活水平的限制，新生儿夭折是一件比较常见的事。我相信，对女性来说，即使她们已经拥有很多孩子，但失去亲生骨肉还是会让她们痛苦万分。幸运的是，现在，通过注射疫苗能预防很多过去致死率相当高的疾病。

决定何时怀孕

不是每个女性都享有决定何时怀孕的"特权"。除了个人选择，何时怀孕还跟运气、身体状况有关。不管怎么说，如果你有这方面的计划，可以先思考一下右栏中"决定是否怀孕的问题清单"里的问题。

在决定要孩子前，最好对自己未来的生活有一些规划。如果家人或朋友家里有孩子，不管是新生儿、两三个五岁以下的小朋友、青少年，还是已经长大成人的"孩子"，不妨多跟这些家人或朋友相处一下，去观察一下他们的生活。你可以将自己代入母亲的角色，看看自己是否做好了迎接全新生活模式的准备。

决定是否怀孕的问题清单

· 你希望为人父母吗？

· 你的伴侣值得你为他生孩子吗？要知道，虽然有很多人后悔没要孩子，但也有很多人后悔生了孩子，或是后悔怀孕的时机。如果你的伴侣脾气暴躁，或是对家庭收入没有一点贡献，或是既不想照看孩子也不愿做家务，那么你最好还是三思而后行。

· 你和伴侣在一些重要问题上是否已经达成共识？例如：孩子出生后双方是否可以继续工作？如果一定要有一个人放弃工作，这个人是谁？如何规范孩子的行为？如何管教孩子？

· 现在是为人父母的好时机吗？想要孩子是人之常情，但是如果可以的话，最好考虑一下时机。我的意思不是说非要等到过上了所谓的完美生活再去组建一个家庭，或是非要等到拥有一套房子或者很多存款才能生孩子。你要做的是确保你和伴侣都足够成熟，然后再去做这件事。

· 你和伴侣在不在最佳生育年龄？

· 你想过自己不得不改变一些生活方式吗？从提前补充一些维生素，到戒烟、戒酒……不仅在备孕期要做很多事，在孕期、哺乳期乃至整个育儿期都要做很多事。

· 你和伴侣做过全面体检了吗？

· 你要孩子的原因是想让夫妻关系更和谐，还是为了维系婚姻？顺便说一句，用孩子来拴住伴侣的做法是行不通的。

· 除了给孩子足够的爱，你有资源、能力、时间，来

不孕不育与流产

在孕中期意外流产是我经历过的最糟糕的事情。虽然我很沮丧，但我抱着一种积极的态度应对这一切，四处搜集相关信息，不管是一般信息，还是和我个人情况特别相似的信息。我还加入了一个网络互助小组。遇到这种事，我们需要从任何可能的地方获得支持。

——汉娜（30岁）

我打算在30岁的时候要孩子，但一切并没有想象中的那样顺利。我的女儿是在我38岁时借助试管婴儿技术才怀上的。有时，备孕是一个漫长的过程。

——默里（45岁）

不孕不育影响着我生活的方方面面。做试管婴儿会对生活产生很大影响，而且使人压力非常大。

——弗洛斯（32岁）

在被确诊为双子宫前，我流产过六次。病治好了后，我的两个孩子也来了。

——蕾切尔（38岁）

最近我想再次怀孕，我的所思所想所感全都被这件事占据了。

——埃德温娜（30岁）

如果你非常期待孩子的到来，那么流产对你的打击就是致命的。

我无法相信自己能悲伤到这种程度。

——阿泰米斯（48岁）

我很年轻，身体质量指数正常，生活方式、饮食习惯都很健康，医生也没检查出哪里有问题，但是我还是在怀孕这件事上遇到了困难。别以为自己可以选择怀孕的时间，如果怀上了就心存感激吧！

——杰埃莱（26岁）

不要认为你想要孩子就能要。当你想要的时候，可能要不上，最后只能落得和我一样的下场：39岁了还在尝试做试管婴儿。

——洛兰（43岁）

怀孕及育儿感受

我不得不暂时搁置我的事业，在家照顾孩子。我眼睁睁地看着同事升职，接手了我的工作。

——卡丽（35岁）

做全职妈妈是不会被重视的，我也不想永远只做个全职妈妈。我想在家陪伴孩子度过他人生中最初的几年，但前提是我不应该为此感到难过，也不应该患得患失。

——埃玛（31岁）

我讨厌怀孕，我讨厌丈夫既把我当厨师，又把我当清洁工和月嫂。我和丈夫一样，也是个全职员工啊！

——斯泰西（38岁）

我喜欢怀孕的感觉，这恐怕是我们一生中能够体验到的最美妙的感觉了。

——凯莉（38岁）

我怀孕时，每一天都很焦虑。

——弗洛伦斯（35岁）

从怀孕到现在已经快20年了。对这期间的每分每秒，我都不后悔。

——贝尔纳黛特（53岁）

对我来说，孩子的到来是个惊喜。当我知道自己怀孕的时候，我哭了三个星期。如果有人要把他从我身边带走，我会和这个人拼命。

——凯特（30岁）

生宝宝只是一瞬间的事。更难的是，在孩子出生后的很长一段时间里，他都需要妈妈的陪伴。

——比阿特丽斯（38岁）

生孩子是一个令人难以置信的过程，很多人都低估了女性面对这一切时复杂的心理变化。

——凯特琳（38岁）

生孩子会改变你。你会变得更加情绪化，你对生活的看法会发生变化，生活的重心也会发生变化。

——海蒂（28岁）

对很多人来说，怀孕的过程很糟糕，它会让人发胖、易怒。讨厌怀孕的过程是没问题的，这又不意味着你讨厌你的孩子。

——舍勒（37岁）

从怀孕第五周到生产，我整个孕期都在呕吐，中间还经历过心律失常、流鼻血。生产时，我遇到了胎儿脐带绕颈、大出血、胎盘滞留的问题。我花了六年的时间才下定决心再要一个孩子。

——莉萨（32岁）

期待新生命降临的那种感觉太棒了！它会让你去思考生命中各种事项的优先级，你会突然发现你首先要做的就是好好照顾自己。

——卡西（33岁）

我并没有像其他许多女性一样，觉得怀孕是一种美好的经历。我觉得自己在大部分时间里都像是搁浅的鲸鱼。分娩真的太痛苦了。

——梅（56岁）

满足孩子在医疗、教育及其他方面的各种需求吗？

· 如果以后的生活有很多不如意的地方，你能做到放过自己、善待自己吗？

· 你觉得自己可以给予孩子很多爱吗？

· 有了孩子后，在接下来的很多年里，你可能都要把自己的需求放在第二位，对此，你有什么看法？

· 如果你的经济条件一般，那么你积累了多少知识或经验以应对住房、交通、育儿、再教育和工作机会等方面的问题呢？

· 在最坏的情况下（比如，你成为一个单亲妈妈，无房、无工作），你会怎么做？

· 考虑到很多母亲都得到了来自身边人的帮助，思考一下，你有亲戚或朋友可以帮你分担育儿过程中的琐事吗？他们是可以经常帮忙，还是偶尔才能伸出援手呢？

○ 看清现状

在一些研究和调查中，很多女性都表示，有了孩子后，自己不像以前那样快乐了。当然，她们不会当着孩子的面说这句话，也不是不想要自己的孩子了。只是，如果在为人母前就知道养育孩子是一件如此困难的事，她们就不会生孩子了。

孩子出生后，大部分家务活和烦心事都会落到女性身上，很多女性也会因此舍弃自己的工作，失去经济独立性（至少是暂时的），成为孤立无援的存在。在婴儿刚出生的那段时间，由于半夜也需要不定时地喂奶，女性的睡眠会严重不足，这种感觉非常容易让人崩溃。这就像是上天在给了她们一个宝宝的同时，还附送了一个大包袱，里面装着纸尿裤、奶粉和写着"你人生可做的选择被猛然削减了81.67%"的"优惠券"。很多女性并不后悔生了孩子，但她们也承认，有了孩子后，生活变得艰难了许多。

孩子会给父母的生活带来巨大的变化。他们可能知道会很累，但是没想到会累到这种程度。父母的情感也会有所变化，他们会体验到从来不曾想到过的快乐或烦恼。大多数做了父母的人表示，在没有为人父母前，他们是自由自在的，而为人父母后，他们被父母的身份束缚着，生活发生了巨大变化；他们多了很多特别开心的时刻，也多了很多非常崩溃的时刻。这种生活是没有做父母的人很难想象得到的。

如果你从未有过为人父母的经历，你最好不要跟为人父母者说"我家养狗，我知道做父母是什么感觉"或者"我最近也很累啊"之类的话，也不要指望这样说了以后人家还会拿正眼瞧你。

如果你决定要孩子，请做好失去某些东西的准备，对此感到犹豫并不意味着你有什么错，这只能说明你诚实和成熟，知道自己并不是无所不能的。

在某些网站及杂志的问答专栏里，有些人会匿名表示孩子让自己疲于奔命、自顾不暇，或是他们对自己的孩子并没有什么爱意，或是悔不当初，觉得自己完全无法胜任父母这个角色，有些人甚至还想把孩子送走。他们中的一些人可能已经患了产后抑郁症。通过接受治疗、增加睡眠时间、得到更多的理解和支持，他们或许能从悲伤或焦虑中走出来，成为快乐和充满爱意的父母。但也有一些案例显示，有些人根本没有资格成为父母。

优秀的父母会担心自己是不是在某些方面做得不够好，担心自己没有达到做一个好的父亲／母亲的标准。其实，这些人已经走在了成为优秀父母的道路上了，因为只有足够在乎，才会去思考这些问题，才会有这样的担心。

做优秀的父母实在是太重要了，不管是谁，都不应将生孩子视为一种应尽的义务，或是迫于社会压力而去生孩子。孩子应该而且需要获得关爱和指导。如果做不到，那么不管是因为什么，都不要盲目做出生孩子的决定。这其实是负责任和善良的表现。

做年轻妈妈的好处

你不会那么累。如果你想的话还可以多要几个孩子。你的人生还有很多可能性。或许你没有那么多钱，但正是因为这样，你不会把钱浪费在昂贵的婴儿车等华而不实的东西上。你可以和孩子一起成长。

——梅维斯·斯派德尔（44岁）

从身体上说，你能更好地满足为人母的要求。你也不会对孩子或自己要求过高，我认为这一点在当下的环境中非常重要。

——塔玛拉（35岁）

我认为做年轻妈妈没有好处。

——瓦妮莎（38岁）

22岁时我有了第一个孩子。尽管一开始在经济上有些困难，但能与她一同成长对我来说其乐无穷。

——坎迪（38岁）

我二十多岁的时候就有两个孩子了。那时我的精力很旺盛，可以花大量时间和他们在地板上玩耍，产后身体恢复得也快。

——阿利凯特（38岁）

我更有精力，而且有更年轻的爷爷奶奶、外公外婆来帮忙。

——萨莉·安妮（45岁）

我精力充沛，即使睡得少也能挺住。在我20岁出头的时候，我本来也睡得少。

——凯西（29岁）

更健康，更灵活，不会被工作束缚得太紧，即使暂时搁置一下事业也能接受。

——蕾切尔（30岁）

我想不到做年轻妈妈的好处。29岁前我不想要孩子。

——乔治娜（27岁）

我认为什么时候生孩子不重要，最重要的是在你觉得自己准备好了的时候生孩子。对一些人来说，那是在他们年轻的时候；对有些人来说，那是在他们年龄更大一些的时候。

——卡莉（32岁）

我见过一些优秀的年轻妈妈，她们精力充沛，对孩子足够耐心。但我也见过一些不怎么称职的年轻妈妈。

——琳达（45岁）

现在，很多时候我没有精力做孩子想让我做的事。

——乔安妮（50岁）

我36岁才要孩子，那时我意识到这对我来说太晚了。做一个大龄妈妈真的很辛苦。

——迪伊（39岁）

做大龄妈妈的优点

我已经做了很多我想做的事，所以我不觉得自己错过了什么。

——凯特（39岁）

当你事业有成、不缺钱的时候，你会更加睿智，可以找个好人给孩子当父亲。

——埃莉萨（29岁）

我觉得年龄大的妈妈更有耐心，还有更多的生活智慧来应对小朋友的种种行为。

——芭芭拉（57岁）

等了这么久才为人父母，这能让人真正意识到孩子有多么的珍贵，从而给予他更好的关爱。

——凯瑟琳（36岁）

你知道自己是怎样一个人。

——吉莉恩（35岁）

如果我早点生孩子，我一定会怨恨为了孩子做出的种种牺牲。

——艾利森（35岁）

你对很多事情都会更得心应手，你可能见过好闺密（或者兄弟姐妹）是怎样对待孩子的，会知道很多事并没有对错之分。

——埃莉诺（42岁）

年龄大的妈妈足够有智慧，也积累了更多的育儿知识。

——朱莉（32岁）

我不知道自己在二十几岁的时候能不能应付得过来。我觉得，作为一个年长的母亲，我更聪明，也更成熟，尽管我确实觉得自己比学校门口的其他妈妈老得多。

——维多利亚（47岁）

情绪更稳定。

——艾丽斯（33岁）

更聪明，知道从哪里能够获得帮助，做手头上的事时也能更专心。

——莉萨（47岁）

我们的房贷还完了。在我们决定要小孩的时候，我们知道自己能够在自己的家里陪儿子，这是一件多么奢侈的事啊。

——吉娜（39岁）

从经济、教育、情感等方面来说，我不可能在20多岁要孩子，因为那时我自己都还是个孩子。

——夏洛特（35岁）

到那时，你事业有成，也积累了一定的人脉，生完孩子后想要重返职场也更容易。

——菲菲（34岁）

○ 何时怀孕

有些女性想早一点生孩子，有些则想先立业再要孩子。做年轻妈妈或大龄妈妈各有利弊，这取决于个人情况。

做年轻妈妈的好处

· 年轻妈妈产后身体恢复得更快，精力也更加旺盛。

· 当孩子能一个人待着时，年轻妈妈还相对年轻，还有时间、有精力做自己想做的事。当孩子有了自己的孩子后，年轻妈妈也有精力帮他们照顾小孩，享受做一个元气满满的奶奶或外婆的感觉。

· 相对于高龄产妇，年轻妈妈遇到的生育难题可能会少一些。

做大龄妈妈的好处

· 大龄妈妈有时间来思考什么样的亲密关系对自己来说才是健康的，所以她们更有可能拥有一段更稳定、更健康的亲密关系。

· 大龄妈妈更有可能积攒了一些对职业发展有帮助的资源和经验，可能在经济上更有实力，对孩子和自己未来的规划更清晰。

· 大龄妈妈在情感上会更加成熟，在为人母这方面的准备会更充分。

○ 选择做单亲妈妈

虽然大多数单亲妈妈表示自己对孩子的爱多到爆棚，一点都不后悔当初生下孩子的决定，但也有一些单亲妈妈表示，如果她们知道做单亲妈妈这么难的话，无论如何也不会走到这一步。经济和情感上的挑战，独立性和选择权的丧失……这些问题远比她们设想的要难得多。

在你做出成为单亲妈妈的决定前，最好和其他单亲妈妈聊聊，了解她们的想法和感受，以便了解自己接下来要面对的事情。你不能指望自己很快会再遇到一个伴侣。思考一下，自己有没有能力独自将孩子养育成人。当然，理想的情况是能得到家人和朋友的帮助。

遇到不礼貌的"关心"怎么办

面对"什么时候怀孕、婚姻状况如何"等不礼貌的问题时，你可以参考第一章中的相关内容来给出答案。

○ 决定不要孩子

选择不要孩子的常见原因（在这里我不评判这些原因是否合理）包括：

· 想要孩子的欲望不强烈。

· 找不到合适的伴侣。

· 小时候有过不好的经历，心里有阴影，害怕孩子跟自己有同样的遭遇，索性不生孩子。

· 伴侣明确表示不想要孩子，或者双方（或其中一方）在前一段婚姻中已经有了孩子，不想再要孩子。

· 认为生孩子对生态环境不好。

· 一想到要为人父母就害怕或恐惧，觉得自己做不好。

准备怀孕

准备怀孕之前，夫妻双方需要做以下准备：

· 做全面的体检。

· 保持一段时间健康、合理的生活方式，包括戒烟、戒酒。

· 女性服用叶酸等营养素。

· 女性需要了解自己的月经周期。

怀孕前，最好做好计划，而不是顺其自然，不做任何准备。准备怀孕前，要注意饮食均衡、适量运动。当然，这并不是说一定要各方面都"完美无瑕"后才能怀孕。如果努力了一段时间还是没有怀孕的话，夫妻双方最好去医院做一下检查。

哪天同房怀孕概率大

排卵多发生在下次月经来潮前 14 日左右，一般在排卵的前四天、后五天以及排卵日同房怀孕概率比较大。如果女性的月经周期非常稳定，医生可以帮她推测排卵时间。如果月经周期不太稳定，可以做一些简单的检查或测试，以确定排卵日期。

○ 常见怀孕迹象

临床上将妊娠期分为三个时期：妊娠第 12 周末之前的阶段称为早期妊娠；第 13 ～ 27 周末的阶段称为中期妊娠，第 28 周及其后称为晚期妊娠。妊娠期从末次月经的第 1 天开始计算，约为 280 天（40 周）。女性在早期妊娠时会有一些症状和体征，但个体差异较大。有些女性没什么感觉，她们甚至根本没发现自己怀孕了；有些女性则有强烈的孕吐反应或其他身体不适。怀孕最明显的迹象当然是腹部明显增大，但这要等到妊娠中晚期才会显现。如果可以的话，最好在怀孕前就了解一下哪些迹象代表自己可能怀孕了，以便为生活中的变化做好准备。

早期妊娠的症状和体征包括：

· 平时月经周期规律，月经突然久久不来。

· 乳房胀痛，乳房体积逐渐增大，乳头增大，乳头和乳晕的颜色变深。

· 厌恶油腻的食物，容易觉得恶心，早晨起床后总是呕吐。

· 子宫有收缩痛或其他不适，有些女性会将这种不适误以为是临近月经的症状。

· 尿频。

· 比之前更容易疲惫。

○ 如何知道自己怀孕了

当你和他人发生了一次没有做保护措施（当然，所有的保护措施都不能百分之百避孕）的性行为，且本来月经是规律性来潮却突然延迟时，你就要尽快去医院检查，看看自己是否怀孕了。

你也可以在药店或者超市买验孕棒回家做检测。验孕棒的检测结果一般还是相当准确的。一般在同房后的 10 ～ 14 天，就可以用验孕棒检测出是否怀孕。使用验孕棒时，用于检测的尿液最好是晨尿。具体的使用方式可以看说明书。验孕棒根据人体尿液中的人绒毛膜促性腺激素（简称 HCG）水平来检测是否怀孕，如果验孕棒上面显示两条线，就是阳性，表明你怀孕了。如果显示一条线，就是阴性，表明你没有怀孕。但是如果几天后，月经还是没有来，你可以再检测一次，以提高结果的可靠性。很多女性觉得单靠一次检测不靠谱，所以会多做几次。

○ 如果检测结果显示你怀孕了

如果这是你努力了很久、期盼了很久的结果，那么恭喜你！尽快去妇产科看医生，然后给自己置办上各种装备。衷心希望你能享受这段旅程。

哪怕你面对这个结果时心情很复杂，也要尽快去专业的医疗机构，告诉医生你的真实想法。无论你有多么困惑或焦虑，都不要拖延。很多问题都可以从医生那里得到答案。绝不能拖泥带水，必须马上去，这样才能将选择权牢牢掌握在自己的手中。很多女性是因为一开始没意识到自己怀孕而没去医院，也有些女性因为意外怀孕而犹豫、纠结，在怀孕很久之后才去寻求帮助，这些都可能会导致她们的选择空间变小。

做个开心的孕妇

告诉别人你怀孕了

孕 12 周以前，胎儿的发育不稳定，所以很多女性即使怀孕了，自己高兴得不得了，也会在孕 12 周之后再把这个消息告诉别人。有些人对这种做法持反对意见，他们觉得要早点告诉身边的人，这样万一出了什么问题，也能得到身边人的支持与帮助。如果你选择将怀孕的消息告诉别人，那么就要做好人尽皆知的心理准备，因为哪怕你再三强调，别人在某些情况下也很难为你保守秘密。我想这也是很多人选择在孕 12 周以后再向他人分享这个消息的原因之一。在你跟身边的人分享自己的好消息时，还要留心是否有人正在因为怀孕困难而伤心难过，不过，你也不需要故意将他们蒙在鼓里。

在把怀孕的消息告诉自己的领导前，你可以先了解一下相关的政策，知道自己有哪些权利，以保障自己的权利，避免不必要的麻烦。最晚要在孕肚显现前将怀孕的消息告诉领导。

孕早期流产风险

在妊娠早期，胚胎刚刚着床，往往不太稳定，孕妇自然流产的可能性相对中期和晚期会高一些。发生在妊娠 12 周前的流产称为早期流产。胚胎着床后有 31% 的概率发生自然流产，其中 80% 为早期流产。在早期流产中，有一种情况称为生化妊娠，这是指精子和卵子结合后没有在子宫着床的妊娠。在这种情况下，如果没有专门去做检查，女性可能都不知道自己怀孕了，只是以为月经推迟了。当然，很多计划怀孕的女性会定期做检查，一旦怀孕，她们往往很快就能知道，这也意味着她们可能会面临刚得知自己怀孕的好消息后，就遭遇流产的"悲喜两重天"。如果多次自然流产，就有必要到医院进行详细检查，找出病因并进行针对性治疗。

不能生育

很多夫妻为了孕育自己的宝宝尝试了很多方法，但最后还是竹篮打水一场空，这让他们感到极其难过。如果你不知道某个人为什么没要孩子，那么就不要说他们可真幸运或是其他愚蠢的话，比如"只有做了父母之后才能理解什么是真正的爱"或是"你们行动得太晚了"之类的话。

下面是我在自己的另一本书中表达的观点，目的在于鼓励读者接受自己无法怀孕或者没有孩子的事实：

只有你自己能决定，是不是要竭尽全力，走所有能走的充满荆棘的道路，来孕育一个孩子。你随时都可以停下来，说"算了吧"或者"这是命中注定的"。

面对不能生育这件事，有些人能够非常快地下定决心，认为自己已经尽了全力，并意识到应该让生活回到正轨上来，不再以生育为中心；有些人会认为生育困难让自己和伴侣的亲密关系岌岌可危；也有一些人希望能收养一个孩子。不管夫妻双方的想法是什么，最重要的是和伴侣、家人一起坐下来，好好谈一谈。你自己也需要考虑清楚，问问自己真正想要的是什么。

在选择接受辅助生殖技术的帮助之前，你可以咨询相关机构，他们会给你专业的意见，告诉你接下来应该怎么办。你也可以浏览相关书籍或上网查找相关资料，还可以看看一些网络论坛中其他有经验的人就相关问题的看法。

很多经历过生育困难的人都会用"坐过山车"来形容这一过程，还表示他们需要一定的时间才能和痛苦和解，重新出发。他们不仅要接受现实，还要承受来自他人的压力，包括他人的无心之言、他人怀孕的好消息以及他人与孩子共度美好时光的画面。对于这些，当他们还没有和自己和解时，他们可能既想听到、看到，又不敢听到、看到。

虽然和拥有自己的亲生骨肉有区别，但是只

终止妊娠

终止妊娠很痛苦，你可能会后悔，但它就是真真切切地发生了。

——布朗温（47岁）

我做过两次人工流产手术，之后的每一天我都在后悔。但如果时间倒退，我还是会做出一样的选择。

——萨尔（30岁）

我做过人工流产手术，我并不后悔做出那个决定。我和伴侣的关系非常糟糕，也养不起孩子。

——贝卡（45岁）

在我还没时间也没地方可以养育孩子的时候，我做过一次人工流产手术。我不后悔我做的决定，但我还是为此感到伤心难过。我对自己说，不会再有下一次了。

——凯利（33岁）

我做过人工流产手术，还自然流产过一次，现在我有三个孩子。如果你想做人工流产手术，一定要去正规的医疗机构做。

——芭芭拉（66岁）

这不是两三句话就能讲明白的事，也和别人无关。你能对自己的决定负责就好。

——卢（29岁）

在我生第一个孩子之前，我做过两次人工流产手术。我会再做一次人工流产手术吗？答案是不会。不过这是基于目前的情况得出的结论，不适用于以前的我。

——苏珊（41岁）

好好想一下，孩子会对你、你的工作、你的伴侣以及你的生活带来多大影响，想想自己是否真的准备好了。

——卡罗琳（19岁）

几年前我做过一次人工流产手术，那时我的情况不允许我要孩子。我觉得选择权在每个女性手中。

——玛丽亚（28岁）

对大多数女性来说，这是她们一生中最难做出也是最情绪化的决定。

——凯瑟琳（33岁）

我个人不会选择做人工流产手术，但是我对女性有做这个决定的权利心存感激。

——萨拉（38岁）

这是我自己的事，别人无权干涉我。

——南妮（60岁）

怀孕那会儿，我犹豫过要不要做人工流产手术，最终我还是决定把孩子留下来。后来，我很庆幸自己做出了这样的选择。她成长得很好，我每一天都为她感到骄傲。

——娜丁（43岁）

25岁时，我做过一次人工流产手术，因为当时我和伴侣都没做好要孩子的准备。对我们来说，这是一个相当艰难的决定，但从目前的情况来看，这个决定是正确的。

——埃玛（29岁）

没有人能完全理解一个女人的感受，也不知道在生育孩子、将孩子抚养长大的过程中女人到底要付出多少。所以，别人最好不要干涉女人的决定。

——曼迪（33岁）

人工流产手术对女性的身体和精神都是一种伤害，但有时女性又不得不选择它。

——安（78岁）

所有的生命都是无价的，我觉得生命始于怀孕。

——露西（33岁）

24岁时我做了人工流产手术。当时我在超市工作，和妈妈住在一起，和伴侣处在一段不太健康的关系中，所有的一切都是错的。现在我怀孕38周了，婚姻幸福，我很满足。

——考利（34岁）

我们凭什么对他人的个人选择指手画脚呢？

——贾尼丝（34岁）

我相信从受孕开始，婴儿就已经是婴儿了，所以我认为终止妊娠（仅仅是因为孩子干扰了女性的生活或者他不在女性目前的人生计划里）和杀死一个刚出生的婴儿没什么区别。

——玛丽萨（30岁）

你想怎么做是你自己的事。这是你的选择。

——考特尼（36岁）

想清楚自己到底想要什么，否则你可能会为此困扰很多年。

——巴尔尼（48岁）

女人不应该被强迫去生一个自己不想要的孩子，孩子也不应该在不想要他的父母那里受罪。

——李（26岁）

我不同意，除非女性的怀孕是违背个人意愿的。

——塔尼亚（38岁）

做对你最好的事，如果你想要这个孩子，就留下来。不要让其他人胁迫你做任何你不想做的事。这是你的孩子，你的身体。

——克里斯蒂（20岁）

要你想，你还是可以以某些方式"养育"孩子。有一些夫妻在接受"无法拥有自己的孩子"这一现实后，会选择资助有需要的孩子。在这个世界上，还有很多需要帮助的孩子。

O 受孕困难

有些夫妻努力了很多年还是没能孕育自己的宝宝，这时候可能就会考虑借助辅助生殖技术。实际上，所有的方法都与概率和运气有关，不存在一定能成功这种说法。做试管婴儿花费高昂，少说也要花几万元。需要注意的是，女性超过35岁之后，怀孕会相对困难一些，不管是自然受孕还是借助辅助生殖技术受孕都是如此。另外，不要忘记，问题不一定是出在女性身上，受孕困难时，男性也应该去检查一下生殖系统。

怀孕了，内心却充满矛盾

母亲是一个非常美妙的身份，但是并非每个女性在每一个人生阶段都会这样认为。就像上面说过的那样，做母亲容不得半点勉强，因为这个过程异常艰难和复杂。女性需要全力以赴才能扮演好"母亲"这个角色。有些女性在怀孕后选择终止妊娠，这或许是因为家中已经有了足够多的孩子，她们觉得没有办法承担更多，或许是因为身体方面的因素，还可能是因为她们觉得没有做好准备，等等。对于她们的决定，旁人不应该评头论足，因为旁人永远都不可能知道全部的细节。

作为女性，你有权决定要不要孩子、什么时候要孩子、要生多少个孩子。当你不想要孩子的时候，任何人都无权逼迫你。

O 怀孕后的选择

当你怀孕后，你会面临四种选择：生下孩子，然后和伴侣一起抚养；生下孩子，然后自己抚养；生下孩子，交给别人抚养；终止妊娠，也就是做人工流产手术。如果要做人工流产手术，你需要尽快做出决定，因为早期妊娠人工流产最好在孕10周之前做。过了这个时间段，再想要放弃胎儿，情况就会复杂很多。

不论面对何种选择，重要的是你要为自己做好打算。没有一种生活完全是由快乐组成的，也没有一种选择是轻松的，做每一种选择之前都需要充分权衡利弊。

人工流产

人工流产是通过机械或药物等方式，人工终止早期妊娠或中期妊娠的手术方法，包括早期妊娠人工流产和中期妊娠引产。人工流产可作为避孕失败的补救措施或治疗性终止妊娠的手段，但不能作为常用的节育方法。提醒一下，妊娠期要从末次月经的第一天开始计算，而不是从人们知道自己怀孕了的那天开始计算。

早期妊娠人工流产是指妊娠13周内采用手术或药物的方式终止妊娠，可分为手术流产和药物流产两种。手术流产又分为负压吸引术（妊娠10周以内）和钳刮术（妊娠10周及以上两种）。负压吸引术即用负压吸引的原理将宫腔内的胚胎组织吸出。妊娠10周以上时，由于胎儿骨骼已经形成，负压吸引难以将组织吸出，为保证手术顺利进行，术前需经过充分宫颈扩张后，再用卵圆钳钳取胎儿和胎盘，这种方法称为钳刮术。

中期妊娠引产最好在妊娠13周至24周内进行。此时，随着妊娠月份的增大，胎儿存活的机会逐渐增加，因此中期妊娠引产用于因医学原因，包括胎儿和母体的因素，不宜继续妊娠而采用人工的方法终止妊娠。

做人工流产术时，可以不用任何麻药，也可以选择局部麻醉，还可以进行全身麻醉。

药物流产

药物流产是通过口服药物终止早期妊娠的一种人工流产方法。请注意，这里说的"药物"不是指在发生未采取避孕措施的性行为后吃的紧急避孕药。20世纪70年代，为减少手术流产对妇女健康的影响，人们研究出通过口服药物来终止妊娠的方法，如服用前列腺素类药物。

20世纪80年代米非司酮的问世，促进了药物流产的发展。米非司酮与孕激素受体有较强的亲和力，具有终止早孕、抗孕卵着床、诱发月经和软化宫颈的作用。采用米非司酮配伍米索前列醇抗早孕，完全流产率在90%以上。

O 关于"人工流产"的真相

· 安全、专业的人工流产手术一般不会影响女性以后的生育。但是，人工流产手术大多是干扰性手术，可能引发一系列的并发症进而影响妇女的生殖健康，轻者可能会出现子宫穿孔、出血、感染、月经失调等情况，严重者可能会出现不孕不育的情况。所以，一定要选择正规医院进行相关检查和手术，并做好术前准备和术后康复。
· 人工流产手术不会引发乳腺癌等疾病。
· 接受安全、专业的人工流产手术不会导致女性患性传播疾病。

术前准备和术后休养

做人工流产手术前，医务人员会向患者全面介绍手术过程及风险。这个时候，如果有问题一定要提出来。可以事先把问题写下来随身携带以免忘记，还可以利用这个机会问问医生在未来采取什么样的避孕方式会更好。

做完手术后，为了预防感染，医生可能会给患者开一些抗生素，还会嘱咐患者在两周内复查。

术后，身体通常要经过1个月以上才可以完全恢复。患者平时要注意休息，避免劳累，注意营养均衡。此外，由于体内激素水平需要一段时间才能恢复到正常范围，在此期间，患者可能会觉得乏力、嗜睡、没精神。

除了身体，患者术后还会面临心理层面的问题。尽管她们可能会感到如释重负，但内疚、悲伤、困惑等情绪也可能会影响她们，她们还会忍不住去想如果没有做这个手术会怎么样。

有些人可能不想让别人知道自己做了人工流产，或者只想告诉自己的家人。最好不要告诉那些不能为患者保守秘密，或是那些认为患者的决定不道德甚至认为患者是在犯罪的人。患者如果需要倾诉，或想得到一些专业的指导，可以去社区卫生服务中心或专业的医疗机构寻求帮助。

O 是否终止妊娠

有些女性会因为做了人工流产手术而感到轻松，有些女性则会因为不得不做人工流产手术而悲伤。不管怎么说，一旦做出决定，女性都必须承担自己的决定所带来的全部后果。

术后，有些女性会伤心欲绝，甚至余生都沉浸在巨大的悲痛中，尤其是当她们意识到自己可能要孤独终老时。但是，在条件不允许的情况下选择把孩子留下来，同样可能会带来种种问题。有些女性在生下孩子后，会因为不能给孩子带来幸福的生活而内疚。这就是为什么这个决定必须由女性自己来做，任何人都不能将自己的意愿强加给她们。

围绝经期

很多女性朋友告诉我，她们迫不及待地想阅读这一节。我很担心她们会认为这一节的内容能为她们在围绝经期遇到的种种问题提供一个万能的解决办法，有了这个办法，她们围绝经期的症状就会一下子消失。很抱歉，虽然我也和很多人一样，希望有奇迹出现，但遗憾的是，对很多人来说，围绝经期面临的种种痛苦真的很难消解。在卵巢功能逐渐衰退的过程中，确实有一些女性的症状会比其他女性的更严重一些。

在这一节，我们将一起来了解围绝经期的"前世今生"，还要一起审视围绝经期对生活的方方面面可能产生的影响，以及如何看待和接受绝经这件事，如何看待激素补充治疗，等等。

对绝经、围绝经期的看法

我最受不了的就是年轻人不学无术却又自以为是的样子。我觉得自己现在是一个动不动就大发雷霆的老女人，这或许不是因为绝经，只是因为年纪大了，不想再忍气吞声了。

——珍妮（51岁）

我只是很惊讶绝经居然来得这么快。

——简（58岁）

绝经是一种病？这种思想千万不能有存活的空间。我很幸运，绝经前后没有什么不舒服，我妈妈当时可跟我不一样。

——西莫内塔（74岁）

我经常听一些"老女人"抱怨绝经，我想她们说的是对的，这是一个会影响人的生活的问题。

——贝丝（42岁）

不要认为绝经前后感觉多糟糕都是正常的。该看医生的时候就要看医生。

——苏茜（58岁）

自古以来，女人都要经历这个阶段，这是一种正常的生理现象，没什么大不了的。不要觉得自己生病了，你没病。

——玛丽（58岁）

我是个幸运儿，绝经对我的影响没那么大。它虽然扰乱了我的生活，但还算不上一场灾难。

——安（49岁）

我觉得绝经意味着彻底的解放：不再需要卫生巾，不再需要避孕。绝经前后激素水平的变化并没有把我逼疯。

——菲奥娜（52岁）

没有人能够完全揭示绝经的恐怖之处。这跟养孩子差不多。

——朱莉（52岁）

潮热、情绪波动、月经周期极度紊乱……我一直以为上一次的月经就是最后一次，但是一晃几个月过去了，我竟然又来了一次月经。

——卡罗琳（50岁）

绝经后不用避孕套会不会有问题啊？我一直都没有勇气去问医生这个问题。

——利布拉利林达（51岁）

我们可以公开谈论围绝经期吗？

越来越多的人不再羞于谈论围绝经期，我就会坦然地和我女儿谈论它。如果当年我的母亲也是这样对我的该多好。

——卡罗琳（55岁）

不要想当然地认为每一个女人都愿意在公开场合大声谈论这个话题。我个人认为这是隐私。

——克拉吉特（50岁）

在这个时代，我想每个人都意识到了围绝经期带给女性的种种影响，所以我们可以坦诚、开放地谈论这个话题。

——弗洛（60岁）

我会和伴侣讨论围绝经期。我对他说："我觉得我有点绝经综合征的症状了。"他回答道："天哪，这么快就到时候了？"

——凯琳（52岁）

几年前，我就告诉过孩子们我的围绝经期到了，但他们捂着耳朵，大喊大叫，根本没听到我在说什么。

——曼迪（52岁）

围绝经期是一个禁忌话题，在公开场合讨论这个会让大家感到尴尬的。

——伊冯娜（46岁）

我的大多数同事，尤其是男人，对女人的围绝经期既没兴趣，也不在意。

——玛克辛（58岁）

我觉得，如果有人能向孩子们解释一下，为什么他们曾经温柔无比的妈妈会变得这么暴躁，他们对待自己的妈妈时会更有耐心。

——保利娜（64岁）

一定要坦诚地沟通！大多数人是能理解的，包括孩子们。

——特蕾西（49岁）

这和别人一点关系都没有。就像你不会告诉别人你来月经了一样，你也没必要把绝经这件事挂在嘴边。

——珍妮（51岁）

挥舞手臂，一边歇斯底里地哭泣，一边大喊："这只是因为我到了该死的围绝经期！"这种方式对我挺有用。

——许姆（46岁）

我会和周围的人说："在一段时间内，我看起来都会是这样。请适应这种状况吧。谢谢！"

——特蕾西（50岁）

我所有的朋友都在经历同样的事情，因此这也成了我们聚餐时最热门的话题，有丈夫们的场合也不例外。根本不用把这件事当作秘密。

——塔卢拉（52岁）

绝经

绝经是指因卵巢功能衰退或遭受破坏致使月经终止的现象，可分为人工绝经和生理性绝经两类。人工绝经是指手术切除双侧卵巢或用其他方法停止卵巢功能，如放射治疗和化疗等。要注意，切除子宫后，月经虽然终止，但卵巢功能尚存，故这种情况不属于绝经。生理性绝经一般发生在45～50岁间。

女性对绝经这件事的看法各不相同。有些女性觉得绝经是一件再自然不过，而且十分美妙的事情，这意味着自己终于可以从生育这件事中摆脱出来，开始向智慧女性"华丽转身"；也有些女性觉得绝经是噩梦的开始，因为她们开始出现潮热、失眠、多汗、易怒、抑郁等一系列令人非常难受的症状。

还有一些女性顾不上思考自己的症状是轻是重，而是只要一想到绝经这件事就气愤不已，因为这时时刻刻都在向她们诉说着一个事实，那就是"我已经老了"，而这恰恰是她们无法接受的。身体的变化与她们对自我形象认知的不符让她们感到愤怒和惊慌失措。她们认为承认绝经就是对自我形象的一种侮辱。一些公司为出售自家的"抗衰老面霜"或"激素替代产品"也在大肆宣传绝经对皮肤的负面影响，这会让她们更加焦虑。总之，一谈到绝经，太多人有话要说。

这里，有一个温馨提示：在阅读和聆听其他女性给出的应对绝经的建议时要小心，这些建议很有可能完全不适合你，毕竟不同女性在绝经前后的表现会有很大差别。

古怪的月经周期

月经紊乱是绝经过渡期（从卵巢功能开始衰退直至最后一次月经的时期，历时短至1～2年，长至十余年）的常见症状。有些女性会月经稀发，即月经周期长于35天，经期缩短，月经量减少，月经渐趋停止；也有些女性会月经频发，即月经周期短于21天；还有些女性可能会出现经期持续时间长、月经量增多的情况，严重者可出现无排卵性功能失调性子宫出血，甚至出现贫血；还有些女性的月经会突然停止。具体表现取决于卵巢功能状态的波动性变化。

卵巢早衰

卵巢内卵泡耗竭或医源性损伤会引起卵巢功能衰竭，这会导致部分女性在40岁前就闭经，这种情况被称为卵巢早衰。子宫手术、输卵管手术、卵巢手术、放疗、化疗均可造成卵巢血液供应受损或卵巢实质损伤，进而影响卵巢功能。卵巢早衰的治疗方法有激素补充治疗等。

卵巢早衰对女性的身心来说都是巨大的挑战，尤其是它可能意味着患者生儿育女的可能性大大降低。卵巢早衰患者可采取辅助生育技术，如试管婴儿技术等来解决生育问题。如果发生卵巢早衰现象，一定要及时寻求支持和帮助。

围绝经期

围绝经期（也就是以前所说的更年期）是女性绝经前后的一段时期。包括从接近绝经，出现与绝经有关的内分泌、生物学和临床特征起至最后一次月经后1年，也就是从卵巢功能有衰退的征兆开始一直持续到最后一次月经后的1年，即绝经过渡期至绝经后1年。这是正常的生理变化时期，一般无特殊症状，但部分妇女可能会出现绝经综合征。

围绝经期的激素水平变化

绝经前后，身体最明显的变化是卵巢功能衰退，随后表现为下丘脑-垂体功能退化。受此影响，女性体内的激素水平会发生一系列变化。

在绝经过渡期早期，雌激素水平波动很大，甚至会高于正常卵泡期时的水平，因此雌激素水平在整个绝经过渡期并非逐渐下降，只是在卵泡完全停止生长发育后，雌激素水平才迅速下降。绝经过渡期，孕酮分泌减少，促性腺激素水平升高，呈波动型，黄体生成素水平在正常范围。绝经后，卵巢不再分泌孕激素，促性腺激素和黄体生成素水平升高，其中促性腺激素水平的升高更为显著。（如果你想复习一下激素的相关知识，可以阅读本章第一节《了解生殖系统与激素》和第二节《月经来了》中的相关内容。）

🔱 什么时候会出现围绝经期

围绝经期一般发生于 45 ～ 55 岁之间。绝经年龄与种族、生活环境（包括海拔和自然环境）、婚姻状况、文化程度、生活习惯（包括口服避孕药的使用、是否有运动习惯、是否吸烟等）、月经初潮年龄等有关。澳大利亚女性的平均绝经年龄约为51 岁。中国女性的平均绝经年龄为 49.5 岁，80%在 44 ～ 54 岁之间。

🔱 围绝经期会持续多久

围绝经期持续时间因人而异，短至 1 ～ 2 年，长至 10 ～ 20 年，平均时长是 4 ～ 6 年。

🔱 绝经综合征

在围绝经期，由于雌激素水平降低或波动，部分女性可出现血管舒缩障碍和精神神经症状，典型的表现为潮热、出汗，并伴随一些其他的躯体和心理方面的症状，这被称为绝经综合征。

绝经综合征的症状包括：

· 月经紊乱。由于稀发排卵或无排卵，女性可能出现月经周期不规则、经期延长或缩短、月经量增多或减少等症状。这些症状的出现取决于卵巢功能状态的阶段性变化。

· 有血管舒缩障碍，如潮热、出汗等。

· 皮肤干燥。

· 脱发。

· 自主神经失调，如经常头痛、心悸、眩晕等。

· 激动易怒，焦虑不安，情绪低落，抑郁或不能自我控制，注意力不易集中，记忆力减退。

· 入睡困难，常常失眠。

· 排尿困难，尿痛，尿急，尿频。

· 阴道干涩，性交困难及反复阴道感染。

· 容易出现骨质疏松。

🔱 围绝经期是一个"问题"

围绝经期被当成一个"问题"看待后，很多女性开始大大方方地通过各种媒体来谈论自己和它的关系，这让她们在围绝经期的症状得到了缓解。而在过去，一谈到潮热等围绝经期的症状，女性往往会缄默不语。在过去的很长一段时间里，医学研究都更关注男性，甚至在很多人看来，男性的身体是"正常的"，而女性的身体则常常与"疯狂"等词语联系在一起。

在医学发展史中，碰到那些令人琢磨不透的，尤其是只影响女性的问题时，很多科学家会选择性地忽略它们，认为这些问题根本不存在。比如在过去很长一段时间，很多医生都斩钉截铁地说妊娠反应是不存在的，纯粹是由心理问题导致的。而现在，医学界承认了妊娠反应的存在，一方面是因为医学在发展，另一方面是因为女性得到了更多的尊重，拥有了倾诉的机会，而且她们的倾诉得到了重视。世界上大部分关于激素的知识，都是在近一百年中获得的。

把"围绝经期"纳入医学范畴来讨论曾经让很多人大为光火，因为他们认为不能把围绝经期的种种表现当作一种疾病。他们也不赞同用人工手段（比如激素补充治疗）来干预由激素水平发生变化导致的种种症状。

也有一些人认为，医学界和制药行业是时候认真对待围绝经期，并对女性关于缓解绝经综合征症状的诉求做出回应了，默默承受不该是女性唯一的选择。

女性对绝经综合征治疗方法的态度取决于这些症状对她们生活的困扰程度。她们对绝经这件事的认知也会影响她们的做法。我倒是觉得，度过生育年龄，来到人生新阶段，可以被视为一种胜利和成就。想想看，那些陌生人认为你不再年轻、不再性感，对你来说难道是一种悲剧吗？从某种角度来讲，不用为月经问题而烦心，可以专注地做自己想做的事，难道不是一件好事吗？

在某些文化圈和朋友圈里，围绝经期并没有被刻意强调，这些人会认为这只是人生的又一个阶段而已。在这个阶段，女性会有某些暂时的令人厌烦的症状。在这种氛围中，大家就很少对女性在围绝经期出现的种种症状大惊小怪了。当然，除非某人出现了一些特别严重的症状。

我的看法是，如果绝经综合征影响到了正常生活，女性有权得到相关的治疗，以此来缓解这些症状。从看医生开始吧。

围绝经期仍需注意性行为的安全性

绝经后，很多女性在与伴侣发生性行为时不再使用避孕套等计生用品，因为她们觉得自己不用再担心怀孕的问题了。但是，绝经后的女性仍要十分注意卫生安全的问题。由于很多性传播疾病具有隐匿性，有些疾病的潜伏期可能非常长，因此有时伴侣可能自己也不知道自己患了何种疾病。有些病毒对男性可能没什么影响，却会导致女性的健康问题，比如容易引发宫颈癌的人乳头瘤病毒等。

围绝经期仍需坚持避孕

女性处于围绝经期时，卵巢仍有排卵功能，但由于卵巢功能降低，激素水平也不像之前那样正常，此时也有可能不排卵。由于月经周期紊乱，要判断什么时候排卵会比较困难，而且即使排卵，卵子的质量一般也比较差。因此，为了避免怀孕，建议处于围绝经期的女性发生性行为时仍然要做好避孕措施，直到确认已经绝经后再适当放松神经，这样做可以避免意外怀孕对身体造成的不可逆转的伤害。一般在最后一次行经后，月经停闭一年以上，才算正式绝经。因此，不要因为月经周期不规律、几个月没来月经、月经量明显变小就停止采取避孕措施。另外，在计算绝经时间时要注意，假如四个月没来月经，但是第五个月来了，那么就要从此时开始重新计数。

🌱 可以向谁吐露围绝经期的秘密

不要觉得但凡自己有什么变化，就要给家人、朋友或工作伙伴打预防针。有一些变化甚至你自己都感觉不到，更不用说会影响到别人或是被别人注意到了。

你经历围绝经期的年龄和处于围绝经期时的表现或许与好友的并不相同。同理，你和你母亲也不一定会在相同的年龄经历围绝经期，在围绝经期的表现也不一定相同（有很多女性可能会想当然地认为自己的经历会和母亲的经历一样）。所以，不管是跟年龄相仿的朋友倾诉，还是和母亲发牢骚，都不一定能获得你想要的回应。

如果有人确实有必要知道你现在因为绝经综合征而性情突变、记忆力衰退，那你就采取就事论事的态度，如实告诉他们就好，不要哭哭啼啼地大倒苦水。多说一句，对待其他疾病或问题时也应该

与绝经有关的问题

我什么样的症状都有：体重增加，潮热，排尿困难，尿频，失眠，月经紊乱，情绪波动大，动不动就以泪洗面。

——琳（60岁）

月经不来了，这一点很好。除此之外，腹胀、潮热、盗汗……没一样舒服的。

——简妮丝（50岁）

我现在可能是在围绝经期了，也可能已经得了绝经综合征。一开始是月经量增多，然后六个月都没来月经，接着月经又突然来了。这几年一直是这么折腾着过来的。

——琼（51岁）

潮热，尿痛，阴道干燥，对性生活提不起兴趣。

——弗兰（51岁）

我在围绝经期好像没什么症状，不知道中年发福算不算。

——柯利（50岁）

没有，真的。

——苏珊（62岁）

情绪波动大，常常以泪洗面，体重忽高忽低（主要是高）……我的种种表现让全家人都很疑惑。

——克里西（47岁）

潮热，盗汗，晕眩，心悸，月经量大，情绪波动大，夜里总是往厕所跑。

——罗比内（56岁）

焦虑，皮肤干燥，阴道干涩，脸上的汗毛好像都变多了。

——克里斯（66岁）

潮热，盗汗，记忆力衰退，睡眠不足，容易激动和发怒……情绪

波动大到我自己都无法忍受。

——苏珊（50岁）

潮热

潮热！我倒不会觉得尴尬，只是觉得很不方便，有时候又觉得有一点好笑。大家都好好的，只有我一个人使劲扇扇子。

——苏兹（48岁）

我每晚都会大汗淋漓。我甚至会冲着妇科的医生大喊："给我开点药吧！"

——李（60岁）

我需要保持凉爽。我要穿单薄的衣服，避免觉得热，尤其是在睡觉前。如果睡前觉得热，我就很难入睡了。

——黛比（53岁）

我的随身物品里有这两样：一把老式的扇子和一条毛巾。我会把扇子和毛巾装在塑料袋里，需要的时候就拿出来用。

——简（58岁）

我的桌子上有一个小风扇。睡不好觉是一个大问题！

——索菲娅

我整整五年都没有穿过毛衣了，我不需要暖气，也很讨厌夏天。我只觉得燥热。

——玛克辛（58岁）

热到不行的时候，我会把被子掀开，把滚烫的老公推开。我还会试着想一些很凉爽的东西。

——翠西（50岁）

体重增加

绝经后我的体重增加了。我不

喜欢这样，这使得我的行动速度慢了下来。

——苏珊（56岁）

绝经对我并不友好。我的体重增加了很多，而且经常大汗淋漓，即使接受了激素补充治疗，情况也没有多大改变。

——詹尼（50岁）

我的健康状况一落千丈，这是我万万没有想到的。除了体重超标，我还有膝盖疼痛、容易疲惫、体力不支的问题。即使只是爬一段缓坡，我也会气喘吁吁。

——索菲（52岁）

因为处于围绝经期，所以减重这件事变得很困难。我的情绪也常常出现问题。

——莱斯利（50岁）

卵巢早衰

还不到40岁时，我就有潮热、阴道干涩、性欲下降和轻度抑郁的症状了。

——凯西（50岁）

我在40岁之前就把子宫切除了。一直到前几个星期，我还在接受激素补充治疗。现在我都71岁了，有时还是会潮热。

——亨格里福洛韦（71岁）

我做过子宫切除手术。潮热、盗汗，以及各种常见的绝经综合征症状我都经历过，这常常令我尴尬无比。

——佚名（62岁）

如此，你不需要告诉其他人所有细节，尤其是像抓住救命稻草一般对着其他人絮絮叨叨。比如，当会议正在进行时，突然之间你满面通红、大汗淋漓，如果有人问起，你只需要简单说一句"我很好，这只是潮热的表现"或者"我没事，这只是激素水平变化导致的燥热"就可以了。你要把自己的表现视作一种正常的生理现象，与"我没有办法走得像你那么快，因为我刚做了背部手术"或者"我不能拎重物，因为我怀孕了"一样正常。

围绝经期与体重、健身

女性在这个阶段，身体的新陈代谢速度会变慢，因此女性可能会觉得自己腹部的"游泳圈"越来越大。在保证获得足够的营养的情况下，女性可能需要稍微控制一下食物的摄入量。但是要注意，在任何年龄段，最好都不要采取过度节食的方式来控制体重，尤其是在围绝经期，女性本来就容易出现骨质疏松的情况。

在围绝经期，坚持运动也很重要。运动可以加快新陈代谢，负重训练还有助于改善肌肉力量、维持骨密度、预防骨质疏松。如果觉得有困难，不妨请一个专业的、有耐心的、经验丰富的女性私人教练（这个教练最好有丰富的指导年长女性运动的经验）来指导自己，而不是请比较严厉的男性教练，因为他们有时候会无视学员的个人情况，只会告诉学员要克服疼痛，坚持下去。在这个时期，一旦受伤，女性需要更长的时间才能恢复，所以一定不要冒险。面对他人的建议，要坚定自己的立场，因为没有人比自己更了解自己的身体状况。与其贸然行事，浪费时间经历漫长的康复过程，不如一步一个脚印慢慢来。也可以去健身中心看看有没有适合年长的人的运动计划。随着人口老龄化的加剧，未来或许会有越来越多面向中老年人的运动计划出现。

🌀 顺利走过围绝经期

在统计调查问卷的结果时，我发现很多处在围绝经期的女性哪怕没有任何症状，也会服用营养补充剂或激素类药品，这种做法其实没什么必要。除非有绝经综合征，否则处于围绝经期的女性不需要进行治疗。患有绝经综合征的女性可选择激素补充治疗。不过，在应用激素补充治疗前和应用过程中，应该咨询医生，共同确定应用激素的时机和方式，并采取严密的措施，监测病情的进展。采取健康的生活方式有利于顺利度过围绝经期。坚持体育锻炼，采取健康饮食（比如摄入足量蛋白质及含钙量丰富的食物），预防骨质疏松……这些是女性在围绝经期保持活力和健康所需要的。

围绝经期自助计划

·学习围绝经期的相关知识，正确认识它，以乐观的心态面对它，将它视为人生之旅的一部分。

·坚持身体锻炼，尤其是要做一些负重训练，以保持肌肉力量，预防骨质疏松。

·注意健康饮食，摄入富含蛋白质、维生素和钙元素的食物。

·适当补充一些富含植物雌激素的食物。植物雌激素是一类在植物中具有弱雌激素作用的天然化合物，分子结构与动物雌激素相似，在激素相关疾病的治疗中被广泛应用（见第269页至第271页）。植物雌激素存在于大豆（大豆异黄酮）、葛根、麻籽等中。

·做乳腺癌筛查、宫颈癌筛查以及其他在这个年龄段需要做的筛查（见第188页至第190页）。

要小心的测试和治疗方法

唾液激素测试

唾液激素测试是一项用于检测唾液中的激素水平的测试。这种测试可以在医院和诊所做，也可

绝经综合征的治疗

对我来说，激素补充治疗很有效，它曾经帮我缓解了围绝经期的相关症状。后来由于很多人强调它的副作用，认为其危害重重，我也停用了。然而，停用后，我出现了健康问题，还动了两次手术。

——琳（60岁）

我采用了很长时间的激素补充治疗，感觉不错。现在围绝经期的种种表现还达不到困扰我的程度，我只是需要时间去适应这些变化而已。

——玛丽（55岁）

我之前尝试了激素补充治疗，这对我确实有用，但是由于我有乳腺癌家族史，我很快就停止使用激素补充治疗了。

——梅芙（63岁）

我正在接受激素补充治疗。这让我重获新生。

——米丽娅姆（49岁）

对我而言，激素补充治疗是唯一起作用的治疗方法。我在某天上班的途中总共经历了八次潮热，没办法，我只能去找医生，请他开药。这是我最后的"救命稻草"。我实在是受不了了。

——凯瑟琳（53岁）

一开始，我不想采用激素补充治疗，我试过很多方法，但是都不起作用。最后我只好开始口服激素类药物。没想到真的起作用了。

——佚名

医生让我接受激素补充治疗，结果我得了下肢深静脉血栓。

——海伦（61岁）

围绝经期对我的生活产生了巨大的影响。因为症状明显，所以医生让我接受低剂量的激素补充治疗。到目前为止，我已经接受了三年的治疗，我觉得它非常有效。当你觉得不舒服时，一定要及时去看医生、做检查。

——苏珊（50岁）

吃药！选择激素补充治疗。

——凯瑟琳（53岁）

我不会再继续接受激素补充治疗了。

——温迪（64岁）

我在吃中药。

——桑迪（46岁）

我没有采用激素补充治疗，我在吃中药，中药真的对我很有帮助。

——弗兰（51岁）

一些自然疗法对月经量过多和潮热都有帮助。至于我的喜怒无常——我想我身边的每个人都不得不忍受它。

——罗斯林（64岁）

我是一个芳香理疗师，我觉得精油是很有用的。再加上经常锻炼，合理饮食，阅读一些相关的书籍——这就是目前我所需要的一切了。

——艾利森（50岁）

我有一个可爱的医生，他为我提供了很好的自然疗法处方。在他那里，我能得到尊重，他还会建议我吃一些天然食品和营养素补充剂。

——萝宾（56岁）

对我来说，红三叶草对缓解潮热有帮助。

——卡特（50岁）

选择天然药物、多喝水、穿棉质睡衣、用全棉被褥、在卧室里摆放一个风扇，这些都对我有帮助。我还阅读了大量有关围绝经期的书籍，以便了解相关知识，进行自我疏导。

——格伦达（59岁）

我使用激素补充治疗已经六年了，最近才停药。我现在用的是孕酮霜，它似乎还挺有用的。

——凯特（57岁）

孕酮霜没有任何作用。

——萨尔（53岁）

我的症状不算严重，我没有接受治疗，一直在忍受，直到围绝经期过去。

——玛格丽特（50岁）

游泳，跳舞，冥想，和亲朋好友聊天、一起出去玩。

——维多利亚（59岁）

多喝水，当然还要买一两件真丝睡衣。

——芭芭拉（61岁）

我在日常饮食中加大了豆制品的占比。

——维姬（47岁）

我需要的是白葡萄酒，以及一个一发现苗头不对就独自前往其他房间的伴侣。

——简妮丝（50岁）

保持饮食合理，出现问题时该吃药就吃药，还要有积极的心态，一切都会好的！

——佩塔尔（61岁）

一旦出现月经量过多的现象，就得去看医生。平时可以适当多吃豆制品。

——凯特（59岁）

以在家做。不过我不建议大家自己在家做这种测试，尤其是通过这种测试判断自己的激素水平，因为测试结果不一定准确，也不能用于制订或调整治疗方案。

含雌激素的喷雾剂

目前，有国家发明了含有雌激素的喷雾剂，用于治疗绝经后妇女中度至严重的围绝经期血管舒缩障碍（如潮热和出汗等症状）。使用此类含有雌激素的产品时，应注意避免产品与儿童等群体的意外二次接触，否则这类产品可能会影响到他们的身体健康。

潮热

潮热是血管舒缩障碍的主要表现，是由血管舒缩功能不稳定导致的，是雌激素水平降低的特征性症状，其特点是反复出现短暂的面部、颈部、胸部皮肤阵阵发红，伴有轰热，然后出汗，每次症状一般持续 1 ～ 3 分钟。症状轻者每日发作数次，严重者每日发作十余次或更多。夜间或应激状态易促发潮热。

为了应对潮热，处在围绝经期的女性可以这样做：

· 在衣着方面，最好穿便于穿脱的衣服，比如开衫。天气冷的时候多穿几层，以便随时增减衣物。
· 随身携带纸扇或迷你手持电风扇。
· 如果觉得办公室里的空调的温度不合适，可以与同事协商，也可以自己随时增减衣物。
· 调整心态，笑口常开，以乐观的态度让自己逐渐适应这一时期。
· 暂时告别辛辣食品和刺激性食品。
· 适当做一些舒缓的运动，比如边呼吸新鲜空气边散步，以释放压力。

在填写我发放的调查问卷时，很多女性表示喝西柚汁、使用精油等对缓解她们在围绝经期的某些症状是有效的。实际上，很多方法主要是起到心理安慰的作用，并不能真正影响身体的激素水平。

如何预防骨质疏松

· 多摄入含钙元素和蛋白质的食品，如乳品、鸡蛋、豆制品等。还可以适当补充钙剂，以预防骨质疏松。
· 坚持身体锻炼，增加日晒时长。缺少户外运动者可适量补充维生素D，维生素D有利于钙的吸收。
· 做适量的负重训练，这样可以维持肌肉的力量以及骨密度。年纪较长的女性可以适量进行平衡训练和核心力量的训练，这样有助于防止摔跤。
· 向医生咨询骨密度检测事宜。更多与骨质疏松相关的内容，请参考第四章第三节《疾病与不适》。

情绪问题

不要想当然地认为脾气暴躁、激动易怒、健忘或者情绪低落都与围绝经期有关。这些表现可能是由睡眠不足、甲状腺问题等导致的；可能是由人际关系问题导致的，比如身边的人真的很令人讨厌、很不懂得尊重人；可能是因为工作上有太多事情要忙，早已疲惫不堪；还可能是因为家里上有老，下有小，有好多人需要自己去照顾，因此自顾不暇、烦躁不已。如果觉得自己的情绪很不稳定，一定要记得去看医生，及时做检查。不要想当然地认为自己的问题都是由围绝经期导致的，然后自己在家治疗。

激素补充治疗

激素补充治疗是针对绝经相关健康问题而采取的一种补充性激素的治疗方法，可有效缓解绝经相关症状，从而改善生活质量。它是缓解绝经相关症状最有效的手段之一。主要药物为雌激素，辅以孕激素。

常用药物有雌激素和孕激素的单方制剂（戊酸雌二醇、地屈孕酮等），雌、孕激素的复方制剂（克龄蒙、芬吗通、安今益等），组织选择性雌激素活性调节剂（替勃龙）。应用雌激素原则上应选择天然制剂。近年来，孕激素制剂也倾向于选择天然制剂。也可选择其他非激素制剂（如黑升麻异丙醇萃取物、大豆异黄酮等）来缓解绝经相关症状。

一般来说，单独使用雌激素的治疗仅适用于那些做过子宫切除手术的女性，单独使用孕激素的治疗适用于绝经过渡期有功能失调性子宫出血的女性。雌激素和孕激素联合的治疗适用于有完整子宫的女性。激素补充治疗的用药途径有口服、经阴道给药、经皮肤给药等，也可采用注射，但这种方式不常用。口服的方式对肝脏有一定损害。这里要注意，补充雌激素会增加血栓性疾病和雌激素依赖性肿瘤的发病风险；补充孕激素的不良反应有胃胀气、抑郁、易怒、乳房痛和水肿等。

应该选用激素补充治疗吗

激素补充治疗应该在有适应证且无禁忌证的时候选用。

激素补充治疗的适应证包括之前提到的绝经综合征的相关症状、与泌尿生殖道萎缩相关的问题、低骨量及骨质疏松症等。

激素补充治疗的禁忌证包括已知或可疑妊娠、原因不明的阴道流血、已知或可疑的乳腺癌、已知或可疑的性激素依赖性恶性肿瘤、最近 6 个月内患有活动性静脉或动脉血栓栓塞性疾病、严重肝及肾功能障碍、血卟啉症、耳硬化症、脑膜瘤（禁用孕激素）等。

慎用情况包括子宫肌瘤、子宫内膜异位症、子宫内膜增生史、尚未控制的糖尿病及严重高血压、有血栓形成倾向、胆囊疾病、癫痫、偏头痛、哮喘、高催乳素血症、系统性红斑狼疮、乳腺良性疾病、乳腺癌家族史，及已完全缓解的部分性激素依赖性妇科恶性肿瘤，如子宫内膜癌、卵巢上皮性癌等。

用药剂量与时间

应用激素补充治疗时，以最小剂量且有效为佳，也就是说，应选择最小剂量和与治疗目的相一致的最短疗程，避免大剂量使用。在卵巢功能开始衰退并出现相关症状时即可开始应用。治疗过程中需要定期进行评估，观察症状是否已经改善，明确受益大于风险后方可继续应用。停止雌激素治疗时，最好缓慢减量或间歇用药，逐步停药，以防止症状复发。治疗期间，还要警惕自身有无不适的反应或特殊症状。如果有的话，一定要及时就医。如果有上面提到的慎用情况，应该提前咨询医生，在医生的指导下用药，并采取严密措施来监测病情的发展。

副作用及其危险性

应用激素补充治疗时，要注意副作用的发生。常见副作用包括：

· 子宫异常出血。

· 乳房胀痛。

· 头痛、水肿、色素沉着。

· 抑郁、易怒。

此外，目前没有证据表明天然雌激素会增加血栓风险，但对于有血栓疾病的患者来说，他们应尽量选择经皮肤的方式给药。

激素补充治疗是否会引发乳腺癌或心脏病

相较于应用人工合成的雌激素和孕激素，应用天然或者接近天然的雌激素和孕激素可以使乳腺癌的发病风险减小，但是乳腺癌患者和疑似患有乳腺癌的女性不能接受激素补充治疗。患有乳腺良性疾病以及有乳腺癌家族史的女性应慎用激素补充治疗。

绝经对心血管疾病的发生有负面影响，而激素补充治疗对降低心血管疾病的发生有益，但是一般不主张将激素补充治疗作为心血管疾病的二级预防（二级预防是指防止疾病发生或减缓疾病的发展而采取的措施，即早发现、早诊断、早治疗）。最近6个月内患有活动性静脉及动脉血栓栓塞性疾病的女性不能接受激素补充治疗。有严重高血压、血栓形成倾向的女性应慎用激素补充治疗。

总的来说，决定是否接受激素补充治疗前，应该进行相关检查，并和医生进行充分沟通，向医生讲明自己的身体状况和患病史，在医生的指导下确定是否应用激素补充治疗，以及应用的时机和方式。即使医生给出了建议，有时，还是需要自己来权衡利弊，做出决定。

🔍 什么时候需要看医生

应用激素补充治疗时，如果出现子宫异常出血，必须高度重视，查明原因，必要时可用手术的方式刮取子宫内膜，并对刮取的子宫内膜进行病理学检查，以排除子宫内膜病变。

除此之外，如果出现以下症状，也需要及时去看医生：

· 经常呼吸短促。

· 有局部肿胀、疼痛或压痛，皮肤颜色改变等怀疑是血栓形成倾向的症状。

· 乳房有新出现的肿块。

另外，一旦出现中风等心脑血管疾病的相关症状，一定要马上前往医院挂急诊科进行就诊，千万不要犹豫，以免错过最佳治疗时间。

第六章

心理与情绪

情感与情绪

情绪需要被感知，不管它是强烈的还是令人痛苦的。我们要关注情绪，把握情绪，控制情绪。

——罗西（46岁）

很多女性因为深陷于某种情绪中不能自拔，所以浪费了很多时间。有时只要稍微理智一点，就会舒服很多。

——卡兹（46岁）

愤怒

愤怒会慢慢累积起来。我会因为愤怒而偏头痛，或是冲着毫不相干的人发脾气。

——尼娜（37岁）

我曾经在愤怒时冲着打扫卫生的人大发雷霆。

——克里斯滕（32岁）

愤怒时我会大哭。不管怎么说，我得找一个发泄的途径。

——克莱尔（52岁）

我愤怒的时候会暴饮暴食。

——科琳娜（47岁）

愤怒常常让我直到凌晨三点都睡不着觉。

——雅克（43岁）

有时，我会气到浑身发抖。

——凯特（50岁）

控制不住愤怒的时候我就拼命地捶门，甚至把手都捶得乌青。

——路易丝（21岁）

当你愤怒到快要失控的时候，一定要寻求帮助。知道自己的问题且清楚这个问题会影响到别人时，切勿因为羞耻心或其他原因而不采取任何行动。

——特蕾西（36岁）

认真考虑一下自己生气时都有哪些表现。自己是否表现得成熟、有智慧、有责任心？要知道，孩子会将你的表现看在眼里，记在心上，还会学着做呢。

——杰恩（44岁）

认可愤怒，接受愤怒。愤怒是正常的，感到愤怒不是问题，只有当我们没有用具有建设性的方式表达愤怒的时候，它才会成为问题。

——埃迪（37岁）

我不知道如何表达愤怒，我觉得我永远都在大喊大叫。

——米歇尔（37岁）

压力和恐惧的来源

我经常问自己"可能发生的最坏的情况是什么"，然后思考遇到这种情况时我该怎样做。这对我缓解压力有一定的帮助。

——塔玛拉（35岁）

没钱支付各种费用；前夫想把孩子从我身边带走；妈妈来我家，用挑剔的目光打量我和我的家；现任丈夫患抑郁症。

——梅格（39岁）

觉得自己可能会让人失望或者别人有理由怀疑自己，以及知道自己做错了。

——萨尔（33岁）

孩子哭；截止日期马上就要到了；对眼前的情况一无所知。

——伊冯娜（31岁）

我担心丢掉工作，担心无法支付账单。

——杰西卡（23岁）

公开演讲。

——安迪（32岁）

是什么让你振作起来

我在鸡舍旁边坐了二十几分钟，看着小鸡四处啄食。

——阿农（33岁）

到户外运动；看一些喜剧或者其他好看的电影。

——邦尼（52岁）

和我4岁的孩子一起玩10分钟。在他充满了奇思妙想的小世界里，一切似乎都很简单。

——凯利（32岁）

迎着风大喊；吃巧克力；唱一些傻傻的歌。

——克莱尔（40岁）

穿新内衣；约闺密一起喝咖啡、吃蛋糕。

——梅洛迪（30岁）

拍拍自己的脸，或者看看世界新闻。宝贝，振作起来，还有很多事情在影响我们。一切都是最好的安排！

——雅克（43岁）

运动会让人心情变好。

——妮基（35岁）

养成每天记录一件发生在自己身上的好事的习惯。我发现这会让我不断地寻找美好的事情，而不是把注意力一直放在不好的事情上。

——雅姬（46岁）

要摆脱真正的悲伤是很难的，很多时候不是通过分散注意力就能振作起来的。我们得学会去面对那些让自己感到悲伤的东西，或者做点什么来改变现状。

——安杰拉（34岁）

恼人的情绪

　　"情绪多变"听起来是一个贬义词，但是，谁没有情绪呢？谁不曾经历过情绪上的大起大落呢？偶尔感到失落、无所适从、伤心是再正常不过的事了，只不过大部分人能在消沉过后重新振作起来，而一小部分人很难做到这一点，他们可能会沉浸在负面的情绪中不能自拔。

　　在这一节，我们会了解到如何发现情绪问题，如何应对自己的情绪问题，如何帮助他人解决情绪问题，如何培养乐观、积极（至少是稳定）的心态。

个体反应

每个人都可能有喜怒无常的时候。脾气暴躁、情绪易波动、感到焦虑可能是对外部压力的一种反应，也可能是由激素分泌紊乱（详见第五章第一节《了解生殖系统与激素》、第二节《月经来了》）导致的。这些都是正常的，也是可以理解的。

影响情绪的因素可分为内部因素和外部因素两类。内部因素主要是基因因素。受某些基因的影响，有些人生来就更容易感到孤独，有些人则天生情绪不稳定，更容易感到高兴或不高兴。外部因素主要是环境因素。环境因素不仅仅是指周围的景色、当下的天气等，还包括小时候的成长环境、此时此刻的生活环境。成长环境会影响人对外界的认知，而认知也会对情绪的变化以及应对情绪的方式产生影响。好消息是，认知是可以通过学习来改变的，因此，对于大多数情绪问题，我们都可以学习如何以一种正面的、冷静的态度去应对，也可以寻求帮助，在他人的帮助下解决情绪问题，减少情绪波动。只要方法得当，我们就不会永远在情绪迷宫里迷失方向，被自己的大脑、基因和过往困住。

消极情绪

☁ 不满

为什么有些人总是有那么多不满？感到不满是不将就的表现吗？难道觉得自己已经实现了温饱，还拥有那么多东西，应该知足了，就是安于现状、不思进取吗？难道必须保持不满，然后不断购物，进而促进经济增长才是正确的吗？我想，有时候，那些总是抱怨这、抱怨那的人可以停下来思考一下，想清楚自己真正需要什么，自己的能力和水平处在什么位置，能否调整自己的愿望，使其与自身的能力相匹配，并通过实现这些愿望来获得良好的自我感觉。

☁ 愤怒

女性有时会认为自己不能生气，因为生气会破坏形象，影响自己的"淑女风范"。很多女性习惯了压抑愤怒、不承认自己感到愤怒，把所有愤怒都憋在心里。然而，这样做会使自己压力更大，也会带来一些隐患，日后，即便是看似与愤怒源头毫无关联的事情，都可能引起情绪大爆发。我们需要知道的是，即使不承认愤怒、不谈论愤怒，愤怒也不会凭空消失，就算一时压住自己的怒气，怒气迟早也会被转嫁到其他人（比如朋友、伴侣、孩子）和其他事上。感到愤怒完全没问题，重要的是要找到合适的方法来表达愤怒、化解愤怒。

表达愤怒时，要注意保持"对事不对人"的原则，直接针对引起愤怒的对象，而不是胡乱大喊大叫。你还可以参考下面的方法化解愤怒。要注意，在做出重大决定之前，要努力先让自己冷静下来，而不是在气头上做决定。

化解愤怒的十佳方法

❶ 探寻导致愤怒的因素。想一想，感到愤怒是因为自己受到了不公正对待、遭到忽视，还是因为目睹了不公平的事情？

❷ 当你也不确定自己为什么会如此愤怒时，尝试去谈论对你造成影响的事件（比如"我感觉这件事……"或者"我无法理解为什么……"），而不是怪罪、指责他人（比如"瞧瞧你对我做的好事"或"这一切都是你的错"）。

❸ 把自己的感受画下来或写下来。在这个过程中，你可能会产生新的看法，或是会换个角度去看待让你感到愤怒的人或事，这不仅有助于调整情绪，还有助于解决问题。

❹ 当你和别人就某事展开讨论时，要记住，每个人都有陈述自己想法的权利。要心平气和地与别人讨论，允许别人表达观点。

⑤ 做一些能够消耗体力的运动，跑步、跳健身操等都有助于化解愤怒。

⑥ 即将做某事或面临某个场合时，可以提前思考或是和别人讨论避免在做该事或在该场合时爆发愤怒情绪的方法，以及如何做出更积极的反应。

⑦ 向冷静、理智的亲戚或朋友请教，问问他们平时是如何解决情绪问题的，或向医生咨询如何应对长期存在的情绪管理问题。我的意思是，不要觉得你必须独自面对一切，你完全可以寻求帮助。

⑧ 学会承认错误或表达歉意，这会促使别人以同样的方式对待你。

⑨ 俗话说："活得好就是最好的报复。"这句话的意思是，当别人算计你时，不要理睬，你活得越精彩，对方就会越沮丧。相反，你越感到愤怒，对方就会越高兴。

⑩ 积极与他人沟通，有效的沟通能让你从更客观的角度看问题，得出一个更客观的结论，从而化解愤怒。摒弃以下这些无济于事的表现愤怒的方式：拒绝交谈，辱骂或诅咒他人，无视或怠慢他人，暴力欺凌他人，不断讽刺他人，在肉体或精神上自残，满脑子想着如何惩罚惹自己生气的人。

压力与焦虑

压力是一种当人感觉自己无法应对或掌控所有必须完成的事情或事情无法达到预期时产生的紧张痛苦的感觉。焦虑是一种对未来或可能的风险过分担心和害怕的情绪。

压力和焦虑的外在表现有时非常相似，比如紧张、担心等。除了这些心理方面的表现，身体通常也会出现相应的症状，比如心跳加快、出汗、入睡困难等，有些人还会头痛、胃痛、恶心、感冒等，这可能是因为身体忙于对抗压力或焦虑，无法维系免疫系统的正常运转，从而导致免疫力下降。

如果长期压力过大、重度焦虑，可能会引发惊恐障碍。惊恐障碍又称"间歇性阵发焦虑"，是一种以反复出现严重急性焦虑发作（惊恐发作）为基本特征的精神障碍。发作并不限于特定场合或环境，且不可预测。主要症状常包括突然发生心悸、胸痛、哽噎感、头晕和感到不真实（人格解体和现实解体）。经常还有继发的对濒死、失控或发疯的害怕。

人们可以根据惊恐障碍严重度量表来衡量惊恐障碍的严重程度。惊恐障碍严重度量表是由美国精神医学家希尔等在 1992 年编制的，是专门用于评定诊断惊恐障碍受检者的症状严重程度的量表。有他评、自评和筛查三种版本，指标包含惊恐发作的频率、惊恐发作时的苦恼程度、预期性焦虑的严重度、场景害怕或回避程度、对惊恐相关感觉的害怕和回避程度、工作损害或苦恼程度，以及社会功能损害或苦恼程度。不论是何种程度的惊恐障碍，患者都应该及时寻求专业人士的帮助。

很多人常常会尽力避免参加那些容易让自己产生压力、感到焦虑的活动，如公开演讲等。但有些东西躲是躲不开的，所以还是需要学习一些方法来应对压力和焦虑。另外，有些事情是不受我们控制的，所以即使事情的走向与预想中的不同，也不要因为自己的无能为力而自责，要学会坦然面对。

☁ 应对压力与焦虑

以下是一些应对压力和焦虑的好办法：

· 经常和好朋友谈谈自己的感受。

· 尝试每天进行体育运动，运动有助于缓解压力，让人冷静下来。

· 学会"断舍离"。需要舍弃的不仅仅是让人心烦的物品，也包括让人倍感压力、十分焦虑的工作，甚至包括尖酸刻薄的朋友。

- 经常出门享受新鲜空气和阳光。
- 学会分散注意力，从一些小事中获得快乐。平时，抽出一两个小时做些能让自己全神贯注的事情，比如做针线活、做瑜伽、做园艺、看电影。"压力山大"或焦虑不已的时候也可以做。
- 分析一下自己如何才能摆脱压力或焦虑。想一想，最糟糕的情况可能是什么？谁会向自己伸出援手？
- 把要做的事分解成一个一个的小任务，逐个完成。比如，当家里看起来像个垃圾场，需要大扫除时，可以把待办事项都列出来，一个一个地完成，每完成一个选项就把它画掉。这样做能让人更好地完成所有目标，也能让人产生成就感。要避免因为要做的事情太多而压力过大、过分焦虑，迟迟不能开始行动，又因为迟迟没有行动而压力更大、更加焦虑，从而陷入恶性循环。
- 感到有压力或焦虑时，最好避免摄入咖啡因（比如咖啡、可乐和能量饮料），因为咖啡因会让人更亢奋，而不是冷静下来处理问题。
- 避免"自我治疗"，比如通过饮酒来麻痹自己，这样做容易导致成瘾行为（见本章第三节《小饮怡情，大饮伤身》）。
- 保证充足的睡眠。睡眠充足能使人更好地应对一切。睡觉前一小时不要做剧烈的运动，也不要再工作，否则睡眠质量会受到影响。
- 尝试深呼吸。这是一个快速、简单的恢复平静的方法。先吸气，屏住呼吸，在心中默数几个数，随后呼气，呼气和吸气的时间最好一样长。重复该过程一分钟左右。平时还可以练习瑜伽，学习更多通过调整呼吸来进行深度放松的方法。

当然，以上的办法并不是金科玉律，你也许觉得和闺密一起看喜剧电影比按摩更容易让你放松，这很正常。找到适合自己的方法就可以了，不要总纠结于"应该怎么做"。

忧伤与抑郁

忧伤是人们对那些令人伤感的事件、情况或消息做出的一种完全合理的反应。忧伤是一种相对不那么强烈的情绪，人们每天都可能因为各种各样的事感到忧伤。而悲伤是一种相对而言更加强烈的情感体验，人们一般不会每天都经历。

除了忧伤和悲伤，人们有时还会觉得沮丧、情绪低落。这种感受通常是暂时的。产生这种感受有可能是因为人们刚经历了一件让自己非常兴奋的事或参与了一个让自己很激动、很开心的活动后，生活回归平淡，导致心理上有落差感，也可能是因为人们遇到了一些挫折或伤心事。这些感受都是正常的，它们是日常生活的一部分。大部分人能在比较短的时间内调整好情绪。

抑郁则是另外一回事。抑郁是以显著而持久的心境低落为特征的一种心境障碍，是心境障碍的主要类型。患有抑郁症的人会持续感到茫然、自卑、无望，情绪持久低落，甚至悲观厌世，有自杀企图，那种感觉就好像是"掉落在无尽的黑暗中，永远都不会看见光明了"。

无论是在工作上还是在感情上，无论是作为女儿、朋友、伴侣还是母亲，女性常常被赋予太高的期望，被要求时刻保持完美。有时，她们还会自己给自己施压，锲而不舍地追求"完美""漂亮""做得好"。从这个角度看来，女性偶尔情绪低落是再正常不过的事情了。但是，轻度抑郁正是以持续的心情低落为特征，且轻度抑郁如果长时间不干预、不调整，就有可能发展成重度抑郁。因此，不要忽视自己的任何表现，不要放任自流。如果你时常感到低落，就需要花点时间好好审视自己的生活，给自己足够的时间把事情考虑清楚，想想自己要怎样改变现状。不要一直借助酒精、电视或不停忙碌来压制情绪。你也可以想一想，如果自己最好的朋友经历着同样的事情，你会问他什么问题、会如何帮助他，然后自己来回答这些问题、自己来帮助自己。

当让自己忧伤的记忆浮现在脑海中时，允许自己忧伤一会儿。感到忧伤时，大哭一场能让人很好地释放自己。但如果忧伤或低落的情绪长时间挥之不去，也没有导致忧伤的明显外因（比如亲人离世），你可能就需要求助他人了。请及时和伴侣、朋友或医生沟通。

☁ 情绪低落时应避免的十件事

1. 听吵闹、粗制滥造、低俗的音乐。
2. 吃太多甜食。
3. 看太过悲伤的电影，这只会让你痛哭流涕，但不会让你开心、振作起来。
4. 看新闻。
5. 一直盯着镜子里的自己看。
6. 穿不合身的衣服。
7. 故意不睡觉。
8. 看一些动物互相残杀的纪录片。
9. 总是问别人自己的穿着是否好看。
10. 自己剪发或染发。

悲伤

悲伤是由严重的情感缺失引起的一种强烈的情绪，严重的情感缺失包括亲人死亡、家庭破裂、战争或其他创伤（如自然灾害）导致的动荡和分离（包括家园被毁），因外部原因造成的名誉损失、财富骤然减少，罹患重大疾病等。

人们表达悲伤的方式各不同。有些人会沉默不语，有些人会放声大哭，有些人会默默流泪。看似没什么反应不意味着悲伤一定比别人少，特别激动也不意味着悲伤一定比别人多。医学上有一个术语叫作"悲伤反应"，这是一种失去亲人者对丧亲的反应。这种反应可以特征性地从震惊和困惑期开始，经过全神贯注于死者的抑郁期，最后进入逐渐消除时期。偏离这个顺序的情况是常见的。

人感到悲伤时，可能有以下任何一种或几种（甚至是全部）反应：

- 哭泣。例如："每当我想起我们过去的生活，我就忍不住哭泣。""他离开后，我总是控制不住地哭泣。"
- 否认。例如："她其实没有死。她今晚就会回家。"
- 质疑。例如："为什么会发生这种事？""为什么这件事会发生在我们身上？"
- 焦虑。例如："我该怎么应对？""我不知道该怎么办。""怎样做最好？"
- 自责。例如："要是那时候我能了解她的想法，我就能救她了。"
- 愤怒、沮丧。例如："你怎么能让我独自面对？""你从没经历过失去爱人的滋味，怎么能明白我的感受？"
- 感到孤独。例如："我是唯一真正了解自己感受的人。"
- 丧失生活热情。例如："今天我不想起床上班。""管它呢！我才不在乎自己应该做什么。"

除了以上表现，许多人感到悲伤时还会出现一系列的身体症状，包括头痛、短期记忆丧失、肠胃不适、疲惫不堪、睡眠困难、睡眠时间过长等。悲伤的病理表现可以构成明显的抑郁性疾病。

☁ 丧亲之痛

亲人离世之初，不想理会其他事情是完全可以理解的。你不必立马或很快理清所有事情的头绪（与葬礼相关的事宜除外）。

没有人要求你快速摆脱悲伤。你需要时间妥善地抒发悲伤，找到办法逐渐淡化悲伤，然后进入人生的下一个阶段。跟那些刻意忘记或假装事情从没发生过的人相比，能妥善地抒发悲伤的人往往可以更快地振作起来。

顺其自然地过每一天，一步一步来。在这个过程中，你可能需要一些帮助，或是需要向别人倾

你经历过哪些悲伤时刻

我有两个朋友，他们在我们还很小的时候就自杀了。我没有一天不为他们感到难过。

——霍利（23岁）

我妹妹在她还有一周就满11岁时离开了我，爸爸在他54岁时离开了我。在他们离开后的那段时间里，我常常哭泣。直到现在，当我想起他们时，眼泪还是止不住，不过与他们有关的记忆大多是快乐的。

——帕姆（33岁）

哥哥在他17岁时因为白血病失去了生命，我当时13岁。我难以承受哥哥的离世，在很长的一段时间里，我都假装他是因为去度假而暂时回不了家，尽管这样做无济于事。

——诺拉（31岁）

我妈妈在两个月前去世了，我到现在还没走出来，震惊、难以置信、麻木等情绪我都经历了。现在我仍然感到很伤心，做任何事时都无法集中注意力。

——格蒂（34岁）

我在5岁时离开了匈牙利，当时正是我学习与他人交往的年龄。从那以后，我就没有归属感，感觉自己一直在漂泊。

——埃莉奥诺拉（32岁）

我的爸爸在我10岁时就离开了我。从那以后，我每天都生活在悲伤中。

——凯特（47岁）

童年时遭受虐待；第一个孩子夭折；房子被火灾焚毁；良好的体质不复存在；父母和兄弟姐妹相继离世……我发现，每次经历悲伤时我都会想起之前的经历。

——祖德（63岁）

一年多以前，我的灵魂伴侣突然离世。那是我人生中最不堪回首的时光。有好几个星期，我都沉浸在茫然和难以置信的情绪中。我花了好长时间才逐渐走出来。

——简（58岁）

我有一些朋友死于艾滋病，这对我影响很大。我花了好长时间才从一个朋友去世的阴影中走出来。

——乔治娅-梅（26岁）

我的悲伤和我妈妈有关，她生前身患重病。一方面，我觉得对她来说，死亡是一种解脱（希望我的话听起来不会太冷酷无情，我只是觉得她不会再被病痛折磨了）；另一方面，我真的难过了很长一段时间。

——纳尔埃勒（30岁）

38年前，我和姐姐一起经历了一场车祸，她没能活下来。那年我16岁，她21岁。当时我在住院，大家不准我参加她的葬礼。从那以后，在我面前，大家都对她闭口不谈，除非我主动提到她。

——特蕾泽（54岁）

摩托车事故带走了我的两个孩子，后来我的祖父母也去世了。我的生活分崩离析，我不愿醒来面对这个世界。但时间教会我承受，教会我接受生活还在继续的事实，我必须决定怎样度过今后的人生。

——特里（44岁）

我流产过五次，这让我悲痛欲绝。我不知道自己还能不能获得幸福。时至今日，我仍然感到非常难过。事实上，写下这些文字时我都快哭了。

——林迪（51岁）

我那漂亮的小孙女一出生就夭折了。在我经历过的所有的亲人亡故中，这是最令我痛彻心扉、难以承受的。

——诺拉（64岁）

我女儿2岁时被诊断出患有孤独症。我为自己、为她规划好的生活都化为了泡影，这让我感到非常失落。我和丈夫在悲伤和焦虑当中度过了一段时间，我们的生活因此发生了改变。但生活就是有起有落，我明白自己要学会面对。

——曼迪（41岁）

我的丈夫遇害了。从那以后，我拒绝和亲朋好友往来，还患上了抑郁症。四年过去了，我还没有走出来，还在苦苦挣扎。

——阿曼达（35岁）

我感到内疚，因为我没有像其他人那样悲伤。

——梅根（30岁）

我们都在以不同的方式处理悲伤以及其他情绪。即使别人没有按照你认为他们应该采取的方式来表达他们的感受，也不要认为他们不悲伤或是漠不关心。

——杰基（46岁）

孩子与亲人亡故

父母可以告诉孩子自己很悲伤，但不能拿孩子当精神支柱。拿孩子当精神支柱不仅没有用，还会严重影响孩子的未来。

——阿利（28岁）

我当时还小，但母亲努力不让我们家沦为一个死气沉沉的地方。她总是欢迎人们来家里玩。

——奥萝拉（26岁）

诉，这都是非常正常的。不要羞于示弱，也不要不好意思向别人求助。

你的悲伤

你也许很难轻易地摆脱悲伤或停止悲伤，但你可以学会如何管理情绪，如何与悲伤和平共处。某种程度上来说，你可以把悲伤转化成爱。告诉自己，即使他们去世了，你也会一直爱他们，他们也是爱你的，你可以带着这份爱继续生活。如此一来，那些悲伤的记忆碎片就不会再那么频繁地刺痛你。向前看并不意味着你忘记了逝者，也不意味着发生的事情无关紧要，他们一直在那里，你和他们的美好回忆是不会消失的。你可以学习如何在悲伤中获得新生。

他人的悲伤

你可能很难真正理解他人的悲伤，但至少应该做到不妄加评论。悲伤的表达方式千差万别。当他人沉浸在悲伤中时，最好的办法是问问他们你能做些什么，或者默默地做一些明智而实际的事情，无须多问，也不要过多打扰他们。沉浸在悲伤中的人往往无法理性地思考。你可以在他们需要外出的时候载他们去他们要去的地方，或帮他们处理一些有难度或比较危险的事情，因为此时，他们的观察力和反应力会大大下降，可能意识不到危险。

考虑孩子

当你沉浸在亲人离去的悲伤中无法自拔时，如果可能的话，尽量找个人帮忙照顾孩子，这样孩子就不会被你的情绪过分影响，和你一同沉浸在悲伤中。当然，孩子也会因为亲人的离去而悲伤，但是他们更容易通过做其他事情（比如和好朋友聊天）而暂时忘掉悲伤。这也就是为什么他们可以一会儿号啕大哭，一会儿又像什么都没发生一样正常玩耍。

孩子的思维方式和成人的不一样，你要做好随时回答孩子提出的各种问题的准备，或者让可靠的值得信赖的亲戚、朋友代劳。在成人看来，孩子的一些问题可能非常不合时宜、令人难以理解或让人心烦意乱，但他们不是故意的。

比如，年龄小的孩子可能无法理解什么是死亡，他们可能会在参加自己爷爷的葬礼时问"爷爷去哪了"，或问"我们这是在干什么"。对孩子来说，最重要的是得到回答，这会使他们觉得自己没有被忽略，从而更容易融入仪式中。

人们对孩子是否应该参加葬礼这个问题持有不同的看法。我的观点是，孩子不应该被强迫参加葬礼，他们应该在没有批评和说教的环境中自行决定是否参加葬礼。

另外还要注意一点，那就是带孩子参加葬礼时，要在他们身边安排一位年长的、做事稳妥的亲戚或朋友来照顾他们，这样你在忙于其他事情时就不会有后顾之忧了。

🔶 新伴侣

当丧偶者很快就有了新伴侣时，其他家人（尤其是下一辈）常常觉得无法接受。很多老年人（尤其是男性）可能会在其他家人认为"太早了"的时候开始一段新恋情。发生这种情况的一个常见因素是，很多男性已经习惯了由妻子来照顾自己的生活起居，包括吃什么、穿什么和买什么，以至于他们几乎无法独自正常生活。因此，他们的想法其实是赶快找一个新伴侣来照顾自己，他们可能根本不知道自己的行为在其他家人看来是一种对逝者不尊重的表现。

悲伤与悲伤共处

悲伤时，我不想从任何人那里得到任何东西。

——阿农（33岁）

我需要朋友给我做饭，给我打电话，陪我出门，抱抱我。

——凯特（47岁）

我根本不希望任何人接近我，除了我的孩子们。我对朋友保持缄默，直到葬礼过后才告诉他们发生了什么。

——凯丽（54岁）

刚开始，身边的人会支持你，体谅你，但几周后，他们就会忘记，但你不会！

——堪蒂（38岁）

当时我醉醺醺的，一连哭了好几个小时，一把鼻涕一把泪，我的朋友们也在我身边坐了好几个小时。他们可能以为我不记得了，但我记得。

——阿黛尔（27岁）

按自己的方式处理吧。不需要在别人设定的时间范围内结束悲伤，因为每个人都是不同的。我妈想让我在葬礼结束后去酒馆，因为她觉得那是我该做的。她不尊重我的感受和我应对悲伤的方式。

——瑞秋（27岁）

我不知所措，几个星期都下不了床。在那段时间，家人帮我照看生意，好姐妹负责照顾我。

——阿曼达（49岁）

我只想自己静静，但我又讨厌别人让我一个人待着。

——玛格丽特（39岁）

一个朋友给我送吃的，还把她的清洁工派来我家。这是我得到的最实际的帮助。我需要这些帮助。

——舍尔（35岁）

我需要姐妹们的拥抱。

——玛克辛（58岁）

不要妄想人们会忘却丧子之痛。他们只是学会把没有孩子的生活过得更好。如果你正在经历这种悲伤，哪怕只是向前走了一小步也值得庆祝。请一定善待自己。

——罗克西（51岁）

我向朋友们承认我们失去了一个孩子，我们原本非常期待这个孩子的到来。有些朋友会安慰我们，关心我们，而有些朋友并没有这样做，也没特意对我们说些什么。后来，那些什么都没做的朋友说，他们不知道自己该做什么、该说什么。

——弗洛西（32岁）

起初我希望别人陪伴我，后来我只想独处。

——利兹（38岁）

我会一直想念他们。总会有一些事让你在不经意间想起你爱过的和你失去的人。随着时间的流逝，那种灼热的刺痛会慢慢变成隐隐的疼痛常驻于心。

——凯特（32岁）

我希望他们别再问我感觉怎么样，也别再说时间会治愈一切——并不会。

——克里斯蒂（25岁）

虽然谈到她我会忍不住落泪，但我还是不愿意就此不提。我不想听那些能让我好过些的办法，我不想好过些。

——贝拉（41岁）

是什么帮你减轻悲伤

以下是一些受访者的答案：

● 阅读一些心理方面的书籍 ● 祈祷 ● 每天游泳 ● 写贺卡和信件 ● 丈夫的贴心支持 ● 创建一个仅自己可见的私人博客 ● 杀害她的凶手终于入狱 ● 优质的心理咨询 ● 把它当作疾病，给自己时间康复 ● 和家人在一起 ● 播放妈妈生前最喜欢的古典音乐，尽情大哭 ● 回忆我们在一起的快乐时光 ● 靠回忆生活，每天都提起她 ● 冲他大喊大叫，因为他未经我允许就死去 ● 时间 ● 加入互助小组 ● 跑步 ● 必要时，独自对着照片号啕大哭，哭上好几天也可以 ● 自己开车去一个可以看到大海的地方 ● 别人的关心另一个可能的因素是，老年人对时间快慢的感受不同，思考问题的角度也不同。比如，一位70岁的女性失去丈夫后，可能会突然觉得自己能行动自如且非常健康的时间只有差不多10年了，因此她会尽可能利用好这些时间为自己而活。在经历过丧亲之痛后，许多人会更清楚地意识到要活在当下。

丧偶者找了新伴侣后，紧接着要面对的就是新伴侣和其他家人相处的问题。其他家人可能会想"他怎么能这样""她是为了钱吗"，而新伴侣同样会感到担心和忐忑。如果找了新伴侣，注意要让新伴侣和其他家人相互保持礼貌。不要对其他家人说"这是你的新爸爸（或是新妈妈、新爷爷、新奶奶）"，因为即使这么说了，他们也不会认同，这反而可能导致矛盾产生。最好让其他家人随着时间的推移自然而然地接受丧偶者的新伴侣。

对另一些人，尤其是那些和伴侣一起生活了很多年、感情一直很好的人来说，失去伴侣的痛苦是如此之大，以至于他们几乎无法正常生活。他们会在失去伴侣之后的数十年一直保持单身，好像人生只剩下缅怀伴侣这一件事。如果一直沉浸在这种悲伤中，并且影响到了正常生活，家人可以考虑带当事人去做一下心理咨询。当然，不同的人对待心理咨询的态度不同。有些年长的男性觉得去一次就够了，或者觉得做心理咨询是一种折磨和负担，而不会觉得这是一种正视、梳理和抒发自己情感的机会。

乐观

有些人有能力从低落的情绪中迅速"反弹"。这些人好像天生就很乐观，认为（或者说相信）事情会往好的方向发展。其实，不是天生的乐天派也不要紧，乐观这种性格是可以后天培养的。人还可以培养"适应力"，也就是快速恢复的能力。拥有良好的"适应力"代表人能直面困难、渡过难关，

能承受失败、吸取教训，能接受失望、从头再来，能用更短的时间从打击中恢复过来，而不是几天、几周或在更长的时间里都闷闷不乐。

培养乐观主义和适应力需要勇气。你要勇于尝试新鲜事物而不是无所作为，因为怕失败而不敢跳出舒适圈。即使尝试失败了，也不要说"这下信了吧？我早告诉你我不行了"之类的话。失败很正常，你完全可以再试一次或更多次，或者请求他人的帮助。

此外，被人拒绝也是一件很正常的事。很多时候，拒绝你的人并不是故意针对你。至于那些故意针对你，甚至对你说风凉话的人，你就更没有必要理会了，还记得那句"活得好就是最好的报复"吗？所以，不要让被人拒绝的痛苦成为阻碍你结识新朋友或申请新工作的绊脚石。你要努力将自己打造成不怕失败、不惧怕风言风语的女人，当一扇门在你面前关上时，要勇敢打开它或尝试打开其他的门。

🍂 如何变得乐观

以下是一些能让你变得更乐观的方法：

· 喜欢自己。接受自己的缺点，并尝试改正，努力让自己成为一个宽厚、正直的人，这些好品质会让你拥有良好的自我感觉。

· 从家人或朋友那里寻求支持。加入一个俱乐部或社团对你也有好处。

· 制作一个清单，列举出能给你带来快乐的人、活动、书籍、音乐或其他事物。

· 想想自己曾经的经历。回想一下自己经历过的艰难时光，尤其是那些刚开始很难，后来逐渐变好的时光。努力意识到自己已经克服过很多困难，取得过很多成绩，拥有了很多美好时光。

· 要意识到有时候情况不会自己变好，你必须采取行动或寻求帮助。有时，在情况好转前，你需要坚持不懈地努力。

· 直面恐惧和困难，因为它们确实有积极的一面。直面恐惧、解决困难的过程能让你了解自己的不足，收获经验，做好应对未来困难的准备。

· 设定一个可以实现的目标。

· 不要做"灾难制造者"，也就是通过装腔作势、惊慌失措、大喊大叫、小题大做、连连抱怨等把微不足道的问题变成大灾难。省下精力去解决真正的问题。

· 坚定自己的立场，自己的事情自己说了算。

· 即使处境艰难，也要确保自己吃好一日三餐，保持仪表整洁（不必非要让耳饰和鞋子搭配，但要勤洗澡）。只有拥有健康的身体，你才有精力直面艰难险阻。

· 好好审视当下的问题，说不定你能发现它有趣的一面。

· 如果一种策略行不通，就果断放弃，尝试另一种。不要责怪自己。

☁ 激励自己的十种方法

1 欢笑。和家人、朋友一起看喜剧电影、演出或玩游戏。

2 到户外散步。新鲜的空气和温暖的阳光都能让你心情舒畅。

3 自我肯定。在记事本、便利贴上写下自己的优点，以便意识到自己有很多长处。

4 探索自己具有创造性的一面。尝试写作、绘画、表演、烹饪、做手工等，并通过做这些事表达自己的感受。

5 计划一些令自己期待的事情。你在本周有没有安排一些令自己期待的事情，比如看一场电影？如果没有，就把它安排在未来几周。

6 给自己留出什么都不用做的时间。在这段时间里，你可以静静地躺着或听听轻音乐。

7 做善事，包括救助动物、做志愿者、为慈善机构捐款等。

8 向他人表达爱意。如果他人需要帮助，请尽量伸出援助之手。

9 大扫除。你可以抽时间把卧室、办公室或抽屉清理干净，把不想要又占地方的东西扔掉，按照你的意愿重新规划空间的布局。如果这项任务太艰巨，一次完成不了，可以一点一点来。

10 问问自己的心，思考一下自己是需要陪伴还是独处。有些人希望和他人共度每一个悠闲时光，喜欢被陪伴的感觉，而有些人则更喜欢拥有属于自己的空间和时间。

幸福

当人们的欲望或目标（通常是最终目标）达成时，人们会发自内心地感到幸福。当代理论通常以两种方式来定义"幸福"：一种定义是幸福代表一种美好的、蓬勃发展的生活状态；另一种定义是幸福是一个人的欲望得到满足而产生长久的喜悦，并希望一直保持现状的心理情绪。第一种定义强调生活状态，第二种定义强调个人感受，以及个人欲望的实现。

许多人致力于寻找幸福。也有些人认为不必努力去寻找幸福或追求"快乐常在"，只要感到满足，不要总是心怀不满就可以了。还有些人认为，刻意追求幸福反而会让人不幸福，更好的选择是让自己忙碌起来。

十部能振奋人心、让人觉得快乐的电影

❶ 《公主新娘》（*The Princess Bride*）

❷ 《马尔科姆》（*Malcolm*）

❸ 《无忧无虑》（*Happy Go Lucky*）

❹ 《跳出我天地》（*Billy Elliott*）

❺ 《我爱贝克汉姆》（*Bend it Like Beckham*）

❻ 《阳光小美女》（*Little Miss Sunshine*）

❼ 《生活多美好》（*It's a Wonderful Life*）

❽ 《独领风骚》（*Clueless*）

❾ 《油炸绿番茄》（*Fried Green Tomatoes*）

❿ 《快乐的大脚》（*Happy Feet*）

励志类书籍

许多女性表示，通过阅读励志类书籍，她们的生活质量得到了改善，甚至发生了翻天覆地的变化。与此同时，也有些人对励志类书籍嗤之以鼻。他们认为这类书籍要么是自以为是的作者匆匆写就的，要么是用一些乏味的话来重复一些显而易见的道理，而这些道理在网络上一抓一大把。就我个人而言，我觉得这类书籍最主要的作用是点亮希望。

对心理健康的看法

我觉得每个人都怀疑过自己是不是有心理问题。在我看来这再正常不过了，因为生活总是在不断变化，每个人都得经历好事和坏事。

——埃斯（26岁）

你可能以为自己是唯一一个被心理问题困扰的人，但一旦跟别人聊起来，你就会发现这种情况其实很常见，既然其他人可以熬过去，你也可以。

——塔利亚（28岁）

谁都可能有心理问题。即使你有心理问题，你也还是原本的你，这只是疾病的另一种形式。心理问题可以在药物和心理咨询师的帮助下得到解决。

——朱迪（30岁）

我有心理疾病，有的朋友会因此觉得我智力有问题，好像我做什么决定都是错的。

——凯特（51岁）

我只告诉了少数人我有心理疾病，因为我觉得这是一种耻辱。如果这个消息在公司里传开了，那我的麻烦可就大了。

——梅林达（31岁）

即使你对父母遗传给你的基因不满意，也不要为难自己。善待自己，你值得拥有幸福和快乐。

——埃米（55岁）

心理疾病和身体疾病一样，都应该得到悉心的照顾和有力的支持。不能把有心理疾病当作耻辱。

——希拉里（41岁）

不要指望伴侣、亲人、朋友能真正理解你。你需要的不仅仅是"狠狠踹你一脚让你醒悟"或几句安慰。

——米歇尔（52岁）

家庭支持

来自亲人的支持和鼓励总是暖心的。他们不断告诉我，日子每过一天，我就离好起来更近一步。这帮我渡过了难关。

——梅拉妮（34岁）

和妈妈、阿姨谈论抑郁症对我大有帮助，因为她们也都饱受煎熬，而我对此一无所知。我原本觉得自己孤单极了，但知道她们也有相似的经历后，我心里好受了一些。

——索菲（29岁）

当时我觉得自己快要疯了，简直无法做任何事情。这是非常可怕的。我的家庭医生一直在我身边陪伴我，他的存在发挥了非常大的作用。

——黛比（50岁）

我得了抑郁症。没有家人一如既往的支持，我不可能度过那几个月。我在丈夫身上看到了令人难以置信的坚韧。

——塞拉亚（30岁）

我不知道，如果没有家人的支持，我会变成什么样。

——罗斯（32岁）

寻求帮助

记得要不断敦促社区医生给你推荐专家。

——休（45岁）

不要觉得自己很蠢，要尽早寻求帮助。

——林迪（38岁）

不要像我一样，等上10年才去寻求帮助。

——克莱尔（29岁）

我找了学校的心理咨询师。她棒极了，她是我的救命恩人。

——多姆（21岁）

从12岁到18岁，我都非常低落。我非常渴望得到帮助，但父母说我只是在小题大做。

——艾梅（35岁）

寻求帮助来对抗抑郁症不是软弱的象征，而是勇敢的象征。

——玛丽亚（39岁）

我的医生为我安排了免费的心理治疗。

——凯特（35岁）

寻求帮助前，我在长达10年的时间里用酒精来麻痹自己。优秀的医生和药物治疗都帮了我大忙。

——凯特（32岁）

经过心理咨询师的疏导，我理解了家庭纠纷给我带来的愤怒和悲伤。但在治疗产后抑郁症方面，药物治疗更有效。

——艾利森（57岁）

为了弄清楚我患抑郁症的深层原因，我看了1年的心理咨询师。

——卡伦（38岁）

我咨询过心理咨询师，他们使我的人生发生了翻天覆地的变化。

——苏珊（42岁）

世界有多黑暗，你无从得知；时光一去不返，你束手无策。你害怕某些感觉会卷土重来，你的恐惧无以言表。能帮到你的有认知行为疗法、药物治疗和即使你变得无趣也依旧爱你的朋友。

——贝琳达（46岁）

心理健康

　　心理健康的人往往乐观自信、充满活力、生活幸福。他们能正确地看待生活中遇到的问题，并妥善处理，不会因为手破了就歇斯底里地大发脾气或失声痛哭；他们能游刃有余地应对压力，避免做出会给生活平添不必要的烦恼的决定；他们的情绪也相当稳定，不会总是处在巨大的波动之中，比如毫无征兆地陷入忧郁的深渊，或者脾气像烟花一样一点即燃。

　　在本节中，你能找到许多有关心理问题、心理疾病的正面信息，也能了解该如何获得帮助，如何帮助自己的家人和朋友，以及如何积极地规划未来。本节还介绍了大量的治疗和康复方法。

呵护心理健康

在本节，我会介绍一些常见的心理疾病，包括人格障碍、抑郁症、产后抑郁症、焦虑症、强迫症、创伤后应激障碍、进食障碍、双相障碍等。在这之前，请先看看哪些方法可以促进心理健康。

助力心理健康的十种方法

1. 多接触阳光和新鲜空气。这是一种很好的振奋心情的方法。

2. 多做运动。研究表明，运动（即使是散步）对心理健康大有裨益，而且在户外做运动，还能享受到阳光和新鲜空气，一举两得。

3. 健康饮食。大脑需要源源不断的优质蛋白质和维生素来保持其各项功能正常运行。节食会破坏身体的反应能力，还容易让人情绪不振、心情不佳。

4. 睡眠充足。保证充足的高质量睡眠对心理健康至关重要，睡眠严重不足容易使人行为狂躁、精神崩溃。

5. 感受爱与尊重。学会爱别人，也感受来自别人的爱；学会尊重他人，也感受别人对自己的尊重，这很重要。

6. 找到归属感。感觉自己是群体的一分子能给人带来一种备受尊重和受欢迎的感觉。这有助于人们适应家庭生活、工作以及其他各类小组活动。

7. 实现自我价值。当人们为家庭、群体或者社区做出贡献时，自我价值就得到了体现，自尊感也能得到提升。

8. 偶尔清空思绪。做瑜伽、冥想等都能够让大脑稍事休息。

9. 保持自信。自信体现在即使他人质疑自己，也能坚定走自己的路。要学会说"不"，以免被超额的工作和责任压垮。

10. 多注意自己的情绪。不要让消极情绪积少成多，以免小问题逐渐演变成大的心理健康问题。

寻求心理健康方面的帮助

如果你怀疑自己有心理健康方面的问题，就去做一个专业评估，这样才能明确自己要解决的问题是什么，并且勇敢面对问题。面对外界影响，你是否能做出合理的反应？你的心理问题能否通过短期咨询得到调整？你是否患有需要持续治疗才能让生活重回正轨的心理疾病？对于这些问题，专业评估会给出答案。

全科医生可以为你提供初步的心理咨询和治疗。如果有需要，他们也能为你推荐一位受过心理健康问题沟通训练、能帮助你克服心理问题的专业的心理咨询师或精神科医生。

治疗心理疾病的方法有很多，但所有方法都需要时间。你可以寻求心理咨询师的帮助，如果有需要，也可以吃药（一定不要随便吃别人的药，也不能想吃就吃，想停就停）。在治疗过程中，你会有时感觉好，有时感觉差，有时甚至会觉得自己再也不会好了，但你要坚信自己正在朝着好的方向前进。用酒精进行"自我治疗"对治疗心理疾病没有帮助，只会雪上加霜。

心理健康支持团队

在和专业人士一起解决心理问题的过程中，不仅会涉及信任和相互理解的问题，还会涉及双方能否和睦相处、是否适配的问题。不管怎样，如果你感觉不舒服，或者觉得咨询没有效果，你都可以选择向别的心理咨询师咨询。你要警惕那些脑子里只有理论、没有实际的心理咨询师，他们可能不会具体问题具体分析，或是只能得出一些笼统的结论，比如"你肝脏有问题"或"你缺乏维生素"。任何涉及心理健康问题的诊断，都必须由专业人士做出。

另外，你咨询的所有医生都应该知悉其他医生为你开过的药，以及你正在服用的药，因为有些药物混用后会使药效相互抵消或对身体有害。

家人和朋友

虽然家人和朋友无法为你的情况做出诊断（即便他们做出了"诊断"，你也不要听），但他们的建议值得一听。你可以把自己的问题告诉家人和朋友，他们会在你治疗和康复的过程中向你伸出援手。虽然他们不一定总是能洞察或理解你的心理问题，但是他们中总会有人愿意去学习相关知识并努力理解你，这些人会是你最有力的支持者。至于跟谁说、是否要谈及自己的心理健康问题，你可以参考第 292 页"心理疾病：更与何人说"部分。

在线治疗和帮助

国际上，有些在线治疗项目曾成功治愈过抑郁症和焦虑症患者，它们在治疗非急性心理问题方面尤其有用。如有需要，可以咨询医生。

心理疾病

心理疾病涉及面很广，包括抑郁症、焦虑症、强迫症、双相障碍等。以上这些疾病我都将在后文一一介绍。

心理健康治疗医生分类一览表

全科医生

全科医生可以提供基本的精神心理卫生服务，包括初步的心理咨询与治疗，并且能够为患者推荐心理咨询师或其他专家。

中医心理师

中医心理师是运用中医心理学理论与技术，从事心理测量、评估及干预工作的专业人员。中医心理师分为三个级别。三级为初级，二级为中级，一级为高级。

心理咨询师

心理咨询师是指运用心理学以及相关知识，遵循心理学原则，通过心理咨询的技术与方法，帮助求助者解除心理问题的专业人员。心理咨询师主要提供语言上的疏导与帮助，没有资质开具处方药。

精神科医生

当心理问题严重到一定程度，就进入了医学范畴。精神科医生是专门研究大脑和心理健康的医生。他们接受过精神病学方面的专门训练，积累了经验，在心理治疗、与患者沟通方面有丰富的经验。

精神科医生的任务包括诊断疾病、持续治疗和开具处方药。大多数找精神科医生看病的患者需要定期去复查。

心理治疗师

精神科医生做出诊断后，会给出一些治疗方法，接着心理治疗师就可以为患者做这些治疗。心理治疗师是掌握心理学相关知识，从事心理治疗的专业人员，即进行必要的临床心理测试、心理咨询及必要的心理治疗的治疗师。他们没有资质诊断疾病和开具处方药。

不幸患有心理疾病

我被诊断出患有边缘型人格障碍、分裂情感障碍、双相障碍。我的甲状腺功能也有问题。15年来，我一直与疾病为伴，还以单身母亲的身份抚养了一个儿子。直到现在，我也没有完全脱离困境，还在努力和这些疾病作战。我想说的是，千万别觉得靠自己就能熬过去，一定要找人帮忙。是认知行为疗法、药物和巨大的韧性支撑我走到了现在。

——M（35岁）

我哥哥有精神分裂症。如果说有什么不同的话，那就是自从他确诊后，我们变得更亲密了。谁能保证自己不会有任何问题呢？

——凯蒂（24岁）

我有针头恐惧症，因为这个，我很多年都没敢要孩子。为了要孩子，我不得不努力跟自己的恐惧抗争。后来，通过看心理咨询师和自我疏导，情况总算得到了缓解。

——萝宾（32岁）

我的父亲在他65岁那年死于突发心脏病。我曾经两次流产，其中一次胎儿在17周时因为染色体异常而停止发育。我以为我没事，但实际上，这些让我患上了创伤后应激障碍。

——凯特（35岁）

我曾多次试图自杀。时间和身边的新朋友帮我走出了困境。我牢记自己的梦想——拥有一匹马和一个农场。在我生病的那段时间，这些梦想就是我的精神支柱。最终我实现了这些梦想。

——莎拉（32岁）

我饱受双相障碍和边缘型人格

障碍的折磨，一直在吃药。对我而言，重要的是找到合适的精神科医生和正确的药物组合。

——安妮

我患有抑郁症和厌食症。跟它们"作战"的经历让我变得坚强。对我来说，家庭的支持非常重要，优秀的精神科医生和全科医生也是必需的。

——凯里（25岁）

尝试帮助患有心理疾病的人

对我来说，将一位朋友送到精神病院治疗是我做过的最艰难的事情，但这不仅救了她的命，也救了她儿子的命。她现在健康多了。心理辅导和药物治疗对她产生了奇效。

——哈玛尼（36岁）

当我丈夫说他想停药的时候，我告诉他绝对不行，因为他不吃药的时候就是个混蛋。我对他说，如果他想继续住在这里，就要坚持吃药。

——艾莉森（27岁）

在与有心理健康问题的人打交道的时候，也要关注自己的心理健康，知道自己的极限在哪里，不要被他们影响。

——维奥莱特（37岁）

人们需要知道，对饱受抑郁症困扰的人而言，身边人的陪伴可能会让一切大不相同。所以，不要忽视他们，要多关心他们。

——珍（40岁）

当我遇到心理健康问题时，我没有得到任何帮助，身边的人只是告诉我要继续生活，事情并不像我

想象的那么糟糕。如果你怀疑朋友或者认识的人正在遭受折磨，可能的话，请伸出援助之手。他们需要别人的帮助。

——亚力克西斯（36岁）

我母亲患有抑郁症、焦虑症以及边缘型人格障碍。直到我30多岁的时候，我才真正明白该如何与她相处。

——米莎（35岁）

之前，我没意识到抑郁症对人的影响有多大。后来，经过研究，我对这种疾病有了更多的了解，也了解了我朋友的经历。

——达娜（28岁）

在给予有人格障碍的人支持，和被拖进他们的世界、受他们的影响之间有一条微妙的界限。你必须守住这条界限。这不难，但是如果你没有守住，你可能把自己的生活都搭进去，没有时间来过好自己的人生、经营好自己的家庭。所以，守住界限很重要。

——埃斯特（44岁）

看着自己的丈夫与心理疾病做斗争但又不知道该怎么做是一件非常可怕的事。一旦遇到问题，就要寻求专业人士的帮助。不要像我们这样，等待时间来修复一切。

——洛雷勒（43岁）

我不认为我们普通人能"修复"另一个人。他们需要专业人士的帮助。我们能做的就是聆听和支持。这是他们的人生，不是我们的，过分干预反而会让对方不舒服。这是我经历过惨痛教训后得出的结论。

——卡罗琳（43岁）

心理障碍是一种综合征，其特征表现为个体的认知、情绪或行为方面出现具有临床意义的功能紊乱，常伴有痛苦体验和心理功能损害，通常与在社交、职业或其他活动中显著的痛苦或伤残有关。又称精神障碍。

在澳大利亚，有关部门曾经针对约 8000 人做过一项关于心理健康的调查，结果显示：五分之一的人表示在过去一年中有过心理障碍，几乎一半的人表示在自己的一生中至少有过一种心理障碍。该调查仅涵盖了抑郁障碍（也称抑郁症）、焦虑障碍（也称焦虑症）、物质相关及成瘾障碍（滥用毒品、酒精等）三类心理障碍，并没有涵盖精神分裂症谱系及其他精神病性障碍、神经发育障碍、进食障碍等其他心理障碍。

此外，澳大利亚统计局的数据显示，女性更易有焦虑障碍和抑郁障碍，男性更易有物质相关及成瘾障碍。另一项调查的结果显示，同为心理障碍患者，约三分之一的女性会寻求医生的帮助，而男性的求助比例仅为约六分之一。

对大多数人来说，受心理健康问题困扰只是他们人生中的一个小小的插曲，随着时间的流逝，在亲人、朋友强有力的支持下，他们总能及时调整，在问题演变为心理障碍之前就成功将其解决。现在，有很多方法能帮助人们解决心理健康问题，越早介入，人们就越容易康复。遇到问题时，可以先和家人、朋友或专业人士聊一聊，勇敢地迈出第一步。

◎ 心理疾病的真相

需要强调的是，阅读本节的内容时，不要想当然地认为自己患有其中的任何一种心理疾病。如果有不对劲的感觉，一定要去看医生。在寻找合适的医生和治疗方法的道路上，要有耐心。

大多数患了心理疾病的人无法从普通人的视角看待这个世界。部分心理疾病的症状之一就是患者坚定不移地认为自己没有心理疾病，所以他们会拒绝寻求帮助和服用处方药。承认自己患有心理疾病不仅对患者来说是毁灭性的打击，对患者的家人和朋友来说也是令人沮丧的。另外，虽然承认患病，并且对自己所患的疾病有深刻的认识，是治疗心理疾病的重要一步，但这并不意味疾病一定能被治愈，有些心理疾病很顽固。

不同心理疾病患者会有不同的感受和症状，例如：抑郁症患者往往认为生活没有乐趣；厌食症患者往往认为自己"胖"，但其实他们中的很多人已经很瘦了，甚至瘦到危及生命；精神病患者可能会出现幻听，而且他们会觉得自己看到的、听到的都是真实的，他们并没有装神弄鬼，也没有刻意让自己变得与众不同。

如今，很多人在努力且勇敢地与各种心理疾病做斗争，以恢复心理健康。只要能得到帮助，大部分心理疾病患者能找到控制病情、与之共存，或彻底康复的方法。其中一种解决方法是采用药物治疗，但要做到对症和适量不是一件容易的事。有的患者可能只需短期用药，而重度心理疾病患者则需要长期用药，但这也会随着新疗法的出现或患者自身需求的变化而变化。另外，药物难免有副作用，对于这些副作用也要重视。

女性与心理疾病

澳大利亚有关机构曾针对女性心理健康做过一项调查，结果表明，女性患焦虑症或抑郁症的概率是男性的两倍。研究还发现，在 30 ～ 35 岁的女性服用的药物中，最常见的处方药是抗抑郁药（抗抑郁药有时也用于治疗焦虑症）。当然，这可能与女性容易患产后抑郁症有关。

女性在围绝经期可出现以一系列自主神经功能失调为主的症候群，在此期间，她们出现心理问题的可能性也会增大。这除了与生理上的变化有关，还与她们的生存状况有关：在这个阶段，大部分女性不仅"上有老，下有小"，工作上也要面临很大的挑战。高压可能诱发抑郁症、焦虑症，甚至精神分裂症。

心理疾病产生的原因

心理疾病通常与大脑中神经递质失衡、大脑信息回路异常有关。研究发现，很多患有心理疾病的人，其大脑中的神经递质处于失衡状态，所以从某种程度上来说，生理障碍是心理疾病的"罪魁祸首"。此外，压力也是心理疾病的主要诱因。压力的来源有家庭问题、生理疾病或其他情况（如工作或经济问题）。对那些有心理疾病倾向的人来说，酒精和非法药物也可能是疾病发作的诱因。

抛开耻辱感

前文已经说过，心理健康问题有大有小，每个人都可能有不同程度的心理健康问题，所以，即使患有心理疾病，也没有什么好羞耻的。纵观历史，很多知名人士都有过患心理疾病的经历。

在我做的调查中，有1300多名女性表示自己或身边的朋友、家人受到过心理疾病的困扰，其中抑郁症占比在33%以上，双相障碍占比约11%，进食障碍占比约14%，焦虑症占比约16%，产后抑郁症占比约13%，人格障碍占比约3%，精神分裂症占比约5%。其他的心理疾病还有创伤后应激障碍、阿斯伯格综合征、社交恐惧症等。我在统计时发现，各种疾病的百分比之和超过了100%，这说明有些人不只受一种心理疾病的困扰，而是同时被多种心理疾病困扰。

心理疾病：更与何人说

很多人对心理疾病的相关知识知之甚少。对一些患上某种心理疾病的人来说，他们根本不想和别人倾诉，不是因为他们以此为耻，而是因为他们不想回答随之而来的各种疑问。但实际上，一旦敞开心扉，他们可能会惊喜地发现，很多人心怀善意，对此表示理解，而这种交流实际上有助于他们的康复。

如果你遇到心理健康问题，一定要告诉你的直系亲属，这样他们才能帮助你、支持你。除此之外，你一定要向专业的医疗机构咨询。你可以与直系亲属、心理咨询师一起分析一下还有谁能为你分忧。当然，当你的直系亲属或心理咨询师想将你的病情告诉第三者时，一定要请他们考虑你的意愿。虽然我鼓励开诚布公，但如果你不想让更多人知道，那就让他们先不要说。在治疗过程中，尽可能向心理咨询师敞开心扉，正视问题是治疗的第一步。

基因与心理疾病

心理疾病的致病因素是多方面的，除了心理因素（比如创伤后应激障碍的病因主要是心理创伤）和环境因素，有些心理疾病也有遗传的倾向，比如精神分裂症的遗传概率在80%左右。

如果你的父母患有心理疾病，那你患病的概率可能会高一些，但事情并没有那么绝对。你可能没有遗传到相关的基因，或是遗传到了相关基因但永远不会发病，这其中有运气的成分存在。

即使你有心理疾病家族病史，也不要沮丧，因为相比于其他人，你的一个优势就是你的人生早早就被敲响了警钟，你更了解这些疾病，也可以更早地主动避免诱发因素，包括用乐观的态度生活，远离酒精和成瘾药物，在压力过大至难以承受之前，主动给自己减压。

我毫不怀疑，在未来的日子里，科学家和医生能够精准地绘制出人们的大脑图谱，知道谁遗传了某种心理疾病或身体疾病的基因，谁在未来可能会成为优秀的投篮手，谁会成为一名优秀的海军飞行员。但这也不意味着一切已成定局——毕竟那些

"赢在起跑线"的人仍然需要坚持训练、有足够的毅力才能成为一名优秀的运动员或飞行员。当然，即使研究得再透，仍然会有一些人没有被幸运女神眷顾，患上了某种遗传性的心理疾病。让我们一同期待对于心理疾病治疗方法和"解药"的研究能够突飞猛进吧。

心理疾病的诊断

尽管全科医生或心理咨询师可能知道甚至是相当确定患者的问题是什么，但只有精神科医生才能对心理疾病做出医学诊断。如果患者觉得某个精神科医生不适合自己，不要害怕，再找别的精神科医生看看。

精神科医生一般会和患者讨论患者的想法、感觉、生理或心理上的症状，还会和患者讨论他们和家人的关系、他们的学习或工作情况等。要做出"患者得了什么病"的诊断可能不太容易，找出困扰患者的各种问题也可能需要一段时间。跟"给疾病定名"比起来，关注症状可能更有用，毕竟有时，确诊的准确病名会因医生而异。

确诊确实会让患者感到伤心、害怕，因为这意味着他们的问题已经被定性了，但与此同时，这对他们来说也是一种巨大的解脱。患者可以这样想："既然确诊了，我就不用再纠结到底是什么原因了，我现在就能获得有针对性的帮助了，我的病情可以得到控制了。"

🌀 和患有心理疾病的人共处

和患有心理疾病的人住在一起（或者身为他们的家人或朋友）可能会很辛苦，你有时会感到心碎、疲惫，甚至是极度恐惧。由于他们有时头脑还算清醒，因此如果他们对别人说自己的家人或朋友不愿帮助自己，或者密谋要把"健康"的自己送进医院，说不定别人会相信他们的话而不相信你的话。这些问题都会让你感到万分恼火。相对地，当他们的病情得到控制乃至痊愈时，你也会觉得备受鼓舞。

当他们苦苦挣扎时，你可能会茫然、不知所措，不知道应该说些什么、做些什么，尤其是当他们不愿意承认问题，也不想寻求帮助时。你一定要坚信获得治疗对他们来说非常重要，你要努力劝说他们接受治疗。

有的患者狂妄自大，感觉自己聪明无比，还经常无端揣测他人的动机；有的患者有被害妄想，坚信自己身处危险之中，坚信有人要伤害自己；还有些患者否认问题的存在，对建议自己接受治疗的亲戚朋友大动肝火。但是，一定要坚定一个信念，那就是这并不意味着他们不应该接受治疗或者你做错了什么，他们确实需帮助。如果重病患者不接受药物治疗或被误诊，他们就可能给他人带来安全方面的威胁。所以，永远要把自己和孩子的安全放在首位，有需要或疑问就去寻求帮助。

我的建议是，如果你和有心理疾病的人同住，或是有亲人患有心理疾病，最好预存相关人员的电话号码，比如你的或他的其他家庭成员、医生、医疗机构等的电话，以备不时之需。

🌀 如何帮助有心理健康问题的人

· 认真对待他们，经常和他们交流。

· 帮助他们实事求是地对待疾病，不要让他们觉得患病是一件奇怪的事。

· 鼓励他们及时寻求帮助，告诉他们，时有时无的问题将来可能演变成大麻烦。

· 切忌瞎出主意，不懂装懂，做一个支持者或守护者就好。

· 不要说"哦，我也有过这样的经历"。每个人的经历、病症和对病症的反应都不相同，他是他，你是你，这种话对患者没什么帮助。

· 善待自己——这一点也很重要！与有心理健康问题的人相处时，要留意自己的压力水平和心理健

抑郁症

我之前一直很乐观，但最近总是感觉很沮丧，整天躺在床上，什么事情都不想做。

——凯特（57岁）

我对自己的适应能力没有信心，觉得自己找不到理想的谋生方式。我有社交障碍，不过平时隐藏得很好。我时常活在抑郁症复发的恐惧之中。

——劳拉（46岁）

多年来我一直坚持治疗，学会了坦然面对抑郁症，身边还有伴侣和朋友大力支持我，这一切都有助于我与抑郁症作战。

——米歇尔（52岁）

前段时间，我感到疲惫不堪，开始出现抑郁的倾向。恐惧让我感觉恶心、虚弱，这使我十分焦虑。跟我的伴侣交谈，告诉他我的感觉对我有帮助。不要把事情都憋在心里，以为自己能应付一切。如果需要就寻求帮助。

——贝琳达（29岁）

关于抑郁症，我听过的最好的建议就是"有所期待"。所以，找到能让你有所期待的东西或者做一个计划吧。如果你骨折了，你一定会寻求帮助，对不对？对待心理疾病也一样。

——阿利（38岁）

我和"自我伤害"与"自我仇恨"交战多年了。我很难真正喜欢上什么东西。

——露西（53岁）

如果你饱受抑郁症的折磨，一定要去找医生和咨询师求助，一步一步来。即使需要服用抗抑郁药，也不要感到羞耻。

——萨拉（31岁）

我的父母都有抑郁症，我的母亲从我弟弟出生以后就有这种病。这对我影响很大，因为有时在家中我必须扮演家长的角色。

——凯特琳（38岁）

从一段糟心的感情中脱身而出后，我觉得无比轻松和惬意。有时昔日的不快会再度找上门，这时和别人聊一聊特别管用。

——斯泰西（19岁）

我的前任患有抑郁症。四年来我一直想帮他，但他不帮自己，所以我们分开了。他确实在吃药，药物也确实让他的病情稳定了一些，但我还是觉得他应该接受心理咨询，但是他不去。

——卢（36岁）

抑郁症真的很讨人厌。人们常常不知道自己得了这种病，即使知道，也得不到帮助。

——莫妮卡（32岁）

找专业人士帮自己。很多年来我一直没有寻求帮助，于是常年在抑郁和躁狂之间来回打转。

——赫勒女士（42岁）

对我来说，抗抑郁药有奇效。在药物和医生的帮助下，我发觉生活真美好。

——梅格（43岁）

我认为是意志力和拒绝被打败的信念让我熬了过来。

——朱莉（46岁）

我从一个免费咨询课程中找到了自己抑郁症的诱因，这让我能够更好地应对抑郁症。

——塔利（29岁）

我在过去的15年里饱受抑郁症的折磨。在医生、朋友和时间的帮助下，我终于熬了过来。我学着接纳自己、爱自己。这将是我要花一生的时间去做的事。不要忽略你的家人和朋友，抑郁症可能袭击任何人。

——琳妮（37岁）

10年前，我患上了抑郁症。那段日子实在难熬，我不得不挑战自我，靠着顽强的意志才没向它屈服。康复需要时间。我吃了抗抑郁药，还培养了一个爱好。

——莱斯利（49岁）

虽然我的病情得到了控制，但我还是不敢停药。在情况最差的时候，我不能做任何工作，还试图自杀。得了抑郁症后，要及时寻求专业人员的帮助。

——卡西（51岁）

我曾经有过不能下床、不能和任何人说话、不能接电话的症状。我老板打电话报警，让警察来到我家，因为我没有上班，也没有接他的电话。得了抑郁症就要告诉医生，要及时寻求帮助，不要像我这样。

——佚名

我给自己找了个"树洞"，向它倾诉我脑子里的每一个想法，很快我就感觉好了很多。

——莎妮（45岁）

我正值青春期的女儿患有抑郁症。不论对她还是对我们来说，那都是一段恐怖的经历。专家坚持认为她的行为是由一些可怕的创伤导致的。但我觉得其实根本没什么创伤，只不过是因为她处在青春期，对一切都感到迷茫而已。

——海伦（50岁）

康状态，否则可能会导致更棘手的问题。不要认为自己必须帮他们解决问题。

◎ 提升心理健康水平的方法

有些人认为，严重的心理疾病可以通过补充维生素、采用健康的生活方式、依靠意志力来战胜。实际上，答案是不能。患严重心理疾病的人必须接受精神科医生的治疗。

当然，这并不意味着我们对心理健康问题无能为力。和生理健康一样，我们可以做很多事来维持或提升心理健康水平。例如：

· 有问题就直面问题，积极寻求帮助，不要依赖酒精或药物来解决问题。
· 和其他人保持沟通和交流。
· 警惕经常出现的消极想法，这可能预示着心理出现了问题。
· 通过做海报、列清单来记录自己的优点、取得的成绩和发生在自己身边的美好的事情。
· 生活要有规律，这样就不必纠结一些事情，比如什么时候吃饭，什么时候睡觉。
· 坚持写日记，这样就会知道情绪是如何随着时间的变化而变化的。
· 最重要的一点是，永远都要善待自己。想一想，你会如何对待正在经历困难的好朋友？

◎ 有利于心理疾病控制与治愈的五大话术

❶ "成千上万的人能够与自己的心理疾病共存。同样，我也能管理好自己的心理健康。"

❷ "如果一种方案没有解决问题，那么失败的并不是我，而是这种方案。我还可以再试试别的方案。"

❸ "新药物和新的治疗方法一直都在研发中。"

❹ "对大部分人来说，心理健康问题只是暂时的。"

❺ "认识到问题的存在，就是解决问题的第一步。"

人格障碍

生活中，我们可能会觉得有些人特别难相处，和他们打交道挑战重重，劳神费力。其实，他们中的一些人可能患有人格障碍。人格障碍是各种一贯性的、个人生活风格和对待自我及他人关系模式有临床意义的状况和行为类型。进行心理咨询是治疗人格障碍的方法之一，但人格障碍患者通常不会去做心理咨询，因为他们往往认为自己没问题，或者根本就不把自己的问题当回事。

人格障碍的主要类型有偏执型人格障碍、分裂样人格障碍、反社会型人格障碍、情绪不稳型人格障碍、边缘型人格障碍、冲动型人格障碍、表演型人格障碍等。下面主要介绍自恋型人格障碍和边缘型人格障碍。如果你身边有这两种疾病的患者，可以重点看看这部分的内容。

◎ 自恋型人格障碍

自恋型人格障碍是以把自己看得过分重要为特征的一种人格障碍。有这种人格障碍的人往往很难相处。他们可能会有如下表现：

· 感觉自己应该享有特权。
· 容易嫉妒他人。
· 缺乏热情，对他人的感受漠不关心、不闻不问。
· 傲慢无礼，总是夸大自我价值，觉得自己举足轻重、智慧超群，认为自己应该受人仰慕、尊崇，别人应该对自己唯命是从，对被人注意和赞美有极大的需要。
· 一被批评或顶撞就暴跳如雷。
· 一味向他人索求而不顾忌他人的感受和权利，经常做出损人利己的行为。
· 表面自信，实则自卑。

◎ 边缘型人格障碍

边缘型人格障碍是一种表现为人际关系、自

我表象和情感模式的广泛不稳定性，以及明显冲动性的人格障碍。它可能与进食障碍、抑郁症、创伤后应激障碍和严重的焦虑症等一起发生。

边缘性人格障碍一般起病于成年早期，具体表现呈多样性。现代科学研究表明，如果幼儿的大脑在发育时遭受过极端的情感创伤，那么未来在面对人际关系时，大脑就更容易出现"连线"错误。女性患边缘型人格障碍的比例显著多于男性。

边缘型人格障碍具体的表现包括：

· 情绪强烈而多变，比如常常瞬间暴怒、突然焦虑等。
· 行为放纵，变化无常，易走极端。
· 害怕被遗弃，以致常对身边人死缠烂打或提出无理要求。
· 情感空虚。
· 具有分裂的防御机制，无法整合"好"与"坏"，即采用"非黑即白"的方式看待他人，觉得某个人要么是完美的，要么是完全坏透了的。
· 容易自我伤害。

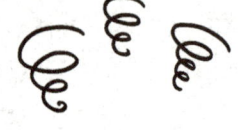

抑郁症

我想几乎每个人都听过"抑郁症"这个词，身边也或多或少地有一些抑郁症患者。现在，让我们一起来认识它吧。

了解抑郁症

以下是有关抑郁症的五大重要真相。

1 可治疗：抑郁症是可控的，也是可治愈的。

2 很常见：据统计，全球或有超过 3 亿人饱受抑郁症的困扰。

3 女性更容易患抑郁症（以及焦虑症）。

4 抑郁症是心理疾病，不仅仅是忧伤、心情低落，还伴有一系列生理症状，让人难以招架。

5 抑郁症是一个广泛使用但专业含义并不一致的词。例如，它指示的可以是"症状"，也可以是"疾病"；可以是"抑郁症"的抑郁发作状态，也可以是"双相障碍"的抑郁发作。

抑郁症的常见症状

· 大部分时间都感到忧伤、失落、紧张或恐惧，常常莫名哭泣、焦虑不安。
· 缺乏主动性，对任何事情或社交都没有兴趣，包括曾经喜欢的事情或人。
· 暴饮暴食或茶饭不思。
· 体重飙升或体重锐减。
· 感到全身有多处不适。
· 难以入睡或反常嗜睡。
· 整日疲惫不堪，无精打采。
· 沉湎于过去或无法改变的事实，自罪自责。
· 丢三落四，反应迟钝，无法专注。
· 悲观、厌世，有自杀企图和行为。

抑郁症的诊断

抑郁症通常是由精神科医生在考虑（或排除）任何可能的医学原因后，根据患者个人情况和病历诊断出来的。

抑郁症的治疗方法

控制和治愈抑郁症的方法包括：

· 改变生活方式：详见第 288 页"助力心理健康的十种方法"部分，这些方法或许对治疗抑郁症有帮助。
· 心理治疗：包括认知行为疗法或其他心理治疗方法。
· 药物治疗：主要采用多种抗抑郁剂，如单胺氧化酶抑制剂、5- 羟色胺再摄取抑制剂等。
· 物理治疗：包括无抽搐电休克治疗、经颅磁刺激治疗等。

抑郁症需要治疗

在很多人眼中，抑郁症患者能够自行振作起来，进而康复。实际上，单靠改变生活方式，患者很难完全康复。他们不仅需要获得家人和朋友的支持、理解与帮助，还需要接受治疗。

◎ 抗抑郁药

抑郁症有轻重缓急之分，对有些患者来说，药物治疗是走向康复的必由之路，而有些患者的症状则会随着生活方式的改变而逐渐改善。是否需要进行药物治疗需要由精神科医生做出判断。抗抑郁药是一类抗精神失常药，具有提高情绪、增强活力的作用。

和其他身体疾病一样，医生需要深入了解病因，直击核心，再给出针对性的药物治疗方案以帮助患者康复。需要指出的是，仅靠药物来治疗抑郁症而不采取其他辅助措施可能并非上策。医生一般会建议一边用药，一边改变生活方式，同时还会帮助患者制订计划，有效控制用药可能引发的副作用或危险迹象。在服用或停用抗抑郁药前，都应咨询精神科医生。

处方药不是魔鬼

服药前想要了解药物有哪些副作用、担心副作用过大是正常的，但也不要想当然地认为药物都对身体有害。虽然说"是药三分毒"，但对有些心理疾病患者来说，服药是必须的，因为药物能改善大脑神经递质水平，就像糖尿病患者需要服药来控制自己的血糖水平一样。总有人觉得"所有精神科医生都令人不寒而栗，他们开的药也很可怕"，这种错误的想法应该改变了。

产后问题

产后，受激素水平变化的影响，大部分新手妈妈容易出现情绪波动。在最初的几个月里，不论白天还是黑夜，宝宝都需要无微不至的照顾，他们可能会莫名其妙地突然大哭，可能会生病，可能会不好好吃奶……他们可能与新手妈妈在电视广告中看到的那些笑盈盈的、乖巧的宝宝（这也是大部分新手妈妈所期待的宝宝的样子）大相径庭，这种不切实际的期盼与现实的落差容易让新手妈妈感到失落。此外，对宝宝寸步不离的照顾容易让她们感到极度疲劳，也会让她们觉得丧失了自由。如果低落的情绪不断积累，找不到发泄的出口，又得不到重视，新手妈妈就容易患产后抑郁症。

◎ 产后抑郁症

产后抑郁症是从分娩到产后 6 个月至 1 年左右的时期出现的情绪抑郁，以情绪低落、精神抑郁为主要表现。产后抑郁症很常见，大多数新手妈妈在一定的支持下可以安全度过这一时期，恢复正常生活。曾患过产后抑郁症的妈妈再次生孩子时，产后抑郁症可能还会发作。

新手妈妈如果感到自己长时间过分低落，甚至有焦虑和恐惧的表现，一定要及时就医，寻求帮助。如果确诊，要配合医生积极进行治疗。越早治疗，效果就越好。

产后抑郁症的症状

除了有和抑郁症相似的症状（见第 296 页）之外，患有产后抑郁症的女性还可能有以下想法或行为：

· 离家出走。
· 对孩子漠不关心或伤害孩子，事后又感到很内疚。
· 坚信自己是个坏妈妈。

产后问题

有了儿子后，我感觉失去了自我。我不知道应该如何看待自己。不管别人怎么说，我都觉得自己是一个糟糕的妻子和更为糟糕的母亲。

——珍妮特（36岁）

生完孩子后，我得了产后抑郁症，整个人都崩溃了。我连正常的说话和阅读都不会了，最后花了一年时间从头学起。产后抑郁症几乎要了我和我孩子的命，也几乎毁掉了我的婚姻和家庭关系。我失去了朋友，不再去公共场合。是心理咨询师、精神科医生、药物、妇产科的护士、知情的家人和朋友以及自我鼓励帮助了我。

——凯西（29岁）

产后抑郁症是你无法控制的东西，但你不是一个人在战斗，这也不是你的错。我保证你会完全好起来的。

——妮古拉（31岁）

我得了产后抑郁症。有一次，我在家人面前完全崩溃了，然后我去看了心理咨询师。虽然她说的内容和别人说的一样，但从一个只关心我的兴趣的陌生人口中听到这些话，对我来说是一种安慰。

——艾莉森（42岁）

生完孩子后，我觉得很孤独。虽然我非常爱她，但是我感觉属于自己的世界好像不存在了，没有人能看到我，我是说只看到我。

——埃利

生完两个孩子后，我得了产后抑郁症。我感到非常孤独。我从未去看过医生，也没有得到家人的理解与支持。我想这是造成这一切的主要原因。

——朱莉（47岁）

第二个孩子出生后，我患上了轻度的抑郁症。我去看了心理咨询师。她太棒了，从那以后我感觉自己像变了一个人似的。永远不要低估谈话的力量。

——利兹（26岁）

我被误诊了，没有得到正确的治疗，直到两年后我有了第二个孩子。我的医生给我开了药，并把我介绍给心理学家。

——塔尼亚（37岁）

我刚被告知患有产后抑郁症。我觉得这很奇怪，因为我最小的孩子已经一岁了。我现在正在服药，感觉药物已经起作用了。我也会去看心理咨询师。

——露西亚（31岁）

我挣扎了很久才想到要去寻求帮助。我不知道产后抑郁症是什么，我以为自己的种种表现是因为自己太软弱了。对我来说，药物治疗是有用的。

——索尼娅（47岁）

焦虑症

医生给我开了地西泮，让我在心慌的时候吃。当我感觉快要发病时，我的伴侣会赞美我，这也有用。

——皮克希（23岁）

我容易感到恐慌、焦虑，常常觉得压力很大。我时常陷入一片黑暗之中，憎恨所有的人和事。这种感觉来了又去，让我很苦恼。

——凯利（21岁）

我饱受焦虑症的折磨。发作时，我会非常恐慌、不安，情绪非常低落，还伴有心慌、恶心等。睡前点香薰、喝洋甘菊茶、尝试把注意力放在美好的事物上对我有帮助。

——丹耶（43岁）

我的母亲患有恐惧症，我会留心自己的行为，看看自己有没有类似的症状。这样一来，故事就不会在我和我的孩子身上重演了。

——苏珊（36岁）

我越累，越紧张，就越可能在电梯、密闭空间、剧院和音乐会上出现恐惧症的症状。

——特雷西（36岁）

发病时，我呼吸急促，手臂感到刺痛，还害怕得不得了。我需要把注意力集中在呼吸上，让它慢下来。我还要赶跑那些不切实际的想法。

——凯莉（35岁）

在面对争执和压力，尤其是与家庭相关的问题时，我的焦虑症会加剧。持续服药和学习情绪管理技巧对我有帮助。

——阿尔文（32岁）

母亲去世后，我有一次惊恐发作。深呼吸好像有帮助，自我暗示一切都会变好也帮了我不少。

——奥利维娅（31岁）

你可能一生都活在焦虑中，然后某一天，药物改变了你。突然间，你觉得一切都变得正常了，你能够更好地经营自己的生活了。

——帕特里夏（61岁）

・过度担心孩子的健康，整日处于紧张或恐惧中。

看到这里，很多新手妈妈可能会说："怎么办，这些想法和行为我好像都有。"好吧，实际上我也是。暂时停止工作、生育宝宝并在家里看护宝宝代表着女性进入了人生的新阶段，新手妈妈需要一段时间来调整心态是再正常不过的事。如果消极的情绪或表现并没有随着时间的推移而逐渐散退，就说明新手妈妈需要得到帮助。如果你遇到这种情况，不要觉得不好意思，很多人都经历过这个阶段，也有很多人会同情你、支持你，向你伸出援助之手。

产后抑郁症的治疗

产后抑郁症的治疗方法与其他形式的抑郁症的治疗方法相似，包括心理治疗、药物治疗等。在这一阶段，新手妈妈非常需要家庭成员（特别是丈夫）的关心和支持，家庭成员最好能协助新手妈妈喂养婴儿，为新手妈妈提供舒适的休息场所以及均衡的饮食。

需要注意的是，大部分的药物治疗都意味着新手妈妈不得不停止母乳喂养。但在这种情况下，恢复心理健康对新手妈妈来说是最重要的，是优先要做的事情。如果新手妈妈决心继续采取母乳喂养，要及时告诉医生，以便医生采用其他对宝宝没有影响的治疗策略或药物。

🌀 产后精神病

有些女性的产后抑郁症很严重，甚至很快发展到产后精神病。产后精神病是一种非常严重的心理疾病。患者可能会胡思乱想、行为怪异、胡言乱语，甚至做出伤害自己或宝宝的行为，以及在她们自己看来合乎逻辑，在别人看来却很危险、很令人不安的行为。

产后精神病患者需要立即接受治疗。通常情况下，通过短期住院接受药物治疗，产后精神病患者可以痊愈。治疗期间，患者可能会失去照顾宝宝的能力，因此最好让伴侣、亲戚或朋友帮忙照顾宝宝，直至患者康复。

焦虑症

焦虑症是一种比较常见的心理疾病，在女性中更常见，男女患病比例约为1：2。与正常焦虑反应的区别在于，焦虑症的程度和持续时间远远超过对应激事件的正常反应水平。

🌀 了解焦虑症

焦虑症以发作性或持续性情绪焦虑、紧张、恐惧为其临床基本特征，常伴有自主神经功能失调、运动性不安和躯体不适感。其焦虑并非由实际威胁所引起，其紧张惊恐程度也与现实情况很不相称。身体疾病或某些药物的副作用可能引发焦虑症。此外，焦虑症也有一定的遗传倾向。

澳大利亚有关机构对女性心理健康做过的调查表明，焦虑症和抑郁症是澳大利亚女性面临的主要心理疾病。据估计，多达十分之一的澳大利亚女性正在饱受焦虑症的困扰，而四分之一的女性曾在生命的某个阶段与重度焦虑症做斗争。

🌀 焦虑症的类型与症状

焦虑症主要包括以下类型：

・广泛性焦虑障碍。

・惊恐障碍。

・特殊恐惧症。

・广场恐惧症。

・社交恐惧症。

患有焦虑症的人大部分时间都处在没有事实根据也无明确客观对象的担忧中。病症严重时，会伴随肌肉紧张，使人全身动弹不得。除此之外，焦虑症的症状还包括：

・紧张不安，害怕社交。

- 心悸、胸腔疼痛。
- 呼吸困难。
- 尿频、尿急。
- 胃痛、恶心、腹泻、食欲不振。
- 视力模糊。
- 出汗流汗。
- 口干舌燥、吞咽困难。
- 头晕、头痛。
- 睡眠障碍。

☺ 恐惧症

上文提到的特殊恐惧症、广场恐惧症、社交恐惧症都属于恐惧症。这是一种对某些场景、物品等产生过度的与处境不相称的害怕或紧张不安，且不能用解释说理清除，也难以控制，导致对所害怕的场景、物品等回避的焦虑障碍。

有时某个地方（比如电梯、运动场等）或某个情境（比如过桥、陷入人潮之中、公开演讲等）会导致某些人过度害怕或紧张不安。他们明知恐惧的对象对自身没有真正严重的威胁，也知道这种恐惧反应是不合理的、没有必要的，但仍不能自我防止和控制恐惧的发作。

恐惧症发作时，患者不仅会有害怕的表现，还会出现明显的头昏、心悸、胸闷、出汗等反应。严重时，患者会产生一种不真实感或"灵魂出窍"的感觉，好像失去了对自己的控制权。

当你觉得自己有上面提到的恐惧症的表现时，可以去看精神科医生，跟他谈谈如何管理情绪，如何从恐惧中走出来。

如何走出恐惧症

- 调整呼吸。症状发作时，做有规律的深呼吸。忘掉其他事情，将注意力集中在呼吸上，直至重新掌握对自己的控制权为止。

- 暗示自己这是正常的压力反应，只是过度了而已。不要因自己的反应而焦虑。
- 告诉自己恐惧是暂时的，它不能打败你，你只要保持深呼吸，直到症状过去就好。
- 感觉好些时，把注意力放到周围，加强与周围世界的连接。

呼吸急促和纸袋

如果你呼吸急促，或者在恐惧症发作时嘴唇和手感到麻木，你需要调整呼吸，这样体内的氧气浓度才能回归正常，让你平静下来。短促的呼吸容易导致体内供氧不足。建议你随身带个纸袋，对着纸袋进行深呼吸（8～10次），这有助于调节二氧化碳和氧气的平衡。比起塑料袋，纸袋更好充气，吸气时也不会贴在嘴上。

此方法只适用于有过恐惧症发作经历，或是非常确定自己是恐惧症患者的人。如果是中风或心梗发作导致的呼吸急促，那就别理会什么纸袋了，快叫救护车吧！

☺ 焦虑症的诊断

焦虑症通常由精神科医生做出诊断，有时由全科医生转诊。全科医生、社会福利工作者和心理咨询师等都可能是治疗团队的组成人员。

☺ 焦虑症治疗方法

- 心理治疗：包括认知行为疗法及其他心理治疗方法。
- 系统脱敏法治疗：向患者呈现让他们感到恐惧或担忧的对象或事件，让患者渐渐习惯它们。请在精神科医生的指导下采取这种治疗方法。
- 药物治疗：目的是恢复大脑神经递质平衡。
- 改善生活方式，放松心情。

强迫症

强迫症是以强迫思维或强迫动作为主要症状的精神障碍。强迫症状能引起明显的情绪反应，如焦虑、抑郁及恐惧。患有强迫症的人通常知道自己的症状有点古怪，甚至有点"疯"，但是就是停不下来。强迫思维或强迫行为总是不受控制地反复出现，患者有意识的自我强迫和反强迫之间的强烈冲突会使他们感到焦虑和痛苦。

强迫思维包括强迫回忆、强迫联想、强迫性穷思竭虑(比如纠结于1加1为什么等于2)、强迫疑虑、强迫对立思维。强迫行为包括强迫检查（比如一定要检查自己有没有关闭某个设备）、强迫计数、强迫仪式动作。有些强迫行为基本不会干扰正常生活，比如总是买偶数个（或奇数个）苹果，家里的东西一定要以某种形式摆放，开车前总要在挡风玻璃上轻轻敲一下，到家的时候总是要把双手擦了又擦才会碰门把手。但也有一些强迫行为会影响患者的日常生活，导致生活质量下降、疏于自我照顾。

强迫症的成因

强迫症的成因多种多样。目前学界普遍认为强迫症的成因包括遗传因素、心理因素和个性特征等。

强迫症的诊断

强迫症的诊断通常由精神科医生负责。诊断的标准是患者有强迫症状，症状影响到其工作和生活，且持续三个月以上。全科医生、家人、朋友和心理咨询师都是患者治疗强迫症过程中的有力帮手。

强迫症的治疗方法

· 药物治疗：目的是恢复大脑神经递质平衡，降低冲动和强迫的程度。
· 心理治疗：综合使用认知行为疗法和其他心理治疗方法，对大脑进行"重新编程"，使其能够做出其他选择。

创伤后应激障碍

创伤后应激障碍是一种与遭遇到威胁性或灾难性心理创伤有关，延迟出现（一般为数日或数月后，少数为半年后产生）并长期持续的精神障碍。症状表现为持续的警觉性增高；反复出现创伤性内容的噩梦；反复发生触景生情的精神痛苦等。

对于创伤后应激障碍，巨大的灾难性的创伤是诱因。这些创伤可能包括童年受虐待（包括性虐待）、被强奸、被殴打攻击、战争经历、遭受酷刑、濒死经历、目睹犯罪等。

进食障碍

进食障碍是一种危险的心理疾病。过分节食易导致进食障碍的发生。

进食障碍是以反常的摄食行为和心理障碍为特征，伴发体重和（或）生理功能紊乱的一组综合征。患有进食障碍的人，其进食行为不受控制，他们可能会限制食物摄入量或一次性吃大量食物，这样做会伤害身体健康。据统计，进食障碍会导致自杀的风险增加。

进食障碍主要包括神经性厌食症、神经性贪食症、暴食症等，还有一些人被诊断为"其他特定的喂食或进食障碍"。虽然最后一类障碍的症状达不到前两者的诊断标准，但这并不意味着患者的病情不严重。患者可能不会出现某一类进食障碍的所有症状，也可能有不同类型进食障碍的症状，比如既有神经性厌食症的某些症状，也有神经性贪食症的某些症状。

和很多心理疾病一样，一般认为进食障碍是生理、心理、社会环境和遗传等多种因素共同作用的结果。

进食障碍

我饱受神经性贪食症的折磨已经长达10年之久。现在，我的体重达到了有史以来的最高点，但是我还是爱自己！

——萨拉（27岁）

当我一天只喝一罐可乐的时候，我意识到事情已经到了相当严重的地步。记得寻求帮助，找朋友给予自己支持。有时，人们很难意识到事情的严重性。

——阿里拉（25岁）

提高自尊水平对厌食症和抑郁症患者很重要。你需要自我感觉良好，和那些不会让你对自己失望的人在一起。

——林恩（44岁）

有些家庭成员对我的体重说三道四，说我看起来很胖，这导致我患上了神经性厌食症，我现在还在为正常吃饭而挣扎。

——索菲娅（20岁）

我很确定自己患有进食障碍。

——海伦娜（39岁）

进食障碍就像一种药物成瘾。你可能认为自己已经摆脱它了，但其实它还在。接受专门的进食障碍治疗、进行心理咨询会有所帮助。

——萨拉（31岁）

我患有进食障碍，每天都会受到它的影响。我一直在思考这是为什么。我想我的问题在于，比起健康，我更喜欢苗条。不要让这种想法主宰生活，尽早寻求帮助。

——阿布（29岁）

"我希望自己患上神经性厌食症，这样一来就不用刻意减肥了！"千万别开这样的玩笑。我患有神经性厌食症，这给我带来了噩梦般的经历。我已经进行了多年的心理治疗，还向一位营养师咨询，学习如何正常进食。

——卡罗琳（50岁）

当我大约17岁的时候，我觉得自己在快速变胖。当我告诉母亲时，她说："你吃的东西是我的两倍。当我想减肥的时候，我不吃东西。"然后我就得了一年的暴食症。

——莉莉（29岁）

我12岁时，爸爸告诉我，我的体重是我们家的耻辱。而事实是，我甚至都没超重。受这句话的影响，我患了神经性厌食症，后来我与它抗争了好几年。

——琳内（44岁）

双相障碍

我饱受抑郁症和双相障碍的折磨。我喜欢把一切打扫得干干净净、整整齐齐。工作也容易使我发病。我正在服药。

——琳恩（30岁）

我的孩子才十来岁，却患有双相障碍。养育他仿佛是一个噩梦。出于耻辱感，我不能告诉任何人。况且根据经验，即使说出来，也没有人会操心。对患者来说，专业的治疗很有用。

——埃米（38岁）

对我来说，药物治疗和一个真正优秀的医生是最重要的。我对自己的行为有深刻的认识，这点也很重要。几乎我认识的所有人都知道我有双相障碍，其中有些人很难理解它到底是什么。

——梅利莎（33岁）

我患有双相障碍。多年来我一直努力接受治疗。这是一种让人非常孤独的病症，人们很难真正理解我在经历什么。

——鲁思（35岁）

我被诊断出患有双相障碍。我服用了能够让情绪稳定下来的药，这些药对我没有副作用。

——黛比（49岁）

双相障碍让我筋疲力尽。我已经服用了50多种不同的药了。

——凯蒂（36岁）

我原来很容易烦躁不安，后来发展成了双相障碍。我觉得这让我的孩子们很愤怒。我试着找到一种更平衡的生活方式，知道什么是发作的信号。一旦有苗头，就立即寻求帮助。

——玛丽亚（50岁）

我患有双相障碍。药物让我感到疲惫不堪，因此我需要睡很久很久。我每周都要去看一次精神科医生。我现在基本无法工作，即使是很小的压力也会让我感到恐慌和严重的焦虑。

——尼基（43岁）

我的丈夫患了双相障碍，这让我们饱受折磨。现在他好了，这个问题花了好几年的时间才解决。

——凯特（41岁）

🌀 了解进食障碍

据估计，多达 3% 的女性会患某种进食障碍，这种疾病在青春期女孩中会更普遍。大多数女性可能会在人生的某个阶段有奇怪的饮食行为或饮食失调的经历。饮食失调是亚临床的不健康饮食方式，常常是进食障碍的先兆症状。

自信问题可能导致进食障碍。猛烈的自我批评或其他人对身材的刻薄评论常常是进食障碍的诱因。过度节食、暴饮暴食、制订严格的饮食规则等都会增加患进食障碍的可能性。

进食障碍的易发人群

· 过度节食的人。

· 对自己的身材要求苛刻、追求完美的人。

· 青少年（尤其是女孩）。

· 家里有进食障碍患者或其他心理疾病患者的人。

· 从事要求控制体重的职业的人群，比如芭蕾舞者、模特和演员。

进食障碍的警告信号

· 过分节食。

· 暴饮暴食。

· 饭后会催吐或服用泻药。

· 运动过度。

· 吃得少，或总是打着让身体排毒的借口不吃饭。

· 把很多时间花在担心自己的身材和体重上，总是称体重或照镜子。

· 制订或保持非常严格的饮食规则。

· 每餐前喝很多水，以达到饱腹的目的。

· 一直在谈论食物。

· 一直研究食谱。

· 沉迷于观看电视上的烹饪节目。

· 只做不吃。

· 有强迫行为，如每天必须称体重甚至一天称很多次体重，食物必须称过才能吃，将食物进行所谓

的"好"和"坏"的分类等。

· 忽视饥饿。

· 对进食感到焦虑，把食物藏起来或扔掉。

· 面对食物时情绪多变，一会儿喜欢一会儿厌烦。

· 体重骤减或骤增。

· 月经不规律或无月经。

· 眼睛充血，血液循环不良。

· 腹胀、腹泻或便秘。

· 头晕、昏厥。

· 浑身无力、疲惫不堪。

进食障碍的诊断

如果有上述症状，应及时去看精神科医生，首先应排除神经系统发生的器质性疾病、内分泌代谢病等所致的食欲改变，并与继发于抑郁症、精神分裂症等心理疾病的拒食或暴食区别开来。心理咨询师和营养师在治疗进食障碍、帮助患者康复的过程中扮演着重要角色。

那些可能会引发进食障碍的人

在你身边可能会有这样的亲戚、朋友，他们会有意无意地将自己的饮食习惯强加给你，对你说什么能吃、什么不能吃，什么时候能吃、什么时候不能吃，甚至还会督促你节食。你的父母和伴侣也可能这样做。对食物有奇怪的强迫思维和习惯，过分严格地控制食物的摄入量……这种行为从某种程度上来说具有传染性。与这样的人待在一起可能会让进食障碍看起来很"正常"，但实际上这是不正常的。

如果身边有这样的人，你需要采取一些措施。比如，禁止他们对你的体重或选择的食物说三道四，不要对他们隐瞒你吃过什么，也不要因为吃了什么而道歉。最好不要和这样的人一起吃饭。

进食障碍的治疗方法

患有进食障碍的人需要接受有经验的专科医生的治疗。实际上，最有可能康复的人正是那些积极寻求帮助或尽早得到帮助的人。但问题是，很多心理疾病患者的一大问题是不愿意接受治疗。比如，患有神经性厌食症的女性就很难主动寻求帮助。在这种情况下，家庭成员和医生可以进行干预。进食障碍的治疗方法包括：

· 心理治疗：综合使用认知行为疗法和其他心理治疗方法，消除引起异常进食行为的习惯和观念，改变患者对诱因的反应。
· 药物治疗。
· 遵循饮食建议和监测策略。
· 咨询营养师。

从进食障碍中恢复

对患有进食障碍的人来说，最重要的事就是相信自己能康复，但是，这不意味着只能靠自己。主动去寻求帮助吧。

⊙ 神经性厌食症

神经性厌食症是个体通过节食等手段，有意造成并维持以体重明显低于正常标准为特征的慢性进食障碍。患者多为女性。因为患有神经性厌食症的人会尽可能地少吃东西，所以他们的身体会变得十分瘦弱，这也导致他们看起来非常憔悴。

神经性厌食症通常发生在青春期早期到中期。患者对自己的体形和体重有认知歪曲，总是对自己的身材感到不安，觉得自己胖，即使体重已经下降至明显低于正常标准或自己已经有了严重的营养不良的症状，他们也还是觉得自己胖。患者还会自我诱吐，滥用减肥药，有时还会过度运动以减轻体重。

神经性厌食症的症状

除了体重下降以外，神经性厌食症的症状还包括：

· 心律失常。
· 肌无力。
· 疲惫不堪。
· 头晕、头痛。
· 便秘。
· 月经不规律或无月经。
· 脱发。
· 体温较低。
· 因为身体试图保暖，所以胳膊和背部的体毛明显增多。

神经性厌食症的长期影响包括：

· 发育迟缓。
· 不孕不育。
· 骨质疏松。
· 心脏或其他器官衰竭。

此症需与躯体疾病所致的体重减轻、消瘦区别开来。抑郁症也可表现出神经性厌食症的症状，但抑郁症患者对食物和体重的认知观念并无异常。大部分神经性厌食症患者在得到帮助后可以康复，但是大部分患者不会主动寻求帮助，因此，家人和朋友要主动帮助患者纠正关于食物和体重的错误认知，帮助他们走向治疗和康复之路。

⊙ 暴食症

暴食症是指反复发作，难以自控的进食过量行为。患者有反复发作的暴食症状，并伴随强烈的沮丧感，在进食时通常感觉失去控制，进食大量食物。

暴食行为往往与情绪调节有关。患者可能试图通过进食来缓解负面情绪，如焦虑、悲伤。暴食症患者一次会吃大量食物，吃得速度也比正常人快，且不分时间、地点，不管自己饿不饿，也不在乎食物本身，只要是能吃的东西就会往嘴里塞，一直到撑得难受为止。因为对自己的进食方式和食量感到难堪，他们通常会单独进食。

暴食症患者不会像神经性贪食症患者那样采取不恰当的补偿措施（如引吐、使用导泻剂、过度运动等）来防止体重增加，但他们吃完东西后会感到沮丧、低落或内疚。

神经性贪食症

神经性贪食症又称"贪食症"，是以难以控制的贪食驱力导致的贪食行为和因为害怕发胖采取引吐和（或）滥用泻药为表现的进食心理障碍。贪食症好发于年轻女性。

贪食症患者常在暴食—进食愧疚—引吐—暴食间循环。患有贪食症的女性通常伴有周期性的自我饥饿或严格节食。一开始，她们会吃大量的食物，然后会因失控而感觉到羞耻，担心自己体重增加，进而尝试通过引吐、使用导泻剂、禁食甚至服用厌食剂等方式摆脱食物，避免因暴食行为而发胖。作为自我惩罚方式的禁食常常意味着饥饿，而这最终会演变成另一场暴饮暴食。此外，贪食症患者常通过过度运动来控制体重。

其他特定的喂食或进食障碍

这是一个比较笼统的饮食障碍术语，它可以包括一种或多种进食障碍的迹象，其中不乏比较温和的症状类型，所以它容易被视为正常现象，但其实它也是饮食障碍的一种，需要进行干预。

其他特定的喂食或进食障碍症状包括（但不限于）：

· 咀嚼食物再把食物吐掉（不吞下去）。
· 不吃某种颜色的食物。
· 假装对某种食物过敏。

自伤

自伤与他伤相对，是指故意在自己身上造成损伤的行为。按受检者的行为动机，可区分为蓄意自伤和非蓄意自伤两种。蓄意自伤中有些是自杀未遂的表现，有些是特殊的精神病理状态；非蓄意自伤也常见于精神障碍受检者，与其精神症状和认知功能有关。任何直接（如割伤、烧伤、打伤、抓伤、咬伤）和间接（吸烟、酗酒、使用成瘾性药物）对个体造成伤害的行为都可以纳入自伤的范畴。很多蓄意伤害自己的人不会让别人知道自己的行为，还会尝试用衣物等掩盖自伤造成的痕迹。

对部分有自伤行为的人来说，自伤是他们试图应对痛苦情绪和困难的方式，因为他们觉得很难用语言表达自己的感受或寻求帮助。研究显示，自伤行为在青少年人群中发生率较高。

自伤的治疗方法

如果你有自我伤害的行为，请及时去看精神科医生或权威的心理咨询师。谈话疗法有助于改变你的思维方式，这样一来，自我伤害就不会变成你应对痛苦情绪和困难的唯一方式了。采用认知行为疗法也有助于停止这种自我伤害行为。

自杀

自杀是以个体蓄意或自愿以某种手段结束自己生命的行为，与心理过程、社会环境和文化影响等因素密切相关。青年人群是自杀的高发人群。这是因为，他们还没有完全意识到人生总是有起有落，暗黑时刻总在黎明之前；他们还没有经验处理生活中遇到的困难，不相信自己有能力克服焦虑、屈辱或无路可走的感觉。抑郁症等心理疾病也是自杀的风险因素。

大部分自杀者总是错误地认为这样做是解决问题最好的办法，但自杀永远不是最优之解。那些选择结束自己生命的人永远不会知道自己的未来会有多美好，也不知道他们的死亡会给自己的家人和朋友带来多大的打击。那些留下来的人可能会一辈子活在愧疚、自责（因为他们觉得自己没能阻止或预测这种行为的发生）和悲痛中。

此外，自杀往往会在脆弱的成年人和青少年中引发一种被称作"模仿反应"的心理现象。因此，尽管自杀不犯法，但除了决定自杀的那个人之外，它还会造成许多受害者的出现。

很多人想过自杀但是没有付诸行动，事后他们往往会为自己没有这样做而感到庆幸。但当一个人陷入绝望的深渊时，他通常很难思考。这就是为什么在这里我想请你答应，在没有尝试和他人交流、向他人寻求帮助之前，永远不要直接选择放弃生命。如果你觉得自杀是一个合乎逻辑的选择，那就证明你遇到了困难，压力太大，大到你不能正确思考了。很明显，你需要帮助。

⊚ 自杀永远不是解决问题的办法

如果你有自杀的念头，你需要知道：

· 你目前的想法是不正确的。
· 可能对你来说目前的想法符合逻辑，但让它停留在想法阶段吧，不要付诸行动。
· 无论是成瘾性药物还是酒精，都没办法解决你的问题。这些东西只会使情况更糟。
· 自杀的想法是可以被改变的，不要被它控制。

⊚ 有关自杀的重要事实

· 自杀的想法是暂时的。如果你有这种想法，请及时寻求帮助，及时打消它。
· 如果有人与你谈论与自杀有关的话题，务必认真对待。想要自杀的人永远不会觉得自杀的观点是不正确的。
· 自杀的人其实不想死，他们是想解决自己的问题，只是在他们看来，死亡是唯一的解决方法。

· 如果身边有有自杀倾向的人，可以和他谈论有关自杀的话题，让他知道自杀对周围的亲人和朋友来说是多么可怕的一件事。帮助想要自杀的人改变主意是一件很重要的事。但你要小心，谈论这个话题也可能带来危险。
· 如果一个人以前尝试过自杀，那他再尝试一次的概率会很高。
· 不要认为青少年的伤心、烦恼、自我厌恶无足轻重，这对他们来说不是小事。请多花点时间帮助他们渡过难关。
· 想自杀的人可能没有意识到他患了一种能够被治愈的心理疾病。

担心家人或朋友自杀

如果担心家人或朋友可能会因为抑郁症而试图伤害自己或自杀，告诉他们，如果有此类想法，一定要寻求帮助。如果身边有人发表自杀言论，请立即行动，帮助他们。你的行动可能会挽救他们的生命。

⊚ 寻求帮助

对那些有自杀想法的人来说，寻求帮助是非常重要的一件事。既可以向他人求助，也可以自助，方法包括：

· 及时和家人或朋友谈谈自己的想法。
· 对自己保证，永远不在自己一个人或夜深人静时做出任何伤害自己的行为，要等到第二天或者和别人彻底讨论之后再说。在孤独寂寞的时候，问题总是会被放大。
· 如果每到夜晚就感到更加悲伤，可以打电话给朋友，听积极向上的音乐，或者拨打 24 小时求助热线，帮自己度过糟糕的夜晚。
· 和心理咨询师或精神科医生谈谈，向他们求助。
· 有自杀的念头时，尝试以下应对策略，比如制作一系列清单以分散注意力，把想法和感觉写下来，设定能完成的日常小目标，不给自己接触任何危险物品的机会等。

如果家人或朋友自杀了

除了要承受他们的死亡带来的悲痛，你可能还会自责、愧疚，认为自己本应该知道他们的痛苦或本能够阻止他们的行为。但这不是你的错，你要知道，在那些患有严重心理疾病的人心中，自杀是合乎逻辑的行为，他们会把自杀的想法隐藏得很好。大部分情况下，只有在回顾往事时，你才能后知后觉地发现一些蛛丝马迹。不要一直思考原因，因为能给出准确答案的人已经不在了；也一定不要责怪自己，否则你就会陷入悲观的情绪中走不出来。

双相障碍

双相障碍是一种既有躁狂或轻躁狂发作，又有抑郁发作的一类心理障碍。据估计，在澳大利亚，每 100 个人中就会有 2 个人在他们人生的某个阶段经历双相障碍。这种障碍一般包含两种类型：一种是双向 I 型障碍，患者至少有过一次躁狂发作，在躁狂发作之前或之后可有轻躁症或严重抑郁发作；一种是双相 II 型障碍，患者有轻躁狂发作及严重抑郁发作，从未有过躁狂发作，他们更可能在较长时间内出现情绪低落的症状。研究表明，男女患双相 I 型障碍的概率相同，而女性患双相 II 型障碍的概率通常高于男性。

据了解，双相障碍具有遗传倾向，致病基因可能永远处于休眠状态，也可能被压力、重大生活事件、生理疾病、成瘾性药物、酒精或其他因素触发。

◎ 双相障碍的症状

双相障碍患者会无缘无故地出现情绪波动，而且情绪波动非常剧烈。他们会有情绪非常低落、思维缓慢、活动减少的时期，也会有情绪高昂、思维奔逸、活动增多的时期。

双相障碍的发作按照发作特点可以分为抑郁发作、躁狂发作或混合发作。躁狂发作往往持续一周以上，抑郁发作往往持续两周以上。

在躁狂发作期间，患者可能：

· 体力与精力都显得特别旺盛，睡眠减少，入睡困难，早醒，睡眠节律紊乱。

· 有很多计划和目标，自命不凡，有优越感。

· 常以权威自居，动辄教训或呵斥他人，喜欢说教。

· 情绪有明显的易激惹性，常因一些小事未得到满足或遭遇批评而大发脾气，甚至出现伤人毁物的行为，但常常很快转怒为喜，或立即赔礼道歉。

· 容易做出冒险和危险的决定，并仓促地开始投入，办事缺乏深思熟虑，虎头蛇尾。

· 滥买物品，挥霍无度，造成浪费。

· 性欲增强，好接近异性，自制力早期丧失。

· 部分患者记忆力增强，且记忆漫无节制，多变动，常常充满许多细节琐事。患者还有可能出现记忆错乱。

在抑郁发作期间，患者的症状与抑郁症患者的相仿，具体症状见第 296 页。

◎ 双相障碍的诊断

双相障碍的症状有时候看起来像自恋型人格障碍的症状，有时候看起来像抑郁症的症状，因此通常需要精神科医生在全面了解病史、症状后仔细诊断，排除精神分裂症谱系或其他精神病性障碍后才能确诊。

◎ 双相障碍的治疗方法

· 药物治疗：对于躁狂状态可使用抗躁狂药和抗癫痫药，对于抑郁状态可使用抗抑郁药。

· 心理治疗：主要包括认知行为疗法和家庭治疗，

主要是为了帮助患者在康复阶段恢复社会功能和适应环境。

- 改变生活方式：见本书第288页"助力心理健康的十种方法"部分。

精神病

精神病是一组严重的精神障碍，是以精神分裂症、情感性精神病为主的疾病。这些疾病会将病人的脑子搅成一团糨糊，使他们出现认知、情感、意志、动作行为等方面的明显异常，比如出现幻觉，分不清现实世界与虚拟世界。其中，精神分裂症是最常见的精神病。精神分裂症以感知、思维、情感、行为等多方面的障碍与精神活动的不协调，以及精神活动与环境不协调为特征且病因未明。精神分裂症多发于青壮年。要注意精神分裂症与分裂人格的区分（后者是一种人格类型）。另外，"精神分裂"也不应用来形容一个人做决定时犹豫不决、反复改变。

❋ 精神病的成因

精神病确切的病因仍未被阐明，但有研究发现，其发病原因与遗传因素、神经发育和心理因素有关。经历重大变故、遭受过高压力、服用成瘾性药物等可能会诱发精神病。

精神分裂症呈多基因遗传，遗传模式具有很高的异质性，所有的易感基因可能仅有较低的相对危险性。

❋ 精神病警告信号

精神病不是突然发生的，病症通常累积到一定的程度才会发作。病程长短不一，可反复发作。有一位精神科医生是这样描述精神病的："患上精神病的过程就像有人在你的早餐中偷偷加了迷幻剂，迷幻剂的量在体内逐渐积累，这样一来，你就在不知不觉中患病了。"精神病的起病往往较为缓慢，随着时间的流逝，身边的人会觉得患者的想法和言语逐渐变得陌生。

精神分裂症的病程可以是持续的，也可以是发作性的，并在发作后伴有进行性缺陷，还可以是一次或多次发作且有完全缓解。精神分裂症患者虽然在发病过程中可能出现一定的认知缺陷，但其通常能保持清醒的意识和原有的智力水平。患者容易出现幻听或幻觉，经常能"听到"不存在的声音，总是觉得有人要害自己。他们并不是在假装，这些东西对他们来说就是真实存在的，起码他们的大脑是这么认为的。许多精神分裂症患者还妄想自己非常重要（比如知道重大秘密），或有特异功能。其他迹象还包括：

- 习惯性踱步（来回走动）。
- 完全躲避家人和朋友。
- 语言和行为怪异，比如和空气聊天。
- 运动不协调。
- 睡眠模式反常，比如白天睡觉、晚上清醒。
- 不洗漱，不做个人卫生，生活区域脏乱到无法下脚。

❋ 精神病的治疗方法

- 药物治疗：服用药物（综合用药），平衡神经递质，减轻症状。
- 心理治疗：主要是认知行为疗法，或结合其他心理治疗方法，改变患者的思维方式以及对某些情形的反应方式。
- 社会支持：主要是家庭治疗、社区团体治疗，目的是为患者提供持续的情感支持。
- 住院治疗：对于严重的精神病患者而言，无论是自愿还是非自愿的住院治疗都是必需的。

小饮怡情，大饮伤身

几千年来，世界上的大多数文化中都少不了酒文化的身影。没错，喝酒也是一种文化，不是打开瓶盖然后喝上一口那么简单的事。不同的国家和民族有不同的酒文化，一个民族的历史、文化，人们的生活习惯甚至是性格特色，都可以反映在酒文化中。

在这一节，你将了解与酒有关的那些事儿，包括酒精对人体的影响、什么是醉酒和酗酒等。

饮酒习惯与态度

我经常喝很多啤酒。每次出去晚饭的时候，我都会喝四五大杯，然后我就醉了。在家吃晚饭的时候，我也会喝不少葡萄酒。

——鲁比（22 岁）

我爱喝葡萄酒，我觉得酒是一种很好的杀菌剂，能让我远离病毒。

——莫伊拉（63 岁）

过去，我一晚上能喝一整瓶葡萄酒，但是现在，我只在每周五晚上喝两杯葡萄酒，其他时间我都滴酒不沾。

——布里奇特（43 岁）

我特别爱喝酒，一直都是如此。但是，随着年龄的增加，我不像过去那么能喝了。

——达内拉（41 岁）

自从查出怀孕之后，我就再也没有碰过酒了。此前，我几乎每个晚上都喝酒，而且周末会喝很多。

——阿梅莉亚（27 岁）

我喝酒，但我尽量不喝醉，因为我要照顾小孩，他们会起得很早。

——李（39 岁）

很多人会质疑、讨厌那些不喝酒的人。这些年来，我就被嘲笑过很多次。

——娜奥米（30 岁）

有酒的人生更精彩。

——桑德拉（63 岁）

每次出去喝酒时，我一般得喝8～12杯，但是我隔几个月才出去喝一次。

——路易丝（22 岁）

生了三个儿子后，我每天晚上都要喝点酒。

——萨莉（35 岁）

过去，我一到周末就会喝醉。现在我可能一周就喝两杯葡萄酒。

——雅姬（46 岁）

我一天喝一瓶葡萄酒。我知道这已经变成了一种危险的习惯。虽然我对此恨之入骨，但我控制不住自己，看电视觉得无聊的时候就想喝酒。

——安（55 岁）

每天晚上，我在准备晚餐的时候会喝上一点葡萄酒，喝不到时我就会变得很暴躁。我知道这是一个坏习惯，可改变真的很难。

——费伊（70 岁）

有时我觉得酒精就像是一种胶水，可以把人们黏合在一起，帮助人们维持友谊。

——维多利亚（23 岁）

我喜欢喝酒，每天喝三杯，酒是我的"甄选良药"。我主要喝葡萄酒和气泡酒。

——亚历克斯（39 岁）

我通常一周喝3～5次酒，都是在晚上喝。我其实每天晚上都想喝，但是我知道我还是要控制自己。我只喝啤酒和葡萄酒。我一周大概有两个晚上会喝醉。

——洛拉（34 岁）

我是一个大学生，在参加派对的时候我会喝很多酒，但是其他时间我一概不喝。

——卡特（20 岁）

我不经常喝酒，但是一喝就得喝个痛快。

——格洛丽亚（22 岁）

无论我们买得起还是买不起，我丈夫坚持说家里一定要有啤酒。

我们经常会因为这件事情吵架。

——布朗温（28 岁）

我需要喝1～3杯葡萄酒，这样我才能熬过晚上5～7点这段时间。

——萨莉（30 岁）

我的朋友认为不喝酒的人真的很奇怪，所以我可能会在被排除在某些社交场合外。

——汉娜（19 岁）

我不喝酒。我不喜欢。

——阿曼达（40 岁）

我在打算要孩子前的6个月就停止喝酒了。现在我已经15个月没喝酒了。我不会馋酒，我对喝酒的态度是可以喝，也可以不喝。

——卡梅尔（24 岁）

我刚刚完成了一个月"滴酒不沾"的计划，这真的比我想象中的要难。

——希拉里（26 岁）

我不想失去自控力，也不想让自己陷入无能为力的境地中。我只会在特殊的场合喝一点，而且只喝半杯。

——丹尼（19 岁）

从十几岁到四十岁左右，我一直断断续续地酗酒。突然有一天，我觉得自己的做法不太体面，也可以说，这实在是太糟糕了。

——露西（55 岁）

我不喝酒。喝酒会让我的酒糟鼻更加严重，而且会影响我现在正在吃的药的药效。我还有心悸的毛病。

——萨拉（43 岁）

为什么要喝酒

人们喝酒，是因为喝酒能让人们紧绷的神经放松下来，能让人们鼓起勇气和陌生人说话；人们喝酒，是因为喝完一两杯酒之后，周围的一切好像都会变得有趣起来，人们喜欢这种感觉；人们喝酒，是因为他们把喝酒当成一种爱好、一种生活习惯，他们根本停不下来。有些人偶尔会通过喝得酩酊大醉来忘却生活的烦恼，哪怕只是短暂的忘记，哪怕第二天迎接自己的是头痛欲裂，这无可厚非。但如果经常喝醉，甚至常常醉得不省人事，那就另当别论了。

虽然人们都知道"饮酒要适度"，但事实是，很多人难以抵挡酒的魅力，总是喝着喝着就把"不要贪杯"四个大字抛之脑后。喝一点酒没有问题，但总是过度饮酒，到头来就容易"泪流成河"。

酒精并非灵丹妙药

如果你喜欢喝酒，那就喝一点吧，但不要说什么"酒精有神奇的力量"或者"酒精有药用价值"。喝酒不会帮你杀掉体内的细菌，也不会让你变得更加健康。无论你有没有把酒精和黑巧克力混在一起服用，酒精都不会保护你的心脏。曾有一些研究人员声称"每晚喝一杯红葡萄酒可能会延年益寿，降低癌症和心脏病的发病率"，但后来的一些研究表明，这些每晚喝一杯红葡萄酒的人心脏健康状况好可能与其他因素有关。还有人认为，红葡萄酒比白葡萄酒对健康更有好处，因为红葡萄的叶、根和皮都富含抗氧化剂（你看，有作用的并不是酒精本身）。即使红葡萄酒的这种益处得到了确切的证实，也仅限于适量饮用，而且这点好处就算你不喝酒，也能够通过其他方式获得。

喝酒的常见理由

- "喝酒会带给我很多启发。"
- "其他人都喝酒。"
- "我辛苦了一天，需要放松。"
- "喝酒是一种仪式。"
- "我经常去的地方总是提供酒，酒就在那里。"
- "我需要振作。"
- "庆祝的时候得有酒。"
- "喝酒能让我忘记烦恼。"
- "我又不开车。"
- "我已经下班了。"

饮酒二三事

🍷 酒的浓度

不同酒的一般酒精浓度（体积分数）如下：

- 啤酒（以麦芽为主要原料，加啤酒花，经酵母发酵酿制而成）：2.5% ～ 7.5%。
- 葡萄酒（以新鲜葡萄或葡萄汁为原料，经全部或部分发酵酿制而成）：大于等于 7%。
- 白酒（以甘薯、高粱、小麦、大麦、玉米、豌豆、大米等粮谷为主原料，或用其他含淀粉、糖等可发酵物质为原料，以大曲、小曲、麸曲以及酵母等为糖化发酵剂，经蒸煮、糖化、发酵、蒸馏、陈酿、勾兑而酿制成）：35% ～ 60%。
- 白兰地（以水果或果汁为原料，经发酵、蒸馏、储存、调配而成）：38% ～ 44%。
- 威士忌（以谷物为原料，经糖化、发酵、蒸馏、储存、调配而成）：40% ～ 44%。
- 伏特加（以马铃薯为原料，经发酵、蒸馏后，用烧碱和高锰酸钾处理再蒸馏，再用水稀释和活性炭处理而成）：38% ～ 40%。
- 杜松子酒（将黑麦、玉米、麦芽等原料发酵后，在内有杜松子、橙皮、巴旦杏等香料的蒸馏锅中蒸馏、串香而成）：30% ～ 52%。

饮酒与人际关系

家庭

我父母都酗酒，所以很多好端端的家庭聚会最终演变成了一场场"家庭大战"。

——布鲁克（30岁）

我爸爸在一家酿酒厂工作，我们总能喝到葡萄酒，所以我们对酒的评价是正面的。

——萨曼莎（22岁）

我妈妈从不喝酒，她说酒是魔鬼的饮料！

——玛丽（26岁）

在我父亲的家族里，他们认为如果一个人不喝酒，那他一定有问题。

——丽莎（34岁）

我来自一个滴酒不沾的家庭，这就是为什么一进大学我就开始放飞自我。

——阿尔基（35岁）

我们家很"保守"：男人可以在外面喝得酩酊大醉，而女人不能喝酒。

——利娅（29岁）

我们家对酒精的态度是："轮到谁喝了？"

——默里（45岁）

我爸爸和他的朋友会在辛苦劳作一周之后，在周末喝得酩酊大醉。

——露西（55岁）

由于酒在我们家的文化中并没有占有一席之地，因此我们每个人在家里都不喝酒。

——安迪（36岁）

我丈夫的英格兰亲戚似乎觉得喝得酩酊大醉是一件很有趣的事。

——罗米（35岁）

我的父母似乎认为喝葡萄酒、香槟、高品质的苏格兰威士忌和杜松子酒是文明的表现，而喝啤酒、波旁威士忌和加了可乐的伏特加是非常粗鲁的表现。

——路易斯（29岁）

伴侣

酒是很有破坏性的东西。我再也不想和酗酒的男人有任何瓜葛了。

——珍妮

我丈夫喝起酒来是有节制的，我从来不会和没有节制的人待在一起。

——米歇尔（43岁）

我未婚夫总是喝很多酒。但是我没有让他改变的想法，他没有暴力倾向，也没有其他毛病。

——劳伦（22岁）

我丈夫以前嗜酒如命。在他有一次喝醉，发生了一次严重的交通事故、差点丧命后，我们达成了协议：永远都不喝酒了。

——卡罗尔（36岁）

我丈夫有一次出去喝酒，24小时都没回来，回来时不仅把钱全花光了，把窗户砸了，还尿裤子了。

——贝特（31岁）

我的第一次婚姻因为我和他都爱喝酒而受到了影响。我们的三个儿子也受到了这种生活方式的影响。现在，一个儿子已经戒酒了，另外两个正在戒酒。

——利兹（65岁）

我的伴侣有时会喝得烂醉，这对我们俩的感情产生了很不好的影响。他喝完酒不会有暴力行为，只

是会更情绪化、更孤僻。

——卡利（61岁）

我丈夫在30岁出头时就因为喝酒中风死了，酒是能够暗中使坏的东西。

——格丽塞尔达（38岁）

我的前男友在喝酒后就变成了另一个人，尽管他长得很帅、很可爱。我曾想改变他，但在相处36个月后，我还是和他分手了。

——格蒂（34岁）

我丈夫是个酒鬼。20年过去了，我不会再因为这件事唠叨他了，我知道唠叨也没用。不再为难自己后，我找到了自己的生活。

——玛格丽特（62岁）

年轻人的饮酒问题

我和我丈夫以身作则，保持良好的饮酒习惯，从来没有在孩子面前喝醉过。在他们18岁以前，我们不让他们喝酒。

——梅维斯（44岁）

我父母会让我们在家喝酒，以便让我们知道自己的酒量有多大，什么时候该停下。不幸的是，我从来没有喝够的时候。

——苏菲（42岁）

在我的成长过程中，没有人瞧不起喝酒这件事，但是也没有人刻意去鼓励他人喝酒。喝酒只是我们饮食习惯中的一个部分而已。

——卡拉（31岁）

我的父母从小就让我喝酒。在我15岁以后，妈妈经常会让我喝醉。

——科根（27岁）

・朗姆酒（以甘蔗、糖蜜作为原料，经发酵、蒸馏所制成）：40% ～ 60%。
・鸡尾酒（用两种或两种以上的酒与饮料、果汁、汽水等混合而成），8% ～ 20%。

🏆 喝得太多

无论男女，任何一个人都不应该每天都喝酒。有些女性喝起酒来很可怕，甚至在来月经时也照喝不误。女性在来月经期间过量饮酒容易导致痛经、乳房胀痛、头痛等，对身体造成极大的伤害。另外，孕妇和哺乳期的女性一定不能喝酒。有些女性拒绝相信官方建议的安全饮酒量，她们觉得这是别人在干预自己生活的方式，她们不想让别人对自己的生活指手画脚。这些人也不愿意承认酒精对自己造成的伤害，即使他们知道这是事实。

人们真的有必要在意饮酒的量吗？大量饮酒会对身体产生哪些影响呢？看完后面的内容，你可能会找到答案。

酒量

或许，你自认为"酒量好"或者"解酒快"，但这并不意味着酒精对你的身体没有伤害。你的身体可能一直在努力适应高浓度的酒，酒精可能已经对你的器官造成了严重的伤害。虽然器官具有一定的自我修复能力，但这种能力是有限的，如果一直喝酒，器官的自我修复能力就会达到极限。记住，某些伤害是不可逆的。

🏆 酒精对身体的影响

酒精进入胃部后可以很快地通过胃黏膜直接进入血液，顺着血管向全身扩散。这就是为什么当人们喝得昏天黑地时，哪怕已经吐过了，仍然会觉得晕乎乎的。

体内的酒精只有一小部分可以通过汗液、尿液和呼吸排出体外，大部分酒精需要肝脏来代谢。所以，长期过量饮酒容易引发很多肝脏疾病。虽然酒精是液体，但是它没有补充水分的作用，不仅如此，它还会导致身体脱水。

有些人认为酒精能提高大脑的兴奋性，实际上，酒精是一种镇静剂，而不是兴奋剂，它会减缓大脑的运行速度，使人困倦。不过，人们也不能把它当作助眠剂，因为它会扰乱自然的睡眠模式。酒精会导致非快速眼动睡眠 III 期和快速眼动睡眠失衡，从而降低睡眠质量。

为什么喝多了会吐

在身体看来，过量的酒精是有毒的。出于自我保护，身体会通过呕吐、大量排尿、大量出汗、腹泻等方式来"排毒"。

为什么女性比男性更容易受酒精影响

相比于男性，女性更容易受酒精影响，这主要与生理因素有关。第一，一般来说，女性的体重比男性轻，因此喝了相同数量的酒后，女性体内的酒精浓度会比男性的高。第二，即使体重相同，由于男性身体含水量更高，因此男性的身体可以稀释更多的酒精。第三，在体重相同的情况下，女性的体脂率一般高于男性，这也对酒精的代谢有影响。第四，大部分女性体内乙醇脱氢酶的含量要少于男性，因此身体代谢酒精的能力要弱于男性，这也就意味着喝同样多的酒时，女性身体代谢酒精的速度更慢，更容易醉。因此，女性和男性喝同样多的酒可能并不是一件值得骄傲的事，这可能意味着她们在加倍伤害自己的身体。

酒精与青少年

许多纵容青少年喝酒的父母可能还没有意识到，人的大脑其实要在 20 岁左右才会发育成熟。

因此，大量饮酒容易导致青少年大脑受损。研究表明，青少年越早开始饮酒，后期就越有可能出现与酒精相关的行为障碍。

由于青少年的大脑还没有发育完全，因此有时他们无法正确地分析与评估风险。比如，在派对现场，灯红酒绿，气氛热烈，到处弥漫着躁动的气息。在酒精的助力下，青少年热血沸腾，逐渐失去理性，这无疑会使事故、意外伤害和暴力行为发生的概率直线上升，还容易导致他们"酒后乱性"。在写这本书的过程中，我收到了数千封十几岁女孩的来信，很多女孩主动提到（我并没有问这个问题），她们或她们的朋友的第一次性行为是在喝得不省人事后发生的，她们并不是自愿的，也根本不知道发生了什么，更没有采取任何避孕和预防性传播疾病的安全措施。事后，她们没有和父母谈起过这些事情，也没有去医院检查，因为她们觉得难为情或者担心父母会有过激的反应。

为了保障青少年的健康成长，在大多数国家，法律明确规定禁止向未成年人售酒，且不得在学校、幼儿园和其他未成年人集中活动的公共场所饮酒。

不饮酒

许多女性滴酒不沾。其中，有些人是不喜欢喝酒，有些人是担心喝醉后遇到危险，有些人是想保持身体健康，担心自己出现酒精依赖症，有些人则是想省钱……不论怎样，处于备孕期、怀孕期、哺乳期以及正在服药的女性千万不能喝酒。另外，不管是谁，都不要强行拉别人喝酒，也不要问别人为什么不喝酒，每个人都有保护自己隐私的权利。

🏆 需要滴酒不沾的时刻

- 备孕、怀孕期间以及哺乳期。
- 照看孩子时，尤其是照看别人家的孩子时。
- 考驾照时。

- 服用处方药时。酒精会影响药效，甚至会与药物中的某些物质发生化学反应，导致意想不到的危险发生。详情请咨询医生。
- 开车时。开车不喝酒的道理你应该懂。

饮酒与怀孕

在孕期，并没有所谓的"安全饮酒量"，最安全的就是"零酒精"，也就是不要喝酒。有些女性朋友可能会反驳说："我姐姐在怀孕时就喝酒了，但她的孩子很健康。"没错，的确有这种情况，但这只是个例，既不能说明孕期喝酒是安全的，也不能说明别的孕妇喝同样多的酒不会影响到孩子。我确实知道很多孕妇由于没有控制住自己喝了酒，导致流产或孩子智力有问题，结果追悔莫及。目前，专家并不清楚什么时候喝酒、喝多少酒会导致胎儿患胎儿酒精综合征。孕期不饮酒是为了多一道保险而做出的理性选择。如果你觉得这种选择"牺牲"过大，那你就要想想自己到底该不该选择怀孕了。

🏆 不喝酒的理由

在某些场合，一些不喝酒的人常常只是说了一句"我不喝酒"就遭到一番盘问，其中一些问题还非常不礼貌。如果你遇到这种情况，你可以用"没什么大不了的"和"换个话题"来回答。你没有义务向任何人做出解释。

以下是一些不想喝酒的时候可以说的话：

- "我现在戒酒了。"
- "我不用了，谢谢。"
- "我要开车。"
- "我有健康问题，医生让我戒酒。"
- "我正在和朋友打赌，看看谁能一个月不喝酒。"
- "明天我有个会议（或者活动）要参加。"
- "今晚我待命，要照顾表妹。"
- "最近肚子有点不舒服。"

- "今天我一整天都特别想喝柠檬汁和苏打水。"
- "我正在吃抗生素。"
- "我正在备孕／我怀孕了／我在哺乳期。"

醉酒

概括而言，醉酒的过程有一定的阶段性，尽管每个人喝醉后的表现都不一样，酒量大小也不一样。当然，也没有多少人会一直喝，直到自己不省人事甚至一命呜呼。

🍷 醉酒的十个阶段

如果你一直喝酒，就可能会经历下面的几个阶段：

1 放松，不再拘束。此时，你会感觉良好，变得自信、健谈，不像平时那么拘谨。此外，你的反应速度也慢了下来，可能看起来有些笨手笨脚。你自己可能并没有察觉到这些变化。

2 非常放松，更加无拘无束，上述表现更加明显。此外，你的情绪开始产生波动，可能一会儿多愁善感，一会儿非常激动。

3 失去判断力。你已经不记得或者注意不到可接受的行为和愚蠢的做法之间的区别了。你既兴奋，又聒噪。

4 大脑不能很好地控制身体，四肢不协调，整个人变得稀里糊涂，头晕目眩，一步三晃，难以保持平衡，说话也含糊不清。

5 交流方面出现严重障碍。喝到这个时候，你已经很难听得进别人说的话（什么话都不行）了。此外，你的情绪波动比刚才更大，甚至开始走极端，看东西还可能会重影。

6 陷入危险。你可能受了伤都不会觉得痛，完全失去了自我保护的能力，无法独自走到安全的地方。连最简单的动作，比如找钥匙、走路等都完成不了。

7 身体无法正常工作，对刺激或声音没有反应，还可能倒头就睡，失去知觉。

8 意识不清，不省人事，体温下降，血液循环放缓，呼吸受到抑制。还可能伴有呕吐、大小便失禁的现象。

9 昏迷。

10 因严重的酒精中毒而死亡。

🍷 无限续杯

如果你想买醉或像下面说的这样喝酒，你就可能会醉酒，给自己带来麻烦：

- 空腹喝很多酒。
- 一杯接一杯地喝，喝得过快。
- 喝酒的过程中没有喝水。
- 喝到不知道自己喝了多少。
- 和某个人或者是一伙人斗酒。

🍷 饮品选择

外出聚餐时，很多女性会选择喝葡萄酒，而男性更常喝啤酒。这时就要注意了；由于葡萄酒的酒精浓度一般比啤酒的高，因此如果酒杯一样大、喝的杯数一样多，就意味着喝葡萄酒的人摄入了更多酒精。

🍷 酒中的"陷阱"

气泡酒

很多女性喜欢喝气泡酒，因为她们觉得气泡酒酸酸甜甜的，而且酒精浓度也不高。但实际上，喝气泡酒比喝相同酒精浓度的酒更容易醉，因为气泡会导致人体更快地吸收酒精。

鸡尾酒

大多数鸡尾酒五颜六色，看起来很漂亮，喝起来也是酸酸甜甜的，容易让人放松警惕。但实际

喝酒的正面体验

那是一些有趣的夜晚，每个人都抛开了自己的束缚。日后，我们还是会经常提起那些美好时光。

——玛丽安（37岁）

快乐，飘飘欲仙。

——瑞秋（30岁）

喝酒让我们的舞姿变得更好笑了，笑声变得更大了，我们抛开了顾虑，畅所欲言。

——简（26岁）

我们喝完酒去跳舞的时候，杰基把裤子划破了！这真是太好笑了。

——艾琳（27岁）

和朋友们边喝酒边享受美食，共度晚上的美好时光，这种感觉真

是太棒了。没有一个人喝多了，我们聊得特别尽兴。

——弗朗（29岁）

我特别喜欢那种喝完酒之后很放松，让人有跳舞的冲动的感觉。

——梅格（27岁）

最让我开心的记忆都发生在喝了酒以后，这是显而易见的事实。

——苏菲（32岁）

当我喝醉的时候，周围的一切看起来都很酷。

——凯特琳娜（20岁）

我爸爸以前喝醉的时候会做一些有趣的事情。我有很多滑稽的故事可以回忆。

——桑迪（38岁）

我喜欢喝葡萄酒，喜欢听与葡萄酒有关的故事，喜欢自己在葡萄酒庄园的所有经历。

——佐薇（33岁）

就是因为我喝多了，我才鼓起勇气把我的电话号码给了我现在的丈夫。我在清醒的时候可没胆量这样做。

——埃洛伊丝（33岁）

喝酒能让人感到放松，而且会让大家聊得很开心。酒是一种很好的社交工具。

——索尔沙（34岁）

我是在一个酒吧遇到我丈夫的。在我的大家庭中，酒是我们之间的一条纽带。

——MJ（32岁）

喝酒的负面体验

住院并不是很有趣，尽管我不太记得这是怎么发生的了。

——埃莉萨（28岁）

我在下午1点醒了过来，还穿着头一天晚上穿的衣服，浑身上下都是呕吐物。我什么都不记得了。

——吉莉恩（35岁）

有一回我的酒里被下了药，不得不去医院洗胃。现在我在外面只喝瓶装水。

——杰西卡（23岁）

洗胃、晕眩。

——简（21岁）

在我十几岁的时候，喝酒曾经让我陷入了危险的境地。大家吵得不可开交，说的净是些醉话。

——朱尔斯（37岁）

第二天起来我会恶心、呕吐，而且喝醉还会开启我的"抑郁"或"轻躁狂"开关，让疾病发作数周。

——尼娜（37岁）

我背叛了我的另一半，因为那天我喝得实在太醉了，我清醒过来后就后悔了。

——拉迪奥·吉尔（34岁）

喝醉后，我会给人一种轻浮、不正经的感觉，给人留下不好的印象。

——劳伦（22岁）

喝醉后我摔断了三根足骨，直到第二天我才发现这个问题。

——卡伦（56岁）

那天晚上发生的事情我都不记

得了。我的丈夫告诉我，我应该向每一个人道歉。

——特蕾西·李（44岁）

不省人事，发生的事情都忘了，吐了男朋友一身，还告诉他，我恨他。

——卡拉（18岁）

我把自己的秘密说出去了。

——萨尔（27岁）

什么是地狱？地狱就是在喝醉的时候还要照顾蹒跚学步的孩子。

——克里斯滕（34岁）

当我醒来后，我发现我旁边躺着一个非常丑陋的男人。

——萨尔（27岁）

上，一小杯五彩斑斓的鸡尾酒中可能包含了多种烈酒，如果喝得太快、太多，就很容易喝醉。

酒里被下药

有些女性去酒吧、会所或派对喝酒时，有人会偷偷往她们的酒里加入一些不法药物，使她们头晕甚至失去知觉，接着侵害她们。所以，无论什么时候，都要把自己喝的酒放在视线范围之内。其实，先不说药的问题，单是纯粹的喝醉，也容易令女性受到侵害。

酒精、能量饮料与药品

· 将能量饮料和酒混合饮用很危险，因为能量饮料中含有咖啡因，同时摄入咖啡因和酒精会增加心脏负担，容易导致心跳加快、头晕等，也容易让人更加兴奋，从而喝得更多，更容易做出错误判断。

· 同时摄入药物和酒精也非常危险。酒精会影响药物的疗效，还可能跟药物中的成分发生化学反应，导致胃肠道不适、肝肾功能受损等，严重时可能导致血压下降、呼吸抑制、心力衰竭，甚至危及生命，导致意外死亡。

🏆 酩酊大醉

如果你常常喝得酩酊大醉，今天丢一只鞋，明天忘了自己是怎么回家的，你可能就会面对一些意想不到的情况。

酩酊大醉可能造成的后果包括：
· 致使自己身陷危险的境地。
· "断片"。
· 受到性侵，蒙羞受辱。
· 感染性传播疾病。
· 意外怀孕。
· 遭遇意外事故。

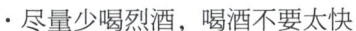

🏆 如何避免醉酒

· 尽量少喝烈酒，喝酒不要太快。
· 掌握好喝酒的量，不要任由别人给自己添酒。
· 达到自己定的标准之后就不要再喝了。
· 合适的时候，以水或其他非酒精饮品代替酒。
· 在酒吧或派对上，没必要一直举着酒杯。真要拿点什么的话，拿杯水就好了。
· 用水、冰、苏打水或果汁稀释杯中的酒。
· 喝酒的空档要记得喝一点非酒精饮品。
· 喝酒精浓度低的酒。
· 不掺酒喝。要么只喝啤酒，要么只喝葡萄酒，要么只喝同样的高度酒。真要掺酒，也要在同类的酒里选。
· 不要老是和怂恿自己喝酒的人在一起玩。
· 不要和别人比赛谁喝得快，不要玩赌酒游戏，不要和别人斗酒或打赌。这些情况很容易导致喝醉或受伤。
· 不要用酒解渴，水才能解渴。
· 如果有人给自己敬酒，不想喝就不喝。

狂饮

狂饮是指在较长时间内出现大量饮酒的现象。据澳大利亚官方统计数据显示，如今，在澳大利亚，年轻女性狂饮的现象明显增加，大约四分之一到三分之一的女性在十几二十岁的时候每周至少狂饮一次。

"狂饮"并不是一个多么高雅或者说多么正面的词，大多数人都不愿和这个词产生关联。狂饮除了容易让人做出丢脸的行为，还容易使人失去尊严，遭到嫌弃。此外，狂饮也会对人的身体健康和精神健康造成危害。

狂饮会增加以下情况的发生概率：
· 肝脏损伤。
· 胃肠损伤。

狂饮、酗酒和其他问题

我喜欢在社交场合喝酒，主要是伏特加。我一个月大约会喝20杯。

——艾米（21岁）

我每两个星期喝一两次酒，一次喝十几杯。我喝酒主要是为了把自己灌醉。

——克里斯蒂娜（22岁）

大一的时候我经常喝醉，现在我完全戒酒了。我喜欢喝酒，但是我不喜欢那种失控的感觉。

——阿黛尔（27岁）

我比大多数十几二十岁的人酗酒更严重，这让我很害怕，但是当我周五晚上和其他妈妈一起喝酒时，她们告诉我这没什么不对。

——索尼娅（36岁）

我爱我的丈夫，但是他知道，如果他再酗酒的话，我就会带儿子离开这里。

——梅拉妮（34岁）

因为喝酒，我曾经卷入过三起严重的交通事故，其中一次我头上缝了29针。

——索菲娅（51岁）

我知道有很多年轻人在参加完单身男女青年舞会之后因为交通事故而命丧黄泉。

——琼（51岁）

我再也受不了宿醉了。我工作上还有很多事要费神呢，实在没空应付那种恶心反胃的感觉。

——索菲（32岁）

到了不惑之年还要忍受宿醉之苦？太不值得了。

——默里（45岁）

酒极大地改变了我的生活。肝脏问题和硬膜下脓肿差点要了我的命。现在，我戒酒了。只要愿意去做，一切都来得及。

——莉莎（45岁）

我不认为酗酒是一种病。我觉得那是一种选择。

——卡罗琳（32岁）

我指出了一个朋友的酗酒问题，之后便失去了这个朋友。

——乔（36岁）

我丈夫对我大幅减少饮酒量感到非常高兴。

——费莉西蒂（28岁）

我过去真的喝得太多了，甚至一睁开眼就想喝酒。我戒酒一段时间后，出现了戒断症状。

——杰西卡（24岁）

在我发现自己怀孕之前，我就是个酒鬼。我过去每天都喝酒。

——阿曼达（32岁）

我喝酒是为了忘却第一次婚姻带给我的伤害。喝酒影响了我的工作，也使我在孩子们需要我的时候，无法陪伴在他们身边。六年光阴就这么白白浪费掉了。

——布朗温（47岁）

我和爸爸住在一起，我试图控制他的饮酒量，因此他总是用言语和情感折磨我。当他去世时，我几乎算得上是松了一口气。

——简（59岁）

我姐姐确实是个酒鬼，她给自己的孩子造成了心灵上的伤害。我永远都无法真正原谅她。

——萨莉（44岁）

我每个周末都会喝醉，有时自己就能喝下一瓶烈酒。我们家有很多酗酒的人，这个问题已经存在了很长时间。我喝酒是为了卸下伪装，为了玩得开心。

——内莉（25岁）

我想我之所以一直没结婚，是因为我怕结了婚之后就没有办法随心所欲地喝酒了。

——艾伦（56岁）

酒精在不知不觉中把我的生活搞得支离破碎，我只好去专门的机构戒酒。

——亚历克斯（23岁）

我经常喝醉，酗酒拖了我的后腿。我计划戒酒，但是一直没有鼓起勇气去实践。

——盖勒（40岁）

我曾经是个酒鬼。如今，我已经有11年没喝过酒了。

——艾伦（56岁）

在我小时候，我父亲每晚都喝酒。他可以拿着酒瓶子睡着，而不会把里面的酒出来。如果别人动了酒瓶子，他就会醒过来。这使我长大后不喜欢喝酒。

——卡拉（28岁）

我妈妈是个酒鬼，所以我的童年有太多的负面体验。

——塔尼亚（27岁）

从我在30岁出头婚姻破裂开始，我已经酗酒17年了。有一段时间，我每天晚上都要喝两瓶酒。

——朱莉（47岁）

我妈妈每次家庭聚会时都会喝得酩酊大醉，真是气死我了。

——凯特（19岁）

· 大脑损伤。

· 患乳腺癌、胃癌、肝癌或其他癌症。

· 急性心肌梗死。

· 中风。

· 患高血压。

· 患精神疾病，如抑郁症、焦虑症。

· 给孩子带来意想不到的心理障碍。

· 其他健康问题。

宿醉

宿醉是指短时间摄入大量酒精或含酒精饮料后出现的中枢神经系统功能紊乱状态。睡眠宿醉是指个体从睡眠中觉醒但意识没有清醒的现象。在这种情况下，个体可能会混淆时间和地点，并且可能会出现敌对或暴力行为。随着年龄的增长，人宿醉的症状会越来越严重，喝酒后更容易觉得身体不舒服，恢复起来也更加困难，因为随着年龄的增长，人的新陈代谢会减慢。

缓解宿醉后的症状

其实，宿醉后，无论做什么，都很难使肝脏更快地处理酒精，也很难将酒精更快地从血液中排出。止痛药对缓解头痛有帮助，但是如果长时间酗酒，而且肝脏已经受损的话，有些止痛药是不能吃的。大量饮水可以帮助宿醉者补充水分。糖能让宿醉者稍微清醒一些，吃一些富含碳水化合物的食物也可能会让他们好受一些，但这些都不能立马从根本上解决问题。

酗酒

酗酒指沉迷于无节制地过量饮酒，是一种不健康的饮酒行为。酗酒者对酒精有强烈的渴求，会出现不同程度的酒精依赖现象。酗酒不仅会对身体健康，尤其是大脑、心脏、肝脏、胰腺和免疫系统

产生影响，还可能会导致精神疾病和危险情景（如酒驾、醉驾、不安全的性行为）的发生。

酗酒问题出现的迹象

· 自己觉得自己的喝酒方式出了问题。

· 别人说你的喝酒方式出了问题。

· 有人提出少喝酒的建议时，你恼羞成怒。

· 每天都喝酒，一天不喝都不行。

· 没喝酒时，一天到晚都渴望喝酒。

· 虽然偶尔才喝酒，但一喝就要喝到醉，控制不住自己。

· 独自喝酒，不让别人知道自己究竟喝了多少。

· 把酒伪装成其他饮品。

· 经常自己偷偷藏酒。

· 有酒喝才会出门。

· 不分场合喝酒，即使要照顾孩子也还是喝得酩酊大醉。

· 长时间喝大量的酒。

· 不喝酒身体就不舒服。

· 对酒精的耐受性增加，现在要喝更多酒才能达到之前喝一点酒就能达到的那种放松、愉悦的状态。

· 找各种借口喝酒。

如何避免酗酒问题

· 给自己定一个量，告诉自己只能喝这么多，并严格遵守。比如，每两三天晚上喝一玻璃杯葡萄酒，或者每个星期日中午喝一玻璃杯葡萄酒。具体量由自己把握。

· 喝酒前搞清楚酒精浓度，根据自己的酒量适度饮酒，不要喝醉。

· 如果已经忘了自己喝了多少杯，就立马停下来。

· 不要天天喝酒。

· 时刻牢记，喝酒不能以喝醉为目的。

· 情绪低落、压力过大时，不要依靠酒精来排忧解难。

"成瘾"与"依赖"有何区别

没有区别。有些人之所以不愿意用"成瘾"这个词，是怕被嘲笑或者让别人觉得自己情况严重，但这样做反而会让人更难承认自身的问题，不愿意去寻求帮助。

🏆 哪一类女性更容易有酗酒问题

是年轻女性、中年女性、单身女性、受过虐待的女性、有心理疾病的女性、父母酗酒的女性，还是父母滴酒不沾的女性？事实上，在我看来，所有的女性都可能出现酗酒问题。

很多女性会在觉得孤单、绝望，看不到希望的情况下选择通过喝酒来排解愁绪，她们觉得自己无处倾诉、无人关心。事实上，酒精并不能治愈任何人，可以偶尔喝酒发泄一下，但不能依赖它。

🏆 酗酒问题的治疗

大多数有酗酒问题的女性羞于向别人承认。要承认自己有酗酒问题本身就很难，更别提要主动对别人说了。由于酒精成瘾，她们很难主动减少酒精的摄入量，哪怕已经下定决心想改变，靠自己的力量戒酒对她们来说也几乎是不可能的。

其实，改变并不难。如果你存在酗酒问题，有时只需要先跨出一步，那就是去寻求亲人、朋友或专业的医疗机构的帮助。向别人求助并不意味着软弱和失败，恰恰相反，这意味着你是坚强的、勇敢的，因为你敢于面对酗酒问题，并且已经下定决心要解决它。你一定要知道，解决酗酒问题是一件很重要的事，因为长期酗酒容易导致诸多生理和心理方面的问题。告诉专业人士你的情况和治疗目标，然后接受他们的帮助吧。

不过，你也要做好思想准备，解决酗酒问题可能不是"停止就好"那么简单的事。真这么简单的话，这个问题也就不能被称为一个问题了。好消息是，已有数以万计的人从不同程度的酗酒问题中走了出来。承认问题就等于向美好生活迈出了一大步。如果你有这方面的问题，不要欺骗自己"这不是什么问题"或安慰自己"别人没有注意到"，赶快寻求帮助吧。

酗酒的触发机制之一是负面情绪，所以，你可以把那些让你近乎崩溃的东西列出来，然后把一些能够帮助你缓解负面情绪的东西列出来，以此来代替酒精。其他治疗手段还包括：

· 心理治疗：如认知行为疗法、厌恶疗法、系统脱敏疗法、奖励强化法、群体心理疗法等。

· 药物治疗：在医生的指导下服用药物，以此来摆脱对酒精的依赖。有些药物还能预防重新开始饮酒。

· 加入戒酒互助小组。

许多有酗酒问题的人认为自己酗酒是因为基因，或者是从家族文化中习得的一种习惯。对这些人来说，完全禁酒（至少一段时间如此）比"少喝点"或"只喝一杯"更明智，因为在他们的家庭环境中，"少喝点"或"只喝一杯"可能很难做到。

戒断症状

酗酒的人在戒酒过程中会出现戒断症状，即机体对某些不良嗜好形成依赖后，在戒除或改变该嗜好时出现的不适症状，具体的症状包括脸色苍白、出汗、流泪、流涕、心跳过速、恶心、呕吐、腹泻、失眠、短暂性地失去知觉、肢体震颤、出现幻觉、焦虑等。出现戒断症状时，可以和医生一起制订一个计划，看看如何平稳度过这个阶段。

烟和药物

　　有人为了解压而吸烟，有人因为觉得吸烟很酷而吸烟，有人则是为了模仿别人而吸烟……吸烟的原因有很多，但有一点是相同的，那就是吸烟会影响身体健康。

　　除了烟，药物在我们的生活中也扮演着重要的角色。吃药可以治愈疾病，但吃药也会引发一些问题。

　　在这一节，你将了解到吸烟的影响、如何戒烟，以及处方药与非处方药的相关知识。

吸烟

吸烟对身体有害，这是大家公认的道理。然而，当有些烟民被告知吸烟危险系数极高时，他们可能会变得气急败坏。他们有烟瘾，而吸烟又是合法的，所以他们通常不喜欢别人对自己吸烟这件事指手画脚。可问题在于，吸烟确实会影响身体健康（不仅是吸烟者的身体健康，还包括被迫吸"二手烟"的人的身体健康），假装吸烟无害其实就是自欺欺人。

烟的主要成分是尼古丁，它是一种精神活性物质，兼有兴奋和松弛作用。人对尼古丁可产生耐受性和依赖性，它比手机和巧克力更容易让人上瘾。所谓的"吸烟可以缓解压力，舒缓情绪"，其实是因为长期吸烟的人在体内尼古丁含量减少时会感到不安、焦虑，重新摄入尼古丁后，这些情绪会得到缓解，而并不是尼古丁本身能缓解压力。

吸烟的影响

刚开始吸烟时，人会受如下影响：

· 味觉和嗅觉逐渐减退。

· 可能会出现头晕、恶心、流泪、胃酸增加、突然想排便（身体需要排毒）等症状。

· 每抽一根烟，肺部细胞就受损多一点。

吸烟一段时间后，人会受如下影响：

· 染上烟瘾。

· 头发、呼吸、衣物散发浓重的烟味，吸烟者本人可能对此浑然不知。

· 味觉和嗅觉进一步受限。

· 牙齿上出现黄色的斑点，皮肤更加干燥。

· 可能会出现呼吸不畅、咳嗽等症状。长期抽烟和过度抽烟都会给肺部带来持续性的伤害。

· 行走、跑步、上下楼梯、跳舞等比之前要困难。

· 感冒、胸部感染的频率增加，且康复时间通常比不吸烟的人长。

长期吸烟，人会受如下影响：

· 头发、呼吸、双手、衣物持续不断地散发出难闻的烟味。别人一靠近，就能闻到其身上的烟味。

· 味觉和嗅觉遭到严重损害。

· 面色灰暗，永久性皱纹增多。

· 可能患肺气肿。

· 患癌风险增加。吸烟已被证实容易诱发多种癌症，包括肺癌、喉癌、口腔癌、膀胱癌、肾癌、胰腺癌、宫颈癌、胃癌等。

· 可能出现中风、心脏病突发、腿部肿大等，因为吸烟会使血管变窄，导致血流不畅。

女性吸烟的危害还包括：

· 吸烟可能导致女性月经不调。尼古丁会影响激素的分泌，从而导致月经不调，甚至提前绝经。

· 吸烟可能导致女性不孕。吸烟会导致卵子的受精能力大大降低，从而导致女性不孕。

· 吸烟可能导致女性患妇科疾病（如患乳腺癌、卵巢癌）的风险增加。

· 孕妇如果吸烟，可能导致习惯性流产、早产、死胎、新生儿畸形等。

吸烟的真相

· 吸烟对女性的伤害大于男性。

· 没有所谓的"安全吸烟量"。

· 低焦油含量的烟、自制手卷烟、雪茄对人并不会更友好，它们依然含有许多有害的化学物质。

· 就算你不吸烟，但如果你的家人吸烟，你也会受到影响，因为你会被迫吸"二手烟"。

吸烟与体重

一些女性之所以持续吸烟，是因为吸烟能暂时抑制食欲，进而导致体重下降，但通过吸烟来控制体重是非常不妥当的行为。另外，人在戒烟后体重会更容易增加，这可能与戒烟后食欲变好或戒烟时觉得难受会用吃东西来代替吸烟等有关。戒烟过程中觉得难受时，可以嚼无糖口香糖，也可以用吃东西以外的嘴部动作来转移注意力，这样或许可以在一定程度上避免体重增加。

🔴 戒烟

戒烟最好的方法是永远别碰香烟，因为烟很容易让人上瘾。对一些人而言，只要烟瘾形成，再想戒难于上青天。戒烟时，你可能需要：

· 朋友、家人的帮助和鼓励。
· 制订目标，如把买烟的钱攒下来去旅游或做其他感兴趣的事。
· 使用催眠疗法。
· 使用尼古丁口香糖或贴片。
· 远离吸烟人士和其他可能让你重蹈覆辙的诱因，如酒吧。
· 拿出决心和毅力。
· 想吸烟时，做做口部操，让嘴巴"忙"起来。
· 找到戒烟的理由，如伴侣讨厌烟味、增强体质、对抗疾病、处在孕期或哺乳期、给孩子树立更好的榜样等。

处方药与非处方药

药物对我们的帮助很大，比如，它能减轻病痛、挽救生命。但是，我们不能仅仅因为某种药物是合法售卖的就觉得它是绝对安全的。实际上，几乎每种药物都可能带来健康风险，过量服用都可能对身体造成伤害，因此，我们一定要遵循医嘱或按照说明书中规定的剂量服药。对于非处方药，我们也不能放松警惕，要在搞清楚病因和药效后才能服用。

🔴 处方药

医生一般会根据病人的年龄、体重、病情等给出合理的服药剂量，服药时一定不能超过这个剂量。打开药物包装后请务必仔细阅读说明书上的信息。另外，即使两位患者患同一种病，症状相似，对一位患者有效的药也可能会对另一位患者的身体产生不良影响。所以，不要随便服用别人的处方药。

过量服用处方药可能会对某些器官（如肺、心脏、肝脏、肾脏等）造成不可逆的损伤，从而导致脏器衰竭等现象。

🔴 药物滥用

不论是处方药还是非处方药，都不能过量服用。滥用比较多的处方药通常是止痛药、镇静剂和安眠药。在被确诊患有抑郁症或失眠症时，短期服用这类药物是合理的，但这类药物会让人上瘾。如果长期服用或过量服用，身体不仅会产生依赖性，还会产生耐药性。另外，上述药物都会伤害到胎儿，因此如果处于孕期或正在备孕，请及时向医生了解详细情况。

🔴 如何将处方药的危害降到最低

· 不要将药混着吃，服药期间坚决不要饮酒。
· 不要服用别人的处方药，也不要把自己的处方药给别人服用。
· 吃完药不要立即驾车或操作机器。
· 按医嘱或说明书服用药物。

混合服用药物或在服药期间饮酒

将不同类型的药物混在一起服用、服药期间饮酒都是危险的行为。不同药物之间、药物与酒精之间的不同成分可能会发生某种化学反应，从而导致脏器受损、呼吸受阻，甚至使人失去知觉、昏迷或死亡，所以需要混合服药时，一定要咨询医生，在医生指导下进行，服药期间也不能饮酒。请注意，"混合"并不仅仅指同时吞下所有药物，在一天内或几天内服下不同药物也算。

原生家庭
327

新生家庭
339

朋友满天下，相知有几人
349

第七章

家人与朋友

各种各样的家庭

我很爱我的奶奶。在我心里，她是最棒的。她总是有各种奇思妙想，而且非常聪明。我比任何人都关心她，她是我最亲近的人。

——乔吉（38岁）

我的祖父母都活到九十多岁。他们知道很多有趣的事情。

——塔卢拉（52岁）

即使我奶奶患有阿尔茨海默病，我也永远爱她。即使我的狗狗离我而去了，我也会永远记得它！

——卢（29岁）

我拥有一个大家庭，虽然亲戚之间不常见面，联络也不多，但我们之间的关系仍旧很亲密。

——祖德（42岁）

我的孩子对我母亲有一种特别的感情。我很开心他们能够如此亲密无间。

——吉纳维芙（36岁）

我喜欢母亲在身边的感觉。我非常感激她。

——李（35岁）

我母亲84岁了，仍然口齿清晰，善于思考，能够独立生活。最近，她交了一位65岁的男朋友。

——珍妮特（61岁）

我很幸运有母亲和外婆这样出色的女性做榜样。她们教我要坚持我所相信的，也让我明白教育的重要性。最重要的是，她们给予了我无私的爱。

——阿莉森（38岁）

我爱我的父母，因为他们活得轻松快乐，甚至还有一点疯狂。他们搭建的鸡舍比自己的家还要大！我和兄弟姐妹相处得也特别好。

——金（26岁）

我的家人总是陪伴在我身旁，始终非常支持我，从不对我评头论足。我喜欢和家人聚在一起。

——哈莫尼（36岁）

我和我丈夫经常把双方的家人都聚在一起。他有好几个兄弟姐妹，我也是。和父母以及表兄弟、表姐妹待在一起，真是乐趣无穷。

——雅克（43岁）

当我的父母认为我需要他们时，他们会不辞辛苦地来帮助我。

——妮科尔（32岁）

有许多人在有缺陷的家庭中长大，家人彼此间充满了怨恨。

——安比（38岁）

家人对我无私的爱让我受益终身。在我的记忆中，我们从未恶语相向过。

——纳塔莉（27岁）

过去，他们是我的父母；现在，他们是我的朋友。

——露西（31岁）

我姐姐是我最好的朋友。没有人比她更了解我。

——埃琳（25岁）

我母亲甚至参加了我爸爸的再婚典礼。

——利安娜（37岁）

我的家人中，有的善良可爱，我能感觉到他们心里有我；有的则心胸狭窄，令人讨厌。

——乔治娜（42岁）

我喜欢我的母亲、继父，还有公婆。至于其他人，我选择遗忘。

——埃德温娜（38岁）

我和我爸爸的关系还不错，但和其他家人联系不多。他们觉得我是家里的"害群之马"。

——凯特（32岁）

我不喜欢我原生家庭里的所有人，他们也不喜欢我。如今，情况稍有改善，我接受了我的侄子、侄女。当然，我一直很喜欢我的子女，以及孙辈。

——罗斯玛丽（54岁）

我父母从来不跟我和哥哥讲话。

——梅芙（50岁）

他们是恶人，十足的恶人，对我来说是，对他们彼此来说也是。

——葆拉（28岁）

他们在另一个国家生活，那是最适合他们的地方。我是认真的。

——朱莉（47岁）

他们把一切都搞砸了。

——艾丽斯（33岁）

我不知道我的亲生父母是谁。我也不关心我的养父母。

——萝宾（53岁）

我从不和我的父母还有姐姐说话，我的人生因此轻松不少。

——海伦（39岁）

我没有家人，除了我那可怕又没有爱心的父亲。

——杰茜卡（45岁）

他们是"懒鬼"，只会伸手等待着别人的施舍。

——特蕾泽（48岁）

很多人可能很难理解，并非所有的家庭都是完美的。对有些人来说，不和家人以及亲戚打交道才是正确的选择。

——萨莉（39岁）

原生家庭

　　如果你有一个大家公认的幸福美满的家庭；如果你能和兄弟姐妹和谐相处；如果你的父母明智又慈爱，能做到对你适度关心而又不过多打扰，并且在年老时仍然能够生活自理；如果你在任何情况下都能处变不惊，胸有成竹……那么你没有必要看这一节的内容。你可以跳过这一节，按照自己的方式继续幸福地生活下去，享受生活的乐趣和家人带给你的温暖。

　　本节讨论的是与原生家庭有关的内容，比如如何正确处理和原生家庭之间的关系，如何关爱长辈，如何照顾年迈的亲人，等等。

幸福的家庭

家庭对一个人的影响可以伴随其一生。如果你来自一个幸福的家庭，说真的，祝贺你。这是一个多么棒的人生起点，又是一笔多么宝贵的人生财富啊！当你组建属于自己的家庭后，原生家庭就是现成的榜样。良好的家庭传统是可以代代相传的。

当然，并不是每个家庭都能做到百分之百的完美，但是朝着积极的目标努力，家庭的幸福指数一定会有所提升。幸福的家庭往往有很多相似之处。在幸福的家庭中，人们往往：

· 彼此相爱，并且会用比较好的方式将心中的爱意表达出来。

· 彼此尊重。

· 彼此坦诚，会真诚、友好地进行交流。

· 既会相互陪伴彼此，也会给彼此留有个人空间，不过分干涉他人的生活。

· 一起解决问题（并且会尽可能保证孩子不受这些问题的影响）。

· 一起渡过难关。

· 没有巨大的压力和触及底线的家庭问题，如严重的暴力行为（包括肉体折磨和精神虐待）、酗酒或药物上瘾等情况。

· 拥有良好的金钱观，不会一直为钱发愁。并不是说必须拥有多少资产才能幸福，正确的对待金钱的态度，家人之间的相互支持、相互理解也能使人提升幸福感。

· 努力寻求更好的相处模式。

如何成为称职的父母

以下方法有助于人们成为称职的父母：

· 多花一些时间和孩子相处，努力了解他们的所思所想。

· 可以把孩子放在第一位，但是不能失去自我，完全没有自己的兴趣爱好。

· 知道在养育孩子的过程中犯错是很正常的，不要患得患失，给自己和孩子施加太多压力。

· 找准方法，因材施教。

· 制订明确且公平的规则，奖罚制度要前后一致，让人有规律可循。当孩子不想遵守规则时，要温柔且坚定地拒绝，不要冲孩子大喊大叫。

· 善于发现孩子的闪光点，认可和赞美孩子的努力和成绩。

· 保持稳定的情绪，在和孩子的相处中，不存在暴力、愤怒、故意沉默、情感勒索、冷漠、虐待或讽刺等情况。

如果原生家庭不幸福

成千上万的家庭中存在着各式各样的人。有些人有暴力倾向，有些人有自恋型人格障碍，有些人自己做不到却要求伴侣绝对忠诚，有些人对家庭一直漠不关心……很多忽视甚至虐待孩子的父母在外人看来很体面，甚至拥有成功的事业和不菲的财富，但是外人看到的光鲜外表、万贯家财和显赫地位并不能保证他们与其他家庭成员之间关系亲密、爱意满满。

当被问起"你父母曾经做过什么"，有些人会立马说出父亲之前做的工作，比如公交车司机。然而，也有一些人会立刻想到"他曾经打过我和我妹妹"或是"他之前总是去酒吧，还经常欺骗母亲"。对有些人来说，"母亲"也不是一个温暖的名词，母亲节对他们来说是一个残忍又令人痛苦的节日。有些人对父母的记忆充满了甜蜜和温馨，而有些人与家庭相关的记忆全是打架或争吵。

那些一直生活在幸福家庭中的人，可能很难真正理解不幸的原生家庭给人带来的伤害。即使人们都明白家庭暴力和长期生活在恐惧中会对人产生很大的负面影响，但在成长过程中所遭受过的冷漠无视、谩骂批评、殴打侮辱，以及冷嘲热讽等，可能唯有经历过，才会真正懂得。当我们责备一个人忽视他的父母或疏远他的亲戚时，要考虑到，他们这样做可能有他们的理由。美国疾病控制与预防中心所做的一项大型研究的结果显示，如果一个人长期被父母忽视，或是和喜怒无常、控制欲强、自私自利的父母生活，那么他成年后患有心理疾病的可能性会提高。

🧩 和童年的不幸达成和解

当看到"寻找内心深处的童真"或"无忧无虑的童年"之类的字眼时，有些人可能会忍不住痛苦地尖叫，因为对他们来说，童年的记忆并不美好，甚至让人痛苦。虽然他们可能没有被父母殴打或虐待过，但他们可能会因为别的事情而对父母感到失望。"如果没有 ×××，事情本来可能会更糟"之类的话并不能安慰他们受伤的心灵，也不能让他们忘记过往的伤痛，"战胜心魔"这类心灵鸡汤的用处也不大，毕竟童年留下的烙印往往是深刻且影响巨大的。

如果你的原生家庭不幸福，直到现在还沉浸在童年的伤痛中不能自拔，下面这些方法或许可以帮你摆脱阴霾。

首先，尝试接受现实，努力改变自己对过去经历的看法和感受，不论从什么时候开始尝试都不晚。慢慢地，你或许就能够理解、接受、中和或是摆脱昔日生活带给你的自卑、羞耻或沮丧。敢于正视糟糕的过往，从中找出积极的地方，确定未来的方向，与过往和解而不是让它左右你的未来，这样你才能拥有美好的明天。你也可以将愤怒转化为一种强大而又积极的力量，在这种力量的帮助下渡过难关，一飞冲天。对你来说，不是结交新朋友、组建属于自己的小家庭就一定能摆脱过去的阴影，因为如果不能自我治愈，与过去和解，学习更好的与

人相处的方式，你就有可能会重蹈覆辙，使悲剧在新的人际关系或小家庭中重演。

其次，当你需要帮助时，可以向在这方面受过训练的专业人士求助。你可能需要多换几个人才知道什么样的人能帮到你。专业人士会相信你，理解你童年的遭遇和这些遭遇对你人生的影响，并帮助你摆脱那些负面的影响。几乎每个人都需要别人的帮助，需要帮助并不可耻。

"问题"父母

很多人虽然已经成年，但是仍然要和父母"作斗争"，搞得自己心力交瘁。这是因为很多父母即使在孩子成年后，仍然对孩子有强烈的控制欲，还会继续对他们进行情感勒索。有些父母自私自利，吝啬刻薄，只把孩子当作满足自己需求的对象而从不关心孩子的需求；有些父母经常鸡蛋里挑骨头，不尊重孩子，常常贬低孩子，让孩子感到内疚、羞愧和窒息；有些父母患有精神疾病，比如双相障碍，这会使他们做出很多令人难以理解的行为；还有一些父母更糟糕，他们中的一方或者双方不仅对他人虐待孩子的行为坐视不理，还会经常虐待自己的孩子，并否认虐待的发生……不论哪种情况，孩子都会感到愤怒、压抑、痛苦和悲伤。

如果和父母交谈会让你崩溃，甚至连看到他们对你来说都是一种折磨，那么你可以运用一些策略来保护自己。比如，帮助他们改正或远离他们。有一些父母是可以被改变的，他们可能只是没有意识到自己的行为会给孩子带来多大的影响。如果你的父母属于这种情况，那么你可以告诉他们你的想法和感受，引导他们更加尊重你，把你当作一个成年人，一个有自己的爱好和隐私的成年人来对待。但是，如果你的父母在肉体或精神上虐待你，总是威胁你，完全不尊重你，忽视你的需求，你可能就要想别的办法了。要记住，当父母是非不分、无理

家庭矛盾

我们对原生家庭有求必应，这使得我们如今深陷经济危机，甚至到了要破产的地步。

——艾琳（66岁）

我的原生家庭非常不和谐。现在我和我的家人没有任何联系。

——卡兹（50岁）

我终于向那个总是欺负我的亲戚提出了抗议，勇敢地说出了心中的不满。他四十年来一直以各种微妙的方式欺负我。我的反抗很奏效，真希望四十年前我就反击了。

——平克（59岁）

我总劝说我丈夫去看望他的家人，虽然他并不喜欢这样做。但后来我发现这样做并没有获得回报，所以我放弃了，也向我丈夫道了歉。

——卡伦（37岁）

有时，即使家庭关系很紧张，家庭成员很糟糕，人们也仍旧会依赖他们的家庭。你很难评判一个家庭的好坏，除非你是那个家庭的一员。

——丽贝卡（29岁）

母亲

我妈想每天给我打一小时的电话。天哪！

——蕾切尔（28岁）

我现在和妈妈住在一起，日子越来越艰难，因为她认为一切都应该按照她的方式去做。

——凯特（37岁）

我妈妈简直要把我逼疯了，她让我觉得自己一无是处。

——塔米（33岁）

我妈妈直到现在还想要控制我，并且竭尽全力窥探我的一切。

——珍妮特（49岁）

我妈妈年事已高，她只有我一个孩子，但我们相处得并不好。她一直专横跋扈、盛气凌人。

——特丝（70岁）

我妈妈曾经送给我一本当年的日历作为我的生日礼物。我的生日在8月，收到这本日历时，那一年都过了一大半了。

——萨莉（41岁）

我妈很专横，所以我尽量不和她见面。

——珍妮特（62岁）

我妈妈经常对我进行情感勒索，我们很难和平相处。

——萨曼莎（46岁）

兄弟姐妹

我不理解我的姐姐，也不喜欢她。

——戴安娜（64岁）

当我的哥哥弟弟们结婚时，我感到很难过。我可能是在嫉妒他们。

——凯蒂（31岁）

我的哥哥姐姐在大城市过着奢华的生活，我的存在似乎令他们感到羞耻。

——休（56岁）

我和哥哥弟弟们的观点截然不同，我忍受不了他们的性别歧视。我很爱我的妹妹们，也很享受偶尔和她们在一起的亲密时光。

——贝蒂（49岁）

祖父母

我发现我的祖父母很难相处。我做不到他们要求的那样：长时间陪伴他们，并一直关注他们。

——苏珊娜（26岁）

我绝不允许我的女儿在她祖父母家过夜。那个家真是乌烟瘴气。

——科琳娜（37岁）

如何处理家庭矛盾

尽量避免长时间和家人相处。假期可以和父母逛逛超市，出门兜兜风，不过尽量缩短和他们一起旅行的时间。

——彭妮（28岁）

关注对方的本意，而不是他说了什么或者做了什么，根据对方的本意做出回应。如果对方本意是好的，即使方式让你觉得不舒服，也要把重点放在对方的心意上，这样你才能平静地应对。

——乔（30岁）

别让童年的习惯影响自己今后的人生和人际关系，要在成长的过程中逐渐进步。

——卢（36岁）

你要意识到，既然父母已经按他们自己的方式生活了几十年，那么他们一时半会儿是改变不了的。

——朱莉娅（38岁）

我们要学会接受人们本来的样子。我经常邀请我的兄嫂来家中吃饭，但他们很少回请我们。这并不能说明什么，他们可能只是不喜欢应酬罢了。

——林德尔（53岁）

远离错的人，按照你觉得舒服的方式和他人相处。如果参加大家庭每周举行的隆重晚宴不适合你，那就换成每周三次和家人相约在惬意的咖啡馆叙旧。

——雅辛塔（37岁）

取闹或者提出过分的要求时，你一定要有清晰的判断力，要守住自己的底线，敢于拒绝，不要一味地服软。如果父母的做法违背了道德底线，不要纵容他们。

另外，还有一件事要提醒你。即使很多事情发生在过去，你也需要正视它们，与它们和解，防止它们影响甚至破坏你现在的生活，并影响到你的新家庭以及现在的家庭成员。

（外）祖父母

祖父母或外祖父母对孙辈的伤害包括但不限于以下几种情况：

· 体罚。
· 语言暴力。
· 忽视。
· 酗酒后伤害孩子。
· 偏爱某一个孩子或某一种性别的孩子。
· 总是让孩子当替罪羊。
· 让某个孩子卷入成人的纠纷中。
· 在孩子面前说他们父母的坏话。
· 无视孩子的父母定下的安全规定或其他要求。

当你的孩子碰到上述情况时，你可以参考本节"和公婆的关系"部分的内容，制订应对计划。在某些极端的情况下，你可能只能采取实时监督或者切断联系这类办法，毕竟孩子的身心健康是最重要的。

手足情不深

在多孩家庭中，很多父母会格外偏爱某个孩子，或是把某个孩子当作"害群之马"或"替罪羊"。一般来说，父母会认为年龄较大的孩子应该更守规矩或承担更多的家庭义务，年龄小的孩子则应该受到更多照顾。我认为不应该用出生顺序来决定每个孩子的权利和义务（或许因为我是家中年龄最大的

孩子），但是有很多人坚持这种做法。

和公婆的关系

在第 332 页的内容中，你会看到很多女性表示自己很喜欢自己丈夫的家庭，和公公、婆婆的相处也很融洽。也有很多女性表示自己和公公、婆婆的关系很紧张，她们觉得和丈夫的家人相处并不是一件容易的事，原因之一是觉得他们性格古怪、很难相处，另一个原因是觉得他们瞧不起自己，没有真正地接纳自己。

如果婚后和公婆住在一起，就可能面临各种各样的难题。尽管爱管闲事的婆婆、偏袒或纵容儿子的婆婆在各种影视剧中屡见不鲜，但是不管看过多少次这种剧情，在现实生活中，要和这样的婆婆打交道，仍然不是一件容易的事情。

在处理婆媳关系的问题上，作为媳妇，要明白一点，那就是不要让丈夫在自己和他的母亲之间做出选择。作为丈夫，要清楚地认识到自己应该成为婆媳之间沟通的桥梁。相比于媳妇，丈夫在解决婆媳关系的过程中发挥的作用更为关键。丈夫需要明白一件事，那就是如果他决定和某位女性组建家庭、生儿育女，那么他应该把新组建的小家庭放在第一位。有些公婆没有边界感，此时，丈夫就应该提醒他们。

有时候，有些男性做不到这一点。在和男性交往的过程中，在你们的关系进一步发展之前，你需要留心他和他母亲之间的关系。如果你已经和他组成了家庭，就必须设定明确的底线。一个对父母百依百顺，在妻子被父母不分青红皂白地指责时不出面维护妻子，对父母的控制甚至是虐待行为不采取坚定的反抗立场的男人，不要也罢。

当公婆越界时，你一定要坚定地站出来，防止他们对你的生活造成负面影响。你不能让公公或婆婆的性格缺陷、不良习惯或者精神疾病给你和你的孩子造成痛苦和困扰。当家中有"危险分子"出没

一言难尽的公婆关系

我跟老公讲，我没法做到爱他的父母。他说没关系，只要能假装（爱他们）就好。

——卢（27岁）

我的公婆挑剔、傲慢、粗鲁、无知、自私。搬到另一个国家彻底远离他们的那天，是我一生中最快乐的一天。

——埃玛（32岁）

我和丈夫结婚很久了，但我仍然觉得我没被他的家庭接受。我从来没有出现在他们的全家福中。

——朱迪思（46岁）

我公婆一家有点势利眼。

——吉尔（46岁）

他们在我家白吃白住，还总是向我伸手要钱！

——卡伦（39岁）

我拒绝和婆婆相处，但每个星期日我会让老公带孩子们去看望她，这样既能让她和孩子们相处，我也能避免不必要的麻烦。

——克莱尔（35岁）

他父亲有点大男子主义，他反对我学法律。

——凯特（35岁）

我的公婆希望我们常去看他们，最好干脆住在他们那儿，但我十分不乐意那样做。

——琳恩（39岁）

我公婆人不怎么样。他们狂妄自大，好吹牛，还特别贪财。

——多蒂（52岁）

我的公婆直言不讳地跟我说他们瞧不起我。

——艾莉森（46岁）

现在，我让丈夫去对付婆婆。她太可恶了，我的孩子再也不会和她有任何瓜葛了。

——琼（59岁）

我可怕的婆婆住在马路对面，她完全没有边界感。她随时都有可能在她儿子出门的时候闯到我家里来骂我。

——乔（40岁）

我婆婆已经过世3年了，但我还是能感觉到，她无时无刻不在影响着我那64岁的丈夫。

——朱莉（56岁）

我的家人总是客气、礼貌地等待别人的邀请，而他的家人总是不请自来，不打招呼就把你冰箱里的啤酒喝了！有时我觉得生活很艰难，因为人和人之间是如此不同。

——艾莉森（42岁）

我丈夫的家人都是酒鬼，他们没有理智，野蛮粗鲁，爱撒谎，没有信用可言，甚至没法和别人交流。他们对人生也没有任何计划。

——梅利莎（29岁）

我丈夫极少跟他的家人说话，因为每次跟他们交流都会让他心烦。

——托丽（28岁）

最好的解决与公婆相处问题的办法是离婚，还有一种方法是把他们一家人想象成可笑的猴子。

——利兹（56岁）

和公婆一家友好相处

我的婆婆给予了我从未拥有过的母爱，不幸的是，她已经去世了。

——玛丽昂（53岁）

我丈夫的姐姐不仅漂亮，还很有爱心，人也非常有趣。她特别喜欢我的孩子。

——薇姬（47岁）

公婆一家人是上天赐予我的礼物。

——丽娜（50岁）

我爱我丈夫的家人，他们非常非常了不起。无论何时，只要我们

需要，他们都会来帮助我们。

——梅格（19岁）

他们都是心地善良的好人。有时候我觉得他们比我自己的家人还要好。

——莉萨（25岁）

起初，公婆一家并不认可我，但当我的孩子出生后，他们的态度发生了180度转变。

——萝宾（41岁）

我的公婆很照顾我的儿子。

——妮可拉（35岁）

我爱我丈夫的大家庭。他们一家人互相帮助，乐于奉献，关系十分亲密。

——卡伦（34岁）

他们对待我不像是对待儿媳，更像是对待亲生女儿。

——凯西（38岁）

他们都超级可爱。虽然有时我们的想法和意见不同，但我们相处得很好！

——萨曼莎（24岁）

时，你的工作是保护孩子，这种保护不只是身体层面的，还有心理层面的，因为有些孩子面对的伤害可能是心灵上的，比如来自祖父母的讽刺、忽视、苛责、偏心。比较理想的状况是，夫妻二人冷静地和公婆交涉，给他们设定界限。如果公婆不接受，或是表面接受，之后仍然我行我素，最好尽可能地远离他们。关系牢固、信念坚定的夫妻遇到复杂的情况时，会立刻形成统一战线。如果公婆发难，而丈夫能成为解决问题的那个人，那最好不过（反之，如果你的父母发难，你也应该成为解决问题的那个人）。遇事不要遮遮掩掩，也不要把所有问题和压力都留给丈夫。

改变不良的家庭模式

你可以学习如何把几代人之间或兄弟姐妹之间的争吵变成平静的讨论，当然，这需要每个当事人都愿意。当某个家庭成员的意见和你不同时，你可以邀请对方坐下来，一起心平气和地讨论。但如果对方一直拒绝这种邀请，你可能别无选择，只能独自离开以保护自己不受伤害。你可以自行决定今后和该家庭成员的联系频率和联系方式，直接不联系也可以。

当长期存在的家庭模式遭到挑战时，有些人可能会不安，甚至生气。但是既然这种模式对你有负面影响，而你又想改变它，那么最好的办法就是立即行动，不要再忍气吞声。只要不再默认这种模式的存在，你就已经迈出了一大步。

当然，你可能很难凭一己之力改变不良的家庭模式，但是你可以决定自己的做法，尽量降低这种模式带给你的负面影响。很多时候，你甚至可以"训练"家人，渐渐改变他们的行为举止和对待你

的方式。即使无法改变家人的想法，也可以先改变他们的做法。

很多人都被童年时代在家中被分配的"角色"所困扰，比如"聪明的那个""漂亮的那个""什么都做不好的那个"。不管他们长大后变成什么样的人，取得了什么成就，在家庭中，这种刻板印象仍旧存在。这种感觉可能会让当事人很沮丧，甚至会影响当事人的未来发展。如果你被分配了一个"反面角色"，那就尝试抛开这个角色吧，你可以的。

不良的家庭模式有多种类型，以下列举了其中一部分。有些家庭中可能同时存在多种不良模式。

· 家中总是充满激烈的争吵。

· 家庭成员间习惯用言语侮辱彼此，还把这种行为当成是开玩笑。

· 某个或某几个家庭成员对其他家庭成员进行情感勒索，比如间接或直接地威胁，或通过自残的方式迫使其他家庭成员让步。

· 某个或某几个家庭成员通过忽冷忽热的态度来控制其他家庭成员。比如，对其他家庭成员时而赞美，时而指责，以强迫其他家庭成员按自己的意愿做事。

· 父母格外偏爱或溺爱某个孩子，视其为"天之骄子"或"掌上明珠"。即使他一事无成，父母也会经常在经济上帮助这个孩子，遇事还总是站在他那边。

· 父母格外讨厌某个孩子，认为这个孩子是"害群之马"，将他当成其他人的替罪羊，让他为所有事背黑锅。

· 某个或某几个家庭成员总是无视或者说打压其他家庭成员想抛开被分配的"角色"的意愿，不能和其他家庭成员进行有效沟通。

· 在有的家庭中，父亲拥有绝对的权威，全家大小事务都必须由他做决定，不然他就会生气（比如儿子给未婚妻准备的订婚戒指的款式都要由父

年迈的亲人

我的父母过世了，我很想念他们。他们走了以后，我们的大家庭也物是人非。

——贝尔纳黛特（53岁）

我的父亲年事已高，但仍然活得很潇洒。他现在住在老年公寓。我会尽可能多地去看望他。

——丹尼丝（60岁）

我母亲和父亲现在分别94岁和96岁了。他们现在仍然生活得很独立，并打算一直这样生活下去。

——安妮（53岁）

我担心在我和父母和解前，他们就先病倒或过世了。如果真的如此，我会后悔的。我不想让他们遭受痛苦，但我也想为自己而活。

——艾丽斯（33岁）

尽管我和丈夫亲密无间，但把他母亲接到家里照顾依然让我感到压力十足。但是我作为家里的女主人，不得不承担更多责任。

——萨姆（37岁）

我住在地球的另一端，和父母相隔千里。父母年纪越来越大，而我却不能陪伴他们左右，所以我常常忧心忡忡。

——尼特（35岁）

我和丈夫年纪大了，我们要想办法减轻孩子的负担。

——利奥妮（64岁）

我母亲由我姐姐照看，对此我十分愧疚。但我知道我无法照顾我母亲，也无法和她住在一起。

——德博拉（41岁）

不要把照看父母当作负担。要把这件事看作一个能报答父母养育之恩的机会。

——阿利格拉（70岁）

照顾老人不是一件容易的事。在这件事上，可以寻求帮助。许多机构都很优秀，能帮助老人提高生活质量。

——安妮（41岁）

有一点很重要，却常常被人忘记：老人的听力多多少少会下降。他们有时会困惑、会愤怒，这是因为他们没有听清你说的话。

——露西（55岁）

我的母亲到现在都非常独立，有时，我真希望她能接受一些帮助。

——贝蒂（64岁）

我希望我母亲的一生结束得轰轰烈烈。

——格伦达（61岁）

如果老人住在医院或养老院，请你对那里提供的各项服务多上心。如果你对他们提供的服务不满意，就大声说出来，不要害怕发声。

——贝尔纳黛特（50岁）

我老爸如今住在老年公寓，他很开心，我对他也没那么担心了，因为我知道当我不在他身边的时候，他一天24小时都有人照顾。

——桑德拉（60岁）

当家中有老人患阿尔茨海默病时，独生子女的苦就会显现出来。照顾这样的老人需要有大量的时间和足够的耐心，还要有统筹能力。

——露丝（53岁）

作为独生子女，我在母亲生命的最后10年里，一直照顾着她。她是个糟糕的母亲，这段经历令我痛不欲生。

——匿名人士（62岁）

我和丈夫在结婚之初就讨论过，我们将来不会把父母留在家里照顾。我觉得养老机构不错，既能让我们省心，也能让他们舒心。

——珍妮特（33岁）

我婆婆要来和我们一起住，我已经为她腾出了房间。我能预见到，她来了以后，我的日子会很艰难，但是我必须尊重丈夫，也必须尊重他们的母子关系。

——莱斯莉（49岁）

我很担心我婆婆的身体，不想她有什么闪失，因为我丈夫的弟弟身有残疾，全靠她日夜照顾。

——安格（39岁）

我母亲不担心她的养老问题。她有4个孩子，我们每人每年轮流照顾她3个月。我们爱她，所以制订了这个计划。

——普吕（47岁）

尽你所能照顾老人。实在不行，你可以向养老机构求助。你会对他们提供的服务赞叹不已。

——桑德拉（63岁）

我的公婆刚搬进了老年公寓生活，这为我们减轻了很多负担。我父母还没去，我挺希望他们搬进去的，这样一来，他们的日常生活就有保障了。

——琳恩（43岁）

老年人会觉得自己跟不上时代的发展，会感到悲伤和痛苦。请多关心他们，这对他们很有帮助。

——凯瑟琳（55岁）

看着父母渐渐老去，作为孩子，我非常难过。在这个阶段，我们变成了他们的"父母"。我们要耐心照顾他们。

——巴布（56岁）

亲决定）。而在有的家庭中，母亲占据主导地位，坚持要别人服从她的意见（比如母亲要求所有人每年新年都要在她家度过，否则她就会崩溃、哭泣，拒绝和孩子们说话）。

· 要求所有家庭成员共同保守着巨大的家庭秘密（比如父亲有暴力行为，或母亲有虐待行为），不让外人知晓，宣称"家丑不可外扬"。

👣 如何改变家庭模式

1 制订计划。首先要搞清楚你家的家庭模式存在哪些问题，以及你想达到的目标。在改变的过程中，一定要保持冷静。

2 将问题具体化。例如，当你觉得被某个人刻薄对待时，不要泛泛地说："别对我这么刻薄了。"因为对方可以反驳说："没有啊，我只是告诉你真相而已。"或者是："我只是开玩笑，你太敏感了。"所以，不要单纯地指责对方刻薄，而是要从对方的行为及对你产生的影响入手。你可以和对方说："当你批评我的育儿方式（或叫我小时候的外号、嫌弃我胖、嫌弃我没有为你考虑）时，我觉得很受伤，你说的话让我很痛苦。我希望你以后不要再这样了。"这些话语足以让一个理性的人停下来，反思自己的行为。当然，有些人可能需要你多提醒他们几次才能改掉原来的做法。如果某个或某些家庭成员听不进去道理，或是"负隅顽抗"，不想改变根深蒂固的家庭模式或日常生活中的不当行为，你需要参考③和④的方法来解决。

3 聆听对方的回应，但是要表明自己的态度，坚持自己的看法。刚开始，对方可能会拒绝你的要求，还会这样说："我可以随意批评你，因为我是你爸爸。""你太敏感了。""我跟朋友提起你的时候，都叫你大屁股，这没什

么。""你没权利管我，我想说什么就说什么。"这时，你可以告诉对方不尊重你的想法和需求会有什么后果。你可以这样说："记住，如果你还继续叫这个外号，我不会再应声了。""我已经跟你说了，不要再拿那件事取笑我。你再这样做，我就走。"如果对方对你的劝诫熟视无睹，认为你只是在虚张声势，仍然继续以往的做法，那么请你继续冷静地表达你的拒绝："好了，我说过我不会再理会那些话了。""我跟你说过，我不会再回应你了。我要挂了，稍后再谈。""那行，就像我之前说过的，我该走了，下次见。"如果你们住在一起，那就说完后平静地回到自己的房间，或平静地和对方说再见，不慌不忙地收拾好自己的东西，大步流星地走出门去，搬到别的地方暂住。不要威胁、乞求对方，更不要跟对方发生争执。你可以表面上尊重对方的做法，然后冷静地拒绝接受（注意态度和行为一定要坚决）。如果当你搬走后，对方有改变的想法，想要和你面谈，应该尽量选择在公共场所见面，不要让对方来到你的新住所，否则当事态不妙时，你还要劝说对方离开你家。

4 必要的时候重复③中的做法。

想要改变家庭模式需要一个过程，但是只要你保持礼貌又坚定的态度，对其他家庭成员的错误零容忍，就很有可能赢得胜利。结果无非是两种情况：要么对方改变，要么你远离对方。在这个过程中，尽管你的要求都很合理，但有些家庭成员还是可能继续伤害你。慢慢来，不要跟他们争吵，平静地反驳他们就可以了，随着你有礼貌地反驳他们的次数越来越多，你会发现情况有所改善。不过，如果你已经做好了离开的准备，事情就好办多了。

照顾年迈的亲人

如今，随着人口老龄化问题的加剧，照顾老人已经不只是在自家后院盖一间"祖母房"（又称姻亲房，在澳大利亚，这种房子原本是给年长的父母或祖父母养老准备的房子，这样既能保留各自的空间，又可以方便照顾）那么简单的事了。现在，很多老人住在子女家里，由子女长期照顾。通常来说，照顾老人的任务会落在女性身上，这对于原本就负责照顾孩子的她们来说，可谓是"雪上加霜"。

在一些家庭中，由于家庭成员的离婚和再婚，情况会变得更加复杂。以一个三口之家为例：男主人叫尼克，他的父母离婚了，并且都有了新的人生伴侣。女主人叫诺拉，她的父母也离婚了。她的父亲再婚三次，她现在除了照顾父母，还要照顾其中一任继母（不是现任）。她的生母现在也有了自己的老伴。这个老伴的家人希望他去养老院生活，但是诺拉的母亲不想和他一起去。即使身体健康状况越来越差，她还是想和老伴一起在家中生活。这意味着尼克和诺拉同时要照顾五位住在不同地点的长辈，并满足他们复杂的愿望和需求。

有一些家庭会出现子女照看老人不周，或是完全不管老人的现象，这可能是因为子女成年后与父母关系破裂、断绝了往来，或者子女不想照顾曾经虐待或忽视自己的父母。有一些积蓄或资产的老人还可能被远亲甚至陌生人盯上，他们在老人身边打转，只为了在"遗产争夺战"中分一杯羹。不过，现在很多老人会用一生的积蓄和退休金来支付高昂的护理费，甚至还会通过出售房产来获得更好的护理和看护服务，因此很多老人几乎留不下什么钱。

通常来说，在照顾老人这件事上，有兄弟姐妹比自己是独生子／独生女负担要小一些，因为兄弟姐妹可以轮流照顾老人，这样每个人的压力会小一些。但是，兄弟姐妹较多的家庭可能另有烦恼。在照顾老人的过程中，那些长期以来形成的刻板印象和分工问题可能会带来一轮又一轮的争吵。比如，老人可能会觉得，自己眼中孝顺又听话的小女儿应该承担起所有照顾自己的责任（其他兄弟姐妹可能也是这样想的）；其他兄弟姐妹可能会觉得，某个一直以来最受老人宠爱的孩子理应在照顾老人这件事上付出更多，毕竟他得到的最多；某个孩子会觉得，自己的生活已经很艰难了，在照顾老人这件事上，那些经济条件好的兄弟姐妹应该付出更多，而其他兄弟姐妹并不同意这一点……因此，随着老人年龄逐渐增长、越来越需要照顾，很多原本和睦友爱的兄弟姐妹，因为各种鸡毛蒜皮的小事对彼此心生怨恨。

另外，人到中年，照顾老人本身就是一件棘手的事情。很多中年人奔波在照顾孩子和照顾老人之间，这让他们疲惫不堪。而那些没有子女的中年人，可能也要牺牲自己的生活，花光他们积攒的假期来照看老人。养老是一个错综复杂的问题，特别是在社会服务跟不上人们日益增长的需求时，问题会显得更加复杂。

下面的内容不能涉及所有的难题，但我将尽力为如何照顾老人提供一些建议。

♠ 老年护理早着手

当老人有能力为自己所做的决定负责的时候，可以询问一下他们的想法，问问他们，当他们生病时，他们希望由谁来为他们做决定，家里最重要的东西都在哪儿。请他们提前将医疗和法律文件签署好，并保存在你知道的安全的地方，或者将副本保存在你这里。

老人的身体状况有时就像六月的天气，说变就变。也许上午他们还可以独立做一些事情，比如去商店购物，和朋友一起散步，而下午身体就突然出现了状况。所以，你需要未雨绸缪，提前做好计划。想一想，当他们需要帮助的时候，是否有人能及时向他们提供帮助？你是否可以为他们改造一下房屋，以提高他们独自在家时的安全指数？你是否已经和他们商量好资产分配的问题？总之，有很多问题都可以提前考虑并安排好。

组建"老人护理小组"

大多数老人都希望住在家里养老。因此，子女有时需要给老人组建一个"护理小组"，以关注老人的动态，守护老人的安全和健康。这个小组的成员可以有全科医生、社区护理人员、随叫随到的亲人、让你能够放心交与家中钥匙的邻居（以便在紧急时刻及时打开房门）、清洁人员等。如果可能的话，可以开通一个电话服务，请服务人员每天给老人打电话，如果电话无人接听，他们要及时提醒你或直接上门查看。

准备好长期有效的医疗授权委托书

如果可能的话，最好让老人提前签署一份医疗授权委托书，将未来诊疗中涉及病情、救助措施、医疗风险等事宜的知情权、同意权、选择权等委托给信任的家人。应在老人有需要之前，提前准备好相关材料。

准备好长期有效的财务授权委托书

如果可能的话，老人最好在意识清楚的时候，提前将财务授权委托书交给子女，以确保自己在病重无法顾及财务问题时，银行账户仍能登录、账单仍能缴纳。如果财产不宜由某个家庭成员管理，老人可以将其托付给公共受托人，但受托过程需要有人组织。同样的，应在老人有需要之前，提前准备好相关材料。

立有效遗嘱

如今，老人去世后，子女就遗产分配问题争执不休、大打出手，甚至对簿公堂的情况屡见不鲜。为了防止这种情况出现，老人最好能在意识清醒的时候，立下合法、有效的遗嘱，否则事情可能会朝着令人遗憾的方向发展。在没有遗嘱的情况下，老人身故后，会按照法定方式分配其遗产。各个国家和地区对遗产如何保存、如何分配有不同规定。总之，想要确保遗产按照自己的意愿分配，最好的方法就是提前咨询律师，立下合法、有效的遗嘱。未咨询过法律建议而自行书写的遗嘱可能是无效的。

老人的用药问题

很多人都可能面对要一把一把地吃药的情况，如果这种情况发生在已经记不清楚事的老人的身上，就可能引发危险。医生在开药时会说明某种药该吃几天、在一天中的什么时候吃，有些药房也会在药盒上标上服药说明。现在市面上有药物分装盒出售，子女可以提前将老人需要吃的药按照服药时间进行分装，为老人分忧。

子女带着身患多种疾病，需要服用多种药物的老人就医时，一定要跟医生讲清楚老人的患病史、曾经服用的药物、正在服用的药物以及某些药物带来的副作用等，描述得越详细越好。医生会根据这些信息制订服药方案。如果老人要同时服用多种药物，子女一定要问清楚哪几种药可以同时服用，哪几种药要间隔一段时间（比如30分钟或1小时）再服用，不同药物要同时服用的话是否会影响药效或引发身体不适等，然后告诉老人。如果不确定医生开了新药后老人还要不要服用以前吃的药，也要跟医生确认好。

其他与家庭有关的章节

第七章第二节《新生家庭》中讲述了与全职妈妈和职场妈妈、青少年的养育、分居、离异、重组家庭等相关的问题。第八章第五节《远离虐待狂和控制狂》中讲述了与家庭关系中的虐待或控制等相关的问题。

新生家庭二三事

对我来说，家庭的概念全凭自己界定。我有亲密无间的朋友，在我心中他们就是我的家人；而我的血缘至亲，却同我形同陌路，相见不相识，我并不拿他们当我的家人。

——海迪（28 岁）

我有很多好朋友，他们是我真正的家人。我自己的家庭很糟糕。

——莉萨（42 岁）

不是每个人都喜欢"一个男孩、一个女孩"这种组合。我认为家里都是男孩或都是女孩也挺好。

——凯特（39 岁）

早点检查身体，看看夫妻俩能否正常生育。尽管我的家族史和身体看起来都没什么问题，我还是怀不上孩子。我们尝试过辅助生殖技术，也失败了，现在我们打算领养一个孩子。

——詹内斯（37 岁）

我真希望我女儿能有个兄弟姐妹做伴。

——默里（45 岁）

我爱我的小家庭。但我有时会幻想自己一个人在海边度假，手里捧着一本好书，沐浴着阳光，喝着冰啤酒。在这个画面里，只有我自己，没有丈夫，没有孩子，没有需要打扫的房间。这有错吗？

——丹妮尔（37 岁）

选择不生孩子的女性并不知道自己错过了什么。我就是其中一员。

——路易丝（40 岁）

我只养过一个小孩，我很喜欢回味和他相处过程中的点滴乐趣。有趣的是，人们经常问我为什么不再生一个。

——莉齐（45 岁）

我无法想象没有我儿子的生活，但同时，我又迫切地希望人生能有所不同。在决定把孩子带到这个世界之前要三思。

——凯特（37 岁）

我想在此分享我和丈夫的伤痛：我们无法拥有自己的孩子，也永远不会成为祖父母。

——迪伊（53 岁）

我不后悔自己的选择。如果你真的不想要孩子，那就坚持立场，不要因为别人的看法而屈服。

——李（60 岁）

决定不要孩子会让人一直处于艰难的境地，但还好，我们已经学会了应对。

——奈里达（47岁）

别因为你不能得到某些东西而耿耿于怀，把握好自己拥有的。

——玛丽亚（39 岁）

大多数时候，养育孩子是一件很有趣的事，因为它能拓展你的视野，让你成长，还能让你变得无私。

——吉莉恩（51 岁）

我意外怀孕，在毫无准备的情况下做了母亲。虽然我和丈夫做得还不错，但在经济方面，我们并没有像我们希望的那样做好准备。

——利兹（26 岁）

领养孩子真的很棒，但令人讨厌的是总有一些陌生人会口无遮拦地问你一些涉及隐私的问题。

——凯特（34 岁）

育儿路上焦虑多

我对养育孩子没有信心，因为

我不知道自己做的是否正确。

——埃玛（36 岁）

我不确定在抚养女儿长大的过程中，我的做法是否正确，即使身边每个人都说我的做法没问题，我还是会担心。

——帕姆（33 岁）

我担心在养育孩子的过程中，我会因为说错话或做错事而在不经意间伤害到孩子，我怕自己不是一个好妈妈。现在，为了孩子们以后的治疗费，我每周会存 75 美元。

——克丽（37 岁）

宝宝刚出生，我不知道我的看护方法是否正确。

——伊冯娜（30 岁）

我的母亲很爱我，对我也很好，但她削弱了我抚养儿子的信心。

——卡拉（34 岁）

一个人抚养孩子是令人兴奋的，但也是令人疲惫的。当我生病时，日子会举步维艰。

——萨莉（44 岁）

我的孩子身有残疾，我们的日子过得很艰难。

——朱莉（54 岁）

我的儿子患有孤独症。

——弗朗辛（39 岁）

我的经济状况不太好。我要一边打两份工，一边照顾我的两个孩子。

——萨姆（30 岁）

我和前夫正在争夺儿子的抚养权。他从来没有照顾过儿子，现在他却觉得谁都不能剥夺他做父亲的权利，一定要获得抚养权。

——伊丽莎白（39 岁）

新生家庭

家庭可能是完整的，也可能是不完整的；可能是人最大的避风港，也可能给人留下很大的心理阴影，以至于有些人必须很努力地摆脱它、治愈自己，才能过上正常的属于自己的生活。

本节，我们除了讨论"是做全职妈妈好还是职场妈妈好"的问题，还会关注青少年的养育，父母分居、离婚或再婚时如何与孩子沟通等问题。在这里，我想送给大家我奶奶常说的一句话："立场不同不争论，解决问题是关键。"

做父母

💬 决定是否怀孕或者何时怀孕

详见第五章第四节《关于怀孕，你需要知道的一切》。

💬 育儿信心

如今人们耳边经常充斥着各式各样的育儿建议，有的甚至相互矛盾，这会让人们很难抉择，甚至时不时对自己的育儿方法产生怀疑。其实，作为一个妈妈，当你开始反思自己是不是一个好妈妈时，你就已经成功了一半。如果你想增强育儿方面的自信，请浏览第一章《自信女人最美丽》。如果你刚生完小孩，正在焦虑和痛苦中挣扎，担心自己患上产后抑郁症，请浏览第六章第二节《心理健康》中的相关内容。

💬 "全职妈妈"还是"职场妈妈"

首先，我们得明确一件事：所有妈妈都在工作，有的是外出工作，有的是在家工作；有的有薪水，有的没有薪水。

在此，我要诚挚地向我二十年前遇到的一位女性道歉。当时，这位女性对我说她有一个两个月大的宝宝，白天还要帮别人照顾一个蹒跚学步的孩子。听了她的经历，我不禁问道："你平时都在做什么呢？看电视吗？"万幸的是，她只是笑了笑，没有打我一顿。我当时很纳闷，心想：难道我说错了吗？后来，我终于明白了一切。之后，我一直在等待时机，想亲口对她说声对不起，不过我再也没有见过她。总之，在这里，我想对她说："非常对不起，我愿意为你做任何事情，以弥补我当年犯下的错误，不管是为你做一顿大餐，还是其他任何事。"

只有亲身经历过，才能明白育儿真的是一件很辛苦的事情。坦白地说，我更想永远做一个孩子，

可以不去想这些烦心事。这些年，我做过全职妈妈，也请了一段时间的保姆，尝试出去工作，现在又开始在家边工作边带孩子。经过这么多年的体验，我得出一个结论：在孩子小的时候，如果家中只有我和孩子两个人，那么我能持续做自己的事情的时间可能只有几秒。我还想表达的是：不要对别人的选择指手画脚。境遇不同，需求不同，选择也会不同。

很多女性在生完孩子后会重返工作岗位，其中有的是因为需要钱，有的是因为需要通过工作来体现自己的价值、获得属于自己的空间和社交圈，有的则纯粹是因为喜欢工作。也有很多女性生完孩子后会选择留在家里做全职妈妈，其中有的是因为要照顾家庭、别无选择，有的则是真心喜欢这种生活。

每种选择都有利有弊，哪一种选择都不可能适合所有人。人们应该把时间花在做自己的事情上，而不是在背后对别人的生活评头论足，比如批评职场妈妈狠心、自私，认为她们会忽视孩子；批评全职妈妈一直围绕在孩子身边，完全没有自我。

同理，职场妈妈应该尊重全职妈妈的智慧，尊重她们无怨无悔地为孩子准备吃穿、辅导孩子学习的耐心，尊重她们将全部的精力放在家庭和孩子上的决定。而全职妈妈应该克制自己，不要对职场妈妈的穿着打扮评头论足，不要问她们"你们为什么要外出工作"，也不要对她们是不是好妈妈做出评价。

其实，有很多全职妈妈希望外出做一些工作，这样既能有一些额外的收入，又能暂时摆脱家里的烦心事，逃离循环往复的无聊生活。职场妈妈有时也会闷闷不乐，抱怨自己为何总是在四处奔波。当职场妈妈面对工作和生活中的千头万绪不知从何处下手时，她们会怀疑自己当初是否做出了正确的决定，会不会已经错过了孩子成长中珍贵的瞬间，还会常常内疚不已。

这里，我还想稍微延伸一下，谈谈职场妈妈

面临的困境。由于女性总是被默认为应该承担更多的家庭责任，因此很多职场妈妈都过着一种"24小时不下班"的生活，白天要应付工作，晚上又要操持家务。这种现象其实由来已久。美国社会学家阿莉·拉塞尔·霍克希尔德在自己的著作《职场妈妈不下班》（*The Second Shift: Working Families and the Revolution at Home*）中就详细地叙述了20世纪后半叶普通的美国家庭所遭遇的"照料危机"。在当时的美国，不少家庭的女性为了分担家庭的经济压力，开始由家庭主妇转变为职场女性，这也导致家务劳动成了白天工作后的"第二轮班"，谁来完成家务劳动成了很多夫妻争论的焦点。这种"照料危机"时至今日仍然存在。很多职场女性，尤其是事业成功的女性都会被问到"你是如何平衡工作和家庭的"，但其实这种平衡很难做到，很多女性都是一边被工作和家庭压榨得筋疲力尽，一边又对两边都心存愧疚。还有一些对弹性工作时间需求高的女性最后只能选择福利待遇差、保障少的工作，或是对技术要求不高、发展空间小的工作。

在照顾孩子方面也是如此。由于传统的"妈妈应该承担更多照顾孩子的责任"的观念仍然根深蒂固，因此即使妈妈也需要上班，照顾孩子的责任仍然会更多地落到妈妈的头上，好像爸爸根本不需要管孩子一样。与此同时，还有很多人喋喋不休地表示"当妈妈"是所有工作中最重要的。这些人的意思也很明显，那就是："所以，女士，还得靠你自己啊。"

还有一个现象值得反思。对一些双职工家庭来说，将孩子送到托管机构能为家庭解决不少实际困难。但实际上，每当提到家庭对托管服务的需求时，很多人就会质疑妈妈的动机和选择，觉得这是妈妈不负责任的表现。也有很多家庭会直接从妈妈的工资中扣除育儿费，好像这是她们应该承担的一样。多说一句，托管机构的员工大部分是女性，她

们得到的薪水远远配不上她们付出的心血。

正是因为有这么多现实因素存在，所以我的建议是，女性在做决定前一定要慎重。在决定成为全职妈妈之前，要和丈夫进行严肃的讨论，探讨一下家中的财务状况是否允许，双方对自己的角色是否满意，以及必要时双方是否可以交换家庭角色。现在，有越来越多夫妻选择共同承担家庭责任，一起赚钱、一起照顾孩子，而不是一个人全心全意地照顾家庭，另一个人则把家当作旅馆。我的另一个建议是：做了决定后不要患得患失，不要整日生活在后悔和纠结中。

🔖 给忙碌的妈妈们的建议

· 与家人一起制作任务清单。很多时候，男人和年龄大一点的孩子会更喜欢按自己的方式，根据清单完成任务，而不是"被唠叨"。制作完毕后，将清单贴在房门上，方便家人一起照着做。（关于分担家务和任务清单的内容，请参考第九章第二节《打造温馨小家》。）

· 在日程中安排与家人的约会，这样你就可以留出时间放松。

· 如果可以的话，在网上给孩子买衣服。最好找支持退换货的店铺，这样方便退货。衣服可以选大一码，因为孩子长得快，大一码的衣服可以多穿一些时间，不过鞋子一定要合脚。

· 制订值日表，安排家庭成员轮流做家务。

· 最好前一天晚上准备好第二天做早饭时要用到的食材。

· 要求孩子每天晚上自己收拾书包，收拾完后放在门口，以便第二天使用（你可以帮忙检查一下）。给孩子定下规矩，睡觉前几小时必须关闭手机和电脑，这样能帮助孩子提高睡眠质量。

· 购买或收藏烹饪书或食谱。每个周末，在孩子可以帮忙的时候，多准备一些食材，和他们一起烹饪，享

职场妈妈和全职妈妈

我喜欢投身职场。我无法忍受和孩子一起待在家里的生活。

——朱莉安娜（34岁）

虽然我喜欢带着孩子唱儿歌、逛公园，但我更享受劳逸结合的生活，比如说，先拼命工作，再短暂地好好休息。

——唐娜（26岁）

走出家门，和成年人待在一起，和有趣的人一起工作，靠实力赢得晋升，这样的生活十分美好。

——克里斯蒂娜（28岁）

我喜欢工作，因为它能激发我的活力。我不仅仅是一位母亲，也是一位职场女性。当我的工作才能被认可时，我会非常开心。

——萨雷德

我既想跟孩子待在家里，享受亲子时光，又想去没有他们的地方。

——卡丽（35岁）

我喜欢和孩子待在家里，但有时我真的很想重返工作岗位。

——克里斯廷（41岁）

我是一名职场妈妈，陪伴孩子的时间有限。我努力不让自己因此而自责、内疚，但我做不到。我安慰自己我每天出门不是去度假，而是去努力工作、养家糊口，但我仍然觉得自己不是一个好妈妈。

——凯莎（37岁）

回归职场前的那段时间，我觉得生活无聊透顶。我非常需要从工作中获得尊重和认可。

——利安娜（42岁）

在工作和家庭间找到平衡真的很难，但如果不工作，我怎么承担

做妈妈的责任？我拿什么养孩子？

——丽安（33岁）

我一周七天、一天二十四小时都在工作：照顾小孩、做家务。我还有两天要出门上班。

——阿利（38岁）

我喜欢时不时接一些工作，以保持头脑"在线"。但在大部分时间，我还是要照顾孩子、陪伴丈夫。

——克丽（28岁）

做全职妈妈是我迄今为止做过的最困难的事情。

——西蒙娜（39岁）

我很喜欢做全职妈妈。

——凯莉（35岁）

我喜欢和可爱、漂亮又有趣的孩子们一起在家待着，我很幸福。

——卡罗琳（37岁）

我女儿睡着的时候，我才能打个盹。

——西蒙娜（25岁）

我每天都能看到儿子的成长和变化。

——内奥米（29岁）

我每个周有一半的时间需要外出工作，我丈夫也是。换个角度说，我们每周有一半的时间可以在家陪女儿。

——汉娜（30岁）

我喜欢自己现在的生活：一周有三天时间用来工作赚钱，剩下的四天在家里做个好妈妈。

——尚南（36岁）

我可以一边在家工作，一边照顾我三岁的孩子。

——马扎（36岁）

我宁愿在家里陪孩子的时候，

盼望自己能找到一份工作、重回职场，也不愿在工作的时候心里挂念着家中的孩子。

——乔安妮（25岁）

我爱我的孩子们。但有时，我真想让他们都闭嘴，让我自己一个人待五分钟。

——金（39岁）

育儿心得和建议

不要对孩子期望过高，多给予他们一些爱。

——卡琳娜（47岁）

不要将你的人生理想寄托在孩子身上。尊重孩子的意愿，关注孩子的兴趣，看看他们是如何将兴趣发展成职业的，这个过程会非常有趣，也非常有意义。用这样的方式来育儿就像是参与了一次奇妙的冒险。

——吉尔（53岁）

做你认为正确的事情，别受那些自以为是的女人的影响！

——萨菲（45岁）

我的丈夫根本不理解十几岁女孩的小心思和小情绪，因为他只有兄弟没有姐妹，在大学里学的是没几个女生会学的工程学。

——休（43岁）

回想一下你十几岁时发生的事情，以及你当时的感觉。这样，你就会明白处于青春期的孩子在想什么了。

——罗斯林（64岁）

当孩子离家时，我非常欣慰（尽管我很想念他们），因为这表明他们已经可以自己照顾自己，有属于自己的生活了。

——罗莎（59岁）

受烹饪的乐趣。

· 督促孩子做他们能做的家务事。大一点的孩子可以学着使用洗衣机，练习把洗过的衣服晾起来、晒干的衣服整齐地叠好并且收起来。年龄小一点的孩子可以尝试清扫地面上的灰尘，或者收集散落在地板上的床单和毛巾（床单和毛巾是你故意扔在地上用来训练孩子的），然后把它们送到洗衣机旁。

· 把上班时可能需要的东西提前准备好，放到你的手提包或汽车后备厢里，这样你在工作日就不会手忙脚乱了。

· 制作家庭日历，并将日历摆放在家中显眼的地方，以便每个家庭成员都知道彼此的日程安排。每周更新一次信息。

· 无论以何种方式，记得回报曾帮你照顾过小孩的人，或给予你其他帮助的人。

🐱 家里有个青少年

对大部分父母来说，跟家中的青少年交流和沟通并不是一件轻松的事。在撰写完书籍《女孩青春期的秘密》（*Girl Stuff*）后，我收集了成千上万的青少年的评论，后来又在大大小小的公共活动中与各类父母进行了交流，最后我总结出了一些建议，希望这些建议能够帮助父母更好地和青少年相处。

如何和青少年保持有效沟通

· 当孩子向你吐露自己的秘密时，不要惊慌失措或大发脾气，否则他们再也不会告诉你任何事情了。

· 与其每天唠唠叨叨说一万遍同样的事情，不如将任务清单和惩罚规则贴在墙上。告诉孩子完不成任务就要接受惩罚，比如扣掉零花钱或限制某些权利。惩罚措施要始终如一地执行下去。如果家中有多个孩子，要一碗水端平。

· 问问孩子想从妈妈这里得到什么，或者在他们心

目中，怎样做才称得上是好妈妈。

· 把家打造成孩子的聚会地点，让他们邀请好友来家里玩耍，这样两代人之间也能进行互动。有时孩子和父母不亲近，可能是因为在他们想和父母互动的时候，父母没有给予他们回应。

· 工作之余，主动提出和孩子一起散步或锻炼，借此机会和他们聊天、谈心。你还可以和他们约定每周来一次约会或一起做一些事情。

· 如果孩子在某个阶段非常沉默寡言、不想和你沟通，你可以选择和他们一起去看电影或做运动，默默陪伴，这对保持情感上的联系有帮助。

· 一般来说，青少年，尤其是男孩，会觉得面对面交流的方式过于严肃。他们会觉得这是一种挑衅，甚至是一种指控或者审问。不妨试试在散步或一起做饭的时候自然而然地展开交谈，这会让他们更有安全感，也更容易敞开心扉。请记住，孩子想说的时候自然会开口。

· 工作之余多陪伴孩子，可以和他们一起准备并享用晚餐，和他们一起出游、度假。

· 当孩子遇到困难时，主动提供帮助与支持。肯定他们的感受，而不是想当然地说"这没什么大不了的"。父母的不理解或不以为然可能会导致他们抑郁，甚至产生自杀的念头。

· 当孩子邀请你去看他们参加的某项体育比赛时，请尽量参加，这会让他们有被重视的感觉，而且，未来当你邀请他们的时候，他们也会"礼尚往来"。

· 让孩子知道你很感激他们为家庭所做的一切，你为他们感到骄傲。当你为孩子感到骄傲时，记得要大声说出来，多鼓励他们、表扬他们，这样他们就不会觉得你总是在批评他们了。

· 如果你在孩子面前情绪失控，莫名其妙地对他们发脾气，请真诚地向他们道歉。接受他们的道歉时也要真诚，不要阴阳怪气地讽刺他们。

· 诚实地告诉孩子你曾经犯过的错。但是请注意，

不要对他们说你的情感经历或过去的成瘾行为。这些情况与他们的现状没有关系，还可能会对他们产生误导，让他们觉得有些事情做了也不要紧。相信我，用自己的亲身经历给孩子上一节性教育课只会让他们的脑海中充满可怕的画面，并不能对他们起到警示作用。

青少年与饮酒

尽量让孩子晚一些接触酒精。有研究发现，孩子第一次喝酒的年龄越早，未来越有可能成为一个狂饮者，甚至是酗酒者。相关内容见第六章第三节《小饮怡情，大饮伤身》。

青少年与金钱

建议家中有青少年的父母上网查询数据，告诉他们当前社会的平均薪资水平和父母的薪资水平。父母应该对他们说明自己赚这些钱需要付出的代价，以便让他们理解赚钱的辛苦。等他们再大一点，父母可以告诉他们自己赚到的钱都花在了哪里，其中有多少钱会用于必须支付的税款、车贷、房贷或房租等。还可以告诉他们家里有多少存款，并说明自己花了多少年才积累了如今的财富。也可以给他们一些零花钱，然后带他们一起去买东西，让他们体验一下手里的钱能买多少东西。之所以建议父母这样做，是因为很多青少年并不知道父母赚钱的艰辛，也不清楚支撑家庭的日常运转到底需要多少钱。如此教育一番，他们便能明白父母买车时为何不搭配一艘游艇了。

关于青少年的二三事

1 人类大脑要到二十岁左右才会基本发育完毕，人在青少年时期就接触酒精，容易给大脑造成更大的伤害，酒精成瘾的可能性也会随之增加。

2 如果青少年被青春痘等皮肤问题困扰，父母可

以带他们去看皮肤科医生。

3 有调查显示，父母在公共场合跳舞会让青少年感到十分尴尬。

对青春期男孩说的话

父母需要告诉青春期男孩，强奸、羞辱或以其他方式控制女孩是违背法律和道德的，要学会尊重女性。

对青春期女孩说的话

父母需要告诉青春期女孩"你很漂亮"，而不是对她说"你胖了""你需要减肥"，毕竟说这种话的人可能已经很多了。女孩需要父母无条件的爱。同时，青春期女孩还需要身边的人告诉她，对不尊重女性的男性不能手下留情。

🐧 回巢族

有些成年人在独立生活了一段时间后又回到了父母身边，和父母住在一起，原因可能有子女经济困难、无力支付房租，在家住上班更方便，父母需要陪伴等。当然，也有可能纯粹是因为子女懒惰。

给与成年子女同住的父母的建议

· 如果要交房租的话，让子女来承担租金。
· 不要帮子女洗衣服。
· 不要为他们的生活买单，他们应该自己支付生活、娱乐和度假等方面的费用。

家庭冲突

所有父母都会吵架。在两个人的相处过程中，吵架是一件很自然、很正常的事，这并不意味着两人的关系走到了尽头。有些父母会尽量避免在孩子面前吵架，也有些父母会不分时间地点，随时吵架，导致家庭气氛比较糟糕，影响孩子的身心健康。想

要了解如何处理好一段亲密关系，可以参考第八章第二节《正确对待爱》。还可以阅读第八章第四节《当爱已成往事》，了解心理咨询、分居、离婚等相关事宜（当然，这并不是说事态一定会按照这样的顺序发展）。另外，如果另一半是控制狂或虐待狂，心理咨询可能帮不到你，你更需要的是一份"逃跑计划"。更多内容，请参考第八章第五节《远离虐待狂和控制狂》。

👻 吵架时说什么最有用

吵架时，与其暴跳如雷或者摔门而出，不如尝试采取下面的沟通话术。

· 如果不是原则性问题，可以说："我不同意你的看法，但我觉得为此吵架不值得，所以我们按你说的来吧。"省下力气，为更值得在意的事情据理力争。

· 假装重复对方的话，并将自己的想法融入其中。例如："我不太明白你刚才说的内容，你的意思是不是……"

· "你现在感觉如何？"

· "你是生气了，还是有些担心，还是二者都有？"

· "我之前不知道你会这么想。"

· "我明白你的意思。"

· "我从来没有那样想过。"

· "我们能冷静一下，稍后再谈吗？我想先考虑一下你刚才说的话。"

· "我们能平心静气地谈谈这件事吗？"

· "我们找一个彼此都有空而且心情都不错的时候再谈吧。"

· "我已经说完了，现在轮到你谈谈你的想法了。"

· "不好意思，我想重新说一遍。"

· "我想独处半小时，我保证不会再抓狂了。"

缓解紧张的家庭气氛

你可以尝试如下方法来调节家庭气氛：

· 和家人一起对着枕头大喊。

· 进行"家庭枕头大战"。有的心理治疗师认为这个做法并不好，但是在我家，这种方法很奏效。

· 做一些滑稽的、让人捧腹大笑的动作。

· 给彼此一段独处的时间，比如让大家各自去泡个澡，舒缓一下紧张的情绪。

· 一起外出散步。

分居和离婚

本书第八章第四节《当爱已成往事》也涉及分居和离婚的内容，但该部分侧重于讲述夫妻间的糟糕关系。在此，我们关注的是夫妻分开带来的家庭问题。有些夫妻分开后仍然是朋友，还会带着孩子像一家人一样一起度假。即使他们不再爱对方，但他们还是尊重彼此、尊重孩子，并以礼相待，从不在孩子面前批评对方。也有一些夫妻无法放下对彼此的怨恨，即使分开了还是纷争不断。他们会在孩子面前说对方的坏话，或是拒绝沟通、见面。

如果夫妻双方不能就孩子的抚养问题达成一致，可以向法院提起诉讼，由法院依法做出裁决。在事态发展到这一步前，双方可以进行调解，看看能否达成共识。法院判决孩子抚养权归属问题的出发点是孩子利益最大化。年满八周岁的未成年人可以选择随父母哪一方生活，法院会尊重他们的真实意愿。

👻 和孩子讨论父母分居或离婚的问题

和孩子讨论父母分居或离婚的问题时，要考虑他们的年龄和心理承受能力。为了将伤害降到最低，父母需要注意以下问题。

· 如果可以的话，简单直白地告诉孩子这个事实：爸爸和妈妈不会再住在一起生活了，但爸爸妈妈仍然爱着他们。向孩子解释清楚，父母分开并不是他们的过错。

再婚家庭

家庭背景、思想观念截然不同的两个人很难建立一个大家都满意的家庭规则。我们一起生活的第一个月简直太糟糕了，差点就撑不下去了。

——索菲（39岁）

我不喜欢我的继父，也不喜欢我的母亲，因为他们从来都没有意识到我的痛苦。

——卡菲（71岁）

我与父亲和继母的关系十分疏远。

——米歇尔（39岁）

我的继父常常对我大呼小叫，出言辱骂。

——埃尔达（18岁）

我有一位"继母"。父亲没有和她正式结婚，但他们一起生活了10年，直到父亲去世。我年少时很讨厌她，但现在我和她关系很好。

——布里奇特（34岁）

我生长在一个再婚家庭。那是一段可怕的经历。谢天谢地，我的孩子不用忍受那样的生活。

——特蕾莎（48岁）

我崇拜我的继父。

——塔米（42岁）

我来自一个再婚家庭。我永远不想让我的孩子经历我所经历的。

——安妮（42岁）

我父母离婚后再婚过两次。他的新伴侣都不想照顾我。

——黛比（49岁）

我和继母相处得很好。她能让我父亲开心，还能帮他抚养我们长大，所以我很感激她。我同父异母的妹妹也非常可爱。

——乔治娜（42岁）

离婚后，我重新组建了家庭，新家庭的氛围很好，家庭成员对彼此很满意。我很幸运有这么棒的继子和继女。

——洛拉（34岁）

如何和继子、继女友好相处曾经是一件让我非常头疼的事。令人高兴的是，我们现在关系不错。

——卡罗琳（43岁）

我爱人带了两个小孩。我总结的相处之道是：永远不要把他们当成自己的孩子随意对待；永远不要说他们母亲的坏话；要避免在孩子问题上和伴侣发生冲突；不要和孩子争风吃醋。

——莉萨（45岁）

我新交往的对象有孩子，我和孩子的相处不太顺利。现在，情况越来越糟糕了。

——珍妮（51岁）

不论如何，都要把孩子的利益放在第一位。

——费莉西蒂（42岁）

如果所有人都能在这个重新组建的大家庭中找到归属感，那就太好了。

——安（78岁）

今后我会谨慎，尽量不和有孩子的人交往，如果有孩子，那这个孩子的年龄必须在30岁以上。

——维多利亚（48岁）

我的继子、继女和我自己的两个孩子关系很好，他们还常常合起伙来对付我们夫妻俩。

——费伊（70岁）

我和前夫有两个孩子。现在的爱人之前没有孩子，我们正期待着我们第一个宝宝的到来。在再婚家庭中，每个人都要努力为大家带来欢乐。我负责管教孩子，这样我的女儿们就不会记恨我爱人了。

——托尼－安妮（33岁）

我丈夫在第一次婚姻中有两个儿子，现在我负责照顾他们。我还有自己的儿子要照顾。过好每一天，不要为小事烦恼，不要为不值得的事情起冲突。

——萝宾（59岁）

我努力了五年，但还是没有成效。我的孩子忍受了很多，我过得也不愉快。父母教育方式差异过大会让情况变得很棘手。

——海伦娜（44岁）

坚持自己的立场。不要为了维持家庭的和睦而向继子、继女一味退让。他们应该尊重你的决定，欢迎你融入他们的家庭。如果他们不尊重你，那是他们的不对。

——珍妮（51岁）

我当过继母，但那时我不够成熟，也没有换位思考。我当时不明白孩子和他的亲生母亲之间的亲情纽带有多么牢固。

——玛丽（40岁）

我爱人的孩子几乎和我一样大。当我去他们的学校时，我会很害怕，害怕有人会认为我是他们的姐妹。虽然我没有太多的生活经验，但我不得不帮忙扶养两个孩子。

——克莱尔（21岁）

要把两个家庭融合在一起真的很困难，我现在已经放弃了。孩子们见面时都很客气，但是如果没有必要，他们是不会待在一起的。

——芭布丝（53岁）

- 不再与孩子一起生活的那一方要告诉孩子自己的联系方式。如果有必要的话，可以换一个新号码或申请新的电子邮箱，建立和孩子的"沟通专线"。
- 不要向孩子透露双方分开的原因，不要对孩子说另一方的坏话。
- 不要让孩子成为传递信息的媒介。父母需要自己面对和解决问题。分开后，不要向孩子打探对方的生活，更不要问起对方的新伴侣（如果有的话）。我知道做到这些很难，但这样做是有益的。
- 告诉孩子，不管遇到什么问题，他都可以随时向父母求助，父母会跟他一起解决。让孩子知道，父母即便分开了，也依旧是他们的后盾。
- 为孩子的"问题行为"做好准备。父母分开后，孩子会困惑、会不安，这可能会导致他们在家里或学校有异常表现或倒退行为。他们可能会对父母中的某一方或双方感到失望、愤怒，因为他们并没有料想到自己的生活会发生如此翻天覆地的变化。要告诉孩子，他们可以难过或生气，但不能让自己的行为伤害到别人。

🔴 将新伴侣介绍给孩子

父母不要大张旗鼓地向孩子介绍自己的新伴侣。如果父母正在连续不断地见新对象，不必把每一个都介绍给孩子。孩子一般很难接受父母的新伴侣，尤其对那些一直盼望父母能够复合的孩子来说，新伴侣的出现会使他们大受打击。

以下是给正在发展新恋情的父母的建议：

- 不要强迫孩子马上接受你的新伴侣，但要教导孩子，面对你的新伴侣时要有礼貌，举止要得体。
- 不要向孩子过多地透露自己情感生活的细节。
- 告诉你的新伴侣，尤其是还未确定会和你结婚的新伴侣，作为客人来家中拜访时，要遵守基本礼仪，行为举止要合理、不能越界，他无权制定家庭规则，无权对孩子的表现指手画脚。

- 尊重孩子的隐私，尤其是十几岁孩子的隐私。保证你的新伴侣不会进入孩子的卧室，或在孩子使用浴室或洗手间的时候闯进去。

再婚家庭

如今，再婚家庭越来越常见。很多人离婚后会很快组建新的家庭。有时，再婚家庭中的一方或双方会带着自己的孩子来一起生活，二人婚后又会生养孩子。

让来自之前的家庭的孩子接受并融入新家庭是一个相当困难的大工程，尤其是当他们还没有从家庭破裂造成的打击中走出来时。有时，当孩子真正意识到自己的父母永远都不会再在一起生活的时候，才是他们最难过的时候。

🔴 如何成为优秀的继父或继母

- 多沟通、多倾听。建立新的家庭后，根据家庭成员的意见，尽快确定家庭分工。
- 永远不要在孩子面前批评伴侣，或说伴侣的坏话。要始终考虑怎样做对孩子最好。
- 聪明的继父或继母会要求孩子对自己有基本的礼貌，但不会强迫孩子马上认可自己，或让孩子马上改口叫自己爸爸或妈妈，他们会用实际行动感化孩子，让孩子来决定怎么称呼自己。当然，孩子不能将继父或继母称为"讨厌鬼"等，即使是在最初的磨合期也不行。
- 学会随遇而安，宽容待人，相信时间和善良可以改变一切。即使结果并不如愿，至少要做到问心无愧。
- 如果孩子（尤其是年纪小的孩子）总与自己"争风吃醋"或者"唱反调"，需要从伴侣那里得到支持，共同考虑一下应对策略。
- 无论家中的孩子是年龄相仿还是年龄差距比较大，他们之间都有可能出现各种棘手的问题，处

理问题时要有耐心，不能偏心。

一个美满和睦的再婚家庭，不是男女两人坠入爱河、决定共度一生，一点头、一眨眼，就能建成的。新家庭组建之初，孩子或多或少地会产生悲伤、失落、怨恨或愤怒等情绪，这些情绪都是可以理解的。

时间是最好的良药。随着孩子对新父母、新兄弟姐妹的熟悉，随着在同一个屋檐下朝夕相处的人越来越了解彼此，再婚家庭也会不断改变。相信我，再婚家庭也可以获得真正的幸福。即使兴趣不同、成长背景不同，孩子也可以和新爸爸／新妈妈以及其他孩子建立和谐、亲密的关系。

做继母

即使没有"继母都很恶毒"这样的刻板印象存在，做继母也不是一件容易的事。继母可能会和孩子的亲生母亲起冲突，也可能和孩子闹矛盾。孩子可能会对继母不满，或对和继母之间的关系感到困惑，不知该如何与继母相处。继母需要用耐心、应变能力和幽默感来化解家庭生活中可能出现的麻烦。

👻 重新组建家庭之前需要探讨的问题

重新组建家庭之前，双方需要提前探讨一些问题。例如：

· 双方对新家庭的期望是什么？家庭规则要如何制定？如何执行这些规则？如果有不止一个孩子，如何做到对所有孩子一视同仁？

· 如果前妻或者前夫不讲道理，不停制造麻烦，双方该如何应对？

· 如果家庭关系始终不太融洽，双方又该怎么办？

· 如果孩子不得不转学或者搬家该怎么办？双方将如何帮助孩子应对由此产生的压力或悲伤？

· 组建家庭之后，如果孩子需要和别人合住一个房间，该怎么和孩子沟通？

· 如何做好后勤保障？比如，十几岁的女孩可能会因为要与继父或继兄弟共用一间浴室或其他私密空间而感到羞愧（对男孩来说也是如此），该如何解决这样的问题？

· 组建新家庭之后，孩子是否有足够的时间去了解新的家庭成员？

· 分配好两人需要承担的责任，想办法让其他亲戚尽快融入新家庭。亲戚们要如何称呼对方？祖父母们会不会分不清他们的孙辈？孩子会不会搞不清楚谁是他们的祖父母？

· 对于各种节日、生日的庆祝方式，每个人的想法是否一样？如果不一样该怎么办？

👻 提前和孩子沟通

· 和前夫（或前妻）达成共识，不要让孩子充当新旧家庭的信使，来回传话。向孩子保证你不会让他们成为中间人。

· 事先向孩子讲明，虽然你和他们的亲生父亲或母亲分开了，但你仍然尊重并支持他们的亲生父亲或母亲。

· 向孩子解释清楚，没有人试图取代他们的亲生父亲或母亲。

· 向孩子保证，他们能够随时和他们的亲生父亲或母亲取得联系。

· 告诉孩子，你理解他们的感受，你会给他们一些时间来适应新家庭或新住所。

· 事先向孩子解释好浴室和卧室的分配问题，告诉他们该如何摆放自己的物品。

· 事先向孩子讲明家庭规则。

· 告诉孩子，你组建新家庭不意味着不爱他们，不仅如此，未来将会有更多人陪伴、关心和照顾他们。

· 事先对孩子讲明，他们可以表达自己的感受，但不能行为粗鲁、言语刻薄。

朋友满天下, 相知有几人

　　生活中，很多人仍然和小学时代的朋友交情深厚，处在同一个朋友圈里，虽然几十年来，大家或多或少地都有所改变，但幼时共同度过的时光依然令他们眷恋。与之相反，也有很多人在毕业后，不再和当时的朋友联系。

　　很多人能够享受到友谊带来的快乐，也有很多人饱受友谊带来的困扰。有些友谊是单向的，比如，总是一个人负责抱怨，另一个人负责倾听，一个人总是迟到，另一个人总是等待；有些友谊因为双方不知道如何沟通或不再有共同话题而结束；有些人恰恰是被所谓的"朋友"背叛，伤透了心。

　　本节，我们将探讨如何维系友谊，如何结交新朋友，以及遭受朋友欺凌时该怎么办。

珍贵的友谊和最好的朋友

我现在的闺密还是上学时的那些，我毕业后只交了几个新朋友。

——林迪（33岁）

高中毕业后，我就没有跟高中同学联络过了。

——鲁比（22岁）

我学生时代最好的朋友现在仍然是我的挚友。虽然如今我们天各一方，但每隔一段时间我们就会聊天、谈心。即使我们很久不联络，友情也不会变淡。

——安妮（42岁）

我最好的朋友是我的发小，我们从上幼儿园的时候就认识了。

——萨拉（29岁）

我的很多好朋友都是上学时认识的，我们的友谊已经维持近三十年了。我和邻居们的关系也很好，我们彼此支持、相互照应，是很好的朋友。

——菲奥娜（40岁）

我有新朋友，也有老朋友。随着年岁渐长，很多朋友疾病缠身，有些已经与世长辞。

——莉齐（68岁）

生活中，有的人来了又走，有的人却一直陪伴着我们。对友谊来说，重要的是深度，而不是长度。

——洛拉（32岁）

我有个朋友过世了，现在我会尽量为她的家人做一点事。

——琼（65岁）

我爱我的闺密们。如果不能和她们一起参加周五晚上的聚会、享受美好时光，我可能会疯掉！

——艾丽西亚（30岁）

我超级喜欢我最好的朋友。如果她是男的，我可能会嫁给她。

——卡桑德拉（22岁）

我有一百多个熟人和为数不多的几个好朋友。

——朱莉－安妮（36岁）

我九岁时结识了闺密，后来她成了我的伴娘。

——艾琳（53岁）

我最好的朋友是我送儿子上学时认识的。虽然我们相识的时间很短，但是我们结下了深厚的友谊。

——海迪（40岁）

我曾有一个相交多年的挚友，但现在我们不再联络了，因为我不喜欢她身边的朋友。

——玛丽（18岁）

我最好的朋友是我的同事。她比我妈妈还大一岁，但我们相处得很好。我很喜欢她。

——米歇尔（27岁）

我有很多朋友。有时我觉得，我朋友的数量可能太多了。

——米歇尔（33岁）

我们夫妻二人和另一对夫妻是好朋友，我们可以一年不见，再见面时还是非常亲密。

——路易丝（61岁）

我朋友众多，遍布五湖四海，可惜我没有时间去看他们。

——莎伦（44岁）

我曾有一位相交了二十五年的挚友。突然有一天，她觉得我对她很粗鲁，不再和我说话了。事情已经过去一年了，她都没有跟我联系，我觉得我被"冷暴力"了。

——玛丽亚（47岁）

我和闺密从三岁起就结下了不解之缘。现在，我住在澳大利亚，她住在阿根廷，但这不要紧。我们非常了解对方，当我们聊天时，时差和距离仿佛都不存在。

——卢斯（32岁）

十二年前，我搬了家，切断了和所有人的联系，现在我有点后悔。如今，我最好的朋友是我妹妹。

——阿什（32岁）

我有三个好朋友，我在心里给他们排了名。

——埃琳（27岁）

我最最亲爱的好友五年前去世了，我无时无刻不在想念她。

——简（59岁）

我和最好的朋友隔一天见一次。我们在一起的时候，即使不说话，也不会觉得尴尬。

——罗丝（20岁）

我最好的朋友是一个非常勤奋、努力的人。

——亚历克丝（33岁）

我和闺密认识近三十年了，从来没有吵过架。我还有三个好朋友，以及五个比较好的朋友。

——李比（43岁）

我喜欢从朋友口中听到实话，即使实话很难听。

——希拉里（41岁）

我喜欢和充满正能量、能让我开心的人交朋友，而不是那些充满负能量、会影响我心情的人。

——林迪（51岁）

真正的朋友是即使生活忙碌不堪，也还想抽出时间见面的人。

——伊莎贝拉（39岁）

女性间的友谊

友谊没有既定的模板，也没有统一的标准，人们没办法要求友谊必须长长久久，也不能规定朋友之间一定要没有秘密、知无不言，或是做什么都要在一起。好的友谊能让人有被关爱、被尊重、被需要的感觉。女性间的友谊可能脆弱不堪、令人头疼，也可能纯真深厚，成为彼此生活中最大的慰藉，也可能在这两种状态中左右摇摆。女性会为友谊的建立而欣喜，也会为友谊的逝去而悲伤。

在"什么样的朋友是好的朋友"的榜单上，排名靠前的三种特质是为人正直、值得信赖、不八卦（至少不会在别人面前对你的事情说三道四）。大多数人都有一两个至交好友或是自己的小圈子，这样的关系通常比较稳固。有时候，朋友间的友情会比爱情和婚姻更持久。一些心理学家表示，当女性和朋友在一起时，大脑会释放出令人心情愉悦的化学物质，尤其是旁边还放着蛋糕的话。这会让她们感到放松与舒适。

当然，友谊并不是一成不变的。有些朋友可能在某一段时间非常亲密，某一段时间有些疏远，而后关系又会回暖。当人们换工作、毕业或搬到另一个地方居住的时候，人们会不可避免地远离以前生活中的一些固定的事物，包括人。时间长了，跟老朋友的友谊就可能变淡乃至中断。

人为何会"择友而交"

有些人在上学（大学、高中、初中、小学）时就结交了一生的挚友；有些人大部分时间和家人待在一起，把家中的某个亲人（母亲、姐妹或伴侣等）当作最好的朋友；有些人和工作上的伙伴建立了深厚的友谊；还有一些人通过其他渠道结交朋友。人们一般会选择与自身成长经历和家庭背景类似的人做朋友。从某人的朋友身上，就能大概看出他是怎样的人，也能大概看出父母对他的教育理念，比如是放养型的，还是严苛型的。有一种理论认为，人们更倾向于复制母亲的交友方式。也有学者提出，有些人在青少年时期表现出的超凡的交友能力很可能与遗传因素有关。

☕ 男性朋友

除了女性朋友，女性也会有男性朋友。下面列举的是一些有男性朋友的好处：

· 男性朋友不仅可以像女闺密一样有趣、忠诚，还可以帮你做体力活。

· 男性朋友可以充当"秘密特工"，他们可以告诉你男人心里是怎么想的，男人的言外之意是什么。尽管答案有时会很无聊，比如"大部分时候男人根本没有想太多"。

· 当你不想说话、不想思考，只想找个人待在一起的时候，男性朋友是更合适的人选。

男性之间的友谊

男性之间的关系往往看起来没有那么亲密，他们更多时候是在一起工作、一起玩，而不是闲谈、聊八卦、诉说心事、互相对望或一起宣泄情绪。男性之间的友谊可能令女性很困惑，不过这并不意味着他们的友谊不牢固。

伴侣与朋友

伴侣应该为你有很多朋友感到高兴，而不是怀疑或嫉妒，也不应该在每次你和闺密们出游的时候都要求同行。如果伴侣总是干涉你正常交友，你可能需要提高警惕，留心伴侣的日常举止，因为他有可能是个危险分子（见第八章第五节《远离虐待狂和控制狂》）。

另外，你不必非得和伴侣的朋友成为朋友，也不要要求伴侣这样做，但一定要有基本的礼貌。如果你的家人和朋友普遍不喜欢你的伴侣，那么你

跟友谊相关的问题

朋友寥寥无几

我虽然有几个认识了很长时间的朋友，但我常常因为没时间和他们见面而忽略他们。

——康迪（43岁）

我不擅长维持友谊。

——安妮（42岁）

我和身边的朋友大多是泛泛之交。我们不仅住得远，而且都很注重隐私。

——卡斯（50岁）

我是在农场长大的，比我哥哥姐姐都小很多。我不需要太多陪伴。

——安妮（56岁）

我没什么朋友。我不爱社交，也不喜欢去朋友家走动，所以也没人来找我。而且我周末还要工作。

——凯茜（45岁）

我没什么朋友。我不喜欢和别人分享我的生活。

——夏洛特（27岁）

我发现，比起朋友，我更喜欢和我的宠物待在一起。

——萝宾（40岁）

我发现像我这种性格内向的单身人士很难结交到新朋友。

——伊丽莎白（40岁）

我最近刚搬到澳大利亚生活，还没交到什么朋友。

——贾尼丝（28岁）

朋友相处过程中的问题

我的朋友打了我的孩子，我无法原谅她，我们的友谊结束了。

——克里斯蒂娜（44岁）

我有一个朋友，当我的价值观或行为举止与她不同时，她便会窃笑，好像在嘲笑我傻。

——艾丽斯（33岁）

我有个朋友经常晚上打电话找我聊天，隔一天打一次。这让我很厌烦。当我跟她坦白我的想法后，她有三个星期没有理我。

——皮普（42岁）

我的一位女性朋友患有边缘型人格障碍。她拒绝接受治疗，于是情况变得越来越糟糕。我很想一直支持她，但现在我们已经渐渐疏远了。我不能永远被她影响。

——耶马（22岁）

如今，我对那些小学生的把戏没有耐心，我想和诚实、成熟的女性交朋友。

——特丽（40岁）

跟朋友发生口角时，既要表达自己的观点，又不能让对方觉得你是在攻击他。如果不注重表达方式，问题就可能得不到解决，甚至会变得更糟糕。我希望自己在这方面能做得更好，也希望我的朋友能多加注意。

——马德莱娜（29岁）

我告诉一个好朋友，她男朋友出轨了，从那以后她再也没有跟我说过话。我不后悔，因为如果身份互换，我会希望她告诉我。

——弗兰（29岁）

我告诉闺密，她公公是个彻头彻尾的卑鄙小人，不断勾引我。从那以后她就没跟我说过话。

——金伯利（25岁）

上学时，我和很多格外在意外貌和打扮，以吸引男生关注的人一起玩。后来我意识到，和喜欢自己真实模样的人相处更有趣。

——杰伊（30岁）

如何定义坏朋友

当时我病了几个月，都到了住院的地步，我所谓的"朋友"还没有联系过我，没有慰问卡片，没有鲜花，没有电话。

——内尔（46岁）

她向我借了婴儿推车，当我要取回时，她说我已经把车送给她了。我们为此激烈争吵，还上演了一场拉锯战，我还骂她是"怪胎"。

——塔蒂阿娜（37岁）

在派对上和你的男友过于亲密，偷走你最喜欢的衣服，故意把酒洒在衣服上的人。这种人不算朋友。

——夏洛特（35岁）

让你在所爱之人和她之间做出选择的人。

——伽罗（20岁）

平时表现得特别在乎你，但在你最需要支持时不帮你的人。

——卡特（42岁）

从不倾听、只接受赞美和认可的人，贪得无厌的人。

——安（43岁）

一个不会为我的变化高兴，对我过去三年的努力无动于衷的人。

——布鲁克（35岁）

她从不邀请我参加以家庭为单位的聚会，还说因为我单身，又有孩子，所以根本无法融入他们的聚会。

——卡伦（45岁）

可能需要冷静一下，仔细考虑一下你和对方的关系，因为大家的想法可能有一定的道理。

友谊的维系

有些老友虽然许久未见，但双方的感情仍然很好。也有一些友谊需要双方经常见面、不断付出情感才能维系。这取决于人。下面提供了一些和朋友保持联络、维系感情的方法：

· 时不时给朋友发短信、写电子邮件，甚至寄明信片。这样做可以让朋友知道，即使你很忙碌，也一直记挂着他。

· 学会换位思考，理解朋友的忙碌和变化。朋友不能经常跟你见面，不一定是因为你们感情变了或是他故意针对你，可能只是因为他太忙了。

· 找时间多和朋友聚会，聚会时不要带伴侣或孩子。如果朋友对你诉苦（不管是工作上的困难还是家庭中的纠葛），你要对他多加安慰。

· 朋友间该如何相处、应该多久见一次面并没有一个标准，不要在意无关紧要的人对你们之间的友谊的看法。

· 把朋友的联系方式录入手机中（记得备份）。除了电话号码，还要记录朋友的生日，在朋友生日那天，送上你的祝福。

社交网站和网络评论

确保社交网站发挥其应有的作用，而不是未经你的允许收集你的个人信息，侵犯你的隐私。请记住，网络上的所有内容都有可能变成公共信息，所以如果可以的话，你要对你的社交网络个人页面设置访问权限，以便进行自我保护。在某些国家和地区，未经亲生父母允许，随意在社交网络上发布儿童的照片不仅是一种不道德的行为，更是一种违法行为。

如果某个网站上的评论很恶毒，或言论明显被居心叵测之人引导、操控了，那就不要继续关注该网站，也可以发邮件向网站管理员投诉。如果有人通过网络对你进行辱骂或恐吓，那就屏蔽他们，也可以保留好证据然后报警。人生苦短，不要把时间浪费在不值得的人和事上面。

永恒的友谊

如果想让一段友谊持续一生，那么双方必须彼此包容，彼此坦诚，要有一直走下去的决心，还要有一点运气。有些人身边的人来了又走，朋友很多，但友谊都不长久；有些人朋友不多，但是一段友谊会维持很多年。友谊各式各样，没有标准可言。

当友谊出了问题

很多友谊只维持了一小段时间，时间长了，慢慢也就淡了。有时，因为各种机缘巧合，一段友谊可能会变质、"脱轨"，最终消失。遇到这些情况时，你需要考虑，是心平气和地接受现实，还是努力修复友谊，争取跟朋友重修旧好。

友谊变质

如果你的闺密有以下表现，那么你们之间的友谊可能已经变质了：

· 经常让你有被利用的感觉。

· 人前人后对你的态度不同。

· 不再为你保守秘密。

· 当她有男朋友或者更好的朋友时，便抛下你。

· 经常让你感到不舒服或者紧张。

· 在价值观或者一些重大事务的决策方面和你产生了分歧。

· 不尊重你，比如经常迟到但从不道歉，或经常对

友谊大百科

男性朋友

我的朋友大多是男性。对我来说，跟男性交流起来更放松，他们更诚实，心里怎么想就怎么说，也不会恶意揣测我的想法。

——格洛丽亚（28岁）

因为我有小孩，所以我的女性朋友比较多。不过我和丈夫的哥们儿也是朋友。

——阿林娜（26岁）

我发现我和男性朋友相处得更好。我觉得很多女性都太敏感了。

——卡伦（24岁）

我有一个男性好友。我把他当作灵魂伴侣。

——利兹（26岁）

如果我有异性朋友，我的丈夫会不高兴。

——西尔维娅（52岁）

我过去有很多异性朋友，但我女儿出生后，我就不和他们联系了。

——阿利（22岁）

我发现有些女性心思深沉，喜欢拉帮结派。而大部分男性不喜欢伪装，男性之间的友谊也比较简单。

——米歇尔（47岁）

这些年来，我曾有过一些关系很好的男性朋友，但这些友谊都因为对方想要"越界"而没有继续下去。

——尼娜（37岁）

网友

网络能让我假装在和很多人保持联络。

——埃莉奥诺拉（32岁）

我有很多能互诉心事的网友。

——特蕾西（24岁）

我的朋友大多是在网上认识的。现实生活中，我也有几个很要好的朋友。

——萨莉（22岁）

宝妈如何维持友谊

有了孩子后，我和不少朋友逐渐断了联系，因为我没时间和那些住得太远或生活重心不同的朋友一起玩。

——唐（42岁）

我的朋友大多是孩子的朋友的父母。

——科琳（46岁）

自从当了妈妈，我的时间越来越不够用，与昔日好友更是渐行渐远。现在孩子上学了，我不用那么操心了，也有时间结交新朋友了。

——菲奥娜（35岁）

以前，我的大多数朋友都是跟我一起骑摩托车的家伙。生完孩子后，我的朋友都是新手妈妈。自从患上产后抑郁症后，有一些"朋友"就再也没有联络过我。

——阿兰娜（27岁）

我尽量让生活简单些，没有太多友谊要维系，以便把时间都放在照顾孩子上。有了孩子后，日子变得忙碌且混乱。

——埃玛（35岁）

女儿出生后，我的社交圈越来越小。我很难和老友保持联系，毕竟我们的作息时间如此不同。

——杰凯尔（35岁）

女性处于单身状态时，朋友特别重要。一旦有了孩子，女性便无法把时间投入在维系友谊上了。

——阿农（34岁）

我的朋友中，有当了父母的，也有没做父母的。这两类朋友的生活大不相同。

——玛贝尔（40岁）

帮助朋友渡过难关

当我发现自己患有不孕症，并选择领养小孩时，我终于看清了谁是我真正的朋友。很多人对我的遭遇不以为意，但真正的朋友不会。

——凯特（34岁）

当我婚姻破裂时，我的朋友救了我，他们耐心地听我诉苦，始终毫无保留地站在我这边。

——安德烈娅（60岁）

把盛问茶和同情宽慰看似平常，却至关重要、不可或缺。

——薇姬（47岁）

与朋友道歉或和好

我和最好的朋友曾经闹翻了。我们分开了一段时间来消化发生的一切。现在，我们和好了，我们的关系比以前更亲密了。

——梅甘（32岁）

犯了错没关系，勇敢且真心实意地跟朋友道歉吧。

——黛比（50岁）

我给她寄了卡片，坦言我为自己的行为感到羞愧，我不想失去她这个朋友，我正在努力地修复我们的关系。

——戴安娜（40岁）

你的观点出言嘲讽。

· 占有欲强，嫉妒心强，并且黏人。

· 控制欲强，要求你必须按照她说的做。

· 经常做出承诺，却很少兑现。

· 常常对你说三道四、评头论足，还制造消极氛围。

· 只考虑自己。

· 喜欢和你争风吃醋。

· 经常不回你信息，让你联系不到她。

挽回友谊

有一些友谊是值得挽回的。如果双方能做到以下几点，友谊就还有挽回的空间：

· 双方都很想将友谊继续下去。

· 双方都能真诚道歉、大方原谅。

· 双方都明白自己对朋友的设想和期望有时是不现实的，事情不能都按照自己的想法来。

· 双方都明白，问题和责任是两个人的，不应只怪罪于某一个人。

· 双方能达成共识，如果问题解决了，误会消除了，事情也就过去了。

如何挽回友谊

试着和朋友谈一谈。有时，友谊的破裂可能只是因为一个误会或是一次情绪失控。所以，找一个机会，试着敞开心扉，和朋友把事情讲清楚。时间能够抚平很多伤痛，即使两个人暂时渐行渐远，随着时间的推移，两个人还是有可能像以前一样同行的。

学会对朋友说对不起

道歉是一门艺术。真诚的道歉分为两步。第一步，承认自己的错误，承认自己的言语或行为给对方造成了伤害。第二步，直接道歉，比如对对方说："我知道我伤害了你，给你造成了很大的困扰，对不起。我希望你能原谅我，或者至少给我一个改

过的机会。"而类似于"噢，如果你生气了，那我很抱歉"之类的话其实暗示着你心里并不觉得自己有错，只是在敷衍对方。

真诚的道歉一次就足够了。你不必卑躬屈膝，但也要明白，如果再次伤害朋友，朋友就会选择放弃你，不再给你机会。

如果你是被道歉的一方，那么你可以大方地接受对方真诚的道歉，比如对对方说："好吧，谢谢你的道歉。"之后，你可以选择主动修补友谊，也可以选择顺其自然。你不必立刻原谅对方，或马上和对方恢复昔日的情谊，但如果你大方、体面地接受了道歉，便不要后悔、翻旧账，不要事后再说"你真是个讨厌鬼"之类的话。

大声说出心里话

如果你有重要的事情要对朋友说，比如要向朋友道歉，最好面对面说，而不是用书面形式或用发短信的方式来表达。相对于面对面交流，用文字交流会显得比较生硬、缺乏温度，而且这些文字还有可能被别人看到。如果感觉面对面沟通很困难，可以把想说的话先写下来，然后打电话沟通。

当友谊走到了尽头

不管是主动地还是被动地，结束一段友谊都不是一件容易的事情。即使你当时感到如释重负，但事后多半还是会不开心。许多女性表示，对自己来说，和朋友"分手"的影响比与恋人分手的影响更大、更长久。无论出于什么原因，失去挚友都是一个重大事件，你可能会在很长一段时间都感觉心烦意乱、悲伤难过，还会经常想起他们，甚至梦到他们（不过，这种感觉最后会消失）。这与你是主动放弃一段友谊还是"被分手"无关。即使你是主动放弃这段友谊的，你知道自己的决定是正确的，你也一样可能情绪低落。

友谊的开始和结束

我结交了一些新朋友，和一些旧朋友失去了联络。

——埃莉萨（31岁）

我觉得和朋友说再见比和男友说分手还难。

——埃米（27岁）

我认为感情的事情没有永远。当有些朋友变得争强好胜或刻薄恶毒时，我会选择放弃这段友谊。友谊应当是对双方都有益的。

——凯瑟琳（38岁）

她告诉我，在她心里我不是她的好朋友了，我非常难受。

——菲奥娜（39岁）

我的一个好朋友没有征兆地和我绝交了，这让我很伤心。

——艾琳（28岁）

我不得不在婚礼举行前和一个伴娘绝交，因为她是个泼妇。

——埃玛（25岁）

当我和交往时间最久的好朋友结束友谊时，我出乎意料地平静，很快就接受了这个现实。我们的生活不一样了，我们也不一样了。虽然我很伤心，但没到崩溃的地步。

——洛拉（37岁）

我发现结束一段友谊最简单的办法就是渐渐疏远。

——亚历克莎（28岁）

直截了当地对他说这段友谊该结束了。我试过一次，虽然很难，但总比我假装还想和他做朋友好。

——杜（42岁）

直接说出来可能会让朋友不高兴。最好的办法就是不回电话。

——雷切尔（35岁）

是我自己没做好，眼睁睁地看着好朋友和自己渐行渐远却什么都没有做。

——玛丽萨（30岁）

我有一位总角之交，我们之间的感情一直很好。不过后来，她因为嫉妒我，不再和我联络了。

——希拉里（41岁）

我打算结束一段友谊。我试了很多方法，但都效果不佳。

——温迪（43岁）

我有一个自私自利、自以为是的朋友，不过现在我放了"长假"，不再去她那里"上班"了。

——凯特（39岁）

两人以前是朋友，以后不一定也是朋友。如果这段关系已经走到了尽头，那就随它去吧。

——凯特（30岁）

大多数朋友在你生命中都是来了又走。

——乔治娅（35岁）

如何结交新朋友

回学校进修。

——埃玛（36岁）

加入冲浪俱乐部是结交新朋友的好办法。你会发现，原来有那么多人会在你需要的时候扶你一把，助你前行。

——罗兹（25岁）

培养兴趣爱好，比如写作、散步等，并一直坚持下去，然后你可能会遇到同道中人。

——布莱思（51岁）

找一项自己喜欢的运动，然后加入一个队伍，这样队员们都是与你志趣相投的人。不要轻易拒绝他人的邀请。

——尼娜（31岁）

独自踏入新环境，尝试新事物。如果你和朋友一起去，就不太可能和陌生人说话，也就很难交到新朋友了。

——亚历克莎（28岁）

去跳舞！那些坚持去上舞蹈课的人能认识新朋友。这真是完美的交友渠道！

——奥德丽（32岁）

搬去新的城市生活，把自己扔到陌生的环境中。

——卡莉（32岁）

我通过网络论坛交新朋友。

——萨拉（35岁）

我和我的两个挚友都是在火车上认识的。偶然的闲聊促成了深厚的友谊。

——玛丽亚（43岁）

我打算去上瑜伽课，并带孩子们参加当地的兴趣班，以便尽快认识新朋友。

——妮科尔（33岁）

旅途中也能认识很多新朋友。

——卡丽（22岁）

尝试与十个人交谈，即使九个都是浪费时间，但只要能交到一个朋友，那就是值得的。

——戴安娜（37岁）

我的孩子身患残疾，我在残疾人互助小组中交到了朋友。

——谢里尔（35岁）

七年前，我在公园里结识了一位朋友，当时是因为我们的狗狗能玩到一起去。如今她是我的挚友。

——拉拉（37岁）

🍵 友谊的破裂

出现以下这些情况时，友谊的破裂或许是必然的：

· 一方无法再信任另一方。

· 一方表面上关心另一方，但不再喜欢另一方，友谊的存在只是因为习惯。

· 一方不想和另一方继续做朋友。

· 由于过往的不快，一方无法再与另一方亲密无间。

· 周围的人想帮双方恢复关系，但双方没有这方面的意愿。

· 双方的生活习惯、观念发生了重大变化，非常不一致。维持表面上的友谊只是为了避免冲突，其实内心早已渐行渐远。

· 两个人没时间见面，也没有信息往来。

🍵 结束一段糟糕的友谊

相比于大吵大闹和不欢而散，你可能更想让友谊自然而然地结束，从而避免冲突。下面是一些结束友谊具体的做法或话术，仅供参考：

· 对朋友说："我这几天太忙了，有空我再给你打电话。"

· 对朋友说："我们过几周再联络吧。"

· 对朋友说："我就不跟你一起去了，因为工作（或学习、家庭）上还有很多事情要忙，希望你这个夏天玩得愉快。"

· 对于对方发来的信息，你可以从三条信息里选择一条回复，态度可以平淡一些，回复的时间也可以长一些。

如果在和朋友渐行渐远的过程中遇到了难题，或者他硬是要求你有一个明确的表态，那么试着用"我"而不是"你"来开头。比如，你可以说"我感觉……""我想这样做"，而不是说"你很无聊"或者"你这个讨厌的骗人精"。如果你真的对他的某种做法颇有怨言，不吐不快，可以试着采用如下说法：

· "我尊重你做决定的权利（或者发表自己看法的权利），但我接受不了你所做的决定（或你的说话方式）。我知道你不想听我的批评，所以我们暂时还是不要联络比较好，祝你一切顺利。"

如果你想直接中断关系，可以这样说：

· "我不想再和你做好朋友了，我不喜欢你跟我说话的方式。"

· "当你把我的秘密告诉别人时，我真的很伤心。我无法再相信你了。"

· "我不喜欢你对我大吼大叫，我不想要一个每天都对我大吼大叫的朋友。"

· "老实说，我觉得我们的目标（或者观点）完全不同。祝你未来一切顺遂。"

· "我无法安排我们之间的任何活动了。你要么擅自取消约会，要么迟到好几个小时才来，我觉得自己没有得到尊重。"

· "我知道你和我丈夫交往甚密，这是底线问题，你破坏了我们的夫妻关系。再见。"

友谊结束后仍然要保持礼貌

拒绝传播流言蜚语，不要参与他人关于对方的讨论。即使双方都觉得结束这段友谊是对的，也要保持基本的礼仪。如果再见面，还是可以面带微笑，互相问好。

🍵 如何婉拒局外人的"多管闲事"

有时候，其他朋友会给你一些建议，告诉你如何修复一段友谊，甚至帮你牵线搭桥，试图让你和老友重修旧好。如果你并不想修复这段友谊，可以准备一些中性的、没有明显的感情色彩的万能话术来应付这些朋友，例如："我们现在没什么联系了，但是我祝他一切顺利。""我们之间不会发生什么戏剧性的转折了，我没什么可说的。"有时，身边的朋友"好心"给你出主意，也许只是为了探听八卦。

不友善的女孩

小团体

我读的是女校，那里的坏女孩太多了。我曾是她们当中的一员，不过我是为了在学校有一席之地而被迫加入的。那个时候我太幼稚了，不知道不"入伙"也能生存下来。

——利娅（29 岁）

妈妈们也会恶语相向，不管是在校园、舞蹈学校还是足球场上。有女人的地方就容易有是非。

——奎妮（37 岁）

初中时，我和几个女生成立了一个小团体。后来我们彼此讨厌，决定不再一起玩了。

——利安娜（25 岁）

我在学校读书时结识了一个人，我十分钦佩她，很想成为她那样的人。但随着年龄的增长，我发现她的控制欲极强，如果我不按照她的意愿做，她就不跟我说话，甚至不让别人跟我说话。

——卢（25 岁）

我常对我身边的朋友肆无忌惮地发牢骚，还会说别人的是非，她们在我面前也是如此。

——凯特（35 岁）

在我参加的手工兴趣小组中，存在钩心斗角、拉帮结派的现象。

——萨拉（43 岁）

我加入的妈妈群中，很多人的幼稚行为让我误以为自己回到了九岁的时候，我可不想再经历一次了。

——亚历克斯（33 岁）

我之前的一位朋友经常说一些尖酸刻薄的话来挖苦别人，还把这些话当成笑话传出去。这些话很伤人。这一切都只能证明她没有安全感。

——拉腊（24 岁）

我二十岁时，一个所谓的"朋友"因为我胸部很丰满，在男生面前给我起外号。我很快和她断绝了往来。

——金尼（46 岁）

流言蜚语

她们既然会和你分享别人的八卦消息，那么一定也会在你背后说你的闲话。

——维奥莱特（27 岁）

喜欢在背后说长道短的人和无法保守秘密的人都算不上益友。

——卡伦（37 岁）

恃强凌弱

永远不要做欺凌者。如果你伤害了朋友，一定要和对方道歉。如果对方愿意与你和好，就给对方一个大大的拥抱。

——凯瑟琳（51 岁）

我永远不会忘记高中时那些欺负我的人。在那以后的很长一段时间里，我都对自己没有信心。

——费利克斯（50 岁）

我高中时被欺负得很厉害，所以不得不重新读高二。从那以后，我下定决心要有所建树，让自己的生活更有意义。

——尼娜（37 岁）

随着年龄的增长，我向曾经欺负过我的那些人喊话，告诉她们我不会再忍受她们的欺凌了。从那以后，她们不敢再欺负我了。

——安妮（52 岁）

我的两个好朋友最初在学校欺负过我，不过后来她们不再那么做了，我也给了她们改过的机会。从那以后，我们成了好朋友。

——科根（27 岁）

五年级时，我突然意识到我不需要跟着那些看起来很"酷"的女孩到处跑。她们对我很刻薄，我一点也不喜欢她们。那次醒悟对我来说是一个转折点，对我之后的人生益处颇多！

——米丽娅姆（39 岁）

我花了很长时间才意识到，我是一个成年人，不需要看别人的眼色行事，也不需要忍受别人的欺负。我可以选择转身离去。

——吉尔（27 岁）

我在学校时曾被人欺负。就在这周，有四个人通过网络联系到我，为以前如此恶劣地对待我而向我真诚地道歉。

——洛娜（39 岁）

有将近一年的时间，我都不敢去商店，因为害怕遇到妈妈群里的欺凌者。我一想到她们就生气。她们没有安全感，便拿我出气。

——海伦（35 岁）

我曾经被欺凌，后来我也变成了一个欺凌者。现在我试着做一个好人。

——杰姬（27 岁）

曾经欺负我的人现在过得并不好，这真让我感到高兴。

——阿舍（24 岁）

很多团体中都存在欺凌现象。

——海伦（62 岁）

结交新朋友

如果主动与人攀谈对你来说有难度，你可以先翻阅第一章《自信女人最美丽》，再阅读下面的内容。与他人交流不仅可以增强自信，随着交流的增加，你还很有可能在不经意间与他人建立友谊。

☕ 结交新朋友的机会

· 你身边是否有经常碰面却没有机会进一步认识的人？主动和他们打招呼吧，或者找话题闲聊，比如可以谈论他们手里拿着的书或天气，也可以称赞他们的鞋子或发型，这样可以拉近彼此的距离。

· 加入各种兴趣小组或俱乐部，比如社区足球队、合唱团、步行小组、舞蹈训练班、乐队、丛林徒步训练营、空手道训练营等，这些活动除了能让你结交新朋友，还有调节情绪的功效。

· 建立读书会或者电影讨论小组，每月组织活动。

· 积极报名去上感兴趣的课程（线下、线上都可以）。从语言学习到电影制作，从缝纫等手工到急救之类的实用技能，只要是感兴趣的都可以。

· 浏览感兴趣的网站，比如关于手工制作的网站，看看能否加入一些讨论小组。

· 加入一些慈善组织或志愿团队，参与志愿者服务，比如在社区义务打扫卫生、移栽植物等。（更多关于志愿者和志愿团体的内容，请参考第十一章第三节《回报社会，关心他人》。）

· 找一份兼职，这样既可以结识新朋友，也可以多一份收入。

如何帮助朋友

当某些重大变故（比如亲朋过世、突发重病等）发生时，人们有可能不知所措或震惊万分，感觉整个世界都静止了，无法再对大大小小的事情做出决定。如果你的朋友遇到了这种危机，或者面临一些艰难的抉择，急需帮助，你可以这样做：

· 问问对方："你今天感觉怎么样？需要什么帮助吗？"

· 问问对方："需要我为你做些什么吗？""我能帮你联系谁？""有什么东西需要寄出或取回的吗？你想让谁去？"

· 对对方说："我知道你吃不下东西，但我还是给你弄了点吃的。先把这杯水喝了吧。"

· 问问对方："有什么家务要做吗？需要我把该洗的衣服带回家，明天洗好再带回来吗，还是在这里洗比较好？需要我帮你打扫一下卫生吗？"然后再放手去做。虽然有些人更喜欢你不打招呼就行动，不过你最好还是先问问对方的意愿。

· 问问对方："你是需要倾诉，还是需要我提一些建议？""你希望我离开，自己一个人待一会儿吗？你可以随时给我打电话，我随叫随到。"

无聊、恶劣的行为

☕ 尖酸刻薄

朋友之间应该彼此包容、彼此帮助，但谁也不能保证朋友不会对自己表现出尖酸克薄的一面。他们可能是无意间这样做的，也可能是故意为之，不管是哪一种，都会让人不舒服、伤心或气愤。

很多人刻薄起来就像呼吸一样自然，他们不仅自己浑身充满负能量，还喜欢到处散播负能量，嘴里说不出一句好话。最好离这类人远一些，将自己保护起来。

想要忽视尖酸刻薄的话很难。听到这样的话时，大部分人很难控制心情，很难做到丝毫不被影响。即使立刻离开或者表面装出一副岁月静好的样子，内心仍然可能感到沮丧或愤怒。你可以翻阅第一章《自信女人最美丽》，看看遇到这种情况时该如何应对。

刻薄之人的惯用说辞

有些人永远摆脱不了那种爱在人前人后说三道四的刻薄嘴脸，这种行为已经成了他们的习惯。当有人提醒他们或表示不满时，他们常常会这样说：

· "我只是实话实说。"
· "我不是故意的。"
· "我只是在跟你开玩笑呢。"
· "是他们先对我发难的，我只是以牙还牙。"
· "女人就是这样，都喜欢挖苦别人。"

其中，最后一种说辞是最糟糕、最可恶的。很多女性，无论是在工作中还是生活中，都是互相理解、互相支持的。所以"女性都是恶毒、刻薄的"之类的说法是绝对错误的，也是不公平的。刻薄不分性别。

有些人喜欢说三道四，对别人的生活指手画脚，是因为这会让他们觉得自己很强大，比别人厉害；有些人喜欢通过说他人坏话或指责别人，来营造一种高高在上的感觉；有些人闲来无事就喜欢无中生有，挑拨是非，他们觉得这样很有趣……在我看来，总是过分关注他人、肆意发表评论恰恰是不自信、内心不够强大、生活很无聊的表现。

如何停止刻薄的言行

· 三思而后行。除了恶语中伤别人，你接下来要说的话还有什么意义吗？难道你就没有其他想说的吗？
· 和朋友约定改过自新，并互相提醒。
· 丰富自己的生活，让自己忙碌起来。
· 让自己开心起来。刻薄的人往往是不快乐的。努力做一些改变，来减少自己的负面情绪。

· 不搞小团体，不在背后说他人坏话。

八卦信息与流言蜚语

八卦消息无处不在：课堂上，有些老师会给学生们讲一些课本上没有的奇闻趣事，也就是所谓的"野史"；学校门口，等待接孩子放学的妈妈们会聊八卦信息；咖啡馆里，喝着咖啡的人可能也在聊八卦信息……八卦信息存在于杂志里，也存在于加油站或医生的候诊室中。人们都有一种喜欢窥探别人隐私的心理，有时候，相比于肉眼可见的事实真相，人们可能更愿意相信八卦信息，所以，那些消息灵通、能给大家提供八卦消息的"知情人士"在小团体中可能会更受欢迎、更具有权威。

我时常会想，那些喜欢在背后传八卦消息的人是出于什么样的动机才这样做。有些人可能是不经意而为之，随口就说了，而有些人喜欢聊八卦信息，是想通过交换他人的秘密赢得彼此的信任，从而在人际交往中获取主动权。

有人类学家认为，聊八卦是为了巩固社会关系。在某个小团体中，由于害怕被"八卦"，人们可能会有意识地调整自己的行为，做出有利于他人的选择，从这个层面讲，八卦信息在客观上促进了社会的合作与和谐。但有些八卦信息要么是有心人刻意捏造的，要么是在消息传递过程中被扭曲了的，从个人层面讲，无论哪一种，这些流言蜚语的影响都可能是毁灭性的，它们会严重影响当事人的生活。流言蜚语一旦开始传播，就很难停止，即使很多内容都不是真的。

欺凌

欺凌不仅会发生在未成年人身上，也会发生在成年人身上，有些人甚至还会以关心你的名义欺凌你。这些人可能是你的邻居，可能是你的老板，可能是与你一起在学校门口等孩子放学的其他家长，甚至可能是你最好的朋友。好消息是，你已经是成年人了，不需要忍受这些了，真的。

当朋友欺凌你时，你要灵活应对，具体情况具体分析，因为他们这么做的原因各不相同。有些人是因为没有安全感，贬低别人会让他们感觉良好；有些人是出于习惯；有些人是出于自恋，这样的人一般优越感十足；还有些人是因为被欺凌的人没有站出来反抗他们，久而久之，他们就会觉得自己的行为没有问题。

面对欺凌者，最有效的反抗方式是当面反击。你需要让他们知道，他们的行为带来了许多恶劣后果。如果你看到有人被欺负，你可以大声对欺凌者说："你这样做太可怕了，你会失去朋友的！""你到底怎么了？"你还可以对被欺凌的人说："我完全不同意他的说法，我觉得你看起来很可爱。"

有时，向欺凌者指出他正在伤害别人的感情也许是无用的。有些欺凌者不会因为发现自己伤害了别人的感情而停止欺凌行为，因为这正是他们想做的。但反抗总比沉默好，因为在欺凌者看来，沉默代表他们的做法是正确的。

反欺凌计划

当你觉得自己被朋友欺凌时，你应该采取一些措施，对他们的行为提出抗议。不管你的抗议效果如何，你都不应再默默忍受。你可以参考以下措施：

· 告诉朋友，请停止这样做。具体说明他们有哪些欺凌行为。告诉他们，他们的所作所为让你很受伤，你一点也不喜欢这样。

· 让欺凌者好好审视一下自己，当面质问他们到底为什么要这样做。

· 告诉欺凌者你已经受够了，如果他们继续这样做，就要承担相应的后果。

· 必要时，公开在众人面前向欺凌者表示抗议。比如，在众人面前对他们说："我已经对你说过了，不要再故意中伤我了。"

· 不得已时，结束友谊。放松心情，结交新朋友。

· 想要反抗他人的欺凌行为，首先要自己强大起来，你可以参考第一章的相关内容，学习如何变得更自信。

· 关于如何应对职场欺凌，可以参考第九章第一节中的"职场欺凌"部分。

第八章

爱与性

约会交友，寻觅良人

我在 51 岁的时候，遇到了我现在的丈夫，那时我单身已有十年之久。我是在交友网站上认识他的。我们都觉得自己很幸运，十分珍惜和对方相处的时光。

——卡萝尔（53 岁）

互联网时代的到来让诚信缺失的问题越来越严重。社交网站给约会交友带来了麻烦。

——贝特（31 岁）

我认为三十岁以上的单身女性应该想办法找个人搭伙过日子，一起支付各种账单。

——梅根（33 岁）

别让爱溜走，如果遇到真爱就用双手抓住它，握住不放。大胆尝试吧，你会不虚此行。

——萨莉安（55 岁）

在恋爱中，我学到的最重要的一件事就是你无法改变别人。如果你不喜欢他身上的某些特质，问问自己能否接受。如果接受不了，那就放弃这段感情吧。

——萨莉（51 岁）

我妈妈在 70 岁时又一次坠入了爱河。这段感情令她非常开心。

——塞利娜（48 岁）

我浪费了三年青春，等待一个有家室的男人。现在回想起来，这真是太不值得了。

——帕梅拉（45 岁）

和爱人初识时的惊鸿一瞥、电光石火，并不等于日后的恩恩爱爱、天长地久。为了防止爱错人，浪费时间和生命，我为另一半设定了明确的标准。

——萨尔（27 岁）

如果你的约会对象能讨你欢心，但是有"承诺恐惧症"，那当他在紧要关头逃跑的时候，你可不要惊讶。

——雅基（31 岁）

他满足了我心中关于另一半的大部分条件。我年纪大了，不能期望太多。

——贝蒂（57 岁）

谈恋爱为什么总给我一种工作的感觉！我谈恋爱时总是觉得很累，没有那种兴奋的感觉。

——塔尼亚（27 岁）

在找到对的人之前，你可能会不走运地遇到错的人，但这样你才会知道谁是你的"真命天子"。

——凯思（32 岁）

我的恋爱史是一段又一段的伤心史。我交往过很多男朋友，但都分手了。

——克丽丝（33 岁）

在交友网站上，男人钟爱年轻的女人，哪怕对方比自己小很多，他们也不在意。

——艾丽斯（58 岁）

我认为，30 岁以上的单身女性都应该擦亮眼睛，寻觅良人，而不是随随便便找一个性伴侣。有一个相伴一生的良人是一件幸福的事。

——梅甘（33 岁）

恋人们不应该在早上的通勤时间或在公共交通工具上卿卿我我。看到这些场景，我就厌烦。不要在公共场合做出亲密的举止，这是一种不礼貌的行为。

——萨尔（29 岁）

相信自己的直觉。如果你第一次见某个人时觉得他很坏，那么大概率他就是很坏。

——查理（26 岁）

我宁愿一个人生活，也不愿意接受一个不怎么样的人。我有很多朋友也是这样做的。我们都不愿意将就。

——丹妮拉（36 岁）

我不想再重新开始了。况且我很满意现在的安稳生活。我现在觉得自己一个人也挺好。

——西蒙娜（29 岁）

和男人在一起的时候，我感觉很不自在。一部分原因是我形象不佳，另一部分原因是我曾经被侵犯过。我二十多岁时一直是单身一人，对此我有些后悔。我应该给自己一些认识良人的机会。

——凯蒂（39 岁）

我在 18 岁时交往过一个可爱的男朋友，但后来我们分手了。从那之后，我的感情经历为零。我花了几年时间不断思考，想知道我到底怎么了。但是现在，我放飞自我了，不在乎这些了，我现在还是单身。单身又怎样呢？我现在觉得很快乐。

——特蕾西（43 岁）

与其和一个疯子共度余生，不如大胆放手，毕竟爱过、失去过才叫人生。

——苏珊（57 岁）

不要因为担心找不到良人而和情商低的人混在一起。这只会耽误你找到对的人。

——艾莉森（38 岁）

约会, 寻觅良人

     在这一节, 我们将会关注感情生活的方方面面, 从约会、恋爱, 到结婚。本节内容既适用于女性, 也适用于男性。现在, 暂时放下心中的那个他（她）, 继续读下去吧。

     其实, 我并不是两性关系专家, 对两性理论也并不精通。事实上, 下文提到的建议, 都是我一度忽视, 经历了一些挫折后才总结出的。我不会对你说"因为我现在和另一半感情很好, 所以你应该照着我说的做"之类的话, 这些建议仅供参考。毕竟, 在爱情中, 除了方法和道理, 缘分也很重要。

约会

当你认识了某个人、想要和对方有进一步的发展时，一般会通过和对方约会来进一步了解对方，加深彼此之间的感情。注意，是一段时间内只和一个人约会的那种约会哟，而不是那种"面试"般的相亲。

抛出约会的橄榄枝

如果你有心仪的对象，你可以直接邀请对方，例如："我有两张音乐会的门票，周六有空和我一起去吗？"如果对方回答："哦，周六不行，我得工作，咱们另外找个时间可以吗？"这意味你们可能还有机会碰面。但如果对方说："哦，周六不行，我有别的安排，谢谢。"这可能意味着对方对你没有兴趣。

如果你心仪的对象以粗鲁或刻薄的方式拒绝了你，你应该觉得幸运，因为这代表对方人品一般，而你现在就发现了这一点，所以你完全没有必要难过。如果对方礼貌地拒绝了你，你也要保持体面，不要做出过激的行为。如果觉得难过，你可以跑去最近的女厕所，将自己的情绪发泄出来，直到你感觉好些为止。

如何拒绝邀约

被邀约时要注意，只有在真心想去的时候，才能答应对方，否则你会给对方不切实际的希望。

如果你因为有别的安排而无法接受对方的邀约，但你又对对方感兴趣，那就和对方另约时间。你可以这样说："周六我真的有别的事情。周日可以吗？"态度一定要真诚友好。

如果你对对方不感兴趣，最好直接表明态度。不过，要尊重对方。拒绝时要面带微笑，态度和气，切记不能摆出傲慢自大或怜悯对方的样子。以下是一些拒绝对方时可以说的话，仅供参考：

· "事实上，我有约会对象了，但还是谢谢你。"
· "非常感谢你的邀请，但是我不想和同事约会。"
· "我真是受宠若惊，但我不想去，谢谢你。"
· "不好意思，接下来几个月我想专注于工作，但还是要谢谢你。"

拒绝完对方后，如果条件允许的话，最好尽快离开。如果之后再遇到对方，要主动打招呼，不要故意视而不见，除非是对方故意装作看不见你。

如果对方是通过发信息来约你，那么你的回复一定要简短、直接。不要以"爱心""亲亲"或"笑脸"之类的表情结尾，也不要发送"眨眼"或者"委屈"的表情。如果对方因为遭到拒绝而对你进行言语攻击，或者有一些幼稚、可笑的表现，不需要理会，直接忽略就可以。

如果对方对你的追求势头凶猛、让你感到压力巨大，或者根本不接受你拒绝自己这件事，对你进行骚扰和监视，请参考本章第五节《远离虐待狂和控制狂》，寻找应对方法。

初次约会

我个人认为，约会的对象最好是现实生活中有一定了解的人。我不是说不可以跟在网络上认识的人约会，但要注意，在网络上，每个人都可以伪装成另一个人。网络上声称自己"29岁、单身、性感"的"帅哥"，实际上很可能是52岁的邋遢大叔。所以，不要把所有的精力都花费在网络上，要多看看真实的世界。

第一次约会时，双方都可能表现得很拘谨，不知道该说什么。尝试放松下来，表现得和平常一样就可以了。要理解一件事，那就是紧张可能会导致人做事笨手笨脚、说话支支吾吾或直接低头不语，所以不要因为对方有某些"失误"而将对方一票否决，而且这也是观察对方在有压力时会有怎样的表现的大好机会。初次见面时由于外部因素而发生的小插曲，说不定有一天会成为两个人生活中津津乐道的趣事。

当然，这并不是说什么样的行为都可以用紧张来解释，都可以被接受。比如，如果第一次约会被对方对服务员的恶劣态度搞砸了，或是对方表现得很傲慢、挑剔，那么继续见面可能不是一个好主意。

以下是其他与初次约会相关的注意事项：

· 和对方事先商量好，吃饭是由一方请客还是双方平摊费用。如果是对方请客，那就不要点太贵的东西。

· 如果是和网友见面或是和不熟悉的人约会，一定要注意安全。事先告诉朋友自己要去的地方、大约什么时间回来，不要去任何危险的地方，最好待在人多的地方。

· 不要冒险做一些平常不会做的事情，比如，踩着"恨天高"出门，或者喝没喝过的饮品。

· 事先想一些可以聊的话题，以防约会时没话说，比如两人共同好友的最新消息、最近热播的电视节目和电影等。尽量聊一些与对方喜欢的东西相关的话题。

· 当你问对方关于他自己的问题时，认真倾听对方的回答。这听上去是一件很自然的、不需要单独强调的事，但事实上很多人常常因为紧张不安而错过了对方的回答。

· 有时承认自己紧张并非坏事，因为对方也会有紧张情绪。如果出了差错（比如把饮料洒了），一定要保持镇定。可以跟对方道歉，并坦言自己有点紧张。

· 不要没完没了地谈论自己的前任男友，不要发牢骚，不要妄自菲薄，也不要假装自己不饿。

· 如果不是发生了实在受不了、必须立刻结束约会的情况，要礼貌地结束约会。

· 如果觉得开心，那就在约会结束时大方地告诉对方。如果没有，就跟对方说声谢谢。

令人无法接受的约会对象

· 不问任何关于你的问题或根本不听你的回答的人。

· 一直提自己的前任女友的人。

· 言语粗俗，谈话间常使用"贱人"之类的词语的人。

· 态度傲慢无礼的人。

♥ 第二次约会

不要乞求对方对你产生兴趣。如果一段感情是所谓的"命中注定"，那么双方都应该想要再次见面，并且会将这种意愿表达出来，而不是只有一方有这样的想法。如果你对对方有兴趣，但是在第一次约会结束后的三天内没有收到对方的消息，可以给对方发个短信或打个电话，告诉对方你上次玩得很开心，不过不用主动约对方出来。如果对方没有接着邀约，或者语气听起来不自然、兴趣缺缺，那就果断放弃，继续寻觅。

拒绝第二次约会

如果对方又约你，而你对对方不感兴趣，那就不要给对方不切实际的希望。你最好真诚地表达谢意，然后拒绝邀约。你可以这样说："谢谢你的邀请，但还是算了，我最近比较忙。"不要被对方带乱节奏，被迫回答"我哪里不好？""为什么不行？"之类的问题。表明你的态度，谢谢对方并祝对方好运，然后不要和对方继续见面。

♥ 约会花销

约会会产生一系列花销。双方可以就花销问题进行讨论，一开始就约定平摊花销也是可以的。如果对方想请客，那就优雅地接受。但如果你发现对方请客的目的不单纯，比如希望有其他方面的回报，那你一定要表达出自己的厌恶和拒绝，并赶快逃离。

记得关注对方的金钱观。金钱观不一致会影响两人建立长期关系，即使两个人在一起了，以后也可能因金钱观不一致而产生纷争。要知道，那些嘴上说钱不重要的人，其实可能很看重金钱。钱不是万能的，但也是很重要的。人们努力工作就是为了积累财富。看重金钱没什么好羞耻的。

♡ 网友约会

不可否认，有不少已经步入婚姻殿堂的夫妻或者正在谈恋爱的情侣是通过网络认识的。如果你想要和网友见面，下面是一些注意事项：

· 注意见面的时间、地点，最好去人多的地方见面。虽然你们可能已经通过聊天软件交流了很长时间，但你还是很难完全了解对方，所以要当心。

· 小心你的约会对象，现实生活中的他可能和网络中的他完全不一样（在网上他可以给自己立"人设"），他发在社交网站上的个人照也不一定就是他本人的。被这样的人欺骗不仅意味着浪费时间，对你来说也不安全。

· 如果你有了约会对象，就不要在交友网站上继续活跃了。

关于性关系

不要轻易和对方发生性关系。不要以为这件事在对方心中和在你心中一样重要，也不要以为事情发生后你就能参与到对方的生活中，或是双方关系就会稳定下来了。有些男性对这种事可能不以为意，所以一定要保护好自己。

♡ 约会"规则"

有成千上万的书声称能给读者提供"约会必胜秘籍"，但实际上，在约会这件事上，并没有什么放之四海皆准的法则。下面的这些内容也只是建议，而并非硬性要求或金科玉律。你可以完全忽略

它们。不过，如果你最近约会不顺，感到迷茫，又或者你已经对约会这件事感到绝望，准备勉强接受一些令你难受的人或事，那么你可以试着参考如下建议：

· 如果对方经常不回复你的短信或电话，那就算了吧。不要轰炸式地给对方留言。

· 如果对方承诺会做某事但一直没做，也不再联系你，但过了一段时间后又联系你，那么你要小心，对方可能只是在"广撒网"，并没有认真对待你。最好告诉对方你现在很忙，然后立刻挂断电话。

· 发短信、电子邮件时要谨慎，不要写一些敏感内容，因为对方可能会把这些信息给别人看。

· 不要接受那些晚上9点以后打电话给你，说想要来家里拜访你的家伙。

· 努力做一些你平常不会做的事情，和朋友一起去探索新天地，扩大交际圈，让生活充实起来。要知道，一直在电视或手机前看电视剧是没法认识有趣的男人的。

· 如果某段关系进展得不顺利或受了"情伤"，那么你可以在接下来的一个月停止约会。你既可以享受独处的快乐，也可以享受和家人或朋友在一起的美好时光。

糟糕的"浪漫礼物"

不要送出或接受非常昂贵的礼物，以及有生命的礼物（比如游艇和宠物蜥蜴）。

给约会对象打分

你可以先给对方10分的基础分，毕竟你同意和对方见面了，然后在这个基础上给对方加分或扣分。以下是一些加分项和扣分项，仅供参考：

· 迟到，扣10分。

· 迟到还不道歉，扣200分。

· 如果迟到，但真诚地道歉并且理由正当（不是随

便找借口敷衍），加 10 分。

· 如果在讲述迟到原因时情绪稳定，语气中没有愤怒之类的情绪，也没有摆出一副"这种事很常见，不足为奇"的样子，加 1 分。

· 约会时不专心，每看一次手机扣 1 分，除非对方事先征得你的同意，并且查看的东西与约会直接相关（比如查看餐厅地址）。

· 约会时接听或拨打任何与约会无关的电话，扣 10 分（有紧急情况或突发事件除外）。

· 每提到前任一次，扣 1 分（你主动提问的除外）。

· 主动关心你或问关于你的问题，每次（或每一个问题）加 3 分。

· 整场约会中，问的问题没有一个是关于你的，扣 10000 分。

· 大男子主义严重，对女性群体出言不逊，扣 15000 分。

· 尊重女性，加 10000 分。

· 穿着不得体，扣 100 分。

· 为人谦和、有趣又不小气，加 10000 分。

· 在没有询问女生需求的前提下，擅自点餐或点酒水，扣 20000 分。

· 关爱父母，加 10000 分。

· 对父母满怀怨恨，这就不需要打分了，找个借口结束约会吧。

· 把你安全送回家，或者及时关心你是否安全到家，加 10000 分。

关于"约会手册"

现在市面上关于婚恋的书真的太多了，虽然这些书里可能会有一些有趣的见解或有建设性的意见，但大多数都是泛泛而谈的，旨在吸引所有人，因此难免有些缺乏针对性。其中有一些书主要讲的是如何通过欲擒故纵来抓住男性的心，或告诉你如果男性没有给你打电话，那么不是因为别的任何原因，只是因为他对你不够感兴趣。虽然这些内容其实没什么大问题，但我的看法是，这些内容不值得出版。

跟前任复合

对于"破镜是否可以重圆"这个话题，每个人可能有不同的见解。而对于和前任复合这件事，每个人想要的可能也不一样。有些人可能只是想在还没有找到下一任的时候有一个情感上的慰藉，有些人则是认真地想要"重新开始"。

因此，和前任复合前，最好先和对方聊一聊你想要的到底是什么，并请对方也说说他的想法。如果一方只是想短暂地相处一下，另一方却投入很多真感情，到头来双方都会受到伤害。

和前任相处时，最好不要喝醉，避免因为醉酒或不清醒而和对方发生性关系，因为当双方恢复清醒、找回理智后，可能对这件事持有不同的看法。在多数情况下，发生性关系并不意味着两个人可以重新在一起。所以，最好避免这种情况发生。

还有一种情况是反复分手又和好。总有一些人会在强迫自己的朋友们承认自己的前任是个无可救药的混蛋后又跟前任和好，还把他重新带回自己的社交圈，然后又分手，甚至如此循环多次。就我个人而言，这种戏码真的是既乏味又令人困惑。

坠入爱河

当你和约会对象彼此吸引后，你们可能就会坠入爱河。你会觉得自己的生活充满了浪漫。当然，感情生活除了浪漫，还有许多其他的色彩：你会让对方流泪，也会自己一个人伤心难过；有时你认为自己找到了对的人，有时也会对自己的爱情观产生怀疑。你还可能会犯错误、经历背叛、遇到种种困难。你可能会坚持，也可能会放弃，然后在某一天再次义无反顾地坠入爱河。这些都是感情生活中常见的事情。

对你来说，什么样的人才是好的人生伴侣？

● 当我按捺不住喜悦，想和别人分享内心的激动时，他一定是我第一个想分享的人。　● 他能激发出我最好的一面。　● 他会给我一定的空间，让我能专注于自己的事情，但当我需要时，他又会第一时间出现在我身边。　● 人格独立，包容性强，尊重我的看法，从不在公开场合批评我。　● 他应该幽默善良，关注我的身体健康，也在意我的心情好坏。　● 善于倾听，体贴入微，永远是我的倾听者。　● 我的理想伴侣最好性感、聪慧，并可以和我一起分担家务，照顾孩子。　● 好的伴侣首先要对自己满意，要有自信。　● 时刻关注着我，看一眼我的神情就明白我渴了，然后立即拿起水壶烧水，或者去茶水间帮我拿饮品。　● 能很好地融入我的朋友圈，我们能一起愉快地玩耍。　● 好的伴侣应该乐观，为人体贴、慷慨，不仅在金钱上大方豪爽，在时间上也毫不吝啬。　● 他最好在石油系统工作，半年才回家一两个星期。　● 身材高大，皮肤黝黑，长相帅气，擅长剑术！　● 认为我是他生命中最美好的事物。　● 非常理解我，不会让我觉得压抑。　● 我希望对方是有耐心的人。　● 在他眼中，我是漂亮的，他愿意在他的朋友面前对我说"我爱你"。　● 不要设定条条框框，否则没人能百分之百达标。　● 选谁或不选谁，只能是因为我喜欢或不喜欢，我不想为了取悦父母而违心选择。

你选择的另一半有哪些共性？

● 哎呀，一般来说，他们都和别人结婚了。　● 对方都很宠我。　● 我喜欢的人都比较忧郁。　● 他们都在等待被拯救。　● 我选择的另一半都是当时追我势头最猛的。　● 我总是被内向、被动的知识分子吸引，但好景不长，相处一段时间后，我总是会被逼疯，无一例外。　● 我选择的另一半都是折磨人的艺术家。　● 我喜欢红色头发、为人善良，且乐于对家庭奉献的人。　● 他们看起来都有点酷，而且都是一副受过伤的样子。　● 我总被贫穷、自尊心强但内心脆弱的男人吸引。　● 他们普遍没什么成就。　● 对方都是政府官员。　● 我喜欢稳重、内敛又聪明的男人。　● 对方都是工薪阶层。　● 我总选择我认为能改变他的男人。　● 我对左撇子情有独钟。　● 我总会遇到虐待狂或者控制狂。　● 他们都喜欢为我做主，替我拿主意。　● 我选的另一半都是普遍意义上的好人，但他们都不知道自己想要什么。　● 我总是被古怪的人吸引。　● 我总是遇到脾气不好的男人，他们总是要求我按他们说的去做。　● 妈宝男。　● 我总是遇到烂人。　● 我在感情中总是逆来顺受，不论对方是什么性格的人。　● 我喜欢会修理东西的男人。　● 我对兴趣广泛的有趣男人完全没有抵抗力。　● 我总是遇到错的人。　● 我喜欢宅男。　● 我总遇到向我要钱的笨蛋。　● 他们都不信任我，总是对我疑神疑鬼，尽管我从未欺骗过他们。　● 我的模式是"多年朋友变男友"。　● 为了避免和父亲那类人结婚，我都会找与母亲性格相似的人。　● 他们大多没有一份全职工作。

♡ 吸引

人们为什么容易被某种特定类型的人所吸引？没有人知道确切的原因。对于这个问题，有以下观点：

· 有专家认为，基因会让人选择那些他们觉得未来能让孩子健康成长或能给自己提供更舒适的生活的人。这个观点可以解释为何人们倾向于选择富有或者好看的另一半。

· 也有专家认为，人们在5岁之前的经历会对他们选择伴侣的标准起到关键作用，所以很多人会不自觉地选择和父母行为相似的伴侣，或者在自己的小家庭中重复原生家庭的关系模式。

· 据说，人体会散发一种叫作信息素的神秘激素，它会使人在不经意间被他人吸引，或是吸引他人。这一过程几乎是在下意识间发生的。不过，尚没有证据能明确证明这个观点的科学性。

♡ 坠入爱河的表现

当你被某人所吸引，对他有感觉时，你会时常十分在意他的一举一动。当他向你靠近、和你交流时，你会脸红、害羞。此外，你可能还会有以下表现：

· 心跳加速，忐忑不安，小鹿乱撞。

· 手心出汗。

· 用力咬嘴唇。

· 眼睛炯炯有神。

平时，你可能还会有如下表现：

· 情绪完全被对方牵动，对方开心，你就开心；对方伤心，你也伤心。

· 患得患失，情绪起伏大，一会儿觉得很幸福，一会儿又感觉很失落。

· 容易沉浸在只有你和对方的世界中，脑子里全是对方，没精力思考其他事情，做其他事情时无法集中注意力。

· 无时无刻不在关注对方，时刻想要掌握对方的动态，想方设法与对方见面，但有时表面上会装作毫不在意。

· 既不觉得饿，也不觉得困。

在这里我要提醒你，这些表现会影响你的判断，甚至让你做出错误的决定（比如选择怀孕）。在这种状态下做出的决定往往是草率的，没有经过充分考虑的。所以，你最好说服自己努力忽略这些感觉，理性地思考一番，看看对方的感觉是暂时的，还是会持续很长一段时间，对方到底值不值得你做出某些决定。要知道，这些感觉可能很快就会褪去，或是转化成另一种情感，一种与爱情无关的情感。

经典浪漫影片

· 《金玉盟》（*An Affair to Remember*）：一场发生在游轮上的浪漫邂逅引发的一系列故事。

· 《BJ单身日记》（*Bridget Jones's Diary*）：关于平凡女孩的爱情与抉择。

· 《傲慢与偏见》（*Pride and Prejudice*）：男人放下傲慢，女人放下偏见，有情人终成眷属。

· 《卡萨布兰卡》（*Casablanca*）：二战期间，面对复杂的时局，人们的感情该何去何从。

· 《美丽心灵的永恒阳光》（*Eternal Sunshine of the Spotless Mind*）：一对欢喜冤家先后前往"忘情诊所"消除关于另一半的记忆，但内心深处的爱真的会被彻底清除吗？

· 《命运规划局》（*The Adjustment Bureau*）：一对年轻人为了真爱与"人生命运调整局"作战，发出"我命由我不由天"的宣言。

· 《四个婚礼和一个葬礼》（*Four Weddings and a Funeral*）：主人公查尔斯在参加四个婚礼和一

个葬礼的过程中，与女孩凯莉相识、相恋的故事。

· 《真爱至上》（*Love Actually*）：由十个爱情故事串成的喜剧杂烩。

· 《无事生非》（*Much Ado About Nothing*）：莎士比亚的经典作品，讲述了两对情侣的爱情故事。一对是欢喜冤家，日常相处模式是互相冷嘲热讽；另一对是郎才女貌，传统意义上的天作之合。

· 《公主新娘》（*The Princess Bride*）：勇敢的海盗维斯特雷在同伴的帮助下，解救被邪恶王子绑架的儿时玩伴，善良美丽的少女布卡特的故事。

· 《西雅图不眠夜》（*Sleepless in Seattle*）：一个丧妻的男子久久沉浸在痛苦中，在小儿子的帮助下，他通过在全国广播的谈心节目，在茫茫人海中找到了自己的新伴侣。

♥ 是真爱吗？

爱情在刚开始时往往都很美好，因此很多女性在刚开始一段感情时都会觉得自己这次碰到了"真命天子"。但实际上，是不是"真命天子"还得看激情褪去后两个人的日常相处。

如果当疯狂的迷恋逐渐消失，当每次见面心中的小鹿不再乱撞时，你发现自己仍然愿意和对方相处，仍然爱着对方，即使发现了对方的缺点，你也能容忍或者包容对方，那么对方或许确实是你的"真命天子"。

当然，想要知道对方到底是唯一的"真命天子"，还是"众多真爱中的一个"，还是"一段时间里的伴侣"，必须先迈出第一步，尝试和对方相处，因为只有通过相处，你才能知道对方到底是一个什么样的人，你们到底合不合适。

那么，当你确定对方是"真命天子"后，怎样才能和对方相伴一生呢？这需要双方共同的努力、时间的打磨，还需要一些运气。

选择伴侣

在选择伴侣方面，我的第一个忠告是：一定要增强自己的自尊心和自信心，这样你才能主动出击，而不是等着被人挑选。我二十几岁时，被动的就像图书馆里的藏书，只是等着别人把我从书架上取下来，还为别人选择我而心存感激。现在想想，那时的我真是个怯懦的傻瓜！

我的第二个忠告是：不要为了迎合对方而改变自己的信仰、爱好和生活方式。做你自己，让别人看到真正的你，因为你真实的样子而选择你。如果你喜欢百褶裙，却为了迎合意中人的喜好而改变自己的风格，那你需要花点时间想想真正的你去哪里了。如果你不是你自己，那么你的伴侣其实不是和你在一起，而是和一个为了迎合他而打造出来的虚拟人物在一起。这样做太累了，也注定会失败。

♥ 不适合做伴侣的人

人的性格是很难改变的，不要试图改变对方。生命太短暂了，不要把时间浪费在不可能的事情上。选择伴侣时，最好避开以下人群：

· 只会夸夸其谈，却从没有付诸行动的人。

· 没有感情的"机器人"。对于这种人，你永远感受不到他的温暖，甚至也感受不到他的冷漠。

· 到处拈花惹草的人。放弃幻想吧，通常你不会是他的最终选择。

· 言行粗鲁、有暴力倾向的人。

· 感情上受过伤，拒绝走出来的人。你不是医生或护士，没办法治愈他，也没必要无微不至地照看他。

· 嗜酒如命的人。

· 情绪变幻莫测的人。这种人可能一会儿情绪高涨、热情似火，一会儿冷漠得像冰山一样。

· 凡事都要父母做主的人。

· 控制狂。这种人会突然或者逐渐露出真面目，对你进行情感和身体上的虐待。

· 颓废的人。这种人整天烟不离手、与游戏为伴，不找工作，也不做家务。

· 悲观主义者。这种人会吸干你的正能量。

· 喜欢炫耀的人。这种人总是把自己取得的成就挂在嘴边，还可能会把自己和名人曾经的约会当作谈资。问题是，这些有什么意义呢？

· 不尊重女性、傲慢无礼的人。

· 相处起来像室友、像朋友一样自然，但就是擦不出爱情火花的人。

· 朋友的男朋友。

❤ 要小心的人

有这样一些男人，他们在刚和某位女性在一起时，会表现得非常疯狂。比如，他们会时刻想要和对方在一起，共度所有时光；他们会有一些非常夸张的举动，比如送一大束花到对方的公司，在众目睽睽下交给对方，或是在对方毫无准备的时候给对方惊喜，或是在说了晚安后突然出现在对方家门口；他们还可能在双方刚相处不久就向对方求婚。对他们中的一部分人来说，这可能是表达爱的方式，但同时，这也是一些"控制狂"的惯用伎俩。这些"控制狂"经常打着爱情的旗号自我感动，但当对方对自己所做的一切没有做出回应、感恩戴德时，他们就会非常愤怒。还有一些男性会把女性的小心谨慎当作"欲擒故纵"，或是妄想通过自认为有约束力的承诺来约束女性的一切行为。对于上述几种男人，女性要多加防范。

记住，不论是在婚礼现场，还是在蜜月旅行中，只要发现问题，可以随时叫停。

❤ 高质量亲密关系的表现

· 当你想到对方时，你通常会微笑。

· 对方不会因为周围环境的改变或身边的人的改变而改变对你的态度。

· 对方能让你天天都有好心情。

· 对方善于倾听，乐于沟通，总是对你嘘寒问暖。

· 和对方在一起后，你不再惧怕困难和挑战。你会坚信可以和对方携手渡过难关，而不是一有困难就反复问自己"我们会分手吗"。

· 在你心中，对方的存在是理所当然的，你可以依赖对方，因为你知道在关键时刻对方是十分可靠的、对方一直在背后支持你。我曾经对一个男人提出分手，是因为我在某一天突然意识到，如果我在异国他乡遇到了紧急情况，他可能都懒得帮我打求助电话，更别说帮我想办法了。

❤ 值得警惕和反思的迹象

· 你很爱对方，但对方仅仅是喜欢你。

· 对方为你疯狂，约会三次后就向你求婚，但你并不能确定自己的心意，甚至不知道自己是否还想继续和对方约会。

· 对方随波逐流、没有主见，凡事都要你做主。

· 对方对这段关系很坚持，而你却想逃离。

· 对方对待女性，尤其是对待你，总是充满蔑视或冷嘲热讽。

· 对方对儿童和小动物极其冷血或非常残忍（不是一般程度的漠不关心）。

· 对方没有礼貌，也不想变得有礼貌（比如，他从不说"请""谢谢"之类的词语）。

· 对方很听父母的话，凡事都要问过父母的意见才能做决定。

· 对方以别人的失败或困难为乐，总是取笑别人。

· 对方对你的成就或兴趣爱好很冷漠，甚至表示出了不满或蔑视。

· 对方一次又一次地犯错，一次又一次地请求原谅。请注意，承认错误不意味着对方真的觉得自己错了，对方可能只是随口说说，或是为了让自己心安理得，而不是真心改过。

♥ 小心！你已陷入了危险之中

- 一次又一次地原谅对方的谎言和欺骗，无视对方给自己带来的痛苦。
- 只对"坏男孩"感兴趣。
- 每次都喜欢同类型的人，每次又都因为同样的原因和对方分手。
- 过分追求完美，总是因为对方的不完美而独自生气或批评对方。
- 总是把对方的沉默理解为"生闷气"或"不开心"，其实对方可能只是走神了或者本来就不太喜欢说话而已，又或者对方正在想正事。
- 对方控制欲爆棚，要求你和他的喜好一致、需求相同。

♥ "将就"还是"吹毛求疵"

很多人认为有些女性择偶时标准过高，并一直告诫她们挑剔的女性容易"孤独终老"，好像一个人生活是一种多么可怕的命运一样。但是，并没有多少人会警告男性要努力提升自我，否则女性在择偶时便不会选择他们。

如今，很多女性的想法越来越明确，她们宁愿独自一人，也不愿和一个让自己难过、让自己的生活变得糟糕的人生活在一起。女性在选择伴侣时挑剔一些其实是很正常的一件事，毕竟每个女性都是一个活生生的人，有自己的需求，也有选择的权利。

当然，并不是每个女性都能遇到自己喜欢的人。这有点像女性去餐厅吃饭时，发现餐厅只提供有限的菜品，而且都是一些自己不喜欢的菜品，比如味道奇怪的味噌汤，对自己健康有害的油炸食品和已经厌倦了的香草补丁。面对这种情况，谁又能责怪女性什么都不选，而是选择回家锁上门，自己给自己做一份三明治呢？道理都是一样的。当女性没有遇到心仪的、合适的对象，而是碰到了一些有各种各样问题的人时，她们选择立马回家平复心情

的做法也不应该被责怪。保持单身，身边有好朋友的陪伴，过着体面的生活，这总比在一段让人不舒服、不愉快的关系中过得遍体鳞伤要好得多。女性是一个独立的、有自我决定权的群体，她们有权做出选择。

我赞成女性坚持自己的择偶标准，但同时，我也认为女性应该在"吹毛求疵"和"将就"之间找到一个平衡点。当我听到有些女性只是因为"我不喜欢他的发型"或"我对他上次说的关于足球的话题不感兴趣"就拒绝某个男性的共进晚餐或看电影邀请时，我感到十分惊讶。我觉得，在对方没有触碰你的底线、有一些很离谱的举动时，与对方进行进一步交流未尝不是一件好事。最坏的情况是你看了一场电影；最好的情况是他对你越来越感兴趣，而你也逐渐发现了他的魅力。

对可能发展的感情持开放态度并不等同于"将就"。每个人都希望找到对的人，希望对方能激发出自己更好的一面（并且自己也能激发出对方更好的一面），希望和对方的相处是轻松愉快、自然而然的，而不是需要辛苦地维护的（当然，感情有时确实需要维护）。

但是有时，不去尝试，你永远也不会知道对方是不是对的人。好的伴侣应该是你的盟友，而不是你一想到他就会皱眉头的人。如果你正在因为两个人的关系而苦恼，可以试着给对方列一个评价表，记录自己对对方"满意"与"不满意"的事情。如果不满意的事情有 15 件，而满意的事只有 2 件，那你可能就应该思考一下和对方的关系了。不过，类似于"我们彼此相爱"和"他很善良"之类的事，也许比"火车模型拼得好""擅长修电脑"之类的事更重要，这一点也要考虑到。

♥ 人无完人

每个人都有缺点，请选择那些虽然有缺点，但这些缺点不会影响他的人品、也不会让你瞧不起

他的人。

就拿我来说，如果我当初单纯地从某些方面评判我现在的伴侣，比如他的穿衣品位，他的着急、粗心以及他滑稽又茂盛的面部毛发，我一定不会和他在一起。不过我敢说，如果他当时了解到我是一个喜欢攀比，自诩比他聪明（后来我知道我们只是擅长的事情不同），还对他最爱的音乐嗤之以鼻的人，他一定也不会接受我。

我的伴侣诚实、聪明、有耐心，但是他不会做沙拉，动手能力也不强，还经常和我讨论我不太感兴趣的地理、气候和航空航天，但我并没有因此想要离开他。虽然有些话题的确很无聊，但我不会为此感到丢脸。我已经和他相处了 17 年，尽管我从一开始就知道他并不完美（我也一样），但我没觉得和他在一起是将就，反而觉得自己很幸运。但如果他是一个让我瞧不起的讨厌鬼，我宁可单身也不会委曲求全。

♡ 人品很重要

无论何时，人品都是第一位的。一般来说，对方要为人正派、诚实、有礼貌，最起码也要能和别人和谐相处。如果对方有坚如磐石的忠诚，那么有时缺乏勇气也无妨；如果对方能善待孩子，那么有点健忘也可以接受。对方会和你一起面对生活的困难吗？对方是一个坚持用心做事、不怕麻烦的人吗？对方有没有致命的弱点（比如永远戒不掉的酒瘾）？每个人都有害怕的事情，对方能勇敢面对心中的恐惧吗？人都会犯错，只要犯错以后能真心实意地道歉并改正就行，这比那些"因为从不犯错但无聊至极的奇葩"或"因为从不作为所以从不犯错的木偶人"要强得多。虽然"看人品"是句老掉牙的话，但其中的道理不管到什么时候都适用。

关注对方做了什么而不是说了什么

你需要仔细注意对方的行为举止，而不仅仅是看对方说了什么。当你心平气和地告诉对方，他做的某件事（比如总是迟到）让你心烦或失望时，他会如何反应？是开始寻找借口、愤怒发火，还是若有所思、闷不作声？抑或是能诚恳道歉，详细地解释原因，并说明将如何努力改变？

你必须细细琢磨对方的行为，即使他是在和你道歉。他的行为举止往往能够说明他的真实想法。虽然他口头上和你道歉，但他的行为可能在说："我认为我没错，是你太矫情了。"这也可能说明他不够尊重你，也没有用心对待你。

如果好朋友不喜欢你的伴侣

多和朋友沟通是很重要的，朋友或许能看到某些你忽略的重要信号，因为你可能正戴着爱情的"有色眼镜"，有些盲目。不过，好朋友不喜欢你的伴侣也可能是他们自己的问题，比如，不够成熟，或是出于这样或那样的原因不希望你有男朋友。所以，要理性地分析和思考。

抛弃浪漫的幻想

· 对方并不能拯救你。

· 对方没有义务一直给你买礼物。

· 对方长得没有那么帅气。

· 对方没有义务在经济方面或其他方面帮助你。

· 对方没有义务事事顺着你。他是你的搭档，不是你的小跟班。同样，你也是一个独立又完整的个体，并不依赖于他而存在。

· 对方并不完美，正如你也不是完人。

与另一半相处融洽

我和丈夫耐心等待着小家伙的到来。这是我们的第一个孩子，丈夫和我一样兴奋，而且他在各个方面都非常支持我。

——彭妮（32岁）

我的爱人对我很体贴，但他也很邋遢。不过，对如今的状态我还是比较满意的。

——妮科尔（52岁）

有这样的伴侣我很满足。

——罗克西（51岁）

不论我身材是胖还是瘦，是快乐还是伤悲，他都爱我。

——阿姬（36岁）

他待我如公主一般，即使我有时活脱脱就像一只癞蛤蟆。

——卡桑德拉（35岁）

他很爱我，会认真听我说话，对我温柔体贴，为我开心，也为我骄傲。他让我对自己有了信心，让我觉得自己是一个很棒的女人。

——海迪（28岁）

我的丈夫是我遇到过的最棒的男人。

——朱莉（52岁）

我和丈夫在一起36年了，我仍然爱着他，对此我感到非常欣慰。我们的生活有笑有泪，我们愿意分享彼此的一切。

——罗彬（56岁）

我只要治好他的"寻物眼盲症"，一切就完美了。

——金（36岁）

我喜欢他给我的感觉，在他面前我仿佛还是个活泼爱笑的学生，

我每天都盼望着快点回家见到他。

——塔姆（27岁）

我的丈夫是世界上最好的父亲。有他照顾孩子，我便有时间和自由去外面的世界做我想做的事情，不用担心孩子没人照顾。

——温迪（53岁）

他包揽了家中大小事务，做饭、打扫、熨烫，项项全能，而且对我宠爱有加。我怎么会不快乐呢？

——唐娜（53岁）

遇见他，我觉得很幸运，我知道他也这么觉得。彼此珍惜让我们的生活更加美好。

——凯特（35岁）

我对他虽有抱怨，但大部分都是无关紧要的事情，比如他没按照我喜欢的方式叠T恤衫。

——萝宾（35岁）

他是个好人：他努力工作，不乱花钱，会设定目标并努力实现；他爱孩子，会花时间和孩子们相处；他也爱我，还说我和16岁时一样有魅力。虽然我知道他在说谎，但谁在乎呢？

——贾内尔（39岁）

我非常爱他。虽然他有时能把我逼疯，但我从未对他厌烦。

——卡伦（38岁）

我很享受和他在一起聊天的时光，从时事新闻到家庭生活，我们相谈甚欢、无所不谈。

——希拉里（42岁）

我和爱人在一起时，经常开怀大笑。我们兴趣相投，是彼此最好的朋友。但我们也会给对方留一些私人空间，并非时刻形影不离。

——桑迪（24岁）

为了他，我愿意努力成为优秀的人。我想回报他。

——罗兹（25岁）

我和丈夫相互信任，相处轻松。我很喜欢这样的婚姻生活。

——露西娅（41岁）

我的丈夫永远是我最好的伙伴。

——安妮（53岁）

我很满意和爱人的关系，在他面前，我既可以乖巧，也可以愤怒。我可以做我自己，不被他人评判。

——凯莉（32岁）

我和爱人相处愉快，我们喜欢一起尝试新鲜事物，一起做运动，一起烹饪美味佳肴。

——迪（32岁）

我们互相依靠但又彼此独立。我和他共同养育子女，一起生活，但我们并不会一直黏在一起。

——梅尔（28岁）

他是我的挚友，家里的饭几乎都是他做的。他爱我，也爱孩子。

——萨拉（35岁）

在感情生活中，我们两人的关系是平等的，对此我很满意。

——纳塔莉（31岁）

因为他，我成了更好的人。

——凯茜（42岁）

遇到他是我今生最大的幸运。

——安娜（27岁）

正确对待爱

　　当你打算安定下来，和眼前的他厮守一生时，你如何确定他就是对的人？你们之间的差异会影响之后的相处吗？怎样才能保证两人能心平气和地讨论事情？你该如何暗示他向你求婚？你能确定你的结婚理由是正确无误的吗？

　　两个人在一起久了，关系会自然而然地稳定，这时，双方可能会想要步入婚姻的殿堂，开启人生的新阶段。那么，真正美好、健康的关系是什么样的呢？（在这里我们只谈现实，不涉及童话故事。）

♥ 恋爱清单

在你和对方的关系更进一步之前，请先确定以下事项：

- 双方已经就各自的人生观、价值观进行了讨论，拥有相似的生活哲学。
- 双方对未来的规划大致相似。
- 双方都不会背叛感情，都会对感情负责。
- 针对双方的关系，你已经考虑过最好的和最坏的情况。
- 爱情最初的疯狂已经褪去，但双方仍旧相爱。
- 双方会对彼此说一些私密的事情。
- 双方见过彼此喝醉酒的样子，见过彼此紧张或生气的状态，也了解彼此的金钱观，更明白彼此会如何处理人生中的重大事件，如何应对挫折。这并不是说，双方每时每刻的表现都要无可挑剔，但双方需要了解彼此的处世哲学，并且双方都愿意为了对方改善自己处理问题的方式。
- 和对方的家庭成员相处过。
- 在琐碎的家庭争吵或权力博弈中，双方都愿意把对方放在第一位。
- 对方对小朋友和小动物很有爱心，也让家中长辈很满意。对方与不同的人相处时方式不同，且都比较得体。
- 当某事进展不顺时，对方可能会十分紧张或压力巨大，但不会变得让人讨厌。
- 双方讨论过是否以及什么时候要孩子的问题，并且在这方面的想法并不冲突。

♥ 关于生孩子

如果你确定了自己想要孩子的心意，那么考虑到女性的年龄问题，你可能要尽快行动起来了，否则年龄一过，再想生育可能要面临更多的困难。（你可以参考第五章第四节《关于怀孕，你需要知道的一切》，了解更多关于生育的信息。）

如果对方在婚后不想马上要孩子，那就让对方给你一个时间期限，比如在婚后六个月或者一年之后（只要是你能接受的时间即可）再准备要孩子。向对方解释清楚，如果到了那个时候他仍然不想要孩子，那么即使你们的感情依然很好，你也会选择放弃这段关系。这并不是一种威胁，你只是在尊重并满足自己的需求。你可以好好和对方讨论一下，了解对方的想法，讨论的内容可以包括"生小孩从来没有一个完美的时机""每个人都有疑虑""那些担心自己扮演不好父母角色的人，其实已经迈出了当父母的第一步，因为这代表他们已经进行了全面的思考"。

良好的关系

处于一段健康的亲密关系中的两个人会有如下表现：

- 彼此相爱，并非常享受爱情。
- 互相信任、互相尊重。
- 彼此坦诚相待，在对方面前能够做最真实的自己，不需要假装。
- 双方都善于倾听，乐于沟通。有分歧时，双方能够就事论事地进行探讨或友好的争论，而不是拳脚相向。
- 双方都能意识到自己的错误，并真诚道歉。
- 不是只有黏在一起才能维系二人间的关系。能够与心仪的人成双成对、一起度假最好不过，独自一人偷得浮生半日闲也别有滋味。
- 洁身自好。即使双方分别参加不同的聚会，也表现得像对方在身边一样。
- 双方都有自己的兴趣爱好和知心好友，并且不嫉妒对方的同性或者异性好友。
- 在发生家庭纠纷或与原生家庭成员沟通时，时刻将自己的另一半放在第一位。
- 互相尊重，不打着开玩笑的名义，变相挖苦和批评对方，也不会肆意窥探对方的隐私，不翻阅对方的手机通信记录、网页浏览记录、电子邮件或财务信息。即使双方生活在一起，也为对方保留足够的私人空间。

· 做不到事事相同，但双方在很多方面的确有共同点。

· 明白人生总会有低谷。当遇到分歧或者困难时，双方首先想到的不会是分手。

♥ 相处需要耐心和细心

生活中，人们会遇到各种各样的困难，也常常会觉得疲惫。当两个人都极度疲惫、濒临崩溃时，争吵可能会接踵而至。在得到充分休息之前，请仔细斟酌自己要说的话。

"小心慎言"这条建议适用于很多状况。在濒临崩溃时说的话往往不能代表一个人的真实想法。相信你也会有这样"压力山大"或感到快要崩溃的时刻：当你和哭闹的婴幼儿相处时；当你感到天气酷热难耐时；当家务活多得不知道从何处下手时；当工作千头万绪时；当家庭成员的需求让你感到超负荷时，当你沉浸在悲痛、忧虑中，或被疾病困扰时……你会有，对方也会有，所以双方要相互理解。遇到这些情况时，最好等情绪平复下来再和对方交流。

♥ 恋爱中的妥协

感情生活不应该总是辛苦的，也不应该只有一方在努力，一味地妥协。

妥协并不意味着一个男人必须永久性地放弃自己对运动的热爱和出门运动的机会。妥协是指丈夫为了一些重要的家庭事务而自愿放弃部分运动的机会，比如周末自己承担照顾孩子的责任，这样妻子就可以出门和闺密聚会、放松。妥协是指当妻子想要在周日早上参加如何自制手袋的课程、无暇料理家务时，丈夫也不会抱怨，而是会自己做这些家务。

如何处理争执

♥ 采取反馈式聆听和调节式沟通

"反馈式聆听"包含以下语句：

· "我了解你说的。"

· "我能明白。"

· "我知道你的意思了。"

· "我懂了。"

· "所以你的意思是……"（重复对方观点）

"调节式沟通"包含以下语句：

· "我不知道你会有这种感觉。"

· "对不起，我之前没明白你的意思。"

· "请告诉我，你想怎么做？"

· "我和你的看法一致，我们来想想怎样才能完成任务呢？"

♥ 注意肢体语言

请注意，有些肢体语言可能会传递拒绝、排斥等情绪，或是让对方感到害怕、不适，例如：

· 双臂交叉。

· 转过身去，背对着人。

· 用手指指点点。

· 轻蔑地挥动手臂。

· 高举手臂，威胁对方。

· 双手握拳。

有一些男性并没有暴力倾向，但女性跟他们交流或交往时总会害怕他们，这是因为他们有时会做出一些不当的动作或表情，比如在争吵中做出张开双臂的动作，这会让女性觉得他们具有攻击性，还有可能勾起女性不好的回忆。因此，当女性觉得男性有一些言行举止让自己不舒服时，可以跟他们沟通，向他们解释自己的感受，好男人们是会努力理解并改变自己的行为的。

♥ 鉴别争端

和伴侣发生争吵是再正常不过的一件事。发生争吵时，你需要弄清楚双方最主要的分歧是什么，看看有哪些事情可以不计较。

就拿收拾盘子这件事来说，你生气的原因当真是对方把盘子随意扔在厨房的水槽里吗？还是因为你已经礼貌地对他说过很多次"不要这样做"，可他还是没放在心上，你觉得自己没有被尊重，抑或是因为很多事情累积在一起，你的怒火最终被这件事点燃了？想清楚后，及时和对方沟通，告诉他你的想法和感受。比如，你可以对他说："关于这个问题，我跟你强调过很多次了，可你没听进去。我感觉自己遭到了忽视，没有被尊重。每次我看到你把所有的盘子都堆在水槽里而没有放到洗碗机里时，我就觉得你是在对我说'我不管你怎么想，我就要故意把盘子堆在这里'。"

♥ 承认自己的错误

认错时，尝试运用这些语句，效果可能会更好：

· "很抱歉我事先没跟你说这件事。"
· "我不该对你大吼大叫。"
· "我当初应该解释得再清楚一些。"

♥ 就事论事，具体阐述

表达想法和情绪时要具体。尤其是表达愤怒时，不要含糊不清，比如不要笼统地指责对方"没有责任感"或"十分懒惰"，而是要明确指出问题所在，并说出你希望如何解决这个问题。记得交谈时要用"请"字。

♥ 如何道歉

不管双方多么相互包容、多么理解对方，有时候，争吵在所难免。这时，总要有一个人来说对不起。当然，不应该总是由一个人来道歉。双方都应该能够真心实意地为自己的错误道歉，真诚地说

出"对不起"，而不是像孩子被父母逼着认错那样，嘴上道歉，心里却很不情愿，一分钟后还会做同样的事情。

道歉语和道歉语之间有很大的区别。"对不起，我不是有意要伤害你的"和"对不起，我伤害了你"这两句话都代表说话人承认自己给对方带来了伤害（即使是无意的），也认真地道了歉。而"如果我冒犯了你，我很抱歉"这句话则暗示了说话人很惊讶，认为自己不可能冒犯对方，也不觉得自己需要道歉。"我为我的所作所为感到痛苦和难过"这句话的意思偏向于"这件事对我的伤害比对你的伤害更大"。"很抱歉，但让我们把不愉快抛在脑后，忘记一切，继续前进吧"之类的话对被道歉者而言更是说了等于没说，它的主要作用是让说话人可以理直气壮地说"我道过歉了"。

据说，男性一般很难开口道歉，尤其是当他们并非故意冒犯或故意制造问题的时候。换句话说，他们觉得道歉就等于承认自己是个傻瓜或自己故意做错了事。

如果你能就道歉的基本规则与对方协商，并向对方解释清楚你期望听到什么，事情会更好办一些。比如，你可以说："即使你只是在开玩笑，我也希望你能够真诚地为你说的话以及它给我带来的伤害道歉。不管你的本意是不是想羞辱我，但我确实觉得被羞辱了。如果你真诚地道歉，我会接受。我不会一直拿它当作你犯错的证据揪着不放，也不会趾高气扬地认为这是属于我的胜利，我会把它当作你态度真诚的体现。"如果你都这么说了，对方还拒绝道歉，那只能说明这个人不怎么样，你最好和他撇清关系。

另外，我个人觉得，只有在实在没办法当面沟通或电话沟通的情况下，才能用发短信或电子邮件的方式来道歉。

总之，一个伤害了别人感情或让别人感到被羞辱的人，应该表现出真正的懊悔。

❤ 接受道歉

即使对方做了伤害你的事，只要他真诚、善意地道了歉，你就可以考虑优雅地接受道歉。没必要没完没了地让对方就同一件事反复道歉。但如果道歉者的态度是"我就是要一遍又一遍地犯错，之后再一次又一次地道歉"，那么你可能需要从这段关系中"撤退"了。

同居

同居是指男女双方未经法定的结婚程序而长期居住在一起的情形。由同居关系组成的家庭被称为同居家庭。由于没有从法律上完成结婚的手续，同居关系中的任何一方随时都可以宣告关系终止，重新开始自己独立的生活，或展开另一段与他人的亲密关系。一般来说，同居又会被更具体地细分为婚前同居、婚外同居等。

❤ 同居关系和法律规定

同居是一种不被法律承认的行为。所以，如果你以为和对方同居了两年后，分开时就可以平分对方的财产，那你就大错特错了。同居关系容易解除，就意味着责任的缺失。在同居关系中，弱势一方的权益可能很难得到保障。比如，如果同居期间，女方一直是"全职太太"，那同居关系结束时，女方会很吃亏，因为女方很难获得婚姻关系里对应的财务补偿。

法律并非一成不变，情感也一样，所以提前了解同居可能带来的纠纷，知道如何保护自己的权益是十分重要的事。

婚姻

结婚是男女双方依照法定条件或程序确立夫妻关系的行为。结婚跟同居不一样，结婚意味着双方的关系得到了法律承认、受法律保护，意味着双方

的关系不可以随便解除，除非通过一定的法律程序。

❤ 结婚前的"问题清单"

决定与对方步入婚姻殿堂前，有些问题要提前了解。以下是一份我自己制作的"问题清单"，双方可以借助这个清单了解对方对人生中一些重要的事情的看法。这不是一个测验，也不是一个契合度评估，双方更不需要就每个问题都达成一致。双方可以就清单上的问题进行讨论，各自给出答案，借此机会进一步了解对方的想法。注意，现在就沟通，别把问题留在婚后。

人生观

· 如果你不同意对方的观点，你能尊重对方发表观点的权利吗？

· 你是真心想结婚吗？为什么？如果要结婚，打算什么时候结？

· 你觉得彼此应当给对方做出什么承诺？

· 你喜欢小孩吗？

关怀与照顾

· 如果对方生病或受伤，你会尽心照顾对方吗？

· 当受到外界影响而发生争执时，你能够将对方放在第一位吗？

· 你是否明白婚后两人是一个团队，要共同面对挑战，共同承担家庭的责任，而不只是性伴侣？

· 对方的存在是让你变得更坚强、更强大了，还是给你增添了很多烦恼，让你整天生气或是担惊受怕？

· 当你们争论不休时，你是只考虑输赢，还是会顾及对方的情绪？

协商与讨论

· 哪些事情可以由一方单独决定，哪些需要双方一起讨论，然后共同决定？

- 你将来会经常和对方一起度假吗？
- 你愿意和对方一起为了某些目标攒钱或者消费吗？

家庭模式

- 你的原生家庭的模式是什么样的？
- 婚后你想和自己或对方的父母同住吗？
- 周末或节假日去哪方父母家过？
- 你会把家里的钥匙给对方的父母吗？
- 对方的父母还在帮对方洗衣服吗？
- 对方会将自己的父母看得比你还重要吗？这种情况会在婚后有所改变吗？

孩子问题

- 你想要孩子吗？什么时候要？打算要几个？（注意，"总有一天""不久后"或"不用太多"这些词语对不同的人来说含义不同）
- 孩子出生后的前几年，对方父母中会有人和你们住在一起帮忙照顾小孩吗，还是你们不需要长辈帮忙？
- 你认为需不需要 / 何时需要给孩子报各种各样的才艺培训班或辅导班？
- 你认为该如何管教孩子？

性生活

- 你享受和对方接吻的过程吗？你享受性爱的过程吗？你们的性生活和谐，还是只是例行公事？你们会谈论彼此的感受吗？
- 你如何看待"出轨"这个问题？在这方面，你对对方有何要求？

喝酒

- 你喝到多少酒会醉？
- 你平均每周喝醉几次？

关于酒量

事先了解对方的酒量、饮酒习惯很有必要。

我认识一个自称"喝酒不凶"的男士，但后来发现他一晚上能喝八瓶啤酒。他说自己"喝酒不凶"是因为他喝的是啤酒，而不是烈酒。

家务活

- 你会承担多少家务活？
- 你是否觉得家务活并不是自己的分内之事，做家务只是在帮对方的忙？
- 你知道怎么洗衣服、怎么晾晒衣物吗？
- 在你的设想中，以后家中谁负责做饭？谁负责打扫卫生？谁负责统筹安排家中的大小事务？（更多关于家务分配的内容，请参考第九章第二节《打造温馨小家》。）

家庭装修

- 你打算自己去买装修材料、自己动手装修，还是请装修公司代劳？
- 房子的布局需不需要重新设计，你和对方喜欢的装修风格和设计理念差别大吗？

家庭财务

婚前，你需要和对方讨论婚后二人如何管理家庭财务。以下是我了解到的一些家庭的财务管理办法，你可以和对方就这些办法展开谈论：

- 所有生活开销由丈夫支付，妻子的钱存在共同账户里。
- 所有生活开销由妻子支付，丈夫的钱存在共同账户里。
- 丈夫将自己的信用卡给妻子。
- 妻子负责所有支出，并将自己的银行卡给丈夫使用。
- 由一方先支付所有账单、承担所有花销，然后计算出另一方应承担的比例，再从另一方的账户中扣除。

· 丈夫要求妻子用自己的钱照顾孩子或请保洁员，因为他认为这些工作是妻子应该承担的。

· 夫妻二人各自管理账户，不知道对方有多少钱。

· 由丈夫负责所有开支，妻子会检查丈夫的每一笔开支。

求婚

如果双方交往很久，感情比较稳定，但对方一直没有跟你探讨过关于未来的计划，你可以直接问他是如何计划你们的未来的，或是问他愿不愿意娶你，或是提醒他"你该求婚了"。有些男人是因为怕被对方拒绝所以不敢开口求婚，也有一些男人就是不想结婚。如果对方一直不想结婚而你想结婚，那你就要慎重考虑还要不要继续这段关系了。

♥ 你想结婚吗

当你被求婚后，你有什么感受？是欣喜若狂，还是犹豫不决？在做决定前，问问自己下面这些问题：你们已经讨论过前文所列的各项事宜了吗？如果受外界影响，你和对方突然不能结婚了，那你还会和对方在一起吗？换句话说，你是真心想要和这个人共度余生，还是只是想结婚，或是只是觉得该结婚了？你是否会永远将对方的需要放在心上？你想要举行一场盛大的婚礼吗？你想要举行婚礼是因为爱对方，还是因为你花了很多年的时间在脑海里设想自己的婚礼会是什么样子的？

♥ 婚礼仪式

婚礼仪式可以根据双方的喜好自行设计，但一定要注意以下几点：

· 不要在婚礼请柬中附上宾客名单，也不要向他人索要特定的礼物。

· 不要要求参加婚礼的宾客购买生活中再也不会穿第二次的礼服，也不要让朋友为你举办花销不菲的婚前派对。

· 如果你选择在异地举行婚礼，那么如果有朋友不能前来道贺，也不要生气。尤其要体谅那些家中有小孩的朋友。

宾客礼仪

· 宾客收到请柬后，不能自行决定带伴侣或朋友一同前往，除非请柬中明确说明可多带一人，又或者伴侣或朋友也收到了请柬。

· 如果新郎和新娘没有邀请你的孩子（或者其他你认为应该到场的人），不要抱怨。如果你不能撇下他们单独去，那就真挚地向新人表示你不能到场的歉意，并送上真诚的祝福。

· 不要在别人的婚礼上喝得酩酊大醉。

· 到场时，不要穿类似于结婚礼服或者其他会抢新人风头的服装，也不要穿一身黑色的服装。

· 不要说"如果某某去，我就不去"之类的话，也不要抱怨宾客名单或座位安排。你不是新人，这些都不关你的事。

· 不要在婚礼中拿新郎和新娘开一些不合适的玩笑。

♥ 疯狂新娘

婚礼应该是人生的另一个开端，一段长长久久、幸福健康的关系的开端，而不仅仅是在某一天举行的一场盛大派对。为婚礼疯狂的新娘可能会有如下行为：

· 坚持自己做所有的重大决定。

· 用愤怒或眼泪做武器，来赢得自己想要的一切。

· 不停抱怨。

· 关心伴娘的身材。

· 直言不讳地告诉别人自己想要的礼物。

另外，虽然大部分新郎不会像新娘那样对婚礼策划感兴趣，但也有一些新郎以及新郎的母亲喜欢在婚礼策划方面发表自己的意见。所以，新郎和新娘最好在刚开始筹备婚礼时就进行沟通，讨论一下谁是最终拍板、做决定的人，如果双方在筹备婚礼的过程中发生分歧该怎么办。如果新郎毫不犹豫地站在自己的母亲那边，在大事小事上都反对你的意见，不开玩笑地说，请慎重考虑还要不要举行婚礼。

♥ 临阵退缩

大多数新人在婚礼举行前都会感到紧张，一部分原因是他们希望一切都完美地呈现，另一部分原因是，公开演讲、成为别人关注的焦点本身就容易让人有压力，即使是在自己的婚礼上也不例外。而且，婚礼上，双方会在宾客的见证下许下相伴一生的承诺，婚礼的举行也意味着双方的人生会迎来巨大改变，这些都容易让人倍感压力，因此，常有新郎或新娘在举行婚礼前打退堂鼓。这种情况是可以理解的。

此外，推迟或取消婚礼的正当理由包括：
· 对方突然或逐渐有控制、虐待你的表现。
· 婚礼是被外部原因驱使而举行的，结婚并不是两人的真实意愿。
· 对方的家人对婚礼策划指手画脚、强行介入，而对方却没有在这场"战争"中支持你。
· 你只是喜欢他，但并不爱他。

坚持举行婚礼的糟糕理由包括：
· 觉得取消婚礼会很尴尬、被耻笑。
· 觉得取消婚礼会损失已经花费的费用。
· 不想把戒指还给对方。
· 不想伤害对方的感情。

♥ 婚礼过后的低迷期

新人对"完美婚礼"的期望越高，就越有可能把一个细枝末节的问题（比如新娘觉得自己吊带袜的颜色跟婚礼上负责送戒指的人腰带的颜色不相配）视为灭顶的灾难。对婚礼的过分重视可能会让人忽视婚姻生活本身。享受完婚礼的盛大美好之后，新人往往会感到非常疲惫，财务状况或债务问题也可能把他们从童话世界中叫醒，为以后的生活蒙上一层阴影。生活没有那么多的激情时刻，平平淡淡才是它的本质。

婚姻对女人不利吗？

一些调查发现，男性在婚后往往觉得自己比婚前更幸福、更健康了，而女性对婚姻的满意度则不高。原因可能是，妻子在婚后往往会承担更多的家务活，会非常顾及丈夫的感受，而很多丈夫却不理解妻子的感受，也不做家务、不陪伴孩子，这会引起妻子的不满和气愤。很多女性每天既要在公司工作赚钱，在家还要操持家务，长此以往，她们对婚姻的满意度会越来越低。

解决这一问题的唯一良方就是交流，妻子应主动和丈夫说明自己的想法和理由，并就双方的权利和责任达成一致。

♥ 亲密关系中的性和谐

夫妻幸福快乐的源泉之一是双方性需求一致，且对性生活的频率感到满意。想要了解性生活不和谐怎么办，并学习点燃激情的方法与技巧，可以参考第439页"改善性生活"部分的内容。

♥ 结婚纪念日

结婚纪念日可以过，也可以不过，这不是考验伴侣忠诚度的方式，所以不必纠结于这个问题。即使伴侣不记得你们的结婚纪念日，也不能说明他不爱你。男性在这方面往往没有女性那么在意。

单身也要快乐

　　对很多女性来说，单身时光非常愉快，有些女性甚至会选择一辈子单身。对另外一些女性来说，单身则是一种折磨。不管属于哪种情况，单身女性都有可能被尖酸刻薄的问题和自以为是的建议狂轰滥炸，比如有些人会指出她们哪里做错了，并建议她们通过改变行为举止、择偶标准、交友态度、衣着打扮、饮食习惯来结束"可怕的"单身生活。

　　在这一节，你会看到单身的好处，以及单身可能遇到的问题等内容。一起来看看吧。

享受单身生活

我在 36 岁时才拥有了属于自己的生活。以前我总是爱情至上，习惯围着男人转，从来没有属于自己的时间。如今我想吃什么就吃什么，从来不用报备我要去哪里，去过哪里，以及什么时候回家。

——尼基（36 岁）

我喜欢单身，因为单身意味着独立和自由。但这并不代表我不享受恋爱。

——蕾切尔（36 岁）

我不喜欢自己谈恋爱时的样子，恋爱总会让我感到压抑，我更喜欢一个人待着。

——彻丽（26 岁）

我选择保持单身。我不想被束缚在某个地方或某个承诺中。我喜欢偶尔有人陪伴，但不喜欢陪伴之外随之而来的一切。

——杰丝（29 岁）

我一直都知道我会保持单身，甚至从大学时，当身边的很多女孩都在幻想和计划自己的婚礼时就知道了。

——安妮（38 岁）

我很享受单身生活。我十分独立，喜欢依靠自己的力量来实现目标和理想。

——萨拉（31 岁）

我喜欢自由，如果有人妄想夺走它，我会抓狂的。

——阿梅莉亚（83 岁）

家中不再混乱不堪，我不用为别人收拾残局，不用每天晚上费心准备饭菜，不用争论家务分配，也不用提醒自己把马桶圈抬起来。单身生活真是太棒了！

——克莉丝（43 岁）

不用受人指挥，能做自己喜欢做的事情，这样的生活堪称完美。

——卡罗琳（61 岁）

我喜欢一个人住。我在家能够得到足够的放松和休息，这使我外出时总是充满能量，可以很开心地和别人交往。

——艾玛（25 岁）

我爱我的家。如果你有一个属于自己一个人的家，我认为你应该为自己感到骄傲。这很重要。我就是这样。

——伊丽莎白（46 岁）

我之前谈过一次恋爱，但是那段时间我非常不开心。后来我们分手了，那之后我觉得自己从来没有那么开心过。我喜欢单身生活。

——诺艾尔（20 岁）

曾经我以为我会结婚生子。但随着时间的流逝，我开始越来越享受一个人生活的时光。现在的我幸福而满足，有时间在工作之余参加自己喜欢的活动，有时间和朋友聚会。学会享受生活吧。

——阿农（52 岁）

我喜欢保持单身状态，可以想做什么就做什么，也没有时间限制。我可以尽情享受生活的平静与安宁。

——莱克茜（29 岁）

我喜欢一个人生活。

——贝拉（40 岁）

在原生家庭过了五十年七口之家的生活后，我开始独自生活，只需要取悦自己让我体会到了前所未有的快乐。

——弗吉尼亚（74 岁）

我很享受单身时的那段时光。那时候的我独立活泼，是我生活中的绝对女主角。我爱我的伴侣，但在投身爱情之后，我不能时刻取悦自己了。

——金杰（40 岁）

愚蠢的人实在是太多了，我不想跟他们扯上任何关系。

——勒布朗（39 岁）

我爱自由。我可以吃我喜欢吃的东西，穿我喜欢穿的衣服，看我喜欢看的电视剧，去我想去的地方，我还可以按照我喜欢的方式装饰我的家，等等。我很享受每天的生活，也非常喜欢独自生活。

——吉尔（52 岁）

一个人生活就是自由，想怎么穿就怎么穿，想吃什么就吃什么，想干什么就干什么，想去哪里就去哪里。以前我以为一个人住意味着孤独和寂寞，但现在我在网络上交了很多朋友，并经常和他们聊天。

——莫塞特（35 岁）

单身生活唯一一点让我不喜欢的是，很多旅行套餐和餐厅里的食物都是为两个人准备的。

——凯莉（37 岁）

如果你单身并且享受单身生活，那么不要因为社会压力或身边的朋友而改变看法，只要自己觉得快乐就好。

——琼（56 岁）

有时已婚的朋友会问我很多问题，比如我为什么还没有找到另一半，为什么我能这么快乐地保持单身。

——海伦娜（40 岁）

单身女性需要什么

🐦 对单身女性的偏见

生活中，有很多人都对单身女性有偏见，比如，认为单身女性都是"剩女"，是因为没人要才单身；认为单身女性都很挑剔；认为单身女性是因为不想生孩子，所以选择单身；认为单身女性一个人生活一定很伤心……暂且不说这些人的想法是否正确，随便揣测他人的想法本身就是不礼貌的行为。

单身女性需要：

· 别人不再主动给自己提出建议。

· 别人少说落井下石的话或发表抨击性评论。

· 梳理清楚对自己需求的认知以及对生活的看法。

· 考虑一下单身状态是否适合自己。

· 多多收集保险、财务保障方面的信息（见第十章第一节《如何管理财产》）。

🐦 如何应对"你为什么还单身"之类的提问

幽默式地回答

· "我住在桃花源，和外界断了联系。"

· "我在名为'吹毛求疵'的部门工作。"

温柔地警告

· "让我们达成协议，不要关心对方的感情问题，不要给对方的感情生活出谋划策，好吗？"

做对话终结者

· "我暂时不考虑感情问题，请不要再和我谈论这个话题了。"

· "这样吧，要是我有消息了，一定在第一时间告诉你。现在我们说点别的吧。"

· "这个问题越界了。我来把话题踢回界内，咱们一起聊聊……"

使对方困惑

· "我觉得大概三点半吧。"

· "真的啊，我好喜欢你的发型。"

接下来，如果你能面带微笑、愉快地向提问者挥手告别，然后径直走出门，留下对方独自皱眉困惑，那就再好不过了。

灵活转移话题

· "来，先不说我的事。你那边情况怎么样？"

· "这倒提醒我了，格兰泰和孩子们都好吗？"

· "等等，在谈论我的个人问题之前，我想问你看没看那部新上映的电影呀？"

· "哇！你在哪里买的鞋子？"

· "人们经常问我这个问题，那我今天也来问问你。你为什么要结婚？"

🐦 单身的好处

当你还没有找到适合自己的另一半时，不要着急，单身意味着你有很多时间做各种各样的事情。这些事情包括但不限于：

· 取悦自己。

· 认真思考和计划未来。

· 想和谁约会就和谁约会。

· 专注于自己的工作，并逐渐得到认可，乃至升职加薪。

· 丰富自己的生活，比如尝试表演、创作或培养其他的兴趣爱好。

· 丰富自己的精神世界，过有思想、有深度的生活，过有益于自己的生活，而不用在责任的驱使下忍受一地鸡毛的日子。

单身生活可能遇到的问题

渴望性生活

我单身一年了。有时我很渴望和异性亲密接触。

——洛丽（29 岁）

我讨厌单身！这让我没有性生活。

——吉尔（50 岁）

单身生活不快乐

有时候我真希望自己能有个伴，他能听我分享生活中的点点滴滴，能陪在我身边，能在我遇到困难时帮我一把。

——简（41 岁）

我不喜欢独处。不过，生活中也有更糟糕的事情，比如和一个自私的虐待狂丈夫生活在一起。

——莉兹（34 岁）

一个人生活很艰难。没人能和我一起照顾孩子，一起解决生活中的难题，我几乎没时间出门，也几乎没有属于自己的时间。

——贾斯汀（30 岁）

我不喜欢单身。我怀念充满爱意的拥抱和一起谈笑风生的乐趣。不过，单身的生活也有好处，比如，在家里可以无拘无束，不用回答别人的问题。

——阿曼达（32 岁）

我时常感觉自己是个无足轻重的人，没有人在乎我。

——凯伦（45 岁）

我不像十几岁时那么喜欢一个人待着了。随着年龄越来越大，我越来越不喜欢单身了。我觉得很不自在。

——菲奥娜（30 岁）

我和孩子一起生活，孩子今年四岁了。家里没人能听我倾诉，没人能帮我照看孩子，日子很是艰难。独自一人带孩子真的很辛苦。

——阿莎（38 岁）

对于单身，我没什么好的建议，因为这正是我如今的处境，我很讨厌现在的生活。我希望有人能陪在我身边。

——卡伦（38 岁）

我讨厌单身，但一路走来，我都没遇到合适的人。

——彭妮（47 岁）

经济困难

对单身的人来说，经济上的困难很难避免，现实总是会对双收入家庭更友好一些。不过我有很多好闺密，这对我的生活有帮助。

——莎妮（45 岁）

作为带着两个小孩生活的单亲妈妈，日子真是太艰难了。经济上的压力更让我喘不过气来。

——萨莉-梅（38 岁）

孤独寂寞

单身难免会觉得孤独寂寞。有时要独自一人完成所有的事情是很困难的。

——谢利（32 岁）

我已经单身三年半了。其实我挺喜欢自己现在的状态，只是偶尔会觉得寂寞。

——贝克（40 岁）

我有点难过，我真的很想找个人来陪我。我知道如果太努力、太刻意，那么我永远也不会遇到所谓的"对的人"，可是我只想找个人来抱抱我。我真害怕永远不会有这样的机会了。

——葆拉（24 岁）

我很孤独。我希望扩大我的交友圈，多交一些朋友，逐渐开始约会，最重要的是，玩得开心。

——妲露拉（54 岁）

一个人生活有时会很孤单。年龄越大，越感到孤单。

——玛格丽特（76 岁）

在和丈夫一起生活了三十年后，我选择离开他，独自生活。这是个痛苦的决定，毕竟长夜漫漫，只有寂寞相伴。还好我有一大帮朋友陪伴我。

——芭芭拉（66 岁）

我希望有人陪我去看电影、露营、散步、享受美食，哪怕是漫无目的地闲逛也可以。单身的我孤独又沮丧，可我不喜欢总是打扰朋友们。

——安妮（52 岁）

有时我觉得自己解放了，我只需对自己负责即可。但事实上，我经常感到孤独、沮丧甚至绝望。

——苏珊（65 岁）

请赐予我一个良人吧，此时此刻。

——埃米（27 岁）

我是一名护士，我经常主动选择上晚班，因为我丈夫过世了。一个人在家真的太孤独了。

——莎伦（56 岁）

单性女性孤单吗

很多人认为单身女性很孤单。其实，每个人都有觉得孤单的时候，也都会有渴望一个人待着的时候，不论单身与否。没有人的生活是完美的。世上最孤独的人是每晚躺在"爱人"旁边，"爱人"却没有给自己丝毫爱意的人。

单身时，如果你觉得总被问起孤独与否会显得自己需要被同情，而你不喜欢这样，那么你可以直截了当地告诉对方："不要为我感到难过，我活得很好。我确实偶尔会感到孤单，这很正常，结了婚的人也会有不如意的时候。"如果对方结婚了，你也可以巧妙又礼貌地把问题抛给对方，比如："你有没有感觉被婚姻的围城困住了？""你是否曾经被工作和家庭拉扯着，一时间觉得自己什么都做不好？""你是否曾经希望自己可以随心所欲地做决定，在不需要报备或询问其他人意见的情况下出门？""你有没有特别想一个人待着的时候？"当然，你们之间的对话最好是温和的、有启发意义的，而不是相互攻击的。

如果单身生活一团糟

是的，这是无法回避的问题。对有些人来说，单身很可怕，他们觉得单身违背自然规律，单身生活会让他们感到孤独、迷茫。

有时候，单身生活确实很糟糕。不过，单身本身并不是悲剧，你不需要为此而悲伤，也不需要因为害怕别人说三道四而假装开心，顺其自然就好，缘分总是会不期而至。我知道谁都不想在痛苦时听别人敷衍地安慰道"还有人比你过得更糟糕"或者"知足吧"，但是，跟挣扎在温饱线的人相比，你眼前的生活已经很不错了。

如果单身让你感觉很孤独，那就试着解决这个问题，让自己的生活充实起来。你可以试着发出一些社交邀请，多与朋友约会，也可以发展一项兴趣爱好，报一个兴趣班或加入一个兴趣小组，还可以参加社区活动或者做志愿者。

🐦 "你使我完整"的谎言

每个人都不是什么必须等待另一个人来补上最后一块碎片才完整的拼图，也不是一个空空如也的容器瓶，一定要靠别人来填充才能充实。你可以从不同的人身上收获不同的东西——欢笑、安慰、陪伴、分享，这些美好的东西并不是只有伴侣才能提供。请把家人和朋友也看作你绚丽生活中的一部分。在人生这条路上，你不是一个人在奋斗，你一直拥有着亲朋好友的无限支持和关心爱护。

🐦 对未来的担忧

"等我老了，谁来照顾我？"这个问题并不是只有单身人士或没子女的人需要担心，每个人都可能在这方面遇到麻烦。谁也不能保证已婚人士就不会孤独终老。即使有了孩子，也无法保证孩子以后能住在父母附近，照顾父母，确保父母的晚年生活健康快乐。此外，还有一个现实情况，有一些父母为了孩子考虑而不要孩子照顾，毕竟有的家庭组成很复杂，一个成年的"孩子"可能要照顾多位老人。

家庭关系是否健康、邻里关系是否和睦、是否有很多朋友以及运气好坏等都在很大程度上决定了一个人的晚年生活是否孤独，这些因素的影响可能比是否结婚、孩子是否住在附近的影响要大得多。随着人口老龄化的现象日益严重，养老的问题一定会有新的解决办法。在我看来，解决"对未来的担忧"这个问题的方法是从现在起和医生积极沟通，和家人和睦相处，多多了解附近的社会组织，与邻居、朋友（包括一些比自己年纪小的朋友）多多联系，建立良好的社会关系。

许多年纪较大的单身女性或是在 60 岁以后失去丈夫的女性不愿再和别人住在一起，也不愿再寻找新的男朋友或人生伴侣。她们宁愿只对自己负责，可以随心所欲地做决定，她们享受一个人的生活，觉得这样的日子更简单、更自由。这类女性通常兴趣广泛，而且有相交多年的好友，也很乐意自己打理财务，即使一把年纪还要学习相关知识，她们也不介意。一般来说，相对于年长的女性，年长的男性更容易对长期的单身生活有所不满，因为他们更习惯被照顾，也习惯了有人陪在身旁，满足其情感上的需求。

单身人士的财务问题

请不要忘记，不论是单身人士还是已婚人士，人在步入老年阶段后，都需要准备一些闲置资金以备不时之需。已婚人士家庭的收入来源可能更多，所以他们有更多存钱的机会，在做计划、做决定时两个人也可以互相帮衬。对单身人士来说，如果自己搞不清楚，可以向专业人士寻求理财、保险方面的建议。

相关法律问题

单身人士在经济方面需要做的准备包括：

· 立下有效的遗嘱。在没有遗嘱的情况下，法律会决定一个人财产的去处。通常，法律默认一切财产都归伴侣所有或平均分配给孩子。如果没有伴侣和孩子，就平均分配给父母。如果父母也过世的话，财产就平均分配给其兄弟姐妹。

· 将一份长期有效的经济授权委托书托付给信任且认识时间较长的亲友。一旦自己无法做决定，他们便能够介入。

更多关于遗嘱和授权委托书的内容，请参考第七章第一节《原生家庭》。

给单身女性的建议

当心市面上以"单身"为主题的文章，这类文章大多围绕着同一个中心思想，即"如何成功找到丈夫"。很多文章都侧重于帮单身女性审视所谓的自身缺点，称这些缺点会"吓跑"男性。这些缺点包括：太过专横、太黏人、太脆弱、太胆小、太积极、太消极、说话声音太大、太挂念前任、太挑剔、太不讲究、太专注于工作、太不注重外表……很多东西确实值得女性去关注，毕竟深入又全面地了解自我可以让自己更快乐、心理更健康。但女性做这些事不应该是为了取悦别人，而应该是为了自己。我不知道有多少人会为了找到真命天子，而如此苛刻地审视、责怪甚至改变自己，无论如何，这种做法很危险。对已婚女性来说也是如此。夫妻双方应该相互尊重，一方一味地委曲求全并不会使双方过得更幸福。可悲的是，很多人往往只有在事后才会明白这一点。

总之，单身可能有糟糕的一面，但请记住，单身总比陷入糟糕的关系中且被困住要强。

当爱已成往事

　　随着时间的流逝，爱情中的激情会逐渐褪去。当激情褪去，爱的"有色眼镜"被摘下的时候，双方会逐渐放大之前习以为常的差异，这些差异可能会让双方在很多时候意见不合，从而导致矛盾不断出现。面对这种情况，你会怎么做？

　　本节内容包括如何辨别一段关系是美好的还是糟糕的，如何处理糟糕的关系，以及如何从分手后的心碎状态中走出来，等等。

当亲密关系由"晴"转"阴"

男人太难训练了。他们大多数时候像个孩子，想让我像妈妈一样照顾他们。我厌倦了在男人身后一遍又一遍地收拾，也不想反反复复地唠叨和提醒他们。

——芭芭拉（62岁）

每当他嫌我唠叨时，我就很生气，其实我只是想努力帮他。

——吉娜（39岁）

我丈夫每天都会惹我生气。

——苏莎（43岁）

我丈夫就是一个彻头彻尾的控制狂。

——杰玛（42岁）

我的另一半总是揪住我的缺点不放，不断地指责我。

——卢（29岁）

我丈夫常常随便谈论我的体重，这让我觉得他很没有礼貌。

——琳蒂（32岁）

我和爱人分手了，因为他无可救药，还不想要孩子。我现在不介意单身，但我害怕未来几年我都要单身一人，也没法有孩子。

——伊丽莎白（29岁）

我和男友分手了，因为他不想要孩子。虽然我很爱他，但我很想有个孩子。

——努拉（37岁）

我家是"丧偶式育儿"，我每天一个人在家照顾孩子，而我丈夫整天和朋友玩得不亦乐乎。为此我们经常吵架。

——埃德温娜（33岁）

我丈夫或多或少有些专横，仿佛他是老板，我是员工。这让我很

不开心。

——诺拉（64岁）

如果你发现你和伴侣的关系已经糟糕透顶，千万不要再自欺欺人。赶紧脱身，去过属于你自己的生活吧。

——卡伦（45岁）

十七年来，他从来没有因为任何事向我道过歉！这让人很难接受。

——弗兰（50岁）

我早就该结束婚姻生活，但我害怕别人用异样的目光看我，所以我没有选择逃离，也没能及时止损，减少婚姻对我和孩子的伤害。

——苏茜（33岁）

我曾遭遇了严重的精神虐待。我逐渐失去了自我意识，不停地取悦他，努力让他快乐。后来我结束了这段关系，还向心理咨询师求助，走上了康复之路。

——吉娜（20岁）

我对我的感情生活很不满意。虽然他在物质上对我有求必应，但我完全无法和他沟通。我每一天都觉得很孤独。

——桑德拉（29岁）

我希望他能多注意我，并欣赏我。我们结婚十年了，虽然我们是老夫老妻，但我还是想和他像以前一样亲密。不过现在，我们仿佛不是夫妻，只是孩子的爸爸妈妈。

——贝拉（30岁）

永远不要忍受不平等或者糟糕的男女关系。生命如此短暂，而你是那样珍贵！

——安杰拉（40岁）

我丈夫从来不会主动夸我好

看，除非我问起，他才勉强应和。

——洛兰（43岁）

我讨厌总是要顾及他的想法，遇事要先讨论，甚至连往哪个方向走都要商量一番。有时候我只是想漫无目的地四处逛逛。

——阿曼达（40岁）

我的伴侣在孩子面前为他自己打造了英雄的形象，这让孩子觉得我没法像他爸爸那样，给予他更多的帮助。

——休（39岁）

太多的人陷在糟糕的关系中不肯放手，因为他们没有信心找到更好的人。

——菲奥娜（36岁）

在生活和事业上，我都要不断妥协。

——凯特（40岁）

我觉得我已经做好了和他组建家庭的准备，而他仍然坚持不婚主义。

——琳达（46岁）

目前我和伴侣的关系非常糟糕。他很难相处。

——朱莉（49岁）

他对我很好，但我没办法给他回应，我没有他那样的激情。这让我很难过。

——林德尔（50岁）

我真希望在他面前，我可以不用充当妈妈的角色，我也不想成为他的心理咨询师。除此之外，他是个很棒的男人。

——马琳（50岁）

我们的智商不在同一个水平上，但每次都是我做出妥协。

——伊莎贝拉（40岁）

糟糕的爱情

对于一段感情是美好的还是糟糕的，每个人都有自己的评判标准。不过，糟糕的爱情还是有一些共同特征的。这些共同特征包括：

1. 有一方行为模式不正常，有控制、虐待、惩罚对方等行为，且平时常采用冷嘲热讽等不友善的方式与对方沟通，还时不时地生闷气，拒绝与对方沟通。

2. 有一方抛下所有的朋友，孤注一掷地投入到两人的感情中。这类人可能会做出一些极端的事情。

3. 这段关系得不到亲朋好友的祝福，他们普遍认为一方对另一方不好。

4. 一方对另一方很挑剔、不尊重。

5. 一方占有欲太强，不管什么时候都想和另一方在一起。

6. 一方嫉妒心过强。

7. 一方喜欢让另一方做他不情愿做的事情，以此来证明双方的爱。

8. 双方没有激发出彼此好的一面，反而总是会让彼此展示出差劲的一面。

9. 双方经常吵架，几乎在每件事上都意见不合。

10. 一方希望另一方承担所有的家庭责任，既在外工作赚钱，又在家承包家务。

真实故事

一个女人交了一个男朋友，这个男人在约会时从不付钱。他和父母住在一起，没有工作，但花钱买了一辆车。当他想见她的时候，他就会把车开到她家门口，然后狂按喇叭。三个月后，男人醉醺醺地出现在女人的生日派对上，他没有给女人准备礼物或贺卡，还在派对中用椅子打伤了另外一名客人。他被捕了，女人将他从监狱中保释出来，而他却说一切都是这个女人的错。这个女人用同情和怜悯的语气对自己的朋友说："他太可怜了。"

💕 你想从这段关系中得到什么

每个人都需要确定自己想要从一段关系中得到什么，也需要明确自己的底线是什么。当你在一段错误的感情中挣扎，幻想着它会变好而迟迟不肯离去时，你就是在浪费时间。想要修补一段关系不是不行，但要看值不值得。有时，希望和憧憬并不一定能够实现。如果你礼貌地向对方提出要求，却始终没有得到你想要的反馈，那就转身离开吧。

💕 唠叨

很多男人（当然也有很多女人）说自己最讨厌的就是伴侣太唠叨。如果你在一段关系中被对方评价"总是在唠叨"，就代表着从你的角度看，这段关系或对方有让自己不满意的地方。此时，你可以想一想，能不能用其他的方式来表达不满？对方希望以何种方式被提醒？对方承担了哪些家务？列出任务清单会不会有所帮助？想明白这些问题或许对你们的关系有帮助。

另外，还可以想一想：你的要求通过唠叨实现了吗？如果没有，你有如下三个选择：第一，停止唠叨，忍受对方的缺点；第二，尝试用其他方式向对方提意见；第三，当你用其他方式提醒对方后，对方仍然不以为意，那就尽快结束这段关系，因为对方总是不能满足你的需求。

💕 厌倦

让亲密关系一直"新鲜如初"对很多人来说是个巨大的难题。当你感觉到厌倦，不妨先问问自己：你真的厌倦对方了吗，还是只是厌倦了现在的生活？这种厌倦是否只是一时的？如果对方厌倦了你，你会怎么做？

接下来，你可以尝试和对方分开度假，各自前往各自的聚会，各自培养兴趣爱好，这样你们就会有更多可以说的话题、可以分享的内容，也不会把对方当作唯一的精神寄托。

🎲 没有及时止损

在一段糟糕的关系中，对自己伤害最大的是明知道"当断不断、反受其乱"，却仍旧放任自流，不能果断止损。有些人不离开伴侣可能仅仅是因为如果选择离开，就代表着承认了自己遇人不淑，过往的一切都是在浪费时间；有些人则是出于对未来的恐惧，迟迟不敢做出分手的决定。不管是因为什么，在某些情况下，及时止损才是上上策，毕竟重新开始总好过继续受伤。

如果某段关系给你带来的痛苦大于快乐，并且现在双方的感情状况已经很糟糕了，双方也没有修补裂痕的打算，那么这段感情基本上就没有继续下去的必要了。这与亲密关系中常见的起起落落不同，也和通过外力帮助有可能回到正轨的情况不一样。因为，在内心深处，你自己已经不想再经营这段感情了。

🎲 无赖、骗子和自私鬼

有些男人习惯对伴侣呼来喝去、耍无赖，因为他们觉得自己是男人，自己有权这样做；有些男人撒谎成性，甚至在一些原则问题上也撒谎；还有些男人自私自利，凡事只考虑自己的感受和利益。和这些男人相处容易让人疲惫不堪，甚至影响对自己的判断。

在有上述表现的男人中，有一些会在伴侣与自己沟通后意识到自己的问题，并且感到后悔，进而努力改变。也有一些男人顽固不化，不管伴侣怎么说，依然我行我素。如果你碰到后面这种人，那么当你打算放弃这段感情、重新出发时，不要感到痛苦和难过，而是应该庆幸自己及时远离了这种人。毕竟这个世界上的男人又不全是无赖、骗子和自私鬼。

🎲 虐待

不管你有多爱自己的伴侣，如果他对你不好，你就需要考虑还要不要和他在一起。如果对方常常毫无征兆地发怒、歇斯底里地狂叫、不断地批评打压你、吹毛求疵，甚至是威胁、殴打你或孩子，或者以其他方式在精神上或身体上伤害你们，那么，你必须赶紧摆脱他。

请阅读本章第五节《远离虐待狂和控制狂》，学会识别你是否处在虐待关系之中，以及如何逃离虐待关系。

光有爱情还不够

在一段亲密关系中，也许会出现这种情况：你很爱对方，却因为对方的言行举止而无法跟对方好好相处。也许你现在还不理解，但总有一天你会明白，在一段亲密关系中，光有爱是不够的，这个人必须人品好，才值得你付出爱。

亲密关系中的困境

🎲 情感勒索

情感勒索者擅长利用内疚、羞愧、担忧、害怕等情绪来胁迫或控制他人。面对这种人，你可以用以下话语来反抗：

- "如果你用这种手段对付我，那么我真的不能和你在一起了。"
- "如果我让你觉得你可以通过威胁我来控制我，那么我道歉，因为我让你有了这种错觉。不过这种情况不会再发生了。"
- "看到你情绪不好我很遗憾，但我觉是你应该主动寻求帮助，你要对自己负责。不要把责任转嫁到我身上。"

💚 冷暴力

在感情中，冷暴力是一种精神虐待。当你被对方故意忽视时，不要乞求对方和你说话。你可以这样说："如果你拒绝和我说话，就代表着你决定通过这种方式来惩罚我、控制我，但这是行不通的。如果你不能用成年人的方式来冷静地讨论和解决问题，那么我们的关系就没有继续发展下去的必要了。"

不过，对方有可能并不是故意不和你说话，他可能只是比较内向，不善于沟通，喜欢沉浸在自己的世界中而已。面对这种情况，心理咨询可能会有帮助。你们可以分开接受心理咨询，也可以一起进行咨询。

争执与道歉

在日常相处中，双方出现分歧是正常的，有一些争执也不足为奇。但是如果双方一直争吵不休，甚至动起手来，这便是个急需解决的大问题了。你可以参考第 379 页至第 381 页的内容，学习如何处理争执。

💚 在一起还是分手

你不能因为想要挽救和伴侣的关系，而改变自己的本性或放任对方做违背你价值观的事情，也不能永远假装喜欢或赞同对方的某些观点，因为这些做法代表你只是在迎合对方，而不是真的觉得对方是对的。长此以往，这些做法会让你痛苦，甚至将你变成另外一个人。

两个人在一起为的是生活更有趣，为的是双方都能因为这段关系而成长，变成更好的人。如果两个人在一起时常常闷闷不乐，总是一方在牺牲、妥协，而另一方寸步不让，那么分开或许是更好的选择。

如果两个人都想挽救这段关系，可以选择做心理咨询。心理咨询可以帮助很多人，但"在一起、不分手"不应该是做心理咨询唯一的目标。要当心那些不惜一切代价劝你维持糟糕关系的心理咨询师。如果亲密关系中存在虐待情况，那么这段关系绝对不能继续下去。除了分手，没有其他合乎逻辑的答案。

以下几个简单的问题可以帮你了解自己的真实想法：

· 现在你已经知道了对方是一个什么样的人，如果再让你选一次，你还会和他在一起吗？

· 如果你们小别几日，即将再见，你是激动无比、盼望相见，还是心情忐忑、十分害怕？

· 暂且将爱情放到一旁，想一想，你欣赏对方吗？你愿意和他做朋友吗？

· 想象一下，如果你的闺密在和对方这样的人谈恋爱，你会给她什么样的建议呢？

出轨与欺骗

出轨包含以下几种情况：

· 一方在酒精的作用下，不小心犯了一次错。

· 一方因为另一方做错事或欺骗了自己而进行报复。

· 一方"习惯性出轨"或"出轨上瘾"。有些人没有办法也没有动力改变自己在这方面的行为。

· 一方在外另觅新欢、金屋藏娇，有的甚至和其他人保持亲密关系达数十年之久。

💚 精神出轨与网络情人

确保你和伴侣都了解彼此对"精神出轨"（指与其他异性变得亲密，但没有发生性关系）的态度，以及在网络上与他人建立情侣关系、进行性交流等行为的看法。针对以上问题，伴侣的态度和看法可能和你的大不相同。你们之间的认知差异可能会给你们的关系带来麻烦。

出轨

女性出轨

我做过两年别人的情妇。那段感情无疾而终。那段时间是我人生的低谷期，我觉得自己是个不入流的人，是个傻瓜！

——泰雅（33岁）

如果你是第三者，插足了别人的婚姻，那么请记住，他既然可以背叛别人，也可以背叛你。

——洛蕾塔（49岁）

我很内疚，我永远都不会原谅自己。

——丽贝卡（33岁）

我之前每次谈恋爱都会出轨。但这次我很确定，我不会再这样做了。

——菲菲（28岁）

我再也不会这样做了，我保证。现在我和丈夫有了孩子，无论发生什么事，牵扯的都不仅仅是我一个人，而是整个家庭。

——塞尔达（39岁）

负罪感压得我喘不过气。为了一段婚外情这么难受，不值得。

——贝拉（40岁）

我曾在第一段婚姻中出过轨。在那段时间，我总觉得自己不诚实、很卑贱。我再也不会这样做了。多希望我从来没出轨过。

——凯莉（39岁）

我承认我出轨是为了报复丈夫。现在想想，这也太幼稚了。我不擅长撒谎，这太累人了。

——劳伦（66岁）

当时我认为我不该被困在婚姻中，我爱的是另一个男人。但事后回头看，我爱的只是每段感情开始时的新鲜感，是那种既兴奋又渴望的心情，是那种充满冒险的生活，以及能够开启另一种人生的机会。

——米拉（51岁）

男性出轨

我前夫在我们最小的宝贝出生六个星期后出轨了，这让我忍无可忍。我们分手了，现在的我非常开心。

——萨拉（37岁）

我的三任前男友都出轨了！

——萨拉（31岁）

我的感情生活因为被男友背叛而遭到重创，我整个人被尴尬与愤怒包围了。我接受不了这个事实。

——洛蕾塔（20岁）

我的前夫曾经精神出轨。虽然他的身体没有背叛我，但他对那个女人比对我好。我当时十分震惊。直到现在，我仍然无法释怀，这是我心中永远的刺。

——洛兰（57岁）

伤害我的不仅仅是他在肉体上背叛了我，他的品性不忠、撒谎成性也深深伤害了我。我没想到他会变成这种人。

——翠西（49岁）

我的丈夫出轨了，我好希望能走出这段感情，开始新的生活，不被这些困扰。

——梅尔（45岁）

我丈夫和我的闺密有了婚外情。我觉得自己非常失败，是个无

足轻重的人，并且非常孤单。

——贾内尔（45岁）

我丈夫出轨了。

——萨莉·安（34岁）

原谅还是离开

他第一次出轨后我确实原谅了他，但事后我变得更加独立。所以当他再次出轨时，我非常自信地说，我们结束吧。与其别扭地生活，不如潇洒地离开。

——乔安妮（45岁）

过去的我长期处于被背叛的痛苦之中，当时为了孩子，我选择了原谅。现在的我很感谢我之前的选择，我和爱人都在非常努力地修复我们之间的裂痕。

——玛丽（60岁）

我曾经尝试原谅他，但他一犯再犯。

——德布（40岁）

我不会原谅他，也不会忘记这件事。

——凯莉（37岁）

我在他身上投资了25年，除非发生很糟糕的事情，否则我不会扔下我们之间的感情。

——莎伦（45岁）

知道他出轨的事后，我很快就原谅他了。我害怕独处，而且当时我怀孕了。

——凯特（35岁）

你怎么知道他还会不会再犯呢？所以，潇洒地离开吧。

——热尼（32岁）

💕 开放式性关系

有些人推崇开放式婚姻，认为婚姻和开放式的性关系并不冲突。但不是所有人都能在这件事上和伴侣达成共识，因为很多人十分抗拒这种关系。

此外，开放式性关系还容易和犯罪扯上关系。有时候，一些看起来无伤大雅又令人兴奋的事情实际上可能比人们想象得要无聊且肮脏得多，甚至是十分可怕的。

💕 如果你是别人的情妇

赶紧从这种不正常的关系中抽身。如果一个已婚男人瞒着妻子和你发生了性关系，那么他不仅是在欺骗自己的妻子，也是在欺骗你，只不过他骗妻子时可能会小心翼翼，骗你时却明目张胆。这非常糟糕，其实你受到的伤害一点都不比他的妻子少。

清醒一点，这个已婚男人可能嘴上一直在说爱你，但他的行为传递的其实是以下信息："我不会告诉我的妻子你的存在，因为我在骗她。如果你需要我，我们就秘密见面。""现在，我需要和妻子及家人一起庆祝节日，你自己要好好的。""我很喜欢你，但是，这并不代表什么。如果你向我妻子捅破咱们俩的事，我会否认我们之间的关系。"理解这些信息后，你还心存幻想吗？

让你做情妇的男人都配不上你，赶快结束这种关系，从别人的婚姻中退出吧。其实，只要他愿意，他可以选择离婚，然后和你在一起。不过，他可能并不乐意这样做，否则为什么他迟迟没有离婚呢？没了你，他一样可以去找一个眼光跟你一样差、头脑也不那么灵光的情人，而且你要知道，他的妻子是无辜的，你的行为除了伤害了你自己，也深深伤害了她。

💕 婚外情

如今，社交网站的出现让人与人之间的联系更加方便，你能够轻松地找到以前的约会对象，或联系上开会时刚认识的人。如果你觉得和伴侣相处时无聊透顶，现在的生活一地鸡毛，准备追求刺激，那你可要小心了：你是在给自己的生活埋下一颗随时都可能给你致命一击的地雷。

就算现在的感情生活让你不开心，偷偷交往新对象也不一定能够解决这一问题。如果你真的认为自己遇到了对的人，而不是一时的冲动、迷恋，那你在和他开始一段新感情之前，要先和现任斩断情丝，等离婚、恢复单身后，再开始新感情。不过，我劝你做任何决定前，都要冷静下来，想想清楚。你可以问问自己："我希望我的伴侣这样对待我吗？"

自己出轨

- 如果你和第三者发生性行为的时候没有采取保护措施，那么事后你一定要做性传播疾病的感染检测，还要留意自己是否怀孕。在做完检测之前，不要和伴侣发生无保护措施的性行为（最好不要发生性行为）。许多性传播疾病可能没有明显的症状，但对女性伤害很大，其中有一些疾病可能会导致不孕不育。

- 给自己一些时间，把事情想清楚。接下来的几天里，不要做任何重大决定，尤其不要在喝酒后或是晚上睡不着觉时做决定。

- 考虑一下你是否要跟伴侣坦白。不过你可能也没有其他选择，因为伴侣迟早会发现。

- 解决好和第三者之间的问题，确保他不会提出一些你满足不了的要求。如果可以的话，尽快从这种畸形的关系中抽身。

- 想清楚你接下来要做什么，即使你只是希望生活能维持现状，也需要考虑自己要采取哪些措施来实现这一目标。

- 如果你长时间被纠结、羞愧、担忧等情绪困扰，你可以考虑向心理咨询师求助。

伴侣出轨

- 得知伴侣出轨这件事后，要给自己留一些思考的时间，同时尽情释放愤怒等负面情绪。如果有必要，就让那个惹你生气的人离开几天，以防你做出一些出格的、不可挽回的事。人处于愤怒状态时，容易酝酿出不理智的想法，说出不理智的话以及做出不理智的事。
- 及时做性传播疾病的感染检测。并不是所有的病毒（如人乳头状瘤病毒）都能通过戴避孕套来阻断感染。所以，当你得知伴侣出轨后，要及时去做相关方面的检查。
- 在解决问题之前，不要考虑生孩子的事。生孩子并不能解决你们两个人之间的问题，也不能帮你们修复感情。
- 如果孩子在场，要注意你们的言行举止。不管错误到底在谁，孩子都不该承受这些，也不适合听到你们口无遮拦、互相攻击的话语，看到你们不理智的行为。

如何看待第三者

当然，你会对引诱你伴侣的人感到愤怒，这是很正常的事。你可能觉得对方是一个拜金女，或是一个品行不端的人。但不管刚得知此事时你有多愤怒、多想骂人，请尽量先克制住，尽快将自己从震惊、感到屈辱、难过、气愤的状态中拽出来，恢复到理智状态。这时你会发现，对你伤害最大的罪魁祸首并不是那个"无耻"的第三者。

是的，罪魁祸首是你的伴侣。在他出轨前，他其实有很多机会可以选择停止这一切，不让这一切发生。决定都是当事人自己做的。出轨的男人并不是那些古老神话中被一群唱着靡靡之音、令人无法抗拒的邪恶美人鱼勾引到了岩石上的无辜的船

长。出轨实际上是当事人自己选择背叛你，和别人发生性关系。"喝了太多酒"之类的话只是借口，甚至可以说，醉酒也是当事人计划好的、主动做出的决定，因为当事人认为，当自己喝醉后，自己就有理由对你不忠了。

如果第三者是你认识的人，甚至是你的好朋友，那么你更需要冷静下来，先关爱自己。你可以尝试做心理咨询，并且为自己披上"尊严牌"隐形斗篷，不要在公共场合（比如说大街上）对第三者大喊大叫。当然，在家里，你想哭多久就哭多久。冷静下来后，便可以开始思考对策了。

❤ 出轨后的情感修复工作

许多情感类文章或课程会围绕着"自己／伴侣出轨后如何修复两人的关系"这一主题展开，但对有些人来说，选择权并不在自己手上，因为伴侣可能已经铁了心想离婚，不管他是出轨方还是被出轨方。当然，有些人出轨后确实感到由衷的懊悔，他们会保证不会再犯，并且迫切希望得到原谅。

很多女性在自己出轨或伴侣出轨后，会努力修复亲密关系，学会坦诚或尝试原谅。也有一些被出轨的女性做不到忘记过去，毕竟破镜难重圆，每当两人发生争吵时，她们就会想起过去的事，或忍不住重提旧事。重建信任的确是一件困难的事，不过还是有许多夫妻做到了。如果双方都真心想忘记过去，重新开始，让彼此的关系更加牢固，那么咨询情感专家或心理咨询师是个不错的选择。想要继续一起走下去，双方绝不能仅仅维持表面的和平，表面上装作已经忘却往事，实际上却仍然耿耿于怀，难以走出过去的阴影。

分手

分手是令人痛苦的，毕竟再糟糕的感情中也总会有一些温情时刻曾让你感到幸福。被人抛弃很痛

苦，主动和对方提分手也是个艰难的抉择。如果你真的分手了，可以参加一些让你觉得舒服且放松的社交活动。

分手并不意味着你是一个失败者，也不意味着这段感情是失败的。你们两人曾经有过真挚的感情，那些美好的东西并不会因为感情的结束而消失。当时的感情是真的，现在出了问题、走不下去了也是真的，仅此而已。你要明白，感情现在出了问题并不代表当初你选择和对方在一起的决定是错误的。也许正是这段感情让你更加了解自己，明白什么才是你真正想要和需要的。

❤ 你主动提出分手

·面对面提分手。不要通过发短信或电子邮件来提出分手，这是不礼貌的行为，并且往来信息很有可能会被公之于众。如果你实在无法面对对方，就给他打电话，但要确保他接电话时是独自一人，且方便交谈。

·尽量在一个没有熟人的公共场所提出分手，这样更方便你离开，也能保护对方的隐私，不会让对方下不来台。

·解释清楚你提出分手的原因。说明原因时，不要责备对方，而是要告诉对方你的真实感受。你可以说"因为我想回归单身生活"，但不要说"因为我感觉你真的很无聊"。

·不要在谈分手的时候还跟对方争论不休。你不是在谈判，而是在通知对方。

·不管对方有多难过，你都要分得彻彻底底。如果你确定了心意，就不要再跟对方藕断丝连，这只会让两人更加痛苦。

·如果对方变得咄咄逼人，或开始控诉你、指责你，不要吵架，尽快离开或挂断电话。

·分手后不要在背后说对方坏话，不要散播谣言或者谈起你和对方曾经的亲密时光。

·如果你出轨了，想想今后如何避免这种情况再次发生。温馨提示：你应当先和之前的对象分手，再和新的对象在一起。

·如果前任对你进行情感勒索，逼迫你继续这段感情，或者威胁你，你必须坚定立场。更多内容，请参考本章第五节《远离虐待狂和控制狂》。

分手的几种方式

常见的分手方式有以下几种。这里说的分手主要是指未婚且没有住在一起的情侣分手。

·学生式分手：哭着跑开，给所有的好友发信息骂对方，或者给对方打恶作剧电话。找到对方最好的朋友，歇斯底里地发泄，无限夸大你们之间的事情。（我个人并不推荐这种方法。）

·结案陈词式分手：分手时仿佛法官在法庭上做简短又得体的总结陈词。例如："我讲过很多次，但你还总是迟到，这给我带来不便，也让我觉得自己没有被尊重。我知道你觉得迟到不是什么大不了的事，你平常也这样，不是在特意针对我。不过，我不能容忍一次又一次的迟到，我们无法相处。再见。"（这种方式比较得体，效果通常也比较好。）

·撒谎式分手：这种方式适用于短期的亲密关系。告诉对方你在工作或家庭生活中压力很大，你必须将所有的精力投入其中才能应付这些挑战。你并不是对他不满，你也希望他过得好。不过，这样做有一定的风险。如果你的社交网站页面上标记的仍然是"单身"，或者你的个人资料还挂在交友网站上，对方就会知道你在撒谎。（请慎重选择这种方法。）

·极品女人式分手：告诉对方，你不想浪费他的时间，你喜欢他，但是不想让你们之间的关系进入下一个阶段。你认为男女之间的化学反应是一件复杂且不可预测的事情，你可能随时对他没有感觉。

·摇摆不定式分手：总是在分手和复合之间摇摆。

体面地分手

我和前男友分手时，给他买了一台游戏机作为分手礼物。我明白分手就要切断所有的联系，不要纠缠不清。感情的事就要快刀斩乱麻，像撕创可贴一样。

——卢（25 岁）

分手要当面谈清楚，不要犹犹豫豫、慌张失态，有什么就说什么，说完后就不要联系了。

——索菲（29 岁）

分手时，不要让对方以为还有希望，这对对方很残忍。

——贝克（27 岁）

快速结束战斗，不要拖拖拉拉，和对方再有瓜葛。

——格里（40 岁）

不要等到两人都伤痕累累时再离开，也不要用卑鄙的手段逼迫对方和你分手。

——艾莉森（42 岁）

我之前通过发电子邮件的方式和前男友提了分手。这种分手方式很糟糕，直到现在我仍然觉得有些过意不去。

——瓦妮莎（23 岁）

不要欺骗对方。分手后不要立刻做回朋友，给彼此一些空间。在和对方彻底分手之前，不要把消息告诉别人。要诚实，不要给对方虚假的希望，分手时还在说你有多么珍惜曾经的美好时光。分手后不要说对方的坏话。

——马德琳（25 岁）

不要在谈话中提起过往的恩怨是非，或者责备对方。大大方方地离开，并祝他好运。

——盖尔（57 岁）

如果你心里明白你们的关系已经走到了尽头，那就不要再拖下去了。拖拖拉拉对两个人都不公平。体面地结束吧。

——克里斯蒂娜（21 岁）

分手时要真诚。说清楚你的想法以及自己的需求。可以说声抱歉，但不需要解释太多。分手后，要向前走，不回头。

——卡尔斯（34 岁）

通过发短信来提分手真是最差劲的方法了。

——凯瑟琳（28 岁）

分手时不要误导对方，传递给对方错误的信息。一刀两断是最简单的分手方式。

——曼迪（30 岁）

绝对不要在打架的时候讨论分手的事！

——前贺（22 岁）

尽量诚实地对待彼此。要谨记你们两个都是这件事的当事人。

——利娅（29 岁）

和对方好好谈一谈。谈话时不要喝酒。

——罗丝（48 岁）

有几次，我故意没有给他回电话，他渐渐明白了我的意思。

——米歇尔（31 岁）

分手时最好面对面交谈，并且要当机立断。

——罗茜（31 岁）

尽可能让受到伤害的一方保留尊严。

——简（50 岁）

当你意识到两人感情不和、需要分手时，要赶快行动，不要拖到十一年后。

——海伦（35 岁）

实话实说，坦诚交流，前提是你能够和对方进行有效沟通。交流时不要责怪对方。

——凯瑟琳（29 岁）

我现在意识到，在感情中我应该更加诚实、更加直接，而不是假装岁月静好。

——维多利亚（46 岁）

确定自己到底想要什么。从本质上讲，你们分手是因为你们需要分手，或者你们想要分手。

——埃莉奥诺拉（32 岁）

我能够接受打电话说分手。有一次，男友在电话里跟我提了分手，我其实很庆幸，因为电话挂断后，我可以独自一人哀悼逝去的感情。我不必目送他离开，这是一桩好事。

——莉萨（42 岁）

我认为最重要的是谨言慎行，尊重对方，凡事都要考虑到对方的感受。请坚定而温柔地对待他。

——安杰拉（24 岁）

没有出轨，没有虐待，理由只是"我不想再继续了"。这类分手应以真诚的态度面对面进行。

——凯莉（39 岁）

我的方法是尽可能地避开对方，直到他意识到了我们的状态不对，感情就自然而然地结束了。这种方法很痛苦，有一次我们僵持了六个星期。

——格雷丝（20 岁）

一会儿觉得对方无聊至极，和对方提出分手；一会儿又觉得对方是自己的真命天子，要求复合。（请停止胡闹。）

· 胆小鬼式分手：单方面切断和对方的所有联系，不回对方的电话和信息，拒绝和对方交流。（这种方式在少数情况下适用，比如遭受虐待或背叛之后。）

🍇 对方主动提出分手

不管你有多聪明、多迷人、多受欢迎，都有可能"被分手"。有时候"被分手"并不能说明什么，它和你是否可爱、有趣、有魅力，有没有做错事并没有多大关联。

以下是给"被分手"的人的一些建议：

· 别咬人。

· 如果对方在对你说分手的时候把责任都推到你身上，且诋毁你，那么不要大吵大闹，不要摇尾乞怜，不要对对方的决定说"不"。你可以泰然自若地说："我当然接受你的决定，我们的关系结束了，但是我不认同你对我的评价。"

· 试一试以下两种疗法。第一种是将心底的愤怒写在信中，然后把它们都烧掉，用这种方式和过去告别。第二种是对着一张空椅子说出你想对对方说的话。

· 不要醉酒后给对方打电话，也不要因为生气、愤怒而给对方乱发短信，更不要发电子邮件做任何解释或要求复合。毕竟，通话可以被录音并播放给他人听，短信和电子邮件可以被截图并发布在社交网站上或被转发。

· 难过、愤怒、觉得丢脸都是正常的情绪，但这类情绪只能在私下里表现，或者在你的家人朋友面前表现。切记不要在对方面前号啕大哭（这对决定分手的他来说没有用处），或者在工作的地方失态。

· 即使对方做得不好，也不要总在背后讲他的坏话，更不要总是打听他的近况。在别人看来，这类行为是你没有释怀，还处在痛苦之中的表现。

· 如果分手后，对方在背后说你的坏话或者散布关于你的谣言，你要做到自尊自爱，不在公共场合和对方发生冲突，也不要私下里打架寻仇。告诉亲朋好友事实真相，并让他们帮你把真相散播出去，以制衡流言蜚语。记得披上"尊严牌"隐形斗篷。

· 给自己几个星期的时间来克服"被分手"带来的负面情绪。慢慢来，一天一天地恢复，如果某一天突然特别多愁善感、心情特别不好也很正常。刚分手时情绪本来就容易反复。给自己一点时间，过一段时间之后，你会庆幸一切都结束了。

· 不要太执着于对方给出的分手原因，因为你很难知道对方到底是怎么想的。最重要的是，不要把问题都怪在自己头上，觉得都是自己的错，绞尽脑汁急于修正。不要太过自责，你们只是不适合罢了。

· 不要为了证明自己有魅力，追求"被需要""被爱"的感觉，就在还没考虑清楚的情况下急于接受其他人的表白。

· 做一些事情来转移自己的注意力，比如运动、报一个兴趣班。

· 如果可以的话，近几个星期内不要和对方见面。如果你们一起共事，就尽量在工作中避开对方。

· 冷静下来后，考虑一下你是否愿意和对方做回朋友。当然，不做朋友也没关系，不做朋友也不意味着双方就是敌人。

· 做好心理准备，对方有一天会和其他人在一起。有时候，对方给出的分手理由是自己没有准备好认真经营一段亲密关系或者自己不想要孩子。但很有可能没过多久，你就收到了对方订婚的消息或者得知对方了一对双胞胎宝宝。面对这类情况，尽量不要往心里去。你终归会遇到一个真正在意你的人。大多数人在分手的时候会编造谎

失恋后如何治愈心碎

放声痛哭，不断倾诉，阅读书籍。如果还是不行，可以寻求心理咨询师的帮助。

——玛丽（53岁）

时间、家人和好友是治愈心痛的良方。切记不要和其他人发生一夜情。

——克丽丝蒂（37岁）

我连续好几周切断了和外界的所有联系，把心里话写成了日记，并且避免听音乐，尤其是在睡觉前。我一醒来就立即起床，不让自己有时间躺在床上胡思乱想。

——瓦妮莎（26岁）

我会吃甜食、大哭、给朋友打电话、尽可能地出门走走，我还会积极投入到忙碌的工作中。生活还是要继续。

——伊莫金（40岁）

我会和好朋友一起出去放松，还会疯狂地运动。

——梅格（39岁）

失恋后，我几乎每次喝酒都会喝得酩酊大醉。

——朱莉（47岁）

为他人做一点事情，比如做志愿者，这会让你意识到分手根本不算什么。

——乔伊（23岁）

和好友一起分享悲伤，给自己安排一个美妙的假期，去大学旁听物理课。实在不行就去看心理咨询师。我42岁时就是这么做的。总有一天你会好起来的，时间会治愈一切。

——贾丝廷（45岁）

分手后要保持冷静、清醒，举止优雅，不要咒骂对方，也不要生气。这些是我妈妈给过我的最好的建议。

——阿曼达（29岁）

分手后我会切断与对方的一切联系。

——利兹（26岁）

我会拉小提琴释放情绪，或者吃很多巧克力。

——弗兰（29岁）

我选择听情歌或看悲剧电影，让自己哭出来。然后，我会把所有与这段感情有关的东西全部扔掉。

——埃米（30岁）

夜不归宿，寻求刺激。

——利（30岁）

我在不经意间读到过一句话：自己活得好就是对对方最好的报复。这句话对我帮助很大。

——迪（52岁）

迎难而上，吸取教训向前看。另外，把他的照片挂在靶子上也很解气。

——克丽丝（33岁）

我离婚后，我所有的闺密都来看我了。我们一起喝酒，然后把他所有的衣服都扔到了阳台上。

——C女士（33岁）

可以接受心理治疗，或者写一封信然后烧掉，还可以让时间来治愈一切。

——卡特（42岁）

禁欲三个月是个好主意。

——梅甘（35岁）

去度假并尝试新的挑战。

——安（43岁）

多往好处想，比如，你自由了。

——朱莉（57岁）

妈妈说，忘记一个男人的唯一方法就是爱上另一个男人。我不确定她的观点是否正确。

——朗达（39岁）

一切都会过去，你不必立马就开心起来，慢慢来。

——凯蒂（27岁）

哭泣，通过这种方式来释放自己，发泄情绪。

——薇姬（50岁）

生活还是要继续

在经历了糟糕的爱情后，还要保持积极乐观的心态，这对任何人来说都是一个挑战！请确保家是你的避难所。

——萨拉（29岁）

享受单身时光，借此机会深入了解自我。

——吉纳维芙（40岁）

心情不好时，不要一个人坐在家里看电视。试着出门看展、听音乐会，邀请闺密一起吃午餐。

——萨姆（33岁）

学着让自己快乐。做你想做的事情，发展兴趣爱好，积极参加各种活动，让生活忙碌起来。

——萨莉（32岁）

你可以饲养宠物、阅读、做志愿者、看喜欢的电视节目、玩拼字游戏或做任何事情。也可以邀请朋友出去玩或来家中吃饭，和朋友一起共度周末。还可以多和邻居互动，即使只是在街上聊聊天，也能调节心情。

——特雷莎（52岁）

言，因为他们觉得"我们不太合适""我不想要孩子"这类理由比"你不是我喜欢的类型""我不再爱你了"之类的理由伤害要小一些。

❤ 彻底了断

如果你和对方是同事，那么完全不和对方联系是一件比较困难的事情，因为你很难完全避免和对方碰面。不过，不要进行约会性质的见面，比如一起喝咖啡或者相约看电影。给自己一些时间来调整心情，慢慢地，你就可以从悲伤、生气到内心毫无波澜，甚至对对方不屑一顾了。幸运的话，你不久后就可以和对方平心静气地交谈了。

分手后的网络礼仪

无论分手理由是什么，为了不增加彼此之间的积怨，一定要友好地、用成年人的方式向对方解释你的"社交网络大动作"，比如删除对方的联系方式，在社交网络上与对方解除好友关系、宣告自己恢复单身等。你可以通过简短的电子邮件通知对方。你可以向对方解释，这样做并不意味着你不想和他做朋友或者故意对他不友好，只是因为在分手后的一段时间内，彻底切断联络对彼此都有好处。你也要要求对方这样做。实际上，这样做确实有助于克服分手后的不良情绪，让人忘记过往，继续前进。

等你完全整理好自己的心情后，再考虑和对方恢复联络。在此之前，不要因为忽略或拒绝了对方的好友申请而难过。你可以再次向对方解释，你希望他一切都好，但现阶段你们不适合保持联络。也许你的内心深处也想知道对方在干什么，但一定要克制住自己的冲动，不要询问你们共同的朋友，也不要浏览对方的社交网站页面。可以跟共同的朋友商量好，如果对方有了新伴侣，他们一定要告诉你，但不用告诉你细节，这样当你碰到对方时，你会有一定的心理准备。

结束一段同居关系或婚姻关系时，你需要做什么？

结束一段长期关系时，你可能会觉得悲伤、郁闷、未来一片黑暗、无法冷静思考。以下是一些结束一段长期关系前后的注意事项：

· 结束关系前要制订周全的计划，考虑好孩子由谁抚养、财务如何分配、以后住哪里等问题。

· 尽最大努力维护自己的合法权益。

· 短期内不要做出搬离现在居住的城市之类的重大决定，因为这时你很难冷静思考、理智地做决定。

· 更改所有的电子设备密码、银行卡支付密码、社交网站账户密码、电子邮箱登录密码和手机密码。这样做除了有利于安全、避免和前任发生纠葛，这种"一切重新开始"的仪式感也能对自己起到暗示作用。

· 修改工作或医疗等方面的登记内容，不再把前任列为你的近亲。通过律师更改遗嘱，撤销财务授权委托书以及医疗授权委托书。就上一段关系中的共同财产、股份、贷款等问题进行独立的财务咨询或法律咨询。

· 将你们的状态简单地告诉需要知情的人。

· 参考第七章第二节《新生家庭》中的相关内容，学习如何将大人的决定告诉孩子。

· 如果可以的话，给自己一点时间，尽情悲伤，放声哭泣。不幸的是，你不能让悲伤快进，只能试着面对它。不要用喝酒、疯狂工作或频繁进行社交活动来逃避，一直逃避只会恢复得更慢。你需要将情绪释放出来。更多内容，请参考下文"心碎时刻"和"忘记他"部分。

❤ 法律问题

一段"事实婚姻"或法律认定的婚姻关系的结束会在情感、子女抚养问题以及经济三个方面给人们带来影响。同居关系由于不受法律的保护，因此弱势一方无论是在情感方面，还是在子女抚养和经济方面，都很难得到保障。

当双方决定结束婚姻关系时，双方可以共同申请离婚，也可以单独申请离婚。如果双方不能就财产分配、子女抚养等问题达成一致，可以咨询律师，让律师帮忙找到一个合理、公平的方式来解决这些问题，以保护自己的权益。现在，为保障自己的权益，有些人会在婚前要求对方签署婚前协议。

心碎时刻

很多人都有分手的经历，这就是为什么有那么多关于分手的悲伤歌曲和电影。如果你长时间被分手的情绪困扰，甚至有抑郁的倾向，可以和心理咨询师谈谈。

或者，你也可以听一些描述失恋的歌曲，看一些悲伤的电影，尽情地沉浸其中，并时不时地和朋友倾诉。先整理好自己的心情，再切换回乐观向上、独立自强的那一面，让生活重新回到正轨。从痛苦和心碎中恢复过来是需要时间的，而且内心受的伤越严重，需要的恢复时间就越长，不要着急，慢慢来。放心，你一定可以从悲伤中走出来。

你不需要有"我错失了一生挚爱""未来我再也不会这样爱一个人了"之类的想法，毕竟你的人生路还很长。只要你不执着于过往，前面还会有各种各样的机会和经历等着你。当然，如果你的伴侣过世了，那情况就完全不同了——虽然分手会带来实实在在的痛苦，但和伴侣过世带来的悲伤相比，分手带来的痛苦可能还是有些小巫见大巫了。

分手时，悲伤心碎的感觉已经令人十分痛苦了，更糟糕的是，你可能还会有其他负面情绪，比如自我否定（"都是因为我不够好。"）、自责（"我当时为什么不明白？我浪费了太多时间。"）、气愤（"我不能相信他居然对我撒谎。"），还可能意志消沉（"我永远不要再爱上一个人了，最好永

远心如止水。"）。这些都会放大你的痛苦。此时，明智的选择是给自己一段时间尽情悲伤，哀悼逝去的过往，逐渐接受分手的事实。要允许自己变得脆弱（私下或在朋友面前），这样你才能释放情绪，从而恢复过来。如果你一味地压抑情绪，假装一切都好，终有一天，糟糕的情绪会像一场突如其来的大火，吞噬周围的一切。毕竟这种方法只是蒙着眼睛哄鼻子——自欺欺人罢了。在尽情悲伤的同时要注意，不要过度反省。分手不是你一个人的错，也不是因为你不够好，这段经历也不全是在浪费时间，至少你收获过快乐，也得到了教训。在这个阶段想得太多，并不会让你恢复得更快。

你可以做一些能让自己全情投入的事情（比如下棋或玩策略类游戏）以避免胡思乱想，这样时间就会在不知不觉中过去。这些活动会阻止大脑回忆起伤心的往事，同时会迫使大脑换个思路。还可以和朋友一起做些大家都喜欢做的事情。切记，不要用酒精麻痹自己。的确，在这种时候，每一首歌和每一部电影仿佛都与他相关。我曾带失恋的朋友去看电影（她的前男友叫弗兰克），想以此来分散她的注意力，偏偏电影里就有两个人叫弗兰克，真是令人哭笑不得。但不管怎么说，那部电影还是在一段时间内转移了她的注意力。

别担心，大多数情况下，时间会让心碎的感觉渐渐淡去。如果你已经积极尝试了许多建议和办法，但心中的失落感仍然没有消失，那么你可以试着去进行心理咨询——突然回归单身后，做一个心理咨询真的很有用。

顺便说一句，对身边正在经历分手的人要温柔、有耐心，毕竟对方也许是第一次经历感情挫折。尽可能安慰他，设身处地理解他的心情，鼓励他从悲伤中走出来。这段时期是抑郁或其他心理问题的高发期。要注意，"你太年轻了，还不明白爱情的真谛"或者"天涯何处无芳草"之类的话可能对对

方当下的情况并没有多大帮助。

经典治愈歌曲

- *Cry Me a River*（《泪流成河》），演唱者：Julie London（朱莉·伦敦）。
- *Crying*（《哭泣》），演唱者：Roy Orbison（罗伊·奥比森）。
- *Go Your Own Way*（《走自己的路》），演唱者：Fleetwood Mac（弗利特伍德·麦克乐队）。
- *I Don't Feel Like Dancin'*（《不想跳舞》），演唱者：Scissor Sisters（剪刀姐妹乐队）。
- *I Will Always Love You*（《我将永远爱你》），演唱者：Whitney Houston（惠特妮·休斯敦）。

赚人眼泪的经典电影

- 《小鹿斑比》（*Bambi*）：讲述了小鹿斑比的欢喜与忧伤。
- 《莫负当年情》（*Beaches*）：讲述了一段比亲姊妹还深的友情，不幸的是女主角最后患了绝症。
- 《蒂凡尼的早餐》（*Breakfast at Tiffany's*）：讲述了霍莉寻找幸福的故事。奥黛丽·赫本的代表作之一。影片中帅气的太阳镜、走失的小猫咪等细节都令人难以忘记。
- 《剪刀手爱德华》（*Edward Scissorhands*）：讲述了剪刀手爱德华与一个普通女孩相恋却无法在一起的悲剧童话故事。
- 《人鬼情未了》（*Ghost*）：影片向观众展现了一位完美的未婚夫，只可惜两个相爱的人天人永隔。
- 《红磨坊》（*Moulin Rouge*）：年轻的钢琴诗人用歌声向女孩诉说着自由与爱情，可恶的反派让一切变得艰难，爱情要怎样与命运抗衡呢？
- 《末路小狂花》（*Rabbit-Proof Fence*）：怀着对母亲的思念，三个小女孩冒险逃出了营地，

开启漫漫回家路。
- 《罗密欧与朱丽叶》（*Romeo and Juliet*）：讲述了一对年轻人悲惨的爱情故事。
- 《钢木兰花》（*Steel Magnolias*）：讲述了一个纯朴小镇上的六个女人悲喜交集的感人故事。
- 《泰坦尼克号》（*Titanic*）：讲述了处于不同阶层的两个人抛弃世俗的偏见坠入爱河，最终男主角把生存的机会让给了女主角的感人故事。船渐渐沉没，爱在记忆中飘零。

忘记他

💕 何时才能放下

放下并不仅仅是一种行为，更是一种心态。完全放下一个人的标志包括：

- 完全没有要复合的想法。
- 当你想到对方会亲吻别人时，心里没有一丝愤怒或嫉妒。
- 心中明白这段感情让你对对方有了更加深刻的了解，同时也更加了解自己，也知道今后自己应做出怎样的改变。
- 在经历了分手后的悲伤、后悔、愤怒、自我批评等几个阶段后，内心感受到了前所未有的平静和泰然。
- 不再需要通过约会来麻痹自己，即使自己一个人时，也不会想起对方。

💕 如何从心碎中走出

- 举办一个仪式，烧掉、删除或以其他方式抹去那些令人不快的信件、电子邮件或短信，消除交往过程中的负面记忆和对方留下的刻薄的充满攻击性的话语，那些不是有益的、真诚的建议或批评，而是控制你的工具。
- 善待自己，享用新鲜可口的食物，沐浴灿烂温暖的阳光，戴着墨镜悠闲地散步。贴身衣物的面料

要柔软、舒适。照顾好自己，放心，你的情况正在好转。这些挫折都是在遇到对的人之前的必经之路。

· 切断联络。至少此时此刻，把对方从电话联系人中删除，从好友名单中删除，删去手机以及社交网站页面上与对方相关的照片。之后，当你情绪稳定时，可以根据自己的心意决定是否和对方恢复联络。

· 分手后不能立即和对方做朋友。你要明白你们首先是前任的关系，也许有一天你们会成为朋友，但如果现在你们像朋友一样经常见面，你就需要更长时间来彻底忘记对方。而且，你的前任可能也需要很长时间才能忘记你。如果你们在生活中避免不了见面，比如在工作上有交集，那么送你三个小建议：1. 不要和对方独处；2. 不要和对方谈论个人问题；3. 不要和对方有身体接触。

· 哪怕对方对你不好或虐待了你，你也不能要求自己的朋友和对方绝交，不过可以借此机会观察朋友对你的态度，看朋友是否尊重你们之间的友谊。为你考虑、遏制八卦消息的传播的朋友是值得交往的真朋友。

分手也有好的一面

也许你现在正在痛哭流涕，但实际上，冷静下来想想，分手也有好的方面。明知对方和你不合适，即使你现在因为分手而伤心，但长痛不如短痛，这总比再在他身上浪费几个月，甚至几年的时间要好，对吧？

多给自己一些时间

忘掉一个人不是某一个瞬间的事情，也不是终点，它是一个忘记所有不愉快的过程。平复心情、回归正轨需要时间。渐渐地，原来被前任占据的大脑空间会被其他人和事占据，直到某一天，你醒来后会发现，自己昨天一整天都没有想起与前任或分

手有关的事。这个完全不会想前任的状态刚开始可能会持续一周，再后来持续时间会越来越长。有研究认为，与男性相比，女性通常能更好地从分手中恢复过来，因为她们会仔仔细细地分析、思考、感受和应对分手这件事，然后在家人、朋友或心理咨询师的帮助下走出悲伤。

从分手中学习和成长

如果你正在为"又选错了"而自责，那么现在，是时候坐下来好好想想如何避免重蹈覆辙了。写下你前任的名单，然后问问自己：

· 他们有什么共同之处？如果自己想不明白，可以问问朋友，毕竟有时当局者迷，旁观者清。

· 分析一下你最不喜欢每段感情中的哪一点，或者有哪些你本不该忽略，却因被感情冲昏了头脑而忽略了的东西。

· 这段关系在哪些方面反映了你原生家庭的模式？比如，你是否像你母亲一样，坚持按自己的方式做每件事？还是像你父亲对你母亲一样，对前任漠不关心？

· 当你再次寻找另一半时，想想哪些要求是你认为对方必须达到的，哪些是"加分项"，哪些是"减分项"，哪些是你完全无法接受的。

一个重要的人生经验是，如果对方背叛或严重伤害了你，而你没有预料到，那么，不要责怪自己。这并不代表你很愚蠢，只能说明你不够幸运。没人能预见到未来发生的事情，你过往的人生经历和想法也还没有让你有"一眼识别出坏人"的能力。正确的应对方法是在以后的人生路上谨慎行事，不要因为这段经历而痛苦不堪或者自我怀疑。

有助于让人忘记伤痛的经典歌曲

· *Don't Tell Me*（《别命令我》），演唱者：Avril Lavigne（艾薇儿·拉维尼）。

· *I Will Survive*（《我会好好活》），演唱者：Gloria Gaynor（葛罗莉亚·盖罗）。

· *It's Raining Men*（《男人像雨一样多》），演唱者：The Weathergirls（天气女孩）。

· *Let Him Fly*（《让他飞》），演唱者：The Chicks（小鸡乐队）。

· *Respect*（《尊重》），演唱者：Aretha Franklin（艾瑞莎·富兰克林）。

· *These Boots Are Made for Walkin'*（《这些靴子是为走路而生的》），演唱者：Nancy Sinatra（南茜·辛纳特拉）。

· *Because of You*（《因为你》），演唱者：Kelly Clarkson（凯莉·克莱森）。

· *Strong Enough*（《足够强大》），演唱者：Cher（雪儿）。

· *You're So Vain*（《你是如此爱慕虚荣》），演唱者：Carly Simon（卡莉·西蒙）。

选出能够平复心情的五件事

　　想出五件能够帮助你平复心情、放松身心的事情，并写下来。第一个周至少完成一件，在接下来的几周时间里陆续完成剩余四件。这里有一些备选项，仅供参考：亲近自然；和小动物一起玩耍；泡个澡；到海边看潮起潮落；下国际象棋；根据教程折纸；帮小朋友完成拼图；和朋友一起看一场有趣的电影。

十大迹象表明你还没有从上一段感情中走出来

1 钱包中还留着对方的照片。

2 你们没有孩子的牵绊，却仍然共同庆祝重要的节日。

3 你们都是单身状态，而且仍然认定对方是自己最好的朋友。

4 分手后还给对方买衣服。

5 一想到对方，还是会感到愤怒、心烦或伤心。

6 仍然和对方住在同一个屋檐下。

7 一提起对方时情绪波动仍然很大。

8 一直回忆过去发生的一切。

9 收音机里传来的每一首歌曲都能让你想起对方。

10 还和对方共度春宵。

接受事实，浴火重生

　　摆脱心碎和难过的重中之重就是学会接受。接受批评、指责，坦然面对困难和障碍，这会让你变得更加强大，让你珍惜自己所拥有的一切。你会渐渐明白，不幸的事也会发生在好人身上。你必须和生活和解，知道事情并不总是如自己所愿。

分手后的人生计划

　　思考自己到底想要什么，并将想法写下来，做一张"积极生活清单"。清单中不仅要列出对未来伴侣的要求，还要列出生活中喜欢做的事情。问问你自己：

· 到底想过什么样的生活？

· 对什么事物感兴趣？

· 如果有空闲时间，你喜欢做些什么？如果一时想不到，可以参考第 526 页上受访女性分享的她们藏在心底的愿望。

· 希望在本周、本月、本年度、五年内或十年内实现什么目标？针对每个目标，写下三件能帮助自己实现该目标的事情。它们必须是能够做到的事情，比如每周周末做两道好菜，开始研究葡萄牙旅行行程等，而不是像"中彩票"这种异想天开或者说概率非常小的事情。当然，如果你能中彩票，那真是一件幸运的事。

身体虐待和精神虐待

我的前夫在精神上虐待我，他会连续三个月不和我说话，我感到很无助。

——玛丽（58岁）

我的前任情绪不稳定，他会无缘无故地冲我喊大叫或者好几天不跟我说话，甚至还扬言要打我，这让我很害怕。

——琳达（58岁）

我的前任不仅控制我的通话和出行，时常有攻击性的行为，不分场合地冲我大喊大叫，还随意闯入我的工作单位（我是一名教师）。更可怕的是，他要求别人必须无条件地赞同他的想法。

——萨拉（39岁）

他是个冷酷无情的人，还经常用言语羞辱我。他对我的一言一行、外表和穿着打扮都很挑剔。直到后来我才意识到他对我造成了多大的伤害。

——吉尔（52岁）

我的另一半总说没有我他就活不下去、要自杀。我感觉很糟糕，仿佛被困住了。

——金伯利（27岁）

和前男友在一起时，我承受了身体和精神上的双重虐待。他不仅有家暴行为，还用言语打击我，试图从精神上控制我。后来，我开始相信他对我的评价，这让我觉得自己毫无价值。在很长一段时间里，我都一直像个傻瓜一样默默地忍受。我很庆幸自己现在离开他了。

——埃琳（27岁）

我前男友不让我和朋友交流，慢慢地将我同其他人隔绝开。那段时间我的生活很糟糕，我很不开心。

——莉萨（25岁）

我遭遇了精神虐待和身体虐待，还曾被锁在柜子里。那时我每天都十分恐惧、无助又绝望。

——琳恩（42岁）

我的第一任丈夫经常在人前贬低我，还在半夜把我叫醒，告诉我杀死我对他来说易如反掌。我吓得要命，不仅担心我自己，也担心孩子们。好在现在我和孩子们离开他了。

——珍妮特（51岁）

多年来，我的丈夫不断在言语、精神和经济上虐待我。直到我接受产后抑郁症治疗时，我才向心理咨询师说明这一切。

——梅利莎（41岁）

我经常无视他，对他的所作所为不理不睬，最后我们之间的感情都耗尽了。

——曼迪（61岁）

他建议用自杀来解决我们感情破裂的问题。

——她（48岁）

我的儿子今年17岁，患有抑郁症，他在精神上虐待我，我感到非常绝望。如果我丈夫这样对待我，我早就离开他了，但如今，我无法逃脱。

——伊丽莎白（47岁）

我觉得如果我离开他，他会跟踪我。我害怕遭到报复，便从未与他作对。

——泰里（58岁）

我前男友威胁我，扬言如果我离开他就自杀。他还在精神上虐待我，告诉我他身患癌症，将不久于人世。关于他的家庭背景，他也对我撒了很多谎。这些都让我怀疑自我，觉得自己的判断不准确、不可

信。谢天谢地，我最终离开了他。

——克丽丝塔（35岁）

前男友经常对我大呼小叫，他崩溃时，还会抓着我的肩膀来回摇晃。我觉得他心智上还是个孩子。

——金（19岁）

从小到大，我的父亲、兄弟还有丈夫，都不同程度地在经济上、身体上、精神上虐待我。我感觉自己就是个废物，总是非常害怕。

——凯茜（49岁）

他不仅羞辱我，还卷走了我所有的钱。

——塔比莎（31岁）

我的前男友对我百般羞辱，还不允许我和任何朋友联系。曾经我以为爱情就是这样的，直到我遇见了另一个人，他向我展示了爱情应有的美好。

——路易斯（22岁）

我有好几次都打算离开，一走了之。但是他一直对我说，如果我离开他就会自杀。当他清醒过来后，他会承认错误，说自己再也不会这样做了。

——克莱尔（52岁）

我的建议是主动做心理咨询。我知道自己有时会对他人进行言语攻击，并且有控制欲。我必须时刻注意这一点。

——格莱尼丝（43岁）

我发现我患有边缘型人格障碍，这就合理解释了我的行为。我开始明白，为何我和别人交流时会愤怒不已、大喊大叫，还会威胁和逼迫对方。

——伊芙（30岁）

远离虐待狂和控制狂

　　有些男性在虐待女性的同时，还想要控制女性，因为他们觉得这种掌控能给自己带来"荣耀"。相对于找一个喜欢的人，控制狂更愿意找一个容易掌控或胆小的人，但他们并不承认（甚至没意识到）这一点。他们有一套自己的测试方法，以判断面前的女性是否容易掌控（包括调教好需要多长时间）。

　　本节内容能帮助你识别约会对象或伴侣是否控制欲过强或有虐待倾向，还将教你如何远离一段不健康的关系，如何开启新生活以及如何找回自尊。如果你被虐待、控制或骚扰，阅读完这些内容，你或许就会知道如何寻求帮助，摆脱这段不健康的关系。在此，我还特别提醒受害者要保护自己的孩子，即使孩子只是在一旁"观战"，也要引起重视，不要认为他们什么都不懂，其实他们什么都懂。

虐待或控制关系

没有哪位女性希望自己的另一半是虐待狂或控制狂，也不希望自己被家人和朋友孤立，整日笼罩在恐惧和自卑的阴影中。然而，这些不好的事情可能会发生在每位女性身上。

很多婚姻关系中存在虐待或控制现象，这是不正常的，也不是一段健康的关系应有的样子。虐待或控制可以是肉体上的，也可以是精神上的，或者两者都有。施害者可能是受原生家庭的影响，无意间这样对待受害者，如果是这种情况，施害者事后往往会感到内疚；施害者也可能是故意折磨受害者，以此来获得成就感。

通常情况下，受害者的自我意识会逐渐模糊，他们时常会为施害者的不当行为寻找被原谅的理由，甚至觉得对方这样对自己是因为自己有问题，认为自己是自作自受。在这里，我要告诉大家的是：不管是男性还是女性，都不该被这样对待；被这样对待不是受害者的错，而是施害者的错。

当你被这样对待时，应该选择马上离开，脱离苦海。你要明白，你不应该受到这种对待。如果你们已经有了孩子，你更要为了孩子坚强起来，因为在这种不健康的家庭环境中长大的孩子，要么容易因为从小目睹家长的行为，长大后抵触结婚生子，要么结婚后容易无意识地重复这种家庭模式，自己也实施控制或虐待行为，导致家庭悲剧重演。当然，也有一些人会努力打破这种循环，开启健康的家庭关系模式，但这一点说起来容易做起来难。

虐待或控制行为第一次发生时，受害者往往会受到惊吓，施害者往往会立刻道歉、用心安抚。施害者的这种阴晴不定、令人捉摸不透的行为会让受害者无所适从，不知道是该再给施害者一次机会，还是该结束与施害者的关系。过一段时间之后，施害者的行为就可能变成家常便饭。受害者需要严守规矩，施害者才不会口出恶言，勃然大怒，甚至动手。又过了一段时间，受害者会逐渐对这种生活感到麻木，从最初的震惊变成了茫然，还会害怕自己的反抗会导致施害者变本加厉或报复自己身边的人。

再强调一次，如果你是一位受害者，那么对你来说，最重要的事情是让自己重获自由。即使暂时做不到，也要努力制订计划，一点一点地实施，尤其是在有孩子的情况下。

在准备写本书之前，我在网上发布了一个关于女性生活情况的调查问卷，其中有些问题涉及虐待与控制关系。最终，有成百上千名遭受过虐待或控制的女性回答了相关问题。她们中没有一个人为自己曾经坚持与施害者生活在一起而自豪。据她们透露，随着时间的推移，施害者的行为只会变本加厉。这些受害女性给出的建议万变不离其宗，那就是尽早离开，且分手后千万不要再复合。当她们提起过往时，她们都说真希望自己在第一次被虐待或控制后就立刻离开了。可惜的是，由于精神力量不够强大，她们往往在几个月甚至几年的时间里都没有勇气离开。

❤ 不同种类的虐待

很多人认为虐待主要体现为采用暴力手段使受害者的身体受到伤害。但实际上，持续使用尖酸刻薄、挖苦、讽刺性的语言对受害者进行打击也是一种虐待，这种虐待属于精神虐待，精神虐待通常发生在身体虐待之前或之中。

虐待可以是明显的，也可以是隐蔽的；可以是众人皆知的，也可以是不为人知的。虐待狂可以是男性，也可以是女性。

精神虐待

精神虐待主要指用嘲笑、讽刺、贬低、羞辱、污蔑、威胁等方式来令受害者恐惧、羞愧和自卑。施害者经常使用以下言语或类似的语句来侮辱和打击受害者：

· "你真愚蠢。"
· "你什么事都做不好。"
· "你真让我丢脸。"
· "你没救了。"
· "你懂什么？"
· "没人在乎你的想法。"
· "除了我，没人要你。"
· "你真是个不称职的母亲。"
· "我想说什么就说什么，我又没打你。"

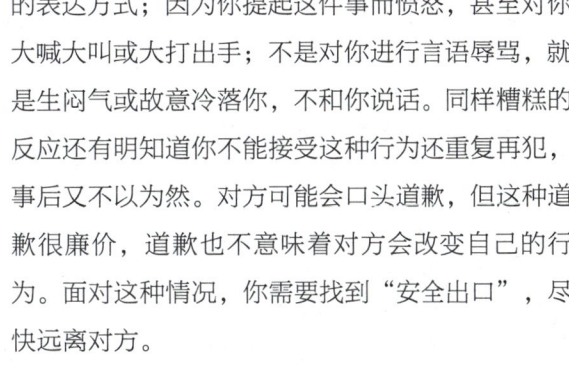

施害者可能会不分场合、不假思索地说出这些话，故意营造一种使受害者更容易被控制的氛围，且事后并不道歉，也不承诺今后不会再这样做，他们认为自己只是"开个玩笑而已"。

不过，并不是所有这样对待伴侣的人都是有意对伴侣进行精神虐待，有时他们可能真的不觉得自己的行为是不对的，因为他们在成长过程中一直是被这样对待的，又或者是他们不知道伴侣的需求，也不知道自己的行为会给伴侣造成伤害。如果你被这样对待了，你需要直截了当地告诉对方你的感受。比如，你可以对他说："不论是在他人面前，还是我们两个独处时，都不要叫我胖子，你这样说很伤人。""每当你冲我大喊大叫或把我拽到你面前时，我都很害怕。如果你再这样做，我就跟你分手。"如果他只是没意识到自己的行为不妥，当你告诉他后，他会冷静、真诚地道歉，而且，最关键的是，他会切实改变自己的行为，努力使此类事情不再发生。

如果对方没有真诚地道歉，而是出现了下面列举的任何一种行为，你就应该提高警惕了：否认或嘲笑你的感受；声称那只是个玩笑或者那就是他的表达方式；因为你提起这件事而愤怒，甚至对你大喊大叫或大打出手；不是对你进行言语辱骂，就是生闷气或故意冷落你，不和你说话。同样糟糕的反应还有明知道你不能接受这种行为还重复再犯，事后又不以为然。对方可能会口头道歉，但这种道歉很廉价，道歉也不意味着对方会改变自己的行为。面对这种情况，你需要找到"安全出口"，尽快远离对方。

如果你接受对方的行为，甚至为对方的行为找借口，你就等于在告诉对方："是的，如果你有虐待倾向，我就是最佳人选。"这样一来，你就会承受更多的羞辱和恐惧。要知道，这种事情只要发生一次，就可能发生无数次。

虐待行为的迹象或表现

· 无视你的抗议和要求，剥夺你的权利和自由。对方可能会脱下你的衣服，不停折磨你，或是把你锁在家中，不让你出去。
· 用身体暴力或语言暴力威胁你。比如，握紧拳头打向墙壁以恐吓你，并说："如果你……我就不打你了。"
· 首先对你实施暴力，之后故作不安，主动道歉，但会将犯错的根源归咎于你的不听话。
· 行为激烈，包括危险驾驶，扔、砸东西。
· 经常对你进行嘲讽、打压、控告。
· 经常向你展示他所拥有的武器。
· 经常对你有殴打行为，包括掐、掌掴、拳打脚踢等。
· 性侵害，包括违背你意愿，对你进行身体接触，用暴力方式（戳或其他方式）伤害你的私密部位。

原因不明的行为

如果你和伴侣在一起幸福地生活了很多年后，他的行为和性格突然大变，出现了无法解释的愤怒

虐待和控制行为的影响

我和他在一起很久了，一直希望他能改，日子能越来越好。但事实让我觉得自己像个白痴，我很生自己的气。

——特蕾西（24岁）

我觉得自己像个白痴。我一直对自己说，如果他继续这样对我，我就离开！可我现在仍然和他在一起。

——莉莎（28岁）

我觉得自己毫无价值，充满负罪感，活在世上就是浪费空气。

——斯泰茜（32岁）

直到现在，当我看到有人生气或者跟别人动手时，我仍然会感到害怕，甚至想起我当年遭遇的一切。有时我还害怕和别人有肢体接触。

——克莱尔（21岁）

我失去了所有的自我意识和生活下去的希望。

——朱莉娅（34岁）

我一度想自杀。有时候，在虐待狂面前，你真的找不到出路。

——杰姆（40岁）

不愉快的经历让我变得非常冷酷无情。

——梅甘（30岁）

虽然事情已经过去了，但我至今仍在接受心理治疗。我在和抑郁症及噩梦做斗争。

——鲁比（26岁）

他曾经打断了我的下巴，直到现在我还会害怕。

——金（39岁）

我曾经的未婚夫虐待我、跟踪我，他是个控制狂。他要每时每刻都知道我在哪里，每天给我打二三十个电话，还随便闯入我家。

直到现在，我还十分害怕开启新的恋情。

——塔拉（34岁）

我一直放任丈夫对我的过度控制，我感觉自己很失败。

——唐（38岁）

他曾经掐着我的喉咙把我拽起来，甩向墙壁，扬言要杀了我和我腹中的孩子。那天晚上，弱小的我已经死去，并且永远不会回来了。

——杰丝（27岁）

前男友对我实施精神虐待，还会打我，这让我觉得自己没有价值。我那时真的很想一死了之。直到现在，我对这些事仍然难以启齿。

——贝尔（34岁）

他一喝醉酒就变得十分残暴，他会打我。如果他不喜欢我做的饭，他就会把饭碗扔向我。我完全丧失了自信，认为自己不够好，认为所有的事都是我的错。

——克莱尔（52岁）

在过去的两段恋情中，我都遭遇到了身体和精神上的虐待。我对这一切都麻木了。

——尼基（36岁）

他太爱我了，但他的爱让我不能呼吸。

——蕾琳（39岁）

我一直在想，我是一个聪明且有教养的人，为什么会遇到这种事。

——凯特（32岁）

为了避免争吵和冲突，我不得不忍受。

——莉莉丝（27岁）

往事不堪回首！他可怕至极，我可怜无助。人们会问"你为什么不离开呢"，但我带着四个孩子，

没钱没车，能去哪里呢？

——阿梅利（60岁）

他把我打到流产，最后警察都来了。我十分愤怒，甚至想自杀。我当时就决定，我已经忍受他虐待我十多年了，今天绝对是最后一次。

——乔伊（36岁）

他经常冲我发脾气，扔东西，还会侮辱我（比如说我愚蠢、肥胖、没用），偶尔还打我耳光。他令我害怕。我居然忍受了他如此之久，我生我自己的气，我真蠢。

——唐娜（40岁）

如果不按他的心意来，他就会生闷气，还经常哭。这样一来，我连去见我的家人和朋友都感到内疚。

——劳伦（22岁）

他要时刻掌控我的行踪，从来不相信我，还经常打我。作为一个有主见的人，看到自己被这样对待，我很生气。从那以后我了解到，那些控制欲强的人都是从小事开始试探，然后越来越嚣张。他们其实是在潜移默化地控制别人，有时别人都察觉不到。

——凯茜（27岁）

我失去了所有男性朋友。如果某个男性朋友碰巧在路上遇到我和爱人，并停下和我说话，我就会感到胃不舒服。

——梅利莎（35岁）

有时受害者会被认为是软弱的人，我完全不同意。因为跟暴力狂生活以及找机会离开他，需要很大的勇气和努力，尤其是两人有孩子的时候。

——埃米莉（33岁）

或躁动，以及前所未有的虐待行为，这可能说明他患了某种精神疾病或脑部疾病（如肿瘤）。出现这种情况时，最好赶快带他做一个全面的身体检查和精神状况评估，越快越好。

另外，如果对方突然指责你不忠，相处时经常吹毛求疵、吵架挑事，这可能表明对方问心有愧。

致谢

我由衷地感谢填写了我发放的调查问卷的所有女性，她们勇敢、善良、慷慨，她们的行为十分鼓舞人心。她们讲述了自己被控制、被虐待，甚至被性侵的真实经历，并给出了实用的建议和真心的支持。我没能在书中引用所有内容，但我认真阅读了每一条建议并加以思考，这些内容为本书的诞生贡献了巨大的力量。另外，还要说明一点：本部分提到的名字多为化名。

❤ 来自伴侣或前任的情感勒索

情感勒索通常是一方试图控制另一方、让另一方陷入困境的一种方式，有时它的出现也可能是因为一方意志消沉，真的不想离开另一方。有些人在"被分手"时会直接威胁或暗示对方要自残，有的还会说"没有你我就活不下去了"。当你遇到上述情况时，要坚信一点，那就是出现这种情况并不是你的责任。你要控制自己的情绪，冷静思考，寻找合理的处理方式。不要当面处理，最好通过电话和对方沟通。要当机立断，不要拉长战线，没完没了。

以下是一些处理方法，仅供参考：

❶ 对他说，很遗憾他有这种感觉，并建议他和其他人谈谈此事。

❷ 如果你担心他，那就告诉他的家人或朋友，看看谁能去照看他，及时了解他的情况。不过，这样做有可能会使他生气，因为他可能只是在虚张声势或试图让你感到内疚，他并不想被其他人知道自己的行为。

❸ 主动提出让他的亲戚或朋友（一定是除你以外的人）立即开车送他去医院，或者你为他叫救护车。如果他拒绝，立刻挂断电话。

❹ 必要时，多重复几次以上做法。

❤ 如果对方威胁你

请认真记录对方明里暗里的威胁，保留证据。如果发生了具体的威胁行为，及时告诉家人、朋友或同事，必要时可以报警，将对方的行为公之于众。对方的行为被揭露得越多，你的危险系数就越小。当对方的心思被大家知晓，你身边的人就可以保持警惕或干预这种行为，你就会相对安全一些。

虐待和控制行为常见吗？

在我发放的调查问卷中，有这样一个问题："你是否曾经处于或现在正处于被虐待或被控制的关系中？"近 1500 名女性回答了该问题，其中有大约 42% 的人回答"是"。

如果你是施虐者

立即寻求帮助，进行心理咨询，或者去看精神科医生。

❤ 控制型亲密关系

一段控制型亲密关系一开始可能会异常浪漫，浪漫到令人不安。除了充满爱意的言行举止和频繁送你鲜花和礼物，对方还会坚决地告诉全世界"你是唯一"，两人的爱情也颇有"共同携手对抗全世界"的意味。对方甚至还会为了你讨好你的家人、朋友、同事等。

但是，慢慢地你会发现，对方喜欢设定一些

规则，让你按照这些规则去做，想按照自己的意愿逐步改变你的行为。如果你违背了对方的意愿，对方会十分愤怒，甚至做出过激的反应或行为。之后，对方又会切换到"完美伴侣"的那一面，对你宠爱依旧。但当你再次违背对方的意愿时，你又会"重回炼狱"。心理学家和经历过控制型亲密关系的女性都能证实，"时而美好，时而恐怖"是控制型亲密关系中的经典循环。

如果你总是用那些美好时光安慰自己，觉得那些美好时光是对方爱你的证据，觉得自己只要不激怒对方、表现得更好的话，你们的日子就能美好如初，那你就是在向对方传递"我可以受你控制"的信号。接下来，对方会潜移默化地"训练"你，让你逐渐失去判断能力和自我意识，你的思维会越来越混乱，人也变得越来越自卑。此时，对方会借机进一步控制你，不仅会阻止你见家人或朋友，还会试图欺骗你身边的人，让别人以为你才是情绪不稳定的一方。

不管是在对方刚跟你表白后，还是你们刚刚同居，又或是已经订婚了甚至结婚了，只要发现对方有试图控制你的行为，请果断和对方分手。不要心存幻想，觉得对方说不定哪一天就会停止这些行为。现有证据表明，当控制狂将另一方视为自己的所有物后，其控制行为会不断升级。很多控制狂的控制行为会在和另一方结婚后变本加厉，更频繁、更糟糕或更严重。

有时女性会意识到伴侣是在试图控制自己，但认为自己"足够坚强，可以抵挡"，或者坚信"我不会被他控制"。她们已经忽略了一个事实，那就是这并不是她们在亲密关系中需要或想要的。她们的底线已经从"那太糟糕了，我要和他分手"变成了"他可以那样对待我，但我不会屈服"。

控制行为的迹象或表现

如果伴侣有以下迹象或表现，请提高警惕：

· 追求你时行为夸张，爱意汹涌，想每时每刻都和你在一起。

· 给你灌输"我们才是一个整体，其他人都是我们的阻碍，我只有你，你也只有我"的思想。

· 约会时，不问你想要什么就直接为你点餐，不问你的意见就安排两人之间的一切活动，当你说你想做其他事情时，他就会生闷气，或摆出一副受伤的姿态。

· 主动插手本不用他参与的事情，主动参加没有被邀请的家庭聚餐，当你有不需要他参与的其他计划时突然出现在你家门口。

· 干涉你的衣着打扮，不让你化妆、打扮、做发型，或要求你必须化妆、打扮、做发型。

· 当你不按照他说的做时，他就不让你睡觉、不让你出门、不让你下车……除非你做出让步。

· 毫无缘由地嫉妒、猜忌。

· 行为或态度常常突然发生变化，不可预测，比如时而疼爱你，时而嘲讽你；时而体贴温柔，时而冷漠无情。

· 想知道你和多少男人发生过性行为以及其中的细节，然后抓住这些事不放。

· 用威胁、沉默或其他方式对你进行惩罚。生气时可能不会大喊大叫、发火动怒，而是会对你采取"冷暴力"，或是讽刺、挖苦你。

· 贬低你做的所有事或者不承认你所取得的任何成就，包括你的育儿技巧。

· 控制你的社交生活，不许你交男性朋友或其他朋友，让你注销所有的社交账户，甚至连你看哪些电视节目都要管。此外，还会禁止你单独出去，禁止你参加家庭聚会或见亲朋好友。

· 通过技术手段监控你的行踪以及行动，要求你第一时间回复邮件、信息等。

· 要求你只能赞成他的想法，忽略或者否认你的想法和感受。如果你提出异议，他就会突然发怒，且生气时十分恐怖。

- 谈论自己的母亲、前任或其他女性时，用词轻蔑。
- 制定了许多要求你必须遵守的规则。所有规则都由他来创建，你来执行。
- 人前人后两副面孔，并威胁你说没有人会相信你的说法。
- 讨好你的亲朋好友，试图或已经让他们相信你精神错乱，爱撒谎。
- 操纵你，让你习惯凡事都要争得他的同意，而不是简单地告诉他你的计划。
- 严格控制你（和其他家庭成员）吃什么、什么时候吃。
- 把所有的钱都放在他名下，控制你的开支，定期给你少量的钱，并要求你说明每一分钱的去处。
- 认为你的愤怒或抗拒"不可接受"或"太不合理"。
- 因为随便一点小事都能激怒他，所以和他在一起时你总是很紧张，你时时刻刻都在想办法避免激怒他，以免他有过激反应或不妙的行为。

❤ 控制狂的策略

控制狂常常对受害者这样说：

- "你疯了。"
- "大家都认为你是疯子。"
- "没人会相信你。"
- "你一无是处。"
- "离开我，你什么都做不了，你连你自己都养不了，更别说养孩子了。"
- "你好丑。"
- "我这样做是因为爱你。"
- "你要是爱我，就乖乖听我的话。"
- "我这样做是因为我在意你。"
- "没人会像我一样爱你。"
- "我对你的爱是独一无二的。"
- "你好胖，除了我，没人要你。"

❤ 原因并不重要

不要纠结施害者为什么会有虐待或控制行为，原因并不重要，重要的是你要明白这绝不是你的错，你没有义务事事顺着施害者。施害者可能会为自己的行为找五花八门的理由，来为自己开脱，比如工作压力大，失业，有一个悲惨的童年或残忍苛刻的母亲等。有学者认为，有虐待或控制行为的人之所以会这样做，是因为曾经的经历对他们产生了很大的影响，他们内心深处缺乏安全感，所以才试图通过虐待或控制他人来让自己看起来更强大。但不管原因是什么，这些都不该由受害者来承受。无论怎么说，虐待或控制行为是永远没有任何借口的。

第二次机会

如果你想再给施害者一次机会，那就向他坦言他的某些行为令你不悦，让你感到不安和不被尊重，他必须做出改变，如果不做出任何改变，你就会跟他分手。除了分手，其他任何行为都是在告诉他你能够忍受他的行为。所以，你要下定决心，坚持自己的想法，不要总是心软，给他一次又一次伤害你的机会。

如果他同意改变，那可能是一个好兆头。不过，要注意，他不能仅仅是口头上道歉，嘴上说爱你，这是远远不够的，重要的是他必须改正错误的行为，而且以后都不会再犯错。你也可以建议他去做心理咨询，这也是解决问题的一个方法。不过，大多数有这种行为的男性只会口头上答应去做咨询，实际上并不会去，或者只去一次。

当心理咨询不起作用时

对一些控制欲过强或有虐待倾向的人来说，做心理咨询完全是浪费时间。这类人根本不考虑别人的感受，他们最关心的是自己要如何控制局面。如果他们的做法被外人知晓，他们会更加愤怒。即使他们同意做心理咨询，但事后受害者可能会因为揭露他们的行为而受到惩罚。施害者不断进行心理咨询，却收效甚微时，可能表明他们并不是真心想要改变（要判断一个人是否真心想改变，要从他的行为判断，而不仅仅是言语）。这时，受害者应该尽快和他们分开。

❤ 虐待或控制关系中的危险时刻

虐待狂会因为被拒绝而抓狂，而控制狂则无法忍受受害者脱离自己的掌控。这不是因为他们有多爱受害者或多害怕失去受害者，仅仅是因为他们的"变态心理"无法容忍这种事发生。如果他们有暴力史或犯罪史，一切就会变得更加严重。发生以下情况时，受害者很容易被伤害，甚至有生命危险，请一定要小心。

- 当施害者发现受害者打算离开时。
- 当受害者当面告诉施害者自己要离开时。
- 当受害者离开后。
- 当双方的关系发生变化时，比如开始同居或结婚后。

受害者打算离开施害者时，最好事先制订好计划，等到离开后再打电话告知施害者。不要答应跟施害者见面，也不要独自回到曾经的家中去拿物品，物品几个月之后或许可以去拿，但在这段时间去拿并不安全。确保自己能够待在一个安全的地方，以保证自己的安全。如果还没有制订任何计划，但已感到事态岌岌可危、迫在眉睫，需要马上离开，那就立刻报警，或者投奔施害者想不到、找不到的亲戚或朋友家，直到想好下一步的计划为止。不要向施害者或他的朋友、亲戚透露自己的新住址。

如何摆脱虐待或控制

不论这种情况持续了几周还是几十年，寻求改变都是必要的。你可以尝试以下方法：

- 明确问题所在。告诉自己，你被虐待（或被控制）了，这是不对的，你不能忍受。记录下施害者的行为，以此来提醒自己曾经发生过什么，这对你很有帮助。将记录本或照片收藏妥当，别让施害者看到。
- 寻求帮助。告诉亲朋好友你正在经历的事情，揭露施害者的恶行，并向亲朋好友寻求帮助。如果你遭遇威胁，告诉施害者你已将他的行为公之于众，身边的人会一直关注你并保护你，让他不要再威胁你、伤害你。
- 制订计划。在你离开之前，一定要计划好接下来要怎样做，准备工作可以事先秘密进行。（具体做法可参考下文"离开前的准备"部分。）
- 不要事先通知施害者你要离开，不要单独或当面提分手。你可以找人陪你一起面对，或给他打电话。
- 寻求法律帮助。律师或警察都可以为你提供有效建议。
- 照顾好自己。善待自己，给自己一些时间疗伤，努力让自己变得更强大。不要因为曾长时间和这样的人在一起而感到羞愧。为自己争取帮助，寻求支持。记住，在摆脱虐待或控制的路上，你不是一个人。

❤ 当离开是困难的

以下是一些女性在调查问卷中填写的自己面临的困境，以及我的一些建议，有相似遭遇的女性可以参考。

❶ "他扬言要伤害我和孩子，甚至连宠物也不放过。"

你可以将他的威胁行为告知身边的人，也许家人、朋友可以给予他一些压力，让他在这样做之前好好掂量一下。你也可以制订周密的逃离计划，去他不知道或无法前往的地方，让他无法和你联系。

❷ "我无处可去。"

如果你需要立刻离开，短期内可以选择住在宾馆或者寻求福利机构的帮助。你也可以和值得信赖的亲戚、朋友住在一起。如果你有足够的时间制订计划，可以提前租好房子。切记要对他保密。

❸ "我离开了就会失去房子。"

律师可以帮助你争取合法的权益，切记保留好他伤害你的证据。

❹ "我不够强大，无法独自一人面对生活。"

这或许是控制狂常对你说的话，但这绝对是骗你的。当所谓的"亲密关系"结束后，你会重新找回自信，发现你一个人会生活得更好。并且，身边的人会给予你支持和帮助。

❺ "他是孩子的父亲，他至少没虐待孩子。"

首先你要明白，他伤害你，其实就是在间接伤害孩子，因为他的行为会给孩子带来非常负面的影响。作为孩子的妈妈，你的职责是保护并教育孩子，让孩子在健康的环境中成长，知道不能虐待或控制别人，也不能容忍别人这样对待自己。其次，即使你们不再生活在一起，他也还是孩子的父亲，这一点是不会变的。

❻ "我没钱。"

这种情况下，你可以慢慢制订攒钱计划。这并不是一件容易的事情，但只要采取行动，日子就会越来越好。

❼ "我没有工作。"

你不需要一次性解决所有问题，循序渐进、一步一个脚印地解决即可。目前没有工作，不代表找不到工作。你可以一点一点地做出改变，逐渐找回自信。当你为未来做计划时，可以尽可能地利用身边的资源。除了亲朋好友，你也可以关注一下社区组织能给你提供哪些帮助。

❽ "我很羞愧，不想让别人知道发生了什么。"

这是施害者的另一个惯用伎俩，让你相信你被这样对待是因为你不够好，你应该为此感到羞愧。真相是，不管他承认与否，他才是应该承担责任、受到批评的一方。你没有错，无须感到羞愧。关于事情的真相，你想让谁知道就告诉谁。

❾ "他会改。"

事实是，到目前为止，他选择了不改。未来他也许会改，也许不会，你没办法确认这一点。抱着幻想生活，最后受伤的可能还是你。

❿ "我为他感到难过。"

你可能觉得这一切并不是他的错，是他悲惨的童年生活导致他现在性格扭曲、行为过火。这些不幸可能是真的，但你必须离开也是真的。

⓫ "那是我的家。既然是他的错，为什么我要离开？"

你的想法没有错，但任何时候，你的安全都是第一位的。如果条件允许，你可以和律师商量一个有效方案，保障你的法定权益，看看有没有在不危及自身安全的情况下让他离开的办法。

⓬ "我爱他。"

无论如何，你还是要离开他。光有爱是不够的，俗话说得好：相爱容易相处难。

当你和虐待狂或控制狂在一起的时间过长，你可能会失去前进的方向，对未来感到困惑和迷茫，因为对方一直通过言语攻击或身体攻击让你相信一切都是你的错，没有人会相信你，你很糟糕，除了他没有人会爱你，他有权利虐待你……但这些全部是错误的。其实你很优秀，离开他后你的生活会越来越好。所以，不要贪恋虐待或控制关系中那些微不足道的温情时刻，下定决心远离对方吧。

离开前的准备

如果你不清楚离开前需要准备什么，以下建议或许能帮到你。

- 带好对你有用的证书、证明等文件，比如身份证、护照、孩子的出生证明等。
- 带好汽车的备用钥匙。
- 带好记录着施害者恶劣行为的日记、照片等。
- 确保钱包里有钱。
- 瞒着施害者买一部新手机，并配好充电器。
- 如果可以的话，以你的名义开一个银行账户，尽量多存一些钱。银行卡的联络地址和紧急联系人的联系方式都留你亲戚或朋友的。
- 如果需要买飞机票或火车票，不要用你的账户和电子设备操作。可以用朋友的电脑、手机来操作。
- 如果可以的话，提前把事情经过告诉你信任的亲戚和朋友，让他们了解真相并为你提供支持。如果他们帮不上忙，就寻找其他盟友。

不要为没离开而自责

不要为自己不小心陷入一段不健康的关系之中而自责，也不要因为没有在第一时间脱身而羞愧。施害者善于伪装，懂得如何让目标失去警惕，也懂得应该何时按下操纵按钮。也许是因为从小成长在这样的环境中，也许是从上一段关系中学到的……总之，施害者会采用各种各样的方法，让目标处于低自尊状态。

大多数女性习惯充当和平使者和倾听者，并且更容易道歉，也更容易妥协。控制狂就是利用这一点（不管是处心积虑还是碰巧发现）来游刃有余地控制女性。甚至还有一个专业术语来形容这种行为：煤气灯效应。在1944年上映的电影《煤气灯下》中，丈夫将妻子和她的朋友、家人隔离开，然后不断通过谎言去操控她，让她相信自己疯了。从那以后，煤气灯效应的概念逐渐进入人们的视野。

遇到这种情况，受害者首先应该明白犯错的是控制狂，自己并没有做错什么，然后把每一天都看作新的起点，一步步建立自信，主动制订计划、寻求帮助，过上更好的生活。

如果被严重控制，受害者可以在去看医生或者出门办事时，带着自己保留好的被控制的证据向工作人员求助。

♥ 离开后要处理的事情

- 处理剩余的财务问题和其他书面文件。更改包括手机密码、电脑密码在内的所有密码，使用新的电子邮箱，如果有需要可以留亲戚的地址，这样做的目的是不让施害者根据这类信息找到你。大多数情况下，隐私法能够为你提供必要的保护。
- 如果你想取消婚礼，或是需要解决的问题涉及法律，请家人或朋友给你提供后勤保障。不要和施害者一起处理事情，也不要当面和对方进行讨论。原则是不要和对方见面。
- 你没必要和其他人长篇大论地解释为什么离开施害者。有时"过不下去"这个理由就足够了，只要亲人和好友知道事情真相即可。施害者可能永远不会向他的家人和朋友承认他是虐待狂或控制狂。对你来说，当务之急是尽快摆脱这段关系，而不是让每个人都知道真相。当然，如果施害者散布关于你的谣言，你可以冷静否认，或让你的亲人和好友帮你澄清，注意要维护自己的尊严。
- 在能保障自身安全的前提下联系施害者，告诉他你已经离开，并讲清楚不会再和他联系。告诉他这是你的最终决定，无论他说什么、做什么都不能改变你的想法。如果他给你的生活制造任何麻烦，你会立刻报警。不要被他的辱骂激怒，也不要相信他的任何一滴眼泪，更不要接受任何道歉或相信他给出的承诺。要明白，如果你此时表现出一点点软弱，你就是在告诉他，只要他道歉或开空头支票，他就可以继续那样对你。
- 做好心理准备，施害者会问你为什么离开，也会继续对你的家人、朋友或同事言之凿凿地撒谎，同时质疑你的精神状态，他还会假惺惺地说"为你担忧"，并自说自话地要"接你回去"。此时，你要提醒家人和朋友提防他的惯用伎俩，告诉他们，就算他否认一切，扬言你在撒谎或者精神不正常，也不要相信他。

请记住，施害者可能会承诺改变，并做出积极配合进行心理咨询的姿态。不要相信他，一定要坚定地离开。记住，明明他之前有大把时光去做出改变，但他从来没有真正行动过。即使他有所改变，正在接受咨询或参加课程，也要先远离他几个月。

保护自己免受二次伤害

· 不要打电话或通过其他方式联系施害者，也不要接他的电话。你不需要做出任何解释，你并不欠他什么。
· 如果施害者威胁你，你可以打电话报警。如果他利用自残或自杀等方式威胁你，你就直接把这些事告诉他的家人或朋友。当然，他很可能会否认。
· 值得强调的是，离开并不意味着你完全安全了，要小心施害者跟踪你。而且，无论他如何央求你，都不要去见他。
· 不要相信施害者会遵守约定，同意让你在他不在场的时候回到之前的住处。他很可能会在之前的住处等你，然后伤害你。如果你无法及时取出行李，那就舍弃它们。如果你确实需要从之前的住处取东西，那你可以找两个男性朋友前往，你负责远程操控，告诉朋友需要取出哪些东西。
· 必要的话，告诉家人、朋友和同事事情的经过，并坦言你需要他们的保护。
· 如果你突然发现施害者跟踪你，赶紧到人多的地方去寻求帮助。如果有危险，就马上报警。
· 无论你心里多舍不得，你都不要再和施害者做朋友。

开启的新生活

刚离开施害者时，你可能会感觉很迷茫，无论是对眼前的生活还是对你自己都没有信心。但你要相信，好运终会降临，你值得拥有一个阳光的、美好的未来，你值得被善待。现在，先从善待自己开始，给自己时间治愈伤口，等待时机重新出发。虽然这一切做起来并不容易，但是这一定是正确的。

你现在有两个选择：一个是治愈你的伤痛，积极生活；另一个是重回"地狱"，让你的孩子过着悲惨的生活，在功能失调的家庭中成长。该选哪个答案是显而易见的。所以，虽然未来的日子的确会很艰难，但你的选择是正确的，一切都在向好的方向发展。你如今的选择不仅关系到你的未来，也关系到孩子的未来。当事情尘埃落定，可以参见第一章《自信女人最美丽》以及第十一章第二节《价值观》，来为自己加油打气，补充能量，逐渐回归正常生活。

帮助被虐待或被控制的朋友

当你的朋友有此类遭遇时，告诉他：
· "我相信你。我知道他的所作所为，他是坏人。"
· "这不是你的错，你不该承受这些。"
· "你可以开始制订计划，考虑一下何时离开、如何离开。"
· "我会帮你的。"
· "时机成熟了，你可以开始实施计划。"
· "离开前，不要告诉他你的决定。"
· "虽然下决心离开很艰难，但一切都会好起来的。"
· "如果你继续和他在一起，你注定无法开启新生活。"
· "你可以住在我家。"
· "我会帮你找一个安全的落脚之处。"
· "这是我公寓的钥匙，你可以随时来找我。"

如果男性是受害者

相对而言，男性受到身体上的暴力对待以及

童年或青少年时期被虐待或控制

小时候，父亲总是打我和我妈妈。我和家人"团结"起来对父亲的暴力行为保密，这样我们才能在邻里中保持体面。我每天都戴着面具生活。

——梅西（43 岁）

我的养父生前一直对我进行精神控制。我逐渐缺乏自信，后来患上了抑郁症，一度想自杀。我为此接受了无数次的治疗，但这种阴影始终挥之不去。

——休（43 岁）

我父亲控制欲极强。虽然我现在已经解脱了（他在 10 年前去世了），但我不会生孩子。我从他身上"学到"了太多。我不想让我的孩子承受这一切。

——梅（26 岁）

我哥哥恐吓我，对我进行身体虐待和情感勒索。这让我感到害怕、孤独、沮丧，甚至十分焦虑。

——贝克（29 岁）

我被养父和其他男性性侵害，养母还在身体上和精神上虐待我。我习惯了这一切，认为这些都很"正常"。我不爱自己，也不在乎自己。我深深地自卑，把自己藏在宽松、朴素的衣服中。我独自承担了一切。后来我花了一段时间重拾对自己的认可和骄傲，重新找回自信。我十分确定我的经历不会发生在我的孩子身上。

——坎达丝（53 岁）

我小时候被祖父侵犯了，他在我和我妹妹身上胡乱摸。青春期时，我十分惧怕男孩子。我的伴侣知道所有的事，我们刚开始交往时我就把过往的一切都告诉了他，他无限

支持我、关心我。我很庆幸遇到了我的伴侣。

——玛丽昂（40 岁）

23 年前，我被一个男性亲戚侵犯了。我一直感到迷茫、自我厌恶和沮丧。在 25 岁时，我有点精神崩溃。当真相便浮出水面后，我在父母的安排下，接受了心理治疗，并最终答应定期去看精神科医生。

——露丝（34 岁）

在我小的时候，父亲经常对我进行言语攻击，而且经常打我。我感到愤怒、绝望和害怕。

——卡萝尔（63 岁）

我父亲曾在情感上和身体上虐待我，还经常用恶毒的言语打击我。我受到了惊吓，心情沮丧，甚至害怕他回家。

——萨莉（58 岁）

当我还是孩子时，我就被侵犯了，少年时期和成人后也未能幸免。渐渐地，我变成了一个受尽压迫、没有尊严的女人，会利用身体来讨好别人，以此让自己被接纳、被爱护。我就像一个寄生虫，拼命地找寻宿主。

——辛迪

我在高中时，听信了老师的花言巧语，他让我以为自己很特别，然后我被他侵犯了。后来我发现我掉进了一个充满诱惑和谎言的陷阱中，像个超级大白痴。

——纳塔莉（27 岁）

我哥哥曾侵犯我。我很痛苦，觉得自己很脏。

——蕾切尔（26 岁）

15 岁时，我乘坐大巴车去旅行，在 4 小时的车程中，一名 26 岁的男子在车上对我动手动脚，还在我

耳边小声挑逗我。我当时第一次遇到这种情况，很害怕，不知如何应付，但我还是远离了他。

——凯莉（18 岁）

我 16 岁时，去朋友家参加了一个盛大的派对并在那过夜。当我醒来时，我发现自己光着下半身，一个高中好友正趴在我身上。我很尴尬，还害怕他跟别人说这是双方自愿的，是我在撒谎装可怜。我很后悔在那里过夜。

——埃玛（24 岁）

我继父对我的侵犯让我自卑、痛苦，让我觉得我的身体是唯一能让男人感兴趣的东西，而他却否认了他的所作所为和所有事实，丝毫不受影响。

——凯特（52 岁）

我小时候曾被性骚扰过，这让我生活在恐惧之中。直到现在，我还对那件事感到羞愧，甚至恨自己。我对男人失去了信心。虽然我知道这不是我的错，但我仍然每天为此感到羞耻。

——温迪（34 岁）

我 10 岁时被爸爸最好的朋友侵犯了。青春期时，我又遭受到其他人的侵犯。这些过往影响了我对待男人的方式和对感情的看法，我讨厌性爱，而且觉得这个世界十分可怕。

——莉拉（29 岁）

我邻居家的孩子曾多次侵犯我。我没法把事情告诉我的父母或他的父母，因为我们两家的关系很好，这会毁了两个家庭之间的一切。

——杰恩（35 岁）

被控制的案例没有那么多，不过确实有许多男性在感情生活中遭到了精神虐待。如果你身边有男性朋友被虐待，请鼓励他大胆寻求帮助。许多男性因为害怕被嘲笑或者觉得自己应当忍受这一切而选择沉默。他们需要不带任何偏见的帮助。

在不健康的家庭环境中成长的孩子

首先，孩子可以感受到父母的关系出现了问题，即使他们还不能清楚地表达出来。"他只虐待我，没有虐待孩子"之类的想法是十分错误的。父母中的一方伤害另一方，就等于是在伤害孩子，因为他没有为孩子提供安全又快乐的家庭环境，还为孩子提供了错误示范。

在这样的环境中长大的孩子未来极有可能模仿父母的行为，要么伤害另一半，要么一味地忍受，还有一些人则会抵触结婚生子。此外，这还增加了孩子患心理疾病的概率，很多孩子还会有虐待动物的表现，而虐待动物往往是犯罪的先兆。

因此，当父母中的一方对另一方有虐待或控制行为时，受害者要做的不是隐瞒，而是带孩子一起去更安全的地方。幸运的是，孩子可以被改变，可以慢慢地从情感伤害中恢复过来，前提是不再生活在这样的环境中。如果你对这件事放任不管，不去处理，情况就不一样了。

💕 孩子的反应和表现

面对家庭中的虐待行为或控制行为，孩子可能会有如下反应和表现：

· 非常安静，试图在家中"消失"。
· 模仿施虐行为。
· 为了转移注意力、保护受害者而变得调皮捣蛋。
· 睡眠受影响。
· 尿床。
· 出现抑郁或焦虑症状。

· 学习成绩下降。
· 脾气暴躁，无端发怒。
· 无法和他人建立正常的友谊和健康的亲密关系。
· 无法理解他人、同情他人。
· 莫名其妙地出现某些疾病或身体上的疼痛。
· 逐渐对受害者不再尊重。
· 对女性或兄弟姐妹进行言语攻击或大打出手。
· 对施害者出现仇恨情绪。
· 开始酗酒。
· 习惯性地咬指甲、揪头发，甚至出现自残行为。

💕 童年时期受到家庭成员的虐待

有些人在成长过程中遭遇了家人的虐待，甚至直到他们长大成人，虐待仍在继续。这给他们的生活带来了极大的阴影。如果你遭遇过此种不幸，请寻求帮助。要知道，不管是让这些行为停止，还是从这些行为造成的伤害中走出都是有必要的，这种尝试什么时候开始都不算晚。通过寻求帮助，你可以掌握生活的主动权。对伤害你的人，你不必原谅，不必接受，也不一定要让他们道歉（施害者往往也不会觉得自己有错），治愈自己才是最重要的。你要认识到这一切都不是你的错，认识到你可以通过接受帮助拥有自由、健康的生活。真正的成功是不让自己的生活被毁掉。

儿童性侵害

可能对儿童或青少年实施性侵害的人不只有陌生人，还有可能是他们的家人、亲戚、朋友，或是学校、社区等场所中他们信任的人。

💕 帮助孩子保护自己

告诉孩子，对任何让他感到不舒服、恶心、厌恶的事情提高警惕。让他们知道，成年人在任何时候都不能跟他们进行性接触，不能给他们讲黄

性侵害

我曾经交往过一个年长的男性朋友，他想做爱的时候就得做爱，即便我不同意，他也会霸王硬上弓。他只顾自己，弄得我很疼，之后就独自离开。我不能理解他，我觉得自己很脏，并为自己感到羞愧。这件事过去很长时间了，我没对任何人讲过。

——吉尔（42 岁）

前任喜欢狂野型的性爱，每次都十分粗暴地对我。他之前因为犯强奸罪进过监狱，但我直到离开他之后才知道这件事。他像对待垃圾一样对待我。我被随意践踏，仿佛对自己的身体没有任何的支配权。这影响了我现在的性生活。

——莱恩（44 岁）

我还是没办法跟别人谈起那件事。

——希瑟（61 岁）

这么多年来我一直在接受心理治疗，但创伤后应激障碍还是很严重。我饱受折磨，但也一直在努力克服。

——洛鸟

我的前夫会强迫我跟他做爱，我要是不同意，他就打我，还掐我脖子，直到我晕过去为止。我觉得自己毫无尊严。后来我得了抑郁症，经常做噩梦，无法再相信任何人。直到现在我还在接受治疗。

——帕特里斯（26 岁）

他打过我，还跟我说"别乱动，贱女人，等我完事儿"。直到几年前，我才寻求帮助。我之前都没意识到他对我做的事是不对的。

——费莉西蒂（35 岁）

我在公交车上被人摸过。我当时真应该大喊大叫，让他难堪，这样他就不敢这样做了。

——妮科尔（32 岁）

我被丈夫强迫过很多次。于是我去参加自卫防身课程，用学到的技能狠狠地把他摔到墙上。之后，他再也没强迫过我。

——贝斯泰勒（56 岁）

我拒绝了朋友的兄弟，他因此受伤，还要求我去他家跟他说"对不起"。当时只有我们两人在他家，他强奸了我。我既气愤，又觉得非常丢人。我没寻求帮助，因为我不想让任何人知道这件事。

——凯蒂（35 岁）

大约 3 年前，我在一个聚会上喝多了，醉倒在了一个异性朋友的房间里，然后就被他强奸了。我感到既难堪又内疚。

——米米（30 岁）

大概 40 年前，我被两个男人轮奸了。他们没受到一点惩罚，因为我一直没举报他们。但我不再相信任何人了。

——莫琳（56 岁）

34 年前，我被一伙陌生人轮奸了。在警察局和法院时，我甚至无法向警察和法官用语言来描述我的经历。之后我去看了几次心理咨询师。可以确定的是这件事毁了我的生活。

——斯蒂芬妮（52 岁）

40 年前，我被 12 个男孩轮奸了。直到现在，我还在接受治疗。

——伊莱恩（53 岁）

我被强奸过两次，曾想过自杀。两次事件都是在我喝醉酒、体内酒精含量过高的情况下发生的。是我自己做了错事，所以我没想过获取

同情。因为过往的经历，我对男人失去了信任，也对自己的酗酒行为进行了反思（虽然有点晚）。

——莎伦（32 岁）

我当时只是喝多了酒，脑子有点乱，就发生了那样的事。我觉得自己就像垃圾。我努力学着忘记，对往事一笑而过。

——朱莉（36 岁）

被性侵后，我从没想过能获得他人的帮助。因为我一直酗酒，所以我觉得一切都是我的错。之后我有了经验，类似事件再也没有发生过。那件事对我影响很大，让我很难投入到正常的男女关系之中。

——凯特（41 岁）

16 年前，一个男人强奸了我。我一直没告诉别人，直到我发现自己怀孕了。幸运的是我的家人都理解我、支持我，后来我去做了人工流产手术。我从不后悔做这个决定。这件事让我变得更坚强，也让我知道我的家人是多么爱我。

——简（33 岁）

不接受任何指责

这不是你的错。你应该向身边的人主动倾诉，这样你就不用一直背负着这个秘密。还要积极求助，这样施暴者就不能借此控制你了。

——阿什（25 岁）

没有人"活该如此"。不管她穿多短的裙子，喝了多少酒，这都不是她的错。

——路易莎（22 岁）

我妈妈骂我是荡妇，我无法接受她的说法，这又不是我的错。

——萨拉（35 岁）

色笑话、看色情图片，而且一旦发生这种事情，要及时告诉你，不要替成年人保守任何秘密。此外，告诉孩子，不管发生任何事情你都不会生气，你会永远相信他们、帮助他们（要说到做到，如果孩子觉得你会生气、责罚他们，他们便不会向你吐露心事了）。

平时，要诚实地回答孩子提出的有关"性"的问题，帮孩子找到适合其年龄的答案。这有助于孩子弄清楚健康的、没有虐待或控制倾向的男女关系到底是什么样的，也会让他们更愿意对你敞开心扉。了解性知识并不意味着他们会过早地发生性行为，实际上，这反而会推迟初次性行为发生的时间，因为他们掌握了充足的性知识，不再觉得"性"很神秘，而且他们的自尊心也变得更强了。当某些事情对孩子而言不再神秘时，他们就能够坦然面对这些事。

跟踪

在感情中，跟踪是一种因过度关注某人而时刻监视某人，从而对被跟踪者造成困扰的行为。有些男性因无法接受前女友提出分手，便跟踪前女友。当然，女性也可能跟踪前男友。

有些人可能只是单纯地跟踪，想知道对方的动态。此时，被跟踪者可以和对方仔细沟通，从而解决问题。而那些跟踪成瘾的人可能患有人格障碍或其他精神疾病，他们不只会跟踪前任，还可能跟踪跟他们有过交集的人、明星，甚至只是偶然见到过的人。他们的跟踪行为还可能发展为威胁、暴力行为。跟这些人理性沟通基本上没用，他们应该接受专业的心理治疗。

如果你是跟踪者

刚分手时，你的脑子里装的全都是前任，很想知道他的动态，这种状态不是不能理解。但对大多数人来说，这种状态会逐渐过去，最终回归理性。如果你发现自己长时间失去理智，无法控制地想跟踪前任，而你又不想继续这样下去，那么你可以去找心理咨询师，请他帮助你渡过难关。

♥ 如何应对跟踪狂

有些跟踪狂对子女或恋人有很强的控制欲；有些跟踪狂具有反社会人格，非常偏执和自恋；还有些跟踪狂有暴力行为和犯罪记录，很容易被激怒。所以，大多数被跟踪的人需要别人的帮助，才能在跟踪狂对自己构成人身威胁前摆脱他们。

通常，试着唤起跟踪狂的理智并没有用处，切断与跟踪狂的联系也没有意义，跟踪狂自会寻找其他的方法找到被跟踪者。任何形式的主动联系都会被跟踪狂视为鼓励，从而助长他们的疯狂。但"什么都不做"也不行，被跟踪者一定要寻求帮助。

当你备受被跟踪的困扰时，你可以向警察求助。要带着所有证据去当地的警察局，不要表现出无所畏惧的样子，要让警察知道你非常害怕。你的目的是让警察明白这种跟踪绝对不只是骚扰，它非常有可能恶化成刑事案件。

下面是其他你可以采取的策略，它们可能有助于你摆脱骚扰和跟踪：

· 打开来电显示，把可疑人员的电话号码拉进黑名单，或办理一个新的电话号码，只将新号码告诉可信的朋友，并打开号码隐藏功能。
· 旧手机不要扔掉，记录所有的骚扰电话，保存所有的语音信息、短信或电子邮件作为证据。
· 定期清除电脑中存在的安全隐患，以确保你的邮件和其他信息的安全。
· 更换门锁，更改电脑密码、手机密码和银行卡密码等信息。
· 告诉你的朋友、家人和同事有人跟踪你，并且把跟踪狂的照片给他们看。
· 尽量和朋友一起外出。

· 如果跟踪狂长期骚扰你，带着证据去警察局报案，让警察正式警告跟踪狂，勒令其停止跟踪行为。继续记录并保留好跟踪狂持续进行不法行为的相关证据，并及时通知警察。

性侵害

"性侵害"这一罪名涵盖多种不同类型的犯罪，它既包括采用胁迫、麻醉等（准）暴力手段实施的极为严重的性犯罪（如强奸），也包括以非身体接触的言语挑逗、信息滋扰等非暴力手段实施的相对轻微的行为。

除了陌生人，**性侵害**的实施者也可能是受害者的丈夫、恋人或其他和**受害**者有关系的人，只要是未经受害者的同意，做出的违背受害者性意愿的行为，对受害者而言都是性侵害。相对的，双（多）方合意的（涉）性行为，即便违反法律或社会伦理也不是性侵害。此外，很多国家的法律明确规定了"性同意年龄"，即法律规定的个人可自主决定发生性交行为的最低年龄，比如中国刑法规定的性同意年龄为14岁。未达性同意年龄的未成年人，以及没有性防卫能力的智障人士或精神病患者对性交行为的同意无效。如果与这些特殊主体发生性交行为，无论是否达成形式上的"合意"，都被法律归入性侵害的范畴。

假如男性违背了女性的意愿，对女性实施了"插入式性行为"（仅指男性阴茎插入女性阴道的行为，即"性交"），就是对女性实施了强奸。强行对女性实施"性交"以外的性行为，就可能构成强制猥亵罪。

强奸是非常残暴的犯罪，这个过程常常伴随着言语威胁和身体伤害。轮奸是指两个或两个以上的人对一个人实施强奸。从施害者与受害者关系的角度看，强奸案件可分为两大类：陌生人强奸和熟人强奸。熟人强奸中，有一种类型叫作约会强奸。一般情况下，约会强奸的施害者和受害者之间大多是情侣关系，但也可能是朋友、网友等非情侣关系。约会强奸的常见手段之一是施害者用药物使受害者部分或完全失去意识，然后实施强奸。还有一种情况是，施害者利用受害者有意或无意间饮酒过多，直接醉倒的机会，对其实施强奸。

💔 未经同意的性行为

从法律角度来说，违背当事人的意愿包括当事人明确拒绝，当事人被强迫、强制并无法阻止，当事人被威胁恐吓而不敢拒绝，当事人因酒精或药物作用而失去意识。

发生未经同意的性行为时，施害者不一定会动手打人或使用其他暴力，也可能对受害者进行口头威胁、辱骂污蔑、情感勒索，比如，声称自己有权对受害者这样做，或者说"我知道你也想我这样对你"之类的话。

有时候，施害者对受害者口中的"不"或"快停下"充耳不闻，继续将受害者推倒、压在身下、脱掉衣服，诸如此类的行为都是未经同意的性行为。

还有一种情况是，受害者本来同意和对方发生性关系，但经过深思熟虑后又拒绝了对方。无论是从法律层面还是从道德层面来说，从受害者拒绝的那一刻起，施害者必须停止一切行为。如果在受害者明确拒绝后，施害者还是强迫受害者与其发生性关系，那也是违背了当事人的意愿，这种行为也属于未经同意的性行为。

约会中，也会出现未经同意的性行为，比如"约会强奸"。未经同意的性行为可能发生在同学、同事、朋友等不具有权力关系的熟人间，也可能发生在师生、上下级等具有某种权力或利害关系的熟人间。

没有人"活该如此"

不管受害者有没有和施害者发生过性行为，不管施害者是陌生人还是受害者的男友、丈夫，也不管受害者是不是衣着暴露、有没有喝醉，任何人都没有权力强迫受害者、侵犯受害者。性侵害是遭人唾弃的违法行为，被侵害不是受害者的错。

❤ 遭遇性侵害后如何寻求帮助

遭遇性侵害或者要举报性侵害事件，应拨打当地报警电话报警。

受害者可以把自己的遭遇告诉自己信任的人，请他们帮助自己完成以下事情：

1 向医生寻求帮助，进行检查，保留证据。

2 遭遇性侵害后，若有任何怀孕的可能（哪怕只是怀疑），一定要在 72 小时以内服用避孕药，避免怀孕（见第 442 页）。在事发三周后去医院做孕检，进行二次确认。

3 去医院检查是否感染性传播疾病。注意，口交和其他形式的性行为也可能导致感染。

4 考虑接受长期的心理咨询。很多受害者的亲身经历证明，长期的心理咨询能帮助受害者克服消极情绪，走出阴影。

如何帮助遭遇性侵害的朋友

先问朋友需要你做些什么，是实际的支持、倾听，还是建议或其他任何帮助。倾听朋友的要求，按照朋友说的做。

❤ 性侵害的影响

遭遇性侵害后，不管施害者是陌生人还是受害者认识的人，受害者都会受到非常大的伤害，她们可能会出现不同的反应，包括情绪崩溃、抑郁、酗酒、对自己产生厌恶感、对男人产生厌恶感、性交恐惧等。有些受害者在事情发生很多年后依然活在痛苦的阴影中，饱受困扰。专业的心理咨询师一般接触过很多类似的事件，受害者可以向他们求助。

性侵害和牙科治疗

很多遭遇过性侵害的女性很难躺在椅子上接受牙齿检查或治疗，因为这种"躺着不能动"的感觉会让她们想起曾经的遭遇，进而感到害怕、紧张。针对这种情况，受害者可以请朋友陪自己一起去看牙医，并请女性医生为自己检查或治疗。提前询问医生检查或治疗需要持续多久、都需要做什么也会有所帮助。

童年或青少年时期遭遇性侵害

童年或青少年时遭遇过性侵害的女孩会度过一段很艰难的日子，由于害怕、懵懂，她们无法向他人倾诉自己的遭遇，只能独自面对、独自疗伤。有些女孩把自己的遭遇告诉了父母，但得到的只有质疑或者敷衍，有些父母甚至会说"忘了这件事吧，我们一家子聚一聚，平复一下心情"。由于受害者年龄较小，即使和施害者当面对质，施害者也不太可能认罪或道歉，这对受害者也是一种伤害。父母平时一定要多关注孩子的情绪，如果发现孩子情绪不对，要及时予以关心。

与"性"相关的讨论

我才18岁，还是单身，我觉得自己还没做好发生性行为的准备。我觉得人们不应该把年轻时失去童贞视为一种成就。

——塔西（18岁）

我只和我未来的丈夫做爱，这是我的底线。我挺期待做爱的，这感觉一定会很棒。现在，我和男朋友经常谈论它，我们都对它充满期待。

——比安卡（20岁）

当我第一次和伴侣做爱时，我觉得那种感觉真是太棒了。我意识到了人们所说的"融为一体"是什么意思，性爱中的亲密程度真令人难以置信。

——贝弗利（53岁）

我只喜欢前戏带来的感觉，不太喜欢性交。

——琳达（35岁）

我完全赞成在做爱之前进行长时间的前戏准备，但有些人觉得前戏很费时费力。

——蕾切尔（28岁）

我希望人们能更多地谈论与性相关的话题，因为我觉得这些话题很有趣。

——梅维斯（44岁）

很奇怪，我生命中的大部分时间都被告知"性"是邪恶的，现在我做了妈妈，我感觉它并没有人们说的那么不堪。

——贝特（48岁）

我能控制自己的高潮。我的伴侣没有给我，我就靠我自己。

——特莎（30岁）

我喜欢性爱。

——芬（21岁）

前戏，前戏，前戏，重要的事情说三遍。

——格雷西（27岁）

说出你的需求。如果你不想做某事，就说出来。如果对方不高兴，那是他的问题，与你无关。

——凯特（22岁）

一个有技巧的情人会让做爱有很大的不同。他让我体会到了前所未有的快感。

——温迪（35岁）

我经常把性和爱情联系在一起。当我做爱时，我感到被需要和被爱。我认为，你越爱一个人，你们的性生活会越和谐。

——薇薇（53岁）

> 我很不好意思地承认，我这辈子从来没有高潮过。我一直在假装，好让对方快点结束。
>
> ——萨莉（32岁）

自慰的威力被低估了。现在我意识到我可以让自己快乐，我更加自信了，也不那么孤独了。

——安杰拉（24岁）

我喜欢自慰。

——洛蕾塔（44岁）

不得不承认，我和我的震动棒关系更亲密。

——罗兹（51岁）

我讨厌被口交！我和很多朋友讨论过这个问题，她们中的很多人也不喜欢。但是，当我让我的伴侣不要这样做时，他会生气，因为他认为这意味着他在这方面的技

很差。

——亚历克莎（28岁）

我唯一一次真正享受的性爱是通过口交完成的。这是我唯一一次体会到高潮的感觉。

——梅利莎（41岁）

我不太喜欢给人口交。我很容易呕吐，这让我很不舒服。

——斯蒂芬妮（36岁）

我很喜欢被口交。

——萨莉（45岁）

我希望男人能意识到大多数女人并不能通过性交获得高潮。他们认为女人有，是因为很多女人假装自己达到高潮了。

——希瑟（47岁）

我第一次达到高潮是在40岁的时候。之前的很多年我都在假装。

——贝蒂（50岁）

我发现我很难达到高潮，我必须非常努力地集中注意力。因为工作太忙，我甚至都懒得做爱。

——尼基（26岁）

我不能通过性交达到高潮。

——苏茜（40岁）

我花了一些时间才找到一个完美的伴侣，他会关心我是否达到高潮了。

——安妮塔（49岁）

你可以公开与孩子讨论性，这样孩子就能理解它的含义，并做出正确的判断。

——薇薇恩（48岁）

我不喜欢性爱。我需要花很长时间才能有感觉。

——杰玛（32岁）

性

　　为什么说性生活对人来说很重要呢？最主要的原因是性生活促进了人类的繁衍。除此之外，它也能给人带来愉悦的体验，尤其是当它发生在相爱的人之间时。适当的性生活对身心健康也有好处。但人不像很多动物那样会随机交配，人会等待那个对的人出现，不想怀孕的时候还可以采取避孕措施。

　　看明白了吧？"性"其实很简单。坦白说，性生活就是一种繁殖行为，但人的追求远不止于此，人还要体验其中的乐趣。不过，过多或混乱的性生活有损身体健康，它会让人身体乏力，还可能让人感染一些性传播疾病。也有一些女性很难享受到性生活带来的快乐，还对自己是否应该配合伴侣做一些令自己感到不适的姿势感到困惑。这也是我单独拿出一整节的篇幅来讲述与性相关的话题的原因。让我们开始吧。

为什么要了解"性"

女性应该主动了解，并勇敢谈论与"性"相关的话题。如果大家都闭口不谈，那么话语权就可能落在那些不懂得尊重女性的男性手里，他们会给女性灌输自己的那一套性理论，对女性肆意评论甚至贬低女性。还有一些心术不正的人专门利用孩子的性知识比较匮乏这一点，来对孩子实施诱骗和侵犯。类似恶行，数不胜数。

还有一个不争的事实是，许多夫妻之间性欲差别很大，且很多男性只顾满足自己的需要，根本不顾女性的感受，不美好的性体验让很多女性谈"性"色变。此外，也有一些性知识尚未得到普及，比如意外怀孕怎么办、如何防止感染性传播疾病等。大多数性传播疾病会威胁身体健康，也可能影响女性怀孕。我在后文讲了大量关于科学避孕和预防性传播疾病的知识。

自慰

自慰是一种自行刺激性器官、通过非性交的方式获得性快感甚至达到性高潮的行为。自慰本身对人体没有什么伤害，不仅如此，适度的自慰还有利于身心健康。相关领域的研究表明，适度的自慰能够帮人们减少压力，恢复精力，也不会影响备孕，更不会影响体能。对女性来说，自慰有利于女性找到自己喜爱的爱抚方式与感受方式；对从未有过性生活或在性生活中难以获得足够性快感的女性来说，自慰是一种获得性快感乃至性高潮、收获快乐的方法。不过，过度的自慰对身体有害。

女性除了可以通过刺激阴道展开自慰行为外，还可以对外阴（大小阴唇、阴蒂）、乳房等部位进行刺激，比如用手揉搓阴蒂四周、刺激乳头等。

自慰是一种正常的性行为，女性不必为此感到羞耻。女性可以使用让自己感觉良好的方式自慰，但前提是不影响他人，也不影响自己的身体健康。

性高潮

虽然许多女性觉得"如何达到性高潮"这一话题是老生常谈，但事实是，许多女性即使已经有了多年的性生活，却从未体验过性高潮。到底什么是性高潮呢？

性高潮是性唤醒过程达到顶峰的阶段，它能让人体验到一阵短暂且强烈的欣快感。在做爱过程中，并不是每个女性都会娇喘、呼吸急促，进而叫声逐渐高亢，到达性高潮时尖叫不止，尽情宣泄。也有些女性会克制自己发声。无论是哪种方式，女性在性高潮后都会感到一阵强烈的放松。

G点

有理论认为，女性阴道前壁上有一块敏感区域，该区域能极大促进性高潮的产生，这块区域叫作G点，是女性的性敏感部位。不过，G点并不是每个女性都有，有G点的女性在性交中往往快感更强，性高潮来得更快。对没有G点的女性来说，比起性交，刺激阴蒂更容易让她们达到性高潮。

男性性高潮

男性性高潮表现为射精。男性阴茎勃起时，尿道口会流出少许"爱液"，其中可能包含少量精子。当达到性高潮时，他们在感受到强烈的快感与极大的放松的同时，其阴茎会喷射出精液。正常男性每次射精量为 $2\sim6$ 毫升。精液中包含着精子，精子个头很小，必须借助显微镜才能观察到。男性每次射精时一般能射出数千万甚至是数亿个精子。

男性更容易达到性高潮吗

一些调查显示，在做爱过程中，男性比女性达到性高潮的次数更多（其中不包括通过自慰获得的性高潮）。不过，这并不意味着男性比女性更容易达到性高潮。只是因为一般来说，女性不像男性那样把"达到性高潮"视为每次性交必须完成的任务，也可能是由于女性碍于面子，很少说出自己的需求，不好意思指导男性该怎样帮助自己达到性高潮。

另一个原因是，通常来说，自慰或被伴侣抚摸、舔舐阴蒂是女性达到性高潮最简单的方式。在性交、肛交或其他形式的性行为中，由于阴蒂刺激不到位，女性往往很难达到性高潮。

不要假装性高潮

有些女性假装达到性高潮是为了终止无聊的性爱，因为她们既不想说出自己的需求，又很难在性爱中获得快感；还有些女性假装达到性高潮是为了让伴侣更兴奋。不管出于哪种目的，假装性高潮都没有好处，因为这样做既不能增进双方的感情或使双方更亲密，也不能提升伴侣的技巧，更不能使自己获得更多快感。其实，女性不妨直接说："要不今晚不要了？"或是说："我们要不要来点新花样？"

女性想要在性爱中达到性高潮，一定要放轻松，减轻双方的压力，还要勇敢地说出自己的需求。再强调一次，大多数女性需要在性交的同时刺激阴蒂才能达到性高潮。

口交

口交是指用口腔（包括唇、舌、齿和喉）接触伴侣的生殖器，并以此对生殖器进行刺激，这也是性行为的一种。大多数女性认为口交是一种可以避免怀孕的相对没有风险的性行为，但实际上，口交并不能避免性传播疾病的传播。还有一些女性觉得，虽然口交不是真正意义上的性爱，但可以作为拒绝性交时的备选方案。也有一些女性不喜欢口交这种行为，不管是给伴侣口交，还是伴侣给自己口交。我的建议是：保护好自己，确保自己不总是一个"给予者"，也不总是一个"索取者"。

处女时期

从理论上讲，处女指的是未经历过性交的女性。处女膜指的是阴道外口的一层中心有孔的薄膜，少数呈筛状或伞状。

初次性交时，如果处女膜出现破裂，女性会感到疼痛，并伴随少量出血（由处女膜破裂导致）。性交疼痛一般只出现在初次或前几次的性交过程中。

是不是处女与"处女膜是否破裂"没有关系。由于处女膜形态、厚薄各异，破裂的程度也会有很大差别。有些女性未曾有过性交经历，但由于其他因素（比如剧烈运动、必须接受某种医学检查），其处女膜破裂了。此外，少数女性初次性交时处女膜不会破裂。因此，不能单纯地因为女性的处女膜破裂了或性交时没有出血，就断定她一定有过性交经历。

"第一次"并不是女性送给男性的珍贵礼物，没有过性生活也不是一种特殊的、更为神圣或者更有道德的标志。一个在不知情或身不由己的状态下和别人发生插入式性行为的女性是无辜的，作为受害者，她们理应得到人们的关爱。有一些女性是在醉酒状态下被侵害从而失去了"第一次"的，对此她们常感到非常后悔，觉得自己身败名裂、抬不起头，但实际上这不能定义她们是什么样的人，她们也不应该承受"不是处女"的歧视。她们是受害者。我想对这些女性说的是：除非你自己在意，否则你是不是处女并不重要。

现如今，在某些文化中，歧视女性的现象仍然存在。与人们根深蒂固的偏见和对女性的歧视相比，"不是处女"并不是什么罪过。幸运的是，现在有越来越多的女性意识到对"不是处女"的女性的歧视是不公平的、错误的，她们维护自己权益的意识也越来越强。

认识阴茎

你可能不知道，很多男性对自己的身材与身体器官的重视程度丝毫不亚于女性。大多数男性对自己阴茎的大小、长度很敏感。

男性外生殖器包括阴茎和阴囊两部分。阴茎像一根香肠，是男性排尿、射精和性交的器官。阴囊是位于阴茎后下方的囊袋状结构，有色素沉着，其皮肤薄而柔软。阴囊分为左右两室，每室内含有睾丸和附睾等。睾丸呈椭圆形，通常两个睾丸高度不一。

包皮是位于阴茎颈前端，包住阴茎头的双层游离的环形皮肤皱襞。正常情况下，当阴茎勃起时包皮会后退。在男孩青春期，如果出现阴茎勃起时，仍不能露出阴茎头，但用手上翻包皮时能露出阴茎头的情况，即可诊断为包皮过长。包皮过长的男性想要小便时，还需要手动将包皮向后撸一撸。

不管男性的包皮是否过长，阴茎都应该得到适当的清洗，以保持局部清洁。包皮过长的男性如果不注意局部卫生，就容易得阴茎头包皮炎。由于性交时病菌会互相传染，因此该疾病也会影响到女性的健康。

阴茎勃起时，体积增大，质地变硬，硬得像里面长了骨头一样，其实这只是阴茎内海绵体充血导致的硬度剧增，这样阴茎才能进入女性的阴道。勃起的阴茎会以一定的角度向上挺立，有时候还会略微向左或向右弯曲。这时候女性千万不要试图将其摆正，否则男性会疼得大喊大叫。请放心，尿液和精液不会同时从阴茎的尿道口排出，因为男性阴茎的构造决定了排尿和射精必须分开进行。

阴茎有长有短。对阴茎尺寸不满意的男性可以咨询医生，征求治疗建议，但效果不一定理想。

安全的性生活

不管你与伴侣之间以何种方式发生性行为（如性交、口交等），哪怕只有一次，你们也要做好措施，确保安全。也就是说，必须想尽一切办法降低感染性传播疾病的概率，或避免怀孕（当你不想要孩子时）。

"双管齐下"

避孕药并不能阻断性传播疾病的传播。即便你服用了避孕药，你的伴侣仍然需要每次全程戴避孕套，这样能极大降低感染性传播疾病的概率，除非你能确保双方都没有性传播疾病且双方都没有和别人发生过性行为。

◤ 在发生性行为前讨论安全问题

很多女性在与伴侣发生性行为之前会因为害羞、怕尴尬等心态，不好意思和对方讨论避孕和预防疾病的措施。这是不对的。

不想怀孕的女性可以参考这一条建议：让伴侣全程戴避孕套。当伴侣阴茎勃起后，在阴茎接近自己的私处之前，女性就需要让对方戴上避孕套，因为勃起的阴茎在性交过程中也可以排出精子，因此，即使对方在最终射精之前就将阴茎从阴道中抽离出来，女性还是有可能怀孕。即便女性最近正在吃避孕药，也还是需要做好自我保护，避免因性交感染性传播疾病。如果对方说他不想戴避孕套，那就赶紧就此打住，一脸严肃地表明自己不能接受无套性交。记住，别听信对方的花言巧语。

使用避孕套时的注意事项包括：

· 注意避孕套的保质期。

· 不要使用长期放置在高温环境（如长期停在户外的汽车内）中的避孕套。

· 避孕套要现用现拆。

· 拆避孕套的内包装的时候，要小心不要用指甲或牙齿弄坏避孕套（这是避孕套出现破洞或裂口的常见原因）。

· 避孕套不要叠加使用，即一个套一个，这样做不仅不能提高安全系数，还容易导致两个避孕套都破裂。

· 男性在阴茎勃起、未靠近女性阴道之前，就要戴上避孕套。在戴之前，一只手握住避孕套，另一只手挤压避孕套前端的储精囊（即避孕套前端的小球状的突起），将空气排干净。然后，将避孕套顺着勃起的阴茎，从头到尾，边套边展开。

· 戴避孕套时，如果不小心戴反了，就把它丢掉，换个新的。

· 可在戴好的避孕套上涂抹一些水溶性润滑剂（如杜蕾斯K-Y人体润滑剂），以增加避孕套的润滑度。不要涂油性润滑剂，因为油性润滑剂（如凡士林、润肤霜）会溶解避孕套表面的某些物质，导致避孕套失效。

· 男性射精之后，要在阴茎还处于勃起状态时握紧避孕套，将阴茎和避孕套一起从女性阴道中拔出。如果阴茎恢复柔软后再从阴道中拔出，那避孕套可能会留在阴道里。

· 用完的避孕套要打一个结，避免精液流出。打完结的避孕套要扔进垃圾桶里，不要扔到马桶里。

· 一个避孕套只能使用一次。

全面排查，解除警报

在进行婚前检查或没有做完某些性传播疾病的全面排查之前，发生性行为时最好坚持做好保护措施，男性要戴好避孕套，这既能避免女性怀孕，也能降低双方感染性传播疾病的概率。

👉 避孕措施并非万无一失

想要避孕的女性需要严格按照药品使用说明书，正确服用避孕药，或正确使用避孕套。如果要不惜一切代价避免怀孕（比如女性正在接受药物治疗，该药物会导致胎儿缺陷），可以同时采取至少两种避孕措施。不过，要知道，采用任何避孕措施都不能做到百分之百不会怀孕。有报告显示，许多意外怀孕的女性在服用了避孕药、男性也戴了避孕套的情况下还是"中奖"了。

性传播疾病

性传播疾病是一组主要通过性接触传播的传染病，又称为性传播感染，简称性病。性传播疾病的病原体有多种类型，包括细菌、病毒、寄生虫、衣原体、支原体等，主要通过直接性接触传染，也可以通过被精液或阴道分泌物污染的衣服、毛巾等间接传染，还可以通过血液及胎盘传播。有时，它也可通过皮肤接触传播，比如当有伤口的皮肤碰到带有病菌的生殖器时，所以口交也有感染性传播疾病的风险。

某些性传播疾病会严重影响人们的生活，甚至造成死亡。但由于很多性传播疾病具有一定的隐匿性，很多患者可能会"只缘身在此山中"，即使早就得病了，还是浑然不知。在大多数情况下，在性交过程中使用避孕套能有效降低感染性传播疾病的概率。

👉 安全的性行为和信任

使用避孕套并非意味着不信任伴侣。双方中的任何一方都有可能在遇见另一方之前就已经感染了某种性传播疾病且自己并不知道，如果不注意，该疾病就可能在不知不觉中传染给另一方。

在我发起的一项调查中，很多受访者都将"安全的性行为"理解为"不怀孕就行"，对性传播疾病的了解甚少。很多性传播疾病有一定的潜伏期，在感染之后的一段时间内不会表现出明显的症状。所以，戴避孕套是在保护双方，而不是不信任对方。

◆ 感染病菌后的一些症状

由于女性的阴道会直接与手指、伴侣的阴茎等接触，因此有过性生活的女性很容易感染某些病菌。

许多病菌对女性造成的危害远比对男性的严重、复杂，某些病菌导致的疾病甚至能造成女性不孕。所以，千万要多加小心，一旦患病，不可碍于面子而不去看医生。感染的时间越长，危害就越大。

如果女性在发生无保护措施的性交后的几天、几周或几月之内出现了以下任意一种症状，那么不要耽搁，赶紧抽时间去看医生，进行检查。

· 性交时感觉疼痛。

· 小便时感觉疼痛。

· 阴道或肛门附近出现红肿、溃疡、小疙瘩、水泡，还伴有瘙痒等症状。

· 白带异常，如发黄、发臭、量大。正常情况下白带应该是少量的白色、无臭的黏性分泌物。

· 小腹胀痛，伴有（或不伴有）发热症状，这种疼痛断断续续，反反复复，不能自行消失。

· 腹股沟处的皮肤出现肿块。

有些女性在感染了某种病菌后没有症状，这也是很常见的。所以女性应定期去做全面的体检。如果一方被确诊了某种性传播疾病，另一方也要去做检查。如果女性看到伴侣阴茎上（或阴茎周围）长了疹子，或肛门附近出现肿块、红点、溃疡、水泡等时，千万不要和他发生性行为，也不要触碰他的阴茎，要和他一起去看医生，做一个检查。另外，如果伴侣的阴茎在未勃起状态下有液体流出，或他感到睾丸、腹股沟处有痛感，也要及时去看医生。

◆ 性传播疾病和自我意象

性传播疾病不仅对个人健康有严重的不良影响，还有很强的传染性，这就是为什么我一直强调要做好安全防护。在平时的生活中，一定要足够重视，杜绝性滥交行为，避免不洁性行为。如果你不幸"中招"，首先，要摆正心态，不要觉得丢人，这并不能说明你是一个什么样的人。其次，一定要及时就医，不要逃避，以免延误治疗时机。

此外，发现自己感染了性传播疾病后，你需要及时告诉与自己发生过性关系的人，让对方也及时去做检查。这可能会让你感到羞耻和屈辱，但如果因为有这样的感受就不去面对，就会对他人的健康造成影响，甚至影响更多的人。

◆ 性传播疾病的真相

非淋菌性尿道炎

非淋菌性尿道炎是什么

非淋菌性尿道炎是由淋病奈瑟菌（淋球菌）以外的其他病原体引起的一种性传播疾病。

如何感染

非淋菌性尿道炎主要通过性接触和母婴传播。

症状

女性患者中约有 70% 是无症状感染者，有症状者表现为白带异常（增多、色黄、有异味或带血丝），尿痛、尿频，性交后出血。

诊断

根据病史（性接触史、配偶感染史等），典型临床表现（男性以尿道炎为主，女性以宫颈炎为主）和实验室检查结果进行诊断。

后果

如果不及时治疗，病原体感染了子宫、输卵管等，会导致女性患盆腔炎，最终导致不孕不育。盆腔炎的症状包括腹痛、性交疼痛、月经量过多、发热等。

治疗

使用抗生素治疗，治疗期间应杜绝性行为。性伴侣应同时接受治疗。治疗后应进行复查。

如何预防

发生性行为时要全程戴避孕套。

生殖器疱疹

生殖器疱疹是什么

生殖器疱疹是一种由单纯疱疹病毒感染所致的炎症性、复发性的性传播疾病。单纯疱疹病毒有Ⅰ型、Ⅱ型两个亚型，Ⅰ型单纯疱疹病毒的感染部位主要为腰部以上，Ⅱ型单纯疱疹病毒的感染部位为腰部以下及生殖器。机体感染了这种病毒后，很难将其完全清除，因此这种病毒很有可能在机体中终生存在。生殖器疱疹具有反复性，尽管随着时间的推移，症状会有所减轻，但这种反复性会令人十分头疼。

如何感染

Ⅰ型单纯疱疹病毒主要通过密切接触传播，Ⅱ型主要通过性接触以及母婴传播。

症状

初次感染时，女性外阴、宫颈、肛周及臀部部位可能会起皮疹，并伴有灼痒、疼痛感。部分患者可出现发热、头痛、恶心等全身症状。皮损一般需18～21天才能完全消退。复发性的损害较局限，皮疹数量减少，无全身症状，一般7～10天可自愈，但往往反复发作。

诊断

根据血液检测结果或做疱液涂片等进行诊断。

后果

患者会终身饱受该疾病的困扰，尽管随后每复发一次，症状都可能较上次有所减轻。孕妇感染后可导致流产、早产、畸胎和死胎，也可致新生儿感染。

治疗

患者可服用抗病毒的药物或涂抹药膏以效降低复发概率，缓解疼痛、瘙痒的症状，但生殖器疱疹很难根治，反复发作的患者可注射丙种球蛋白、干扰素或转移因子等提高机体免疫力的药物。

如何预防

发生性行为时要全程戴避孕套。患者在发病期间应杜绝性行为。

艾滋病

艾滋病是什么

艾滋病是由人类免疫缺陷病毒（HIV）引起的一种性传播疾病，全称是获得性免疫缺陷综合征。人类免疫缺陷病毒能够破坏人体的免疫系统，使细胞免疫功能部分或完全丧失，感染者会因机体免疫力下降而出现多种机会性感染和肿瘤等病变。艾滋病发病后，病死率极高。

如何感染

人类免疫缺陷病毒的传播方式主要有以下三种：性传播、血液传播和母婴传播。传染源的精液、血液和阴道分泌物中含有大量病毒。吸毒者通过静脉注射毒品时，容易因共用针头而感染。病毒感染者即便正在接受治疗，仍能将病毒传染给其他人。

症状

有些患者不表现症状，即成为无症状的病毒携带者。有些患者初期会出现类似感冒的症状，如乏累、发热、咳嗽等。

诊断

血液检测。

后果

由于人类免疫缺陷病毒会摧毁人体的免疫系统，因此艾滋病患者会因为免疫系统无法抵抗一系列的感染，最终导致全身衰竭而亡。随着现代治疗手段的发展，艾滋病的治疗体系愈发细致健全，患病后，病人仍可能继续存活数十年。

治疗

目前尚无特效治疗。综合治疗措施有抗病毒、调节免疫功能、治疗机会性感染及卡波西肉瘤等。药物能够减缓艾滋病的恶化速度。

如何预防

规范性行为，严禁吸毒，严格执行输血规范，严格管理血液制品等。

淋病

淋病是什么

淋病是一种由淋病奈瑟菌（淋球菌）引起的性传播疾病，淋病奈瑟菌主要侵犯泌尿生殖系统，也可侵犯眼、咽、直肠、盆腔等部位。

如何感染

主要通过性交感染，也可通过接触被淋病患者分泌物污染的物品而感染。

症状

白带异常，尿道口红肿，尿频，尿痛。

诊断

涂片染色法等。

后果

若不及时治疗，可导致盆腔炎，进而引起不孕。

治疗

服用抗生素治疗。治疗期间应禁止性生活，忌酒。污染物应煮沸消毒。应与同住者分开使用洗浴用品。性伴侣应同时接受治疗。

如何预防

发生性行为时要全程戴避孕套。

梅毒

梅毒是什么

梅毒是由梅毒螺旋体引起的一种全身性慢性性传播疾病。

如何感染

通过接触有感染性的皮损或体液传播。也可通过胎盘传给下一代。

症状

几乎可侵犯全身各器官，并产生多种多样的症状和体征。也可能很多年无症状而呈潜伏状态。早期梅毒分为一期和二期梅毒。一期梅毒表现为硬下疳；二期梅毒表现为梅毒疹、黏膜梅毒、骨关节梅毒和眼梅毒。晚期梅毒（病期超过 2 年）的典型表现为内脏梅毒，累及心血管、肝脏、神经等。

诊断

取溃疡样本进行活检或做血液检测等。

后果

如果不加以治疗，至晚期可侵犯心血管和中枢神经系统。

治疗

常用青霉素治疗（需提前确认患者是否对青霉素过敏）。

如何预防

发生性行为时要全程戴避孕套。

滴虫病

滴虫病是什么

滴虫病是由阴道毛滴虫引起的常见的阴道感染性疾病，也属于性传播疾病。

如何感染

可通过性接触直接传播。也可通过洗浴、浴巾、坐厕及医疗器械等媒介间接传播。

症状

有些患者是无症状感染者。有症状的患者会出现阴道瘙痒、白带异常（白带呈黄绿色泡沫状、稀薄伴有腥臭味）的症状，小便时还会感到刺痛。

诊断

对白带或尿液取样，检测其中是否有阴道毛滴虫。

后果

若不加以治疗，可导致盆腔炎。

治疗

用甲硝唑（灭滴灵）或替硝唑治疗较为有效。

如何预防

发生性行为时要全程戴避孕套。注意个人卫生，特别是经期卫生。

性生活障碍

许多女性（尤其是刚有性生活的女性）在遇到性生活不和谐时，会觉得是自己出了问题。实际上，这不一定是女性的问题。遇到那种只顾及自己感受的伴侣时，性生活不和谐是很正常的，这没什么值得大惊小怪的。有些伴侣甚至连温柔的情话都不会说。如果对性生活不满意，可以选择和伴侣谈一谈，共同商讨一个解决办法。

伴侣不擅长做爱

"指导"一个好男人做爱要比和一个擅长做爱但品行不端的人生活在一起容易得多。女性可以多说点类似"对，就这样！""就是那儿""再快点""慢一点""小点劲""感觉好棒""好喜欢啊，继续，别停"这样的情话，以便让伴侣了解自己的感受和喜好。当对伴侣的表现不满意时，可以用"我好喜欢你刚才……""不然试一试……"之类的话来提出自己的需求，而不是总是说"停吧，我累了""你太差劲了"之类的负面、生硬的话语。

面对伴侣的细心指导，大多数男人会劲头十足地学习，以便让双方的性生活越来越和谐。

阴道干涩

女性受到性刺激，进入性兴奋状态之后，阴道会分泌具有润滑作用的"爱液"，以便阴茎进入阴道。如果太紧张，或者不够"性奋"，那么在性交过程中很可能出现阴道干涩的情况，这会导致阴道与阴茎之间的摩擦力增大，双方会感到疼痛，避孕套也可能会破裂。所以，如果感到阴道干涩，就赶快停下来。双方可以再多做一些前戏，或者使用水溶性润滑剂解决阴道干涩的问题。可以将水溶性润滑剂涂抹在阴道口或涂抹在避孕套的外层。注意，使用避孕套时要选择水溶性的润滑剂，因为油性的润滑剂会破坏避孕套的某些成分。

做爱时，不要在意自己的样子

一个好的性伴侣在做爱过程中不会在意对方的缺点（更别说有些缺点还是对方自己想象出来的），他会专注于更重要的东西——彼此的感受。许多女性因为担心自己看起来不够性感，在做爱时不喜欢让伴侣看着自己，无法全情投入。她们总觉得自己的身材和电影中展现的完美女性的身材相差甚远，担心自己对伴侣来说缺乏魅力。如果做爱过程中时刻关注自己的小腹是否收起，胸部是否够大，而不在意感受，那就无法真正放松，也无法体会到性生活带来的快感。

阴茎问题

有些男性射精很快，这会让双方感觉扫兴。

良好的性体验

对我来说，优质的性生活能让我感觉舒爽。性是人最原始、最根本的需求。

——梅拉妮（38岁）

我和伴侣的性生活十分和谐，尽管他已经走了20年了，但是直到现在，每当回味起来，我还是觉得意犹未尽。

——玛丽（59岁）

当你找到一个与你在性生活中无比契合的伴侣时，就会发现性生活真的会让人欲罢不能。

——卡伦（45岁）

我和老公每两周出去约会一次，其中做爱是必不可少的。我们每次都会好好享受这段无人打扰的"二人专属时光"。

——马德琳（40岁）

对于我来说，一次完美的性生活能带给我精神上的快乐体验，就相当于给我"充电"。

——安杰拉（24岁）

性生活对我来说是治头痛的良方，也是情感增强剂，还是全方位、低成本的欢乐氛围营造机。

——纳塔莉（27岁）

我太喜欢性生活了！有个放得开、约束少的老公，性生活的质量会更高！

——吉尔（44岁）

我很享受性生活带来的快感。我乐在其中。

——玛吉（50岁）

我第一次和老公做爱的时候，体验并不好。后来他知道了我的"口味"，也会考虑我的感受，所以我现在十分享受性生活。

——安妮（20岁）

老公每次都会确保我乐享其中，这也让我体验颇好。遇到这样一个不只顾自己感受的男人，真是难得。

——萨莉（27岁）

我对性生活真是"爱不释手"，只要男人知道顾及我的需求就可以了。

——薇姬（25岁）

我喜欢性生活。有个有趣的老公，真是"性"福不断，幸福满满！

——贝齐（49岁）

有一个知道换花样，而且控制欲不是太强的老公，性生活的质量会大幅提升。

——埃丝特尔（56岁）

性生活有无穷乐趣，我和老公都乐在其中。

——克里斯蒂娜（38岁）

我和老公的性生活每次都很和谐，尽管我们没有解锁很多方式，但我对我们现在的方式很满意，我老公也很满意。

——拉达（64岁）

我俩经常会用到震动棒，效果很明显，我每次都能达到性高潮。我们都感觉很棒。

——萝宾（34岁）

我们每次做爱都会解锁新姿势，这真让人心跳加速。我们会开诚布公地讨论对于"性"的想法以及自己喜欢的方式。

——莉莉（29岁）

我和新任老公的性生活非常和谐。我不会因自己肥胖的身体而觉得难为情。他很喜欢解锁新姿势，我很喜欢这一点。我们的性生活很和谐，双方的体验也不错。

——莉萨（45岁）

我喜欢和老公做爱。有时候，我们还会用震动棒、香料等来助性，这样做的体验真是太好了。

——卡拉

随着年龄增大，我也开始学着自私一点，为自己考虑考虑。想要生活多点浪漫，就要多点性爱。

——埃丝特尔（37岁）

尝试多种体位能提高性生活的质量，女性还可以借助震动棒达到性高潮。

——珂霖（38岁）

我们最近开始解锁更多技能，他给我买了一个震动棒。

——比利（49岁）

我喜欢！如果男性都能尊重女性的意愿和感受，那双方性生活的质量一定会提升！

——弗丽普（22岁）

我觉得自己应该挺喜欢性生活的，如果我还能想起来这到底是什么感觉的话。

——塔米（42岁）

性生活真是魅力无穷，只是有了孩子之后，想进一步解锁更多技能就比较困难了，我总担心我和老公亲热的时候，孩子会突然来敲门。

——克里斯蒂娜（38岁）

我和伴侣做爱时会使用一些小道具，还会看一些影片。我甚至会买一些衣服来增添情趣。

——弗朗西（23岁）

如果这只是偶然情况，那么双方可以尝试做出一些改变，比如让男性先高潮一次，再正式开始性生活。

还有些男性有勃起功能障碍。有这方面的困扰时，最好赶紧寻医问药。不要轻信那些吹得天花乱坠的广告，要相信科学，通过科学诊断来找出问题出现的原因。除了生理原因，紧张以及其他心理因素也可能导致勃起功能障碍，这种情况可以通过咨询专业人士来解决。

性交时感到疼痛

许多女性都遇到过性交时感到疼痛的问题。很多女性觉得这是一种正常现象，所以没有予以重视。这个问题要一分为二地看。如果是由摩擦导致的不适或疼痛，那么可以通过改善性爱技巧等方式来加以解决，比如增加前戏的时间。如果这样尝试了以后还是觉得疼痛，就可能说明身体存在或大或小的问题，应及时就医。

性交时感到疼痛会严重影响性生活的质量。性交过程中出现任何形式、任何强度的疼痛时，都应该马上停止性交。不要躺在那想"他马上就结束了"，这不是一件为了另一半必须选择忍气吞声的事情。双方要及时交流，这样才能明白发生了什么，进而找出问题所在。

性生活减少

在大多数婚姻关系中，性生活的频率会在结婚三五年之后有所减少，特别是在双方有了孩子之后。此时，双方不仅要忙于工作，还要应对家庭琐事，这会让双方都感到疲惫不堪，没有太多精力去过性生活。

有些心理咨询师认为，婚后两年是两性关系的转折点，标志着性生活"疯狂期"的结束，但这并非意味着一切结束了。性生活的频率在不同的阶段有所不同是很正常的事，不必为此沮丧或失落。

有些夫妻非常恩爱，但就是擦不出性爱的火花。面对这种情况，双方可以一起讨论，说出彼此的感受，尝试一点新花样，"性"致不高的一方可以告诉另一方自己的需求，以唤起"性"致。不过对很多夫妻来说，重获"性"福并不是一件容易的事，许多情况下，其中一方（甚至是双方）会觉得性生活非常无聊，甚至非常抗拒性生活。遇到这种情况，双方可以向心理咨询师求助。

当女性对"性"失去兴趣时

感到浑身乏累，不想在床上尝试新花样，脑子里想的都是睡觉；大脑被工作、各种家务和孩子的培训班填满；头痛难忍，想早点休息，明天好早起；最近真的提不起"性"致……处于婚姻关系中的女性几乎都会经历这些时期或有这样的感受。你要明白，出现这种情况实属正常，这并不代表你们的感情出了问题。如果你想改变现状，可以尝试一些技巧，让双方"旧爱复燃"，而不是到外面寻欢，或者表现出一副很排斥对方的样子。

当伴侣对"性"失去兴趣时

如果你的伴侣有这样的感受，你最好还是采取"咱们一起努力，携手迈向更美好的明天"的策略，而不要采取"问题都出在你身上"的策略来跟他沟通。首先，带他去看医生，做个全身检查，看看他是否有什么潜在的疾病。如果他身体健康，那就多关注他的生活方式和心理问题，酗酒、压力过大都可能导致"性致"减退。

改善性生活

像大多数事情一样，性生活也需要练习。双方应该轻松地谈论它，这样才能够找出各自喜欢的方式，让双方都拥有良好的性体验。

性生活障碍

我只希望性生活不要那么频繁，毕竟并非每次都很和谐。

——娜奥米（35岁）

我希望老公能再持久一点，他觉得我有这种想法对他而言是一种冒犯。

——克丽（30岁）

我患有子宫内膜异位症。这个病可把我害惨了，在性交时我时常会感到疼痛。

——萨斯（38岁）

是不是女性在性生活中觉得不适已经成了家常便饭了？

——苏珊（25岁）

我患有多囊卵巢综合征，所以我有时毫无性欲，好在伴侣很理解我。

——薇薇（28岁）

我喜欢性生活，如果不是每次完事儿后都很疼，我的感受一定会大幅提升。

——梅拉妮（29岁）

有一段时间，我每次做爱时都感觉很疼。我和伴侣开诚布公地谈了谈。歇了一段时间后，再次做爱时我的体验好多了。

——贝尔纳黛特（23岁）

我每次做爱时都很疼，但是我不愿意去看医生。

——萨拉（56岁）

做爱时，我总是心不在焉。

——索菲（28岁）

我做爱时总爱胡思乱想。

——海迪（29岁）

孩子们在外面的走廊嬉戏打闹，我们在屋子里"兴风作浪"，这样很难真正尽兴。

——凯茜（39岁）

我下班回到家后要照顾蹒跚学步的孩子、做饭、打扫屋子、准备第二天工作时要用的东西。这些都忙完之后，我才有时间想想性爱。

——帕特里斯（33岁）

当我告诉他我什么时候觉得舒服，什么时候觉得不舒服时（大部分时候我都觉得不舒服），他会觉得被冒犯了，还会很生气。

——埃米莉（24岁）

男人是不是都不懂得"磨刀不误砍柴工"的道理？他们都不知道寻求女性的指导吗？

——玛丽·路易斯（34岁）

我男朋友早泄，这让我很是烦躁。我从没有体验过性高潮。

——劳拉（21岁）

女性处于围绝经期时身体会不舒服。在此期间，还是降低性生活的频率比较好。

——帕姆（54岁）

我不敢和伴侣提出自己在性生活方面的需求。

——苏珊妮（45岁）

如果我老公体味更香，如果我没那么胖，如果我阴道没有那么松弛，那么我会很享受性生活。

——弗朗姬（49岁）

尽管我们在一起已经24年了，可他在性生活方面还是有点害羞。如果他能更积极地回应我，更放得开，那我们的体验一定会更好。

——薇姬（49岁）

我和丈夫之间已经没有性生活了。

——桑巴（47岁）

我不知道自己在这方面有什么需求。我很在意自己身上的赘肉。

——阿农（34岁）

他根本提不起兴趣和我做爱。

——科科（42岁）

我有时候挺享受的，但大多数时候没什么感觉。老实说，我嫁给了一个对我没有性吸引力的人。

——芭芭拉（58岁）

我真怕我俩正亲热得起劲儿的时候，孩子突然破门而入。很多时候，性生活需要"忘却自我"，全身心投入。

——帕姆（35岁）

如果你们性生活不和谐，那我建议你们不要继续在一起了。性生活很重要，不能轻易向现实妥协。

——奥德丽（32岁）

如果他什么家务活都不干，花我的钱，只顾自己快活，还从不说谢谢，那我怎么还会有性致和他做爱呢？既然男人不能把性与爱联系起来，那我们女人为什么要在无爱时还答应他们的要求呢？

——乔斯（27岁）

我一直都很享受性生活，但更多的，我会关注对方的技术好不好，这已经慢慢成了一个问题。该怎么和一个男人说他技术不好呢？

——海伦（62岁）

每次在老公面前达到性高潮时，我都觉得很尴尬。

——索菲（31岁）

尝试小技巧

如果你想在性生活方面做出一些改变，可以和伴侣沟通一下。如果双方都有这样的想法，可以做如下尝试：

· 正式开始之前，一起读一些刺激的大尺度故事。

· 一起看一些这方面的小电影，告诉他自己脑补出的令人面红耳赤的场景（你不需要情景再现，只是告诉他，看看他的反应即可）。

· 穿着性感的内衣。

· 营造一个暧昧的氛围，比如在卧室里点一支香薰蜡烛。

· 离开熟悉的环境，比如去酒店住一晚。

· 每周找出一天作为双方的"性爱之夜"。

如今，许多夫妻会在性生活中使用"情趣玩具"，如震动棒等。但我敢确定，大多数人在尝试了一些"情趣玩具"之后，还是会更喜欢来自真人的温度。

重视"前戏"

为了让性生活和谐美满，一般来说，双方都需要做些"前戏"以唤醒"性致"，比如通过刺激耳朵等敏感部位来让双方感觉良好。大多数女性早就厌倦了粗鲁的快餐式的性爱，甚至有很多女性觉得自己在性生活中纯粹就是为男性服务的。实际上，性生活是两个人的事，它需要双方一起投入、一起努力，这样才能让双方都享受到性生活的乐趣。双方可以一起商讨，一起解锁更多方式。

敢于拒绝

有一些男人总喜欢向伴侣提出要求，想让她们尝试一些她们可能不愿意做的事情。他们可能会采取如下方式力求达到目的：

· 哭闹打滚。比如对女方说："求你了，求你了，求求你。"

· 精神打压和控制。比如对女方说："别的女孩巴不得有这样的机会呢！"

· 道德绑架。比如对女方说："你不答应我就是不爱我。"

· 控诉、指责女方。比如对女方说："你真无聊。"

· 言语威胁。比如对女方说："你不答应我，我就去找别人了。"

· 肢体恐吓或胁迫。比如压住、绑住女方的双手等。

当伴侣提出某种你不能接受的需求时，你一定要遵从自己内心的真实想法，勇敢地拒绝伴侣的恳求或威胁。

性瘾

性瘾是一种个体有过多的强迫性性行为，对性行为形成严重依赖，性欲异常亢进，沉溺于性行为之中不能自拔的现象。患者为了性行为甚至可以牺牲任何其他事物，如家庭、朋友、金钱、事业、安全和健康等。性瘾最常见的形式是过度手淫，其次是性关系混乱，与多名异性发生性关系，且平时脑子里会不由自主地产生一些无法控制的性幻想或性冲动。私生活混乱、总想脚踏多只船，只会影响本人吗？它会对伴侣及家庭造成伤害吗？不管这些问题的答案是什么，性瘾都不应该成为任何人强迫他人发生性行为、把性传播疾病传染给他人的借口。

当然，性瘾是可以治疗的。性瘾的治疗方法主要是心理治疗，如精神分析疗法、行为疗法等。相比于男性性瘾者，女性性瘾者可能更容易在对爱的渴望和对性的需求之间挣扎。

此外，心理创伤（如受到虐待、被家暴）可能导致女性通过沉溺于性行为来缓解痛苦，这种逃避现实的行为也容易发展成性瘾。

避孕

避孕是采用安全套、口服药物等方法有计划

对"性"的兴趣和需求

我真的不知道，有了孩子之后为什么还要继续做爱。我到现在都还没弄明白。

——苏珊（56岁）

有时候，默默坚持到结束比争执不休更容易。

——夏兰特（43岁）

我特别讨厌广播里播的"在床上更持久"之类的烂广告。更持久并非质量优。在我看来，这样的宣传真是在误导年轻人。

——安妮（32岁）

摸着良心说，有多少女人是真正享受性生活的呢？

——玛格丽特（51岁）

他根本一点劲都没使，一点都没想着让我快乐。

——苏珊（33岁）

我无所谓，有或者没有我都行。我也不知道怎么改进性生活。

——萨姆（23岁）

怎么提高性生活的质量？首先，男人肯定得学会放弃"单枪直入、埋头冲刺"的模式，别只顾自己的感受。还有，让戴安全套就戴安全套，不要赘话。

——温迪（42岁）

我现在怀孕13周半了，可经不起折腾了。

——海伦娜（37岁）

我真的不喜欢做爱。无论什么方法都无法提升其质量。

——多米妮克（33岁）

他潜意识里装的都是"性爱不美好"的观念。

——德布（43岁）

如何提升性生活质量？对我来说，就是享受应有的快乐，学会在快感中放松，接纳快感。除此以外，还得找一个真正爱我、愿意给我快乐的男人。

——丽贝卡（39岁）

我希望性生活的频率更高，两人之间更亲密，老公对我更上心。

——凯茨（39岁）

双方结婚多年之后，性生活就不再是重中之重了。还房贷、装修、旅行度假等才是双方首先要考虑的东西。

——彭妮（51岁）

我老公很好，我对现在的性生活感到很满足。

——利兹（26岁）

我四年前就没有性欲了。

——莉莉（53岁）

我不是很喜欢性爱，除非是在排卵期。

——唐娜（38岁）

服用完避孕药后，我真是性欲全无。

——卡伦（27岁）

相比于性生活，如果老公能帮我做点家务活，我的心情会更舒畅。

——海伦（28岁）

我一直都非常喜欢性生活，但我自始至终都没遇到那个和我在性生活方面很合拍的男人。

——安娜（31岁）

我觉得自己已经老了，该对性生活失去兴趣了，但实际上，我有时候还是欲求不满。

——简（48岁）

我喜欢性生活，而且随着年龄越来越大，喜欢的程度越来越深。我感觉它能让人变得自信，能够使夫妻双方更高效地沟通。每次我都会彻底放松，慢慢享受。

——瓦妮莎（45岁）

由于年龄问题，这几年我的性欲直线下降。

——汉娜（62岁）

许多夫妻对于性的需求差别很大。性方面想要和谐很难，有没有帮助夫妻沟通的渠道呢？

——凯莉（39岁）

为什么那些男人要让自己更持久？女人真的喜欢更持久的吗？我不信。

——玛格丽特（50岁）

我讨厌性生活，也不知道如何提升其质量。我觉得性生活给我的体验很不好。

——克里斯（26岁）

我俩当中，是我老公提不起"性"趣。他不告诉我具体的原因。我不知道这是为什么。

——卡米尔（38岁）

我非常喜欢性生活。随着年龄越来越大，虽然性生活的质量不如从前，但我们会想些别的办法来增加性生活的趣味性。

——苏珊妮（65岁）

我觉得相比女性而言，男性更需要性。

——苔丝（47岁）

我老公和我做爱时，只考虑自己的感受，完全不会顾及我。久而久之，我也懒得跟和他谈这件事了。

——姬蒂（47岁）

地安排生育时间和控制生育次数的措施。停止措施后，机体仍能恢复生育能力。避孕使生育变得可控，可保护女性免受人工流产带来的身心伤害，提高育龄女性的生殖健康水平。下面列举的一系列内容可能对不想怀孕的女性有帮助。

每月的"安全期"

许多女性认为只有在排卵期发生性行为才有可能怀孕，除了排卵期，其他时候的性行为都很"安全"。但实际上，这种想法是不对的。首先，男性射出的精子能够在女性体内存活数天，存活期间，一旦遇到卵细胞，就有可能与之"汇合"，这意味着发生在排卵期前后几天的性行为都可能导致怀孕。其次，虽然排卵期一般出现在两次月经中间，但女性时常会遇到月经周期不规律的情况，因此是否已经排卵是很难确定的事情，而且当女性内分泌紊乱时，还存在一个月排两次卵的可能。也就是说，在两次来月经之间的任意一个时刻，女性都有可能怀孕。虽然月经周期规律的女性可以通过测量阴道分泌物及阴道温度选出"安全"的性交时间，但这种避孕方式很不可靠（即便月经周期非常规律）。总而言之，如果不想怀孕，还是乖乖地做好避孕措施吧。

年纪多大就不能生育了？

通常来说，女性进入绝经期后就不能生育了。在最后一次行经后，月经停闭一年以上，才算进入绝经期。所以，不要在月经几个月没来后就觉得自己绝经了。在结束了最后一次月经之后，在接下来的一年时间里还是要做好避孕措施，在正式进入绝经期、卵巢功能完全衰退后才可放松。

避孕套

避孕套的作用可谓"一箭双雕"，它既能避免意外怀孕，又能帮助人们降低感染某些性传播疾病的风险，但前提是正确地使用避孕套。可以参考第 430 页至第 431 页"在发生性行为前讨论安全问题"部分，获取使用避孕套的注意事项。只要使用方法正确，使用避孕套避孕的成功率可达99%，甚至更高。

避孕药

使用避孕药是女性较为信赖、使用频率较高的避孕手段之一。女用避孕药按给药途径可分为口服、注射和外用三类。口服或注射类避孕药大多是将雌激素与孕激素按照一定的比例配制而成的，其作用机理是通过抑制排卵、改变子宫颈黏液性状、改变子宫内膜形态和输卵管功能等，让"胸怀大志"的精子没有"用武之地"，从而达到避孕的目的。外用避孕药常有较强的杀精子作用，一般制成片剂或栓剂后放入阴道内，单独使用时，其避孕效果常常不够令人满意，最好与其他避孕方法配合使用，以便提高避孕成功率。

避孕药的发明实属伟大，它极大地改变了女性的生活。但是，避孕药也有一些副作用。就像吃任何一种药或采用任何一种治疗方法一样，还是得把效果与风险都搞明白，掂量清楚利弊后再使用。患有某些疾病或在哺乳期的女性要慎用口服避孕药。此外，研究显示，雌激素可能与血栓性疾病的发生和发展密切相关，所以服用或注射避孕药前，请向医生详细说明自身情况，谨遵医嘱。

口服避孕药的成分

有的口服避孕药单纯由孕激素配制而成，有的则是由雌激素和孕激素配伍而成的复方制剂，比如复方短效口服避孕药。雌激素成分主要为炔雌醇，因孕激素成分各不相同，可构成不同配方及制剂。

口服避孕药可能带来的副作用

统计数据显示，经过长年的研究和改良，目前市面上的口服避孕药的副作用已经比较小了，当然，副作用依然是存在的，在每个女性身上的表现也不一样，毕竟服用避孕药的女性人数众多，每个人的体质和情况都不一样。口服避孕药可能带来的副作用包括：

· 乳房胀痛。
· 乏力。
· 头晕。
· 恶心、食欲不振。
· 体重增加。
· 性欲减退。
· 白带增多。
· 色素沉着。

其中某些症状（如乳房胀痛、恶心、乏力等）一般会在服药2～3个月后自然减弱或消失。如症状未能自行消退，请及时就医。

口服避孕药何种情况下会失效

· 不严格按照使用说明书服用时。
· 呕吐时。
· 腹泻时。
· 服用抗生素时。由于许多抗生素会与避孕药中的有效成分相互作用，因此同时服用抗生素和避孕药容易使避孕药失效。如果需要服用抗生素，一定要告知医生自己正在吃避孕药，以免某些抗生素干扰避孕药的药效。在服用抗生素期间以及之后的一周内，发生性行为时都要使用避孕套。

紧急避孕药

不想怀孕的女性在发生无保护性行为后，可服用紧急避孕药。紧急避孕药的作用机制是抑制排卵、阻止卵泡发育以及抗着床。如果卵巢已经排卵，紧急避孕药便会阻断受精卵的着床。被阻断着床的受精卵会随着下次月经一起排出体外或被身体吸收。

在发生无保护性行为之后越快服用紧急避孕药越好，最好在事后72小时之内服用。如果能在事后24小时之内服用，避孕成功率一般可达95%。

服用紧急避孕药之后可能会出现恶心、呕吐、不规则的阴道出血或月经紊乱的反应，这是因为短期摄入了大剂量激素的缘故。只要症状能自行消退，就无须太过担心。

要注意的是，紧急避孕药并不是100%有效，如果不想生孩子，最好还是在发生无保护性行为三周后去医院检查一下自己是否怀孕。多服或同一周期多次服药不能提高避孕的成功率，只会增加不良反应的发生率和严重程度。

另外，不要觉得吃了一次紧急避孕药之后，再发生性行为时就可以不用再采取避孕措施了，紧急避孕药只能对已发生的一次无保护性行为起作用。也不要觉得既然事后可以吃紧急避孕药，就可以放心地进行无保护性生活。实际上，从保护女性身体健康的角度出发，发生性行为时戴避孕套是最理想的避孕方式，因为这种方式不仅能避免意外怀孕，也能降低感染性传播疾病的风险，还能规避避孕药带来的副作用。

怀孕

更多与怀孕相关的内容，如是否想要怀孕、应选择何时怀孕、意外怀孕怎么办等，请参考第五章第四节《关于怀孕，你需要知道的一切》。

◆ 皮下埋植剂

皮下埋植剂的外观类似白色的塑料短棒，其有效成分为孕激素。常见的有单根皮下埋植剂和多根皮下埋植剂，比如依伴侬（通用名：依托孕烯植入剂）就是一种单根皮下埋植剂，它的有效期是 3 年，也就是说植入后可避孕 3 年。皮下埋植剂需要女性在局部麻醉的状态下，由专业的医生将它植入上臂内侧的皮肤下面。如植入之后出现任何问题，医生可随时将其取出。如果要使用这种避孕措施，请先向医生详细说明自身情况（包括有无疾病、是否处于哺乳期等）。

皮下埋植剂的优点

· 安全、高效、简便。

· 长效，植入一次，受用好久。

· 可逆，如果出现任何问题，可随时取出。取出 1 年后，生育力可恢复至同龄不避孕的女性的一般水平。

关于皮下埋植剂的注意事项

· 皮下埋置剂无法阻断性传播疾病的传播。

· 有研究表明，60% ～ 70% 的女性植入皮下埋植剂后会出现月经紊乱的情况。

· 植入皮下埋植剂的其他副作用包括头痛、腹痛、体重改变、乳房触痛、情绪变化、痤疮加重等。

长效避孕针

长效避孕针是由雌激素和孕激素配伍或单纯由孕激素配制成的女用避孕注射剂。制剂类型有油剂、微晶混悬液等。商品名为狄波－普维拉（醋酸甲羟孕酮注射液，DMPA）的注射避孕药就是属于微晶混悬液的长效避孕针型。长效避孕针通过肌肉注射后，药物会贮存于局部，然后缓慢释放，以发挥长效避孕的作用。避孕效果通常为 1 ～ 3 个月，失效之后可以再次注射。不同的长效避孕针有不同的注射频率，所以要遵医嘱。

长效避孕针最常见的不良反应是月经周期紊乱。比如，注射狄波－普维拉之后，在药物有效

期结束之后，机体还需要花费一些时间才能恢复正常的排卵及正常的月经。如果要使用这种避孕措施，请先向医生详细说明自身情况（包括有无疾病、是否处于哺乳期等）。

长效避孕针的优点

· 避孕时间相对较长。

· 使用方便，效果可靠，避孕成功率高。

关于长效避孕针的注意事项

· 长效避孕针无法阻断性传播疾病的传播。

· 注射长效避孕针的副作用包括乳房胀痛、情绪波动大、月经周期紊乱等，还可能导致骨质疏松，这些症状要等到避孕针失效之后才会逐渐缓解。

· 必须记得每隔一段时间就要注射一次。

宫内节育器

宫内节育器是一种放置于女性子宫腔内的避孕装置。避孕高效的曼月乐（左炔诺孕酮宫内节育系统）大概有拇指般长短，由一个小巧、柔韧的 T 型塑料框架构成。将曼月乐放入子宫后，存放在垂直管中的孕激素会定量释放，阻止精子与卵细胞结合，它的有效期是 5 年。如果使用后又有怀孕计划，可以将其取出，一段时间后即可恢复生育能力。

还有一种宫内节育器是含铜宫内节育器。铜离子可以减弱精子活性，具有较强的杀精作用。

对大多数女性而言，以上两种节育器的副作用都比较小，但具体情况还是因人而异，相关问题还是要咨询妇科医生。另外，这两种方式都不能阻止性传播疾病的传播。

阴道隔膜

阴道隔膜又称子宫帽，是一种小型圆帽状乳胶制品，外观看起来像小碗。在发生性行为前将它

你多久做爱一次？

● 不是很频繁，大概两周一次。

● 一天一次，有时候还会一天两次。

● 排卵期一天三次。

● 我已经六年没有性生活了。

● 过去的六年时间里，一共有三四次吧。

● 大概一个月一次。

● 一周五次。

● 一年都不一定有一次。

● 几乎没有，我老公没有什么能让我"性"致大增的地方。

● 一月一次。

● 我老公觉得不够多，而我觉得吃不消。

● 一周一次。

● 按年计算，数得过来。近几年，随着家务越来越多，性生活的次数逐渐降低到零。

● 已经三年没有了，因为从我怀孕后，他就对我心生畏惧。

● 之前挺频繁的，但我们现在都有五个孩子了。

● 年龄和疾病把我的伴侣的性欲消磨得越来越少。

● 星期六、星期日都是一天两次。

● 已经十一年没有了，我自己一个人要拉扯四个孩子。

● 我好像没有性欲了。

● 每周自慰一次。

● 从没有过性生活，我老公有勃起功能障碍的问题。

● 在假期期间，频率很高。

● 一周一到四次。

● 上一次还是八年之前。

● 距离上一次已经有十一个月两周零四天了……时长还在增加。

放入阴道内，可将宫颈口挡住，使精子不能进入宫腔，从而达到避孕的目的。阴道隔膜必须型号合适、放置正确才能有效避孕。所以，在使用阴道隔膜前，首先要做妇科检查，根据阴道大小选择合适型号的阴道隔膜，然后在医生指导下学会放入和取出的方法，并问清楚使用时的注意事项。

杀精剂

杀精剂是具有灭活精子作用的一类化学避孕制剂，有栓剂、片剂、胶冻剂、凝胶剂等几种不同的类型。在性交前将其放入阴道内，可发挥避孕作用。为提高避孕成功率，杀精剂经常搭配阴道隔膜一起使用。要注意，杀精剂不能有效阻断性传播疾病的传播。

绝育手术

男性绝育手术是输精管结扎手术。女性绝育手术则是输卵管结扎手术，通俗讲就是把输卵管人为堵住，这样可以永久性避孕。相比于怀孕和分娩，男性绝育手术操作简单，痛感与分娩时的痛感相比也只是"洒洒水"的程度。

发生性行为后清洗阴道能避孕吗？

在精液进入阴道之后清洗阴道并不会杀死精子，因此这种避孕方式的成功率较低。另外，事后清洗阴道也不能阻断性传播疾病的传播。

月经不规律还需要采取避孕措施吗？

不要想当然地认为月经不规律就不能怀孕。即便由于体重过轻、临近围绝经期或其他问题导致月经不规律或有段时间没来月经，但只要能够正常排卵，女性就有可能怀孕。因此在月经不规律期间，发生性行为时仍然要采取避孕措施。另外，如果月经长时间不规律，要及时就医，查找月经不规律的原因。

体外射精能避孕吗？

体外射精是指男性在射精之前就将阴茎从阴道中拔出，将精液射到体外。这种做法看似可以避孕，但实际上失败率较高，因为大部分男性在射精之前，其阴茎会流出少量精液。此外，男性也很有可能拔出阴茎不及时或一时"忘乎所以"而忘记拔出。而且，体外射精也不能阻止性传播疾病的传播。

第九章

工作与家庭

关于学习

有一天，我突然决定开始追梦，不再拖延，所以我现在正在读大学。

——克丽丝蒂（27岁）

生完第三个娃后，我改变了自己的人生轨迹。我修读了一门课程，这使我能够找到一份工作，在婚姻中做到经济独立。

——黛西（65岁）

我重返校园，读完了高中的课程，现在正考虑大学读法律专业。

——凯西（26岁）

我读研究生时，还经营着一家商店，商店生意还不错，每周有六天营业。与此同时，我还照顾着三个孩子。现在想想，那时真是忙得不可开交，但拿到硕士学位仍然是我最自豪的成就之一。这激励我在60多岁时去攻读并最终拿到了博士学位。我现在还在不断学习，寻找自己想要尝试的课程。

——萝宾（69岁）

我重返大学校园，攻读社会工作硕士专业学位。我比大部分同学有经验，也得到了很高的分数。这让我感觉良好。

——维维安（53岁）

高等教育让我有机会接触到自己感兴趣的行业，帮助我搭建人脉关系。搭建人脉关系和学习一样重要，甚至可以说比学习还重要。

——卡拉（25岁）

我高二时就辍学了。我当时住在农场里，在农场工作了一段时间，随后又去了银行工作，接着结婚生子。再后来，我在我女儿上大学的那一年，也进入大学学习。最后，我成了一名美术老师。只要想做，什么时候开始都不算晚。

——琳达（69岁）

我年轻的时候没读大学。等我老了，我可能会读大学。

——劳雷尔（42岁）

对我来说，大学阶段是完美的，它帮我实现了从懵懂到成熟的过渡，让我有足够的时间想清楚我到底想要做什么，还让我发现了自己对哪些东西感兴趣。

——克莱奥（23岁）

人到中年，我决定改行：从法律行业转到出版行业。我先参加了一次为期六个月的职业培训，后来也算足够幸运，顺利地在一家出版公司就职。现在我每天都会用到培训课上学到的知识。

——妮科尔（44岁）

> 我女儿将成为她父亲一族的大家庭中第一个完成高中学业的人。
>
> ——埃玛（37岁）

虽然我的研究生学历并没有给我带来更高的收入，却让我遇到了许多优秀的人，接触到了各种各样奇妙的想法。我感谢自己接受的教育，它给了我进步的机会，是我最大的资本。

——伊丽莎白（24岁）

学上一个专业时，我很痛苦，我感觉自己犯了一个错误，选错了专业。我很害怕，不敢告诉我的父母。后来我转了专业，现在我成绩越来越好，对未来充满信心。

——埃玛（20岁）

我大学时学的专业是一个比较新的专业。有时候我会想当初应该选一个比较传统的专业，比如法学。

但同时我也意识到，那段学习经历让我能用与众不同的视角去观察世界。

——斯蒂芬妮（41岁）

38岁那年，我放弃了安稳的工作，毅然决然地重返艺术学校学习。这使我的生活更加多姿多彩。后来，我找到了适合自己的工作，结识了许多志同道合的朋友，这些朋友是我的灵魂伴侣。

——加布丽埃勒（50岁）

在我看来，高等教育是终身教育的一部分。我赞成中年人等孩子们长大后再"回炉重造"，返回大学继续学习，也许是为了进一步深造和职位晋升，也许仅仅是出于兴趣或保持脑细胞的活跃。

——约瑟芬（37岁）

我家没有出过大学生。我父亲表示不会供我读书。我当时也不知道可以申请助学贷款。我总是设想，如果当时读了大学，我现在的生活又会是什么样的呢？

——萨沙（46岁）

我修读了一门与创意领域相关的课程。该课程为我提供了结交志同道合的朋友、培养特定技能的宝贵机会，不过课程强度比较高。要不是修读了这门课程，我也无法在喜欢的行业找到工作。

——埃伦（21岁）

我朋友的父亲曾试图阻止她去师范大学读书。这位父亲还说她"做个打字员就可以了"。

——萨拉（44岁）

人们总是说我学得太多了，但我并不觉得自己学到头了。

——简（43岁）

职场二三事

选择一份职业时，你主要考虑的是工作内容，还是薪资水平？你会选择全职还是兼职？如何能做到与男同事同工同酬？被解雇了怎么办？如果老板对你的态度很奇怪怎么办？你有过转行的想法吗？如果有的话，你具备相应的资质吗？你能通过上短期培训班掌握从事新行业需要的技能吗？你是喜欢在一个领域深耕，还是喜欢频繁换工作？

和大多数女同胞一样，我总是想有三头六臂，以便同时做好多事情。在这一节中，我们将探讨与学习、工作等有关的事情。让我们开始吧。

如今，学习的方式可以说是五花八门，除了考入大学，继续深造，你也可以一边工作一边学习，比如在工作之余接受网络远程教育、职业培训等。学习并不意味着你一定要获得一大堆学位证书（当然，如果你想的话也可以这样做），平时坚持读书、看纪录片、看新闻节目，参加应急救援培训以提高自己处理突发状况的能力，或者上厨艺课、拉丁语课、插花课、汽修课、艺术鉴赏课、音乐课等来提高自己的生活技能与素养，等等，这些都是学习。你所做的一切不仅能充实思想、开阔眼界，还能增加你与他人交流的机会，扩大朋友圈。

如果你一直想学点什么，那么别犹豫不决，现在就去大胆尝试吧。如果手头不宽裕（现在想要学点什么，花费也确实不小），你可以先找一份薪水还不错的工作先做着，也可以关注社区提供的一些学费低的课程，还可以留心相关的政策，看看能不能申请到助学金。请不要在尝试之前就轻言放弃。

学习的目的因人而异，有些人是为了乐趣而学，有些人是为了事业发展而学。不管是出于什么目的，都一定要选自己感兴趣的。学习不应该是一件苦差事。

职业培训

职业培训是对即将就业者、在职工作者所进行的技术、技能训练，以使他们适应相关岗位的技能要求。培训形式包括课堂学习、实地操作等。职业培训可以帮助人们提升职业技能，使个人在职场中更具竞争力。

大学

大学的课程包括基础课程、专业课程、实践课程等。大学阶段的培养方式可分为全日制和非全日制两种。你可以按部就班地在高中毕业后进入大学深造，然后进一步攻读相关专业的硕士、博士学位，也可以在大学时或者考研时选择转专业，从零开始，研究其他自己感兴趣的领域。如果你目前是在职状态，想进行深造时可以先咨询公司的人力资源部门，看看是否有报销政策，哪怕只报销一部分费用也很好。在一些国家，接受学历（学位）继续教育的支出，以及接受技能人员职业资格继续教育、专业技术人员职业资格继续教育的支出，可以按照一定的标准参与个人所得税专项附加扣除。

即使没有完成高中学业，也不意味着不能上大学。你可以通过参加成人高考、自学考试等进行深造。如果你不想参加考试，可以去大学旁听，有些大学允许非在校生旁听，前提是你得知道这些课程的地点、时间，听课时不捣乱、不起哄。你也可以去听一些讲座，很多针对大学生的讲座适用面都很广。你还可以去学校的图书馆学习，有一些大学的图书馆允许校外人员在支付年费后借阅图书。还有一些大学会提供在线课程和远程教育项目，它们可以让你在家中就获得类似课堂学习的高质量教育。

艺术创作

许多人从小就喜欢进行一些艺术创作，比如做手工、写作、作曲等，在他们看来，这是他们跟世界互动的方式，长大后他们会继续保持这种乐趣，继续这方面的学习。也有一些人喜欢欣赏别人的艺术作品和表演，并发表评论，写一些评论文章。还有一些人经过一番思考后，想学一些与艺术创作有关的课程，但又怕自己天资不够而白白浪费时间和金钱。其实，艺术创作很简单。如果你想进行一些艺术创作方面的尝试，可以从现在开始，在朋友生日时，为朋友亲手制作贺卡，或者是和朋友约好，每个月的第一个星期日都一起做手工。

职业选择

有些人选择某个行业后，就一直在这个行业深耕；有些人则认为一直做一份工作很无聊，所以经常换工作，尝试各种各样的新鲜事物。是从一而终，还是广泛尝试？这与个人性格、环境以及追求有关，与对错无关。不管怎么说，不论对什么年龄段的人来说，"因为我当初不敢放手一搏，所以最终错失良机"这样的话才是最令人扼腕叹息的。

决定从事哪一行前，首先需要做的是弄清楚自己想做什么。这听起来简单，但做起来很难。很多人其实没有机会拥有属于自己的"事业"，他们只是接受他们能得到的工作，然后尽可能多地赚钱。当然，最理想的情况是又能做自己喜欢的工作，又能赚到钱。为了钱而工作无可非议，你可以为了赚取更多的钱而设定目标、做好规划，并一步步实现它，"有野心"并不是贬义词。

你可以参考本页右栏中的内容，来确定自己想做什么、能做什么。一旦确定了目标，就可以找这些领域的业内人士聊一聊。如果不认识相关领域的人，可以利用人脉关系，问问亲戚朋友是否认识相关领域的人。不要害怕，很多人都非常乐意与那些对自己从事的领域感兴趣，并考虑进入这一领域的人交谈。

🕐 是继续深耕还是另谋高就

人不应该被过往的经历限制。如果你想挑战自己，或是发现自己不喜欢目前从事的工作，你可以选择跳出舒适圈，换一个领域发展，给自己的生活按下重启键。尝试按照自己的想法生活，勇敢追梦，同时，尽可能多地获取建议，得到帮助。人生只有一次，要相信自己可以从头再来，不要放弃"我想闯一闯"之类的念头。

寻找工作

找工作（不论是全职还是兼职）时，你需要考虑以下几个问题：

· 你内心想做什么？先不要理会父母或伴侣希望你做什么，也不要考虑哪个行业待遇更好，问问自己什么是自己发自内心想做的。

· 你适合做哪些工作？你有哪些职业资格证书？或者说你最有可能获得哪些职业资格证书？

· 如果想尝试新领域、换一份新工作，你需要准备什么？你需要经过哪些培训或考取哪些职业资格证书？你能利用课余时间做到这些吗？

· 你每周可以工作几天，每天可以工作几小时？

· 你能接受的最远通勤距离、最长通勤时间和通勤最高开销是多少？

· 你能接受的最低薪水是多少？

· 这份工作能提供哪些福利？比如提供三餐，工作时间灵活，有免费的消夜，购买某些商品有内部价，等等。

· 这份工作有哪些硬性要求？比如上班时间要求统一着装，不能迟到早退，等等。

🕐 开始入门与融入圈子

当你想换一份新工作时，你可以参考下面的建议：

· 问问从事相关工作的朋友他所在的企业有没有内部推荐的机会，内部推荐是一种效率比较高的方式。内部推荐可以绕过猎头公司、招聘网站等中间步骤，不仅能让求职者和招聘方直接对话，还能让求职者在招聘信息对外发布前提前获得面试机会。此外，被内推的应聘者还可能享有一定的豁免权，比如免去笔试环节，直接进入面试环节等。

· 登录目标公司网站，看看有没有招聘信息，如果有的话，按照要求投送简历、求职信等。你可

女性从事的工作

以下列举了填写了我发放的调查问卷，年龄在 17～78 岁之间的女性所从事的工作：

● 行政经理 ● 助产士 ● 高级海关官员 ● 秘书 ● 律师 ● 自由音乐人 ● 商业咨询顾问 ● 职业遛狗师 ● 全职农场会计、兼职礼品店店员 ● 兼职信托经理 ● 兼职大学讲师 ● 生态学家 ● 全职杂志社员工、兼职酒吧员工 ● 全职护士培训师、非全日制学生 ● 家庭主妇 ● 全职妈妈、手艺人 ● 矿产公司野外技术员 ● 作家 ● 博物馆行政助理 ● 餐饮公司经理 ● 牙科医生 ● 高级护士 ● 兼职会计师 ● 创业者 ● 在农场帮工 ● 家政服务员 ● 婚礼司仪 ● 室内设计师 ● 儿童摄影师 ● 在从事保险行业 44 年后退休 ● 全日制学生、兼职儿童看护 ● 全日制学生，正在律师事务所实习 ● 兼职超市员工、兼职派对策划 ● 教师 ● 全职矿产公司首席执行官私人助理、兼职家具店销售助理 ● 石油工程师 ● 母亲 ● 狱警 ● 经营自己的公司 ● 全职妈妈、直销人员 ● 焊接质量检查员 ● 电话分诊护士、妈妈 ● 影视评论家 ● 作家 ● 理疗师 ● 专业体育摄影师 ● 会计师 ● 全职编辑助理、兼职互联网博主 ● 医生 ● 农民 ● 空中杂技演员 ● 机械操作员 ● 全职公司法律顾问、兼职电台体育节目主播 ● 服务老年人及残疾人的私人护理员 ● 兼职服务员 ● 全日制学生、兼职是给五个男孩当保姆和舞蹈老师 ● 兼职咖啡店店员、在家工作的缝纫工 ● 儿童阅读教师 ● 酒店前台接待员 ● 兼职有氧运动教练 ● 志愿者 ● 烘焙师 ● 婚庆公司员工 ● 花艺师 ● 演员、兼职服装店员工 ● 音乐家 ● 公务员 ● 在金融行业做兼职 ● 宠物医院护士 ● 鲜花商贩 ● 急诊科护士 ● 大学讲师、在读博士 ● 为听觉障碍儿童服务的社会工作者 ● 培训机构的老师 ● 钢琴家 ● 钢琴教师 ● 记者、母亲 ● 空乘 ● 美发师 ● 程序员 ● 心理学家 ● 商业分析师 ● 设计师 ● 护理人员 ● 兼职厨房帮厨 ● 互联网技术承包商 ● 理疗师 ● 运动教练 ● 营养师 ● 全职图书管理员、兼职舞蹈老师 ● 靠补贴维持生计的画家 ● 服务于饮食失调患者的护士 ● 奶农 ● 小学教师 ● 营销助理 ● 中学教师 ● 眼镜验光师 ● 视觉特效师 ● 戒酒、戒毒中心护士 ● 兼职医药产品经理 ● 厨师、作家、小咖啡厅经理 ● 母亲、急救中心接线员 ● 警察 ● 代课老师 ● 房地产公司前台 ● 家庭主妇、兼职房屋清洁员 ● 银行柜员 ● 实验室技术员 ● 管家 ● 居委会工作人员 ● 物理治疗师 ● 全职话务员 ● 网页设计师、博主 ● 社区卫生中心护士 ● 脊柱矫正中心临床护士 ● 心理社工 ● 正骨医生 ● 医学家

以拨打联系电话咨询相关信息，如果时机合适，你可以向联络人咨询该职位的日常工作有哪些，需要具备哪些技能等。当简历通过后，你可以多搜集该公司的信息，对该公司有更加深入的了解。你也可以打电话询问一下自己在等待面试的这段时间应该做些什么，有没有推荐阅读的书籍等，以便为面试做更加充分的准备。

· 即使还没有进入某个行业，也可以关注与该行业相关的网站、新闻等，还可以加入相关的组织和协会。如果可以的话，你还可以参加相关的会议并发言。

· 努力社交，和从事该行业的人交朋友，试着邀请他们吃饭，请求他们给你一些建议。要重视他们提供的内部消息，并消化和吸收这些信息。不过不要给他人制造太多麻烦，或期待他们能帮你找到工作。

· 经常关注招聘网站。如今，很多招聘网站上的信息更新得很快，你可以经常关注。

· 参加线下招聘会。

🕐 如何创造机会，为面试做准备

· 有些公司会持续接收求职者的简历，以便在以后有职位空缺时随时联系求职者。所以要大胆投送简历，且时刻做好准备。可以打电话给心仪的公司，询问对方是更希望接受电子版个人简历还是纸质版个人简历。

· 可提前演练如何做自我介绍，还可以请家人、朋友来扮演面试官，模拟面试过程，锻炼口才。坚持练习一段时间，这样有利于提升面试时的表现，至少你在真正面试的时候就不容易紧张了。

· 如果你有心仪的公司，你可以尝试去该公司和公司负责人交流。交流的时候要保持微笑，表达自己想要在此工作的意愿。如果对方允许的话，可以留下简历，以便日后有岗位空缺时对方可以联系你。最后记得加上"不打扰您了，如果需要其

他详细的信息，请随时电话联系我"之类的话。说完记得致谢，然后离开。如果你要应聘商店或饭店这类地方的工作，要选择客人比较少的时间段去和负责人交流。

网络形象大变样

求职时，最好整理一下自己在社交平台上的个人主页，包括在主页上发布的一切公开的照片、信息，因为你未来的雇主有可能会看到这些内容，并根据这些内容对你做出评判。最好将面试前一天晚上喝得烂醉、讨厌加班、又装病请假之类的照片或文字删掉。

如果手机设置了语音留言功能，要确保自动回复的语音措辞得体。比如，可以这样设置："您好，我是凯利，我现在不方便接听电话，请留言，稍后我会回复您。"相比之下，下面这样的措辞就很不合适："你好，我是凯利，有事儿吗？要开派对吗？"

还要注意，不要在电子邮箱一栏填入明显是和男朋友、丈夫或其他人共用的电子邮件地址，因为这会让招聘方认为你很不专业，还会想当然地认为其他人也能看到你的全部工作邮件。

同样，设置电子邮件地址时不要使用一些怪异的词语。可以使用代表姓名的字母和数字的组合，简单一点就可以。

岗位申请

有一些工作，求职者可能只需要拨打招聘启事上留的电话号码，跟招聘方聊聊天，就可以进入面试，但大部分工作需要求职者正式地投送简历来申请。当然，如果你对某份工作有一些疑问，还是可以拨打电话进行咨询的。有一些公司的人事部门很欢迎求职者在投送简历前拨打电话咨询更多信息。提前咨询既可以帮助你更好地准备面试，也可

以在一定程度上帮你了解这份工作是否适合你。

🕐 个人简历

个人简历是对个人学历、工作经历、技能、爱好及其他情况进行简要书面介绍的文件。

如果你刚毕业，或者只做过一份工作，那么你的简历或许看起来比较简短，对此你不需要太过焦虑，简历简短并不意味着求职一定会失败。你要做的是想办法利用这短短一页纸的简历让招聘者了解你的优势所在，记住你是谁。事实上，有很多招聘者认为，对于简历来说，不管求职者有多少内容要写，一页纸的篇幅就足够了。现在，很多网站上都有各式各样的简历模板，有些网站还可以帮求职者一键生成简历。

写个人简历时，要注意以下几点：

· 不要一直用同一份个人简历。应聘不同的职位时，你应该有针对性地调整简历内容，这样可以显示出你对该领域有所了解，已经有了一定的研究。

· 简历应版面清爽，篇幅简短，条理清晰，因为招聘者一天可能要看数百份简历。

· 在手机上保存一份电子版简历，以便随时发送或打印。

· 简历每部分的小标题可以适当突出，将最能证明自己工作能力的证书或所做的项目放在版面显眼的位置，这样招聘者在阅读时可以快速找到相关信息，这样做也可以显示出你是一个有条理、思路清晰的人。

· 制作完简历后可以再请别人帮忙检查一下，因为自己可能很难发现某些错误。注意，一定要避免出现错别字。

以下是介绍教育背景和学历、工作经历、技能和兴趣时的注意事项。

教育背景和学历

· 列出自己的受教育经历并标明日期，从最高学历

开始写。

· 如果所学课程与应聘岗位的相关性很高，填写所学专业时可以适当罗列所学课程，并且将课程按照与岗位相关性的高低进行排列。

· 如果接受过一些与应聘岗位相关性较高的培训，也可以在这一部分中体现出来，以便增加自己的竞争力。

· 除了学历和课程介绍，你还可以介绍一下自己的校内经历，比如在学校取得了哪些荣誉和奖励，参与了哪些社团、活动，等等，这些经历最好跟应聘岗位相关，且能够体现你的综合能力。

工作经历

按照时间顺序，倒叙罗列自己的工作经历。要将工作单位、工作年限、岗位名称、担任的职务、工作的主要内容和业绩都清楚地列出来。如果岗位名称是助理、行政岗等比较模糊的称呼，你可以将自己工作的主要内容写得更详细一些。工作单位要写全称，还可以附上简单的介绍。

技能和兴趣

在职场和招聘过程中，你可能会听到"硬技能"和"软技能"这两个词。硬技能是指在工作中可以被观察、量化及测量的技能，通常和人们学习和掌握的专业知识和技能相关，包括外语水平、计算机水平、驾驶技能、能够熟练使用某种设备或软件等。软技能是指在工作中难以被量化及测量的技能，是一种"看不见"的技能，包括人际交往能力、沟通能力、领导力、决策能力等，更多体现在思维、谈吐、情商、人际关系等方面。在某些行业中，人际交往能力比会使用某种设备更重要。

求职时，你不需要在简历中使用这两个词，但是要体现出你具备哪些硬技能和软技能。在简历中介绍自己的软技能时，要注意其与应聘岗位的匹配程度，多列举一些符合岗位要求的，能够体现出

自己具备良好的沟通技巧、领导力、决策能力或丰富的团队合作经验的事例，比如，在学校曾担任过调解员，解决过校园欺凌事件；担任过篮球队的教练或助理，并带队取得过好成绩；参与过社区服务项目，组织了社区文艺汇演；等等。单纯地罗列"我爱读书、我爱花花草草、我爱编有趣的故事"是远远不够的。

推荐信

如果某个岗位需要推荐信，你就需要找两三个能从你的利益角度出发，介绍你的工作表现以及个人能力的人担任你的推荐人，请他们帮你写推荐信。推荐人可以是你以前的领导（注意不要找目前就职的公司的领导，特别是在你不想让别人知道你在找别的工作的情况下）、同事或在学校时的导师。还有一些公司需要推荐人的名字和联系方式，因此你要提前告诉推荐人他们可能会接到你潜在雇主的电话，并给他们一份你的简历。要确保自己的联系方式和推荐人的联系方式都是正确的。

求职信

求职时，除了个人简历，有些招聘者还要求求职者附上一封求职信。很多招聘者希望通过阅读求职信来获取更多关于求职者的信息，比如看看求职者对这份工作的了解程度，以便判断他们是否适合这份工作。

写求职信时需要注意以下几点：

· 求职信要尽可能简明扼要。

· 求职信的主要作用是让招聘者更加了解你。因此，在求职信中，要详细写明自己与应聘的岗位相关的工作经验或教育背景，也就是写明自己能胜任这份工作的原因。

· 根据招聘信息中的要求"投其所好"。一种比较简单的方法是根据招聘要求，逐一展开阐述。比如，如果招聘信息中要求具备某些技能，你就可以用"我具备以下相关技能"开头，接着用具体的例子做支撑，证明你具备这些技能。

· 写完之后再三检查，看看有没有错别字或者不通顺的句子。

🕐 求职面试

对你来说，获得面试机会本身就是一种肯定，这意味着你的个人简历、求职信或推荐人所写的推荐信是过关的。接下来，你就需要针对面试做一些准备。

准备面试

· 在面试前几天，针对公司做一些调查研究，比如阅读一下该公司的年度报告，了解一下该公司近期的动态。如果应聘的是商场里的工作，可以花时间了解一下商场的布局，观察一下员工的行为和工作模式（不要畏首畏尾的，否则可能被别人误会成小偷），还可以和员工聊聊天。如果可能的话，可以提前了解一下要面试你的人，打听一下对方的名字，在公司的职位，并关注在该公司的年度报告、最近的新闻报道中与对方相关的信息。

· 提前练习。请家人或朋友扮演面试官来模拟面试。除了注意面试的仪容、仪表，还要为一些可能会问到的问题做准备。

· 通过练习让自己充满自信、语言表达得体。比如谈起自己时，可以采用以下句式："我真的非常喜欢……""在之前的公司时，我一直专注于……""虽然前一份工作很有价值，但是我想接受更多的挑战，现在是时候提升自己了。"使用正面的、肯定性的短语，避免使用诸如"好像是吧""可能是吧"或"谁知道呢"之类的表达。回答问题时要简洁有力，不要拖泥带水，或者表现得很迟疑。

与工作有关的积极想法

做自己喜欢做的事情，一切就会容易一些。

——蒂比（41岁）

工作让我有成就感和满足感。

——马丁娜（33岁）

试着找一份自己热爱的工作，那样对你来说，工作就不再只是工作了。

——朱丽叶（48岁）

如果你真的喜欢某份工作，一定要去争取，不要害怕。高中毕业之后，为了得到目前这份工作，我打拼了十五年。但一切都是值得的。这份工作对我来说不仅不是负担，还非常有趣，还有员工旅游的福利。

——吉莉恩（35岁）

我喜欢自己有所贡献，以及被需要的感觉。这让我觉得自己很重要。

——乔安妮（45岁）

我经营着一家诊所，平时很忙，但我喜欢这种忙碌的感觉。我喜欢让一切都井井有条。因为每天都要处理很多任务，迎接很多挑战，我的思维一直很活跃。

——桑迪（39岁）

我对我的工作饱含热情，它对我来说是必不可少的。公司的同事都很可爱。我非常尊敬我的上司，这一点很重要。

——朱丽叶（31岁）

工作时，一切都在我的掌控之中。我喜欢这种感觉。

——塔尼娅（39岁）

我喜欢我的同事们。事实上，我就职的这家公司改变了海外数百万人的生活。

——纳塔利娅（29岁）

我是我们公司唯一的一名女性，我要管理十个男人。

——安妮·玛格丽特（46岁）

我喜欢照料别人，帮助他人恢复健康。

——利安娜（28岁）

我非常喜欢做新生儿出生时第一个抚摸他们头部的人。我的工作意义非凡，它让我能够在他人人生的特殊时刻帮助他们。

——弗洛斯（32岁）

评价我的唯一标准应该是我做了什么，而不是我的外表如何。在做这份工作时，我可以自由探索。同时，我还能学习更多的知识，掌握更多的技能。

——萝宾（41岁）

我喜欢当老板，对公司的成败负责。我喜欢标新立异，员工们都很喜欢我。

——帕梅拉（45岁）

我热爱教书，喜欢学校的环境，喜欢我的同事，也喜欢挑战。我喜欢每一天都不一样。

——朱丽叶（48岁）

我很喜欢帮助残疾儿童。

——佐伊（26岁）

我喜欢我的工作。虽然这是一份全职工作，但我仍然可以在每个星期二下午三点去游泳。

——雅基（25岁）

我目前的工作需要实际动手操作，我还有很多机会出差，我很喜欢这份工作。我不喜欢整天坐在办公室里的工作。

——凯西（36岁）

我是老板，我特别喜欢去上班，因为员工们很需要我。

——琳妮（34岁）

我在学校的行政部门工作，所以我有寒暑假，耶！

——凯特（35岁）

我在政府部门上班，有很多培训机会，我的发展空间也很大。

——萨拉（25岁）

这是我梦寐以求的职位。我喜欢做学术研究。这不是一份朝九晚五的工作，我很喜欢这一点。我非常尊重我的大多数同事，也喜欢和他们一起工作。

——迈拉（35岁）

能做一直想做的事情，还能得到报酬，这真是太棒了。

——波莉（26岁）

我能看到我的员工的学习和成长，我自己也有学习和发展的机会。对我来说，公司就像家一样。

——玛丽安（39岁）

我的工作需要开动大脑，还需要和他人进行交流和互动。我喜欢我的工作。

——米歇尔（47岁）

我的老板很棒，很体谅我。当我的孩子们生病时，她会很痛快地对我说"去吧"。

——萨拉（36岁）

我的老板特别好。我一点都不抵触加班，因为老板会尊重我们，赞赏我们。

——小梦（26岁）

这是一个工作的好地方。我的老板总是会让我知道他欣赏我的努力，也能注意到我的表现。

——丹尼丝（52岁）

· 练习握手时落落大方，坚定有力（但也别用力过猛）。还可以练习握手时与对方进行眼神交流。

面试时的仪容、仪表

　　面试时的肢体语言可能比你想象中的更重要。面试时，要坐姿端正，不要驼背，以免给人一种没有精神的感觉。说话时，要吐字清楚，面带微笑，展露出自己充满热情和活力的一面，注意不要双臂交叉抱胸，也不要用手指着别人说话，双手自然地搭在腿上或放在面前的桌子上就可以了。不过，有需要的话，你可以在说话的时候适当加入一些手势。如果担心双手抖个不停，可以十指交叉置于身前。面试过程中，目光要照顾到每一位面试官，不要只盯着向你提问的面试官，或是你认为职位最高的那个人，以免给人一种傲慢自大的感觉。

　　着装方面，要在面试的前一天晚上准备好第二天要穿的衣服，记得要检查一下衣服是否有污渍。如果要穿裙子和丝袜，记得随身带一双丝袜备用，以免丝袜被刮破。面试入座时，要小心不要走光。

面试注意事项

　　面试前：

· 一定要准时。面试官只会在意"你迟到了"这个事实，而不会在意迟到的理由。为了避免因路上堵车而迟到，你可以更早地出门。如果你迟到了，一定要向面试官解释原因，并真诚地道歉。如果你到得很早，可以先在面试地点周围随便转转，面试开始前十分钟再回来。

· 等待面试的过程中，可以再次阅读自己的求职信和个人简历（时刻随身携带），以免面试官就其中的内容进行提问。为了缓解紧张的情绪，可以多做几次深呼吸，并提醒自己说话时语速要放慢

（可以多提醒自己几次）。

· 等待面试时，将手机调至静音模式或关机，不要一直打电话或玩手机。

　　面试过程中：

· 微笑着向面试官以及其他工作人员致意，和他们进行眼神交流，得体地打招呼。

· 展现良好的精神风貌，尽量给面试官留下"精神饱满、积极乐观"的印象。

· 举止大方。确保理解了面试官的意思后再回答，把握好回答问题的时长。如果没有听懂问题，可以有礼貌地请面试官重复一遍问题。如果不知道答案，就诚实地承认自己不太清楚，并且向面试官寻求帮助。例如："对不起，这个问题我确实没有接触过，请问您能否给我一些提示呢？"

· 有一些面试官会故意问一些很刁钻的难题，目的就是观察你的抗压能力。有时候，在几位面试官中，有一位会表现得很友好，有一位则看起来很严厉，这可能是为了观察你的反应。不要紧张，要始终保持冷静和礼貌。

· 遇到"假设"类的问题（如"要是……怎么办"），试着运用常识作答。像"如果办公室起火了该怎么办？""如果和顾客发生争执，顾客对你大喊大叫怎么办？""如果有人要求退款怎么办？"之类的题目考查的不是你对公司一系列规则的熟悉程度，而是你随机应变的能力。对于一些涉及客户的问题，你可以这样回答："我会和客户积极沟通，在遵循公司相关政策的前提下，努力提升客户的满意度，维护公司形象。"你可以着重谈一下自己会如何提升客户的满意度，比如做电话回访、提高服务质量等。

· 面试结束准备离开时，主动向面试官要名片。如果一直等不到面试结果，可以主动联系面试官。

· 和面试官说再见时，注意要有眼神交流，还可以加上几句话，例如："感谢您给我此次面试的机会。期待早日收到您的通知。"

与工作有关的消极想法

我不喜欢这份工作，工作量太大了，如果一个员工是单身，领导就会理所当然地认为他可以加班。

——凯拉（27 岁）

我有不少老年男性同事还是一派大男子主义的作风。

——埃莉萨（29 岁）

我不喜欢我的那几个年轻领导，他们认为自己什么都懂，而我什么都不懂，只因为我比他们年纪大。

——芭芭拉（66 岁）

人们普遍认为只有男性才能做重要的决定，这让我觉得自己在工作中人微言轻。人们看到我时总是说："把你们的经理叫来，我要见你们经理。"但实际上，我就是经理。

——吉尔（70 岁）

有一次，一个客户提出想和我一起吃晚餐，还要我陪他一起去夜总会。我给老板打电话说："我会参加工作会议，但不参加'客户寻乐活动'。"老板听了很不高兴，但我并没有因此丢了工作。现在，二十年过去了，回想当初，我知道自己做了正确的决定，哪怕会因此丢掉工作。

——海伦娜（43 岁）

为什么有些领导上了那么多年的管理课程，管理水平还是那么糟糕？

——戴安娜（49 岁）

我不喜欢办公室里的派系斗争，也不喜欢一些工作了很多年的同事，他们还以为自己是公司的老板呢。

——莉齐（51 岁）

我在和年轻员工打交道的过程中遇到了不少难题。我发现很多年轻员工都不重视我的意见。

——海伦（62 岁）

我受够了同事之间拉帮结派，互相恶意中伤。

——埃琳（27 岁）

有些男性总是想第一个发言，把话说得很绝对，还总是翻来覆去地说同样的话。不管你多想打断他们，发表自己的观点，都要先忍一忍，等到他们说不动了的时候再出击。我发现用问题来开场是一种很有用的方法，比如"有没有人想过……""你们不觉得我们应该……吗"。

——匿名人士

我不喜欢这样的事实：作为女性，相比于男性，我们需要付出双倍，甚至更多的努力，才能获得一半，甚至更少的回报。

——塔玛拉（35 岁）

随着我的职位越升越高，同事冷漠和贪婪的一面逐渐显露出来。突然之间，以往的交情似乎都不复存在了。

——丽贝卡（28 岁）

我在一个由男性主导的行业工作。身为女性，我很难有机会晋升。

——肖纳（47 岁）

相比于男性，女性必须表现得更自信，还需要有一纸证明来证实自己有资格胜任这份工作。我遇见过不少喜欢过分吹捧自己的男性，他们总觉得自己比女性成功得多。

——迪（51 岁）

有些人都 30 多岁了，还总是摆出一副高中校园里"大姐大"的派头。

——朱丽叶（32 岁）

我的同事们表演欲望太强了。

——默万威（35 岁）

我现在的工作量超负荷了，我只想赶快休假。

——哈尼芙（37 岁）

我的老板无法很好地应对压力，他总是随意训斥员工。

——万达（55 岁）

尽管有五名员工投诉了我们的经理，但是老板并没有采取行动。我已经起诉了我的公司，还有两名员工也起诉了。

——萨莉（41 岁）

我遇到了一个特别可怕的女人，她总是搬弄是非。我不想因为惹了她而丢了工作，因为她和老板的关系很好。

——阿舍（24 岁）

很多男性到了一定的年纪后，会不太喜欢身居要职的女性。年轻的男性则以为他们可以凭借自己的魅力让女性围着他们团团转。

——琳（51 岁）

有一些老板只能用"有毒"来形容，他们害人不浅，而且丝毫不知悔改。

——詹妮弗（60 岁）

在我工作的地方，大多数女性比居于同样岗位的男性做得好得多，但她们的工资和福利待遇不如男性。

——玛吉（52 岁）

我不喜欢唠唠叨叨的男性同事。

——安妮（53 岁）

我的老板区别对待员工，会选择性地只帮助某些员工。

——佐伊（26 岁）

面试中可能被问到的问题

· "请简单介绍一下自己。"

· "为什么想要做这份工作？"

· "你有相关经验吗？"

· "你觉得自己能胜任这份工作吗？你觉得自己在哪些方面适合这份工作？为什么？"

· "你的优点和特长是什么？"

· "如果项目突然要提前一周完成，你会怎么做？"

· "对于交给你的任务，如果你无从下手，你会怎么做？"

·"在上一份工作中,你遇到的最大的难题是什么？你当时是怎么解决的？你从中学到了什么？"

· "如果两个老板就同一件事情给了你两种截然不同的方案，你会怎么做？"

· "这份工作有哪些地方让你觉得有困难？"

· "你的缺点和不足是什么？"

· "你想从这份工作中得到什么？"

· "未来五年，你对自己的职业规划是什么？"

· "你为什么会离职？"

求职者可以提出的问题

很多面试官会在面试过程中询问求职者有没有什么问题。求职者可以借此提出自己对该公司或该职位的疑惑。以下列举了一些问题，仅供参考：

· "请问这个岗位的日常职责主要有哪些？"

· "请问贵公司是否会为员工提供学习和培训的机会？"

· "请问贵公司的晋升机制是怎样的？"

· "请问贵公司会如何评估员工的工作表现？"

· "请问贵公司在弹性工作时间方面有哪些规定？"

· "请问这个岗位为什么会出现空缺？"（你可能会觉得这个问题太唐突，但这是了解该公司对待员工态度的一种方式）

· "请问这个岗位的工作时间是怎样安排的？"

· "请问面试的结果大概多久能出来呢？"（这个问题不要一开始就问。）

有些面试官想通过你问的问题来验证你对这份工作的了解和渴望程度。因此，最好提前准备一些能展示出你对这份工作非常感兴趣，并做了一番功课的问题。可以提前浏览公司的网站，查找相关的资料。你可以问：

· "我从贵公司的年度报告中得知，贵公司的业务已经扩展到××。请问将来我是否有外派、轮调的机会？"

· "我从贵公司的网站得知，贵公司正在开展××研究，请问我能有幸参与其中吗？"

面试时不要问以下这些问题：

· "我可以走后门吗？"

· "我必须穿那件看起来很呆板的制服吗？"（如果想了解着装要求，可以这样问："贵公司对员工着装的要求是什么？""上班时员工需要穿统一的制服吗？"）

· "这份工作的工资具体是多少？"

合同

面试的时候不要当场签合同。问问面试官能否把合同带走，以便你仔细研究一下。有条件的话可以找律师帮你看一下合同。

🕐 面试之后

如果面试结束一周之后还没有收到面试结果，你可以打电话问一下什么时候会出结果。

如果接到面试成功的消息，接下来要做好讨论薪资待遇的准备。一般来说，招聘信息中只会写一个大概的薪酬范围。如果你有朋友在这家公司或者这个行业工作，你可以向朋友咨询一下。

如果面试失利，没得到心仪的工作

合适的话，可以有礼貌地致电面试官询问以下问题：

- "请问我还需要在哪些地方继续改进，以便做得更好？"（相比于书面答复，面试官更有可能口头告知。）
- "请问是否可以将我的信息存档，以便之后岗位有空缺的时候可以联系我？"
- "请问有哪些途径可以获知后续的岗位需求？"

面试失败可能会让你感觉很沮丧，觉得自己一事无成。但实际上，每个人都可能有这样的经历，这再正常不过了。虽然失败的滋味不好受，但是也要保持积极乐观的心态，不要放弃。不断提醒自己要多关注自己身上的闪光点，告诉自己，自己就是一匹等待被伯乐发现的千里马。每一次的面试都是一次难得的锻炼机会，即使失败了，你也能从中得到锻炼，这都是在为找到真正想要的、适合自己的工作做准备。

职场现状实录

很多初入职场的年轻女性会惊讶地发现，职场和她们想象中的不一样。在学校，她们得到的信息是工作中男女平等，但工作以后她们会发觉，在职场中，女性时常会被区别对待，不仅工作能力常常被低估，晋升机会也少，有些地方甚至还存在欺凌现象。遇到这类问题时，女性要有意识地维护自己的权益。

玻璃天花板

玻璃天花板是指员工因种族、性别、资历等因素影响而受到非明文规定性阻碍，从而导致无法实现职业生涯发展的现象，也被用来描述职业女性在职场上面临的无形的壁垒。玻璃天花板存在的部分原因在于，大众普遍认为，女性需要花更多的时间照顾家庭，她们的事业心普遍不强（也不应该强）。因此，大部分女性从事着薪酬较低、技术要求不高的工作，发展的空间和机会有限，很难身居高位，

担任决策者的角色。在不少行业中，歧视女性、排挤女性的现象比较严重，比如制造业、传媒行业、科技行业、金融行业等，还有不少管理者认为女性只是摆设，起不到实质性的作用。在澳大利亚，全职女性的薪酬比全职男性的低约 15% ～ 20%。同时，在澳大利亚的大型公司中，只有不到 2% 的公司有女性首席执行官，每 12 个公司董事中只有 1 个是女性。

🕐 做一个好员工

很多人可能会把获得心仪的工作当作最大的挑战，但实际上，得到这份工作只是一个开始。一旦入职，你还需要通过试用期考核；通过考核后，你还需要面临更多的挑战，一步步提升自己的能力。下面我罗列了一些领导希望从员工身上看到的优秀品质，以及一些相关的建议。

性格

领导希望从员工身上看到的性格特点包括为人随和、好交流、诚实、忠诚等。

态度

- 积极、热情。这一点对从事服务业或经常要跟客户打交道的人来说特别重要。对待客户时，要热情、真诚地微笑。不要说类似于"我不知道应该怎么做，所以我帮不上什么忙"之类的话。可以试着这样说："可以告诉我您需要我做什么吗？我会尽可能妥善处理。"
- 努力、敬业。你要热爱自己的工作，并且在工作中积极证明自己是一个努力、勤奋且工作效率高的人。如果你担心自己会忘记某项任务，可以列一个清单，将要完成的任务按照轻重缓急排序。对于特别紧急的任务，可以在手机或电脑上设置提醒。

沟通技能

· 会倾听，并及时给他人反馈。跟他人沟通时，要口齿清楚，逻辑清晰。如果是书面沟通，要注意字迹清晰，没有错别字。

· 和他人发生分歧时，会用协商而非对峙的方式来解决。如果有人投诉，你可以这样说："谢谢您帮我们发现这个问题。请叙述一下具体情况并留下您的联系方式，稍后会有人给您答复。"或者说："抱歉，我不知道这个问题的具体解决办法，我会马上帮您联系负责的同事为您解决问题。"你需要提前了解一些公司的相关政策，以便在遇到一些言语粗鲁的人时可以妥善处理。

· 平时可以储备一些有用的话题，以免需要和他人闲聊的时候只能尴尬地站着，不知道该说些什么。

团队合作

很多时候，你需要和公司的其他人合作，共同寻找问题的解决方案。与同事相处时，要保持足够的敏感度和分寸，头脑要清楚，以免说一些自以为很好笑，但实际上会冒犯到对方的话。

独立性

独立性是一种独立处理事情、积极主动完成各项工作的心理品质。在职场上，你应该有主见，有成就动机，有独当一面的能力。遇到问题时，尝试依靠自己的力量来控制住局面、解决问题，不要事事找领导或同事帮忙。不过，需要帮助的时候还是要果断求助，以免浪费时间。

灵活性

不管是兼职还是全职，领导都希望看到员工为了完成工作主动加班，而不是每天早退五分钟。如果你平时能够根据工作的紧急程度灵活调整下班时间，按时完成各项工作，领导就有可能在你需要早点下班的时候痛快地应允。

但是如果你每天都加班半小时甚至更多，那么你应该得到相应的报酬。要格外留心那些还没有录用你就每天把你当成免费劳动力用的领导。

边界感

不要把公司的物品当成你的私人物品，也不要把工作时间当成私人时间。提前告诉家人、朋友不要在工作时间给你打电话，除非有紧急情况。不要使用公司的电话给家人、朋友等打电话，即便是偶尔使用，也要在休息时间，并且要在已经征得了领导同意的情况下才能使用。很多公司都会追踪员工办公电话的使用情况，所以"公话私用"很有可能会被发现。

另外，很多公司会对公司电脑或其他设备的使用方式进行规定，追踪办公电脑的使用情况。大多数公司还规定在工作时间禁止浏览社交网站，禁止浏览与工作无关的网页，禁止处理与工作无关的即时通信，请确保自己能够严格遵守这些规定。如果你正在用电脑办公，屏幕上突然弹出一个色情网站的广告，你可以跟领导报备一下，证明你只是个无辜的受害者。

适应性

做好工作的关键是你喜欢并享受自己正在做的事情。如果你讨厌自己的工作，那么让你享受工作时光确实有点困难。但是，如果你想在换工作时从现在的领导那里得到一封推荐信，就需要表现出良好的适应性和积极的工作态度。你可以把这当成对未来的投资。

几乎所有的领导都喜欢适应性强的员工。你要学会适应不同的状况，接受不同的工作安排，即使这份工作对你来说真的特别糟糕，以至于你常常回家之后就抱着枕头尖叫。尝试将每一段经历都视作一次学习的机会。比如，你可以试着把这段经历写成一个剧本，或者列一个"经营公司不要做哪些事情"的清单，每天在清单上写几条，以备自己以后创业时用。你还可以一边继续工作，一边利用空闲时间思考你到底想做什么，有没有机会可以跳槽，你需要为跳槽做哪些准备。

主动性

不要等到做年终总结的时候再跟领导汇报工作。你可以在平时经常主动地和领导交流。例如，你可以问问领导："请问您对我的工作表现满意吗？有没有想让我格外注意或者做一些改变的地方？"或者问："我可以向您咨询一下咱们公司对于××的政策是什么吗？""前几天发生了一件事，我很想听听您的建议。"甚至还可以问："我想朝着团队领导（经理）的方向奋斗。请问您觉得我应该如何做才能实现这个目标呢？我应该从哪些方面努力呢？"给领导留下一个你有晋升的想法，并会为此努力的印象，那么下次有晋升的机会时，领导可能就会想到你。

🕐 升职加薪与弹性工作时间

那些只干活、一点也不为自己争取利益的员工很难获得升职加薪的机会。当然，这并不是说要你每个星期都问领导自己什么时候能升职加薪，或是把"升职加薪是我应得的"之类的话挂在嘴边。你应该了解公司的薪酬管理制度和考核制度，然后做好准备。考核时，一定要详细谈一谈自己的工作内容和工作表现，以便为争取更好的福利待遇奠定基础。为自己争取权益时一定要自信。

你的价值

有调查显示，相比于男性，女性很少主动提出升职加薪、提高福利待遇的要求。而且令人沮丧的是，很多时候，明明男性和女性是以同样的方式提出升职加薪的要求，但人们往往认为男性是经过深思熟虑才提出要求的，他们对自己的价值有明确

的定位，女性则是因为过于激动、意气用事而提出要求。也有很多女性会在加薪和拥有更灵活的工作时间之间做权衡，因为后者意味着她们可以有更多时间回归家庭，照顾孩子。

有调查显示，在高薪职位和高薪行业中，男性的人数总是多于女性。即便是做着同样的工作，女性的收入也要比男性的低 10% ～ 20%。澳大利亚商业咨询师西蒙斯和诺顿估计，在澳大利亚，同样是做信息技术管理的工作，女性的收入要比男性的低 50% ～ 70%；在金融行业，同样的职位，女性的收入大约是男性收入的三分之二。

你可以通过以下几种方式了解自己所从事的行业的薪资水平：扩展人脉，多和同行业的人（尤其是男性）聊一聊；关注招聘网站，看看招聘信息中列出的薪资范围；联系猎头公司（专门从事中高级人才代理招聘的公司），了解所在行业的薪资水平。有调查显示，绝大多数女性在求职时提出的薪资要求低于应聘相同职位的男性提出的要求。

如何要求加薪

· 最好在入职前就薪资问题与公司沟通清楚，以获取一份自己满意的薪资。

· 不要想当然地认为自己的工作能力、自己对公司的贡献和付出会被领导看在眼里，并因此获得额外的回报。在职场，如果你不为自己争取，领导就很有可能忽略你。

· 选择一个恰当的时间和领导沟通加薪事宜。有的职业规划师认为，可以在指标考核成绩优秀、完成大项目或被领导单独表扬后提出申请，但有些领导可能会对这样明目张胆的加薪战术感到不悦，认为你工作做得好只是为了要求额外的报酬。一般来说，最好是在经过一定时间和多项任务的历练，且每次表现都不错时再提出申请，这会让领导觉得你的要求是合理的。加薪的要求最好面对面地直接提出，不要通过电子邮件或手机

短信提出，也不要旁敲侧击、拐弯抹角。你可以主动向领导提出你希望他能抽出时间和你聊聊你的绩效考核和薪资问题。

· 如果你被赋予了更多的职责或新的头衔，可以问问领导或人事部门的同事，你的工资和福利待遇是否会随着职位或职责的变更而有相应的变化。如果工资很难有上涨的空间，那就问问公司是否有其他额外的福利，比如一个免费的停车位、一间单人办公室、额外的培训机会等，以便在经济上得到补偿。

· 提出加薪的要求时，要注意说话的方式。可以换位思考，想象如果自己是领导，下属如何提出加薪的方式会让自己更容易接受。提要求时，要让自己看起来是在寻求指导，而不是在抱怨、发牢骚。

· 如果你得到了另一个工作机会，不要直接对现领导说："有一家公司答应聘用我，工资比这里高1万美元，请问您能为我提供同样高的工资吗？"可以换一种说法，例如："有另一家公司找过我，希望我去他们那里工作，我不想让您从别人那里听到这个消息。我想让您知道，我对公司是忠诚的，我会留在这里完成手头上的项目。请问，现在我们是否可以就调整工资的事宜进行讨论呢？"委婉地表达完诉求后，再列举一些最近完成的工作和做出的成绩。

· 请记住，你是在向领导咨询，而不是在要求领导。你可以这样说："老板，请问您是否可以告诉我，在未来六个月左右的时间里，我的工资是否可以进行调整？如果不能，我希望您能给我一些建议，以便我更好地规划、进步。"

· 提要求之前，要对类似于"你自己是怎么想的"或"你觉得你的工资应该调整到多高"之类的问题有所准备。回答时，要展现出自己满足了领导对自己的要求，并列出自己做过的项目和取得的成绩。

如果领导不同意加薪

如果你的加薪诉求被驳回，不要觉得领导是在针对你，也不要觉得这是对你工作或价值的否定，更不要觉得这是因为你不值得。大多数男性就不会认为自己不值得。美国演员兼导演克林特·伊斯特伍德在自己出演的一部电影中设计了这样一句台词："Deserves got nothing to do with it（这跟值不值得没关系）。"如果你知道自己的能力很强，那就做好自我定位，不要自降身价。不要被领导"现在经济形势不好""世道艰难"之类的话术影响，你要做的就是明白自己的价值，坚定自己的立场。可以提前了解一些数据，以便应对"这个职位的薪资普遍如此"之类的借口，比如，你可以说："我的加班时长比其他员工多得多。"或者说："这个领域的从业者薪资每年平均上涨5%。"

你还可以问："如果现在加薪时机还不成熟，请问我应该怎样做才可以更快地实现目标呢？""如果不能加薪，能否让我在每个星期五下午三点提前下班？"

🕐 着装打扮

有些工作会要求员工穿一身统一的工作服。比如，服务员的着装要求一般是白衬衫搭配黑裤子。有些工作只要求上身穿统一的衬衫，下身可以穿自己的裤子。你可以在面试时就问问公司对于员工的着装有哪些硬性的要求或规定。

如果公司或领导强迫你穿一些让你感到不舒服或很暴露的衣服（比如低胸装或透视装），你可以向有关部门投诉。

如果没有硬性的着装要求，你可以自己准备一些适合上班穿的衣服。一般来说，干净、简洁的衣服就可以，不过穿什么样的衣服合适有时还取决于工作性质和场合。很多工作不允许员工穿运动鞋，但也有一些工作需要员工穿运动鞋。一般来说，衬衫加深色的及膝半裙或深色裤子能应付大多数工

生活与工作

生活中有很多东西比工作更重要。我之所以选择现在这份工作，是因为它能让我有更多的时间参与孩子的早期教育。

——露丝（35岁）

如果把工作放在首位，家庭就会受到影响，反之亦然。我特别羡慕那些能把工作和家庭平衡得很好的人。

——塔莉娅（28岁）

在过去的4年里，我一直都在努力工作，却没有得到相应的回报，我的家庭生活也因此受到了影响。好在我及时止损。我告诉自己，以后再也不能重蹈覆辙了。

——詹尼（51岁）

幸福感是生活中最重要的东西，但为了支付一张张账单，我不得不努力工作。有时候我不得不拼命忍耐，咬牙继续。

——贝瑟尼（25岁）

一段时间以来，我都坚持带病上班，直到最近真的扛不住了。崩溃的那一刻我意识到，即使我突然去世了，公司也会正常运行。从那以后，我开始更加认真地考虑如何更好地平衡工作和生活。

——坎迪（38岁）

我希望加班的时间短一些。我想要更多的属于自己的时间，可以照顾侄女，出去吃饭、看电影，否则生活实在是太枯燥乏味了。

——伊莲娜（33岁）

我在公司属于中层管理者，每天都要工作10～12小时。

——金杰·明奇（39岁）

公司不应该期望员工把工作放在第一位。家庭才是第一位的。

——埃玛（26岁）

在工作和家庭间找到平衡是一个很好的想法，但这很难，几乎不可能实现。

——罗斯玛丽（54岁）

我和伴侣都属于低收入群体，为了偿还房贷，为了给女儿更好的未来，我们需要努力工作。因此，我们留给女儿和家庭生活的时间就很少。不过我们也只能继续这样做。

——维多利亚（30岁）

我的生活到处写满了"工作"二字。我利用工作来逃避情感上的痛苦。我知道这样的生活方式是不健康的，我需要在工作之余进行一些社交活动。

——詹尼（43岁）

我工作时往往容易过分投入。幸运的是，我就职的这家公司不允许员工加班。

——安迪（32岁）

我花了整整23年的时间、直到快要崩溃才明白，我其实根本不需要大包大揽，试图自己一个人完成所有事情。现在，我可以安心地把工作委派给他人，享受不被工作打扰的生活。

——琳恩（54岁）

尽管我只是做兼职，但我还是觉得自己被工作压得喘不过气来，无暇顾及其他事情。

——卡罗琳（50岁）

墓地里长眠的都是所谓的"不可或缺"的人。

——玛吉（52岁）

鱼和熊掌不可兼得，工作和家庭也是一样。虽然有人说可以，但我发现这很难做到。如果我不工作的话，我肯定会有更多的时间陪伴孩子，做一个更尽责的母亲。

——格雷丝（49岁）

兼顾工作和家庭真的很难。我上班的时候常常有一种负罪感，尤其是孩子生病的时候。

——利兹（38岁）

平衡好工作和家庭实属不易。母亲既要赚一些钱，又要做好家庭主妇，在孩子需要的时候陪在他们身边。

——桑德拉（38岁）

我长期单身，和已婚人士或带孩子的妈妈们相比，我不太在意家庭和工作的平衡问题。

——利娅（29岁）

平衡好工作和生活的关系会带来诸多好处。

——詹尼（49岁）

我来应聘时，公司说他们属于"家庭友好型"公司，在这里工作不影响我照顾家庭。但是，我是这里唯一一个有孩子的人，当我因为孩子生病请假时，我能听到同事的叹气声。

——格里（42岁）

临时工的工作时间很灵活，因此我喜欢当个临时工。

——梅利莎（33岁）

我很难在上班的时候完成全部工作，所以经常无偿加班。我感觉自己被"算计"了。

——梅利莎（33岁）

作场合。

如果你想让自己看起来更稳重，更有职场风范，最好避免以下着装打扮（不管是工作中还是参加面试时）：

- 头发油腻，指甲缝里都是污垢，衣服不整洁。
- 梳麻花辫（这种发型会显得人幼稚、不成熟）。
- 浓妆艳抹，口红颜色过深。
- 衣服很透，可以看见里面的内衣。
- 穿超短裙或露脐装。
- 穿人字拖或跟非常高的高跟鞋。

母亲与工作

以下是给职场妈妈（或任何珍惜时间的人）的一些小建议：

- 远离那些爱开会的人。
- 尝试安排好时间，让别人根据你的工作效率和成果来评判你的工作表现，而不是根据你坐在办公桌前的时长来评判。
- 如果因为家庭原因，需要别人帮忙替班，试着找那些同理心强或者也可能有这方面需求的同事帮忙，他们可能会答应你。以后他们有这方面需求的时候，也要尽可能地帮助他们。
- 如果想在下班前按时完成一天的工作，可以在吃午饭时加快速度，利用中午时间做一些工作，而不是花上整整一小时或是更长的时间和同事边闲聊边吃饭。
- 看看有没有哪些工作是可以在家中完成的。

🕐 重返职场

在有了孩子，待在家里做了一段时间的全职妈妈后，很多女性会萌生出重返职场的想法（也可能这种想法一直在脑海中挥之不去），但是又不知道该怎么做。如果你也是如此，那么试着从下面的做法开始吧！

- 给自己一些时间，想想自己想要的是什么，喜欢什么样的工作方式。
- 寻找接受培训、获得新技能的机会。
- 更新或重新写一份个人简历，保存好电子版，并打印出几份纸质版，以备不时之需。请文字功底好的人帮你检查简历，看看有没有错别字和语法错误。
- 浏览行业相关的网站及杂志，及时了解行业发展的新动态，学习新知识、新技术。
- 查看心仪的工作岗位关于工作时间和工作地点等的要求，以便判断这个岗位是否适合自己。

工作选择多元化

🕐 兼职

兼职的工作时间往往比较灵活，因此很适合一些需要将主要精力放在家庭上的女性。兼职还很适合那些想要做点本行之外的事情，或是想换个领域发展又暂时找不到全职工作的人。兼职的缺点也很明显，比如不稳定、晋升机会少、工作技术含量低、权益得不到保障等。即使是兼职，最好也能签一份书面的协议，以保护自己的合法权益，避免争端。

🕐 在家办公

做个自由职业者或是在家办公能让人比较自由、灵活地规划时间，但最好还是制订一个工作计划，确保自己能有条理、有纪律性地按时完成工作，而不是懒散地一会儿喝点小酒，一会儿看几集电视剧。

现在，有不少公司把在家办公当成员工福利，这样员工不用担心"办公室政治"，公司也不必为员工提供办公场所。如果你在家办公，要确保自己得到了所有有权享受的福利待遇和配套设备。除此之外，要记得按时出席公司会议，不然同事们可能

当工作出现严重问题时

歧视

我是12名中士加上5名督察中唯一的女性，从一开始，我就受到了歧视。我被区别对待，得到的晋升机会也少很多。好在有一名督察为我挺身而出，搬出了反歧视法。

——简（41岁）

我被解雇了，因为我怀孕了。现在我利用周末的时间做兼职。

——金（30岁）

我有个很差劲的老板，我怀孕之后，他千方百计地想撵我走。我让工会介入，结果他被调走了。当我休完产假回来时，我的工作时长得到了合理的调整。

——布里奇特（34岁）

我的一位主管经常无故剥夺我个人的休息时间和假期。我向他的上司反映了这个问题，指出根据合同，他不能这么做。

——米歇尔（38岁）

澳大利亚不会把工作机会给"年长的"女性。

——萨拉（52岁）

媒体行业存在性别歧视。除非由女性或单亲爸爸接任管理岗位，否则员工压根无暇顾及家庭。

——弗洛娜（35岁）

我所在的部门性别失衡很严重。我还投诉了一个性别歧视最严重的人。

——萨莉（44岁）

性骚扰和性侵

我之前那个老板只聘用年轻漂亮的员工，他整天盯着我们的胸部看，还时不时占我们的便宜。他还骂我，我很生气。我觉得他拿女性当玩物，所以我辞职了。

——吉纳维芙（22岁）

我曾经被同事骚扰过，那是一次可怕的经历。我提出换岗，而且成功了。我远离了那个人，之后我的工作状态大有起色。

——安娜贝勒（59岁）

我之前遭遇过职场性骚扰，还曾被一个非常恶毒的女上司针对。处理这两件事情的过程中，我都见到了大老板。他耐心地听我叙述，而且支持我、鼓励我。

——格蒂（34岁）

我的老板虐待我。我很感激能有一份工作让我走出家门，远离抑郁，我错误地觉得我有义务做任何老板想让我做的事——包括和他们上床。他们利用了我，影响了我很长一段时间。

——希拉里（22岁）

我之前那个老板经常对我做一些带有性暗示的小动作，让人毛骨悚然。

——霍利（20岁）

45年前，我被一个年长的老板性侵了。这件事情对我的伤害很深，我感到很崩溃，情绪一直很低落，还有自杀倾向。

——吉尔（64岁）

我的第一个上司给我下了圈套，我上当了。当时的我真是又天真，又愚蠢。我深陷其中，无法自拔，一直和他交往。结局也很老套：我丢掉了工作，也丢掉了名誉。我只能努力跨过这道坎，等一切结束之后，开始新的职业生涯。

——格温（42岁）

职场欺凌

在职场，我曾一度被欺凌、骚扰、诋毁、贬低。当你取得一些成绩的时候，这样的事就时有发生。解决这些问题的最好办法就是继续取得成功，让自己更加强大。

——达维娜（45岁）

我的上一个老板非常霸道，一直压榨我、欺负我，我还因此去看过心理咨询师。我主动提出降职，为的就是离她远远的。

——米歇尔（39岁）

我的直系领导简直是个恶霸，他折磨了许多人，严重影响了团队的士气。幸运的是，公司的大老板直接终止了他的聘用合同。

——艾丽西亚（32岁）

我并不是唯一一个被欺负的人。最终，仗势欺人者被"斩草除根"了，从那以后，一切都好了起来。

——安吉拉（26岁）

我曾受到过职场欺凌和性骚扰。好在事情最终都依照法律解决了，那个人被解雇了。解决的过程很折磨人，还打击了我的自信心。不过，这是值得的。

——柯丝蒂（33岁）

在护理行业，欺凌事件不算是新鲜事。

——格雷丝（49岁）

几年前，我被一个同事欺负过。最终，我选择站出来反抗她，并且成功了。我感觉非常好。

——薇姬（54岁）

会忘了你的存在，或者不再把你当成有价值、有潜力的员工来对待。目前，我就在家办公，不过有时，我会特意走出家门和同事喝一杯咖啡，以便和社会保持联系。

工作中的问题

有一些公司氛围很好，员工之间相处融洽，全体人员同心同力，一起为公司的发展而努力，领导和员工之间也相互理解。但也有一些公司氛围很差，公司采用高压管理制度，领导任人唯亲，员工之间拉帮结派，还有很多员工把时间都花在阿谀奉承上，不好好工作。

公司氛围的好坏很容易判断，比如，员工平时是放松的还是紧绷的？彼此之间是有说有笑还是形同陌路？是心系集体，相信"大家好才是真的好"，还是只顾自己，甚至为了利益钩心斗角？

🕐 糟糕的公司氛围

· 不尊重员工。永远不要接受必须穿着高跟鞋搭配泳衣或内衣做事的工作，或是在其他方面对男性或女性有奇怪要求的工作。

· 领导刻薄、不讲道理、完全不称职。

· 员工之间爱搞小团体，甚至存在职场欺凌现象，而领导对此毫不知情，或明明知道但却毫不在意，睁一只眼闭一只眼。

· 在一些家族企业，领导只重视自己的亲戚，普通员工的工作表现很难得到认可，公司里的人际关系更是错综复杂。

当工作中遇到问题时，你可以向公司的人事部门反映，由他们进行调解和解决，也可以向相关监管部门反映，由他们牵头向更高层级的领导反映。如果整个公司的不良风气由来已久、根深蒂固，从管理制度到整体氛围都是一团糟，那么你需要保持低调，好好做一番规划，一步步逃离火海，尽快

找到另一份工作。不过在离开的时候，不要和领导公开对立。

🕐 职场性别歧视

有调查发现，相比于男性，女性很少去吩咐、指派男性做事，因为她们害怕别人说她们太强势、太恶毒。但有趣的是，如果是某个男性喜欢发号施令，旁人可能会说他很有男人味、勇于担当、敢说实话。在办公室里，女性聚在一起聊天常常被说成是一堆长舌妇在聊八卦，而男性在一起聊天或者下班后去聚会，则会被说成是一群"潜在成功者"在扩展人脉。

在这方面，美国科学家本·巴雷斯的经历或许能说明一些问题。本·巴雷斯原名芭芭拉·巴雷斯，原本是一位女性，在他还是"芭芭拉"时，曾因为女性身份在麻省理工学院遭遇过无数质疑。当她率先解答出一道其他学生解不出的难题时，她会被老师质疑"这是你男朋友解的吧"。在因为一些原因接受变性手术并更名为本·巴雷斯后，他的学术生涯发生了巨大的变化。在参加完一次学术会议后，有一个同行点评道："本·巴雷斯的工作做得比他的姐姐芭芭拉·巴雷斯好太多了。"但实际上，他根本就没有什么姐姐。他就是她。

后来，本·巴雷斯开始反思并质疑学术界某些根深蒂固的观念，发表文章驳斥各种关于女性不适合做学术研究的言论。他引用数据称，学术界中鲜有女性的身影，并不是因为女性能力不够，而是因为她们遭遇了更多的偏见和打压。

🕐 职场性骚扰

性骚扰包括偷瞄或直视女性的某些身体部位，故意和女性发生身体接触，说带有暗示性的话，邀请女性发生性关系，询问女性私生活或性生活的情况，公开播放或传播淫秽色情视频，以及性侵害等。性骚扰不分年龄，不管是年轻女性还是年长女性，

都有可能遇到性骚扰。

遇到职场性骚扰时，不要因为感到羞耻、自责而保持沉默。不管那些骚扰别人的人怎么说，一定要记住，遭遇性骚扰不是你的错。可恶的不法分子就是利用了受骚扰的女性容易因为感到羞愧而保持沉默的心理，有恃无恐甚至变本加厉。你要消除自己的心理负担，勇敢面对，不要让不法分子逍遥法外。如果有信得过的朋友，你可以向他们寻求帮助。

遭遇性骚扰时，要注意保留证据，比如保存好收到的性骚扰邮件或短信。也可以把事情发生的过程录下来或以写日记的形式记下来，包括事件发生的时间、地点、具体过程以及个人感受等，最好附有准确的细节。你可以尝试以下几种途径来解决问题：

· 向公司的人事部门、工会或者高层投诉。
· 如果骚扰你的人恰恰属于上一条中提到的部门或群体，你可以向妇联、工会女职工委员会等投诉，请求她们出面协调处理，或直接向公安机关报警。
· 向法律援助中心或社区法律中心咨询，请求律师的帮助。

调查显示，在澳大利亚和新西兰，约有52%的女性经历过职场暴力或性骚扰，约有44%的男性也有类似的经历。我发放的调查问卷的结果显示，许多声称自己没有遭到性骚扰的女性，也有过被人动手动脚、被迫听黄色笑话、被强吻、被迫听令人不舒服的关于性的言论、收到露骨的短信等不愉快的经历。由此看来，遭遇职场性骚扰的女性比例实际上更高，只是很多女性没有意识到自己遭遇了职场性骚扰，或不确定职场性骚扰该如何界定。

工作中遇到的性侵害

有些职场女性遭遇过来自同事或领导的性侵或暴力性侵。遇到这种情况，可以提起刑事诉讼，并向公司或个人索求赔偿。

🕐 职场欺凌

职场欺凌的形式有很多种。有时候，欺凌是明目张胆的，比如在别人面前对受害者大喊大叫、拍桌子，毫无礼貌地肆意批评受害者、辱骂受害者，利用自己在身高、体重或地位上的优势恐吓受害者。有时候，欺凌者又很狡猾，他们会采取阴险狡诈的手段，不动声色地欺负受害者。由于这些行为很隐蔽，因此受害者很难拿出证据上报给有关部门。实际上，这种隐蔽的欺凌行为对受害者的影响丝毫不亚于明目张胆的欺凌。

职场欺凌的主要表现包括：

· 在办公室孤立受害者，将他排除在所有活动、会议之外。
· 当众诋毁受害者，带有贬低色彩地评价他的外表和他在某项任务中的表现。
· 不允许受害者发表个人观点，不认可他的工作成果。
· 故意分配给受害者过多无用的任务。
· 总是说受害者的闲话，在公司传播关于他的流言蜚语。
· 故意不将各种信息传达给受害者。
· 当受害者抱怨自己遇到了上述情况时，说这都是他杜撰出来的，他是在无中生有。

如果你碰到了一个"恶霸"领导，他在工作中经常给你"穿小鞋"或无视你，那你需要先分析一下他这样做的原因，然后对症下药，找出解决办法。比如，有些领导是因为觉得你能力突出，怕你超越他；有些领导是因为不喜欢你的做事风格；有些领导是在故意试探你的能力；等等。

不管遭遇何种形式的欺凌，你都要记录下其发生的场合。据理力争之前，你可以向律师等专业人士咨询，听听他们的意见，看看哪些反击方法是合理的，哪些反击方法是不合理的。然后找准机会，在这些人变本加厉之前进行反击。你可以参考第一章《自信女人最美丽》，看看如何回应带有侮辱性的或无礼的问题。要知道，欺凌行为滋生的沃土就是受害人的沉默与恐惧，因此面对欺凌，你需要做的是保持冷静、礼貌和理性，然后在适当的时机反击。正面回击通常是一种很有效的应对方法。不过，也有一些欺凌者会在感觉到受害者反抗后变本加厉。如果情况没有改善，你可以向人事部门或更高层级的领导求助。如果还是不行，为了自己，你还是赶紧远离这种是非之地吧。如果这些行为对你的心理健康造成了影响，你可以找心理咨询师聊聊。

职工权益与责任

在澳大利亚，所有雇员（包括全职、兼职及临时员工）的合法权益都受到相关法律法规的保护。对于法律法规中没有规定的权益，员工可以在入职前与公司洽谈好。澳大利亚相关的法律法规对最低时薪、工作时间、聘用和解雇程序、工作健康和安全保障办法、加班费标准、带薪休假政策等都做出了明确的规定。雇主必须在劳动合同中明确薪资、工时及员工福利待遇等内容。一般来说，全职员工会比兼职员工或临时员工享有更多的权益和福利。

🕐 雇主责任

· 在澳大利亚，雇主有责任提供安全、健康的工作环境，以保障员工的安全和健康。当然，澳大利亚的法律也规定，员工必须遵守劳动法规，特别是关于工作健康和安全保障办法的规定，如因个人从事危险行为而造成身体和心理上的问题，个人需要承担相应的责任。

· 澳大利亚的劳动法规定，雇主只有在员工有不当行为的情况下才能解雇员工。并且，雇主必须遵循合同中规定的解雇程序，以确保员工的权利受到保护。员工的不当行为包括：私自从事危险行为，虐待同事或客户，为人不诚信、有欺诈行为，以某种方式泄露商业机密，以及其他违反雇佣规

定的行为。

· 澳大利亚的法律规定，雇主要依法为员工缴纳养老金。

离职

🕐 主动辞职

保持良好的口碑对未来找工作很重要。在离职之前，你应该继续保持勤奋和礼貌，按时完成工作，这样你离职的公司领导或同事才可能出具一份对你有利的推荐信。

一般来说，最好在找到另一份工作后再辞职，这样可以避免离职之后没有收入来源。而且，在职时，你会更有底气和耐心去找一份更理想的工作。

下面是一些与辞职有关的注意事项：

· 不要一怒之下提出辞职。不要告诉领导你对他们的真实看法，尤其是不要说出"破地方"或"神经病"等字眼。不要大吼大叫、摔门而去，也不要咄咄逼人。

· 即使遇到不愉快的事（除非涉及安全问题或性骚扰问题），也不要在没有任何解释的情况下，直接突然不见踪影，再也不去上班。

· 除非有紧急情况或条件不允许，否则在告知更高层级的领导或人事部门前，应先将离职的想法告诉直系领导。

· 以书面形式提交辞职信（简短一点即可），并写明离职日期。不需要写出具体的辞职原因，笼统地写因个人原因提出离职，或是想换一个工作环境就可以了。网上有很多辞职信的模板以及如何体面地提出离职的建议，你可以参考一下。

· 如果合同中规定要提前一段时间和公司提出离职，那你就要遵守规定，在提出离职后再工作相应的时间，这样公司可以利用这段时间找到合适的人选来补上岗位的空缺。

· 如果需要，在离职时请公司的领导或同事为你出

具一份书面推荐信。

· 归还公司的物品，比如制服以及电子设备。

🕐 丢了工作

岗位被取消，公司被收购，公司重组或破产……很多原因会导致员工突然失业。有些人觉得突然丢了工作没什么，甚至可能会大呼"我终于自由了"，但有些人会对此感到恐慌（"怎么办？我的房租还没交！"）、迷惑不解（"我觉得自己做的没什么不妥的啊？"），或觉得很丢人（"所有人都会觉得我是个失败者。"）。还有些人会进行反思，例如："也许当时我不该……""也许我再多学一点专业知识，我就不用被解雇了。"即使不是因为个人的过错而被解雇，一时之间可能也很难接受这个结果。

我之前被解雇过三次，每次心里都五味杂陈，既惊慌失措、无地自容、为钱发愁、对前途感到迷茫，有时也会有松了口气的感觉。我还会感到气愤和懊恼，心想：为什么不是我先提出辞职？这种感觉就好像和一个很糟糕的男朋友谈恋爱时，我还没来得及向他发泄内心的不满，也没来得及先提出分手，他就先我一步提出了分手。

为了应付突如其来的失业，平时可以有意识地攒一些钱以应对不时之需，这样你在走出公司大门时多少会感觉轻松一些。

被解雇后要重点留意的事项

· 当你从办公室走出来时，要保持冷静，稳定好情绪，即使想哭，也要回家后再哭。

· 归还制服、电子设备等公司财产。收拾好在办公室、储物柜中的私人物品。

· 不要马上发短信或者在社交网站上发帖子，告诉大家你所经历的一切。我是说真的，不管你的情绪有多复杂，都要克制一些。只告诉那些有必要告诉的人就可以了，但最好当面说，不行的话至少也要打电话说，没必要广而告之。毕竟，你应该也不希望这件事闹得沸沸扬扬，人尽皆知。

· 给自己时间来消化这件事。在此期间，不要大手大脚地花钱或一气之下跑去结婚，也不要公开发表任何言论。

· 必要的话，可以告知同事、客户自己离职的消息。可以给同事留个字条，告诉他们和他们一起工作很愉快，希望他们未来一切顺利。还可以请同事或客户为你介绍合适的工作。如果有必要的话，可以给同事或客户发一封简短的邮件，上面附上你最新的联系方式。不要提及离职的细节，也不要试图带走以前的客户。不要说前雇主的坏话，制造任何风言风语。如果你陷入流言蜚语之中，有人跑来向你求证，你可以说："事实并非如此，但我不想过多回应，也不想陷入这样的纷争之中。我现在只想向前看。"

· 被解雇后，要确保自己得到了应有的赔偿。如果没有，可以先与公司协商，协商未果时，可以向有关部门投诉、举报，或申请仲裁。

· 如果时机合适，为今后找工作着想，可以请前领导或前同事帮忙写一封推荐信。

· 当你到新公司上班时，要注意在新公司的一言一行。在社交场合谈论前领导、前同事或前公司时也要小心。谨言慎行、公平公正会让你赢得更多的尊重。

打造温馨小家

　　每个人对居住环境的要求是不一样的。如果清除地板上的灰尘、收拾东西能让你开心，那很好；如果你一想到这些琐事就头疼，很想转身就跑，可以接受家里脏一点、乱一点，那也没什么问题。但是，当你觉得做家务是一件可怕的苦差事，又不得不做的时候，问题就出现了。

　　本节的内容是为有全职或兼职工作，又需要做家务的人准备的。在这一节中，我将论述与烹饪、洗衣服、整理收纳、打扫卫生，以及分配家务相关的内容。

对家务、园艺和生活技能的态度

我喜欢洗碗。虽然说出来有点难为情，但是在洗碗这段时间我可以不用照顾孩子。

——凯瑟琳（36岁）

我喜欢待在干净、整洁、一切井然有序的房间里。我觉得房间的状态能反映生活的状态。

——泰米（29岁）

享受做家务？你在和我开玩笑吧！

——桑迪（60岁）

我最恨别人把家务活都推到我头上，好像这就是我应该做的一样。

——莎丽（29岁）

我当然不打扫卫生，我觉得灰尘有益于健康。

——安德里亚（39岁）

我讨厌收拾家。我三番五次地尝试，还从书上学习了很多整理收纳的方法，买了不少产品，但是都没用。我这个人很容易走神儿，做事不专注。我老公最后把我"解雇"了，请了一个钟点工来帮我们打扫卫生。现在，一切都很好。

——乔茜（37岁）

不要因为别人的想法而觉得大扫除这件事很重要。陪孩子读一本书，比花时间扫一遍地更重要。

——杰恩（44岁）

没有人会在你的墓碑上写"生前将屋子打扫得一尘不染"。

——利斯（29岁）

让你的房子充满爱，而不是各种私人物品。不要整天为了小事纠结。给孩子一个拥抱比掸鸡毛掸子重要得多。

——凯茜（47岁）

不要理会家政电视节目和杂志中宣扬的观念。没有人能既保证家里井然有序、一尘不染，又做到家庭和睦。

——梅甘（45岁）

我发现家庭生活类的杂志真的很可怕。

——埃莉莎（28岁）

一直以来，我都以为自己喜欢园艺，但后来事实证明我不喜欢。我也不会缝纫、织毛衣，也不会做剪贴簿。但我很会买东西，还是个一流的组织者。

——弗朗西丝（27岁）

孩子们不会记住屋子有多干净，但会记住你花了多长时间陪他们。

——布朗温（28岁）

我尝试学织毛衣。想法很好，但这对我来说真的很难。不过我还是尝试坚持，而不是半途而废。

——托尼娅（33岁）

我讨厌做手工。我不明白既然能买到，为什么还要亲自做。

——莉拉（35岁）

我钟爱缝纫、做卡片、设计复古风的服饰。做这些东西既有趣，还能赚钱。

——费伊（55岁）

我觉得稍微会一点缝纫是很有用的，比如缝扣子、做卷边、补破洞。否则，你就得向专业裁缝求助，接受他们的漫天要价。

——罗克珊（28岁）

我热爱烹饪、园艺，也喜欢做针线活和打毛线。在妈妈的引导下，我还喜欢上了做剪贴簿，我觉得创造美好的事物能给我带来满足感。

——埃米莉（21岁）

我喜欢缝被子。这个过程让我感到放松。我把很多做好的被子捐给了一些组织，这让我有一种被需要的感觉。

——杰特（56岁）

我现在厌倦了这一切。我对家务、园艺和家居艺术都没什么兴趣。

——珍妮弗（56岁）

我喜欢整理花园。具体地说，我特别喜欢除草。我没有耐心培育幼苗，只喜欢消灭杂草。我甚至觉得我可以成为一名出色的伐木工。

——伊莎贝拉（39岁）

奶奶曾告诉我："整理花园是一件很有意思的事情。你可以挖一个洞，把你一天的悲伤和遇到的不顺心的事都埋在里面。"从那以后，我爱上了整理花园。

——安娜（54岁）

我喜欢整理花园，因为花园不会在我整理完五分钟之后就变得乱糟糟的。修剪枝叶的过程很治愈，能让我放松下来。

——埃玛（32岁）

我喜欢做整理花园这种做了立马就能看到效果的活儿。

——柯罗娜（47岁）

我喜欢打扫卫生、洗衣服和整理收纳。

——塞雷娜（42岁）

料理家务：荣耀还是苦工

对很多女性来说，做家务是一件枯燥、无聊的事，因为大多数家务都是重复性的，做起来一点新鲜感都没有。但也有很多女性表示，做家务能带给自己极大的满足感，因为劳动的成果是显而易见的。当然，如果刚收拾完房间，就有人把东西乱摆乱放，弄得房间一片狼藉，或是蹒跚学步的小宝宝拿着奶酪棒到处玩儿，奶酪棒的碎屑掉了一地，让劳动成果毁于一旦，那么满足感顷刻间便会化为乌有。

很多女性觉得为自己和家人打造温馨小家是一件让人很有荣誉感的事情，作为女主人，她们会觉得很有面子。我想，那些边做家务边唱歌的女性是真的很快乐，也很享受劳动带来的满足感，她们会觉得是自己选择了做家务，而不是被迫做家务，因此她们不会有压抑、不甘的感觉。

也有很多为了照顾家庭而不得不放弃工作的女性不喜欢别人叫她们"家庭主妇"，因为她们觉得这个词是贬义词。她们的想法并非毫无依据。在很多人看来，尤其是在很多男性看来，操持、掌管一个家十分容易，他们在用这个词时，想表达的潜在意思是："当妈妈多简单呀！""她的工作就是整理屋子，这是多简单的工作啊！"在我最近参加的一场募捐活动中，一位年轻人致谢时感谢了这场活动的组织者和志愿者，包括律师和商人。他还单独提了"感谢许多家庭主妇"。但他没有注意到，在他说到"家庭主妇"这个词时，很多女性挺直了后背，眯了眯眼睛，皱了皱眉头。

很多人不尊重"全职妈妈"的原因之一是，他们看不到一位母亲对家庭所做的贡献，这些人中既有男性，也有年轻的女性，后者年龄还小，她们还没有照顾孩子的经历，也意识不到干什么都要伸手向别人要钱、看别人眼色的生活有多难（这跟她们小时候跟爸爸妈妈要钱完全不一样）。直到亲身经历过，她们才能体会到做全职妈妈有多难、多不

讨好。事实上，对全职妈妈而言，工作从不间断：吃完饭了要刷碗，地板脏了要擦，叠好的衣服被弄乱了要重新叠……其中的辛苦，不亲自体验往往很难想象。

整理

对于"你擅长什么"这个问题，很多女性给出的答案是"整理"。通常来说，家庭中，都是由女性来承担整理家务的工作。有些男性甚至分不清哪些毛巾是洗过的，哪些毛巾是没洗过的。当然，这里需要指出，在整理家务方面，一些人是因为觉得工作最重要而无暇整理家务，一些人则觉得把家里收拾干净后才能安心工作。每个人都有自己的侧重点，只要明确事务的优先级即可，无关对错。

现在这个时代，大多数人都拥有过多的物品。以前的小孩可能只有一两个玩具，顶多再加上一只玩具熊，而现在的小孩大多拥有成筐的玩具、数不尽的游戏设备。这也催生了一个新的词语：断舍离。

在物质层面，断舍离强调人们应该避免过度消费和囤积物品，只保留真正需要或喜爱的物品，及时处理掉那些没有价值的物品。除了物质层面，断舍离还有心理层面的考量。有些人觉得把东西扔掉是一种宣泄情绪的方式，可以缓解内心的压力。也有些人觉得要在旧物间做取舍是一件非常困难的事，因为每件物品都包含着回忆。还有些人甚至不愿意翻箱倒柜地去找要处理的物品，因为这些物品可能会让他们想起过去的一些伤痛或不开心的事情。

下面是一些与整理收纳有关的建议：

· 整理橱柜或储藏室时，让孩子帮忙。让他们根据物品的种类将物品分区域摆放（要确保没有药品或锋利的厨房用具等具有潜在危险性的物品），比如将带盖子的塑料容器放在一起，所有的平底锅放在一起，所有的垃圾袋放到一个箱子里，等等。这个过程有助于训练孩子的分类能力。

· 先把孩子所有的玩具都收起来，然后准备三个大盒子，分别存放孩子经常玩的、偶尔玩的、基本上不玩的玩具。观察一段时间，看看分类分得对不对。那些孩子经常玩的玩具可以好好保留，而那些孩子从来不玩或偶尔玩的玩具，就可以考虑扔掉、送人或捐赠给慈善机构。如今，很多旧货网站会组织开展"物品交换之夜"活动，规模一般不超过 20 人，每人可以带一些物品，比如带 10 ~ 20 件衣服，和到场的其他人进行交换。某人不喜欢的连衣裙很可能正是另一个人梦寐以求的。

· 准备三个盒子，分别标上"保留""扔掉"和"卖掉"。以一个书架或一个房间为单位，将该单位里的物品分别放到三个箱子里。你可以一次性整理完，也可以每周抽出几小时的时间慢慢整理。

· 现在很多书店里都有很多关于断舍离或整理收纳的书籍，网上也有专门提供此类信息的网站，还有一些整理收纳师能够上门提供服务。最好的"断舍离"机会是搬家的时候。与其花钱请人把不需要的"垃圾"从一个房间搬到另一个房子，不如趁机做个了断。

厨房事务

平时可以在冰箱里储存几道预制菜，这样就可以在需要的时候迅速烹饪好。更多关于食物和烹饪的内容，请参考第三章第一节《怎么吃，更健康》。

🏠 食物卫生
· 切生食和熟食的案板要分开，用完的案板要用热水清洗。

· 做好的食物不要反复加热。像海鲜、绿叶菜等食物不适合二次加热。如果一定要重新加热食物，一定要注意温度，高温加热（也就是平时所说的"热透"）才能尽可能杀灭食物中滋生的细菌等

有害物质。

· 不要加热外卖，因为它可能已经被加热过多次了。

· 想要解冻冷冻食品，可以提前一天将其从冰箱的冷冻室转移至冷藏室，这种解冻方法比从冷冻室直接拿到常温中解冻要好。

🏠 微波炉

微波炉的外壳和门几乎可以完全隔绝微波的外泄，因此只要购买检验合格的微波炉，并正确使用，保证其没有损坏或密封不当的情况，就几乎不用担心辐射的影响。另外，相比于蒸、煮，用微波炉加热食物需要的时间短，因此，微波炉非常适合上班族使用。不过，有很多食物不能放到微波炉中加热，比如带壳的食物（如鸡蛋、鸭蛋等蛋类）、盒装牛奶等，一些装食物的塑料盒也不能用微波炉加热，因此加热时要先将食物放到其他容器中，再用微波炉加热。

打扫

有些女性宁愿每周多上一天班，以便多赚一点钱来支付清洁工的工资，也不愿意自己打扫卫生；有些女性则喜欢自己进行家庭大扫除，她们会一边放音乐，一边打扫卫生、洗衣服等，这对她们来说是一种放松的方式。

如果你雇用了一位清洁工，请允许我替他们说几句话。如果他们做得还不错，那么你给他们的工资不要低于行业最低标准，条件允许的话，可以再给他们一点小费。毕竟是他们让你的生活环境看起来更干净、更体面，他们应该得到你的尊敬。

有些孕妇临近分娩时会出现一种"筑巢反应"，在筑巢反应的影响下，她们会特别喜欢买母婴用

品，还会特别在意家里的卫生情况。以前我并不相信这种说法，直到我自己快生了的时候才相信，因为那时我一直让老公忙东忙西，不仅要把冰箱顶擦干净，还要把冰箱底下也打扫干净。

分担家务

🏠 家务分配

不少调查结果和身边的故事一次又一次地表明，在很多家庭中，外出工作的女性在下班回家之后做的家务还是比男性多，女性对此并不满意，这也是很多夫妻感情破裂的主要原因。如果你对目前的家务分工很满意，那么你可以略过下面这一部分的内容。但是如果它让你感到不悦，你可以试试下面这些方法。

很多男性不承担家务或承担的较少，可能是因为他们觉得屋子并不乱，不需要打扫；也有可能是因为他们懒惰成性，习惯了"衣来伸手、饭来张口"的生活，在他们的成长过程中，一直是由妈妈或清洁工做所有家务；还有可能是因为他们觉得做家务很简单，花不了多少心血，缺乏对他人劳动成果的尊重。最可恶、最站不住脚的说法是："家务活本来就是女人的工作。""我妈都做得了，你怎么就做不了？""我负责在外挣钱，你负责操持家务，这很公平。"但他们需要搞清楚的是，家里的工作需要 7×24 小时随时待命，跟每天有比较固定的上下班时间的工作可不一样。

许多下班回到家的男性根本注意不到女性在不停地做家务，比如做完饭后刷碗，刷完碗后洗衣服，然后还要扫地、晾衣服等。当你遇到这种情况时，可以和伴侣好好交流一下，说说自己一天都做了多少家务，花了多长时间，将这些和他的工作内容和工作时长比一比。不要说风凉话或挖苦他，只是单纯讲讲自己的感受。最后问问他能不能理解自己，是否可以承担一些家务，这样也更公平一些。

在伴侣干了一些家务或漂亮地完成了某项工作之后，你可以赞美和感谢他，这会让他产生成就感，激励他继续这样做。如果他不会做饭，那就给他一些善意的指导，在他做完一道简单的菜后由衷地赞美他。如果他认为清洗浴室就是拿着水管子对着浴室冲水，那就告诉他正确的做法是什么。如果他不会洗衣服，那就向他解释清楚为什么白色的衣服和黑色的衣服不能一起洗，哪些衣服能机洗，哪些衣服必须手洗，如何挂衣服才不会导致肩膀处鼓起来，内衣应该怎么晾……当他做家务时，即使刚开始做得达不到你的标准，你也要表扬他，否则下次他可能就不愿意干了。

为了避免双方一直滔滔不绝地争论这周应该由谁来倒垃圾，由谁来洗碗之类的事，双方可以提前对如何分配家务达成共识。你可以和伴侣开诚布公地谈一谈，直接问他："你想做哪些家务呢？还是说我们轮流做家务，一人负责一周？"分配家务时，可以考虑个人的偏好，比如有的人讨厌做饭，但不介意打扫卫生；有的人喜欢做饭，但讨厌洗衣服。如果伴侣总是忘记履行自己的承诺，没做完应做的家务，那就列一个清单，贴在双方都能看到的地方。还可以和他一起在手机上设置提醒，或者在冰箱上贴上留言条。

在大多数情况下，列清单、排执勤表是有用的。清单有助于双方明确任务安排。可以把每天、每周、每月要做的家务列一个清单，并注明做每种家务的时间（比如，在星期六的晚上清洗马桶）。双方轮流从中挑选任务，直到所有的任务都有人"认领"为止。可以参考后面给出的"家务清单模板"来列。这也是一个让那些对家务"视而不见"的伴侣看看女性到底做了多少家务的好办法。需要注意的是，要将上面列出的清单作为一个"谈判"的工具，而不是铁一般的纪律。如果任何一方想修改清单中的内容，可随时商议，对清单内容做出相应的修改。列清单也是检验双方对家务劳动标准能否达成一致的方法之一。例如，如果伴侣不懂为什么每周都要清洗马桶，而是觉得马桶脏的时候再清洗就可以了，可以和他解释清楚，每周定期清理马桶可以更好地预防异味和细菌等的产生。之前，我的一位女性朋友看到我在冰箱上贴的为伴侣写的任务清单时满脸不屑，甚至嗤之以鼻。她觉得我太霸道，控制欲太强，认为男人只是容易忘记他们答应做的事情，但这并不意味着他们不想做。后来，这位朋友和她的伴侣一起生活了十年，在这十年中，她的伴侣除了打电话叫比萨外卖，别的什么都不干。经历了这些后，她才大彻大悟，还向我道歉："对不起，现在我终于明白了当初你为什么那样做。"如果双方有孩子，对付那种不作为的家伙，最快、准、狠的方法就是让他一整天（最好是两三天）一直和孩子待在一起。

还有一点需要提到的是，要注意家庭中可能发生的改变。例如，当夫妻二人收入都很可观，可以请清洁工的时候，家里可能一切风平浪静。但是当两个人有了孩子，其中一个人不得不待在家里照顾孩子，家庭收入下降，雇不起清洁工的时候，矛盾可能就会爆发。全职待在家的这个人不应该因为自己分文不赚就要包揽全部的家务活。

碰到那些没有尽到自己的责任，只想"坐收渔翁之利"的伴侣时，双方的矛盾可能会不断升级，毕竟这种人的态度好像在说："我就是等着你伺候我呢！""你就应该干这些！"此时，女性要坚定立场，不要随叫随到、任劳任怨，也不要强忍怒气，这样对身体不好。一定要和伴侣好好谈谈，看看能不能让情况有所改变，毕竟，晚做总比不做好。理想的状态是一切公平、平等，双方相互尊重，而不是让家变成一个"战场"，一方整天通过唠叨甚至责骂的方式使唤另一方，或总是争论谁付出的多、是否公平、谁工作的时间更长。不，这不是一场竞赛。双方若想幸福、长久地生活在一起，就要相互理解，在生活中要努力达成共识，找到双方都

满意的办法，心甘情愿地为家庭付出。请记住，家人的理解很重要。我曾经在一次坐船前往悉尼的路上碰到过一位女士，当时她坐在我旁边，看到岸边有一栋美丽的豪宅，她说她非常想要拥有这样一栋豪宅，说到激动处竟然哭了起来。我倒是觉得，有钱不能确保一个家庭是幸福的，重要的是家人能否相互理解。

如果合租的室友不爱做家务

如果和你合租的室友不喜欢做家务，那你可能需要动一番脑筋，思考应对策略，情况不同，应对的策略也不同。比如，如果你的室友是那种喜欢把脏衣服扔进洗衣机但又不及时洗的人，你可以给他准备一个便宜的带盖子的篮子，让他把换下来的衣服都扔进去，并观察他会不会在找不到干净衣服换时"亲自"洗衣服。对那些屡教不改、没羞没燥，甚至连一条干净内裤都找不到的人，最好的办法就是自己搬出去，或者让他搬出去，以免近墨者黑。

🏠 列好家务清单

夫妻双方可以先各自选一些自己乐意做的家务，随后就双方都不愿意做的家务展开协商。妻子可以告知丈夫，他可以选择具体什么时候来完成自己认领的家务（时间要在合理的范围内），比如可以选择每周六或者下班回家之后做。他可以一边看着电视上的体育比赛，一边收衣服、熨烫衣服，也可以一边听着音乐一边拖地。和他说明，如果他不想做自己要做的那些家务，就需要出钱雇清洁工。如果他什么都不做，又找不到合适的清洁工，就叫他报销每周的大部分开销。

家务清单模板

下面是我准备的家务清单模板，你可以根据实际情况加以改动。

每日家务：

· 准备早饭。

· 刷碗，收拾厨房。

· 准备午饭。

· 刷碗，收拾厨房。

· 准备晚饭。

· 刷碗，收拾厨房。

· 洗内衣、袜子等每天要换的衣物。

· 擦桌子。

· 倒垃圾。

· 把晒干的衣服收起来。

每周家务：

· 扫地、拖地（一周两至三次）。

· 清理地毯。

· 打扫浴室和淋浴间。

· 清洗马桶。

· 清洗床上用品。

· 洗其他衣物。

· 熨衣服，并将衣服整齐地挂好或叠好。

· 采购。

每月家务：

· 清理冰箱内部。

· 清扫冰箱、衣柜等电器或家具表面的灰尘。

· 清理院子，如除草、割草等。

· 修理坏掉的房门（不一定每月都有）。

洗衣服

有些人家里有专门的洗衣房，里面配有洗衣机、烘干机、一排排整齐的晾衣架、高级熨斗、折叠熨衣板和能装下特别多衣服的定制橱柜。其实，家里没有洗衣房也没关系，只要有一台洗衣机、一排晾衣架、一个熨斗和一个熨衣板，你就可以完成洗衣和熨衣的工作。我觉得，有一个愿意帮你分担洗衣工作、知道如何叠放女性内衣、知道哪些衣服只能手洗（并亲自手洗）的伴侣，比拥有一个专门的洗衣房更令人开心。

🏠 熨烫

如果你喜爱熨烫衣物（别不信，真的有很多人喜欢，因为他们觉得熨烫衣物的动作很有节奏感），那么你可能对下面这条信息感兴趣：在英国，有一项极限熨烫大赛，参赛者会在瀑布、钢丝、冰川等危险而不同寻常的地点熨烫衣物。

以下列举的是使用熨斗的注意事项，不要掉以轻心哟！

1 使用熨斗时不要离开。可以利用熨衣服的时间听听音乐或者有声书，这样可以让自己轻松一点。

2 使用蒸汽熨斗时，等熨斗加热到适当的温度，排出水蒸气后再开始熨衣服，还要注意，不同材质的衣物熨烫时适宜的温度不同。

3 记得使用熨衣板。

4 用完熨斗后，应立刻拔下熨斗的插头，且不要随便乱放刚断电的熨斗，要等其完全冷却后再收起来。

生活技能

为避免对电器故障束手无策，只能对着发出异响，或直接"罢工"的电器干瞪眼，你需要学习一些包括电器维修技能在内的生活技能。不要总觉得身边有人可以帮你，因为你总会遇到"叫天天不应，叫地地不灵"，只能靠自己的时候。

🏠 重要的生活技能

你应该知道：

· 如何在不触电的情况下更换灯泡。

男性与家务劳动

越积极的人做的工作越多，只要不会感到心理不平衡就行。

——阿农（33岁）

我先生包揽了大部分家务。

——凯蒂（20岁）

他工作很忙，一周要上六天班，这些我都看在眼里。所以，我不需要他忙了一天后还要回家熨衣服。我更希望他抽时间多陪陪孩子。

——米基（33岁）

我和老公有一个"协议"：他负责做饭（他是一个很棒的厨师），我负责剩下的家务。完美！

——露西（28岁）

我老公承担了大部分的烹饪工作，还主动整理花园、买菜、清理泳池。

——尚海（40岁）

我爸爸不擅长干家务活，但我哥哥会在力所能及的地方帮他，多亏了我妈妈教子有方。

——埃米莉（21岁）

他想让我做绝大部分家务，这让我很生气。

——安娜（31岁）

我丈夫是全职爸爸，负责照顾两个儿子。他偶尔会打扫卫生，但大部分情况下还是会等到周末，让我帮忙一起做。可明明我才是有全职工作的那个呀！

——凯莉（32岁）

我丈夫做了大部分家务，相比之下，我很懒。他真是个好丈夫。

——安德烈娅（25岁）

我和弟弟一起生活，他真的什么活都不干！

——索菲（22岁）

他吸尘，我除灰；他做饭，我扫地；他对付蜘蛛，我孕育宝宝。

——路易丝（21岁）

我丈夫会照我说的做。

——李（55岁）

我吩咐的事情，他都会去做，只是容易忘事。他需要我的鼓励。不过话说回来，我也是。

——佐伊（33岁）

我和一个姑娘以及两个男人合租。两个男人负责打扫厨房和休息区，剩下的活由我们两个姑娘承包。

——伊丽莎（25岁）

他工作很卖力，我不需要上班，因此我非常乐意做大部分家务。他负责所有的园艺和杂活。当我需要帮忙的时候，他会很乐意帮我打扫卫生、洗衣、做饭。

——卡罗琳（32岁）

我丈夫在他们兄弟五个中排行老三，他们的母亲教会了他们做家务，甚至还是他教给我怎么给孩子换尿布的。

——唐（76岁）

我老公倒是让干什么就干什么，前提是口头告诉他至少十次，纸上提醒两次，有时还要给他发一封电子邮件。做完这一切，我可能都做完一半的家务了。

——梅甘（36岁）

如果你不喜欢伴侣洗衣服的方式，那就自己洗，否则就闭嘴。

——梅洛迪（30岁）

我做完的家务他通常还要再做一次，只为做到更好。

——柯尔斯滕（33岁）

我在三个儿子小的时候就教他们做饭和做家务。现在他们各自都成家了，他们的另一半很欣赏他们的厨艺和做家务的能力。

——珍（61岁）

女性与家务劳动

我自己一个人住，从来没有依赖过男人。

——伯尼（53岁）

我是家里的"勤杂工"（我和两个男人住在一起），承担了很多杂活，因为我喜欢尝试新鲜事物。遇到不会做的事，我会问问爸爸妈妈，或上网找答案。

——韦罗妮卡（28岁）

我是一个建筑工人的女儿，也是一个不受传统思想束缚的母亲。没有什么是我做不到的。

——丽奈特（41岁）

我会换轮胎，会用电钻、锤子、会锯木头、刷油漆、往墙上挂画、铺石板路。但我老公连怎么启动割草机都不知道。

——安娜（58岁）

大部分家务活我都能做。我甚至会修理和改装汽车。

——桑普（19岁）

我会铺瓷砖、铺路、砌砖墙、打理鱼塘。

——休（55岁）

· 发现燃气泄漏时，要及时开窗通风，并关闭燃气阀门。

· 发洪水时，安全撤离前务必切断家中的电源。

· 如何在不烧伤自己的前提下打着燃气灶。

· 如何安装、拆卸或启动烟雾报警器。

· 如何更换各种遥控器的电池。

除此之外，你还需要：

· 单独准备一个地址簿或在电脑上新建一个文件夹（注意备份），详细记录医生、同事、亲戚、水电气的维修工人等的联系方式，以及可能会用到的其他信息。

· 藏好备用钥匙（不要藏在门口的脚垫或花盆底下），不到必要时不要告诉任何人。

· 准备一个小型应急包，里面装上手电筒、电池、压缩饼干、饮用水、求生哨、蜡烛、防潮火柴、压缩雨衣等物品。

传统艺术与手艺

如今，许多传统艺术和手艺重新走进了人们的生活中，越来越多的女性喜欢自己动手来为家人制作一些既美观又实用、充满浓浓爱意的东西。

这些传统的艺术和手艺包括：

· 棒针编织。

· 缝纫。

· 钩针编织。

· 擀毡。

· 做果酱。

· 做腌菜。

· 蛋糕裱花。

· 做剪贴簿。

🏠 缝纫

学会缝直线，就离会缝被子不远了；如果对缝纫特别感兴趣，再多加练习，就能自制家居用品了；经过不断学习，就能慢慢地修炼到给自己做衣服了。当你掌握一些缝纫技巧后，遇到买回的衣服不合身的情况时，你就可以自己进行一番修改。这是一项很实用的技能，毕竟大部分人买来的衣服都不是完全合身的，每个人的臂长、腿长、肩宽、胸围等都可能有细微的差别。

当然，我并不是一定要你把所有穿破的袜子都缝补后接着穿，也不是让你把旧衣服都做成擦窗布。不过，学会缝扣子、裁裤边、换拉链，意味着你可以在这方面省下一些钱，从而有更多的零花钱可以供你支配。

想要定做衣服时，可以向身边的人打听一下，或上网查询一下裁缝的联系方式。找某个裁缝做衣服之前，可以先看看他以往的作品，评估一下他的水平，然后让他报价。找到合适的裁缝后，在他做衣服前。要交代清楚自己的要求，比如是使用手工缝制还是机器缝制。衣服做到一定程度后可以先试穿一下，这样还可以有调整的机会。

环保的生活方式

许多人都想保护环境，同时也想鼓励孩子做一些有益于保护环境的事情。退一步讲，即便丝毫不关心环境问题，让生活方式更环保也有助于节省开支。哪怕只是做一点点事，比如给手机充完电后及时拔掉插头，也是有益的。

第十章

财富管理

家中谁掌管财务大权

我是一个有全职工作的单亲妈妈，也就是说，我要负担家庭的所有开支。

——凯茜（49岁）

我俩有各自的银行账户。付钱时，我基本上都会刷信用卡，由他来还款。如果我需要现金，就会问他要，他就会给我。总之，他负责偿还大部分账单和房贷。

——瓦妮莎（38岁）

我老公负责还款，平时还会给我生活费。如果不够，我要多少，他就会给多少。

——托丽（28岁）

我老公每周给我生活费用于家庭开销。除此之外，他还负责还房贷、支付保险，剩下的钱就存起来。

——李（35岁）

他每周按时给我打钱。

——安娜贝勒（30岁）

我老公很善于理财，所以都是由他来管钱，但他会随时跟我报账。我每个月会就家庭的各种开销做预算。

——朱丽叶（33岁）

我根本不想管钱，但是我丈夫把这个任务扔给了我。

——玛丽安娜（40岁）

提到钱我就难过。这是我的痛处。家里所有钱都在我老公的名下，只有我投资的房产写了我的名字。我俩有一个共同账户，我用这个账户里的钱买日用品，但要在我老公的管控之下购买。

——尼娜（39岁）

我负责赚钱，我的伴侣告诉我钱应该花在哪些地方，不应该花在哪些地方。

——凯蒂（28岁）

在我家，我负责打理财务，掌握财务大权！

——菲菲（34岁）

我老公负责按时把钱存入账户，我负责管理。

——海伦（61岁）

我是理财顾问，所以家里的钱都由我来管。

——塔尼亚（38岁）

出于尊重，理财方面的事我都会征求老公的意见，但他在这方面一窍不通。

——珍妮（43岁）

虽然我工作的时候会处理百万级美元的资金预算，但结婚后，我们家还是我老公负责财务管理。

——帕梅拉（45岁）

我负责理财。我会寻求理财顾问和父母的指导。

——伊丽莎白（37岁）

每次发了工资，我都会和未婚夫说一声，并让他来帮我做理财。一让我管钱，我头就发蒙。

——路易丝（22岁）

我们两个人一起管钱，不过他对管钱更感兴趣，还经常有一些很棒的想法。

——皮普（40岁）

我俩打算婚后把两个人的钱放在一起管理。我们还说好，做任何决定之前都要先和对方好好讨论。

——米歇尔（36岁）

在我们家，涉及较大金额的支出或投资时，全家人会一起商量。虽然我年龄比较小，但是我仍然可以参与讨论，可以在理财方面给爸爸妈妈出谋划策。

——卡拉（17岁）

我家都是我来管钱，但我并没有把钱分成他的和我的。

——玛格丽特（50岁）

我有自己的银行卡，需要钱的时候我可以随时取钱。即使我有了孩子，我也拒绝放弃工作，除非某一天我的钱足够多，买东西时可以无所顾忌。

——朱丽叶（36岁）

我每月中旬发工资，他每月月初发工资。每月前两周我俩依靠他的工资生活，后两周则依靠我的工资生活。

——卡利奥皮（24岁）

我和男朋友目前处于异地恋的状态，所以我俩保持财务独立。

——露西娅（22岁）

我俩有各自的银行账户，但对于给对方钱这件事，我们都很爽快。等哪天买了房，我们也会一起还房贷。虽然我们各自掌握对自己赚的钱的支配权，但这不代表我们没有相互尊重。

——萝宾（41岁）

我俩财务独立，不过花钱时还是会跟对方说一声。

——芭芭拉（57岁）

我妈妈负责帮我打理财务，她做得非常棒。

——戴安娜（33岁）

现在是我女儿帮我打理财务。她做得很好。

——萝宾（60岁）

如何管理财产

虽然俗话说"金钱不是万能的"，但事实上，女性需要有一定的物质基础才能更好地保障自己的生活。钱可以用来买食物、鞋、吸尘器等生活必需品，可以用来支付孩子的学费，还可以用来买项链、限量联名款包包，等等。除此之外，如果一个女人特别有钱，堪称女版"钻石王老五"，那么她想要找个超模一样的男朋友还是很有可能的。

一般情况下，我不喜欢谈钱，不过有时候不谈也不行。那么，关于钱，我们必须知道些什么呢？我想，我们必须知道如何储蓄、如何合理消费、如何理财，最重要的是，如何避免上当受骗。

有关经济独立的思考

虽然我想退休，但我更想保持经济独立。虽然我丈夫喜欢理财，而且做得非常棒，但我不想依赖他。

——蕾切尔（65岁）

我曾祖母非常不希望她的女性后代在经济方面完全依赖男人。她一直教我们要自己存一部分钱，这部分钱怎么花完全由我们自己说了算。

——费莉西蒂（42岁）

自力更生很重要。不要指望别人帮你摆脱困境，也别指望救济金。女人还是要经济独立。

——玛丽（55岁）

女性应该保持经济独立。很多女孩希望遇到一个有钱的"白马王子"，让他来做自己的经济支柱。退一万步说，就算真的能遇到这么一个人，谁也不能保证他一辈子都有钱啊。

——利娅（29岁）

不要总觉得男性就应该是家庭的经济支柱，并且应该无条件地给予你金钱。否则，当你发现事实并非如此时，你肯定会不知所措。

——特蕾西（39岁）

要给自己准备好一份"离家出走"基金。不要把自己的未来都押在其他人身上。

——山姆（36岁）

我特别喜欢经济独立的感觉。当然，我也不介意以后遇到一个希望我完全依赖他的有钱人。

——利奥妮（39岁）

别让老公独自掌握家中的财务大权。你要随时注意自己和家庭的经济状况。

——琳（51岁）

千万不要让老公单独掌管财务大权。每次发了工资后都给自己留一点，实在不行就悄悄地存。

——苏珊娜（50岁）

我再也不想和老公共用一个银行账户了。我再也不想遇到要结账时账户里一分钱都没有的情况了。

——哈丽雅特（38岁）

家人对个人财务观念的影响

我妈总是抱怨我爸不给她钱花。我总是听到这样的抱怨，所以我发誓一定要管好自己的钱。

——凯特（39岁）

虽然我爸很有钱，但是他比我认识的其他人更关心自己的财务状况。

——霍利（23岁）

我爸妈都不善于理财，他们一直赚得不多，也没有很好地管理赚到的钱，我也是如此。不过，我正在试图改变这种状况。

——克洛艾（25岁）

我妈不擅长理财，而我爸常常因为钱的事大发雷霆。我之前特别厌恶谈钱，我总是把钱和愤怒、控制联系在一起。

——迪（52岁）

我妈嗜赌成性，输光了他们两口子所有的积蓄，因此我花钱很谨慎。

——简（28岁）

我妈的公司破产了，我们的房子被抵押了。我和妈妈每天靠吃意大利面和鸡蛋生活。我从没想过自己有一天会过上这样的生活。

——米尔（39岁）

一直以来，我们都过着简朴的生活，努力存钱。现在，我们获得了回报。

——凯（50岁）

我小时候在农场长大，农民是看天吃饭，收成时好时坏，谁都说不准，所以我们会时刻做好最坏的打算。现在，我对钱也抱着同样的态度，总想着"说不定明天我就没钱了"，所以我会做好准备，比如在枕头下面藏一点钱。

——珍妮特（42岁）

小时候，爸爸抛下了妈妈和我们5个兄弟姐妹。那时我们这几个孩子都还不到11岁。我从来没幻想过会有"白马王子"来拯救我。我一直努力打拼，后来，我在25岁那年买了第一套房子，我对婚姻的贡献比我丈夫大多了。

——安妮特（47岁）

我妈妈没有工作，所以她每次花钱时都有深深的负罪感，因为花的不是自己的钱。现在我也一样。

——罗丝（18岁）

小时候，我的家庭条件很优越，我从来没有为钱发过愁。但现在，我常常为钱发愁。

——詹尼（44岁）

女性与金钱

由于种种原因，我身边很多女性朋友的收入都比他们丈夫的收入低。有一些女性明明和丈夫做的是相同的工作，其薪资待遇却比丈夫低；还有一些女性在人生的某个阶段会暂时搁置事业，将生活重心放到家庭上，比如在孩子上学前选择在家陪伴孩子成长，这不仅会使她们在这个阶段不得不依靠丈夫的收入生活，还意味着她们要放弃全职工作带来的福利，比如各种保险和法定假期。除此之外，由于女性的性格通常比较温和，再加上她们十分珍惜能证明自己价值的工作机会（女性通常比男性更难找到合适的工作），因此她们往往不会主动要求加薪，在这方面，女性通常比男性更能隐忍。还有一些女性认为她们不用挣钱，她们觉得最好的生活就是嫁给一个富有的王子，然后过上无忧无虑的幸福生活……

还有一个现实情况是，虽然很多女性收入不高，但女性的消费往往比男性高，广告商也瞄准女性群体，不断鼓动女性花钱购物，向女性传递"购物是一种很好的爱好"的理念。有数据显示，女性在很多方面的支出都高于男性。

对金钱的看法

有的人花钱锱铢必较，有的人花钱大手大脚，有的人追求投资的刺激……每个人考虑和处理金钱的方式都不一样，这就是所谓的金钱人格（也叫金钱个性）。你的金钱人格是什么样的？你花钱的习惯是如何养成的？你是喜欢看账单，以便了解自己的各项开销，还是喜欢掩耳盗铃，觉得不看账单、不知道自己花了多少钱就可以假装自己没花钱？如果有人问起你的理财理念，你知道如何作答吗？

有时，吝啬和挥霍可能只有一线之隔。我小时候在农场长大，那时候我收到的礼物是苍蝇拍、练习本之类的东西，日常洗澡用的肥皂是一种洗衣皂，颜色看起来跟人造黄油差不多，用剩的小块肥皂会被收集起来，做成洗碗用的肥皂水。在这种环境的塑造下，人可能有两种发展趋向：一种是成为一个非常节俭，甚至是非常吝啬的人，一分钱都不敢乱花；一种是变成一个"今朝有酒今朝醉"的人，只要兜里有点钱，花钱就好像在婚礼上撒花瓣一样随意。我大概偏向于前者。直到现在，我还有一个装满了货真价实的香皂的应急抽屉，以防遇到经济困难时连一块香皂也没有。对我来说，包装好的高档香皂比游艇还珍贵，我是说真的，没有开玩笑。举这个例子是想说明，每个人的成长经历都可能影响他对金钱的看法。

以下列举了一些人们对金钱的看法：

- "对我来说，钱不重要。"（有钱人常常这样说）
- "钱不是我生活中最重要的东西。"
- "我赚了钱就花。"
- "我赚了钱就存起来。"
- "我觉得钱很重要。"
- "钱能给我带来权力和地位。"
- "钱让我独立。"
- "有了钱，很多困难也就不是困难了。"
- "钱是做事的基础。"
- "没有钱是万万不行的。"

不能忽视财务问题

就像有些人会回避讨论科学问题一样，也有些人会回避讨论财务问题，因为他们觉得自己搞不明白跟钱有关的事。但是，就像即使人们忽视科学规律，它也依然存在一样，财务问题（尤其是债务问题）也不会因为人们的忽视而消失。

管理个人财务

🐷 小心"值得"的陷阱

生活中，常听到有人这样说："我都工作得这么努力了，应该买一些好东西来犒劳自己。我值得。"亲爱的，你当然值得，但是你最好还是等到你有能力负担的时候再去拥有某些东西，而不是超前消费，把满足感、幸福感和金钱联系在一起，从而掉入消费主义的陷阱。你应该根据自己的能力去消费，摆脱广告里的口号和商家反复灌输给你的观念，不要被"你值得拥有""不要错过""值得购买"之类的话所迷惑。实际上，这些都是营销术语，商家只是想要你的钱，才不管你到底值不值得、幸不幸福。

当然，我并不是说让你一味节省，把人生的乐趣都寄托在"有钱以后"。适度消费才会让生活变得更美好。

🐷 如何管控财务

即使你不擅长理财，你也应该管控好自己的财务。以下是一些与财务管控有关的建议，仅供参考。

· 及时了解各种金融资讯。
· 不要过分迷信所谓的"专家"，不管这个"专家"是你的丈夫还是理财规划师。
· 不要把所有积蓄都集中在一个地方。
· 不要办理太多信用卡。
· 每个月存下一笔钱，作为应急资金，以便应对不时之需。

你可能需要做以下事情：

· 厘清自己目前的财务状况。比如，你的收入是多少？是否有债务？有没有借给别人钱？目前持有哪些金融产品？
· 制订家庭（或个人）预算。除非你非常富有，钱多得花不完，否则最好做一个预算。

· 进行财务规划。比如，有没有贷款利率更低的银行可以选择？是否可以放弃信用卡，改用借记卡？是否需要再开一个账户，并不时往里面存一些钱，以备不时之需？收入该如何支配，是先还商业贷款，还是先还信用卡？（最好先偿还那些利率高的项目。）
· 做好养老规划。查看自己的养老保险，看看你的公司（包括已经离职的公司）有没有按时为你缴纳养老保险。想想自己大概需要多少钱来维持退休后的生活。如果你一直没有工作或工资不高，那么伴侣的收入能够负担得起你们两个人退休后的生活吗？
· 制订还款计划。如果你正在偿还住房贷款，最好确保每个月的还款比最低还款额多一些。你可以把每个月还款当成一种强制性的储蓄方式。
· 制订财务目标。根据自己的实际情况制订合理的财务目标。财务目标不需要多么宏大，比如几年内拥有多少套房子、多少辆豪车。它可以是五年之内还清所有贷款、每月都按计划消费、每年都有钱来一次跨省七日游等。

🐷 整理财务文件

把所有涉及财务方面的文件收集到一起，放进文件夹中。这些文件包括但不限于以下条目：

· 工资条。
· 保险单。
· 水电费等账单。
· 房贷合同或租房合同。
· 房产证。
· 银行账户流水。
· 信用卡账单。

对于那些电子版的文件和表格，最好做好备份，并打印出纸质版保存。确保家里和公司的电脑是安全的，登录个人账户、操作完毕后应及时退出登录，以免泄露个人信息。

🐷 财务状况自查

定期检查银行卡（包含借记卡、信用卡等）的消费明细。重点关注以下问题：

- 你是否知悉账户中的每一笔收入和支出？收入来源是什么，支出用途是什么？
- 是否有存有疑问的条目？
- 取款、转账时是否被收取了手续费？银行卡是否有年费？
- 理财产品的收益率是多少？有没有更好的产品？

省钱的方式

虽然有人说"钱不是省出来的，是赚出来的"，但是掌握一些省钱策略还是有利于改善财务状况的。以下是一些省钱小妙招：

- 每周定一个消费额度上限，并尽量遵守，这样可以大大减少开销。尽量不要提前透支下周的消费额度。如果你经常透支，那么你的账户里大概率是存不下多少钱的。
- 不要一直刷信用卡。
- 办理保险业务前问问该保险公司，如果同时办理多个险种的话是否有优惠折扣。
- 定期进行橱柜大清理，整理出那些你用不着但可以卖掉的东西，通过摆地摊或网络平台把它们卖出去。当你想换新家具、家电或车时，你可以先把旧的卖掉，前提是它们都能用，只是旧了而已。
- 检查自己的手机、网络以及付费电视的账单，看看有没有更好的套餐可以选择，或者看看哪些项目可以合并，哪些项目可以取消，哪些业务可以与他人共享。

🐷 做预算

我知道，对很多人来说，"预算"这个词很恐怖，但做预算有助于节省开支。做预算时，首先要弄清楚自己的收入有多少，钱主要需要花在哪，然后才能对下个阶段的各项支出做出规划。在这个过程中，人们可以发现自己在哪些方面支出得比较多，在哪些方面可以节省支出。

你买得起房子吗？

做预算时，要合理规划各项支出的占比。如果每月的房贷或房租超过月收入的三分之一，你可能就会感到不小的经济压力，因为你很难保证生活中没有其他突然要用钱的地方。当然，如果你没有什么经济负担，趁早买一套房子也不是什么坏事，但就像其他投资一样，没人能保证你的房子在未来是会增值还是会贬值。

🐷 在养车方面省钱的方法

- 自己洗车，能自己动手就自己动手。
- 按照车辆的使用建议，将轮胎的气压保持在标准水平，这样有利于降低油耗。
- 做好汽车的日常保养工作，以免影响日后车辆的转售。

🐷 在购物方面省钱的方法

- 列一个购物清单，根据购物清单采购，而不是在商店漫无目的地闲逛。
- 如果你买东西只是为了开心，那就设定一个消费额度，比如每天不超过 15 元。
- 如果买某件物品时非常犹豫，就先别买，等想清楚后再决定是否要购买。如果你过两天就把这件事忘了，就说明这个东西不是非买不可。
- 去超市或连锁店时，可以留心一下最高或最低的货架上的东西。商家一般会在顾客最容易看到的中层高度的货架上放上他们的主推品或利润率较高的产品，而将那些价格实惠、包装简陋的产品放在最高或最低的货架上。
- 忘掉所谓的"品牌忠诚度"，看看那些质量没问

预算、储蓄与养老金

我这些年一直依靠养老金度日。如果做好计划，收支相抵倒也不难。

——简（59岁）

如果你会做加减法，那么你就会做预算。永远不要买你没有能力一次性付清全款的东西。

——亚历山大（53岁）

我从福利机构领取养老金，用这些钱来支付水电费等账单。

——伊迪丝（82岁）

每次发了工资，我就会做好预算，把用来交房租、吃饭、还信用卡、还车贷、交电费、交电话费以及给车加油的钱留出来。

——达娜（28岁）

我应该多做计划、多做预算。我现在已经30岁了，却还是"月光族"，吃了上顿没下顿。

——艾丽西亚（30岁）

我每两周做一次预算。同时，我还会制订一个长期的财务计划。

——杰茜卡（23岁）

钱会引起很多纷争。在建立新的合作关系之前，最好就财务规划达成一致。

——珍（50岁）

只有真正的有钱人才会说"钱不重要"。

——朱丽叶（36岁）

别人都说我很幸运，因为我拥有一切。但我自己知道这不只是因为我运气好，还因为我工作很努力、善于理财。

——弗洛斯（32岁）

我需要做好预算和储蓄才能正常生活。

——卡特（32岁）

学会做预算。赚钱很难，而且我们不一定总能有固定的收入来源。

——薇薇（44岁）

我母亲曾告诉我，如果我每个月能把赚到的钱的10%存起来，那么总有一天我会成为一个非常富有的女人。我好后悔没听她的话。

——特蕾泽（48岁）

如果你从上班第一天就开始存钱，那么等到30岁时，你就会惊奇地发现自己已经有了不少钱。

——卡拉（31岁）

没有什么比用自己存了几个星期的钱买了心仪的东西更让人高兴的事情了。

——珍妮（28岁）

我喜欢买减价的商品。不过如果你本来没打算买某样商品，那么即使它减价了也不要买。

——克莱尔（43岁）

由于我一直是个自由职业者，因此我的养老金账户里没多少钱。

——梅洛迪（30岁）

我最近发现，我跟了五年的雇主没给任何一个员工缴纳过养老保险，所以，我现在一分养老金都没有。

——霍利（23岁）

晚年生活？我现在25岁，我还有很多年的时间来为退休之后的生活做准备。不过我已经开始行动了：我每周至少会买一张彩票。

——佐伊（25岁）

我退休金不多，我老公的比我多一点。虽然我俩的退休金加起来也不多，不足以维持我们退休后的生活，但有总比没有好。

——萝宾（41岁）

我觉得自己应该存一些钱来养老。之前的公司为我缴纳了养老保险，但是我不知道我离开之后这些钱该怎么算。

——丽贝卡（25岁）

别问我关于退休金的事。每次换工作时我都填了一大堆表格。

——露丝（34岁）

我的存款比我老公少。他这十年一直在上班，中间还有两年被外派了。

——凯特（45岁）

当我交往了很多年的男朋友说我可以靠他的养老金生活时，我很惊讶。我已经习惯了做一个独立的女人，从没有考虑过要靠其他人生活，更没想到他会将自己的养老金看作我们两个人共有的。

——菲比（47岁）

我很担心自己晚年的生活。我失业很久了，养老金高不到哪去。

——阿姬（36岁）

我都是按照最低基数去缴纳养老保险。我觉得一边还房贷，一边存养老钱实在是没有意义。

——莎丽（29岁）

我和丈夫都在缴纳养老保险，还准备多缴纳一些。我们也在着手理财。

——戴安娜（40岁）

我知道这很重要，但每次我听到人们议论养老金，我脑海里想的都是"这都是废话"。

——凯特（35岁）

题，但是正在做促销，或是包装上写着"买一赠一"的产品。

· 买应季的水果和蔬菜，这些食材的价格相对便宜一些。

· 定时清理冰箱和食品柜，看看自己是否经常扔掉超过保质期的食物，如果这种情况经常发生，下次购物时就不要一次性买太多。

· 不要总是吃外卖，学会做饭，或找一个会做饭的伴侣。

会员卡

为了留住顾客，很多店铺会推出会员卡制度，顾客只要办理了会员卡，就可以享受折扣或积攒积分，积分可以用来抵钱或兑换商品。店铺一般会选择一些价格便宜、质量一般的商品作为顾客的"奖品"。会员卡可以刺激顾客的购买欲望，让他们的开销比原计划更大，买得更多。

如果你经常在固定的超市购买生活必需品，那么办理一张该超市的会员卡是没有问题的，这是一种很好的省钱方式。但是要注意，不要为了积攒积分或享受折扣而刻意消费，购买一堆你平时几乎用不到的东西。也不要提前在会员卡里充很多钱，毕竟谁也不能保证店铺会不会在明天一早突然关门大吉。

当心你的银行账户信息

银行或其他金融机构一般不会主动给客户打电话或发邮件，要求客户提供账号、密码、出生日期、家庭住址、开户行等信息，所以当你接到这样的电话或收到这样的邮件时一定要小心，不要随便将上述信息泄露给任何人，否则你会面临极大的财务风险。有关反诈防骗的更多信息，请参考第498页"诈骗"。

养老保险和退休金

养老保险是国家和社会根据一定的法律和法规，为解决劳动者在达到国家规定的退休年龄，或因年老丧失劳动能力退出劳动岗位后的基本生活而建立的一种社会保险制度。它是社会保障制度的重要组成部分，是社会保险中非常重要的一种险种，为各国普遍实行。

养老保险的特点包括：第一，由国家立法，强制实行，企业单位和个人都必须参加，符合养老条件的人，可向社会保险部门领取养老金；第二，费用一般由国家、单位和个人三方或单位和个人双方共同负担，并实现广泛的社会互济；第三，设专门机构统一规划和管理。世界上主要有投保资助型（亦称传统型）养老保险、强制储蓄型养老保险（亦称公积金模式）和国家统筹型养老保险三种。

退休金是国家按照社会保险制度规定，在劳动者年老或丧失劳动能力后，根据他们对社会所做出的贡献和所具备的享受养老保险资格或退休条件，按月或一次支付给货币形式的保险待遇，主要用于保障职工退休后的基本生活需要。在中国，只有缴纳养老保险并达到一定的缴纳年限，才能在退休后依法领取退休金。

在职的工作人员一般都会按月缴纳养老保险，费用由单位和个人共同负担，没有工作单位的自由职业者一般由个人负担。大多数情况下，养老保险交得越多，退休后领取的退休金就越多。

雇主未及时为员工缴纳养老保险是违法的。鉴于这种情况时有发生，所以员工一定要按时检查养老保险的缴纳情况，确保万无一失。一定要记得，在换工作单位时，要确保养老保险不会断缴，不要出现遗漏情况。

一般来说，女性会承担更多照顾家庭的责任，尤其是孩子出生后，为了照顾孩子，有些女性会选择辞职。在没有工作的这段时间，女性最好按时缴纳养老保险，以便为老年生活做好准备。

保险

我有个朋友叫路易斯，每次一提到保险，她就会暴跳如雷。她觉得保险简直就是骗人的。我还有一个朋友叫劳伦，她是卖保险的，提到保险，她便会滔滔不绝地通过举例来论证保险的好处，比如，对那些突发疾病或突然失去亲人的人来说，拥有相应的保险能为家庭解决不小的难题。她说："当一个人被诊断出患有危及生命的疾病或处于悲痛中时，能够不为钱操心是很重要的。"

在我看来，我的这两位朋友说得都有道理。我必须记住，永远不要邀请她们参加同一个聚会，以防她们知道彼此的想法，然后大打出手。

如果你打算给爱车、房产、自己或家人购买保险，你可以货比三家，并看看如果所有保险都在同一家保险公司购买的话能不能得到一些折扣。

有的保险费是按月支付，有的保险费则是按年支付，如果你买了很多保险又都选择按年支付，那么你最好留意一下各个保险费的支付时间，不要让所有保险费都集中在一个月支付，否则那个月你可能会穷得只能馒头就咸菜了。

下面简单介绍了一些保险条目，以帮助大家了解各类保险。

- 商业医疗保险：商业医疗保险是商业保险组织根据医疗保险合同约定，以人的身体为保障对象，向投保人收取保险费，建立保险基金，对于合同约定的医疗服务因其发生所造成的医药费损失承担给付保险金责任的一种合同行为。不同于社会医疗保险（国家通过立法强制筹集医疗保险基金，当参保者因疾病、受伤或生育需要时，根据有关法律或规定，由国家或社会向其提供必需的医疗服务或经济补偿的社会保险制度，以税收收入为基础），商业医疗保险实行等价交换，多买多保，少买少保，本质上是一种以自愿、营利为目的的商业保险，约束力也不如社会医疗保险强，容易带来风险选择和逆选择问题。购买商业医疗保险时，要注意看保险覆盖的范围。在国外，商业医疗保险往往被称为私人医疗保险。

- 人寿保险：人寿保险是人身保险的一种。保险人对被保险人在保险期内死亡或生存至约定的年龄、期限时给付保险金。人寿保险通常可以分为生存保险、死亡保险、生死两全保险三种，它以被保险人的寿命为保险标的。人寿保险能够增加家庭抵御风险的能力。对一个家庭的主要劳动力来说，购买人寿保险并将家人作为保险受益人是一个不错的选择，这样万一自己哪天突然撒手人寰，那么保险受益人在悲痛之余，至少在经济上不会那么拮据。

- 家庭财产保险：家庭财产保险是财产保险的一种，以个人所有的房屋及室内附属设备和装潢，家庭生活资料为保险标的。家庭财产保险的承保责任主要有火灾、爆炸、雷击、洪水、雪灾、雹灾、冰凌、泥石流、崖崩、滑坡、台风、暴风、龙卷风、暴雨、飞行物体及其他空中运行物体坠落等所造成的损失，以及发生保险事故时施救过程中的必要、合理的费用。另有地震、盗窃、水管爆裂等风险可以附加保险。不同类型的家庭财产确定保险金额的方式不同。对于房屋及室内附属设备、室内装潢等财产，其保险金额通常由被保险人根据购置价或市场价自行确定。对于个人贷款抵押房屋保险，保险金额可按照抵押房屋的成本价、购置价、市场价、评估价或借款额确定，其保险金额不低于相应的抵押借款本金。

- 机动车辆保险：简称"车险"，是以机动车辆本身及其第三者责任等为保险标的的保险。发生保险事故时，保险人按合同约定对机动车辆的物质损失以及对第三人所造成的损失的赔偿责任给付赔偿金。

- 失能收入损失保险：当被保险人因伤病或意外伤害丧失部分或全部工作能力以致在一定时期内收入减少或者中断时，由保险人按约定对被保险人提供保障的健康保险产品，又称失能收入保险。该保险对那些只有一方有收入的家庭来说很有用，毕竟工作能力本身就是重要的资产。

· 旅客意外伤害保险：旅客意外伤害保险是指当作为被保险人的旅客在保险期间内因遭受意外伤害导致残废或死亡时，由保险公司按约定给付保险金的一种意外伤害保险。按照旅客所乘交通工具不同，旅客意外伤害保险可以分为公路旅客意外伤害保险、铁路旅客意外伤害保险、轮船旅客意外伤害保险、航空旅客意外伤害保险。在中国，水路和航空旅客运输责任保险均为强制险。

借款

向他人借钱或者向银行等金融机构贷款前，最好先考虑清楚以下问题再做决定：

· 先想明白自己为什么要借钱，是否必须借钱，然后认真考虑一下身边有哪些借钱的渠道。

· 不到万不得已，尽量不要向家人或朋友借钱。如果一定要借，一定要签一份书面的协议，并按时还款。

· 借款预计在多长时间能还清，最好先制订一个自己能够负担得起的还款计划再借钱。

· 思考一下有没有其他选择，比如，如果你想借钱买车，那就考虑一下是否可以先买一辆二手车或租车。

· 做好应急预案，比如，如果自己失业了应该如何继续还款。

· 如果是向金融机构贷款，要选择信誉良好的机构，且多做功课，比较各机构的利率、手续费等各项费用。

· 可以向财务顾问咨询，根据自己的实际情况制订最佳的借款方案。

· 借钱时，不要签署任何你看不懂或有疑问的文件。

· 如果借钱是为了交定金，那么你可能需要认真思考一下自己有没有能力承担后续的款项。

· 了解自己的贷款是否可以进行贷款重组，是否可以提前还款，等等。

🐷 信用卡

信用卡是由商业银行或者其他金融机构发行的具有消费支付、信用贷款、转账结算、存取现金等全部功能或者部分功能的电子支付卡。

使用信用卡消费可以看作一种贷款行为。如果还款时采取分期付款，就会产生利息。所以，最好不要将信用卡和网购账户绑定在一起，以免在不知不觉间疯狂消费。还要经常检查信用卡的收支明细，以免信用卡在自己不知情的情况下被盗刷。有时，骗子会在几个月的时间里用别人的信用卡花两笔小钱，来看看会不会被发现，等确认"安全"后，他们就会突然花一大笔钱，甚至直接将信用卡刷到可以透支的最大金额。我有一个朋友就遇到了这种事，她的信用卡被冻结了，因为有人用她的信用卡买了价值1.5万美元的露营装备，而她本人做过的唯一能与露营扯上关系的事可能是穿过一双卡其色的高跟鞋。

当被问到"你有几张信用卡"之类的问题时，有人会回答"一张"，有人会回答"很多张"，还有人会反问"我一共能申请几张"。要小心这类问题中暗藏的"想让你多办卡、多消费"的套路。要知道，你可能根本不需要信用卡，所以即使你回答"一张"或"没有"，也不是什么问题。

信用卡额度

信用卡额度是指你所持有的信用卡可以透支的最大金额。不管银行的工作人员说得如何天花乱坠或给出哪些令人心动的承诺，你都不要轻易同意提升信用卡的额度。银行有时会主动提升额度，这

借款、信用卡和其他金钱问题

借款

当你遇到财务问题时，获取优质的建议是至关重要的，不要只想着怎么逃避问题。我之前做过银行律师，见过很多身陷绝境的客户。

——凯特（33岁）

我父亲之前做过银行经理，也曾在慈善机构做过志愿者。由于亲眼见过许多人负债累累，父亲总是告诉我们钱的重要性，教育我们要量力而行，不可过度消费。

——索菲（20岁）

我不喜欢欠钱。

——琼（77岁）

不要被欺骗。如果一件事听起来好得令人难以置信，那它很有可能是骗人的。

——梅琳达（37岁）

不要为了不重要的东西到处借钱。

——安德烈娅（37岁）

如果目前买不起，就先不要买，等到买得起的时候再买。

——吉尔（36岁）

信用卡

我妈妈是信用卡的忠实粉丝。

——艾丽西亚（30岁）

我没有信用卡，之前的那些都被我妈妈剪掉了。

——阿什莉（22岁）

我父母从来不让自己的信用卡有欠款记录，总是每个月定期还款。等我有了自己的信用卡后，我也会这么做的。

——伊芙（21岁）

千万千万不要办理信用卡。先消费后付款不是什么好事，这相当于欠了很多债。还是花自己的钱感觉更好。

——阿丽尔（35岁）

除了助学贷款之外，我既没有信用卡，也没有债务。

——布龙（26岁）

我是在快30岁的时候才有了人生第一张信用卡。我那时生病了，只能靠信用卡艰难度日，真是太难了。

——梅利莎（33岁）

我通常每个月的月末还信用卡，即便这样做意味着无法按时还房贷。我可不想付信用卡的利息。

——乔安妮（50岁）

信用卡太容易申请了，这使得我长久以来一直过度依赖信用卡。怎么会有人有20张信用卡呢？

——克丽丝蒂（27岁）

我们不用信用卡，只用借记卡。我们只花自己手里有的钱。

——利兹（26岁）

我有5张信用卡，其中3张在老公名下，2张在我名下。

——克丽丝蒂（33岁）

管理钱财

作为单身母亲，靠自己一个人的力量赚钱养家真是比登天还难。

——萨莉·梅（38岁）

我没有为退休之后的日子攒下足够的积蓄，因此我对未来没什么信心。

——薇薇恩（53岁）

我可以靠退休金度过后半辈子。

——苏珊（65岁）

我生病之前，事业很成功，赚了不少钱。当时我要是买了失能收入损失保险就好了。

——玛丽娜（50岁）

许多女同胞（包括我自己在内）对金钱和理财知之甚少，为此我们吃了不少亏。

——贝丝（42岁）

年龄大但又没到领取退休金的年龄、丈夫又去世了的女性的处境很艰难。谁会把年轻员工辞掉，聘用一个五六十岁的女性呢？

——阿格尼丝（61岁）

我本应该考虑为子女攒些钱的。

——凯斯（63岁）

金钱观

当我丈夫在没告诉我的情况下花钱时，我会很生气。

——塔拉（27岁）

他的银行卡里有很多钱，所以他确实买了一些我不会让他买的东西。

——娜奥米（25岁）

当我想买一双鞋的时候，我不会去问我丈夫的意见。

——詹妮弗（39岁）

我觉得应该我丈夫管钱，我丈夫觉得应该我管钱。然后现在因为没人管钱，我们的财务状况一团糟。两个人结婚前，应该商量好到底谁来管钱。

——休（56岁）

是因为他们发现，大多数人接受新额度之后，开销会更大，这意味着这些人需要还给银行的钱更多了。

降低信用卡使用频率的方法包括：

· 平时消费时，用借记卡代替信用卡。

· 制订预算，理性消费。

· 每月拿到工资时，将一部分工资存起来，作为备用资金。

· 寻找其他宣泄不良情绪的方式，不要总是靠"买买买"来宣泄。

🐷 还清债务

遇到债务问题时要及早寻求帮助，否则情况只会越来越糟。不要对债务视而不见，也不要觉得自己孤立无援、还款无望。那么多人都还清了债务，你一定也可以。

偿还债务时，你可能需要卖掉房子、车子、珠宝首饰，也可能要和债主对簿公堂，或公开宣称自己破产。宣布破产之后，与商业有关的收入和资产可能会被收回，或者债务会被标记为"偿还不清"，这会影响你未来的融资。除此以外，你的工作会受到影响，生活也会受到限制，如被限制出境、限制乘坐高铁、飞机等。

以下列举了一些了解个人财务信息、偿还债务的建议：

1 以月或季度为单位，梳理自己的财务情况，做到心中有数。

2 剪碎信用卡以及其他（商店发给老顾客的）赊账卡，以免负债更多。

3 做好预算。

4 做好还款计划，优先还利息高的欠款。

5 谨慎贷款，尤其不要去碰大大小小的高利贷，也不要听信借贷公司所说的什么"大额放款"，这些贷款的利率都高得惊人。

理财

理财是门大学问。如今，有许多"理财大师"会通过各种各样的途径给普通人提供金融资讯分析和理财建议。他们有的喜欢写文章，有的以运营网站见长，还有的会通过开讲座在公开场合回答问题，指点迷津。

因为理财信息的时效性很强，所以所谓的理财资讯和理财建议（尤其是书中给出的）很容易过时。但即使你掌握了最新资讯，也并不意味着你就能立于不败之地。等哪天股市突然崩盘时，那些在财经频道里24小时滔滔不绝地发表评论的股市专家可能会颜面无存，硬生生地被现实扇了一记耳光，毕竟他们怎么能连这么大的事都没有预测到呢？

作为普通人，你需要的是有人能够帮你解读基本规则，并根据你的情况给出有针对性的理财建议。你也可以通过浏览网站或看书来学习基本的理财知识，用知识武装自己的头脑，以判断建议的合理性。你要提防那些口口声声说"理财太简单啦，你不需要弄懂，你什么都不用管，只要听我的就可以了"的人。听到有人这样说时，你最好拔腿就跑，以免落入他们的圈套。

🐷 理财"大师"

要当心那些靠给公众提供理财建议来赚钱的人。这些人中，有的根本就是骗子，有的则和某些公司有商业关系，说话、做事都是受利益驱使的。

没有什么理财建议是放之四海皆准的。即使是最成功、最富有的投资家也不能保证每次的决策都是正确的，都能赚到钱，投资总归是有一定的风险的。理财专家的建议可能具有指导性，也让人赚到了钱，但并不意味着他们所说的话都是金科玉律。有句老话是"不要把鸡蛋都放在一个篮子里"，同理，也不要只听某一个人的建议，把所有的钱都用来买某一款理财产品。美国个人理财专家苏茜·欧曼曾说："我只在股票市场投入100万美元，即使我把这100万美元都输光了，我本人也一点都不心疼。"

🐷 理财规划师

理想状态下，你最好能找一位不管是发邮件还是打电话，随时随地都可以联系得上的理财规划师。如果你的理财规划师经常不能及时回复你，不能用你可以理解的方式解释问题，不按照你的意愿行事或态度粗鲁、高高在上，那么，另谋高"师"也不是不可以。这就跟理发一样，如果某一位"托尼老师"把你的头发弄得乱七八糟，你肯定会再找另一位"托尼老师"来帮你打理头发。

如何找到一位优秀的理财规划师

寻找理财规划师和与理财规划师沟通的过程中，你需要注意以下几点：

· 可以让家人或朋友为你推荐一位他们觉得信得过的理财规划师。

· 第一次与理财规划师沟通时，记得询问他们从属于哪家公司，并仔细查询该公司的相关资质。

· 告诉理财规划师你的理财理念和目标。

· 确保自己能够听得懂理财规划师所解释的内容。

· 检查该理财规划师的从业资格证书。

一定要记住，理财规划师应当仅就他们擅长的咨询范围给出意见，正如外科医生只会和你解释怎样做手术，股票经纪人只会建议你买哪只股票一样。不过，要当心他们推荐的与他们本人有利益关系的产品。购买任何产品前，都要先思考一下，这是一款最适合你的产品，还是最能让他们从中获利的产品呢？

向理财规划师寻求帮助之前，先把所有的相关材料（不论是纸质版的还是电子版的）按顺序整理好，然后想一想自己的理财目标：是尽快买一套房子，还是每年都能出国度一个长假？身负债务会

让你觉得不自在吗？（也就是说，你能接受那种在很长一段时间里都要定期还款的生活吗？）你想用高风险换高收益，还是用低风险换低收益呢？

担心金融诈骗

现在有很多手机应用软件和网络平台看起来很正规，实际上却是某些非法金融机构甚至是诈骗团伙推出的。一定要小心各种手机应用软件和网络平台，谨防金融诈骗。要格外当心要你填写个人信息、证件号、银行卡账号等的页面，当心屏幕上突然跳出来的广告和投资机会信息等，这些基本上都是骗人的。在金融领域，要时时刻刻遵守"买家当心"的准则。

🐷 财务顾问

财务顾问与理财规划师还是有区别的。简单来说，理财规划师是在你有钱时帮你锦上添花，而财务顾问除了能帮你锦上添花，还能在你没钱时帮你一把。财务顾问给出的建议涉及如何规避财务风险、解决财务难题。当你深陷债务风波时，财务顾问会帮你制订明确的计划，协助你重回正轨。

要格外当心那些让你"拆东墙补西墙"的建议，用"此部分借款"去偿还"彼部分借款"不能真正解决你的财务难题，还会让你的欠款越来越多。

🐷 理财产品

理财产品包括储蓄、基金、股票、债券、外汇、保险等。提供上述产品的银行和金融机构多得令人眼花缭乱，不过，一定不要因为怕麻烦就闭着眼睛随便挑一种。挑选理财产品时，最好货比三家，做好功课再下手，还要注意这些产品的风险级别。

🐷 十大理财建议

下面我列出了十大理财建议，遵循这些建议

可以帮助你支配金钱，而不是被金钱支配。

1 按照利率从高到低的顺序将债务排序，从高利率债务开始偿还，等还完一项后再还另一项。

2 不要借钱投资或借钱给别人。以合适的利率贷款买房、买车是合情合理的，但借钱投资或借钱给别人要承担很大的风险，最后很有可能钱也没了，和朋友也闹掰了。

3 牢记所有的投资都有风险。投资时，选择自己可以接受的风险级别，并做好最坏的打算。谨慎对待那些所谓的高风险、高收益的投资项目，风险越高并不等于回报越高。

4 确保你和伴侣的理财方式和策略一致。

5 永远不要拿房子冒险。

6 永远不要给他人（包括亲戚和好朋友）的借贷作担保人。虽然他们可能不是故意的，但是他们确实很有可能还不清贷款，当他们无法偿还贷款时，担保人需要偿还这些贷款。

7 不要在没有法律依据的情况下签署任何涉及金钱的文件。

8 不要同时做多种投资，你可能没有那么多精力去顾及方方面面。

9 如果某个投资项目听起来好到令人难以置信，那它大概率不是真的。对于那些收益率明显高于其他同类产品，以及那些听起来好得令人难以置信的投资想法和所谓的"内部消息"，最好敬而远之。

10 买理财产品时，不要把钱都投到某一个项目或产品上，要懂得分散风险。

金钱与夫妻关系

不管你是家庭主妇还是职场女强人，你都有掌管家庭财务大权的权利（这一点需要明确），你有权决定钱的分配，参与家庭的财务会议。实际上，许多女性在家庭资金管理方面做得十分出色。

夫妻财产划分

在结婚之前，双方需要讨论一下各自拥有的婚前财产是否会在婚后成为双方的共同财产。法律顾问可以帮你们分析法律中的相关条文规定。

不同的金钱人格

夫妻双方中，可能一方挥霍无度，一方勤俭持家；一方沉迷赌博，一方瞒着对方投资。金钱观和消费观的不一致可能会让双方矛盾重重，甚至导致离婚。我的建议是，双方结婚前，最好先了解一下对方及其父母的金钱人格。下面这份清单或许可以帮到你们。

结婚前需要明确的财务问题清单

1 对方和对方父母的金钱人格是什么样的？他们是愿意把大笔资金存起来做长久打算，还是更愿意赚了就花，享受人生呢？

2 双方有没有欠款或其他财务问题，如果有的话，还款计划是怎样的。

3 双方有没有不良的信用记录。

4 双方在婚后是否会各自保持经济独立。

5 双方在婚后是共同管理家庭财务还是由某一方管理？如果双方都想管怎么办？如果双方都不想管又该怎么办？

6 如果某一方赚钱更多，他是否在家庭财务决策方面更有发言权呢？是否可以少做家务呢？

7 如果某一方继承了或将要继承财产，他是否会将这些财产的一半分给另一方？

8 对方是觉得钱赚得越多越好，还是能够满足家庭的最低开支就可以？你的想法和对方一致吗？

9 如果遇到了经济危机怎么办？某一方生病需要

很多钱治疗怎么办？需要买保险吗？谁是保险的受益人呢？

🔟 谁来支付日常生活的各种开销？

⓫ 如果必须有一方放弃工作，谁来放弃？另一方的收入可以支撑家庭开销吗？

⓬ 双方对于婚后的大额支出（如房贷、车贷）是按照"五五开"一起承担，还是根据个人收入，能者多劳呢？

⓭ 你同意对方每月将收入的一部分留下，供他自己自由支配吗？

⓮ 如果家庭只有一个收入来源，那这部分收入会被当作双方的共同财产吗？

⓯ 家庭主妇或家庭主夫可以有自己的小金库吗，可以参与家庭的财务管理吗？

⓰ 双方如何看待在家带孩子的一方的职业道路？双方能接受伴侣在多长时间内没有收入、没有工作？

⓱ 双方在婚后可以将更多时间投入到家庭中，共同承担家务、照看孩子，哪怕这样会影响收入吗？

⓲ 为了过得舒适，双方认为家庭收入的最低数额应该是多少？

⓳ 双方认为家庭中应该有应急存款吗？在银行中存多少钱双方才能有安全感？

⓴ 双方婚后想拥有各自的个人账户还是拥有一个联名账户？债务放在谁的名下？房产证上写谁的名字？

联名账户

联名账户是由两个或两个以上的人共同开设的账户，参与者共同管理、共同使用这个账户。开设联名账户时，要确保联名账户并不是一方拥有"首要"签名权，另一方拥有"次要"签名权。虽然共享财务这个想法不错，但是我个人觉得女性还是要有一些个人存款，以便应对突发事件。

🐷 家庭财务

很多女性在有了孩子后，不得不放弃工作，在家里照顾孩子，依靠伴侣的收入来维持日常开销。在这种情况下，双方可能因为"这是谁的钱""你的钱是不是我的钱"之类的问题产生矛盾。很多全职妈妈都想拥有属于自己的个人账户，或者至少是和伴侣有一个联名账户，这样她们就能在金钱方面保持一定的独立自主权。

在正常的婚姻关系中，即使女方是全职妈妈，伴侣赚来的钱也可以看作是两人一起赚的，女方也应该有一些钱可以随意支配，毕竟照顾家庭本身就是一项非常伟大、非常辛苦的工作。女方不只是为了自己，而是为了整个家庭在付出。

另外，不管是全职妈妈还是职场妈妈，女方都需要了解家庭的财务状况。

🐷 遗嘱

双方在婚后可以各自立一份有法律效力的遗嘱。你可以按照法律规范自行写一份遗嘱，也可以咨询律师的意见。如果没有遗嘱，你的资产会按照法律规定的继承顺序分给伴侣、子女、父母、兄弟姐妹等，在某些情况下，堂（表）兄弟姐妹或非伴侣关系的其他人也可以从中分一杯羹。遗嘱中可以涵盖一些解释说明，比如哪些钱是用于子女教育的，哪些钱是用于子女生活的。立遗嘱时，确保自己能够获取妥当的法律建议，否则你的意愿很可能会引发一些法律纠纷。

🐷 成年子女的财务问题

许多成年子女仍然没有脱离父母，实现经济独立。我的建议是，即便是和父母住在一起，成年子女也需要有个人存款，保持经济独立，并且清楚自己对存款以及各种开销的处理办法。

🐷 担保人

许多父母会为成年子女的借贷做担保人。除了亲子关系，最好不要随随便便当他人的担保人。这并不意味着你不信任对方，只是因为做任何人的担保人都需要承担风险（很多借贷人无事不登三宝殿，只有遇到麻烦了才会联系担保人）。如果你是某个借贷人的担保人，当他失去联络或无法正常还款时，你就要帮他偿还债务，除非你能证明自己对担保的内容毫不知情。实际上，这种事是很难证明的，必须有充分的证据。所以，对于自己没有通读或尚未完全理解的文件，千万不要签字。答应做担保人之前，一定要咨询相关人士，获取法律建议。

🐷 借钱给他人

如果有人找你借钱，你不想借该怎么办？当然是找理由拒绝啦！你可以说："很抱歉，我的大部分钱都存在银行，我存了定期，没办法取。你看，除了借给你钱以外，我能不能在其他方面帮到你？"如果你有房贷、车贷或其他债务，你可以直接说："对不起，我帮不了你，因为我自己也欠了好多钱。"

如果你答应借钱给别人，那就把借款人、借钱原因、钱数、还款日期、到期不还款的后果都写下来。如果向对方收取利息，就把利率、支付时间等也全部写下来，写完之后双方都要签名、摁手印（这很有必要）。如果对方到期不还钱，这份材料会帮到你。

如果某位朋友或亲戚经历丧亲之痛，或有财务方面的烦恼，你可以在许多方面向他伸出援助之手，比如陪对方一起去法律中心或理财咨询中心，

帮他整理文书材料，等等。

纳税

依法纳税是每个公民应尽的义务。国家通过税收筹集的资金，按照国家预算的安排，有计划地用于发展经济、科学、文化、教育、卫生事业，还用于加强战备、巩固国防等。

纳税申报是指纳税人或扣缴义务人在发生法定纳税义务后，按照税法或税务机关相关行政法规所规定的内容，在申报期限内，以书面形式向主管税务机关提交有关纳税事项及应缴税款的法律行为。个人对填报内容负有法律责任，所以你要一五一十地填写，千万不要作假、说谎，也可以找一个值得信赖的税务代理人代你办理相关事宜。

申报完毕后，要保存、备份好所有的文件和证明材料，以便税务机关调查。税务机关享有税务违法处理权等权力，有权对违反税法的纳税人采取行政强制措施，对情节严重、触犯刑律的，可以将其移送有权机关，依法追究其刑事责任。

找好会计师

如果你已经很多年没有关心过税务问题，或即便浏览了相关信息还是一头雾水，那你可以找会计师来帮忙。这样做可以帮你搞清楚税务问题，看看自己是需要补缴还是可以办理退税。如果什么都不做，等到税务机关的人查出问题，你就可能面临罚款或其他处罚。

可以咨询一下周围的人，看看他们能否给你推荐一些专业人士。你需要关注一下这些专业人士的主要客户群体（比如是白领女性、销售人员、护士，还是小型家族企业负责人等），还要查证他们的相关专业资质。向这些专业人士询问清楚自己需要缴纳多少税，现在有哪些免税的政策，是否有办理退税的可能，等等。对于他们给出的建议，要思

考得清清楚楚、明明白白。

现在也有一些公司会承接代填纳税申报表业务，他们会雇用一些填表员，并对他们进行相关培训，这些填表员的工作成果会由注册税务师统一检查。

社会福利

社会福利是国家或社会为提高国民福利水平而对公民提供一定资金和服务的社会保障制度。社会福利有广义和狭义之分，广义的社会福利是指提高全体公民福利水平的各种政策和社会服务；狭义的社会福利是指对特定范围的公民（主要是生活能力较弱的儿童、老人、残疾人、精神病人等）所提供的社会照顾和社会服务。广义的社会福利包含的内容比较广泛，包括生活、教育、医疗、交通、文体娱乐等诸多方面。狭义的社会福利在不同时期、不同地区可能会有一定的差别，这与当地政府的政策和相关规定有关，所以一定要了解清楚相关的信息。

与金钱有关的问题

🐷 诈骗

诈骗可能发生在你家门口、你上班的路上，也可能发生在你打电话或上网的时候。总之，任何时间、任何地点，它都有可能发生。诈骗人员的手段五花八门，无奇不有。有一些是谎称你有幸被一个能获得巨额利润的"商机"选中，但是你要先支付一些费用；有一些是冒充警察、政府工作人员、医生或银行工作人员等，谎称你（或你的家人）遇到了一些问题，需要支付一笔费用来解决；还有一些是假借调查的名义要求你提供账户名、密码、证件号等个人信息，然后用这些信息伪造信用卡申请资料，冒充你提交信用卡申请，等银行通过信用评估和审核，发放信用卡后，他们就会通过套现、刷卡等方式非法获利。总之，诈骗人员的最终目的就是骗取你钱包里的钱。据统计，在澳大利亚，人们每年因遭受诈骗而损失的金额高达数十亿澳元，金额之高，令人瞠目结舌。诈骗的方式还会"革新换代"，旧的骗术被识破后，新的骗术又会产生。骗局的名称、类型在变，不变的是总有很多擅长用花言巧语忽悠人的骗子，试图坑害一群又一群无辜百姓。

被骗的人身上有什么共同点吗？被骗是因为他们都很贪婪，还是因为他们都很愚蠢？可实际上，很多被骗的人都自认为有能力辨别骗局、觉得自己不会被骗。

我的建议是，千万不要在网上发布自己的个人信息和银行账户信息，也不要在回复邮件或打电话时泄露这些信息。千万不要回复那些来路不明的电子邮件，也千万不要在可疑的没有经过验证的页面提供自己的银行账户等信息。有时，仅仅是一条"星期五是我的生日，我 26 岁了"之类的消息，都有可能被有心之人利用，他们获知你的出生日期后，会多方打探你的名字和地址，为诈骗行为做准备。所以，一定要保护好自己的个人信息。

🐷 赌博

从某种程度上来说，所有的投资行为都带有赌博性质，只是风险有高有低。炒股和炒房其实都是一种投机行为。大多数投资既有可能赚钱，也有可能赔钱。而人们平常说的"赌博"（即用财务作注来比输赢），对人的伤害性更大。大多数赌博成瘾的人在没有外力帮助时是很难戒掉赌瘾的，寻求帮助并不可耻，必要时一定要这样做。如果家里有人赌博，为了保护家庭财产，你必须知道自己面对的是什么，需要注意什么，可以为家人做什么。必要时，要向有关组织求助。

购物和消费

　　很多商家都对你的钱包"虎视眈眈",比如服装公司、化妆品公司、快餐连锁店、饮料公司,等等。这些公司花钱聘请各路营销人才,组织头脑风暴会议,集思广益,拿出数十亿澳元用于宣传,目的就是吸引像你这样的潜在顾客购买自己的商品。为了赚钱,他们会用各种话术来引导你,让你分不清什么是"想要",什么是"需要"。这样一来,你就会觉得自己现在必须、立刻、马上购买他们的商品。他们根本不会考虑你能不能负担得起,他们只想赚你的钱。

　　所以,怎样辨别自己是不是被忽悠了呢?决定买什么的依据是什么?怎样避免买完就后悔呢?下面这一节的内容或许可以给你一些启发。

购物

我讨厌购物。

——霍利（23岁）

拖着三个孩子逛街让人一点都开心不起来。当我有空闲时间时，我更想读书、睡觉，或是和朋友聚一聚。

——乔迪（37岁）

空闲时，我喜欢待在家里看金鱼。

——玛丽亚（56岁）

当我不开心时，我就去购物。

——西蒙娜（38岁）

我买东西就是为了让自己开心。

——卡伦（37岁）

有时候我就是觉得自己应该拥有或值得拥有某样东西，不管这样东西有多贵。

——盖尔（43岁）

我是一个购物狂，经常因为觉得某样东西很便宜而买下它，这就导致一个问题，那就是我总是买一些不知道什么时候才能用得上的东西。

——格里（42岁）

我从小就喜欢买东西，后来我意识到这种习惯对我培养真正的爱好和进行正常的社交活动产生了影响。现在我很谨慎，不会过度购物。

——米歇尔（43岁）

我们负债是因为我们总是把钱花在不需要的东西上。

——乔安妮（20岁）

有时候，我觉得自己必须买点东西才能开心起来。

——萨尔（27岁）

我给女儿买了太多的衣服、玩具，有的压根没用过。

——洛兰（43岁）

我哥哥去世后，我在很长一段时间里都感到焦虑不安，为此我养成了每周用信用卡支付90澳元听音乐的习惯。

——简（46岁）

我亲眼见过一位同事因为疯狂购物而毁掉了自己的生活。她的房间里堆满了她根本用不上的东西。别让广告商毁了你的生活。

——芭芭拉（57岁）

我晚上才去逛超市，那时很多零售店都关门了，这意味着诱惑少了很多。

——爱丽丝（64岁）

我喜欢逛商店，花钱让我情绪高涨。提着大包小包的东西会让我觉得自己很有钱。

——索菲（20岁）

我尽量不和朋友一起购物，否则我很容易受他们的影响，盲目跟风，买一些自己不需要的东西。

——伊丽莎白（37岁）

我总是在买完东西之后想把花出去的钱再要回来。

——克丽丝蒂（32岁）

不要闲着没事就逛网店。不要冲动消费。下单前，可以想象一下自己一周后会怎么看待自己买回来的东西。周末或者天气很热不想出门的时候，给自己找点别的事情做。

——凯斯（26岁）

如果可以的话，不要让购物变成一种爱好。通过买东西来治愈自己根本行不通。

——诺拉（64岁）

你买回来的很多东西孩子们根本不需要。

——吉尔（27岁）

情绪激动的时候不要去购物。

——丹尼丝（57岁）

想买某样东西之前，可以先考虑考虑，等几天再说。如果几天之后你还是对它朝思暮想，那就说明你真的需要它。

——凯特（39岁）

买东西前问自己几个问题：我真的需要这样东西吗？家里有没有替代品？我会用它吗？使用的频率是多少？

——夏洛比·安妮（27岁）

一定要理智，花180澳元买一件背心真的太离谱了。

——洛乌（40岁）

据我所知，对大多数女性而言，"购物疗法"（通过花钱来让自己高兴）不仅会影响夫妻关系，还会导致财务问题。

——贝丝（42岁）

不要去大型购物中心买东西，因为你总会看到一些根本不需要，但就是控制不住想买的东西。

——罗斯（48岁）

购物时，只带现金，并提前列一个购物清单。

——莫雷纳（36岁）

我亲爱的老公根本不理解为什么旧的衣服没有穿坏就要买新的，所以我每次都会把刚买来的衣服好好地包起来，偷偷藏在包里拿回家，然后趁他不注意，把衣服扔进衣柜的深处，过段时间再拿出来挂在衣架上。

——茉尔丝（41岁）

市场营销

很多公司会通过市场调研来发现消费者的痛点，捕捉消费者的需求，然后"对症下药"，想方设法地对自己的产品进行营销和推广。为此，他们不惜斥巨资来制作广告，告诉消费者自家的产品就是消费者需要的。消费者可能每天要看几十个甚至几百个广告。还有一些广告隐蔽性很强，消费者不仔细琢磨根本发现不了那是广告。

🛍 广告商的推销话术和小伎俩

广告无处不在，它们会出现在电视、广播、广告牌中，也会出现在网页、电子邮件以及手机中。如果能研究出如何将广告接收器的芯片植入人们的大脑，我相信有些广告商会毫不犹豫地这样做。为了赚钱，广告商绞尽脑汁，想出了一套又一套推销话术。下面列举了一些广告商经常使用的营销手段的"潜台词"：

· "您值得拥有，这是您应得的。我们知道您有多么与众不同，也知道您工作有多努力。您应该奖励您自己。"

· "使用这个产品会让您看起来更有魅力，也会让您的生活大变样，就像灰姑娘遇到了王子一样。"

· "我们的产品是给那些很酷的人准备的。您喜欢我们的产品吗？如果您拥有它，您就会变得很酷。"

· "有了这款产品，您会非常开心。"

· "那些使用了这款产品的人，生活质量都得到了很大的改善。"

· "您是我们精挑细选的顾客，只有特定的群体才能收到这条信息 / 这封邮件。"

· "我们非常关心您，我们的产品能让您更快乐。"

· "您是一个非常有爱心的人，我们也是，我们也非常关心动物、环境和贫困人口，所以，选我们肯定没错。"

· "我们的化妆品功效显著，别看您现在肤色暗沉，如果您用了我们的产品，您就会容光焕发，魅力无限！"

· "买了我们的产品，您就会领先竞争对手一大截。他们根本不是您的对手。"

· "我们的产品是独一无二的，拥有它，您一定会更加有魅力。"

· "我们的产品能帮您在短时间内轻轻松松地拥有魔鬼身材。"

· "我们的产品物美价廉，买到实属赚到。"

· "用上我们的产品，您就是'家政女皇'，没什么能难倒你。"

· "如果您真的关心孩子的健康，那么我们的产品是您的不二选择。"

· "很多明星都在用我们的产品。如果您想成为他们那样的人，就买我们的产品吧。"

· "我们的产品人手一件，您可千万别被大家落下，否则您会被大家遗忘的。"

· "我们知道您很聪明，不会上广告和营销的当。像您这样的聪明人都买了我们的产品。"

· "为了获得这首热门金曲的版权，我们真是不惜重金。当您听到这首歌时，您一定会心情舒畅，不自觉地跟着哼唱。以后的日子里，当您再听到这首歌时，您就会想到我们的产品。"

· "仔细看看这些统计数据就会发现，我们的产品销量领先。这足以证明我们的产品是最好的。"

· "我们的广告铺天盖地，因为我们的产品足够好。"

有时，广告商也会使用一些小伎俩：

· 在广告里设计一个没有使用自家产品的、很滑稽的人物形象，与使用该产品的人物形象形成对比，然后让其他使用该产品的人一起嘲笑那个没有使用该产品的人。

· 制作广告时，故意加一些看起来很奇怪的元素，试图诱发消费者的好奇心，从而让消费者对他们的产品产生兴趣。

🛍 趁早下手，稳住消费者

不管是跨国公司还是本土公司，他们都想培养消费者对自己品牌的忠诚度。他们恨不得让孩子刚学会说话时就能告诉父母自己想要什么牌子的吃的，让女生从十几岁开始就当一辈子的"××（代表某个品牌）女孩"。总之，最好是永远只买自己品牌的产品。而那些没能抢占先机的品牌往往会抓住消费者的痛点（比如消费者想成为知识渊博、理性成熟的人），试图让消费者放弃别的品牌，投向自己的怀抱。

对成功人士的向往

抓住消费者对成功人士的生活或姣好面容的向往的心理是营销人员常用的手段。当消费者对广告中呈现的生活方式或人物的长相、身材、发型等产生渴望时，他们就更有可能买广告中的产品。

🛍 品牌联想

有时，人们只是看到某个标志或某个颜色，就会想到某个品牌，乃至某种具体的产品，这也是品牌影响力和吸引力的象征之一。比如，当人们看到巨大的黄色的字母 M 时，就会想到汉堡；在一些国家，一看到紫色，人们就会想到巧克力。著名巧克力品牌吉百利还曾申请将其标志性的紫色注册为商标。

🛍 五花八门的广告形式

某些时候，广告会以"营销活动"的形式出现，而不是出现在大众司空见惯的广告展位（比如杂志、广告牌、公交车候车亭、电视、广播等）上。但是，广告就是广告，无论形式怎么变，都是换汤不换药。下面列举了一些新颖的广告形式：

· 故事性广告。通常来说，杂志的制作成本很高，尤其是时尚杂志，而杂志的单价很难覆盖其印刷和发行成本，因此杂志社需要通过在杂志上刊登广告来获利。有一些广告一眼就能看出来，也有一些广告是以故事、使用感受、流行趋势、新品速递等形式出现的，篇幅一般不会太长，这些其实都是广告。这些广告常常出现在免费供人翻阅的杂志上，当然，一些高端杂志上也有。可以想一想，为什么编辑会选这些内容让读者读呢？美妆编辑是不是被收到的试用装迷住了双眼呢？如果广告商不出钱，编辑还会推荐这些产品吗？我之前看过一个专栏，内容是根据出生月份推荐珠宝，下面还附上了珠宝的品牌和价格。我不认为这些东西真的能影响所谓的运势。在我看来，这就是 12 个广告。同样的伎俩也适用于电视节目。比如，如果某个旅游记者被邀请免费前往某个度假胜地旅行，那他在评价那里的好玩程度时，可能多少会掂量一下，对吧？

· 视频、图片、短信和电子邮件。当你在某些平台上注册了账号或会员，你可能就会收到各种各样的短信，有时还会接到电话、收到电子邮件。这些显然都是广告。

· 病毒营销。病毒营销是一种网络营销方法。它通过用户间口碑传播的形式，使信息像病毒自我复制那样，在社会网络上迅速蔓延开来。很多产品看起来口碑极佳，但实际上很多好评都是公司的员工写的或公司花钱雇人写的。有些好评可能没有刻意介绍产品功能、成分等，但本质上也是广告。

· 影视植入广告。影视植入广告是指将产品或品牌及其代表性的视听元素、具体服务内容等策略性地融入影视作品的情节或场景之中，从而达到营销的目的。具体植入方法有道具植入、台词植入、剧情植入、场景植入、音效植入、题材植入、文化植入等。现在，人们在很多影视剧中都会看到大量商标和品牌的镜头，比如展示剧中人物喝的饮料、开的汽车或使用的手表、手机、太阳镜、电脑，穿的西装、皮鞋的镜头，这些可能都是品牌通过影视剧打的广告。还有一些品牌方给歌手重金，使品牌的名字出现在歌词中。下次看电影或电视剧时，你可以数一数自己发现了几个植入广告，也可以告诉孩子怎么辨别植入广告。一家人坐在一起，说说影视剧中那些"忽悠人"的小伎俩，也不失为一种乐趣。

· 免费赠品。很多品牌方经常会给消费者送一些产品的免费试用装，有些试用装包装精美，看上去像一份礼物，只是体积很小。品牌方的目的显而易见，就是诱惑消费者买正装产品。有些品牌方还会给一些具有一定影响力的人，比如头部主播、电台节目主播、名人等免费寄送产品，以便让他们宣传产品。

· 日常分享。如今，请明星为自家产品做宣传的方法除了请他们拍广告，让他们假装自己使用过这些产品，还有请他们在自己的社交网络账号上假装分享自己的日常，说某某产品多么好用，某个面包店的糕点有多好吃。我之所以了解这么多机密，是因为我之前曾拒绝过某个品牌的邀约，为此还惹了不少麻烦。

· 联名推广。联名是指两个或两个以上品牌展开合作，推出联名产品、活动或服务。比如，一些热门影视剧、动漫、游戏等会与服装品牌、咖啡品牌等联名，将人物形象印在衣服、咖啡杯、包装袋上，以增加双方的曝光度和话题性。

· 赞助。品牌方可以通过赞助音乐节、音乐会、体育赛事、活动盛典甚至慈善募捐活动等各种活动，来让自己的品牌无处不在。这背后的原理是，消费者越是经常看到某个品牌或产品跟自己喜欢的东西联系在一起，就越会喜欢该品牌或产品，进而更容易产生购买的冲动。

· 活动奖品。举个例子：某化妆品公司发布了一个活动，规则是只要参与者用不超过 25 个字描述一下自己为什么需要自家的某款化妆品，就有机会获得这款化妆品。该活动吸引了成千上万名女性，她们描述了该产品的优点，能解决自己的什么问题，等等。然后，该公司对这些"参赛作品"进行汇总，公开发布，这就相当于拥有了很多免费的广告，而该公司付出的"代价"仅仅是几个从仓库中翻出来的产品。

· 社会公益活动。许多公司表示，他们每年都会捐出一定的利润给慈善机构做公益。在我看来，如果买某款产品是因为生产该产品的公司宣称会做慈善，那你还不如直接把钱捐给慈善机构，自己买一些真的能用得上的、性价比更高的产品。当品牌方声称自己做某事是为了做慈善时，要谨慎辨别，不要完全相信。

🔒 具有误导性的广告

尽管目前已有法律规定广告不得含有虚假或者夸大效果的内容，不得欺骗、误导消费者，但由于概念和认定标准尚不明确，监督机制尚不健全，具有误导性的广告始终难以被"斩草除根"。谁也不知道洗发水广告中的模特是因为用了该产品才有一头浓密闪亮的秀发，还是天生就拥有一头浓密闪亮的秀发。有些广告虽然没有违反相关法律，但确实有误导大众的嫌疑，比如，那些打着"天然"和"有机"旗号的广告。最近几年，很多公司都意识到"有机"和"天然"等词汇对消费者有很大的吸引力，因此他们开始围绕这些概念进行大规模的营销活动。实际上，这些词并不能完全反映各种产品的生产制造方式对环境造成的影响。他们宣称自己的产品是"天然的""有机的"，甚至吹嘘产品"不含任何化学物质"，其目的是获得巨额的利润，不代表该产品用起来更安全或该公司真的愿意承担更多的社会责任。

我还想告诉你一个令人震惊的"秘密"：广告中，那些穿着白大褂的人，可能并不是真正的医生、科学家或研究人员，而是演员。

购物

你有没有买完东西刚回到家，打开购物袋一看，就感觉很后悔的时候呢？我相信肯定有。很多人购物后常常发现自己买的东西并不实用，即使买回来也不会用，纯粹是浪费钱。没办法，要怪也只能怪如今的购物陷阱和诱惑实在太多了，商家的营销手段又非常高明，让人很难抗拒。

🛍 销售技巧

销售人员通常会接受销售技巧方面的培训。我认识的一个曾经在健身房工作的人曾对我说："推销健身卡时，我会问目标顾客，如果可以改变身材的话，他们想改变哪里。虽然他们的回答五花八门，但我的回答都是，健身房能帮他们实现这个梦想。"

下面列举了一些常见的销售技巧：

· 刚开始，销售人员会很友好地和目标顾客聊天，比如聊聊今天的天气、时下的社会热点，等等，总之就是聊一些和产品无关的事情。实际上，这些销售人员是想从目标顾客的回答中找出他们的需求，进而说服他们消费。

· 销售人员会一直称赞目标顾客的发型、穿着，让目标顾客觉得受到了尊重，或是觉得自己和销售人员有相似的品位，进而相信销售人员的推荐。

· 销售人员会让目标顾客试用产品，然后和目标顾客分享自己或其他顾客使用该产品后的感受。比如，他们可能会对目标顾客说："我自己买了一

个，很好用。""我朋友买了一个，跟我说效果很好。"

· 销售人员会告诉目标顾客，产品只有在今天才有这么优惠的价格、这么大力度的让利，或谎称老板出差了，所以自己才能"私下做主"，等老板回来，这个价格就没有了。这些做法的目的都是让目标顾客赶紧付款。

· 销售人员会采用一些看似将选择权交给目标顾客，实际上却营造了一种无形的压力，逼迫他们赶快消费的话术，例如："当然，买不买取决于你，但这么优惠的价格可是最后一天了。""这款产品是当季的潮流款，很多人都在用。目前该产品快要断货了。"还有一些销售人员很势利眼，他们会上下打量顾客以判断顾客的购买力，对那些他们认为买不起产品的顾客爱答不理，言语中还会透露出讥讽与嘲笑。这要不就是公司文化有问题，要不就是他们故意使用激将法，通过营造一种特殊气氛，来给顾客施压，让他们觉得不买就会很没面子。

请永远记住，不管销售人员表现得多么善解人意，其目的都是向你推销产品。所以，如果你想得到一些中肯的意见，比如想知道一套衣服到底适不适合自己，最好不要问销售人员。可以找朋友跟你一起去买衣服，询问朋友的意见，或是从各个角度审视一下这套衣服，然后相信自己的判断。在买家电等大件商品时，可以提前在网上搜搜价格，做到心中有数，然后再货比三家。

🛍 购物氛围

很多商场、超市和精品店会花费不小的费用聘请顾问，请他们设计店铺的陈设，以诱惑顾客买更多的东西，这也就是为什么很多人一逛商店就难以自拔。以下是一些商家常用的策略。

· 很多服装店会巧妙安排店里的布局，将价格较高的服装搭配成套并摆放在最显眼的位置。他们会

精心布置店铺尤其是试衣间里的灯光，以便呈现更好的穿着效果，还会精心调整试衣镜的摆放角度，以便让镜子里的人看上去更苗条。此外，他们还会让店员穿着主推款的衣服，精心挑选优美的背景音乐，有些门店还会点上香薰蜡烛。

· 很多大型商场会在商场的中心位置或者每层扶梯旁边的位置展示一些商品，让顾客感觉这些商品是全商场最流行的，或是卖得最好的。但实际上，商场将这些商品摆在这里，可能是因为想早点处理掉它们，或者是将这些位置出租给了商场中的门店。

· 很多商家会专门设置折扣区，在货架上挂上写着"全区域 × 折起"的牌子，只不过前几个字通常非常醒目，而最后那个"起"字可能要用放大镜才能看得到。商家会在商品标签上贴上打折后的价格，以便让顾客觉得现在的价格十分实惠，进而产生消费的冲动。

· 很多商家会在店铺中摆放沙发、座椅，将店铺布置得就像休息室一样，让人一进去就感觉很放松，忍不住想多待一会儿。也有一些门店设计得像迷宫一样，顾客进去之后得绕半天才能出来。这些都是为了让顾客在店里待的时间更久一点，因为待得越久，就越有消费的可能。

🛍 网上购物

在网上买东西，尤其是买衣服，很难一下子就买到合适的，因此购买前要注意店铺的退换货政策，还可以先看看其他顾客对该店铺商品和服务的评价，再决定是否购买。如果选择在国外的网络购物平台购物，还要留心价格中是否含税、服务费等。如果卖家发货慢，快递费高且不送货上门，那就要考虑一下从网上买是否划算。另外要注意，不管有没有处方，网购"廉价"药品都实属危险，最好不要这样做。

购物：男性 vs 女性

有专家认为，进化论也许能解释女性为什么一般比男性更喜欢购物。早在原始社会，女性就要负责采集食物。由于没有特定的目标，女性会不停地采集，尽可能采集到更多，这与当代女性的购物行为存在一定的相似性。因此，女性喜欢购物或许是一种本能。

消费

我们的祖辈可能完全不能理解现代人的购物习惯和消费方式。在他们年轻的时候，他们中的大多数人可能在每个季节只有一两套衣服和一双鞋，大多数女性可能只有一个手提包，一年四季都会带着它出门。大多数商店里销售的都是必需品，而不是顾客想要什么就有什么。所有商品都摆在柜台后面，顾客需要和售货员说明自己想要什么，让售货员帮自己拿，而且每次可能只能买一件商品。只有超级富豪才会买很多衣服或买一些好看但没什么用的商品。现在，虽然商店里的商品琳琅满目，但我们的祖辈依然保持年轻时的购物习惯，他们可能会在每次购物前列一个清单，写下自己需要的东西，然后完全按照清单购物。

现如今，我们在购物时总是有非常非常多的选择。某家大型百货商店里的商品可能比某位老奶奶一辈子看到的商品总数还要多。此外，在大型购物商场，我们除了可以买到各种商品，也可以与朋友吃饭、看电影、玩游戏，还可以什么都不买，只是四处闲逛、过过眼瘾，把那里当成一个乘凉避暑或取暖的好地方。

🛍 购物疗法

有研究显示，很多女性将购物视为一种社交活动，或是上了一周课或一周班之后的补偿。因此，很多品牌在营销中加入了"购物疗法"的理念，试图让更多女性相信"购物能让人放松下来，心情愉悦"。在很多品牌的广告以及门店导购员的口中，人们都能看到或听到"你值得拥有""是时候善待自己""这是你应得的""奖励自己"等表述。美容院、温泉疗养院、家庭美容护理的流行也可以看作是这种自我疗愈、自我呵护理念的产物。

🛍 你值得拥有

"这是我应得的吗？"这个问题本身就有问题。你当然值得，不仅是广告中的那些商品，你还值得拥有一顶翡翠皇冠，在海边拥有一套度假别墅，但值得拥有不意味着要拥有或能拥有。当你购买一些超出你能力范围的非生活必需品时，先问问自己以下这些问题：

· "我负担得起吗？"

· "没有这些东西我会怎么样？"

· "有没有更经济实惠的选择？"

· "是拥有这些东西更让我开心，还是和朋友说说笑笑更让我开心？"

· "我需要多考虑几天吗？"

· "我现在真的需要这么多小物件吗？还是说，我可以先等一等，然后攒钱买一个大件？"

🛍 控制开支

不管这些商品对你来说是不是"值得拥有"，你都有可能负担不起。不要只是因为"想要"或某件商品看起来很漂亮就对某件商品日思夜想，想要拥有。买自己需要的东西确实是一种很好的庆祝方式，但如果一直被商家牵着鼻子走，就很容易花光所有的积蓄。总之，不要被商品的外表和商家的宣传语迷惑，而忘记留出钱来买生活必需品。可以参

考第 486 页"管理个人财务"，来看看如何更好地管控财务，不让自己陷入财务危机。

只看不买

下次想购物的时候，可以把银行卡都留在家里，只带一点零钱出门，把商场当成博物馆，告诉自己里面的东西看看就好，不需要买回家。或者还有一个办法，那就是用参观博物馆、美术馆或画廊来代替购物，看看真正的艺术品。告诉自己，某些东西不一定要拥有才能欣赏、享受。改掉之前的思想，不要一听到"无聊""烦躁""需要休息""和朋友聚会"就直接想到"该去购物中心了"。

🛍 每个女性都喜欢购物吗

从我发放的调查问卷的统计结果来看，很多女性都不喜欢购物，有些女性甚至觉得购物会使自己压力更大。相比于年长的女性，年轻女性的购物欲往往更旺盛，这可能是因为她们没有孩子，生活中需要花钱的地方相对较少，花钱的顾虑较少。在我看来，"每个女性都喜欢购物"的说法是一种刻板印象，而铺天盖地的广告宣传也致力于加深这种刻板印象。实际上，大多数女性只有在经济条件允许的基础上才会没有负担地购物，否则，即使一直"买买买"，她们也会觉得焦虑或不满足。也可以说，女性并不是热衷于购物，她们真正想要的是收入不菲、家财万贯的生活。但我觉得，购物显然不能帮她们达成心愿。

🛍 购物狂

对一部分人来说，购物已经成为一种强迫性的行为。想判断自己是否存在这种情况，可以问自己以下问题：

· 我是否每周都去购物（甚至更频繁），沉迷于购物无法自拔？

· 我是否已经习惯将购物当作缓解压力或奖励自己的方式？

· 我是否在入不敷出的情况下还想疯狂购物？

· 我是否买过很多一次都没用过的东西，虽然买完后就后悔，但还是停不下来？

· 我在和别人谈到购物的真实花销时是否经常撒谎？

· 疯狂购物影响到我的正常生活了吗？

在心理学上，购物狂被称为"强迫性购物"，通常是指一个人无法控制自己的购买欲望，疯狂消费而不考虑后果。强迫性购物被认为是一种行为成瘾，可能导致种种恶果，比如负债累累，购买时极度兴奋、购买后内心又极度愧疚，等等。行为成瘾的特征是自我控制减弱、难以抵挡外界的诱惑，它会给身体、心理、社会造成严重的不良后果。尽管成瘾者深知其行为引发的不良后果，但仍然控制不住自己。行为成瘾的原因较为复杂，可能涉及生理、心理与社会等因素，但还有待系统的医学研究证实。尽管女性通常被认为更容易购物成瘾，但实际上不少男性也会这样，只不过他们更倾向于购买电子产品等商品，而不是衣服和高跟鞋。

如果你觉得自己有这方面的问题，可以向心理咨询师，或是那些擅长治疗强迫症以及焦虑症的专家求助。他们或许可以帮你停止"集邮式购物"，尝试"改过自新"。你也可以尝试将购物的时间用于做别的事情，比如，修读一门课程、学习一门语言、加入一个兴趣小组、和朋友一起野餐或逛画展等，还可以找个朋友监督自己，看看除了买生活必需品，你可以坚持多久不买其他东西。

想一想，如果你需要在一个什么都没有的小屋里居住一段时间，你需要置办哪些物品呢？你需要很多换洗的衣物、刀叉和餐盘吗？仔细思考，然后列一张清单。把你爱的人和喜欢做的事也写下来。写完之后再好好想一想：对于目前的生活，有哪些地方是可以简化的？

不适合购物的"危险时刻"

· 饥肠辘辘、头晕目眩的时候。

· 来月经之前。

· 刚拿到工资的时候。

· 度假途中、等飞机起飞的时候。

· 无聊的时候。

· 心情不好，想发泄或者想要治愈自己的时候。

科学与自然
511

价值观
519

回报社会，帮助他人
523

第十一章

做最真实的自己

科学与自然

在我最小的孩子开始上学之后，我修读了一些心理学课程。我非常喜欢这些课程。从初中毕业之后我就没认真学过新知识了，可以说，这些课程为我打开了新世界的大门。从那时起，我成了科学的忠实拥护者。我停止使用一些未经科学证实的疗法，这让我每年省下了大约1500澳元的开支。我从来没有像现在这样，身体倍儿棒，吃嘛嘛香。

——娜塔莎（44岁）

我宁愿让孩子们生病，也不愿意让他们注射"毒药"。

——克莱尔（41岁）

过去，有许多儿童被脊髓灰质炎、白喉、天花等疾病夺去了生命，现如今，我们的孩子在这方面已经得到了很好的保护，对此我非常感恩。

——卡伦（48岁）

我不知道松果菊到底是什么，据说它有助于增强身体的免疫力及抗感染能力。

——蒂根（37岁）

所有的假设都要以一定的事实材料和科学理论为依据。

——凯特（43岁）

这么多年以来，每次遇到小感冒，我都会喝松果菊茶，这对我来说还挺有用的。不过病情严重的时候，我还是会去看医生。

——玛格丽特（55岁）

我对大自然有一种敬畏之心，也尊重身体的自愈能力。我生第一个孩子的时候是剖宫产（我讨厌这种人工干预），生第二个孩子时是顺产。不过我还是很感谢科学，多亏了麻疹减毒活疫苗等疫苗的出现，我的孩子得到了很好的保护。

——珍妮（36岁）

让我生气的是，我的一些朋友拒绝给他们的孩子接种疫苗，理由是"希望孩子接触的东西都是自然的"。唉，社区里又有孩子得了百日咳，我特别担心我刚出生不久的孩子被传染上。为什么有些人这么反对接种疫苗呢？

——凯莉（37岁）

相比于化学制品，我更喜欢纯天然成分的产品。

——萨拉（25岁）

自然与科学不是什么非此即彼的关系，我们完全可以两者兼得。

——弗朗辛（37岁）

我觉得用药物治疗抑郁症是一件很可怕的事情。一想到我的大脑会被化学物质改变，我就不想去看医生了。

——克莱尔（19岁）

选择各种天然产品，尽量少接触化学物质，这让我的生活一帆风顺。

——乔治娅（33岁）

许多医生都会给病人开抗生素。生病的次数越多，抗生素的使用剂量也越大。我希望找到更"自然"的办法。

——布里奇特（34岁）

我有一个可爱的医生，他为我采取了很好的自然疗法。这些疗法对缓解我围绝经期的种种症状有很大帮助。

——莎伦（56岁）

我不喜欢那种通过注射化学物质来改变体内激素水平的做法。我觉得还是顺其自然比较好。

——莉莉（27岁）

我非常肯定，我使用的都是不含任何化学添加剂的商品。我非常重视这一点。

——桑德拉（36岁）

我本人非常排斥常见洗发水里的化学成分，我会尽量选择用天然材料制成的洗发水。我每6～8周就会去理发店烫一次头发，虽然很贵，但是这能让我自我感觉良好。

——塔妮娅（28岁）

买天然产品！所有化学制剂背后都有见不得人的故事，它们会让动物承受各种痛苦。天然产品是你能涂抹在皮肤上的最温和的、最好的东西。

——尼基（36岁）

差不多去年的这个时候，我的一位挚友因患乳腺癌去世了。她在世时，全面抵制化学药品，听信那些庸医的说法。他们给她开了"不含化学物质"的草药茶。这些庸医虽然不是罪大恶极的罪犯，但他们也有很大的危害性。

——卡迪

我喜欢用"纯天然""无添加"的产品，我拒绝化学药品。

——卡琳（34岁）

对于"少即是多"，我深信不疑。我自己肯定是一点对人体有害的化学品也不会用，因此我从来不用各种喷雾、发胶。我洗头发也不是很频繁（大约两周一次）。我现在很健康。

——妮科尔（32岁）

科学与自然

"是相信科学还是相信自然？"在我看来，这个问题真的很没有意义。任何自然的事物中都蕴含着科学，科学能正确反映客观事实的本质和规律。人们要敬畏自然，但也需要用到一些简明的科学知识来帮助自己做好决策，判断什么是"好"的，什么是"坏"的，哪些营销语是真的，哪些是夸大其实的，以便让自己远离骗局，活得更健康。

现在，就让我们一起来聊聊科学与自然的那些事儿吧。知识点来啦！

热爱科学的五个理由

了解一些基本的科学知识除了有助于你解决日常生活中的一些小问题，还能让你：

1. 客观地了解自己的身体和情绪。
2. 理性地看待健康问题，从而做出正确的医疗保健决定。
3. 避免被虚假的化妆品广告欺骗。
4. 提高随机应变的能力。
5. 避免穿尼龙材质的内裤。

不要谈"化"色变

如今，人们越来越意识到天然食品的好处，也意识到生活中的污染物、化学废物会给环境带来很大的危害。但是，也有些人开始以偏概全，觉得所有天然的东西都是好的，所有的人工合成化学品都是不好的。营销人员就是抓住了人们的这种心理，在商品包装上打出"纯天然""无化学添加剂"之类的字样，顺便把价格也提上个几成。

其实，人的身体就是各种化学物质的"熔炉"。每个人的大脑中都有一堆化学物质，这些化学物质可以调节人的情绪，控制人的行为动作；激素也是化学物质，它们在调节生命活动以及人体的生长发育和代谢方面都发挥着重大作用；各种酶也是化学物质，它们同样在调节生命活动方面发挥了重要作用，比如消化酶能分解食物，以提供身体必需的营养物质，帮助人们增强免疫力。

有些人一听到"类固醇"这个词就如临大敌。其实，类固醇是一个非常宽泛的概念，它是广泛分布于生物界的一大类环戊烷多氢菲衍生物的总称，包括固醇、胆汁酸、胆汁醇、类固醇激素等。人体内的很多激素都属于类固醇激素。此时此刻，当你读这句话时，"类固醇激素"大军中的雌激素、孕激素、雄激素、肾上腺皮质激素——你没有听错，这些激素都属于类固醇激素——就在你的体内有条不紊地工作着。当你了解了这些知识后，是不是觉得类固醇也没有那么可怕了？

◢ "化学"无处不在

一切物质都是由原子构成的，人类也不例外。原子是由居于原子中心的原子核与核外电子构成的。原子核又是由质子和中子构成的。在化学上，人们将质子数相同的一类原子称为元素。比如氧分子和二氧化碳分子中都含氧原子，这些氧原子的原子核内都含有 8 个质子，那么就将质子数为 8 的所有氧原子统称为氧元素。国际上统一采用元素拉丁文名称的第一个字母（大写）来表示元素，如氧元素的符号是 O。如果几种元素拉丁文名称的第一个字母相同，就附加一个小写字母来区分，如钠元素的符号是 Na，铁元素的符号是 Fe。

多个原子结合在一起就形成了分子，多个分子结合在一起就形成了物质。物质通常有固态、液态和气态三种形态。人们可以把不同的原子结合在一起，从而实现制造新物质的目的。有些人工制造的物质和人体内自然形成的物质成分完全相同（如激素类药物中的激素成分），有些人工合成的物质是人体内自然形成的物质的"加强版"（如止痛药中的某些成分）。

山间小溪里流淌的溪水是天然的，但其中也蕴含了丰富的化学元素。溪水中含有的化学元素除了氢元素和氧元素以外，还包括镁元素、钙元素等。

人们每天吃的可口菜肴也与化学反应息息相关。以新鲜蔬菜和肉类为食材，科学搭配各种调味品，利用调味品和食材之间的化学反应，就能做出吸引味蕾、刺激嗅觉的美味大餐。还有一些大厨在研究了烹饪温度、烹饪时长以及它们与食材、调味品的物理和化学变化的关系后，对食材和调味品加以解构、重组并运用，做出了颠覆食材外貌的新食物，如将荔枝做成鱼子酱，该鱼子酱具有荔枝的味道、鱼子酱的口感。这就是传说中的"分子料理"。分子料理运用了低温慢煮、液氮烹饪、泡沫法等一系列烹饪技术。

即便选取的食材是有机食材，也不代表它们在烹饪的过程中不会产生新的化学物质。比如，煮燕麦粥时，燕麦中的物质会发生化学反应：蛋白质在高温下变性，淀粉会水解……然后，美味的燕麦粥就做好了。

大家都知道，重金属中毒（如铅中毒）对人体危害极大，但其实，人体也需要一些"重金属"。有些重金属是人体必需的矿物质元素。人体需要特定的矿物质来维持正常的生理功能，如果体内矿物质不足，人体健康就会出现一系列问题。同时，人体不能制造自身所需的全部矿物质，比如铜、铁、锌、锰，但只要人们吃得合理、吃得健康，便可以从食物、水中获取足量的矿物质。如果单靠食物还是无法获取足量的矿物质，人们还可以吃一些营养补充剂。

说了这么多，我想表达的其实就是，化学物质并不是什么洪水猛兽。尽可能避免接触杀虫剂、烟等不必要或危险的东西是明智之举，但你也不需要被化妆品上标注出的那些化学物质吓倒。

天然的都比合成的好吗

人们不能简单地把物质一分为二，认为"天然的（如树皮）就是好的"，而"人工合成的（如橡胶轮胎）就是坏的"。这种分类方法及看法并不科学，实际情况要复杂得多，人们不能随便下结论。例如：人工养殖的海产品从某种意义上来说不是"天然的"，但人工养殖总比过度捕捞野生鱼群更妥当；维生素 A 是天然的，有助于细胞的更新与修复，但孕妇摄入过量的维生素 A 可能对胎儿有害，这可能比孕期使用一些化妆品造成的危险更大；化学合成的药物在遵照医嘱服用的情况下可以治愈一些疾病，但服用剂量过大则会给肾脏、肝脏等带来沉重的负担；有些酸性物质是工业用的重要原料，但人不能直接接触这些物质，否则可能会导致皮肤受损；纤维材料广泛应用于军事、工业领域，但人如果吃了纤维材料，恐怕就要去医院了……所以，很多情况下，物质（不论天然物质还是合成的物质）的危害程度取决于它的浓度（或剂量）以及人接触和使用它的方式。

此外，相比于自然界中天然形成的物质，有些人工合成的化学物质可能对人类和环境更友好。随着人口的增长，人类的需求量也逐渐增长，自然界中的天然物质已经不能满足人类的需求。很多情况下，相比于从自然界中提取某些天然物质，直接在实验室合成化学物质可能更为方便、经济，甚至更环保，于是人工合成的化学物质"闪亮登场"，比如一些药物的原材料和化妆品的原材料。

举一个简单的例子。玫瑰味香水或茉莉花味香水的制作方式之一是碾碎相当数量的花瓣和植株茎秆，然后利用蒸馏等方法从中提取相关物质。但有些花很有"个性"，任凭研究人员如何"死缠烂打"，它们就是不放走一点含有香味的物质，所以，想利用这种方法获得一瓶香水，研究人员可能需要损耗大量的鲜花，这不仅增加了制作成本，使得产品价格昂贵，还费时费力、不环保。而现在，研究人员通过对各种化学物质进行科学配比而制取的香水，可以散发出和自然界中的花一样的香味。你可以随便找一瓶香水，看看它的成分表，我敢说上面多多少少都会有几种人工合成的化学物质。

人工合成化学品为何让人闻风丧胆

人工合成化学品确实有利有弊。保存合理、使用合理时，它们可以给人的生活带来便利。然而，一些人工合成化学品的泄露不仅会污染空气、土地、水资源，给人的生活带来极大不便，还会让人中毒。工业污染，农业污染，石油泄漏……有太多东西正在伤害人类赖以生存的环境，这确实会让人闷闷不乐，甚至火冒三丈。不过，更理智的做法是，在意识到这些问题后科学地使用人工合成化学品，而不是以偏概全，否定人工合成化学品为人的生活带来的便利。

如何制备化学品

聪明的科研人员会严格遵守注意事项，控制反应条件，用特定的方式使原子重新组合，从而制备新的化学品。以制药为例，研究人员在制备一款药物时，会以某些化学物质为原材料，在无尘环境中，通过严格控制反应条件来制备纯净且剂量准确的药物。

每个分子都有其独特的结构。分子中的原子之间存在着一种能把原子结合成分子的结合力，这就是化学键。在反应过程中，分子中的化学键断裂，分子中的原子会和其他分子的原子结合在一起，形成一个新键，从而形成新的物质。这些新物质可能和原来的完全不同，比如原来的物质可能闻起来像玫瑰，新生成的物质可能闻起来像臭豆腐。各个原子对于选择和其他哪个原子结合，似乎都有自己的偏好。如果研究人员一直密切观察反应过程，就会发现原子之间正在以能够预测的形式忙着结合呢。

这也正是"化学"一词的来源，说起来还有点浪漫。难道不是吗？肉眼看不见的神秘力量使得不同原子互相吸引，相互结合，从而形成新物质。多浪漫呀！

人们为什么觉得"人工合成"不好

不被重视的科学教育

过去，由于生活水平较低，大部分人没有受教育的机会，因此很多人仍然受到老观念的影响，对很多事物没有科学的认识，觉得自然的事物是最好的。此外，很多学校也找不到合适的人来教学生科学课程，于是只得"破罐子破摔"，直接放弃科学课程。女性尤其容易受到不公平的对待。尽管有些女性对科学课程很感兴趣，但某些学校根本不招收女性，甚至还拥护"女子无才便是德"的论调。许多女性（当然也包括很多男孩）可能并不知道人为什么不能飞起来，更别提自己体内的激素的运作机制了。她们也不知道光合作用是什么，颜色是怎样形成的，星星为什么会"眨眼睛"，水母为什么有毒，等等。

"自然"完美无瑕？

有些人认为，"自然的"都是好的，人工合成的都是不好的。实际上，如果"自然的"都是好的，那人类也不会有如此多的烦恼了。事实是，在"顺其自然"的过程中，人或多或少都会遇到一些问题，比如有些人会因为激素分泌不足或太旺盛而生病，胎儿会因为头过大而不好出生，从而导致母亲难产……如果没有麻醉剂、抗生素、激素补充剂等这些药品的出现，许多人会遭受疾病的折磨，苦不堪言，还有一些人可能连出生的机会都没有。所以，"自然"显然并不是完美无瑕的。

还有些人觉得，只要生活规律，心态乐观，自己就不会生病。可生病几乎是不可避免的事，细菌或病毒不会因为某个人乐观、积极地对待生活就不攻击他了。即使这个人一直吃有机食品，坚持练瑜伽，保持健康的作息，也不代表不好的事情就不会在他身上发生。

实际上，正是因为干预了"自然"，人们才有吃上巧克力蛋糕和其他即食食品的机会，才能穿上各种颜色的漂亮衣服，才能在得某些疾病时痊愈，或是对某些疾病进行预防。由此看来，很多时候，对"自然"进行干预是十分必要的，而人工合成的物质在这种"干预"中，起到了非常大的作用。

从"迷恋科技"到"厌恶科技"

曾有一段时间，用化学纤维面料（化纤面料）做成的衣服大受欢迎，因为人们觉得这种衣服色彩鲜艳、质地柔软、垂感好。很多人也喜欢买合成材料做成的地毯，因为这种地毯价格便宜又好清理。但后来，人们逐渐发现，化纤面料的吸水性、透气性都比较差，夏天穿化纤面料的衣服会觉得更热；合成材料的地毯质感不如羊毛等天然材料做成的地毯，还容易散发出一股刺鼻的化学试剂的味道。慢慢地，有很多人对"非天然制品"失去了好感。随着社会的发展，这种从"迷恋科技"到"厌恶科技"的心态也出现在食品领域。人们普遍开始追求更"天然""自然""纯正"的东西，"人造""合成"等词汇逐渐与"劣质""有害"等词汇扯上了关系，开始被人们厌弃。

不得不承认，从身体健康的角度来说，吃一个真正的橙子肯定比吃橙子味的饼干要好，穿棉质的内裤肯定比穿尼龙材质的内裤要好。但不可否认的是，随着科学技术的飞速发展，某些人造产品具有非常强大的性能。比如，如今很多足球场中铺设的人工塑料草坪不仅防虫，维护起来成本也比较低。另外，使用人造产品还可以减少对自然的破坏，比如，做衣服时，以仿动物皮代替真动物皮，可以减少对动物的捕杀；做首饰时，以人造钻石代替天然钻石，可以减少开矿对土壤、水资源和大气环境造成的负面影响。

当然，在某些领域，不管科学家如何努力，人造的都很难与天然的相媲美，比如，用色素、香精等合成的香蕉口味的食品总归没有用香蕉直接做成的食品有营养，而且前者的口感往往也比后者差。

误导人的营销

一些化妆品公司不惜花重金大肆宣传，为的就是告诉消费者"自然的""有机的"化妆品质量更好，而那些含有化学添加剂的产品都应该被贴上"对健康有害"的标签。

但是，所谓的"无添加""源自天然"并不意味着对皮肤一定没有刺激，也不意味着使用效果一定更好。广告中的那些绿色植物、大草原可能跟该商品完全没有关系，这些东西的存在，纯粹就是为了让消费者产生错觉。所谓的"有机"洗发水，里面也含有化学清洁剂，因为如果完全不含化学清洁剂，那么该洗发水的去污效果可能跟纯净水没多大区别。所谓的"无防腐剂"化妆品，添加的可能是该国家化妆品标准中没有囊括的其他具有防腐功能的成分，这种产品的危险系数可能更高，刺激性可能更强。

故事与科学

人们天生就愿意相信八卦消息和所谓的"祖传偏方"。虽然这很不符合逻辑，但是相比于一个陌生人给出的冷冰冰的建议和依据，很多人就是更容易接受那些看似发自肺腑地讲述的、带有故事情节的"道理"，即使这个"道理"非常不科学。比如，很多人不相信医生和科学家的建议，而更容易相信在网上看到的、亲戚讲述的或脱口秀演员随性编造的故事，比如当听到"我表弟认识一个人，这个人的妻子采用一种偏方治愈了癌症"之类的故事时，很多人都会下意识地相信。

所以，想要给公众呈现一些科学知识时，研

究者可以考虑在其中搭配更多的元素，比如趣闻趣事、真实体验等，将这些与科学证据相结合，引起公众的兴趣，从而让公众更好地理解科学。等到公众知道的科学知识越来越多后，他们就不会轻易被喜欢借助所谓的"感谢信"和"真人体验反馈"来推销商品的商家蒙蔽，也不会轻易相信一些肤浅的推销话术，例如："我们的洗发水十分好用，因为很多多年来一直受脱发困扰的消费者表示，用了我们的洗发水后，他们稀疏的头发变得浓密了。"

▶ 互联网：些许疯狂

互联网的发明和普及让人们足不出户便可知天下事，给人们的生活带来了极大的便利，但互联网上信息的多样性也非常考验人们的鉴别能力。有一些群体和组织会利用互联网对自己进行包装，给自己披上"专家""权威""独立网站"的外衣，宣传一些奇怪的理论，比如大肆宣扬疫苗无用、某款面霜能溶解脂肪、节食可以排除毒素等理念。

举个例子。反疫苗群体声称儿童接种疫苗会导致孤独症、汞中毒，甚至还会让儿童出现犯罪倾向（这简直无稽之谈）。他们在阐述自己的观点时常常会提到英国胃肠病学家安德鲁·韦克菲尔德博士于1998年发表在英国医学杂志《柳叶刀》上的论文，该论文称儿童患孤独症可能是由注射麻疹、风疹、腮腺炎三联疫苗引起的。很多父母看到这篇文章后，便认为自己知道了了不得的"真相"，庆幸自己发现了疫苗的危害，还会迫不及待地把这个"知识"与身边的朋友分享。但此后，大量的研究

和调查提供了诸多证据，证明儿童患孤独症与接种疫苗没有关系。2010年，英国综合医学委员会裁定，安德鲁·韦克菲尔德等"在进行和发表研究的过程中，从事过不当行为"，《柳叶刀》也在当年正式撤回该论文。

然而，这种更正并没能改变所有反对疫苗接种的人的看法。他们宁愿相信全世界的所有儿童医院、所有医生和该领域的所有研究者都不怀好意、想伤害儿童，也不给孩子接种疫苗，尽管这种想法毫无事实根据。不幸的是，由于父母爱子心切，因此他们很容易被"怎样做对孩子更有利"之类的论调影响，更别提那些有专业人士背书、看起来很官方、听起来很中肯的言论了。生活中，还有很多人和这些反对疫苗接种的人一样，不愿意相信科学。

对于网上的一些信息，只有你亲身追踪、不遗余力地刨根问底，你才能发现那些信息到底有多无知、多疯狂。比如，有人竟然相信"意念"不仅能使物体移动，还能治病；有人认为应该完全"顺应自然"，极度不相信现代医学，即使他们的理论被一次又一次地证明是错误的，他们也不愿承认。他们看不到麻疹疫苗的广泛接种使全球每年因患麻疹而死亡的人数大幅下降，也看不到因为陷入"疫苗犹豫"，每年有大量儿童因没有及时接种疫苗而死亡。

"科学证明"

许多广告宣传语都以"研究表明……""调查结果显示……"开头，但有可能这项所谓的"研究"本身就很有问题。有些研究是由利益相关方资助进行的，样本都是经过精心挑选的，整个实验缺乏全面性，由此得出的结论可重复性很差（其他人按照同样的方法得不到同样的实验结果），也几乎没有可借鉴性。还有一些广告商直接从生产该商品的公司的新闻通稿中选取"突破性发现""前沿发现"等内容来宣传，并没有对这些内容进行核实。

广告商这样做就是为了让商品看起来是有背书的，以促进商品的销售。

糟糕的报道

很多所谓的科学报道其实是带有一丁点科学性质的信息的"回炉改造"。如果你在网上搜索关于某个研究结果的新闻报道，你就会发现很多报道都是千篇一律，这可能是因为这些报道的来源都是同一篇文章，引用者对其稍加修改后便将其发表在自己的网站上。通常，这些引用者不会对报道中的内容进行质疑或查证。

我曾经看过某杂志刊登的一则某款"抗皱纹、抗衰老"面霜的广告。广告中模特的皮肤细腻、紧致，整个人看起来光鲜亮丽。里面的宣传语是这么说的："科学证实，本产品让皱纹减少了12%*。"我很好奇这个"*"的含义，最后在广告左下角看到一行很小的字："*：这一结论是通过实验得出的。"

但是，实验到底是怎么做的呢？是生产该产品的员工将一小块褶皱的皮肤放到培养基中，再加入足量的面霜，培养一个星期呢，还是他们会找上千名女性，实实在在地做产品测评，来看看产品到底有怎样的效果呢？在我看来，那些声称能"抗衰老"的产品并不能抚平已有的皱纹，最多只能让皱纹暂时看起来淡一点而已。所谓的实验结果，只是商家想让消费者相信的东西，并不代表这些产品真的能让人看起来更年轻。（更多关于抗衰老的知识，请参考第二章第四节《护肤化妆品与彩妆化妆品》。）

还有一些报道中的"结论"实际上是"推测"出来的。例如，如果某个研究小组在小范围内（可能就是自己的研究小组）发放了一份问卷，结果显示被调查人员中有一半的人喜欢吃薯片，那么该小组可能就会得出"澳大利亚有一半的女性喜欢吃薯片"的论断。这类研究没有足够的样本数量，方法也不完善，不具有说服性。

让我再来细数一些自己看到过的糟糕的报道：

- 英国的一项研究声称"女性平均每天在皮肤和头发上使用515种化学物质"；某家有机化妆品公司声称某款香水中含有400多种化学物质。暂且不说这些数据是否可靠，发布这些信息的人甚至都不敢直接说这些化学物质是否对人体有害，只能列举一个很难被验证的数字，试图给人们留下一个"化学物质太多了，肯定有害"的印象。

- 某份报纸表示"孕妇确保自己获取足量的维生素D能够防止胎儿患精神分裂症"。这真是奇谈！实际上，孕妇不吃维生素D和胎儿得精神分裂症的关联尚未得到科学证实。目前的研究给出的精神分裂症的定义是"一组病因未明的精神病，呈多基因遗传性"。

靠谱的研究

合理的研究能证实某些结论，展示出较强的因果关系。这类研究需要严格遵守各项准则，包括选择谁参与实验，谁分析实验结果，谁与参与者接触，等等，这些内容都要明确。除此以外，还要明确其他可能对实验结果造成影响的因素，并尽量避免这些因素对实验产生干扰。目前，临床上测试新药的药效时常用到的方法是双盲实验，实验结果通常刊登在同行评议期刊上。

双盲实验

在双盲实验中，受试者和测试者（包括研究者及其他医护人员、检查员、统计人员等）均不知道研究分组的情况，比如哪些受试者接受的是真正的药品测试，哪些受试者接受的是安慰剂。

这样做不仅可以消除心理因素可能对实验结果造成的影响，还可以消除测试者和受试者的主观偏差和个人喜好，避免测试者有意或无意地拿着测试药品或安慰剂给受试者使眼色。只有在所有数据被记录完毕之后(在有些情况下是分析完毕之后)，测试者才能知道受试者的分组情况。

同行评议

同行评议是学术期刊稿件经过责任编辑初审后，再由编辑部邀请与稿件作者相同学科领域的两位或两位以上的专家对稿件进行审阅，并对稿件价值做出专业性评鉴的一种外审方式，这意味着其他研究者会研究这篇论文，寻找研究方法中的缺陷或错误。学术研究资金管理机构常以这种方式来决定是否拨付资金、授予奖金，学术出版机构也常以这种方法来筛选稿件录用与否。同行评议是评价学术贡献、审查学术成果的关键。

安慰剂

安慰剂是没有药理活性的物质，如乳糖、淀粉等，这些物质会被做成与测试药物外观、气味相同的制剂，用于临床对照实验中的阴性对照，以确定药物疗效中药理作用和安慰剂效应的比例。当患者认为自己正在接受有效的治疗时，即使所用的治疗药剂只是淀粉片、蒸馏水之类的东西，患者的症状也会得到改善，这种现象被称作安慰剂效应。在研究药物的治疗效果时，需要安慰剂组作为对照，以排除安慰剂效应。

期望是安慰剂效应产生的主要原因。相信、有意愿和服从医生的欲望将会提高药物的治疗效果，而对医生有敌意、抵触治疗则会降低药物的治疗效果。不过，如果受试者知道自己被分到了安慰剂那组，那么安慰剂的效果就大大减弱了，甚至连该有的效果也没有了。在实际就诊中，医生一般不会给患者开安慰剂药物，此时使用安慰剂的效果也不如在合理的双盲实验中使用安慰剂的效果明显。

价值观

　　总有人会时不时地思考一些看似很宏观的问题，例如："我为什么在这里？""生命的意义是什么？""我应该相信什么？""正确的生活方式是什么样的？""幸福的秘诀是什么？""我应该试着改变世界还是改变自己？"类似的问题还有很多。

　　人们对事物的看法大部分取决于人们的生活环境和后天所受的教育。生存不仅仅是呼吸、吃饭和睡觉。人是其经历、追求、想法、看待世界的方式和对未来的期望的总和。在这一节，我们将探讨与价值观相关的内容，并分享一些人生箴言。

你的座右铭或人生信条

生活不是彩排。以身作则，以理服人。

——阿曼达（41岁）

批评别人之前，一定要先换位思考。

——布朗温（47岁）

人生苦短，珍惜当下。己所不欲，勿施于人。

——金伯李（25岁）

你一定要尝试去做那些你觉得自己做不到的事情。

——埃莉诺·罗斯福

我相信事在人为！

——帕梅拉（45岁）

你要掌控自己的未来，不要把全部希望寄托在别人身上。如果别人帮了你，你要学会感恩。

——利（22岁）

人生只有一次，好好把握吧。享受生活，活在当下，不要一直活在过去。

——克利奥（34岁）

贪多嚼不烂。

——玛吉（60岁）

争取把对地球的伤害降到最小。能重复利用的东西就重复利用，能回收的就回收。

——戴安娜（56）

保持理智，坚守道德，敢于质疑。

——克莱尔（43岁）

大多数人都是好人。

——索菲（58岁）

我特别喜欢我父亲说的那句话："你活多少年不重要，活得快乐最重要。"

——瓦妮莎（29岁）

待人友善，你想让别人以什么样的方式和你说话，你就以什么样的方式和别人说话。不要害怕提问——这是你学习的过程。

——盖伊（45岁）

"金无足赤，人无完人。"不管是工作还是教育子女，这句话真是普遍适用！

——奥德丽（37岁）

人们应该常怀一颗感恩的心。

——金（34岁）

从方方面面学习，努力拼搏，不要后悔。

——乔迪（36岁）

行动，而不是空谈。

——杰斯（22岁）

在过去的九年里，我完全改变了。我开始相信科学，不再被迷信、恐惧所支配。

——萨拉（43岁）

我一直相信科学。我会理性地看待问题。

——杰丝（22岁）

我是一个唯物主义者。比起别人瞎编的东西，我更愿意接受有逻辑的常识。

——娜塔莎（34岁）

我相信善有善报，恶有恶报！我一直在做好事。

——海利（32岁）

人固有一死。大家都是普通人。这种心态能让人把日子过好。

——佐伊（25岁）

我相信人都有善良的一面，我们都在努力做到最好！

——芭芭拉（61岁）

敬畏自然，热爱生命！

——萨曼莎（19岁）

我相信科学是我们的老师，我相信我们都是连在一起的，我相信爱情、友情、亲情。

——爱丽斯（33岁）

不要悲伤过度，只知道流泪，这不仅什么问题都解决不了，还让人笑话。

——吉纳维芙（22岁）

做好人，做好事，不作恶，自己活，让人活。

——路易丝（61岁）

积极的价值观

保持求知欲

许多人在求知的过程中找到了人生目标，寻得了内心的宁静。求知的途径有很多，有些人喜欢读书，在阅读经典文学作品的过程中拓展知识面，感悟生活，增加智慧，对他们来说，书籍就是神圣不可侵犯的对象；有些人选择接受继续教育，他们会在工作之余学习一些课程，以此来提高自己，陶冶情操，增加生活的乐趣；有些人认为实践出真知，他们坚持在干中学、学中干，时刻让自己以最佳的状态投身于工作中；还有一些人喜欢自我挑战，比如做数独、做一些自己不擅长的事。总之，保持求知欲能让人充满活力，也有助于人激发潜能。

感恩成就

当你取得一项成就后，你会产生一种满足感，整个人也会感到十分放松。完成家庭大扫除，取得资格证书，教育出一个彬彬有礼的孩子，想出一个独特的观点从而获得嘉奖或得到同事的赞美，等等，这些都是成就。和他人一起取得的成绩当然也算。即使你厌恶目前的工作，它也能让你取得一些成就，至少你能学到一些技能，还能获得一份薪水。所以，请认真对待它，哪怕只是把它当作短期的过渡。

不要沉迷于过去的成就，要放眼未来，继续努力，不断取得新成就。难度小一些、选择多一些的任务相对容易一些，它们能让你取得更多阶段性成就，从而让你更有自信和动力。当你遇到比较难完成的大任务时，你可以把它分解成一个一个的小任务，一个一个完成，一步步向宏伟的目标进军。你也可以准备一些备选方案。有了备选方案，你就不用把所有希望都寄托在某些变数很大的事情上，也就更容易保持平稳的心态，而这有利于取得成功。

常怀感恩

许多信仰和价值观都是建立在懂得感恩的基础之上的。不管你的信仰是什么，你都可以列一个清单，写出那些让你感恩的事情。在写的过程中，你可能会发现，原来你已经拥有这么多东西了。

如果你想不出哪些事情值得感恩，那就想一想日常生活中你认为的那些理所应当的事情吧，例如："我家用得上自来水。""我有机会上学读书。""我身体健康。""我家庭幸福。""我的孩子很爱我。"有时候，看问题的角度很重要。有些人会因为买不起名贵的珠宝而难过，有些人则会将自己拥有的小饰品视作珍贵的宝物，为自己能拥有这件宝物而心怀感激。

你还可以想一想，身边的人都为你做了哪些事，哪些人是值得你感激的。请发自肺腑地感谢他们，让他们知晓他们曾经的善举对你产生的积极影响。

避免倦怠

人生的道路总是起起伏伏，没有谁的人生是一帆风顺、一直充满欢声笑语的。几乎每个人都会经历一个（或几个）找不到人生意义、什么都不想做的阶段。在这种阶段，你可能会觉得十分沮丧，感觉周围有太多枷锁束缚着自己。这种阶段就是倦怠期。遇到倦怠期时，你需要放空自己，给大脑和身体一起放个假，让自己得到休息，然后再重整旗鼓，重新出发。

平时，你还可以主动进行调整，以避免倦怠期的出现。可以时不时地坐下来，思考一下，自己的生活中有哪些事情是不必马上去做的，尤其是那些带给自己很大压力，之前觉得自己不得不做、有义务去做的事情。例如：竞争一个没有十足把握一定能胜任的岗位；每天加班；每天刮腿毛；买大牌包……问问自己："我为什么要做这些事？是客观上'必须做'，还是主观上觉得'应该做'？不做会怎么样？我真正喜欢做的事有哪些？怎样才能把更多时间花在自己真正喜欢做的事情上？"接下来，你可以对房间进行一次大扫除，看看有哪些东西可以凑合着用、暂时先不用买，然后坚持两周晚上不看电视，用省下的这些时间放松下来，做自己真正想做的事情。

允许失败，学会放弃

即使是最有天赋的世界冠军，其成功也不仅仅是依靠天赋，他们还需要持之以恒地努力练习，需要有经历了无数挫折与失败后仍能继续前行的勇气，还要能够正视自己的失败，有勇气、有毅力改变自己的坏习惯和思维定式。在一个更流行谈论"天赋""才能"的世界里，"坚韧""毅力""勇气"等字眼很少被提及，就好像成功者自带"成功基因"，天生就能成功一样。

除了有勇气、坚韧、有毅力，你还要学会允许失败，适时放弃，及时止损。人应该知道什么时候应该坚持，什么时候应该放弃以减少不必要的损失。生命太过短暂，为何非要留恋一份让自己痛苦的感情或让自己度日如年的工作呢？不要把时间浪费在让你不快乐的或没有收获的东西上，比如让你讨厌的书或愚蠢、无聊的电视剧。也不要按照别人的想法生活。想想你希望自己成为什么样的人，想做什么样的工作。为自己的梦想努力要比为别人的梦想努力容易得多。

为正义挺身而出

一个人的力量是有限的。当你遇到不公正的事情时，你可能很难说出内心真实的想法，但如果周围的人替你游说，帮你发声，你就会更有勇气，可以无所畏惧地说出自己的想法，改变不公正的局面。所以，"为正义挺身而出"不仅仅是在帮助别人，也是在帮助你自己。你可以参考下一节的内容，获取更多与志愿服务相关的信息，这些志愿活动能增强你的目标意识和自尊感，让你感觉更好。

回报社会，帮助他人

　　那些积极为社会，甚至是为全世界做出贡献的人其实也是在帮助自己。他们在帮助别人的过程中，能够收获归属感和被需要的感觉，找到奋斗目标，这会让他们感到快乐。

　　如果你对周围的人漠不关心，对一切都是一副事不关己高高挂起的态度，从不伸出援助之手，那么当你需要帮助时，别人可能也不会向你伸出援助之手。本节的内容涉及如何选择和参与志愿活动，一起来看看吧。

如何看待慈善和志愿活动

每个人都对社会抱怨不断，但我们的社会是怎样组成的呢？它是由千千万万个像你我这样的人组成的。我们是社会的一分子。

——萨拉（36岁）

不管有多忙，都需要挤出时间来"给予"。付出总会有回报。施比受更有福。

——萨莉（35岁）

我们全家人都认为在社区帮忙真的很有意义，这比坐在家里看电视的感觉好多了。

——弗兰（58岁）

公众普遍认为做慈善是必要的，这使我感到不安。

——伊丽莎白（29岁）

慈善推动了世界的运行。政府、学校、医院的运作都离不开慈善机构和志愿工作。世界上有很多人都在"为爱发电"，不计报酬。

——贝丝（42岁）

在我看来，人们可能会越来越没时间去做志愿者。以我女儿的家庭为例，我女儿需要上班，她婆婆需要帮忙照顾孩子，她的孩子会在一个大家都没时间做志愿者的家庭中长大。希望我的看法是错误的。

——琳达（65岁）

我已经做了30年的志愿者了，即便我每周工作60小时，也从没中断过。在我看来，做志愿者很减压。

——苏珊（56岁）

关于提供志愿服务这件事，你只需要加入其中，做好自己的工作就可以了。

——娜塔莎（34岁）

关心他人、帮助他人是好的，但也容易让人筋疲力尽。在这个过程中，你也要考虑自己的感受，照顾好自己。你自己也要快快乐乐的。

——亚历山大（53岁）

在律师事务所辛苦工作了一天后，我最想做的事情就是去做志愿者。每当我觉得自己帮到了别人，我就一点都不会觉得累，非常快乐。

——海伦（39岁）

我现在年纪太大了，但我仍然觉得做志愿者是结交朋友的绝佳机会，它还能增强人们的自尊感，让人们更有满足感。

——薇拉（82岁）

做志愿者是保持思维活跃的一种方式。除此之外，它还能让我体会到被人需要、被人重视的感觉。

——芭芭拉（57岁）

对我来说，了解他人和他们背后的故事是我的荣幸。

——乔伊（50岁）

我觉得志愿工作就像体育活动，人人都应该参与。人们可以找到自己感兴趣的领域，并奉献自己的一份力量。志愿服务能将人们连接在一起，让世界变得更好。

——利奥妮（50岁）

直到我开始做志愿者，我才意识到帮助别人重回正轨是一件多么让人有成就感的事情。虽然做志愿者不会让我腰缠万贯，但我得到了真挚的笑容。这是无价的。

——萨莉（32岁）

我听腻了大家千篇一律的说辞，比如："我太忙了，哪有空去社区提供志愿服务。"这真是无稽之谈！每个人都可以腾出时间去做重要的事情。为什么不诚实地说"我认为提供志愿服务没有买个新游泳池重要"呢？

——米歇尔（43岁）

我很愿意去做志愿者，但我不确定自己是否符合要求，也不确定自己是否有足够多的时间。

——格温（30岁）

志愿服务真的能让人感到温暖，有被关怀的感觉！

——休（55岁）

做志愿者真的能让人产生满足感。自从做了志愿者，我再也没有因为生活中的小麻烦而闷闷不乐，愁眉不展。

——金（45岁）

我特别敬佩那些提供志愿服务、帮助他人的好人。然而，就我本人而言，我担心提供志愿服务要牺牲很多个人时间。我太自私了。

——亚历克丝（30岁）

参与其中。这不仅对你很有帮助，对你所在的社区也很有帮助。志愿服务真的能帮助到那些需要帮助的人，做志愿者是一件非常有意义的事！

——索尼娅（32岁）

我坚信，一个人从"给予"中得到的一定比从"接受"中得到的更多。我已经有过好几次这样的体验了。

——塔玛拉（35岁）

帮助他人

以下是某项调查中，一些女性认为自己能做的且能让他人快乐的事：

· 给他人赠送切花（最好是从花园摘的，而不是从花店买的）。

· 送给或借给别人书。

· 和朋友或家人一起组织一场野炊。

· 给朋友寄一张明信片或一封简短的信件。

· 和朋友一起出远门时，带上自己烹饪的美食。

· 在阳光灿烂的日子和朋友出门散步、聊天。

· 给长辈打电话问候他们，或亲自登门看望他们。

· 发自肺腑地赞美他人。

和孩子一起成长

给孩子讲故事，告诉他们什么是团队合作，什么是乐于助人，什么是尊老爱幼。也可以教孩子做手工或和他们一起在外面玩耍，告诉孩子游戏规则以及公平竞争的原则。如果你想参与孩子的校园生活，你可以问问他们所在的学校是否需要志愿者。

❦ 勿以善小而不为

你的思想可以天马行空，但做事情时一定要脚踏实地。考虑到蝴蝶效应（初始值的极微小的扰动造成系统巨大变化的现象），个人在日常生活中做出的微小改变，也可以对社会产生巨大的影响。因此，做好眼前的力所能及的小事，同样能为社会做出大贡献。

举例来说，对环境有益的行动包括物品循环利用、买节能车、购物时自带购物袋（拒绝使用一次性塑料袋）、节约用水等。对社区有益的行动包括帮忙修剪草坪、帮忙组织社区活动等。

与此同时，你也可以关注一些关于公益服务、保护野生动物等社会性问题的消息，或者在网络上发表自己对社会热点事件的看法。你的发声可能会吸引更多人关注这些问题。

在我们周围活跃着一些积极分子，他们会为女性权利积极发声，为贫困人群积极发声，为环境保护问题积极发声……他们致力于保护各个弱势群体的权益，改善他们的生活。积少成多，当小声音汇聚成大声响时，就不会被忽视了。我们所生活的世界可能并不完美，但要是没有这些积极分子的发声和争取，世界恐怕会更糟。

选择一份公益事业

可选择的公益事业类型有很多，重要的是选择一类你感兴趣的，然后着手去做，哪怕这些事情看起来微不足道。这样做的好处之一是，当你想拒绝一些可有可无的应酬时，你可以说："我也挺想去的，但是不行啊，我要去做……"

❦ 捐赠

不是只有富豪才可以通过捐款来帮助别人，你也可以。你可以打开自己的衣柜，找出那些买来后却从未穿过，或是只穿了一两次的还很新的衣服，也可以整理自己阅读过的经典书籍，或收拾一下孩子多余的玩具，这些你用不上的东西也许正是别人需要的。当然，捐赠的东西是你现在不需要的，而不是你用完的、不想要的垃圾。你也可以在力所能及的范围内参加一些筹资类项目，比如带有筹资性质的健步行、马拉松等。

如果你想捐钱，你可以考虑一下开通下面这个业务：开通银行卡每月自动转账业务，每月固定给慈善机构捐款。你也可以一次性捐款给某个慈善机构。在捐款之前，你要好好调查一番，找到最靠

如果钱不是问题或者你有一整年的时间不用承担任何责任，你会做些什么？

帮助他人，比如帮外国友人找工作，或是帮助生完孩子的女性重返职场。

——艾莉森（42岁）

和家人待在一起，住在我们心爱的农场里。

——布兹（33岁）

去当志愿者。

——艾莎（39岁）

回到柬埔寨，去孤儿院做事。

——安西娅（40岁）

开一家动物收容所，收养、照顾流浪狗和流浪猫等。

——洛乌（40岁）

做些艺术创作。我打算做雕刻、绘画、玩拼贴画。我还要多亲近大自然。

——唐娜（46岁）

我准备去非洲或罗马尼亚的孤儿院工作。

——格雷丝（30岁）

在世界各地为保障儿童的权益而奔走呼号。

——贝丝（42岁）

一方面，我想过衣食无忧的富足生活；另一方面，我又想做些实事，比如去偏远的地区当志愿教师。

——利娅（29岁）

我一直都想骑着马，从约克角一路骑到墨尔本。

——梅利莎（35岁）

拿下飞机驾驶执照，然后买架飞机，环游世界。

——玛丽（55岁）

我要带妈妈一起去度假。

——达维娜（45岁）

我想种一个巨型南瓜，养点鸡和鸭，为每个家人画一幅素描画，写一部滑稽的复仇题材的小说，练习瑜伽，学习缝纫。

——玛丽·埃伦（45岁）

找到自己很感兴趣的事业，投入全部的热情，展现自己的才能。我还要放开嗓子，大声歌唱。

——布龙（26岁）

尝试用海浪和潮汐为全世界供能。我还要建一个水力涡轮机，为保护环境做贡献。

——梅利莎（30岁）

我打算继续投身于服务澳大利亚本土百姓的教育项目。

——格雷丝（20岁）

我打算成立一个剧团，演出各种作品。

——蕾切尔（38岁）

你改变过自己的生活吗？如果有，你是如何改变的？如果没有，你想要如何改变它？

六年前，我决定创办自己的公司。从那以后，我再也没有回过头。

——洛乌（36岁）

自从被诊断出患了癌症后，我度假更频繁了，获得的乐趣也更多了。我必须珍惜我拥有的每一天，好好享受。

——卡萝尔（36岁）

我改掉了往日易怒的脾气，我意识到好多事情是个人无法改变的。除此以外，我也学会了接纳自己，欣赏自己。

——休（37岁）

我丈夫曾在重症监护室和康复中心待了五个月。从那以后，我就明白了要过好每一天，珍惜每一个机会。

——埃姆（65岁）

我打算离开农场，回归城市生活。我可能会住在海边。

——珍妮（56岁）

"事事都要成功"的人生信条让曾经的我十分疯狂。现在，我不再执着于升职和加薪，将大部分精力放在提升生活质量和陪伴家人、朋友上。

——萨莉（44岁）

四年前，我搬到了塔斯马尼亚州，放慢了自己的生活节奏。我在方方面面都慢了下来。我一点都不后悔。

——珍妮特（49岁）

我结束了一段不幸的婚姻，并且用了十八个月的时间去疗伤。现在我准备重新开始啦。

——佐薇（37岁）

我决定让孩子们远离常常有暴力行为的父亲。我要向孩子们展示一种更好的生活方式。

——贝芙（63岁）

我买了两本关于种水果、蔬菜以及其他花草的书。我计划在朋友家的农场开辟一处花园，为孩子们种植健康的食物。

——埃莉萨（31岁）

谱的慈善机构，以便让你的善款能够帮到真正需要帮助的人。

有一些企业会承诺将自己利润的一部分拿出来捐给慈善机构，因此，你也可以购买这些企业的产品或服务，不过购买前，你要问清楚具体的捐赠细节。有些企业可能是打着捐款的幌子赚钱，或是用于捐款的额度相当小。

志愿服务

除了捐款，你也可以抽出时间做志愿服务工作。志愿服务工作能让参与者从中学到新的技能，结交新朋友，甚至有机会找到更好的工作。志愿服务工作的形式多种多样，下面是一些常见的形式：

· 参与绿色环保项目，比如植树。
· 去敬老院拜访老人。
· 去植物园或动物园做志愿者。
· 定期献血。
· 参与社区法律中心组织的活动，无偿为居民提供法律援助。

· 在海滩服务站做志愿者，加强安全知识的宣传和普及。
· 在博物馆或画廊做志愿者。
· 帮助初为人母的女性缓解焦虑。
· 照顾受伤的小动物。
· 在孩子的学校做志愿者。
· 为盲人读有声书。
· 针对女性生殖健康方面的知识进行科普。
· 呼吁筹备反性侵和反家暴组织。
· 教老年人使用计算机。
· 为年轻人提供就业指导。

尽管做志愿服务工作没有报酬，但你也能收获很多，例如：

· 积累工作经验和其他技能，丰富个人简历。
· 获得实用的社交技能、组织技能。
· 充实生活。
· 增强自信心，保持对生活的热情。
· 结交新朋友，拓宽新圈子。

正文终

致谢

在创作本书的过程中,我得到了许多专家和专业咨询顾问的鼎力相助,他们在各自的领域颇有建树,是全国乃至世界知名专家。如本书中有任何纰漏,皆是本人能力不足、才疏学浅所致,与各位专家、顾问无关。我要向为本书提供帮助的所有人献上我最真挚的感谢!能得到他们的帮助是我的荣幸。以下是各个章节参考的内容和需要感谢的人:

第一章第二节《与身材焦虑做斗争》和第三节《与自己的身体交朋友》

这些内容参考了约翰·奈什于 2008 年 7 月 12 日发表在英国版《泰晤士报》网络版上的一篇关于减肥手术的文章,文章从引用了支持者和反对者的观点。作家兼饮食行为领域的专家里克·考斯曼博士也对减肥手术发表了自己的看法。

第二章第一节《人靠衣装》

衣橱收纳大师兼纺织品大师姬蒂·斯塔基为本部分内容提供了许多好建议。

第二章第二节《了解身体的毛发》

皮肤科医生贝琳达·韦尔什博士阅读了本节涉及头发的内容,并给出了相应建议。皮肤科医生罗伯特·麦克唐纳德博士认真梳理了涉及体毛的内容。新南威尔士大学化学安全与应用毒理学实验室的访问研究员阿曼达·海斯博士审查了所有涉及化学品的内容。伦敦大学玛丽皇后学院理论物理学教授兼物理系主任威廉·斯彭斯回答了美发学徒提出的物理方面的问题。

第二章第三节《皮肤保卫战》

维多利亚州癌症委员会的顾问简·托马斯协同她的同事,详细回答了书中与皮肤和防晒相关的问题。皮肤科医生吉尔·卡尔涅洛博士提供了有关维生素 D 使用剂量的信息。皮肤科医生罗德·菲利普斯博士审阅了与痤疮相关的内容,并提出了特别好的观点,而这些观点都是我前期忽略了的。澳大利亚国立大学医学与健康学院副教授托马斯·方斯博士阅读了纳米级防晒霜部分的内容,并提出了宝贵意见。地球之友组织纳米技术领域发言人赖伊·森珍博士和地球之友的其他工作人员发表了他们对纳米技术问题的看法。

此外,澳大利亚皮肤科医学院发言人罗斯·瓦格斯塔夫、卡罗琳·戴利,皮肤科医生凯西·里德博士、格雷格·古德曼博士、乔西·耶特曼博士,皮肤美容院经理伊莱恩·西奥多均阅读了本部分内容,并提出了很多建设性意见。

第二章第四节《护肤化妆品与彩妆化妆品》

昆士兰大学医学院的迈克·罗伯茨教授阅读了本部分内容并提出了建议。新南威尔士大学化学安全与应用毒理学实验室的客座研究员阿曼达·海斯博士,新南威尔士大学化学学院的博士后研究员格雷格·古德曼博士、维多利亚·邓根博士、凯莉·费尔韦瑟博士审阅了涉及化妆品特定成分的内容。皮肤科医生罗斯玛丽·尼克松博士和研究员费利西蒂·科斯蒂根审阅了常见化妆品成分部分的内容。澳大利亚有机认证公司总经理阿基科·尼科尔斯介绍了澳大利亚化妆品的有机标准。

澳大利亚的国家工业化学品通报和评估计划的研究员约翰·索金斯回答了有关化妆品成分安全性的问题。化妆品零售业的数据出自《澳大利亚化妆品和洗漱用品零售业报告》。

第三章第一节《怎么吃，更健康》

和以往一样，在饮食行为方面，我非常感谢《如果不节食，那该怎么办？》（*If Not Dieting, Then What?*）一书的作者里克·考斯曼博士的帮助，他阅读了本书的初稿。莫纳什大学高级讲师、专攻肠胃病学的休·谢泼德博士对食物过敏和食物不耐受方面的内容提供了建设性意见，还对与饮食相关的其他内容提供了有益的建议。莫纳什大学社会学家萨曼莎·托马斯博士提供了胃束带手术可能带来的副作用的相关信息。澳大利亚营养师协会发言人默里·加赛德提供了有关膳食平衡的信息。《年代》杂志记者瑞秋·布朗分享了有关肥胖和减肥的统计数据以及国家预防性健康战略的报告。

第三章第二节《不想动，怎么办》

纽卡斯尔大学运动生理学家沙恩·扬瑟·德扬博士以及物理治疗师史蒂夫·桑多尔阅读了本部分内容，并提出了宝贵意见。澳大利亚物理治疗协会的经理乔纳森·克鲁格对运动损伤后的恢复部分的内容提出了建议。盖尔·戴维森对建议活动量及建议的运动形式部分的内容进行了论证。

第四章第一节《身体养护》和第三节《疾病与不适》

悉尼大学韦斯特米德医院高级讲师、澳大利亚皇家全科医师学院副教授梅利莎·康博士非常出色，她为本节部分书稿的撰写提供了帮助。心脏护理专业人员珍妮特·斯蒂克为本书提供了宝贵的信息。伊丽莎白·法雷尔博士提供了详细的有关健康检查的信息。玛格丽特·赫弗南和苏珊·索耶教授对宫颈癌筛查部分的内容提出了建议。柯尔斯滕·布劳恩为本章节提供了研究报告和文章，帮助我更广泛地了解有关女性健康的知识。维多利亚州医疗委员会发言人凯丝·凯尔西就健康咨询信息提供了建议。专科肿瘤学家迈克尔·奎因教授对卵巢癌部分的内容提出了很好的建议。联邦卫生和老龄部长办公室的劳拉·瑞安、联邦卫生部的尼尔·布兰奇以及凯·麦克尼斯也提供了许多信息并耐心地回答了许多问题。

第四章第二节《睡个好觉》

德尔温·巴特利特博士是心理咨询师和睡眠专家，同时也是澳大利亚睡眠协会的秘书，他在悉尼大学获得了博士学位，主要研究睡眠呼吸暂停对神经行为和神经生物学的影响，他为本部分内容的撰写提供了大量的帮助。

第五章第一节《了解生殖系统与激素》和第二节《月经来了》

妇科医生伊恩·弗雷泽博士、伊丽莎白·法雷尔博士为我解答了诸多与激素相关的问题。内分泌科医生康斯坦丝·雅普博士为我解答了诸多与甲状腺相关的问题。莫纳什大学的海伦娜·蒂德教授是治疗多囊卵巢综合征的专家，她为我解答了许多与多囊卵巢综合征相关的问题。

第五章第三节《呵护乳房》

乳腺科医生辛迪·马克博士阅读了该部分内容，并提出了许多建设性的意见。肿瘤内科医生杰弗里·林德曼教授是一位博学多才的专家，他向我提供了一些关于乳腺癌未来治疗方向的材料，并回答了相关问题。澳大利亚国家乳腺癌和卵巢癌中心的媒体官员米歇尔·劳德和该中心的首席执行官海伦·佐尔巴斯博士为我提供了乳腺癌的发病率和存活率的统计数据。

第五章第五节《围绝经期》

妇科医生伊丽莎白·法雷尔博士阅读了本部分内容，并提供了建设性的反馈意见。

第六章第二节《心理健康》

精神病学研究中心的贾亚什里·库尔卡尼教授就本部分内容提出了许多有用的建议。研究员芭芭拉·霍金提供了有关女性产后心理健康问题的信息。研究员基里里·约翰斯提供了有关精神病学的信息。罗宾·贝尔福仔细核实了医疗预警系统在全国范围内提供的一系列服务信息。弗兰克·蒂内和夏尔曼·狄龙·史密斯提供了有关从事心理咨询的职业资格和培训的信息。澳大利亚统计局的米歇尔·杜卡特提供了相关的统计数据。进食障碍专科医生凯瑟琳·泽尔贝博士就进食障碍方面的内容提出了许多有用的建议。

第六章第三节《小饮怡情，大饮伤身》和第四节《烟和药物》

澳大利亚药物基金会的官员萨拉·贾加德阅读了本部分内容，并提出了修改意见和建议。西悉尼大学的珍妮丝·威斯纳尔提供了她在女性与饮酒方面的研究成果。

第七章第一节《原生家庭》

老年病学专家罗宾·麦卡锡博士提供了他关于老年病的研究成果。《华盛顿邮报》的卡罗琳·哈克斯提供了一些解决家庭问题的方法。在撰写与家庭有关的内容时，我还参考了咨询栏目"亲爱的普鲁迪"、澳大利亚新闻网的专栏"波西有约"、《每日电讯报》的专栏"社会阶级"以及《纽约时报》的专栏"社会问题"中的信息，在此一并表示感谢。

第八章第五节《远离虐待狂和控制狂》

新南威尔士州强暴危机处理中心经理卡伦·威利斯就本节中性侵害方面的内容提出了许多有用的建议。精神病学专家、格里菲斯大学兼职教授、昆士兰大学高级讲师米歇尔·帕泰博士协助编写了《跟踪》版块的内容。

第八章第六节《性》

悉尼医院悉尼性健康中心临床服务经理林恩·雷博士认真阅读了本部分内容，并提出自己的看法。新南威尔士大学国家艾滋病流行病学和临床研究中心性健康和公共健康专家巴西尔·多诺万博士对《性传播疾病》部分的内容提出了宝贵意见。维多利亚州艾滋病委员会健康促进计划经理科林·巴特鲁尼为艾滋病部分的内容提供了详细的资料。

第九章第一节《职场二三事》

澳大利亚职业发展协会主席卡罗勒·布朗核对了本部分的事实信息。教育、就业和社会保障部的伊恩·扎孔提供了与找工作和重返工作岗位相关的政府计划和政策信息。尼古拉·杨、克利奥·肯普斯特、尼古拉·阿巴迪和英格丽德·奥尔森提供了其他相关信息和建议。

第十章第一节《如何管理财产》

理财规划师劳伦·托普阅读了本节内容，并提出了许多建设性意见。澳大利亚证券和投资委员会的高级主管迪莉娅·里卡德、格雷戈里·莫尔和新南威尔士慈善协会的苏珊·艾伦提供了理财方面的信息。财政部官员杰里·赫恩分享了一些个人见解。金融和消费者权利委员会首席执行官理查德·福斯特协助我完成了内容查证工作。

第十章第二节《购物和消费》

悉尼大学商学院高级讲师特雷莎·戴维斯博士、墨尔本大学经济与商业学院管理系迈克尔·贝弗兰博士、财经记者凯特·德·布里托为本部分内容提供了诸多建议。

第十一章第一节《科学与自然》

乐卓博大学生物技术中心的基思·沃森博士阅读了有关人工合成化学品的内容，并提出了修改意见和建议。道格拉斯·希尔顿教授和彼得·科尔曼教授耐心地向我解释了分子与原子的关系。

其他

我还要感谢《年代》杂志的前同事们，他们在我成长为一名记者的道路上提供了无私的帮助，他们分别是萨莉·威尔金斯、德博拉·福斯特、约翰·拉金、帕姆·博恩、大卫·克莱姆森、迈克·史密斯、鲍勃·米林顿、马尔·施密特克、艾伦·科勒、马克·戴维斯、布赖恩·考特里斯、迈克尔·巴纳德、弗兰克·普兰、理查德·吉利亚特、史蒂夫·沃尔登。

最后的碎碎念

我的朋友朱迪丝·露西女士在我完成书稿的过程中一如既往地为我提供了一些与众不同的见解和鼓励。

我还要向擅长辩论、热爱运动的海伦·亨德森，不善言辞的凯文·怀特、佐耶·派克以及盖尔·戴维森，米妮·玛乔丽·南克斯，莉莉·布雷特，G.赖利，莱尔伍德，安妮·马韦尔，苏兹，林达尔·索恩，伊恩·克里伯，戴安娜·威克姆，内扎达·易卜拉希莫维，莫里森，菲利帕·霍克，菲奥娜·伍德，路易丝·拉弗拉克，佩妮·休斯敦，梅雷迪斯·杰尔巴特和温迪·科兹卡表达感谢。

索引

Y

　　卡兹·库克，澳大利亚作家、漫画家和节目主持人。她的著作包括《怀孕啦》（*Up the Duff：The Real Guide to Pregnancy*），《婴幼儿养育》（*Kidwrangling：Looking After Babies*），《幼儿与学龄前儿童》（*Toddlers and Preschoolers*），《女孩青春期的秘密》（*Girl Stuff：Your Full-on Guide to the Teen Years*）等。她的作品为两代澳大利亚女性提供了启发和支持。她还曾经是一名新闻记者，以及《时代》杂志、《悉尼先驱晨报》和《澳大利亚人报》的专栏作家。